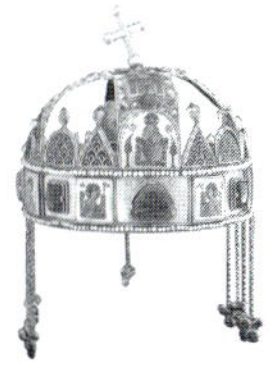

EUROPAS MITTE UM 1000

EUROPE´S CENTRE AROUND AD 1000

EURÓPA KÖZEPE 1000 KÖRÜL

EUROPA ŚRODKOWA OKOŁO ROKU 1000

STŘED EVROPY OKOLO ROKU 1000

2000

COUNCIL OF EUROPE CONSEIL DE L'EUROPE

27. EUROPARATSAUSSTELLUNG
27TH COUNCIL OF EUROPE ART EXHIBITION

EUROPAS
UM

Katalog

MITTE 1000

Herausgegeben von

Alfried Wieczorek und Hans-Martin Hinz

THEISS

Katalog

zur Ausstellung Europas Mitte um 1000

Das Gesamtwerk zur Ausstellung

besteht aus zwei Bänden mit Beiträgen zur Geschichte,
Kunst und Archäologie (Handbuch) und diesem Katalogband

Außerdem gibt es Supplementbände mit Texten
in Englisch, Ungarisch (nur Handbuch), Tschechisch und Polnisch

Die Deutsche Bibliothek – CIP-Einheitsaufnahme

Ein Titelansatz für diese Publikation
ist bei Der Deutschen Bibliothek erhältlich

Die Erstellung des Katalogs wurde gefördert durch
die Klaus Tschira-Stiftung Heidelberg

Umschlagabbildungen

Vorderseite: Huldigungsszene mit Kaiser Otto III. –
bearbeitet von Bobrowsky Kommunikation & Design, Viernheim
Rückseite: Byzantinischer Kelch
Ausstellungsnummer 02.03.06

Redaktion: Präsidium der Deutschen Verbände für Altertums-
forschung e.V. und Reiss-Museum, Mannheim
Gestaltung: Hans-Jürgen Trinkner
Gesamtproduktion: Verlagsbüro Wais & Partner
und andreas epple redaktionsbüro, Stuttgart
Satz und Reproduktionen: Utesch Medienservice, Hamburg
Druck: Druckerei Uhl, Radolfzell

Printed in Germany

ISBN 3-8062-1544-8 (Museumsausgabe, Broschur)
ISBN 3-8062-1545-6 (Buchhandelsausgabe, Hardcover)

Der Europarat

hat der Ausstellung den Titel
27. EUROPARATSAUSSTELLUNG
verliehen.

Wir danken

für die großzügige Unterstützung
des Ausstellungsprojektes:

Der Staatsminister im Kanzleramt
für die Angelegenheiten
der Kultur und der Medien

dem Staatsminister für Kultur und Medien
der Bundesrepublik Deutschland

dem Senator für Wissenschaft, Forschung und Kultur
des Landes Berlin

Auswärtiges Amt

dem Auswärtigen Amt der Bundesrepublik Deutschland

KulturStiftung der Länder
aus Mitteln des Beauftragten der
Bundesregierung für
Angelegenheiten der
Kultur und der Medien

der KulturStiftung der Länder

Hasenkamp Internationale Transporte
GmbH & Co KG

AXA Nordstern Kunstversicherung AG

Alias | wavefront

Alias wavefront

sgi

SGI

KTS
Klaus Tschira Stiftung
Gemeinnützige GmbH

Die Klaus Tschira-Stiftung Heidelberg

ermöglichte durch ihre großzügige Förderung
die Erstellung des Handbuches und des Kataloges
zur Ausstellung.

Die Ausstellung wird veranstaltet

vom Präsidium der Deutschen Verbände
für Altertumsforschung
und dem Deutschen Historischen Museum
zu Berlin

in Zusammenarbeit mit

dem Ungarischen Nationalmuseum
– Magyar Nemzeti Múzeum, Budapest
dem Nationalmuseum Krakau
– Muzeum Narodowe Kraków, Krakau
dem Reiss-Museum Mannheim, Mannheim
dem Nationalmuseum Prag
– Národní muzeum v Praze, Prag
dem Slowakischen Nationalmuseum
– Slovenské národné múzeum, Bratislava

Ausstellungsgebäude und -termine:

Budapest (Nationalmuseum):
20. 8. 2000 – 26. 11. 2000

Krakau (Nationalmuseum):
12. 1. 2001 – 25. 3. 2001

Berlin (Martin Gropius-Bau):
13. 5. 2001 – 19. 8. 2001

Mannheim (Reiss-Museum):
7. 10. 2001 – 27. 1. 2002

Prag (Reitschule der Prager Burg):
3. 3. 2002 – 2. 6. 2002

Bratislava (Nationalmuseum):
7. 7. 2002 – 29. 9. 2002

Schirmherrschaft
des Gesamtprojektes

Die Präsidenten
Ungarns,
Polens,
Deutschlands,
Tschechiens
und der Slowakei

Prof. Dr. Ferenc Mádl
Präsident der Republik Ungarn

Aleksander Kwasniewski
Präsident der Republik Polen

Dr. h.c. Johannes Rau
Präsident der Bundesrepublik Deutschland

Václav Havel
Präsident der Tschechischen Republik

Dr. h.c. Dr.-Ing. E.h. Ing.
Rudolf Schuster, PhD
Präsident der Slowakischen Republik

gewährten der Ausstellung
ihre Schirmherrschaft

Geistliches Patronat

S. Em. Józef Kardinal Glemp
Erzbischof von Warschau,
Primas von Polen,
Präsident der polnischen Bischofskonferenz

S. Em. Ján Chryzostom Kardinal Korec
Bischof von Nitra

S. E. Bischof Prof. Dr. Dr. Karl Lehmann
Bischof von Mainz,
Vorsitzender der Deutschen Bischofskonferenz

S. Em. Dr. Franciszek Kardinal Macharski
Erzbischof von Krakau

**S. E. Erzbischof
Dr. Henryk Józef Muszyński**
Erzbischof von Gnesen

S. Em. Dr. László Kardinal Paskai
Erzbischof von Esztergom-Budapest,
Primas von Ungarn

S. E. Erzabt Dr. Asztrik Várszegi, OSB
Erzabt von Pannonhalma

S. Em. Miloslav Kardinal Vlk
Erzbischof von Prag, Primas von Böhmen,
Präsident der Tschechischen Bischofskonferenz

gewährten der Ausstellung
ihr hohes geistliches Patronat

Ehrenkomitee

Prof. Dr. Hermann Ament
Ehrenpräsident des West- und Süddeutschen Verbandes für Altertumsforschung; Universität Mainz

Prof. Władysław Bartoszewski
Minister für Auswärtige Angelegenheiten der Republik Polen

Jaroslav Bašta
Minister der Regierung der Tschechischen Republik

Libuše Benešová
Vorsitzende des Senats des Parlaments der Tschechischen Republik

Dr. Hans-Bodo Bertram
Botschafter der Bundesrepublik Deutschland in Brasilien, Brasilia (bis 30. 9. 1999 Leiter der Kulturabteilung des Auswärtigen Amtes und Koordinator des Projektes)

Pavel Dostál
Kulturminister der Tschechischen Republik

Prof. Dr. Wolf-Dieter Dube
Generaldirektor der Staatlichen Museen Preussischer Kulturbesitz zu Berlin a.D.

Prof. Dr. hab. Bronisław Geremek
Minister a.D.

Prof. Dr. Tomáš Halík
Präsident der Christlichen Akademie zu Prag

Prof. Dr. Wolfgang Huber
Landesbischof der ev. Kirche in Berlin Brandenburg

Jan Kavan
Minister für Auswärtige Angelegenheiten der Tschechischen Republik

Václav Klaus
Vorsitzender des Parlamentes der Tschechischen Republik

Prof. Dr. Dr. h.c. Helmut Kyrieleis
Präsident des Deutschen Archäologischen Instituts, Berlin

Prof. JUDr. Karel Malý DrSc.
Rektor der Karlsuniversität zu Prag

Lothar Mark MdB
Berlin, Mannheim

Dr. Michael Naumann
Staatsminister im Bundeskanzleramt, Berlin

Dr. Christoph Stölzl
Senator für Kultur, Berlin

Dr. Klaus Tschira
Klaus Tschira Stiftung, Heidelberg

Kazmierz Michał Ujazdowski
Kulturminister der Republik Polen

Siegfried Vergin MdB a.D.
Mannheim

Prof. Dr. Karin von Welck
Generalsekretärin der Kulturstiftung der Länder, Berlin

Gerhard Widder
Oberbürgermeister der Stadt Mannheim

Prof. Dr. Herwig Wolfram
Direktor des Instituts für Österreichische Geschichtsforschung, Wien

Prof. Ing. Rudolf Zahradník DrSc.
Vorsitzender der Akad. der Wiss. der Tschechischen Republik

Prof. Dr. Andrzej Zakrewski (†)
Ehemaliger Kulturminister der Republik Polen

Miloš Zeman
Premierminister der Tschechischen Republik

Generalsekretäre des Ausstellungsprojektes (Projektleitung)

Prof. Dr. Alfried Wieczorek
Geschäftsführer der Deutschen Verbände für Altertumsforschung; Ltd. Direktor des Reiss-Museums Mannheim

Ulrike Kretzschmar M. A.
Mitglied der Geschäftsführung des Deutschen Historischen Museums Berlin; Leiterin des Ausstellungswesens

Koordinatoren des Ausstellungsprojektes

Prof. Dr. Johannes Fried
Vorsitzender des Deutschen Historikerverbandes, Historisches Seminar der Universität Frankfurt

Prof. Dr. Aleksander Gieysztor †
Vorsitzender des Königl. Schloßrates, Warschau

Dir. Zofia Gołubiew
Direktorin des Nationalmuseums Krakau

Dr. Hans-Martin Hinz
Staatssekretär für Kultur des Landes Berlin; Präsident des ICOM in Deutschland (bis 31. 5. 2000 Generalsekretär des Ausstellungsprojektes)

Dr. Hans-Jürgen Kotzur
Direktor des Bischöflichen Dom- und Diözesanmuseums, Mainz; Leiter der Denkmalpflege im Bistum Mainz

Dr. Tibor Kovács
Generaldirektor des Ungarischen Nationalmuseums; Mitglied des Ungarischen Nationalkomitees

Prof. Dr. Matúš Kučera
Generaldirektor des Slowakischen Nationalmuseums, Bratislava

Prof. Dr. Zofia Kurnatowska
Leiterin der Forschungsstelle für Frühmittelalter des Instituts für Archäologie und Ethnologie der Polnischen Akademie der Wissenschaften, Posen

Prof. Dr. Alexander Ruttkay
Direktor des Archäol. Instituts der Slowakischen Akademie der Wissenschaften, Nitra

Prof. Dr. Siegmar v. Schnurbein
Präsident der Deutschen Verbände für Altertumsforschung, Erster Direktor der Röm.-Germ. Komm. des Deutschen Archäol. Instituts

Prof. Dr. Milan Stloukal
Generaldirektor des Nationalmuseums Prag

Dr. Petr Sommer
Direktor a.D. des Archäol. Instituts der Akademie der Wissenschaften Tschechiens, Stv. Direktor des Center for Medieval Studies, Prag

Dr. Albert Spiegel
Ministerialdirektor, Leiter der Kulturabteilung des Auswärtigen Amtes der Bundesrepublik Deutschland, Koordinator der Bundesregierung für die Zusammenarbeit mit Polen, der Slowakei, der Tschechischen Republik und Ungarn

Prof. Dr. Zsolt Visy
Staatssekretär für Kultur des ungarischen Kulturministeriums

VORWORT DER HERAUSGEBER

Begleitend zur Ausstellung Europas Mitte um 1000 wird in den Sprachen Deutsch, Englisch, Polnisch und Tschechisch ein Ausstellungskatalog vorgelegt. Er ergänzt die wissenschaftliche Auseinandersetzung mit dem Ausstellungsthema in den beiden Handbuchbänden um die Ausstellungstexte und die Beschreibung und Abbildung der Exponate.

Das Ungarische Nationalmuseum Budapest entwickelte auf der Basis der Ausstellungstexte eine eigene Katalogbroschüre in ungarischer Sprache, die dem besonderen Anlass der Ausstellungsstation in Ungarn Rechnung trägt. Mit der Ausstellungseröffnung in Budapest beginnen die Feierlichkeiten zum ungarischen Millennium, dem Gedenken an die Krönung Stephans des Heiligen vor 1000 Jahren.

In enger Zusammenarbeit zwischen den Sprecherinnen und Sprechern der fünf Ländergruppen und dem Generalsekretariat erfolgte die redaktionelle Bearbeitung der Katalog- und Ausstellungstexte. Breiten Raum nahm hier die Bearbeitung der Übersetzungen ein. Beiträge – geschrieben in den Sprachen Deutsch, Englisch, Polnisch, Slowakisch, Tschechisch und Ungarisch – mussten jeweils in die anderen Sprachen übertragen werden. Hierbei wird es sicherlich zu Übertragungsfehlern gekommen sein, die den Redaktionsteams bei der Korrekturarbeit entgangen sind. Wir bitten deshalb alle Leserinnen und Leser vorsorglich um Verständnis dafür. Im Gegensatz zu anderen Übersetzungswerken entstehen Ausstellungspublikationen unter einem zumeist erheblichen Zeitdruck. Die Termine sind festgelegt und können nicht überzogen werden.

Die Vorschläge zur Exponatauswahl wurden von den Autorinnen und Autoren, den Beiratsmitgliedern sowie von den Mitgliedern des Koordinierenden Ausschusses und des Generalsekretariates geleistet. Die Auswahl erfolgte durch die Mitglieder der Ländergruppen in Abstimmung mit dem Generalsekretariat. Dem Koordinierenden Ausschuss, bestehend aus den Koordinatoren und wissenschaftlichen Generalkommissaren, lag die Auswahl zur Beschlussfassung vor. In nur wenigen Positionen musste von dieser Auswahl abgewichen werden, um einige Exponate nicht durch Transporte zu gefährden. Hierzu zählen die Katalognummern 02.03.22 und 02.04.06, bei denen aus technischen Gründen die Katalogeinträge nicht mehr aus dem Katalog herausgenommen werden konnten. Die Herausgeber bitten dies zu entschuldigen.

Die Sorge um den Schutz der Exponate steht für das Generalsekretariat an oberster Stelle bei der Ausrichtung der einzelnen Ausstellungsstationen. Aus diesem Grunde werden besonders gefährdete Exponate lediglich an einer Station präsentiert. Um die Themeneinheiten der Ausstellung dennoch zu erhalten, finden sich an den weiteren Stationen andere aussagekräftige, vergleichbare Exponate. Eigens für dieses Projekt wurden ferner Vitrinen mit Klimasteuerung entwickelt, die an allen Stationen Verwendung finden. Die Transportlogistik, das Versicherungsmanagement sowie Exponatübergaben liegen ebenfalls weitgehend in den Händen des Generalsekretariates.

Während an den Ausstellungsstationen jeweils ca. 3000 Exponate präsentiert werden, vereint der Katalog auch jene Exponate, die nur an einer oder zwei Stationen zu sehen sind. Wenn auch das Erscheinungsbild der Ausstellung von Station zu Station variieren wird, bilden Katalog und Handbuch die verbindende Klammer zwischen den Ausstellungspräsentationen.

Prof. Dr. Alfried Wieczorek
Gesamtprojektleiter und Generalsekretär
Ltd. Direktor
des Reiss-Museums Mannheim

Dr. Hans-Martin Hinz
Generalsekretär
Deutsches Historisches Museum
Staatssekretär für Kultur
des Landes Berlin (seit Juni 2000)

REDAKTION

Katalogredaktion Deutschland

Dr. Ursula Koch
Reiss-Museum

Dr. Heino Neumayer
Deutsche Verbände
für Altertumsforschung

unter Mitarbeit von

Dr. Torsten Kempke
Deutsche Verbände
für Altertumsforschung

Monika Lange M.A.
Deutsche Verbände
für Altertumsforschung

Dr. Jutta Pauli
Deutsche Verbände
für Altertumsforschung

Kerstin Schulmeyer M.A.
Deutsche Verbände
für Altertumsforschung

Dr. Irmgard Siede
Deutsche Verbände
für Altertumsforschung

Bildredaktion

Kathrin Fischer M.A.
Reiss-Museum

Redaktion Polen

Zofia Kurnatowska
unter Mitarbeit von
Michał Kara
Hanna Kóčka-Krenz
Gerard Wilke

Redaktion Tschechien

Petr Sommer
Dusan Třeštík
Josef Žemlička

Redaktion Slowakei

Štefan Holčík
Katarína Tomčícová

Redaktion Ungarn

Ernő Marosi

Übersetzungen

s. Handbuch Band 1
Außerdem von deutscher Seite:
Übersetzungsbüro Engin
von slowakischer Seite:
Blanka Boliaková,
Miroslava Fabiánová,
Alena Ondušová

KATALOGAUTOREN

Jerzy Augustyniak (J. A.)
Andrea Bartošková (A. B.)
Josef Bláha (J. B.)
Piroska Biczó (P. B.)
Ivana Boháčová (I. B.)
Marie Bravermanová (M. Br.)
Michał Brzostowicz (M. B.)
Petr Charvát. (P. C.)
Jarmila Čiháková (J. C.)
Jolanta Deptuła (J. D.)
Heike Drechsler (H. D.)
Matthias Fendt (M. F.)
Kathrin Fischer (K. F.)
Jan Frolík (J. F.)
Enikő Sipos (E. S.)
Ingo Gabriel (I. G.)
Luděk Galuška (L. G.)
Éva Garam (E. G.)
Bogusław Gediga (B. G.)
Janusz Górecki (J. G.)
Irena Grabowska (I. Gr.)
Klaus Grebe (K. G.)
Jochen Haberstroh (J. Ha.)
Jarmila Hásková (J. Has.)
Matthias Hensch (M. H.)
Ingrid Sibylle Hoffmann (I. S. H.)
Jürgen Hoffmann (J. H.)
Štefan Holčík (Št. H.)
István Horváth (I. H.)
Ladislav Hrdlička (L. H.)
Elżbieta Indycka (E. I.)
Marek F. Jagodziński (M. F. J.)
Tomasz Janiak (T. J.)
Michał Kara (M. K.)
Orsolya Karsay (O. K.)
Torsten Kempke (T. K.)
Etele Kiss (E. K.)
Hanna Kóčka-Krenz (H. K.-K.)
Marie Kostílková (M. Ko.)
Hans-Jürgen Kotzur (H.-J. K.)
László Kovács (L. K.)
Tibor S. Kovács (T. S. K.)
Teresa Krysztofiak (T. K.)
Andrzej Krzyszowski (A. K.)
Béla Kürti (B. K.)
Zofia Kurnatowska (Z. K.)
Jan Peder Lamm (J. P. L.)
Jiří Macháček (J. M.)
Ernő Marosi (E. M.)
Anežka Merhautová (A. M.)
Jiří Militký (J. Mi)
Adriaan v. Müller (A. v. M.)
Heino Neumayer (H. N.)
Dietlind Paddenberg (D. P.)
Thomas Peeck (T. P.)
Zbigniew Pianowski (Z. P.)
Andrzej Piotrowski (A. P.)
Lumír Poláček (L. P.)
Naďa Profantová (N. P.)
Jarmila Princová (J. P.)
Jiří Rak (J. R.)
Marcell Restle (M. R.)
László Révész (L. R.)
Paweł Rzeźnik (P. Rz.)
Gabriele Rillig (G. R.)
Ágnes Ritoók (A. R.)
Milan Salaš (M. S.)
Tomasz Sawicki (T. S.)
Kerstin Schulmeyer (K. Sch.)
Irmgard Siede (I. S.)
Homer Simpson (H. S.)
Ernikő Sipos (E.S.)
Zdenìk Smetánka (Z. S.)
Anna Sobánska (A. S.)
Petr Sommer (P. S.)
Irene Spille (I. Sp.)
Błażej Stanisławski (B. S.)
Dana Stehlíková (D. S.)
Franciszek Stolot (F. St.)
Jerzy Strzelzcik (J. St.)
Urszula Szewczuk (U. Sz.)
Bela Miklos Szőke (B. M. S)
Arkadiusz Tabaka (A. T.)
Miklós Takács (M. T.)
Kateřina Tomková (K. T.)
Melinda Torbágyi (M. To.)
Csaba Tóth (Cs. T.)
Dusan Třeštík (D. T.)
Zdenìk Uhlíř (Z. U.)
Vladimír Vavřínek (V. V.)
Tünde Wehli (T. W.)
Ralph Wiechmann (R. W.)
Winfried Wilhelmy (W. W.)
Eleonore Wintergerst (E. W.)
Miriam Wissen (M. Wi.)
Mária Wolf (M. W.)
Andrzej M. Wyrwa (A. M. W.)
Elżbieta Wyrwińska (E. W.)
Emil Zaitz (E. Z.)
Krzysztof Zamorski (K. Z.)
Josef Žemlička (J. Z.)
Helena Zoll-Adamikowa (H. Z.-A. †)

Abkürzungen

Br.	Breite
D.	Dicke
Dm.	Durchmesser
H.	Höhe
L.	Länge
T.	Tiefe

AV ČR	Akademie Ved České Republiky
PAN	Polska Akademia Nauk
SMB	Staatliche Museen zu Berlin

INHALT

Moderne Nationen und ihre Vergangenheitsbilder

01

Mit dem wachsenden Nationalbewusstsein gewann im 19. Jahrhundert bei den Nationen in Europas Mitte die Auseinandersetzung mit der eigenen Geschichte an Bedeutung. Diese Form nationaler Identitätsstiftung ging einher mit der Forderung nach nationaler Selbstbestimmung und der Abgrenzung gegenüber den Nachbarvölkern. Daher waren epochemachende Ereignisse bevorzugter Gegenstand von Geschichtsschreibung und Historienmalerei. Während die Ungarn mit der Taufe Vajks (Stephans) um 1000 die Entscheidung für ein christlich-abendländisches Ungarn markiert sahen, bedeutete für die Polen die Krönung Bolesław Chrobrys den Beginn eines eigenen christlichen Staates. In Böhmen und Deutschland wurden im 19. Jahrhundert mit dem Wirken des heiligen Adalbert und dem Bezug auf Karl den Großen als dem ersten christlichen Kaiser (z.B. in der Szene „Otto III. öffnet die Gruft Karls des Großen") neben anderen Sujets ebenfalls die christlichen Ursprünge der eigenen Nation thematisiert. Wie die Vergangenheitsbilder des 19. Jahrhunderts von einer nationalen Perspektive geprägt sind, so ist auch unser heutiges Geschichtsbild an unseren gegenwärtigen zeitlichen und örtlichen Standpunkt gebunden. I. S.

PRAGAM. REVERSVS. S. ADALBERTVS. A. POPVLO. CHRISTI
ANO. CVM. MAXIMO. GAVDIO. EXCIPITVR
BOHEMIAM. INGRESSVS. ARIDITATE. CONCVSSAM. IN.
MONTE. VERDI. PLVVIAM. TERÆ. S. EPISCOPVS. EXORAVI
S. ADALBERTVS. PRESENTE. OTTONE. III. IMPERATORE. ROMA
NO. VERONÆ. IN. EPISCOPVM. PRAGENSEM. CONSECRATVR
A. BRETISLAVO. DVCE. S. MARTYRIS. RELIQVIÆ
PRAGAM. MAXIMA. SOLEMNITATE. TRANSFERVNTVR
GENTILIBVS. EVANGELIVM. PRÆDICANTI. S. EPISCO
PO. MARTYRIVM. PRÆPARATVR.
A. ROMANO. PONTIFICE. S. ADALBERTVS. AD. BORVSSOS
GENTILES. FIDEI. CONVERTENDOS. MITTITVR

01.01.01

01.02.01

01.01.01

Sechs Szenen aus der Legende des heiligen Adalbert

(ausgestellt in Berlin und Prag)
František Sequens
Prag, vor 1888 (ausgeführt 1888–1890)
Kolorierte Tuschzeichnung
H. 67 cm, Br. 49,5 cm
Praha, Narodní galerie. Inv. Nr. NG 3987
Lit.: V. Vlnas, Svatý Vojtěch. Tisíc let svatovojtěške tradice v Čechách (Praha 1997) 129–130.

Bei dem Karton handelt es sich um Entwürfe für die Wanddekoration der Adalbertskapelle im Prager Dom. Die sechs, anlässlich des Adalbertmilleniums entworfenen Szenen (Weihe Adalberts in Verona vor Kaiser Otto II., Gebet auf dem Grünberg mit der Bitte um Regen für das von Dürre heimgesuchte Böhmen, Ankunft in Prag, Adalbert vom Papst auf die Pruzzenmission geschickt, Pruzzenmission im Vorzeichen des Märtyrertodes, Břetislav I. überführt die sterblichen Überreste nach Prag) gehören zu den bekanntesten der Vita des Heiligen und zugleich zu den damals national ausgedeuteten, so z. B. Adalberts Gebet um Regen für Böhmen. Wie viele tschechische Künstler bezog auch Sequens seine historischen Kenntnisse aus Zaps Böhmisch-Mährischer Chronik. Als die „Gotteskämpfer" Jan Žižkas den heiligen Wenzel im Zuge des neuen Nationalismus aus dem nationalen „Pantheon" verdrängten, geriet auch Adalbert in Vergessenheit. Ihn verehrte allein der katholische Teil der Bevölkerung. Sequens wollte mit dem Entwurf den Adalbertskult in die nationale Ideologie integrieren. J. R.

01.02.01

Otto III. in der Gruft Karls des Großen

(ausgestellt in Berlin)
Alfred Rethel
Düsseldorf (?), um 1847
Öl auf Leinwand
H. 52,5 cm, Br. 82,7 cm
Düsseldorf, Kunstmuseum Düsseldorf im Ehrenhof. Inv. Nr. 4457
Lit.: D. Hoffmann, Die Karlsfresken Alfred Rethels (Freiburg i. Brg. 1968) 53; 58; 63 f. – F. Büttner, Geschichte für die Gegenwart? Der Streit um die Karlsfresken Alfred Rethels. In: G. Althoff (Hrsg.), Die Deutschen und ihr Mittelalter. Themen und Funktion moderner Geschichtsbilder vom Mittelalter (Darmstadt 1992) 101–126.

Otto III. sah sich deutlich in der Tradition Karls des Großen. Er war ihm Vorbild bei seiner Mission, schlechthin der Inbegriff christlichen Herrschertums. Daher begab sich Otto nach Aachen und ließ das Karlsgrab öffnen. Im Bild wird auf das Fortwirken Karls durch Otto, der vor Karl betet, abgehoben. Wie dem 19. Jahrhundert aus Quellen des 11. Jahrhunderts (Chronicon Novaliciense) bekannt, wurde Karl auf dem Proserpina-Sarkophag sitzend bestattet. Reichskrone, -apfel und Szepter sowie die Aachener Heiltümer verweisen auf die Bedeutung Aachens und die Rolle Karls als Wegbereiter für die Erneuerung des Kaisertums im 19. Jahrhundert. Der Entwurf geht auf eine Ausschreibung des regionalen Kunstvereins, unter dessen Zielen die Stärkung von Staat und Kirche war, 1839 für einen Karlszyklus im Aachener Rathaus zurück. M. W.

01.03.01

Die Taufe des Vajk (Stephan)

Gyula Benczúr (München), 1870
Öl auf Leinwand
H. 89 cm, Br. 114 cm
Budapest, Magyar Nemzeti Galéria.
Inv. Nr. 2717

Lit.: L. Homér, Benczúr Gyula (Budapest 1938) 25–28. – Goldmedaillen, Silberkränze. Künstlerkult und Mäzenatur im 19. Jahrhundert in Ungarn. Ungarische Nationalgalerie (Budapest 1995) 313–316. – G. Dalos, Ungarn Mythen – Lehren – Lehrbücher. In: M. Flacke (Hrsg.), Mythen der Nationen. Ein europäisches Panorama (Berlin 1998) 528–556.

Das Gemälde zeigt die Taufe des Arpadensohns Vajk (Stephan) durch den heiligen Adalbert. Der Maler hat die Szene in die Taufkapelle zu Stuhlweißenburg verlegt. Hauptthema ist der Gegensatz Heidentum-Christentum, wie durch heidnische, sich abwendende Priester, die von Bewaffneten umringt sind, im Vordergrund angedeutet wird. Die Skizze schließt an Beschreibungen in Geschichtswerken Mihály Horváths an. Nach dem Ausgleich von 1867 war József Eötvös Kultusminister der neuen ungarischen Regierung. Auf ihn geht die Ausschreibung eines Wettbewerbs 1869 für den Zyklus der Historiengemälde des Ungarischen Nationalmuseums zurück. Eine Historiker-Kommission gab die Themen vor. G. Benczúrs Ölskizze gewann den ersten Preis; daher wurde sie 1875 auf staatliche Bestellung als monumentales Gemälde ausgeführt. K. S.

01.04.01 Handbuch Abb. 17

Die Krönung des ersten Königs von Polen im Jahre 1001

Jan Matejko
Krakau, 1889
Öl auf Mahagoni
H. 71 cm, Br. 105 cm
Warszawa, Muzeum Narodowe w Warszawie. M.P. 5060
Lit.: E. Suchodolska/M. Wrede, Jana Matejki „Dzieje cywilizacji w. P." (Warszawa 1998) 26–31.

Polens erster König, Bolesław Chrobry, wurde vermutlich im Jahr 1000 vor dem Reliquienaltar des heiligen Adalbert im Gnesener Dom gekrönt. Wenn der dargestellte Bau jedoch eher Züge der romanischen Krypta im Dom zu Krakau trägt, mag dies auf die Suche nach Vorbildern an Matejkos Wirkungsort zurückgehen. Das Gemälde zeigt die wichtigsten Akteure der Zeit um 1000, unter ihnen, neben Bolesław, Otto III. J. Matejko hatte sich als Autor von „Matejkos Skizzen zur Geschichte der Civilisation in Polen vom Künstler selbst erläutert, Krakau 1890" und als Maler intensiv mit Polens Geschichte befasst. Als Dank für die Verleihung des Ehrendoktors der Universität Krakau entwarf er einen belehrenden Gemäldezyklus zur „Geschichte der Civilisation", zu dem die Krönung als Meilenstein in der Geschichte Polens gehörte. F. St.

01.03.01

01.04.01

01.05.01

01.05.01

Kyrill und Method

Vor 1900 aus dem Besitz des Pfarrers Julius Plošic zu Kremnica ins Museum gelangt
Josef Božetech Klemens
Banská Bystrica (?), 1876
Öl auf Leinwand
H. 142 cm, Br. 79 cm (Bild); H. 160 cm, Br. 104 cm (Bild mit Rahmen)
Martin, Matica Slovenská Literarnomúzejné Oddelenie. Inv. Nr. KH 1701
(alt Inv. Num. H 5787).

Feierlichkeiten im Jahr 1863 anlässlich der 1000. Wiederkehr der Ankunft der beiden Slawenapostel in Mähren waren der Anlass für J. Klemens, sich mehrmals mit dem Thema „Kyrill und Method" auseinanderzusetzen. Meist handelte es sich bei diesen Werken um Altarbilder. Dies ist aufgrund von Ikonographie und Provenienz auch für das Martiner Gemälde zu vermuten, da das heilige Brüderpaar zu Seiten eines überdimensional großen Vortragekreuzes in einem ahistorischen Moment dargestellt ist. Der Mönch Kyrill war längst verstorben, als Method vom Papst zum Erzbischof erhoben und in sein Missionsgebiet zurückgeschickt wurde. Nach der Ausbildung an der Kunstakademie in Prag arbeitete Klemens in den 60er-Jahren als Gymnasialprofessor. Št. H.

Antikes Erbe und christliche Tradition

02

Im 10. Jahrhundert begann mit der Integration der Ungarn und Westslawen in das Abendland die Entwicklung einer gemeinsamen Kultur in Europas Mitte. Ihre Grundlage war die christlich-antike Zivilisation der Mittelmeerwelt, wie sie im griechisch geprägten Byzanz und im lateinischen Westen fortlebte und von dort auf die Nachbarn im Osten ausstrahlte. Christlicher Glaube, Liturgie und Kirchenrecht sowie aus der Antike überkommenes Bildungsgut und praktisches Wissen formten einen Kulturraum, in dem das Latein als Kirchen- und Gelehrtensprache die einzelnen Volkssprachen überwölbte. Antike Autoren und Texte waren wichtiger Bestandteil des Unterrichts und Gegenstand gelehrter Auseinandersetzungen. Nur wenige, zumeist Geistliche, hatten freilich aktiven Anteil an dieser Kultur, waren überhaupt des Schreibens und Lesens kundig. In der Kunst wurden antike Werkstücke wiederverwendet und Stilelemente aufgegriffen. Auch die Herrschaftsvorstellungen waren durch christliche Ordnungsmuster geprägt und bedienten sich antiker Ausdrucksformen. Dies waren um die Jahrtausendwende wesentliche Kennzeichen einer europäischen Kultur. K. Sch.

TERRA

Weltbild und Wissen 02.01

Gelehrte Auseinandersetzungen und Vorstellungen von der Welt standen um 1000 weitgehend in einem geistlich-religiösen Rahmen. Ziel der Wissenschaft war die Erkenntnis Gottes; Ort und Träger der Vermittlung waren die Dom- und Klosterschulen. Neben elementarem Latein wurde hier der mittelalterliche Bildungskanon der „Sieben freien Künste" gelehrt. Die erste Stufe, das Trivium, umfasste Grammatik, Rhetorik und Dialektik, daran schlossen sich das Quadrivium mit Arithmetik, Geometrie, Musik und Astronomie an. Sie wurden auf der Grundlage antiker, zum Teil heidnischer Schriften und deren christlicher Kommentare vermittelt. Spezifisch abendländische, an der Logik des Aristoteles geschulte Denkformen begannen sich zu entwickeln. Allmählich gewann die Wissenschaft so an Selbständigkeit gegenüber rein kirchlichen Traditionen, ohne jedoch den allgemeinen christlichen Rahmen zu verlassen. Zum Motor wurde hierbei die Komputistik, die Berechnung des beweglichen Ostertermins. K. Sch.

02.01.01

02.01.01

Schriften zum Quadrivium und zur Dialektik

(ausgestellt in Budapest)
Regensburg (St. Emmeram), 1020–1040
Pergament mit Deckfarben und Gold
H. 28,4 cm, Br. 19 cm
München, Bayerische Staatsbibliothek.
Clm 14272, fol. 1r
Lit.: Regensburger Buchmalerei. Von frühkarolingischer Zeit bis zum Ausgang des Mittelalters. Kat. Regensburg (München 1987) 34 f. Nr. 19. – B. Bischoff, Literarisches und künstlerisches Leben in St. Emmeram (Regensburg) während des frühen und hohen Mittelalters. In: B. Bischoff, Mittelalterliche Studien 2 (Stuttgart 1967) 77 ff.

Der Codex enthält Texte aus fast allen Bereichen der „Sieben freien Künste". Zusammengestellt wurden sie wahrscheinlich von dem Regensburger Mönch Hartwick, der in Chartres, einem der bedeutendsten Bildungszentren der Zeit, studiert hatte. Nach Hause zurückgekehrt, brachte er die Sammlung dem heiligen Emmeram dar. Die Darbringung der Wissenschaftshandschrift an den Regensburger Patron führt die für das Mittelalter charakteristische Verknüpfung von Wissen und Glauben vor Augen. Zugleich ist die Textsammlung Ausweis für einen sich schrittweise von West nach Ost vollziehenden Wissenstransfer. Durch umfangreiche Missionsbeziehungen wirkte dieses Wissen ebenso wie etwa künstlerische Traditionen über Regensburg nach Böhmen und Ungarn weiter. K. Sch.

02.01.02

Astronomische Sammelhandschrift

(ausgestellt in Budapest)
Regensburg (St. Emmeram), Mitte 11. Jh.
Pergament
H. 14,5 cm, Br. 11,5 cm
München, Bayerische Staatsbibliothek.
Clm 14836, fol. 16v/17r
Lit.: A. Borst, Astrolab und Klosterreform an der Jahrtausendwende (Heidelberg 1989). – W. Bergmann, Innovationen im Quadrivium des 10. und 11. Jahrhunderts. Studien zur Einführung von Astrolab und Abakus im lateinischen Mittelalter (Stuttgart 1985) 91 ff, 240 ff.

Um die Mitte des 11. Jahrhunderts verfasste der Reichenauer Mönch Hermann, wegen seiner Behinderung, der Lahme genannt, seine Schrift *De mensura astrolabii* (Über das Messen mit dem Astrolab), eine erste umfassende Bau- und Funktionsbeschreibung

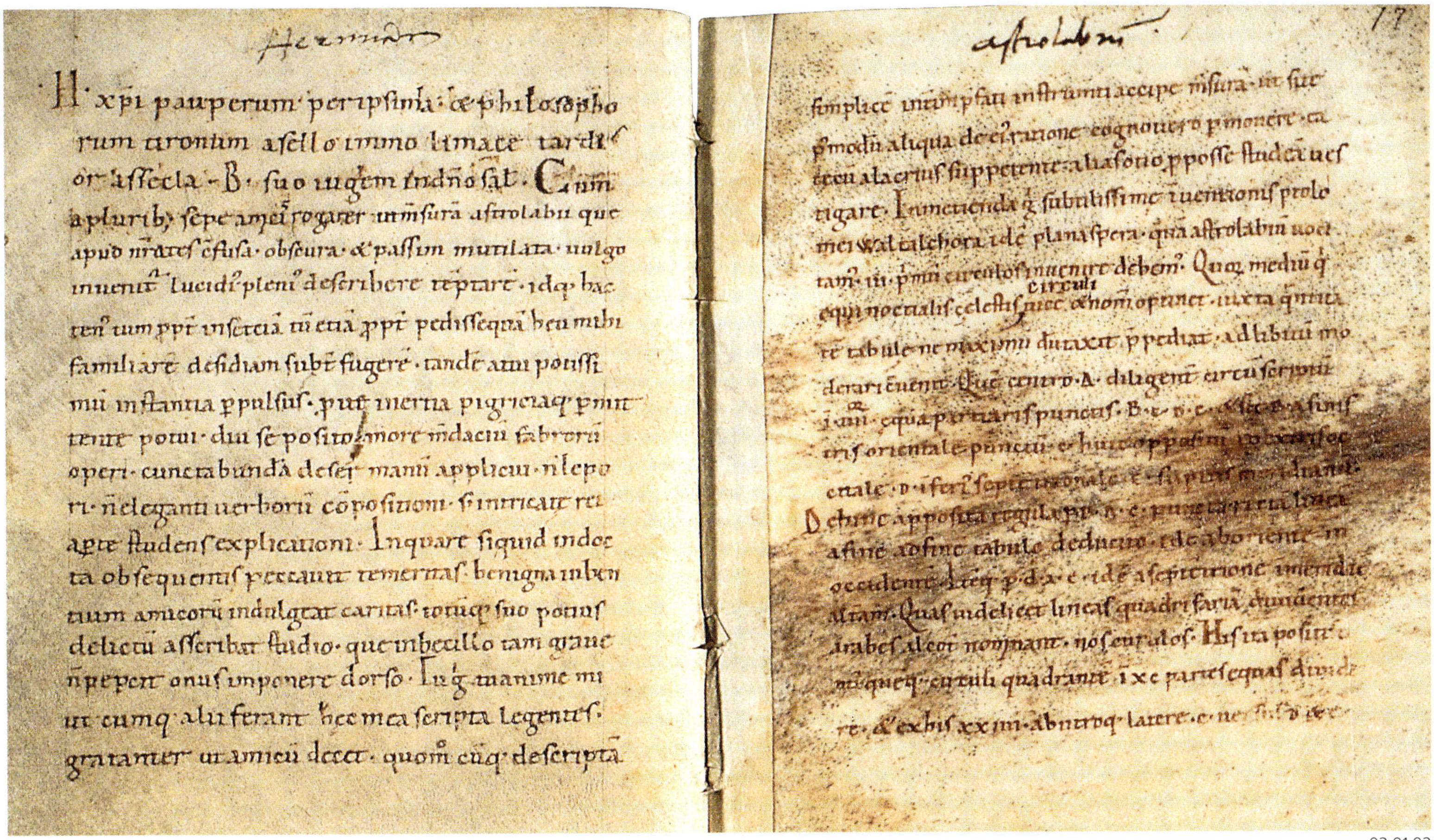

02.01.02

des Astrolabs. Während der Abfassung hatte Hermann wahrscheinlich ein Astrolab zur Hand, was sein Werk gegenüber den bisherigen Abhandlungen um vieles klarer und verständlicher machte. Eine der besten Überlieferungen seiner Schrift findet sich in diesem astronomischen Sammelcodex aus dem Regensburger Kloster St. Emmeram, auf den die Mönche bei ihren Studien zurückgreifen konnten. Einer ihrer Lehrer war Wilhelm, der spätere Abt von Hirsau, selbst Autor eines Lehrbuches zur Astronomie und Schöpfer des „steinernen" Astrolabs. K. Sch.

02.01.03

So genanntes steinernes Astrolab Wilhelms von Hirsau

(ausgestellt Abguss)
Regensburg (St. Emmeram), vor 1069
Kalkstein
H. 255 cm; Dm. 61 cm (Scheibe)
Regensburg, Museen der Stadt Regensburg
Lit.: J. Wiesenbach, Wilhelm von Hirsau. Astrolab und Astronomie im 11. Jahrhundert. In: Hirsau St. Peter und Paul 1091–1991, Bd. 2. Geschichte, Lebens- und Verfassungsformen eines Klosters (Stuttgart 1991) 109–156. – P. Morsbach, Kopfteil eines Astrolabiums. In: Ratisbona Sacra. Das Bistum Regensburg im Mittelalter. Ausstellungskat. Regensburg (München, Zürich 1989) 193 f.

Seit der Jahrtausendwende nahm die Astronomie einen bedeutenden Aufschwung, der vor allem dem Astrolab zu verdanken war. Seinen Weg in das Abendland fand dieses Produkt griechisch-antiker Wissenschaft durch die Vermittlung arabischer Schriften. Das Astrolab ist ein Instrument zur Bestimmung der Höhe von Himmelskörpern, wovon die Zeit wie der Breitengrad abgeleitet werden können.
Zwar erfüllte das so genannte steinerne Astrolab noch nicht die volle Funktion des Instruments, doch handelt es sich um ein einzigartiges Lehrgerät, das dem Regensburger Mönch Wilhelm, dem späteren Reformabt von Hirsau, zu astronomischen Studien- und Unterrichtszwecken diente. Es zeigt auf der Rückseite den in den Himmel blickenden griechischen Astronomen und Dichter Aratos. Auf der Vorderseite ist eine Sphaera im Querschnitt eingeritzt. Horizontlinie und Zenit beziehen sich auf den 48. Breitengrad, den Wilhelm für Regensburg errechnet hatte. K. Sch.

02.01.03

02.01.04

02.01.04

Mönch mit Sehrohr

(ausgestellt in Berlin)
St. Gallen, um 1000
Pergament mit Federzeichnung
H. 24 cm, Br. 20 cm
St. Gallen, Stiftsbibliothek. Cod. Sang. 18, pag. 43
Lit.: P. Ochsenbein, Die St. Galler Klosterschule. In: P. Ochsenbein (Hrsg.), Das Kloster St. Gallen im Mittelalter. Die kulturelle Blüte vom 8. bis zum 12. Jahrhundert (Darmstadt 1999) 95–107. – J. Wiesenbach, Der Mönch mit dem Sehrohr. Schweizerische Zschr. für Geschichte 44, 1994, 367–388.

Ein Mönch, erkennbar an seiner Tonsur, schaut auf einem Schemel stehend zu einer runden Scheibe hinauf. Diese ist in der Mitte ausgeschnitten, doch dürfte sie mit Markierungen zur Bestimmung der Nachtstunde versehen gewesen sein. Ursprünglich begleiteten die Miniatur wahrscheinlich astronomische Erläuterungen, die jedoch später ausradiert und durch den Beginn der Allerheiligenlitanei ersetzt wurden. Das Sehrohr wird als *horologium nocturnum* (Nachtuhr) gedeutet, eine Erfindung, die wohl auf den Veroneser Archidiakon Pacificus (9. Jh.) zurückgeht. Ein *horologium nocturnum* kann als Vorläufer des mathematisch und astronomisch wesentlich komplexeren Astrolabs bezeichnet werden. Ein Funktionsprinzip ist beiden gemeinsam: Die Beobachtung des sich um die Weltachse drehenden Sternenhimmels und die Messung einer Fixstern-Bewegung auf dem Parallelkreis. K. Sch.

02.01.06

02.01.06 Handbuch Abb. 26

Kalenderblatt aus einem Sakramentar

(ausgestellt in Berlin)
Fulda, letztes Viertel 10. Jh.
Pergament mit Deckfarbenmalerei
H. 28,2 cm, Br. 20,4 cm
Berlin, Staatsbibliothek zu Berlin – Preußischer Kulturbesitz. Ms. theol. lat. fol. 192 (Fragmente)
Lit.: A. v. Euw, Einzelblätter aus einem Sakramentar. In: Vor dem Jahr 1000. Abendländische Buchkunst zur Zeit der Kaiserin Theophanu. Ausstellungskat. Köln (Köln 1991) 86 ff. Nr. 19. – A. Fingernagel, Die illuminierten lateinischen Handschriften deutscher Provenienz der Staatsbibliothek Preußischer Kulturbesitz Berlin, 8.–12. Jahrhundert (Wiesbaden 1991) 68 f. Nr. 72.

Die christliche Liturgie ist an die Zeit gebunden, wie sie aus dem Lauf der Gestirne errechnet wird. Diese Verbindung von Zeitrechnung und Liturgie unterstreicht das Kalenderblatt. Als Teil eines Kalendars, eines Verzeichnisses der unbeweglichen Kirchenfeste, war es einem Sakramentar vorgebunden. Die allegorischen Jahresbilder stehen in der Tradition astronomischer Werke der Antike. Als Vorlage dienten bebilderte, lateinische Übersetzungen des griechischen Astronomen Aratos von Soloi (3. Jh. v. Chr.) aus der Karolingerzeit.
Rechts und links in den Arkaden erscheinen die zwölf Monate des Jahres, jeweils illustriert durch charakteristische Tätigkeiten. Zum Jahreskreis verbunden werden sie von dem in der Mitte thronenden Annus, der Personifikation des Jahres, den die Umschrift „Das Jahr mit den 52 Wochen in den zweimal 6 Drehungen der Monate" umgibt. Die vier Jahreszeiten sind als Zwillingspaare dargestellt. Oben stehen Frühling und Sommer. Sie halten ein Rundbild des Orion, der den Tag verkörpert; unter ihm die Erläuterung: „Das Jahr hat 365 Tage." Unten stehen Herbst und Winter mit dem Bild der Nacht, einer Frau mit Schleier vor den Augen. K. Sch.

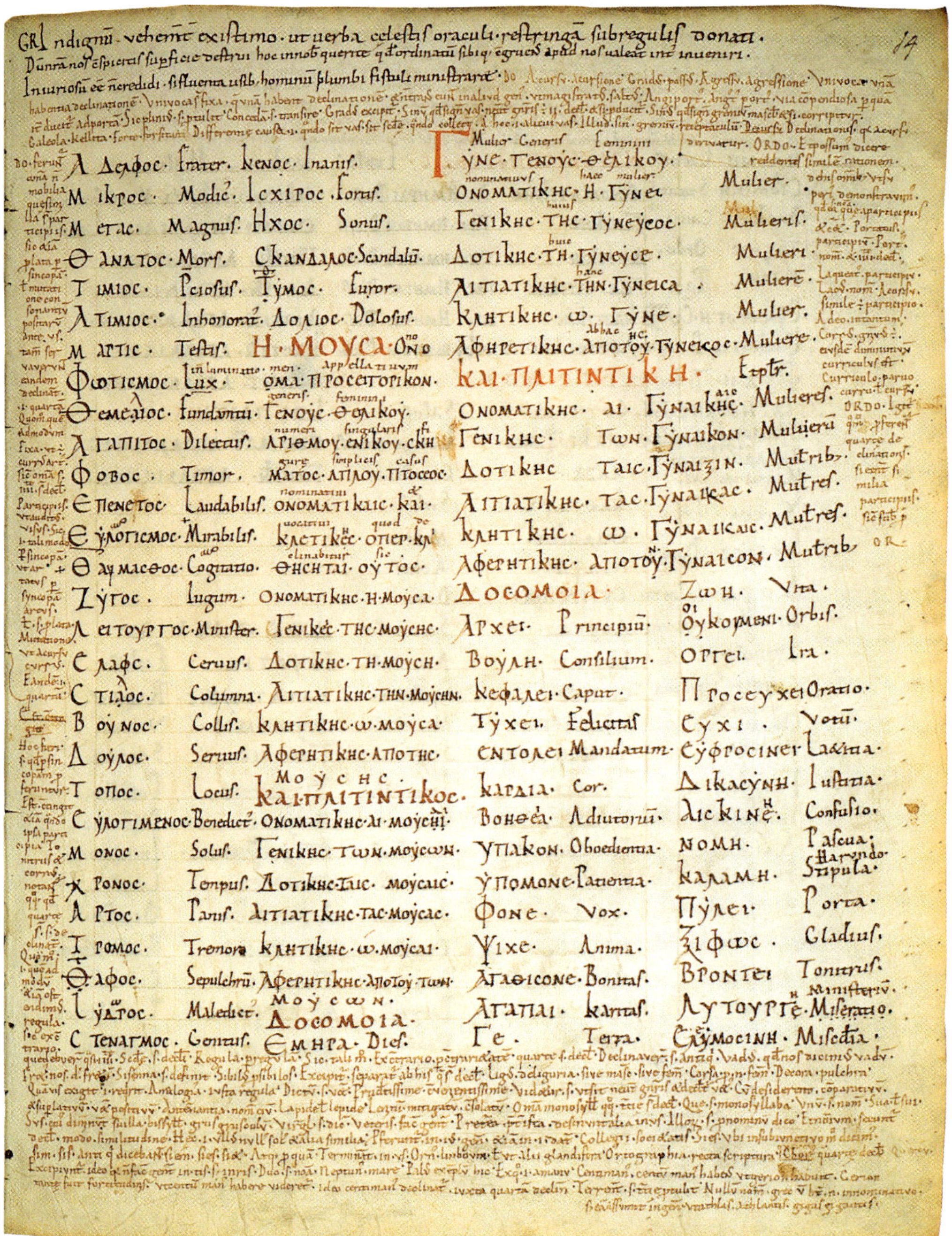

02.01.07

02.01.07

Grammatisch-philologische Sammelhandschrift

(ausgestellt in Krakau)
Feuchtwangen und Köln (St. Pantaleon), Ende 10. und 15. Jh.
Pergament, z.T. Papier
H. 28 cm, Br. 22,5 cm
Wien, Österreichische Nationalbibliothek. Cod. Vindob. 114, fol. 14r
Lit.: G. Sporbeck, Froumund von Tegernsee (um 960–1006/12) als Literat und Lehrer. In: A. v. Euw/P. Schreiner (Hrsg.), Kaiserin Theophanu. Begegnungen des Ostens und des Westens um die Wende des ersten Jahrtausends 1 (Köln 1991) 369–378. – F. Unterkircher, Der Wiener Froumund-Codex. Codices manuscripti 12, 1, 1986, 27–51.

Die Handschrift enthält vorwiegend philologische und grammatikalische Texte, darunter – als interessanter Beleg für die Griechischkenntnisse im Westen – auch Teile einer griechischen Grammatik mit griechisch-lateinischem „Wörterbuch". Die umfangreichen Randbemerkungen (Glossen) und Zusammenstellung antiker Dichterzitate machen deutlich, dass die Handschrift zu Studien- und Unterrichtszwecken angelegt wurde. Als Glossator wird der Mönch Froumund genannt, der als Lehrer in Köln, Feuchtwangen und Tegernsee tätig war. Stets bemüht, seinen Bestand an klassischen Autoren zu erweitern, stand er in regem Austausch mit Schulen etwa in Augsburg und Regensburg. Froumunds Wirkungsbereich umfasste damit jene geistlichen Bildungszentren in Süddeutschland und am Niederrhein, die seit dem 10. Jahrhundert auch nach Böhmen, Polen und Ungarn ausstrahlten und dort die Grundlagen lateinischer Bildung schufen. K. Sch.

02.01.08

02.01.08
Schulhandschrift mit Klassikertexten
(ausgestellt in Krakau und Prag)
Echternach, letztes Viertel 10. Jh.
Pergament
H. 51, Br. 34 cm
Trier, Stadtbibliothek. Cod. 1093/1694, fol. 118r
Lit.: J. Schroeder, Bibliothek und Schule der Abtei Echternach um die Jahrtausendwende. Publ. Sec. Hist. Institut G.-D. de Luxembourg XCI (Luxembourg 1977) 239–243.

Bei der Sammelhandschrift handelt es sich um einen Gebrauchscodex, wie er im mittelalterlichen Schulunterricht verwendet wurde. Neben der typischen Anfangslektüre, die spätantike christliche aber auch einfache heidnische Autoren umfasste, enthält der Codex mit dem „Trost der Philosophie“ des Boethius eines der Hauptwerke mittelalterlicher Gelehrsamkeit. Boethius (475/480–524) zählt zu den großen Vermittlern griechischer Wissenschaft an das lateinische Mittelalter.
Am Beginn einiger der Schultexte steht ein so genannter *accessus* (Zugang). Hierbei handelt es sich um einen Fragenkatalog (wer, was, womit, wann, wo), mit welchem die Schüler an die lateinischen Autoren herangeführt und zugleich die Grundlagen systematischen Denkens eingeübt wurden. Mit ähnlichen Texten und Unterrichtsmethoden kamen auch die Söhne slawischer Adeliger, die seit dem 10. Jahrhundert in bayerischen und sächsischen Kloster- und Domschulen erzogen wurden, in Kontakt. K. Sch.

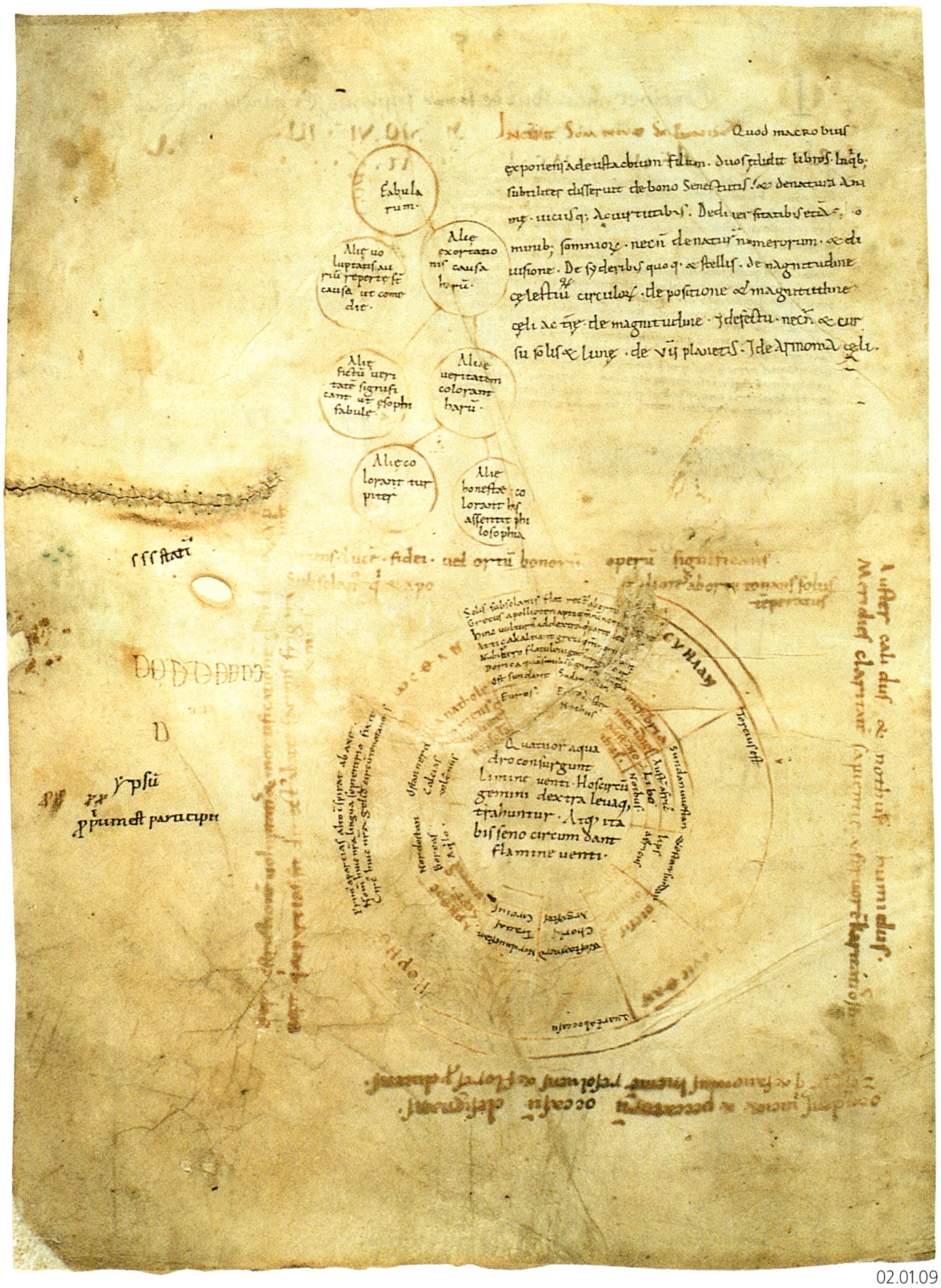

02.01.09

02.01.09

Wissenschaftliche Sammelhandschrift

(ausgestellt in Prag)
Echternach, spätes 10. Jh.
Pergament
H. 33 cm, Br. 25,5 cm
Paris, Bibliothèque nationale de France.
Ms. lat. 10195, fol. 1v
Lit.: J. Schroeder, Bibliothek und Schule der Abtei Echternach um die Jahrtausendwende. Publ. Sect. Hist. Inst. G.-D. de Luxembourg XCI (Luxembourg 1977) 255 ff.

Vier spätantike Autoren hatten bis zum 11. Jahrhundert einen kaum zu überschätzenden Einfluss auf die abendländische Philosophie: Die „Hochzeit des Merkur mit der Philologie“ von Martianus Capella, die Werke des Boethius, vor allem der „Trost der Philosophie“, sowie Macrobius' Kommentar zu Ciceros „Traum des Scipio“ und der Timaios-Kommentar des Calcidius. Die Timaios-Übersetzung und Kommentierung war lange Zeit der einzige verfügbare platonische Dialog in lateinischer Sprache und stellt somit die wichtigste Quelle für die Kenntnis platonischer Philosophie im Mittelalter dar. Die beiden letztgenannten Werke sind in der aus Echternach stammenden Handschrift erhalten. Aufgrund der guten Handschriftenüberlieferung lässt sich das Studienprogramm der Echternacher Schule rekonstruieren, das sich weitgehend an dem Gerberts, dem späteren Papst Silvester II., in Reims orientierte. K. Sch.

02.01.10

Macrobius-Karte

(ausgestellt in Mannheim)
11. Jh.
Pergament mit farbig angelegter Federzeichnung
H. 29 cm, Br. 21,5 cm
München, Bayerische Staatsbibliothek.
Clm 6362, fol. 74r
Lit.: A.-D. von den Brincken, Romazentrische Weltdarstellungen um die erste Jahrtausendwende. In: A. v. Euw/P. Schreiner (Hrsg.), Kaiserin Theophanu. Begegnungen des Ostens und Westens um die Wende des ersten Jahrtausends 1 (Köln 1991) 401–411. – J.-G. Arentzen, Imago Mundi Cartographica. Studien zur Bildlichkeit mittelalterlicher Welt- und Ökumenekarten unter besonderer Berücksichtigung des Zusammenwirkens von Text und Bild (München 1984) 63–70.

Der römische Gelehrte und Beamte Macrobius gab in seinem im ersten Drittel des 5. Jahrhunderts entstandenen Kommentar zu Ciceros „Traum des Scipio“ eine Beschreibung der Welt, deren Grundlage die Theorie des Krates von Mallos (um 150 v. Chr.) bildete. Die Erdkugel wird demnach durch zwei Ozean-Ringe, einen Äquatorial-Ozean und einen durch die beiden Pole verlaufenden Polar-Ozean, in vier Kontinente unterteilt. Parallel zum Äquatorialozean verlaufen fünf Klimazonen, von denen die mittlere wegen Hitze, die beiden äußeren wegen Kälte unbewohnt und nur die beiden Zwischenzonen bewohnbar sind. Als bewohnt gilt letztlich jedoch nur eine Zone. In Ergänzung zu diesem durch den Text vorgegebenen Inhalt zeigt die aus der Freisinger Dombibliothek stammende Karte eine deutliche Tendenz zur Ausweitung der topographischen Details. Genannt werden unter anderem die Kontinente Europa, Afrika, Arabia (statt Asia), die Länder Italien, Griechenland, Äthiopien und Ägypten sowie einige Städte: Jerusalem, Korinth, Rom. Zu erkennen sind etwa Korsika, Sardinien, Sizilien, der Stiefel Italiens, in Ansätzen auch Nordeuropa, obgleich hierfür keine antiken Vorlagen existierten. K. Sch.

02.01.10

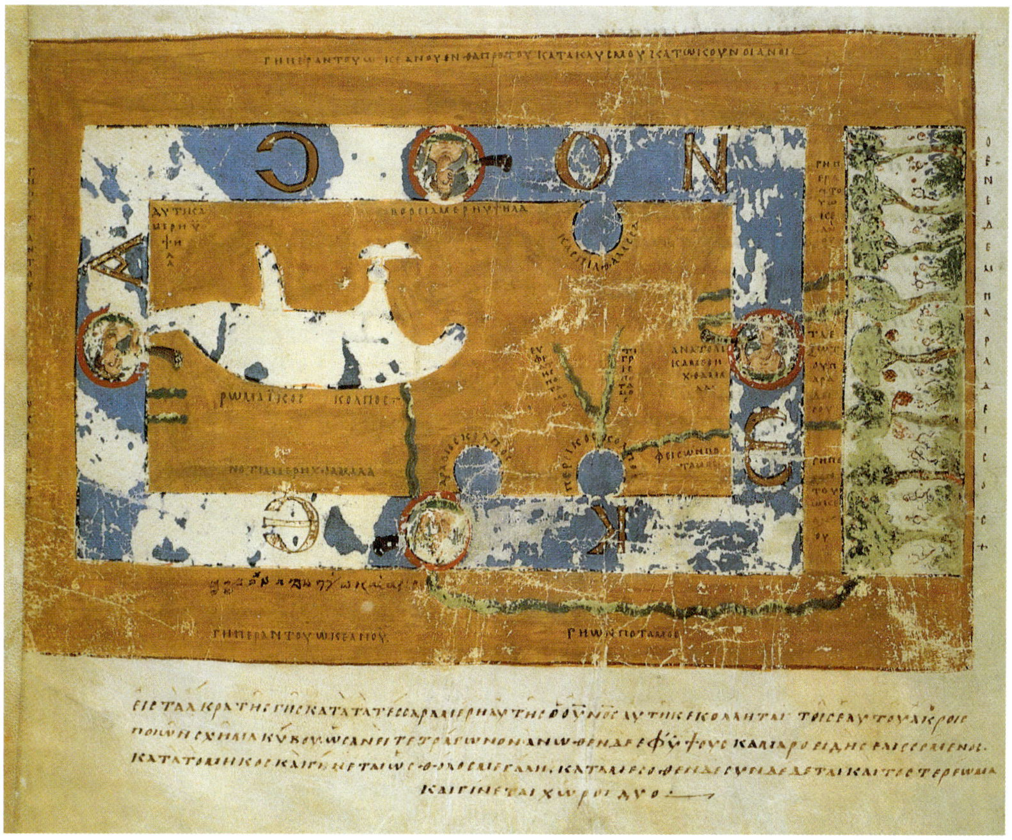

02.01.11

02.01.11

02.01.11

Kosmas Indikopleustes, Christliche Topographie

(ausgestellt in Mannheim)
Byzanz, Ende 9. Jh.
Pergament mit Deckfarbenmalerei
H. 33,2 cm, Br. 31,5 cm
Città del Vaticano, Biblioteca Apostolica Vaticana. Vat. gr. 699, fol. 40v, 89r
Lit.: W. Wolska-Conus, La „topographie chrétienne" de Cosmas Indicopleustes: Hypothèses sur quelques thèmes de son illustration. Rev. Études byzantines 48, 1990, 155–191. – J.-G. Arentzen, Imago Mundi Cartographica. Studien zur Bildlichkeit mittelalterlicher Welt- und Ökumenekarten unter besonderer Berücksichtigung des Zusammenwirkens von Text und Bild (München 1984) 37–43. – H. Hunger, Die hochsprachliche profane Literatur der Byzantiner 1 (München 1978) 520 f.; 528–530.

Die um die Mitte des 6. Jahrhunderts verfasste „Christliche Topographie" ist das Werk eines anonymen Autors, der wegen seiner Beschreibungen Indiens und Ceylons „Kosmas Indikopleustes" *(Indikopleustes* = „Indienfahrer") genannt wurde. Das Werk, das zahlreiche Übersetzungen aus dem Griechischen auch in slawische Sprachen erfuhr, verdankte seine Beliebtheit der Tatsache, dass dem heidnisch-antiken ein christliches Weltbild entgegengestellt wurde, das sich bis in Einzelheiten an der Bibel orientierte. Kosmas lehnte die Kugelgestalt der Erde ab, die er als rechteckige Scheibe dachte, deren Länge und Breite nach der Bibel im Größenverhältnis 2:1 standen. Eine äußere Erde, in deren Osten das irdische Paradies lag, umgab einen Ozean, aus dem sich wie eine Insel der innere, allein bewohnte Teil der Erde erhob. Über die Erdscheibe wölbte sich der zweigeschossige Himmel, der mit den Grenzen der Erde fest verbunden war. Die Tageszeiten erklärte er durch einen mächtigen Berg im Norden, hinter dem die Sonne auf- und unterging. Engel griffen in die Bewegung der Gestirne ein. K. Sch.

Kunst

02.02

Die Antike ist ein wesentlicher Grundpfeiler der sich um 1000 in Europas Mitte ausbildenden gemeinsamen Kultur. Dies offenbart sich in besonderem Maße an der Kunst, die in ganz unterschiedlicher Weise von der Antike geprägt ist. Antikes Wissen, wie Farben herzustellen sind, wie Bauten auszusehen haben und zu errichten sind, wurde der Zeit um 1000 durch Traktate überliefert. Damals noch erhaltene antike Werke waren Vorlagen spezieller Studien (Musterblätter) oder ganzer Bildzyklen (z. B. Codex Egberti). Daneben wirkte ein reicher Fundus letztlich römisch-spätantiker Bildmotive fort, von dem bereits die karolingische Kunst geprägt war. Außerdem muss eine nicht unbeträchtliche Zahl kostbarer spätantiker Steine, Elfenbeine und anderer Spolien verfügbar gewesen sein, die oftmals in einen liturgischen Kontext eingebunden wurden. Bisweilen erfuhren dabei heidnische Darstellungen eine christliche Deutung. I. S.

02.02.01

02.02.01

Codex Egberti

(Faksimile ausgestellt in Prag)
Trier, St. Paulin
Reichenau und Trier, 977–993
Pergament
H. 27 cm, Br. 21 cm
Trier, Stadtbibliothek. Ms. 24, fol. 3v
Lit.: H. Schiel (Hrsg.), Codex Egberti der Stadtbibliothek Trier [Vollfaksimile] (Basel 1960). – F. J. Ronig (Hrsg.), Egbert Erzbischof von Trier 977–993, 1 (Trier 1993) 23 ff. Nr. 10.

Der Codex Egberti gehört aufgrund seines umfangreichen Bildzyklus wie seiner frühen Datierung innerhalb der Reichenauer Werke zu den herausragenden Leistungen dieses Skriptoriums. Es ist unbestritten, dass bei der Anfertigung der Bilderfolge eine antike Vorlage benutzt wurde. Zudem wurde durch neueste naturwissenschaftliche Untersuchungen genau nachgewiesen, an welchen Miniaturen der ebenfalls an antiken Kunstwerken geschulte Trierer Maler, der so genannte Gregormeister, beteiligt war. Wie das Widmungsbild verdeutlicht, wurde der Codex auf der Reichenau hergestellt und ging dann als Geschenk an Erzbischof Egbert von Trier. Es handelt sich um ein liturgisches Buch mit den für die einzelnen Feste des Kirchenjahres festliegenden Evangelienlesungen in der heiligen Messe (Perikopenbuch). I. S.

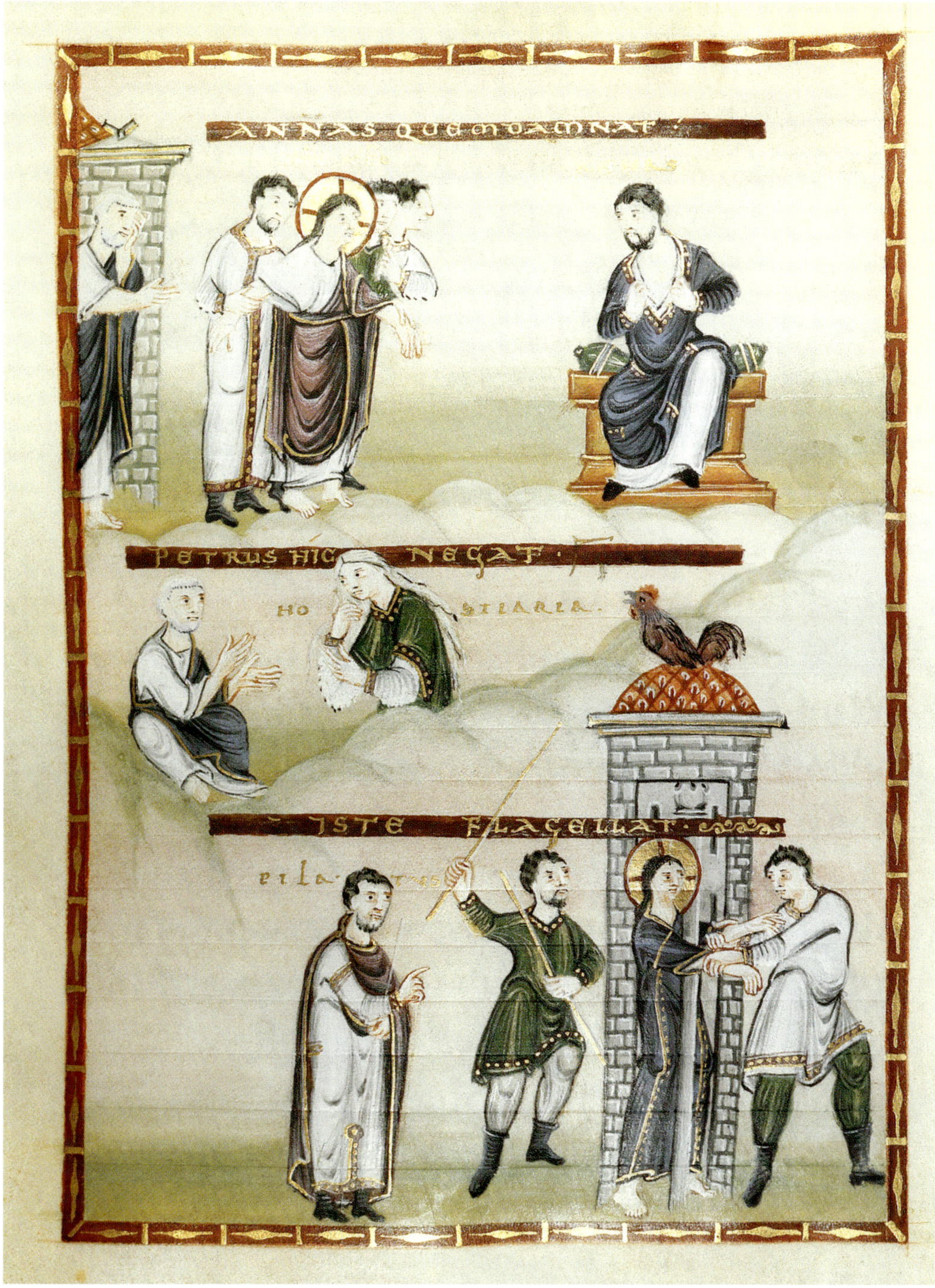

02.02.01 a

02.02.01 a

Doppelblatt aus dem Codex Egberti
(ausgestellt in Budapest)
Trier, St. Paulin
Reichenau und Trier, 977–993
Pergament
H. 27 cm, Br. 21 cm
Trier, Stadtbibliothek. Ms. 24, fol. 80v
Lit.: H. Schiel (Hrsg.), Codex Egberti der Stadtbibliothek Trier [Vollfaksimile] (Basel 1960).

Die Miniatur zeigt drei Szenen der Passionsgeschichte: Christus vor dem Hohepriester Annas (Joh. 18,13 und 19–24), die Verleugnung Petri (Joh. 18,16–18 und 25–27) und die Geißelung (Joh. 19,1). Sie sind im Typus der auf die Bebilderung der antiken Buchrolle zurückgehenden Streifenbilder übereinander angeordnet und mit auf Purpurgrund geschriebenen Tituli versehen. Ähnlich sind erläuternde Beischriften, z. B. bei dem spätantiken Probianus-Diptychon, in die Darstellungen eingebracht. Von römischen Wandmalereien sind die von Grün in Rosa übergehenden Bildgründe abzuleiten. Auch das Sitzmotiv Petri, der Befehlshaberstab und der Befehlsgestus bei Pilatus, die naturalistische Wiedergabe des Hahns oder die dargestellte Architektur sind Elemente, die letztlich auf die antik-römische Kunst zurückgehen. I. S.

02.02.01 b

02.02.01 b

Doppelblatt aus dem Codex Egberti
(ausgestellt in Krakau)
Trier, St. Paulin
Reichenau und Trier, 977–993
Pergament
H. 27 cm, Br. 21 cm
Trier, Stadtbibliothek. Ms. 24, fol. 90r
Lit.: H. Schiel (Hrsg.), Codex Egberti der Stadtbibliothek Trier [Vollfaksimile] (Basel 1960).

Zwar mit einem stark stilisierten antiken Kyma fest gerahmt, aber doch wie das antike Streifenbild mitten in die Perikope (Joh. 21,1–14) integriert ist die ihr zugehörige Illustration: Christus offenbart sich am See Tiberias und der wunderbare Fischzug. In köstlicher Erzählfreude hat der Maler dargestellt, wie Petrus – lediglich mit einem Überwurf bekleidet – ein prall gefülltes Fischernetz hinter sich herzieht. Links von ihm wird das Boot mit den Jüngern gezeigt (vgl. Osebergschiff, um 1000). Die Offenbarung Christi, die Petrus durch das auf einmal gefüllte Netz bewusst wurde, ist im Bilde durch eine Hostie angedeutet, die auf die Erdschollen vor Christus gezeichnet ist. Die Darstellung von Bodenwellen, das heißt *terra undulata,* greift auf ein darstellerisches Element der Antike zurück. I. S.

02.02.01 c

02.02.01 c

Doppelblatt aus dem Codex Egberti
(ausgestellt in Berlin)
Trier, St. Paulin
Reichenau und Trier, 977–993
Pergament
H. 27 cm, Br. 21 cm
Trier, Stadtbibliothek. Ms. 24, fol. 50r
Lit.: H. Schiel (Hrsg.), Codex Egberti der Stadtbibliothek Trier [Vollfaksimile] (Basel 1960).

In Joh. 9,1–38 wird das Wunder der Heilung des Blindgeborenen am Teich Siloah geschildert. Der Maler hat den Blinden durch die geschlossenen Augen, den Taststock und die Kopfbinde kenntlich gemacht, die Kinder und Blinde im Mittelalter als Kopfschutz für den Fall eines Sturzes trugen. Zudem ist die Identifikation des Blindgeborenen durch den Titulus *caecus* eindeutig. Obwohl sich nach Joh. 9,7 das Wunder an einem See zutrug, verlegte der Maler das Geschehen an eine antike Wasserquelle, die bezeichnenderweise mit *aqueductus sylone* betitelt wurde. Sie ist durch einen wasserspeienden Pfau auf einer Säule verbildlicht und vielleicht in Anlehnung an die evtl. unter Hadrian I. (772–795) auf dem Pignabrunnen im Atrium von Alt-St. Peter angebrachten Pfauen aus dem ersten Jahrhundert gemalt worden. I. S.

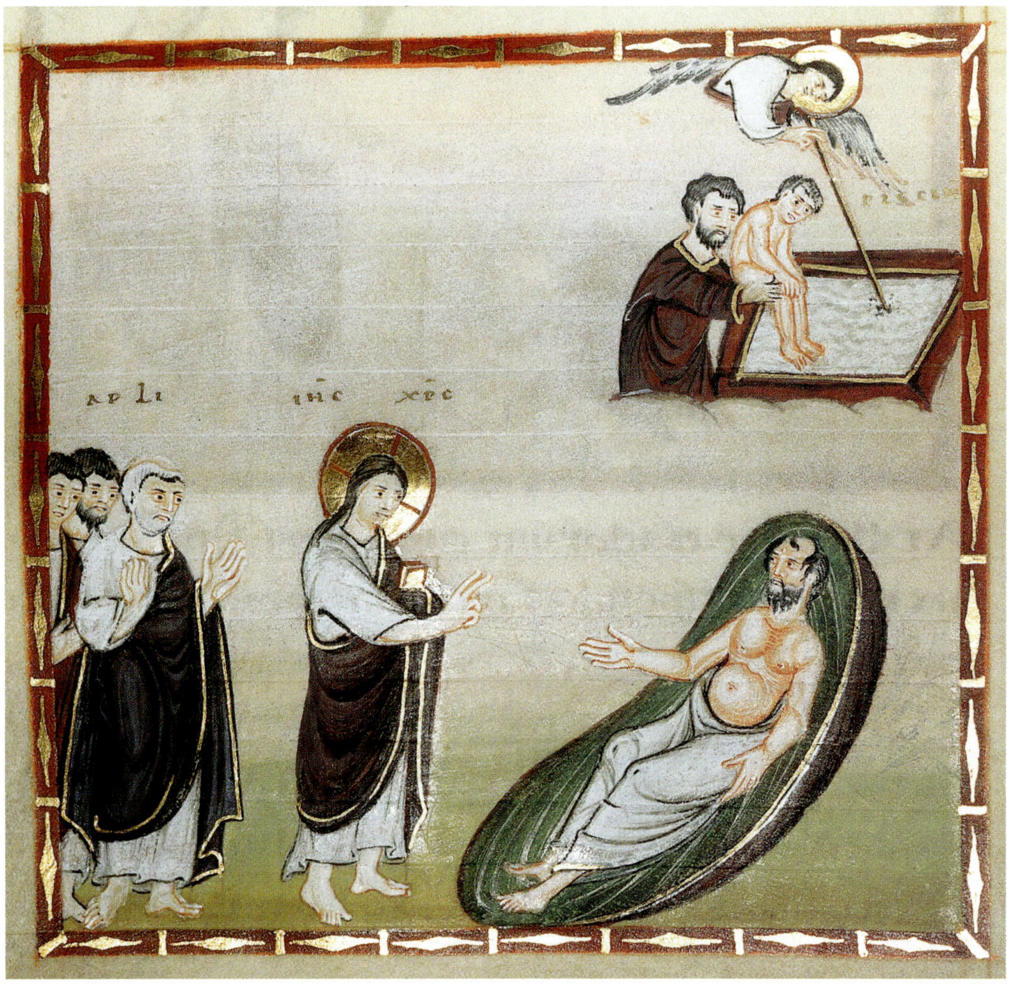

02.02.01 d

02.02.01 d

Doppelblatt aus dem Codex Egberti
(ausgestellt in Mannheim)
Trier, St. Paulin
Reichenau und Trier, 977–993
Pergament
H. 27 cm, Br. 21 cm
Trier, Stadtbibliothek. Ms. 24, fol. 36v
Lit.: H. Schiel (Hrsg.), Codex Egberti der Stadtbibliothek Trier [Vollfaksimile] (Basel 1960).

Die Abstammung der Illustration zu Joh. 5,1–15 von den Streifenbildern der antiken Buchrolle wird zum einen daran deutlich, dass die Miniatur wie diese mitten in den Fließtext integriert ist. Zum anderen erinnert die Verbindung von zwei erzählenden Szenen, die durch Tituli und die klare Anordnung der Personengruppen leicht lesbar sind, an Streifenbilder. Durch das spätantike Motiv der Erdschollen ist die zweite Szene in einen eigenen Raum verwiesen. Nach dem Bericht des Johannes brachte bei dem Wunder der Krankenheilung am See Bethsaida ein Engel das Wasser in Bewegung. In der Miniatur hat der Maler diesen Moment durch den goldenen Stab, den der Engel in den als *piscina* bezeichneten See hält, angedeutet. Auf die antike Kunst gehen auch die Rahmenleiste und der grün-rosa Bildgrund zurück. I. S.

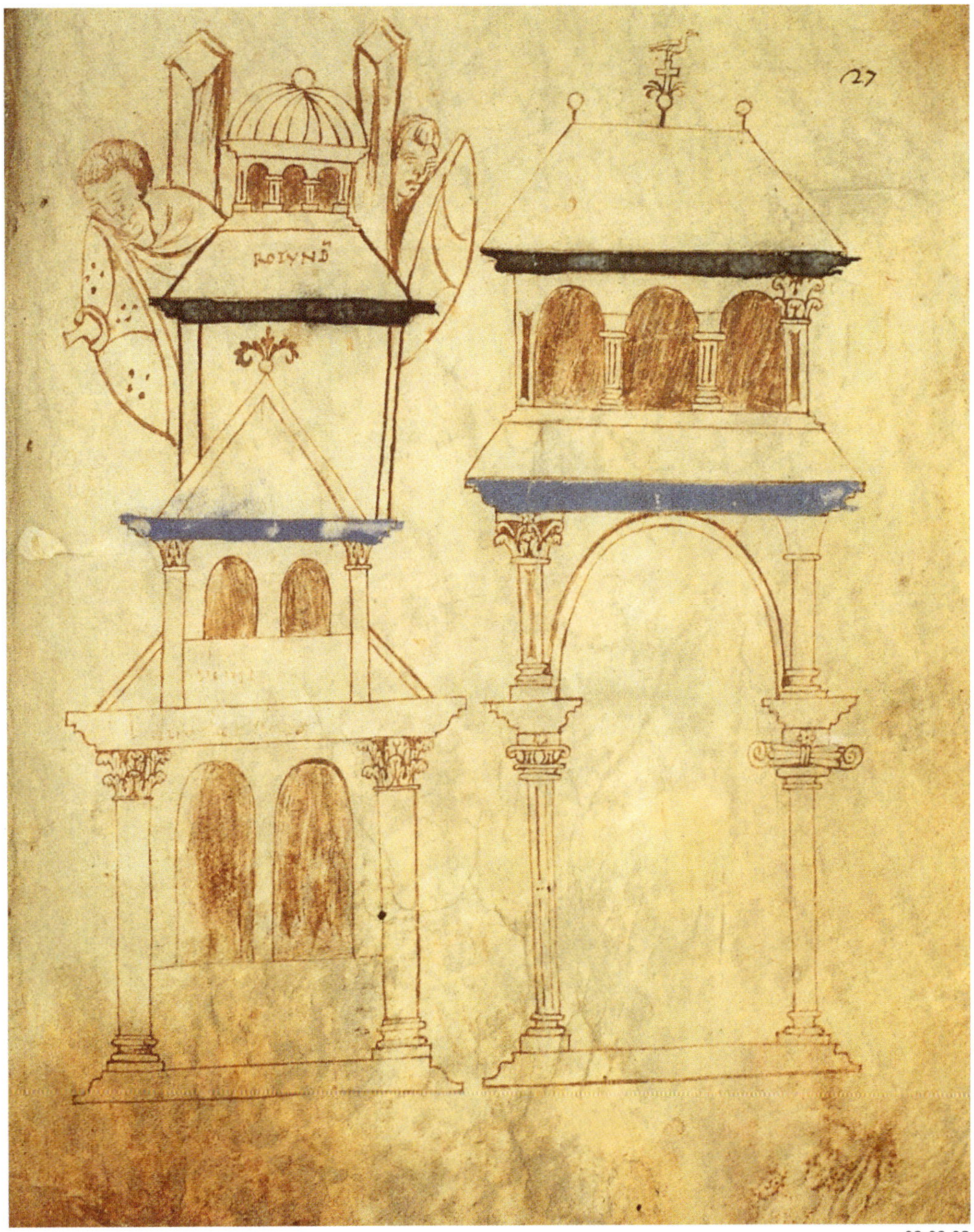

02.02.03

02.02.02

Musterblatt

(ausgestellt in Mannheim)
Fleury, im Hugenottenkrieg vom vatikanischen Teil des Musterbuchs abgetrennt
Fleury, 8./9. Jh.; Fleury, Ende 10. Jh.
Pergament
H. 21 cm, Br. 17, 5 cm
Paris, Bibliothèque nationale de France. Ms. lat. 8318, fol. 64v
Lit.: R. W. Scheller, A Survey of Medieval Model Books (Haarlem 1963) 49 ff. – Bernward von Hildesheim und das Zeitalter der Ottonen 2. Ausstellungskat. Hildesheim (Hildesheim, Mainz 1993) 257 ff. V–6.

Das Nebeneinander verschiedener ornamentaler Motive auf fol. 64v ist charakteristisch für Musterblätter. Einzelne dieser Ornamente – die aufgewickelte Ranke aus Akanthus, die einzelnen Akanthusblätter, das Musterband aus in sich verzahnten Elementen – wirken so antikennah, dass die Forschung von einem Abzeichnen antiker Bauskulptur vor Ort ausging. Als Vorbild für die Akanthusblätter wurde z. B. die Maison Carré in Nîmes benannt, als das des Musterbandes lassen sich die Gewölbemosaiken in Santa Costanza in Rom anführen. Ein Beispiel für die Verwendung eines solchen Musterrapports in der ottonischen Kunst wäre der Grund der Miniatur mit dem Evangelisten fol. 3v im Codex Egberti (02.02.01); für das Akanthusblatt bietet z. B. die Rahmenleiste der Gregorplatte (02.02.04) einen guten Vergleich. I. S.

02.02.02

02.02.03

Musterblatt

(ausgestellt in Krakau)
Fleury, im Hugenottenkrieg vom Pariser Teil des Musterbuchs abgetrennt
Fleury, 8./9. Jh.; Fleury, Ende 10. Jh.
Pergament
H. 25,5 cm, Br. 20,5 cm
Città del Vaticano, Biblioteca Apostolica Vaticana. Reg. lat. 596, fol. 27r
Lit.: R. W. Scheller, A Survey of Medieval Model Books (Haarlem 1963) 49 ff. – Bernward von Hildesheim und das Zeitalter der Ottonen 2. Ausstellungskat. Hildesheim (Hildesheim, Mainz 1993) 257 ff. V–6.

Im römischen Teil des Musterbuchs wurden auf den leer gebliebenen Seiten abgesehen von weiteren Bauornamenten (Akanthusranken, Eierstab) auch ganze Bauwerke gezeichnet. Sie verraten die Kenntnis antiker römischer Monumente bzw. von Teilen solcher. Bemerkenswert ist die Zeichnung eines Turms auf fol. 27r, der offenbar unter Verwendung zahlreicher Spolien errichtet wurde. Vielleicht hatte der Künstler in Italien ein solches Bauwerk studiert; viele italienische Kirchtürme des 10. und 11. Jahrhunderts wurden unter Verwendung antiker Spolien errichtet. Auf demselben Blatt befindet sich ein zweites Gebäude, das in ähnlicher Form als Grabgebäude in Miniaturen zum Ostermorgen vorkommt. In der Tat: Der Zeichner hat zwei schlafende Wächter beigefügt. I. S.

02.02.04

02.02.04

Gregorplatte

(ausgestellt in Prag)
Wohl im 17. Jh. im Besitz des kaiserlichen Hofs der Habsburger; bis 1928 in Stift Heiligenkreuz in Wien
Lothringen, Ende 10. Jh.
Elfenbein
H. 20,5 cm, Br. 12,8 cm
Wien, Kunsthistorisches Museum Kunstkammer. Inv. Nr. KK 8399
Lit.: H. Trnek, Das Oeuvre des Meisters der Wiener Gregorplatte. Drei francosächsische Elfenbeinreliefs um 875 in Wien, Cambridge und Frankfurt am Main. In: M. Leithe-Jasper (Hrsg.), Zu Gast in der Kunstkammer. Eine Ausstellung anläßlich des einhundertjährigen Bestehens des Kunsthistorischen Museums (Wien 1991) 11–45. – Bernward von Hildesheim und das Zeitalter der Ottonen 2. Ausstellungskat. Hildesheim (Hildesheim, Mainz 1993) 195 IV-38. – U. Surmann, Der Meister der Wiener Gregortafel. In: F. J. Ronig (Hrsg.), Egbert Erzbischof von Trier 977–993 (Trier 1993) 207–229.

Das Elfenbein besticht nicht allein durch Erzählreichtum, sondern ebenso durch die fast photographische Präzision bei der Darstellung von Details: Papst Gregor d. Gr. (590–604) ist, inspiriert von der Taube des heiligen Geistes, gezeigt, während er das *Vere Dignum* niederlegt. Im Mittelalter galt Gregor als Verfasser des Sakramentars. Die drei Schreiber in einem eigenen Feld unter dem Papst verweisen auf die Verbreitung der römischen Messtexte. Wie auch bei anderen lothringischen Werken um 1000 fällt der antikische Charakter der Platte auf: Handelt es

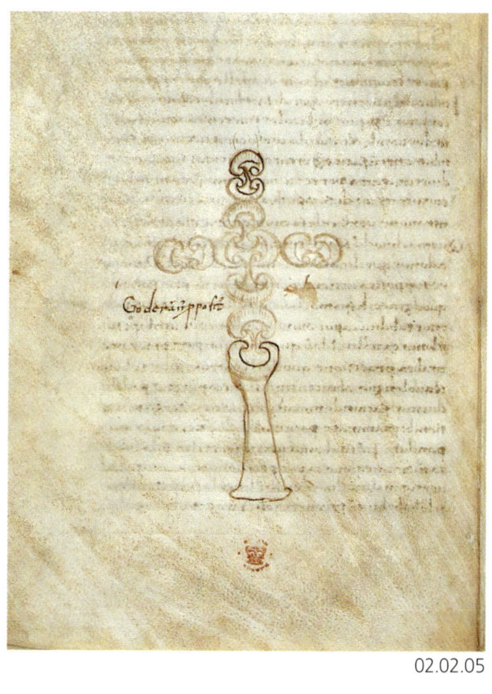

02.02.05

02.02.06

02.02.06

sich bereits bei dem Schreiberporträt Gregors um einen antiken Bildtypus, so gilt dies auch für Motive wie die Akanthusranke, die Architektur, das Pult und den Thron. Der Stil verrät eher den Einfluss frühbyzantinischer Elfenbeine der Zeit um 500. I. S.

02.02.05
Vitruv, Decem libri architecturae
(ausgestellt in Budapest)
Anfang 11. Jh. im Besitz von Goderamnus (Propst von St. Pantaleon in Köln, dann Abt von St. Michael in Hildesheim)
Köln (?), um 800
Pergament
H. 29,8 cm, Br. 24,3 cm
London, British Library Harley. Ms. 2767, fol. 145v/146r
Lit.: F. Zöllner, Vitruvs Proportionsfigur. Quellenkritische Studien zur Kunstliteratur im 15. und 16. Jahrhundert (Worms 1987) 44 ff. – Bernward von Hildesheim und das Zeitalter der Ottonen 2. Ausstellungskat. Hildesheim (Hildesheim, Mainz 1993) 530 f. Nr. VIII–8.

Wiederholt wurden in der gebauten wie dargestellten Architektur um 1000 antike Züge aufgezeigt, ohne dass man die damaligen praktischen und theoretischen Kenntnisse der antiken Baukunst genau benennen könnte. In dieser Frage ist die Londoner als eine der ältesten und getreuesten Abschriften von Vitruvs *Decem libri architecturae* ein spannendes und zugleich wichtiges Zeugnis: Belegt sie doch durch Nachträge des frühen 11. Jahrhunderts, dass Goderamnus, der sich auf fol. 145v unter dem Kreuz dem Gedächtnis der Nachwelt anempfiehlt, zumindest ein theoretisches Interesse an Vitruv hatte. Der Architekturtraktat behandelt neben den Säulenordnungen, Baustilen und deren Verwendung zurückgehend auf Vitruvs Tätigkeit als Ingenieur auch andere Bauaufgaben (z. B. Wasserleitungen, Uhren, Maschinen). I. S.

02.02.06
Herimannkreuz
(ausgestellt in Berlin)
Köln, St. Maria im Kapitol
Köln oder Werden, vor 1049
Holzkern, Kupfer und Bronzeguss, vergoldet, Lapislazuli
H. 47 cm, Br. 27 cm
Köln, Diözesanmuseum. H 11
Lit.: Ornamenta Ecclesiae. Kunst und Künstler der Romanik 1. Ausstellungskat.

Köln 1985 (Köln 1985) 158 Nr. B 9. – U. Surmann, Das Kreuz Herimanns und Idas. Kolumba 4 (Köln 1999).

Inschriften und Stifterdarstellungen zeigen, dass das Kreuz ein Geschenk des Kölner Erzbischofs Herimann für das Kloster St. Maria im Kapitol in Köln war, dem seine Schwester Ida vorstand. Die Stifter stammen aus der unmittelbaren Umgebung des Herrscherhauses: Ihre Eltern waren Pfalzgraf Ezzo und Mathilde, die Schwester Ottos III. Diese Stellung findet in Gestalt und Form des Kreuzes Ausdruck: Ähnlich anderen hofnahen Aufträgen (Reichskreuz Wien) wurde der Typ des Krückenkreuzes gewählt und mit einer kostbaren Spolie verziert. Einmalig für die Kunst um 1000 ist der antike Kopf aus Lapislazuli, der an die Stelle von Christi Haupt getreten ist. In dem leuchtend blauen Stein wird heute meist ein Porträt der Kaiserin Livia erkannt – um 1000 wohl ein Sinnbild der Herrlichkeit Gottes. I. S.

02.02.07

Chalzedonplatte

(ausgestellt in Mannheim)
Bamberg, St. Stephan; seit 1804/05 im Schatz der Reichen Kapelle der Münchner Residenz
Spätantik (?)
Chalzedon
L. 23 cm, Br. 16 cm
München, Schatzkammer der Residenz. Inv. Nr. Res. Mü. Schk. 6 WL
Lit.: R. Baumstark (Hrsg.), Rom und Byzanz. Schatzkammerstücke aus bayerischen Sammlungen. Kat. München 1998 (München 1998) 83 f. Nr. 8.

02.02.07

02.02.08

Die Chalzedonplatte ist unfigürlich dekoriert. In die Mitte ist eine unvegetabilische Doppelpalmette eingeschnitten; der Rand ist mit einer die ganze Platte umlaufenden Wellenranke verziert. Aufgrund von technischen Beobachtungen sieht die jüngste Forschung in ihr wieder ein spätantikes Stück, dessen ursprünglicher Kontext allerdings nicht näher bekannt ist. Vermutlich wurde es bereits im frühen 11. Jahrhundert auf dem – heute nicht mehr erhaltenen – Einband der Bamberger Apokalypse unter den anderen Preziosen angebracht. Über Inventare lässt sich die Platte 1608 auf dem Einband der Apokalypse belegen. Sie steht daher für die Wiederverwendung antiker Stücke in neuem christlichen Kontext. Der Codex war ein Geschenk Heinrichs II. an das Stift St. Stephan in Bamberg. I. S.

02.02.08

Buchschrein mit Probianus-Diptychon

(Kopie ausgestellt in Krakau)
Werden
Rom, um 400; Werden, 2. Hälfte 11. Jh.
Elfenbein, Holz
H. 34,6 cm, Br. 16 cm; H. 32 cm, Br. 13 cm (Elfenbein)
Berlin, Staatsbibliothek zu Berlin – Preußischer Kulturbesitz. Ms. theol. lat. fol. 323
Lit.: V. H. Elbern, Das erste Jahrtausend, Kultur und Kunst im werdenden Abendland an Rhein und Ruhr[2] (Düsseldorf 1962) 84 Nr. 387.

Zu Diptycha verbundene, schmale Elfenbeintafeln wurden in der Spätantike zu besonderen Anlässen wie zum Amtsantritt an ranghohe Persönlichkeiten, z. B. Konsuln, überreicht. Häufig ist der Empfänger auf den Tafeln dargestellt, wie hier der römische Vikar Rufius Probianus. Mit Wachs auf der Innenseite ausgegossen dienten sie ursprünglich als Schreibtäfelchen. Im 10. und 11. Jahrhundert wurden solche Tafeln wiederholt auf Bucheinbänden angebracht, bisweilen sogar mit liturgischen Gedenkeinträgen versehen. Beides gilt für den Berliner Buchschrein. Über solche Tafeln wurde die spätantike Bildsprache der Zeit um 1000 vermittelt. Eindrücklich führt dies der Vergleich einzelner Motive des Probianus-Diptychons mit der Buchmalerei um 1000 vor Augen (vgl. die Architektur und die Figur des Vikars). I. S.

02.02.09

Bucheinband mit Elfenbeintafel

(Kopie ausgestellt in Prag)
Böhmen, 3. Viertel 14. Jh.
H. 35 cm, Br. 26 cm
Original: Praha, Knihovna, Metropolitní kapituly u sv. Víta. Sign. cim 2
Kopie: Praha, Metropolitní kapitula w sv. Vita (A. Šumbera 1997)
Lit: A. Patera/A. Podlaha, Soupis rukopisû knihovny metropolitní kapitoly pražské I (Praha 1910) 2. – A. Podlaha, Knihovna kapitulní. In: Soupis památek historických a umĕýeckých v království českém (Praha 1903) 19–20. – F. Bock, Evangelienbuch aus dem IX. Jahrhundert im Prager Domschatz. Mitt. C. C. XVI, 1871, 97–107.

Zwei hölzerne, sorgfältig gearbeitete Deckel. Die Oberfläche des vorderen Deckels ist mit dünnen, vergoldeten Kupferplättchen beschlagen, die mit tordiertem vergoldetem Draht gesäumt sind. Ein gewandter Künstler hat in deren Oberfläche die Brustbilder und Symbole der heiligen Patrone des Königreichs Böhmen eingraviert: der heiligen Wenzel (Wenzeslaus), Adalbert von Prag (Vojtěch), Ludmilla (Ludmila, Lidmilla), Prokop (Prokopius) und Sigmund (Sigismund). Einige Gravuren sind unvollendet. Die Darstellung des heiligen Sigmund datiert deren Entstehung in die Zeit nach dem Jahr 1365. Die Verehrung des heiligen Sigmund verbreitete sich auf Anregung Karls IV. Auf seiner Reise zum Papst nach Avignon im Jahre 1365 kam er in den Besitz der Reliquien des Heiligen; der Schädel befand sich bereits seit dem Jahre 1355 im Domschatz. Außer dieser Verzierung sind die Plättchen mit 42 vergoldeten Kupferfassungen für Edelsteine besetzt. Einige von ihnen verdecken Teile der Gravuren. Nur 19 Edelsteine blieben erhalten. Weitere sechs mit Bergkristall verschlossenen Schreine enthalten auf Pergamentbändern beschriebene Reliquien. In eine rechteckige Vertiefung in der Mitte des

02.02.09

02.02.10

Vorderdeckels ist ein Elfenbeinrelief eingesetzt, das ursprünglich einen um das Jahr 480 wirkenden römischen Konsul darstellte und für den zeitgenössischen Evangeliareinband zum heiligen Petrus umgestaltet wurde. Die von jeher verlorene zweite Hälfte des Konsuldiptychons war in den Hinterdeckel eingesetzt und stellte in umgearbeiteter Form offenbar den heiligen Paulus dar. Auf der Innenseite der Vorderplatte ist ein seidener, dunkelgrüner Stoff mit gelbem, rosafarbenem und grünem Dessin aufgeklebt. Das gewebte Muster stellt Jagdhunde und sich aufbäumende Pferde dar, auf deren Rücken ein Löwe gesprungen ist.
Die Außenseite des hinteren Holzdeckels ist blank, allerdings zeigen Spuren von Nägelchen, dass auch sie reich geschmückt war. Auf seiner Innenseite ist ein seidener, dunkelgrüner Stoff mit gelbem und rosafarbenem Dessin aufgeklebt. Das gewebte Muster stellt Jäger auf galoppierenden Pferden dar, welche auf ein Raubtier schießen. Beide Stoffe sind orientalischer Herkunft und wurden wahrscheinlich im 7. Jahrhundert in Vorderasien gewebt.
Der Einband gehört zu einem Evangeliar, das um das Jahr 870 im fränkisch-sächsischen Gebiet entstand M. K.

02.02.10
Elfenbein mit Himmelfahrt Christi
(ausgestellt in Mannheim)
Lothringen, Ende 10. Jh.
Elfenbein
H. 11 cm, Br. 8,5 cm
Köln, Schnütgenmuseum. Inv. Nr. B 2
Lit.: Ornamenta Ecclesiae. Kunst und Künstler der Romanik 1. Ausstellungskat. Köln (Köln 1985) 335 B 110. – U. Surmann, Studien zur ottonischen Elfenbeinplastik in Metz und Trier (Bonn 1990) 253 ff.

Auffallend an der Himmelfahrtsdarstellung ist die Dramatik, mit der das Geschehen wiedergegeben ist: Das Auffahren zum Himmel wird durch den Wolkenkanal und die Rückansicht Christi gezeigt, während das Erstaunen der Apostel durch deren lebendige Gestik bildlich umgesetzt ist. Beinahe vollplastisch gearbeitete Figuren, die durch emotional-gestische Elemente betont sind, in gleichsam realistisch-irdischer Topographie sind auch Hauptmerkmale von zwei typverwandten Himmelfahrtsbildern des späten 10. Jahrhunderts auf einem Elfenbeinkästchen in Stuttgart und einer Platte in Wien. Beide gehen auf eine Vorlage der syrisch-palästinensischen Kunst des 6. Jahrhunderts zurück. Wohl vermittelt durch das Wiener Elfenbein gelangten die antiken Motive auf die Kölner Himmelfahrtstafel. I. S.

Christentum und Kirche 02.03

Das Christentum ist ein Erbe aus der Zeit der Antike, das entscheidende Auswirkungen auf das Denken und Handeln um 1000 hatte; ist beides doch letztlich christlich motiviert. In der Auseinandersetzung mit den sie umgebenden Kulturen prägten die frühen Christen die rechtlichen, institutionellen und sozialen Formen ihrer Kirche. In verschiedenen kirchlichen Bereichen lebte die Antike im Profanen wie im Sakralen fort. Davon zeugen trotz aller Veränderungen durch die Jahrhunderte die zur Messe erforderlichen Texte und liturgischen Geräte. Unter dem Altargerät kommt seit frühchristlicher Zeit den vasa sacra (Kelch, Patene, Pyxis bzw. Ciborium) primäre Bedeutung zu, sekundäre der weiteren Altarausstattung mit Kreuzen, Leuchtern und Reliquiaren. Deren künstlerische Formgebung weist oftmals antike Elemente auf. I. S.

02.03.01

02.03.01

Elfenbein mit Darstellung des Sanctus

(nicht ausgestellt)
Spätestens ab 1450 als Deckel eines mittelrheinischen Lektionars
Lothringen, Ende 10. Jh.
Elfenbein
H. 33,3 cm, Br. 11,6 cm
Frankfurt a. M., Stadt- und Universitätsbibliothek. Ms. Barth. 181, Buchdeckel (als Dauerleihgabe im Liebighaus)
Lit.: Bernward von Hildesheim und das Zeitalter der Ottonen 2. Ausstellungskat. Hildesheim (Hildesheim, Mainz 1993) 196 f. IV–39. – U. Surmann, Der Meister der Wiener Gregortafel. In: F. Ronig (Hrsg.), Egbert Erzbischof von Trier 977–993 (Trier 1993) 207–229.

Es ist davon auszugehen, dass die Tafel gemeinsam mit der zugehörigen liturgischen Szene in Cambridge auf dem Deckel eines Sakramentars oder Antiphonars angebracht war. Die Darstellung in Frankfurt, die den Sanctusgesang und damit den Beginn des Kanons vorführt, vermittelt ein eindrucksvolles Bild dieses zentralen Moments einer Messe um 1000: Der Zelebrant am Altar ist bedeutungsvoll durch Pallium und Übergröße von den fünf Diakonen hinter ihm als Erzbischof abgehoben. Auf dem Altar mit ornamentverziertem Antependium und Altartuch befinden sich zwei Leuchter, Henkelkelch, Patene und zwei Bücher. Das eine geschlossene der Bücher ist das Evangelium, das bei der Wandlung zugegen ist; bei dem anderen handelt es sich um das Sakramentar, dem der Zelebrant den *ordo* entnimmt. I. S.

02.03.02

Henkelkelch von Gourdon

(ausgestellt in Mannheim)
1845 im Raum Chalon-sur-Saône gefunden
Merowingisch/ostgotisch (?), 457–527
Gold; Filigran
H. 7,5 cm
Paris, Cabinet des médailles
Lit.: V. H. Elbern, Der eucharistische Kelch im frühen Mittelalter. Zeitschr. Deutscher Ver. Kunstwiss. XVII, 1963, 1–76; 117–188 hier 72. – A. Wieczorek/K. v. Welck/P. Périn/W. Menghin (Hrsg.), Die Franken – Les Francs[2] Ausstellungskat. Mannheim, Paris, Berlin (Mainz 1997) 415.

Der ursprünglich antike Typ des Henkelkelches wurde im frühchristlich-byzantinischen Bereich wie im lateinischen Abendland tradiert. Dargestellt ist ein solcher Kelch auf dem Theodotasarkophag in Pavia. Der

Kelch von Gourdon ist der einzige auf dem Kontinent erhaltene vorkarolingische Henkelkelch und stellt daher ein ebenso rares wie wichtiges Zeugnis für die Überlieferung antiker Formen durch das Christentum bis in ottonische Zeit dar. Auf dem Elfenbein mit *sanctus* entspricht die Darstellung des liturgischen Gefässes dem Typ des Kelches von Gourdon. Auch der Motivschatz merowingischer Goldschmiedearbeiten hat in ottonischer Zeit eine Nachfolge gefunden, so z. B. in den Herzformen in der Trierer Egbert-Werkstatt. I. S.

02.03.03

Grabkelch von Erzbischof Gervasius

(ausgestellt in Mannheim und Prag)
Reims, vor 1067
Silber, teilweise vergoldet
H. 9 cm, Dm. 5,7 cm (Kuppa)
Reims, Palais du Tau (Trésor de la Cathédrale)
Lit.: V. H. Elbern, Der eucharistische Kelch im frühen Mittelalter. Zeitschr. Deutscher Verein Kunstwiss. XVII, 1963, 1–76; 117–188 hier 72 f.

Der teilvergoldete Kelch besteht aus einem nur leicht trichterförmigen, flachen Fuß, einem durch Perlschnüre abgesetzten kugelförmigen Nodus und einer Kuppa mit S-förmigen Henkeln. Damit entspricht er zwar dem Typ des Henkelkelches, wie er als *calix ministerialis* Verwendung fand; aufgrund seiner geringen Größe jedoch ist ein solcher Gebrauch wenig wahrscheinlich. Wie die Funde in anderen Bischofsgräbern zeigten, sind Henkelkelche als Grabbeigaben ungewöhnlich. I. S.

02.03.04

Grabpatene von Erzbischof Gervasius

(ausgestellt in Mannheim und Prag)
Reims, vor 1067
Silber, teilweise vergoldet
Dm. 8,5 cm
Reims, Palais du Tau (Trésor de la Cathédrale)
Lit.: V. H. Elbern, Der eucharistische Kelch im frühen Mittelalter. Zeitschr. Deutscher Verein Kunstwiss. XVII, 1963, 1–76; 117–188 hier 72 f.

Zusammen mit dem oben genannten Henkelkelch wurde Erzbischof Gervasius von Reims eine Patene mit ins Grab gegeben. Über ihre ursprüngliche Funktion sind nur Mutmaßungen möglich. Auf dem Rand der Patene befindet sich eine Inschrift, die auf den Gebrauch als Hostienteller Bezug nimmt: +PERPETVIS XPI DAPIBVS PASCANTVR ALVNI. Der bildliche Schmuck im vertieften Mittelteil des Hostientellers beschränkt sich auf die eingravierte Hand Gottes vor Nimbus als Hinweis auf die Eucharistie. I. S.

02.03.05

Kelch mit eucharistischer Inschrift

(ausgestellt in Budapest)
Byzanz, 10./11. Jh.
Sardonyx; Silber, vergoldet
H. 20 cm, Dm. 11 cm
Venezia, Tesoro della Basilica di San Marco. Tesoro 77
Lit: H. R. Hahnloser (Hrsg.), Il Tesoro di San Marco 2. Il Tesoro e il Museo (Firenze 1971) 65 Nr. 51 – J. Braun, Das christliche Altargerät in seinem Sein und in seiner Entwicklung (München 1932).

Die schmale Sardonyx-Kuppa (Schale) ruht auf einem Fuß aus vergoldetem Silber. Der obere Rand der Kuppa wird von einem Band gefasst, auf dem die Worte, die der Priester bei der Darbringung des Weines in der griechisch-orthodoxen Messliturgie spricht, zu

02.03.02

02.03.03

02.03.05

02.03.06

lesen sind: „Trinket alle daraus. Dies ist mein Blut". Vier Metallbänder verbinden die Fassung des Kelchrandes mit dem oberen Teil des Fußes.
Der Kelch ist gemäß dem römisch-katholischem Glauben wie den Riten des Ostens dasjenige liturgische Gefäß, in dem während der Messe durch den Priester die Konsekration des Weines erfolgt, das heißt die Umwandlung des Weines in das Blut Christi. K. Sch.

02.03.06
Byzantinischer Kelch
(ausgestellt in Berlin)
Byzantinisch, 10./11. Jh.
Achat; Silber, vergoldet; Email Cloisonné; Perlen; Glascabochons
H. 20,5 cm, Dm. 13 cm
Venezia, Tesoro della Basilica di San Marco. Tesoro 72
Lit: H. R. Hahnloser (Hrsg.), Il Tesoro di San Marco 2. Il Tesoro e il Museo (Firenze 1971) 61 Nr. 43 – J. Braun, Das christliche Altargerät in seinem Sein und in seiner Entwicklung (München 1932).

Die halbkugelförmige Achat-Kuppa wird an ihrem oberen Rand von einem Band gefasst, auf dem rechteckige Cabochons mit Emailplättchen wechseln, auf denen Heiligenbüsten zu sehen sind. Die Inschriften weisen sie als Petrus, Lukas, Paulus, Markus, Johannes Theologos und Matthäus aus. Zwei Emails fehlen. Am Rand der Fassung sind kleine Ringe mit Metallhaken befestigt, von denen vermutlich Perlen herabhingen. Vier Bänder verziert mit Perlenschnüren verbinden die obere Fassung mit der Basis der Kuppa. Der Fuß des Kelches ist mit Glascabochons geschmückt.
Aufgrund seiner hohen liturgischen Bedeutung, der Aufnahme des Blutes Christi während der Eucharistie, wurde als Material für den Kelch schon früh Gold und Silber verwendet. Für die Zeit vom 10. bis 12. Jahrhundert sind aus Byzanz zahlreiche Kelche mit einer Halbedelstein-Kuppa erhalten, die aufgrund der Seltenheit des Materials jedoch Edelmetallkelchen als gleichwertig galten. K. Sch.

02.03.08

02.03.07

Byzantinischer Kelch

(ausgestellt in Krakau)
Byzantinisch, 12. Jh.
Porphyr; Silber, vergoldet; Glascabochons
H. 17,5 cm, Dm. 9,5 cm
Venezia, Tesoro della Basilica di San Marco. Tesoro 87
Lit: H. R. Hahnloser (Hrsg.), Il Tesoro di San Marco 2. Il Tesoro e il Museo (Firenze 1971) 65 Nr. 53. – J. Braun, Das christliche Altargerät in seinem Sein und in seiner Entwicklung (München 1932).

Die Kuppa aus grünem Porphyr schließt nach oben mit einer sich tellerartig verbreiternden Fassung aus vergoldetem Silber ab, die vier große Cabochons schmücken. Vier Metallbänder verziert mit Perlleisten verbinden die obere Kelchfassung mit der Basis der Kuppa. Der Nodus des Kelches ist ebenfalls mit Cabochons geschmückt.
Die Grundgestalt eines Kelches, die sich in *cuppa* (Schale), *nodus* (Knauf) und Fuß gliedert, geht auf die Formtraditionen antiker Trinkgefäße zurück. K. Sch.

02.03.08

Patene

(ausgestellt in Budapest)
Byzanz, 11. Jh.
Alabaster; Silber, vergoldet; Email Cloisonné; Perlen; Bergkristall
Dm. 34 cm, H. 3,2 cm
Venezia, Tesoro della Basilica di San Marco. Tesoro 49
Lit.: The Glory of Byzantium. Art and Culture of the Middle Byzantine Era. A.D. 843–1261 (New York 1997) 68 Nr. 29. – H. R. Hahnloser (Hrsg.), Il Tesoro di San Marco 2. Il Tesoro e il Museo (Firenze 1971) 72 Nr. 67.

Gemäß ihrer Funktion, der Aufnahme der Hostie während der Eucharistiefeier, musste die Patene aus wertvollem Material, Halbedelstein, Gold oder Silber, gefertigt sein. Die byzantinische Patene aus dem Schatz von San Marco besteht aus einer Alabasterscheibe, in die ein sechsblättriges Blütenmotiv eingeschnitten ist. Die qualitätvoll gearbeitete Patene fällt durch ihre harmonischen Proportionen auf. Das Emailmedaillon in der Mitte zeigt Christus als *Pantokrator* (griech. Allherrscher) mit dem Evangelium in der Linken, die Rechte zum Segen erhoben. Stilistisch ist der Segensgestus dem des Christusmedaillons der ungarischen Königskrone verwandt. Die umlaufende Inschrift gibt die Worte des Priesters bei der Darbringung des Brotes wieder: „Nehmet hin und esset. Dies ist mein Leib“. K. Sch.

02.03.09

Patene

(ausgestellt in Krakau)
Byzanz, 10./11. Jh.
Alabaster; Silber, vergoldet; Perlen; Cabochons aus Bergkristall
H. 3,5 cm, Dm. 23 cm
Venezia, Tesoro della Basilica di San Marco. Tesoro 63
Lit.: H. Hellenkemper (Hrsg.), Der Schatz von San Marco in Venedig. (Mailand 1984) 202 f. Nr. 24. – H. R. Hahnloser (Hrsg.), Il Tesoro di San Marco 2. Il Tesoro e il Museo (Firenze 1971) 72 Nr. 68.

Die Alabasterschale wird von einem mit Bergkristallcabochons verzierten Schmuckrand gefasst. Die vier, Fuß und Rand verbindenden, Silberbänder tragen die Inschrift „Maria Gottesgebärerin, hilf den Kaisern“. Sie ist, wie häufig bei Goldschmiedearbeiten der so genannten Makedonischen Renais-

02.03.07

02.03.09

sance (Mitte 9.–11. Jahrhundert), nach antiken Vorlagen geschaffen.
Kelch und Patene stellen die zentralen liturgischen Geräte zur Spendung der Eucharistie während der Messfeier dar. K. Sch.

02.03.11
Reliquienkreuz
(ausgestellt in Mannheim)
Köln, 2. Hälfte 11. Jh.
Holzkern; Kupfer, vergoldet und graviert; Bergkristall
H. 45 cm, Br. 43 cm; Einsteckdorn: L. 8 cm
Köln, St. Severin
Lit.: A. von Euw, Das Reliquienkreuz von St. Severin. In: Festschrift für J. Hannrath (Köln 1984) 3 ff. – A. Legner (Hrsg.), Ornamenta Ecclesiae. Kunst und Künstler der Romanik in Köln 2. Ausstellungskat. Köln (Köln 1985) 254 f. E 42.

Die heutige mit Gravuren versehene Vorderseite der *crux gemmata* bildete ursprünglich die Rückseite. In der Kreuzvierung war vormals das Bild des *Agnus Dei* zu sehen; heute befindet sich dort ein ovaler Bergkristall, der eine Kreuzreliquie birgt. Die durchbrochenen Kreuzarme sind trapezförmig aufgeweitet. Zudem weisen sie in ihrer Mitte quadratische Felder mit Gravuren der vier Evangelistensymbole auf. Fatimidische Bergkristallfläschchen des 10./11. Jahrhunderts mit Reliquien hängen als Pendilien

02.03.11

02.03.12

von den Kreuzarmen herab. Das Severinkreuz weist in seiner formalen Gestaltung große Ähnlichkeit mit dem von Kaiser Heinrich II. 1019 gestifteten Kreuz aus dem Baseler Münsterschatz auf. Die Datierung basiert auf einem stilistischen Vergleich der Akanthusmotive mit denen des Kölner Herimann-Kreuzes. M. WI.

02.03.12

Reliquienkreuz Salzburg

Byzanz (?), 11. Jahrhundert (?)
Holzkern; Gold; Silber, vergoldet; Filigran; Steine; Bergkristall; am Fuß transluzides Email
H. 37 cm
Salzburg, Dommuseum
Lit.: Dommuseum und alte erzbischöfliche Kunst- und Wunderkammer zu Salzburg. Ausstellungskat. Salzburg[2] (Salzburg 1981) 52 Nr. 5. – A. Legner (Hrsg.), Ornamenta Ecclesiae. Kunst und Künstler der Romanik in Köln 3. Ausstellungskat. Köln (Köln 1985) 113–116 H 32.

Das Salzburger Reliquienkreuz ist ein Beispiel für die engen künstlerischen Bezüge zwischen Byzanz und dem Abendland im 10. und 11. Jahrhundert. Es handelt sich bei dem Reliquienkreuz um ein mit Edelsteinen und Goldfiligran verziertes Doppelkreuz. Die Form der Reliquiennische sowie die qualitätvolle Ausführung der Gemme mit dem Heiligen Demetrios, die sich oberhalb der heute leeren Reliquienkammer befindet, verweisen auf eine byzantinische Herkunft. Da aber auch im Westen Intaglien und Doppelkreuze üblich waren, sind die Datierung und die Lokalisierung des Kreuzes allein anhand der Formensprache unsicher. Unter dem Kreuz befindet sich eine wahrscheinlich zum Originalbestand gehörende Kristallkugel, wobei der übrige Fuß im 14. Jahrhundert Veränderungen erfuhr. M. WI.

02.03.13

Liturgischer Kamm

(ausgestellt in Krakau und Prag)
Osnabrück
Niedersachsen (?), Ende 10. Jh.
Elfenbein
H. 20,5 cm, Br. 13,7 cm
Osnabrück, Domschatz
Lit.: Bernward von Hildesheim und das Zeitalter der Ottonen 2. Ausstellungskat. Hildesheim (Hildesheim, Mainz 1993) 431 f. VI–85.

Über den konkreten Gebrauch der nur vereinzelt erhaltenen liturgischen Kämme ist wenig bekannt. Wahrscheinlich dienten sie dem Ordnen der Haare vor der Messe in der Sakristei, während der Messe nach dem Absetzen der Mitra oder bei der Bischofsweihe nach der Salbung. Das Bildthema des Osnabrücker Kamms bezieht sich möglicherweise auf den Ritus der Bischofsweihe; denn es ist in Anlehnung an das in die Spätantike zurückreichende Thema der *Traditio Legis* gestaltet: Petrus in frontaler Ansicht überreicht zwei durch Pallien als Erzbischöfe zu identifizierenden Figuren im Profil je ein Buch. Um 1000 betonten viele Bistümer ihre Apostolizität, um so bestimmte Ansprüche zu legitimieren. Die Anbindung des eigenen Bischofsamtes an den Apostelführer spielte auch im Ritus der Bischofsweihe eine Rolle. I. S.

02.03.13

02.03.14

02.03.14
Sakramentarfragment
(ausgestellt in Budapest)
Aus der Sammlung des Luccheser Senators und Bücherfreunds Cesare Lucchesini
Salzburg (?), 1. Hälfte 11. Jh.
Pergament
H. 27,2 cm, Br. 20 cm
Lucca, Biblioteca Governativa. Ms. 1275, fol. 16r
Lit.: V. Saxer, Le manuscrit 1275 de la Biblioteca Governativa de Lucques, sacramentaire du groupe de Fulda, Xe siècle. Rivista di archeologia cristiana 49, 1973, 311–360. – E. Palazzo, Les sacramentaires de Fulda. Etude sur l'iconographie et la liturgie à l'époque ottonienne (Münster 1994) 192 ff.

Da das Sakramentar nur noch fragmentarisch erhalten ist, sind sichere Aussagen zu seinem ursprünglichen Typ und seinem Herstellungsort problematisch. Aufgrund des Bildzyklus wie der Formulare könnte es sich um ein Buch für die hohen Feste des Kirchenjahres gehandelt haben. Durch Festbilder, die zuletzt ikonographisch und stilistisch mit Salzburg in Verbindung gebracht wurden, ist nur der Teil des Kirchenjahres von der Karwoche bis zu Mariae Geburt abgedeckt. Vielleicht erklären sich über die vermutete Lokalisierung nach Salzburg die byzantinischen Elemente, die besonders im Bild der Himmelfahrt durch die Hand Gottes, die Rückenfigur Christi, die zeigenden Engel, die Gestik der Apostel und den Landschaftsgrund präsent sind. Sie erinnern an Werke wie das Kölner Himmelfahrts-Elfenbein (02.02.10). I. S.

02.03.15
Sakramentar
(ausgestellt in Berlin)
Vermutlich durch Patriarch Poppo von Aquileia um 1020 von Bamberg in das Patriarchat Aquileia gelangt; 1751 nach Udine überführt
Fulda, 975–993
Pergament
H. 27 cm, Br. 23 cm
Udine, Archivio Arcivescovile. Ms. 1, fol. 3v (Te Igitur)
Lit.: A. Comoretto, Le miniature del sacramentario fuldense di Udine (Udine 1988). – W. Böhne, Das Fuldaer Sakramentar in Udine. Archiv mittelrhein. Kirchengesch. 43, 1991, 327–362. – E. Palazzo, Les sacramentaires de Fulda (Münster 1994) 206 ff.

Der Codex in Udine mit Formularen allein für die Hauptfeste gehört zu den reich bebilderten Fuldaer Sakramentaren. Seine Miniaturen sind dem Göttinger Sakramentar nahe verwandt. Der Bildzyklus setzt – wie in Sakramentaren üblich – mit Zierseiten zur Präfation und den ersten Worten des Kanons ein. Da der Höhepunkt des *canon missae* die Wandlung ist, wurde das T der lateinischen Anfangsworte des Kanons *(Te igitur clementissime …)* häufig in ein Kreuzigungsbild verwandelt. Im Codex in Udine ist auf diese Erweiterung des T verzichtet; doch spielen die Übergröße des Buchstabens und der ornamentale Schmuck eindeutig auf die Form eines Kruzifixes an. Der Purpurgrund und die architektonische Rahmung der Schmuckseite unterstreichen diese Interpretation. I. S.

02.03.15

02.03.16
Sakramentar
(ausgestellt in Mannheim)
Trier, St. Maximin; bis ins frühe 19. Jh. in Metz; von dort über die Bibliothek des Dupré de Geneste in die Bibliothèque Nationale nach Paris gelangt
Trier, nach 984/85
Pergament
H. 22 cm, Br. 16 cm
Paris, Bibliothèque nationale de France. Lat. 10501, fol. 9r
Lit.: F. Ronig (Hrsg.), Egbert Erzbischof von Trier 977–993. Gedenkschrift der Diözese Trier zum 1000. Todestag (Trier 1993) 26 Nr. 13.

Der *canon missae* setzt oft mit einer Initialzierseite ein, bei der eine T-Initiale zu einer figürlichen Darstellung der Kreuzigung Christi ergänzt wird. Als ikonographischer Verweis auf den Opfertod ist Christus im Pariser Sakramentar nur mit dem Lendenschurz bekleidet gezeigt. Entsprechend der großzügigen Anlage von Codices des Gregormeisters sind in diesem Codex jedoch Initiale und Bild des Gekreuzigten auf zwei Seiten verteilt. Die Miniaturen sind durch quadratische Felder mit männlichen Brustbildern erweitert, die durch Inschriften als die acht Seligpreisungen der Tugenden zu identifizieren sind. Besonders an den Bildnissen wird der antikisierende Stil des Trierer Meisters erkennbar; ein ähnliches Rahmensystem befindet sich im dem Gregormeister zugeschriebenen Manchester-Evangeliar. I. S.

02.03.16

02.03.17

02.03.17
Sakramentar
(ausgestellt in Krakau und Prag)
Vermutlich für St. Peter, Worms
Mainz (St. Alban?), um 1000
Pergament, 247 Blätter, mit Bild- und Initialseiten, vorgeschaltetes Kalendar
Einband: Holz/Samt (18. Jh.)
H. 22,5 cm, Br. 19 cm, T. 7 cm
Mainz, Bischöfliches Dom- und Diözesanmuseum. Inv. Nr. B 325
Lit.: R. Otto, Zu Mainzer Handschriften des frühen Mittelalters. Mainzer Zeitschr. 81, 1986, 1–32 bes. 5 f. – R. Lauer, Studien zur ottonischen Mainzer Buchmalerei (Diss. Bonn 1987) 104 ff. bzw. 258–274. – Vor dem Jahr 1000. Abendländische Buchkunst zur Zeit der Kaiserin Theophanu. Ausstellungskat. Köln (Köln 1991) 97–99 (Rolf Lauer)

Das Mainzer Sakramentar ist sowohl mit Zierseiten auf Purpur als auch mit ganzseitigen Miniaturen versehen. Allerdings wurden aus der reich geschmückten Handschrift, der als Vorbild wohl ein – allerdings bilderloses – Sakramentar des Gregor-Meisters diente, mehrere Blätter herausgeschnitten. Erhalten sind die Bildseiten zu Ostern (fol. 85r) und zu Pfingsten (fol. 109v); bei den Texten zu Weihnachten und zur Passion wurden die Illustrationen herausgenommen. Auf einem dritten Bild ist die für ein Sakramentar ungewöhnliche Darstellung einer Kreuzigung Petri (fol. 121 v) erhalten. Diese Szene lässt vermuten, dass das Sakramentar im Jahre 1000 anläss-

02.03.17

lich der Bischofserhebung Burchards als Schenkung des Mainzer Erzbischofs Willigis an den Wormser Dom St. Peter gelangte. G. R.

02.03.18

Kreuzgravur

(ausgestellt in Budapest, Berlin und Mannheim)
Mainz, frühes 11. Jh.
Silber, graviert, mit Teilvergoldung
H. 16,6 cm, Br. 11,5 cm
Mainz, Bischöfliches Dom- und Diözesanmuseum. Inv. Nr. S 1974
Lit.: R. Otto, Zu einem frühottonischen Goldschmiedekreuz im Mainzer Domschatz. Mainzer Zeitschr. 70, 1975, 63–66. – R. Lauer, Studien zur ottonischen Mainzer Buchmalerei (Diss. Bonn 1987) 185–187.

Bis 1975 war das kleine Silberblechkreuz in Zweitverwendung auf einen mit braunem Samt bezogenen Holzdeckel eines ottonischen Evangeliars des Mainzer Domschatzes genagelt. Es zeigt in Gravur den als lebend gekennzeichneten Christus am – außerordentlich breiten – Kreuz. Der Titulus oberhalb des Gekreuzigten verweist auf den Erlöser: IHS / XPS. Lendentuch, Nimbus und die Innenseiten des Kreuzbalkens sind vergoldet. Der Kruzifixus orientiert sich an byzantinischen Vorbildern des späten 10. Jahrhunderts. Das Suppedaneum mit Sporn verweist möglicherweise auf ein Steckkreuz als Vorlage. Stilistisch steht die Gravur den Miniaturen des Sakramentars aus St. Alban (um 1000) nahe. Als Nutzung ist eine Anbringung im Zentrum eines – ansonsten verlorenen – Prunkdeckels zu vermuten. W. W.

02.03.19

Elfenbein mit Kreuzigung

(ausgestellt in Berlin)
Höchstwahrscheinlich von einem Bucheinband; in Sammlung Soltykoff und Seilléres; in Sammlung Friedrich Spitzer; zwischen dem 16.4. und 17.6.1893 in Paris für das Musée Cluny erworben
Rheinisch, um 1000
Elephantenelfenbein
H. 17,4 cm, Br. 11,6 cm, D. 0,75 cm
Paris, Musée national du Moyen Age. Cl. 13064
Lit.: J.-P. Caillet, L'antiquité classique, le haut moyen âge et Byzance au musée de Cluny (Paris 1985) 138 f. Nr. 62.

Die Arme des Kreuzes teilen die Tafel in vier Felder, die gegen den Uhrzeigersinn zu lesen sind: Im linken unteren Feld ist die Kreuzigung entsprechend dem Bericht des Johannes um Johannes und Maria ergänzt. Rechts daneben befindet sich die Szene der drei Marien am leeren Grab, die bis in ottonische Zeit hinein für die Auferstehung steht. Darüber folgt die Himmelfahrt in der spätantiken Ikonographie des Schreittypus. Der Zyklus schließt mit der Wiederkunft Christi, die durch die *Maiestas Domini* visualisiert wird. Reich an antiken Motiven zeigt die Tafel zugleich Übereinstimmungen mit der Kölner Buchmalerei (vgl. z. B. Kreuzigung im Sakramentar von Tyniec). Aufgrund der eucharistischen Ausdeutung des Kreuzestodes (Kelch) war das Elfenbein einst eventuell auf dem Einband eines Sakramentars. I. S.

02.03.18

02.03.19

02.03.20

02.03.20

Buchkasten mit Hodegetriaelfenbein

(ausgestellt in Krakau und Prag)
Laut Notiz war der Kasten spätestens 1703 im Besitz des Domes zu Osnabrück
Deutsch, 11. Jh. (Kasten); Konstantinopel, 2. Hälfte 10. Jh. (Elfenbein)
Holz; Elfenbein; Seide
H. 27 cm, Br. 21,5 cm, T. 7 cm (Kasten); H. 14,9 cm, Br. 11 cm (Elfenbein)
Osnabrück, Domschatz
Lit.: Bernward von Hildesheim und das Zeitalter der Ottonen 2. Ausstellungskat. Hildesheim (Hildesheim, Mainz 1993) 432 f. VI-86.

Vermutlich waren frühmittelalterliche Prachtcodices häufig in Buchkästen verwahrt, obgleich diese nur selten erhalten sind. Auf dem Osnabrücker Beispiel wurde wohl schon im 11. Jahrhundert ein byzantinisches Elfenbein, darstellend Maria im Typus der Hodegetria, angebracht. Es ist in Byzanz ursprünglich als Mitteltafel eines dreiflügeligen Altars zu denken. Um 1000 gelangten mehrere ähnliche Hodegetriatafeln in den Westen und schmückten dort neben Edelstein- und Goldauflagen Einbände wie Kästen. Nagelspuren und Eintiefungen des Osnabrücker Stücks deuten auf eine einst prächtige Rahmung des Marienbildes. Das Innere des Buchkastens ist mit zwei Seiden ausgeschlagen, deren eine, da dem Spitzovalmuster der Willigiskasel nahestehend, noch der originalen Ausstattung des Kastens zugerechnet wird. I. S.

02.03.21

Elfenbein mit Paulus

(ausgestellt in Mannheim)
Höchstwahrscheinlich von einem Bucheinband; bei Cliquot in Paris am 1.7.1845 erworben
Trier (sog. Deutscher Meister), um 990
Elephantenelfenbein
H. 21,2 cm, Br. 10,3 cm, D. 1,95 cm
Paris, Musée national du Moyen Age. Cl. 1505
Lit.: J.-P. Caillet, L'antiquité classique, le haut moyen âge et Byzance au musée de Cluny (Paris 1985) 139 f. Nr. 63. – R. Kahsnitz in: Bernward von Hildesheim und das Zeitalter der Ottonen 2. Ausstellungskat. Hildesheim (Hildesheim, Mainz 1993) 193 f. IV–36.

Löcher am Rand und Abarbeitungen auf der Rückseite der Platte deuten darauf, dass das Elfenbein auf einem Bucheinband angebracht war. Da Paulus eine Schriftrolle mit 1. Kor. 15,10 hält, handelte es sich vielleicht um den Einband eines Epistolars. Während die Physiognomie des kahlköpfigen, alten Apostels mit zweigeteiltem spitzen Bart für Paulus charakteristisch ist, hebt ihn seine liturgische Gewandung von anderen Paulusdarstellungen ab. Aufgrund ihres Stils ist die Platte dem so genannten Deutschen Meister zuzuschreiben. Die diesem Künstler zugewiesenen antiken Züge können im Falle der Paulustafel konkret abgeleitet werden; denn der Trierer Schnitzer orientierte sich an einem spätantiken Pauluselfenbein, das vermutlich zum mittelalterlichen Besitz der nahegelegenen Abtei Mettlach gehörte. I. S.

02.03.21

02.03.22

02.03.22
Buchdeckel des Codex Aureus
(nicht ausgestellt)
Bis 1800 in Echternach; dann in Gotha (?); 1955 vom Germanischen Nationalmuseum in Nürnberg erworben
Trier, um 985–991
Elfenbein; Holz; Goldblechtreibarbeit; Email; Edelsteine
H. 44 cm, Br. 31 cm
Nürnberg, Germanisches Nationalmuseum. Inv. Nr. K. G. 1138
Lit.: Rhein und Maas. Kunst und Kultur 800–1400. Ausstellungskat. Köln (Köln 1972) 178 f. C 2; 182 C 7. – R. Kahsnitz, Der Einband des Goldenen Evangelienbuches. In: R. Kahsnitz/U. Mende/E. Rücker, Das Goldene Evangelienbuch von Echternach (Frankfurt 1982) 38–71. – F. J. Ronig (Hrsg.), Egbert. Erzbischof von Trier 977–993 (Trier 1993) 42 Nr. 48.

Die Goldblechtreibarbeiten des Einbandes lassen sich anhand der Bildnisse Ottos III. und Theophanus auf 985 bis 991 datieren. Das zeitgleiche Elfenbein wurde evtl. erst im 11. Jahrhundert hinzugefügt. Aufgrund der Darstellung von Maria, Petrus, Willibrord, Bonifatius, Liudger und Benedikt war der Codex für Echternach bestimmt. Kompositionell dürfte der Einband des Codex Aureus von St. Emmeram Vorbild gewesen sein. Daher nahm wohl einst die Stelle der Kreuzigung eine *Maiestas Domini* ein. Vielleicht wurde die Kreuzigungstafel anlässlich der Echternacher Kirchweihe 1031 ergänzt, da sich auf ihrer Rückseite die Kirchweihperikope befand. Stilistisch ist das Elfenbein ein Werk des so genannten Deutschen Meisters, eines an der Antike geschulten Künstlers, von dem auch die Paulustafel in Paris (02.03.21) stammt. I. S.

02.03.23

02.03.23
Servatiusbrustkreuz
(ausgestellt in Budapest)
Trier, um 993/Anfang 11. Jh.
Elfenbein; Holz; Email; Edelsteine
H. 16,2 cm, Br. 11,2 cm
Maastricht, St. Servatiusschatzkammer
Lit.: Rhein und Maas. Kunst und Kultur 800–1400. Ausstellungskat. Köln (Köln 1972) 179 C 3. – A. Cense/S. Werner, De Schatkamer van de Sint-Servaaskerk te Maastricht (Utrecht, Zutphen 1984) 14 ff.

Die Lokalisierung nach Trier resultiert zum einen aus den stilistischen Übereinstimmungen des elfenbeinernen Christus mit Werken des so genannten Deutschen Meisters, vor allem der Kreuzigung vom Deckel des Codex Aureus in Nürnberg. Zum anderen sprechen auch die inschriftlich erwähnten Reliquien der Bischöfe Paulinus und Felix sowie des Papstes Cornelius, die in dem Brustkreuz versenkt wurden, für eine Herstellung im Trier Bischof Egberts. Die drei Heiligen sind auch auf der Petrusstabhülle aus Trier (in Limburg a. d. L.) dargestellt. Die Zellenschmelze entsprechen in etwa denen des Nagelreliquiars aus der Trierer Egbertwerkstätte. Vielleicht kam das Kreuz als Geschenk Egberts nach Maastricht, als er die ehemals zum Besitz der Trierer Domkirche

02.03.24

gehörende Abtei St. Servatius 993 zurückerhielt. I. S.

02.03.24
Staurothek
(ausgestellt in Krakau)
Trier, um 1000 (Kreuz); Friaul 14./15. Jh. (Behältnis)
Holz; Goldblech; Perlen; Edelsteine
H. 24 cm, L. 17,5 cm (Basis)
Cividale del Friuli, Tesoro del Duomo
Lit.: P. Bertolla/G. C. Menis (Hrsg.), Oreficeria Sacra in Friuli. Ausstellungskat. Udine (Udine 1963) 56 Nr. 43. – Ori e Tesori d'Europa. Ausstellungskat. Udine (Milano 1992) Nr. II.25. – M. Brandt, „De ligno sancte crucis" – Ein Kruzifix in Cividale. In: M. Embach u. a. (Hrsg.), Sancta Treveris. Beiträge zu Kirchenbau und bildender Kunst im alten Erzbistum Trier [Festschr. F. J. Ronig] (Trier 1999) 33–37.

Einem Inventareintrag zufolge befindet sich in dem Reliquiar eine Partikel vom Heiligen Kreuz: Bei ihr handelt sich um eine bildhafte Kreuzreliquie, da aus dem Stück Holz ein Kruzifix geschnitzt wurde. Es ist mit Goldblechauflagen und Edelsteinen verziert. Ikonographische Momente, vor allem die kontrapostische Haltung, die Darstellung des toten Christus und der Dreinageltypus datieren die Schnitzerei in ottonische Zeit. Durch Stilvergleich mit anderen Werken um 1000 lässt sich die Christusfigur mit Arbeiten aus dem Umkreis des so genannten Deutschen Meisters in Verbindung bringen. Ungewöhnlich ist die Form des Reliquiars: Gleich der Kuppa eines Kelchs ist das kreuzförmige Behältnis mit aufklappbaren Deckeln auf einen spätmittelalterlichen Kelchfuß gesetzt. I. S.

02.03.25
Staurothek
(ausgestellt in Berlin)
Byzanz, 10. Jh.
Tempera auf Holz
H. 27 cm, Br. 12,4 cm, T. 3 cm
Città del Vaticano Monumenti, Musei e Gallerie Pontificie. Inv. Nr. 1898 a/b
Lit.: A. Weyl Carr, Staurotheke: In: The Glory of Byzantium. Art and Culture of the Middle Byzantine Era. A.D. 843–1261. Kat. New York (New York 1997) 76 f. Nr. 35. – Byzanz. Die Macht der Bilder. Ausstellungskat. Hildesheim (Hildesheim 1998) 71 f.; 155 f. Nr. 24.

Das Kreuz ist Sinnbild für die Menschwerdung Christi, die sich im Kreuzestod ausdrückt. Die Bedeutung der Kreuzesreliquie verlangt nach einer besonderen Form der Aufbewahrung, die im Byzantinischen als Staurothek (griech. Hülle für das Kreuz) bezeichnet wurde. Der Deckel dieser Staurothek zeigt auf der Vorderseite eine bewegende Kreuzigungsdarstellung mit den Worten, die Christus kurz vor seinem Tod zu Maria und Johannes sprach: „Siehe, dies ist Dein Sohn", „Siehe, dies ist Deine Mutter" (Joh. 19, 26 u. 27). Auf der Deckelinnenseite ist der byzantinische Kirchenvater Johannes Chrysostomos dargestellt. Der geöffnete Codex in seiner Hand wie das gesamte Bildprogramm der Staurothek verweisen auf die Karfreitagsliturgie. Das Innere des Kästchens schmücken die Büsten Christi, Marias und zweier Erzengel; am Fuß des Kreuzes stehen Paulus und Petrus. K. Sch.

02.03.25

02.03.26
Staurothek
(ausgestellt in Prag)
Byzanz, Ende 10./Anfang 11. Jh.
Silber, vergoldet auf Holzkern; Email Cloisonné; Cabochons
H. 27 cm, Br. 22 cm, T. 5 cm
Venezia, Procuratoria di San Marco. Santuario 75
Lit.: J. C. Anderson, Staurotheke. In: The Glory of Byzantium. Art and Culture of the Middle Byzantine Era. A.D. 843–1261. Ausstellungskat. New York (New York 1997) 78 f. Nr. 37. – H. R. Hahnloser (Hrsg.), Il Tesoro di San Marco 2. Il Tesoro e il Museo (Firenze 1971) 34 f. Nr. 24.

Die im Kaiserpalast in Konstantinopel aufbewahrten Überreste vom Kreuz Christi zählten zu den bedeutendsten byzantinischen Reliquien. Als besondere Auszeichnung verschenkte der Kaiser Teile davon an Kirchen oder ausländische Würdenträger. Aufbewahrt wurden diese Kreuzpartikel in kostbaren Behältnissen, so genannten Staurotheken. Diese mit Email, Relief und Edelsteinen geschmückte Staurothek enthält im Inneren eine Reliquienkammer für drei Kreuzpartikel. Sie wird durch einen Deckel verschlossen, der eine emaillierte Goldplatte mit dem toten Christus am Kreuz zeigt. Heiligenmedaillons umrahmen das Geschehen. Das theologische Programm von Kreuzestod und heilsbringender Kreuzesreliquie wird auf der Unterseite durch das Silberrelief eines Gemmenkreuzes, aus dem als Zeichen der Überwindung des Todes zwei Akanthusblätter sprießen, geschlossen und in der beigegebenen Inschrift verkündet: „Jesus Christus siegt." K. Sch.

02.03.26

02.03.27
Elfenbeinkästchen mit Pyramidenstumpfdeckel
(ausgestellt in Budapest)
Rom, Museo Padre A. Kircher
Armenisch/byzantinisch, 10./11. Jh. (Cutler 898–900)
Elfenbein
H. 12,3 cm, Br. 11,5 cm, T. 16,5 cm
Rom, Palazzo Venezia. Inv. Nr. 1491
Lit.: F. Hermanin, Il Palazzo di Venezia (Roma 1948). – A. Goldschmidt, Die byzantinischen Elfenbeinskulpturen des X.–XIII. Jhs. Bd. 1, Kästen (Berlin 1979) 63 f. – A. Cutler/N. Oikonomides, An Imperial Byzantine Casket and its Fate at a Humanist's Hands. Art Bull. 70, 1988, 77–87. – A. Cutler, The Hand of the Master (Princeton 1994) 115; 137; 201; 210; Abb. 125; 220.

Vielleicht diente das Kästchen ursprünglich aufgrund der Inschrift als Reliquienkästchen. Der beachtliche Bildzyklus auf den Seitenflächen mit David-Szenen deutet auf ein hofnahes Werk. Offenbar sollte die Anlehnung an die Christusikonographie der Tatsache Ausdruck verleihen, dass David Vorfahre Christi war (z. B. Geburt Davids, Kolakeia). Auf dem Deckel befinden sich Darstellungen und Verse, die das Kästchen als Stiftung eines Herrscherpaares anlässlich deren Hochzeit ausweisen: im mittleren Regisster wird das Paar durch Handauflegung von Christus gesegnet; darunter wird das Paar als Stifterpaar im Gestus der Verehrung gezeigt. Körper- und Gewandbehandlung der fast freiplastisch gearbeiteten Figuren geht auf byzantinische Vorlagen zurück (ähnlich z. B. das Kölner Himmelfahrtselfenbein [02.02.10]). I. S.

02.03.28
Anastasiusreliquiar
(ausgestellt in Berlin und Mannheim)
vor 1204 in Aachen
Antiochien, Ende 10. Jahrhundert
Silber; Silber, vergoldet bzw. nielliert
L. 39 cm, Br. 19 cm, T. 20 cm
Aachen, Domschatzkammer
Lit.: A. Grabar, Le Reliquiare Byzantin de la Cathédrale d'Aix-la-Chapelle. Forschungen zur Kunstgeschichte und christlichen Archäologie III. Karolingische und ottonische Kunst (Wiesbaden 1957) 282–297. – H. Wentzel, Das byzantinische Erbe der ottonischen Kaiser – Hypothesen über den Brautschatz der Theophanu II. Aach. KBLL 43, 1972, 80 ff. Abb. 84. – A. Legner (Hrsg.), Ornamenta Ecclesiae. Kunst und Künstler der Romanik in Köln 3. Ausstellungskat. Köln

02.03.27

02.03.28

02.03.29

(Köln 1985) 88 f. – E. G. Grimme, Der Dom zu Aachen. Architektur und Ausstattung (Aachen 1994) 115 Abb. 44

Der nur 39 cm hohe würfelförmige Zentralbau aus getriebenem, teilweise vergoldetem oder nielliertem Silber ruht auf vier abgeplatteten Kugelfüßen und wird von einer mit einem Kreuz bekrönten Faltkuppel abgeschlossen. An der Apsisseite befindet sich ein ebenfalls überkuppeltes Chörchen, während an den übrigen drei Seiten geschwungene Flügeltüren angebracht sind. Griechische Psalmentexte sowie eine Stifterinschrift des Eustateios, Gouverneur von Antiochia und Lycandos (um 969 bis 1025) bedecken die verbleibenden Flächen. Der kleine Kuppelbau spiegelt die Architektur des Heiligen Grabes wider und ist daher als Abbild des Himmlischen Jerusalem zu deuten. Er diente vor seiner Verwendung als Reliquiar vermutlich als Behälter der heiligen Eucharistie *(Artophorion)*, bei feierlichen Anlässen wohl auch als Leuchte oder Rauchspender. Möglicherweise gelangte das Gerät über den byzantinischen Kaiserhof schon mit dem Schatz der Theophanu oder im Rahmen der Hochzeit Ottos III. nach Aachen. K. F.

02.03.29

Menologion Basileios' II.

(ausgestellt in Berlin)
Im 15. Jh. Ludovico Sforza geschenkt; über die Familien Sfondrato an Papst Paul V. gelangt, der den Codex der Biblioteca Apostolica Vaticana übergibt
Byzanz, 976–1025
Pergament
H. 36,4 cm, Br. 28,4 cm
Città del Vaticano, Biblioteca Apostolica Vaticana. Vat. Grec. 1613, pag. 174
Lit.: Biblioteca Apostolica Vaticana. Liturgie und Andacht im Mittelalter. Ausstellungskat. Köln (Stuttgart 1993) 114 ff. Nr. 19.

Obwohl der Name des Codex eine Sammlung von Heiligenviten erwarten lässt, handelt es sich eigentlich um ein Synaxarion, das heißt um ein Buch mit Kurzfassungen der Viten. Diese sind in der Abfolge des Kirchenjahres geordnet, das in der Ostkirche mit dem ersten September beginnt. Da sich im Codex Vat. Grec. 1613 nur für die Monate September bis Februar Texte befinden, handelt es sich um den ersten von ursprünglich zwei Bänden. Das so genannte Menologion gehört zu den ältesten erhalten Synaxarien. Mit 430 Miniaturen ist es eine der prunkvollsten byzantinischen Handschriften, die sich bis heute erhalten hat. Entsprechend dem Inhalt zeigen die meisten Illuminationen Bildnisse oder Martyrien von Heiligen. Historische Ereignisse wie die Translation von Reliquien sind eher selten dargestellt. I. S.

02.03.30

Exultetrolle

(ausgestellt in Krakau)
Benevent, 981–987
Pergament mit Federzeichnung
Br. 27 cm; H. 32,1 cm (3)
19 Fragmente nicht ausgestellt Br. 27 cm, H. 32,9 cm (1a); 21,5 cm (1); 65,1 cm (2); 32,1 cm (4); 29,8 cm (5); 21,1 cm (6); 62,5 cm (7); 61 cm (8); 33,5 cm (9); 24,7 cm (10); 18,2 cm (11); 9,7 cm (12); 8,7 cm (13); 37,6 cm (14); 44,1 cm (15); 46,7 cm (16); 34,8 cm (17); 36 cm (18); Br. 27,5; H. 61 cm (19)
Città del Vaticano, Biblioteca Apostolica Vaticana. Vat. lat. 9820 (Fragment 3; Anzündung der Osterkerze)
Lit.: G. Cavallo (Hrsg.), Exultet. Rotoli liturgici del medioevo meridionale (Roma 1994) 101–118. – B. Brenk, Exultetrolle. In: Biblio-

teca Apostolica Vaticana. Liturgie und Andacht im Mittelalter. Ausstellungskat. Köln (Stuttgart 1992) 158–161 Nr. 30. – H. Belting, Studien zur beneventanischen Malerei (Wiesbaden 1968).

Die ausschließlich in Mittel- und Süditalien bekannten Exultetrollen sind nach dem Beginn des großen Lob- und Jubelgesangs *„Exultet iam angelica turba"* benannt, der in der Osternacht zur Verherrlichung der brennenden Osterkerze gesungen wurde. Neben den liturgischen Texten der Osternacht, enthalten sie unter anderem Miniaturen zur Illustration der Osterliturgie und zu biblischen Szenen. Die in Benevent entstandene Exultetrolle ist die älteste ihrer Art. Sie besteht heute aus 20 Einzelblättern, die ursprünglich aneinandergenäht waren. Im 12. Jahrhundert wurde der Rotulus neu zusammengesetzt, wobei die einzelnen Szenen jeweils um 180° gedreht wurden. Während des Gesangs ließ der Diakon die Rolle langsam über das Lesepult hinabgleiten, so dass die Bilder, die für den Diakon auf dem Kopf standen, nun für die Gemeinde richtig herum sichtbar wurden.
Dargestellt ist hier der zentrale Moment der Osterliturgie, die die Auferstehung des Herrn symbolisierende Entzündung der monumentalen, auf einem Kandelaber stehenden Osterkerze durch Erzbischof Landolf von Benevent. K. Sch.

02.03.30

02.03.31

02.03.31
Brustkreuz
(ausgestellt in Berlin)
Byzantinisch, 9./10. Jh.
H. 10,6 cm, Br. 6,2 cm
Bronze, vergoldet; Email Cloisonné
Città del Vaticano, Monumenti, Musei e Gallerie Pontificie. Inv. Nr. 1837 a/b
Lit.: Byzanz. Die Macht der Bilder. Ausstellungskat. Hildesheim (Hildesheim 1998) 54; 155 Nr. 21.

Bei dem Brustkreuz handelt es sich um ein so genanntes „sprechendes Reliquiar", verweist es doch durch die Kreuzesform auf seinen Inhalt: Splitter vom Kreuz Christi. Aufgrund der fehlenden sterblichen Überreste des Auferstandenen gehören Kreuzpartikel zu den vornehmsten Reliquien des Christentums. Beide Seiten des Kreuzes sind mit Emailarbeiten in Form von Bildnismedaillons besetzt. Sie zeigen vorn Christus zwischen Maria und Johannes dem Täufer, die sich im Bittgestus Christus zuwenden. Diese Figurengruppe wird als *Deesis* (Fürbitte) bezeichnet. Der theologische Inhalt ist die Vermittlung der göttlichen Gnade an die Welt. Maria und Johannes treten hierbei als Fürsprecher der Menschheit vor Christus auf. Die *Deesis* wird auf der Rückseite wiederholt, auf den Längsarmen des Kreuzes sind ihr weitere Heiligenmedaillons beigegeben. K. Sch.

02.03.32

02.03.32

Brustkreuz

(ausgestellt in Krakau und Prag)
Byzantinisch, 9./10. Jh.
Bronze, vergoldet
H. 12,8 cm, Br. 8 cm
Città del Vaticano, Monumenti, Musei e Gallerie Pontificie. Inv. Nr. 1102
Lit.: Byzanz. Die Macht der Bilder. Ausstellungskat. Hildesheim (Hildesheim 1998) 54; 155 Nr. 20. – A. D. Kartsonis, Anastasis. The Making of an image (New York 1986) 98 f.

Das Brustkreuz ist mit einem häufig belegten ikonographischen Programm geschmückt. Auf der Vorderseite zeigt es eine Kreuzigung zwischen Maria und Johannes, auf der Rückseite ist Maria mit dem Kind, umgeben von vier Heiligen, dargestellt. Solche Brustkreuze waren seit frühchristlicher Zeit weit verbreitet und geben Einblick in Glaubenspraktiken und -vorstellungen, wonach das auf der Brust getragene Kreuz, zumal wenn es Kreuzpartikel umschloss, als wirkungsvoller Schutz gegen dämonische Anfechtungen verstanden wurde. Sicherlich diente der Typus dieses byzantinischen Brustkreuzes auch als Vorbild für die in westslawischen und ungarischen Funden häufig belegten Kreuzanhänger. K. Sch.

02.03.33

Kleiner Psalter Egberts

(ausgestellt in Berlin und Mannheim)
Trier, um 985–1003
Pergament mit Deckfarbenmalerei
H. 16,4 cm, Br. 12,8 cm
Trier, Stadtbibliothek. Hs. 7/98, fol. 1v/2r
Lit.: G. Franz, Kleiner Psalter Egberts. In: Vor dem Jahr 1000. Abendländische Buchkunst zur Zeit der Kaiserin Theophanu. Ausstellungskat. Köln (Köln 1991) 142 f. Nr. 38. – W. Berschin, Griechisch-lateinisches Mittelalter (Bern, München 1980) 230 f.

Ein Psalter enthält die Psalmen des alttestamentlichen Propheten David. Darüber hinaus ist er zumeist um Lobpreisungen aus dem Alten und Neuen Testament (etwa Glaubensbekenntnis, Vater unser, *Gloria, Te Deum)* ergänzt. Durch seine Verwendung in den täglich mehrmals zu verrichtenden Stundengebeten war der Psalter im Frühmittelalter das christliche Gebetbuch schlechthin. Dieser kleinformatige mit Purpurseite

02.03.33

02.03.34

und Goldinitialen geschmückte Psalter wurde im Auftrag Erzbischof Egberts von Trier geschaffen. Der lateinische Text ist im ersten Viertel der Handschrift zwischen den Zeilen mit einer griechischen Übersetzung versehen, was Griechischkenntnisse im Umkreis Egberts belegt. Mit der Ankunft Theophanus, der griechischen Gemahlin Kaiser Ottos II., intensivierte sich seit dem letzten Drittel des 10. Jahrhunderts die Auseinandersetzung mit der byzantinischen Kultur im Ottonenreich. K. Sch.

02.03.34

Byzantinischer Psalter

(ausgestellt in Mannheim)

1603 von Gabriele Severo in Venedig erworben (vielleicht im Zuge des Drucks griechischer Psalterien in Venedig nach Italien gelangt); ab 1609 in der Biblioteca Ambrosiana

Byzanz, Mitte oder 3. Viertel 11. Jh.

Pergament

H. 21 cm, Br. 15,5 cm

Milano, Biblioteca Ambrosiana. M 54 sup., fol. IIIr

Lit.: M. L. Gengaro, Codici decorati e miniati dell'Ambrosiano. Ebraici e greci (Milano 1957) 136 Nr. 41. – J. Lafontaine-Dosogne (Hrsg.), Splendeur de Byzance. Ausstellungskat. Brüssel (Brüssel 1982) 61 M. 9. – A. Cutler, The Aristocratic Psalters in Byzantium (Paris 1984) 51 Nr. 32.

Da im Gottesdienst regelmäßig Psalmen vorgetragen wurden und Psalterien als Gebetbuch in der privaten Frömmigkeit im ganzen Mittelalter eine wichtige Rolle spielten, waren sie in Ost wie West weitverbreitet. Ihre Gestalt ergab sich einerseits aus der jeweiligen Textredaktion, andererseits hing sie von dem Anspruch ihrer Besitzer wie der zugedachten Funktion ab. Die Bebilderung des Mailänder Psalters folgt mit ganzseitigen Titelminiaturen, darunter fol. IIIr mit König David vor Goldgrund, dem Ausstattungstyp der so genannten aristokratischen Gruppe. Die von antiken bukolischen Darstellungen inspirierte Illumination zeigt David als Hirte

02.03.36

02.03.37

seiner Herden in einer weiten Landschaft. Die Personifikation der Melodia hinter ihm verweist auf David als Autor der Psalmen. I. S.

02.03.36

Byzantinisches Elfenbeintriptychon mit Deesis und Heiligen auf der Vorderseite – Gemmenkreuz in belebten Ranken auf der Rückseite

(ausgestellt in Berlin)
Aus einer Privatsammlung in Todi; im Pontifikat Benedikts XIV. (1740–1758) für den Vatikan erworben
Konstantinopel, Mitte 10. Jh.
Elfenbein, zum Teil vergoldet
H. 26,7 cm, Br. 16,5 cm (Mitteltafel);
H. 25,2 cm, Br. 9 cm (Flügel)
Città del Vaticano, Monumenti Musei e Gallerie Pontificie Inv. Nr. 2441
Lit.: Bernward von Hildesheim und das Zeitalter der Ottonen 2. Ausstellungskat. Hildesheim (Hildesheim, Mainz 1993) 49 ff. II–16.

Man nimmt an, dass dreiflügelige Tragikonen in Byzanz zur privaten Andacht im Haus oder auf Reisen bestimmt waren. Ihr Bildprogramm spiegelt oft diese Funktion: Auf den drei Triptycha der so genannten Romanos-Gruppe z. B. befinden sich Heiligenchöre und eine *Deesis* (Maria und Johannes d.T. in Fürbitte bei Christus). Ausgehend von der Inschrift der Ikone im Palazzo Venezia in Rom, in der die Fürbitte Marias und Johannes' für den Kaiser auf weitere Heilige ausgedehnt ist, dürfte dem Programm des Vatikan-Triptychons der gleiche Fürbittegedanke zugrunde gelegen haben. Kamen solche Andachtsikonen in den Westen, so wurden sie gern zerlegt und zum Schmuck auf liturgischen Objekten angebracht, und mit ihnen letztlich antike Bildmotive (z. B. Bildnismedaillons, belebte Ranken) dem Westen übermittelt. I. S.

02.03.38

02.03.37

Byzantinisches Elfenbeintriptychon mit Kreuzigung und Heiligen

(ausgestellt in Prag)
aus einem Reimser Kloster, 1905–1923 in der Sammlung Borradaile
Konstantinopel, Mitte des 10. Jhs., 2. Hälfte 11. Jh. (?)
Elfenbein, zum Teil vergoldet
H. 27,2 cm, Br. 16,3 cm (Mitteltafel);
H. 26 cm, Br. 8,1 cm (Flügel)
London, British Museum, Department of Medieval & Later Antiquities. Inv. M & LA 1923, 12–5, 1
Lit.: J. Lafontaine-Dosogne (Hrsg.), Splendeur de Byzance. Ausstellungskat. Brüssel (Brüssel 1982) 101 Iv. 9. – D. Buckton (Hrsg.), Byzantium. Treasures of Byzantine Art and Culture from British Collections (London 1994) 142 f. Nr. 153

Typ und Größe nach entspricht das Londoner Triptychon der Tragikone des Vatikans. Daher war es wohl auch ein privater Andachts- oder Reisealtar. Hauptthema des Altars ist die Erlösung der Menschheit durch den Kreuzestod Christi. Die Mitteltafel betont mit der Kreuzigung Christi zwischen Maria und Johannes sowie den Erzengeln Michael und Gabriel den historischen Moment. Diese Darstellung ist durch namentlich gekennzeichnete Heilige als Fürsprecher auf den Flügelinnenseiten ergänzt. Auf den Flügelaußenseiten befinden sich Kreuze, die in Rundscheiben enden. Darüber hinaus sind Bildnisse von Heiligen mit Namensinschriften angebracht, die sich vielleicht auf die Empfängerin beziehen (die Romanos-Tochter Anna, die 988 Wladimir den Großen von Russland heiratete). I. S.

02.03.38

Mainzer Elfenbeinmadonna

(ausgestellt in Krakau)
Lothringen oder Mittelrhein, um 1000
Elfenbein
H. 22 cm, Br. 10 cm, T. 5,5 cm
Mainz, Landesmuseum Mainz.
Inv. Nr. 0.1517 (O. 1517, K1)
Lit: A. Goldschmidt, Die Elfenbeinskulpturen aus der Zeit der karolingischen und sächsischen Kaiser 2. VII.–XI. Jahrhundert (Berlin 1918) Nr. 40. – D. Gaborit-Chopin: Elfenbeinkunst im Mittelalter (Berlin 1978) 87 Kat. Nr. 77. – R. Kahsnitz in: Bernward von Hildesheim und das Zeitalter der Ottonen. 2. Ausstellungskat. Hildesheim (Hildesheim, Mainz 1993) 157–158.

02.03.39

02.03.39

Steinkreuz in Rusovce

(ausgestellt Kunstharzkopie)
Ab zweiter Hälfte 19. Jh. als Fassadendekoration der Kapelle des Schlosses von Oroszvár (heute Bratislava-Rusovce) eingemauert, dessen letzte Besitzerin Fürstin Lónyay, die verwitwete Kronprinzessin Stefanie von Österreich war
Venezianisch (?), 13. Jh. (?)
Weißer Marmor
H. 64,5 cm, Br. 42,2 cm (Kreuzarmenden Br. 15–16 cm), T. 6 cm
Bratislava-Rusovce, neugotisches Schloss, Fassade der Kapelle (zur Zeit im Depot der Slowakischen Nationalgalerie in Bratislava als Inv. Nr. P 2594; auf der Rückseite des Kreuzes die alte Inv. Nr. I00II8 oder spiegelbildlich als 8II00I zu lesen sowie die Buchstaben ARF)
Lit.: Št. Oríško, Kríž z Rusoviec. Pamiatky a múzeá 3, 1996, 38–41.

Das Steinkreuz ist durch den Reliefschmuck seiner Vorderseite bemerkenswert: Auf ihr befindet sich das seit frühchristlicher Zeit weit verbreitete Motiv einer Weinranke, die zu einem Band gewunden ist, das sich über die beiden Balken des Kreuzes erstreckt. In das Medaillon im Kreuzungspunkt ist die segnende Hand Gottes eingearbeitet. Vielleicht handelte es sich bei den stark abgewitterten Darstellungen zu beiden Seiten der *manus dei* um Sonne und Mond. Aufgrund dieser ergänzenden Darstellungen dürften der Wahl des Motivs der Rebe allegorische Bezüge auf die Passion, insbesondere die Kreuzigung Christi, und die Kirche zugrunde gelegen haben, während der Weinranke in frühchristlicher Zeit häufig nur eine dekorative Funktion zugesprochen werden kann. Št. H.

Umrahmt von einer teilweise mit Vorhängen geschlossenen Säulenarkade sitzt die Gottesmutter frontal auf einem Thron mit Architekturdekor und palmettengeschmückter Fußplatte, von der ein Teil abgesägt wurde. Die Rechte flach zur Brust erhoben, hält sie mit der Linken das mit Kreuznimbus ausgezeichnete Jesuskind auf den Knien. Für Elfenbeinarbeiten des frühen Mittelalters außergewöhnlich plastisch, wurde die Gruppe wahrscheinlich aus einem einzigen Elfenbeinblock im Hochrelief geschnitten. Stilistisch steht sie den Arbeiten des in Trier wirkenden Meisters des *registrum Gregorii* nahe, dessen Werke über den lothringischen Raum hinaus auch auf den Mittelrhein ausstrahlten. Vermutlich stand die Elfenbeinmadonna im Kontext einer größeren Goldschmiedearbeit, etwa eines Altaraufsatzes, -antependiums oder frühen Reliquienschreins. K. F.

Herrschaftsvorstellungen 02.04

Um 1000 zeichneten sich die christlichen Reiche in Europas Mitte durch monarchische Herrschaftsformen aus. Einzelne Herrscher, Könige oder Fürsten, standen nun an der Spitze der Gemeinschaften. Nach christlicher Vorstellung war ihre Herrschaft gottgewollt, jeweils Abbild der Herrschaft Christi über die Welt. Aufgabe der Herrscher war es, Frieden und Gerechtigkeit herzustellen und den Einklang zwischen christlichem Volk und Gott zu garantieren. Entsprechend setzten sie ihr Herrschertum ins Bild, wobei antike Darstellungsformen als Vorlage dienten. Ihre Bildnisse wurden, begleitet von Symbolen christlicher Herrschaft, auf Münzen geprägt, deren Verbreitung die Allgegenwart des Herrschers sicherte. Das Rundbild, seit der Antike zur Verherrlichung ruhmreicher Feldherren oder Ahnen und zur Darstellung einer Personenfolge verwandt, wurde aufgegriffen. Es rückte bisweilen den Herrscher und seine Familie in den Kreis von Heiligen, sogar in den Stamm Christi selbst. K. Sch.

02.04.01

02.04.01
Evangeliar
(ausgestellt in Budapest und Prag)
Trier, 996–1002
Pergament mit Deckfarbenmalerei
H. 24 cm, Br. 19,3 cm
Manchester, John Rylands University of Manchester. Rylands Latin. Ms. 98, fol. 16r
Lit.: W. Ch. Schneider, Imperator Augustus und Christomimetes. Das Selbstbild Ottos III. in der Buchmalerei. In: Europas Mitte um 1000. Ausstellungskat. Budapest, Kraków, Berlin, Mannheim, Praha, Bratislava (Stuttgart 2000) 798–808. – W. Ch. Schneider, Die Generatio Imperatoris in der Generatio Christi. Ein Motiv der Herrschaftstheologie Ottos III. in Trierer, Kölner und Echternacher Handschriften. Frühmittelalterl. Stud. 25, 1991, 226–258. – R. Kahsnitz, Ein Bildnis der Theophanu? Zur Tradition der Münz- und Medaillon-Bildnisse in der karolingischen und ottonischen Buchmalerei. In: A. v. Euw/P. Schreiner (Hrsg.), Kaiserin Theophanu. Begegnungen des Ostens und des Westens um die Wende des ersten Jahrtausends 2 (Köln 1991) 101–134.

Erstmals seit karolingischer Zeit finden sich im letzten Drittel des 10. Jahrhunderts wieder Herrscherdarstellungen in liturgischen Handschriften. Vier Herrschermedaillons schmücken das in Trier von einem der berühmtesten ottonischen Künstler, dem so genannten Gregor-Meister, geschaffene Evangeliar. Die münzartigen Bildnisse greifen die antike Form des Rundbildes *(imago clipeata)* auf. Die Umschriften erlauben es, die Dargestellten als Otto I., seinen Sohn Otto II. und Otto III., der als regierender Kaiser zweimal in den beiden mittleren Medaillons erscheint, zu interpretieren. Diese Generationenfolge fügt sich an bezeichnender Stelle, am Anfang des Matthäus-Evangeliums, in die Handschrift ein, werden doch hier, im *liber generationis,* die Vorfahren Christi aufgezählt. Kaiser Otto III. und seine männlichen Vorfahren werden somit in den Stamm Christi eingeordnet. Das Evangeliar ist damit ein hervorragendes Beispiel für das ottonische Sakralkönigtum, das den Herrscher als *vicarius Christi,* als Stellvertreter Christi versteht. K. Sch.

02.04.02
Evangeliar aus St. Gereon
(ausgestellt in Krakau und Mannheim)
Köln, Ende 10. Jh.
Pergament mit Deckfarbenmalerei
H. 32,8 cm, Br. 24,2 cm

02.04.02

Köln, Historisches Archiv der Stadt Köln. Cod. W 312, fol. 22r
Lit.: W. Ch. Schneider, Imperator Augustus und Christomimetes. Das Selbstbild Ottos III. in der Buchmalerei. In: Europas Mitte um 1000. Ausstellungskat. Budapest, Kraków, Berlin, Mannheim, Praha, Bratislava (Stuttgart 2000) 798–808. – W. Ch. Schneider, Die Generatio Imperatoris in der Generatio Christi. Ein Motiv der Herrschaftstheologie Ottos III. in Trierer, Kölner und Echternacher Handschriften. Frühmittelalterl. Stud. 25, 1991, 226–258. – R. Kahsnitz, Ein Bildnis der Theophanu? Zur Tradition der Münz- und Medaillon-Bildnisse in der karolingischen und ottonischen Buchmalerein, In: A. v. Euw/P. Schreiner (Hrsg), Kaiserin Theophanu. Begegnungen des Ostens und des Westens um die Wende des ersten Jahrtausends 2 (Köln 1991) 101–134.

Das aus der Kölner Kirche St. Gereon stammende Evangeliar steht am Anfang der Reihe bedeutender Handschriften der ottonischen Kölner Malerschule. Die Initialseite des Matthäus-Evangeliums ist mit den für diese Schule charakteristischen Medaillonbildnissen geschmückt. Der junge Mann im rechten Medaillon wird als Otto III. gedeutet, die ältere Frau ihm gegenüber als seine Großmutter Kaiserin Adelheid, die jüngere, sich Otto zuwendende Frau im unteren Medaillon als seine Mutter Kaiserin Theophanu. Oben ist das Lamm Gottes zu sehen. Analog zu dem aus Trier stammenden Evangeliar, das Otto III. im Kreis seiner männlichen Ahnen zeigt, erscheint er hier in der Linie seiner weiblichen Vorfahren. Ort der Integration in das Evangeliar ist wiederum der die Vorfahren Christi aufzählende *liber generationis* am Beginn des Matthäus-Evangliums. Otto III. wird hier mit seinen weiblichen Ahnen in den Stamm Christi eingefügt, was Ausdruck des sakralen Herrschaftsverständnisses der Ottonenzeit ist. K. Sch.

02.04.03
Evangeliar
(ausgestellt in Berlin)
Köln, um 1000
Pergament mit Deckfarbenmalerei
H. 21,2 cm, Br. 16,6 cm
Gießen, Universtitätsbibliothek. Cod. 660, fol. 12r
Lit.: W. Ch. Schneider, Imperator Augustus und Christomimetes. Das Selbstbild Ottos III. in der Buchmalerei. In: Europas Mitte um 1000. Ausstellungskat. Budapest, Kraków, Berlin, Mannheim, Praha, Bratislava (Stuttgart 2000) 798–808. – W. Ch. Schneider, Die Generatio Imperatoris in der Generatio Christi. Ein Motiv der Herrschaftstheologie Ottos III. in Trierer, Kölner und Echternacher Handschriften. Frühmittelalterl. Stud. 25, 1991, 226–258. – R. Kahsnitz, Ein Bildnis der Theophanu? Zur Tradition der Münz- und Medaillon-Bildnisse in der karolingischen und ottonischen Buchmalerein. In: A. v. Euw/P. Schreiner (Hrsg.), Kaiserin Theophanu. Begegnungen des Ostens und des Westens um die Wende des ersten Jahrtausends 2 (Köln 1991) 101–134.

Die in Köln entstandene Evangelienhandschrift enthält am Beginn des Matthäus-Evangeliums vier Medaillonbildnisse. Im oberen ist ein junger Herrscher, wohl Otto III., zu sehen, in den weiteren drei Geistliche, die sich durch ihre Pallien als Erzbischöfe ausweisen. Ähnlich wie in den Evangeliaren aus Trier und Köln, die Otto

02.04.03

in der Linie seiner männlichen bzw. weiblichen Vorfahren zeigen, wird er hier von Erzbischöfen als seiner geistlichen Familie umgeben. Die Bedeutung der Erzbischöfe als geistliche Väter des Herrschers liegt in der Königsweihe begründet. Durch die erzbischöfliche Salbung erhält der Herrscher eine neue, ihn über alle Menschen erhebende Gestalt; er wird zum *Christus Domini,* zum Gesalbten des Herrn. In allen drei Handschriften (02.04.01–03) schmücken die Medaillons jeweils die Initialseiten zum *liber generationis,* der die Vorfahren Jesu aufzählt. Hier ist Otto also im Kreis derjenigen dargestellt, die ihn salbten und damit in die Nachfolge Christi stellten. K. Sch.

02.04.04 Handbuch Abb. 246

„Monomachos-Krone"

(ausgestellt in Budapest und Berlin)
Ivánka pri Nitré (Nyitraivánka) (Slowakei)
Konstantinopel
1042–1050
Zellenschmelz; Gold
Konstantinos Monomachos: 11,5 x 5 cm; Theodora: 10,7 x 4,8 cm; Zoe: 10,5 x 4,8 cm; Tänzerin: 10 x 4,5 cm; Tänzerin: 9,8 x 4,5 cm; „Wahrheit": 8,7 x 4,2 cm; „Demut": 8,7 x 4,2 cm; die Apostel Petrus und Andreas: Dm. 2,9–3 cm.
Budapest, Magyar Nemzeti Múzeum.
Inv. Nr. 1860.99.1–4, 1861.37.1–2, 1861.51.1–2, 1870.36.1–2

Lit.: M. v. Bárány-Oberschall, Konstaninos Monomachos császár koronája. Arch. Hung. 22 (Budapest 1937). – J. Érdy, Nyitra Ivánka területén 1860 és 1861. Èbven kiszántott byzanti zománcok a XI. századból. Arch. Közl 2 (1861) 65–78. – A. Grabar, Le succès des arts orienteaux à la cour byzantine sous les Macédoniens. Münchener Jahrb. Bildende Kunst N. F. 2. Reprint in: A. Grabar, L'art de la fin de l'Antiquité et du Moyen-Age (Paris 1968) 265–290. – Z. Kádár, Quelques observations sur la couronne de l'empereur Constantin Monomaque. Fol. Arch. 16, 1964, 113–124. – E. Kiss, új eredmények a Monomachos-korona kutatásában? Fol. Arch. 46, 1997, 125–164. – S. Mihalik, Problematik der Monomachos Krone. Acta Hist. Artium 9, 1963, 199–243. – N. Oikonomides, La couronne dite de „Constantin Monomaque". Travaux et Mém. 12, 1994, 241–266

Die sieben hochformatigen und oben gerundeten Platten werden zu einem Ensemble gehört haben, mit Kaiser Konstantin Monomachos im Zentrum, flankiert von seiner Gattin und ihrer Schwester, zwei Tänzerinnen und den Personifikationen von Tugenden. Sie waren wahrscheinlich auf einer Stoffhaube montiert, wie es unregelmäßige Löcher auf den Goldstreifen von der Rückseite der Platten nahelegen. Die zwei Apostelmedaillons stammen aus einem anderen, etwas älteren Ensemble, was die Unterschiede in Technik, Stil und Montierweise zeigen. Die kaiserliche Trias und die Tänzerinnen umgeben Ranken mit Vögeln, die Personifikationen ihrerseits sind von Zypressen flankiert. Das Programm der Krone kann als eine religiös-politische Darstellung des Kaisertums interpretiert werden, bei der die Tänzerinnen als beliebtes Triumphmotiv die Überwindung der Feinde symbolisieren. Der kaiserliche Garten als neues Eden, ein sehr beliebtes Motiv der Epoche des Kaisers Monomachos, wird durch die Ranken und Zypressen reflektiert. Aus den vielen Fehlern bei den Inschriften und der kaiserlichen Gewandung kann man schließen, dass kaiserliche Bestellungen manchmal nicht an erstrangige Emailateliers der Hauptstadt vergeben wurden. E. K.

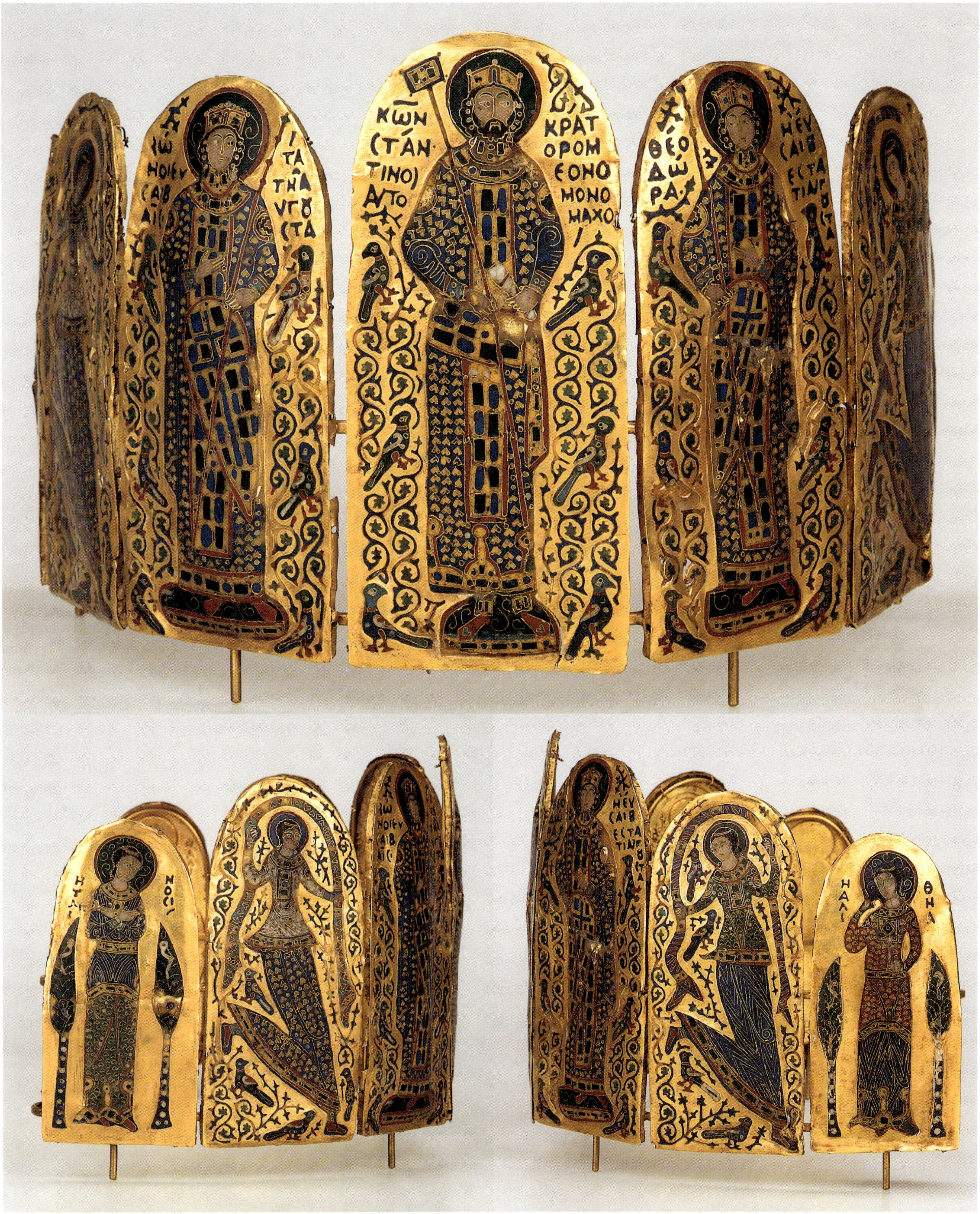

02.04.04

02.04.06

02.04.06
So genannte Kunigundenkrone
(nicht ausgestellt)
Westdeutsch, 1014–1024
Gold; Edelsteine; Perlen; Glasfluss
Dm. ca. 19 cm, H. ca. 5 cm
München, Schatzkammer der Residenz. Schk. 10
Lit.: R. Eikelmann, Mittelalterliche Kronen in der Schatzkammer der Residenz München (masch. geschr. Magisterarbeit München 1980) bes. 1–84. – R. Baumgärtl-Fleischmann, Die sogenannte Kunigundenkrone. Münchner Jahrb. 3, 32 (1981) 25–41. – N. Gusone, Corona. In: Enciclopedia dell'arte medievale 5 (1994) 344. – H. Drechsler, Regalia. In: Enciclopedia dell'arte medievale 9 (1997) 863–868.

Der schlichte Goldreif besteht aus fünf leicht gebogenen, querrechteckigen Platten mit reichem Perl- und Edelsteinbesatz auf Golddrahtarkaden und Filigranwerk. Der möglicherweise von Anfang an unbewegliche Kronreif ist auf einen vergoldeten Silberstreifen montiert. Er wurde später an hohen Festtagen auf der Büste der Kaiserin Kunigunde im Bamberger Dom befestigt. In Folge der Säkularisation wurde die Krone aus dem Bamberger Domschatz nach München überführt. Kunigunde, die Gemahlin Heinrichs II., ist die erste ostfränkische Herrscherin, für die eine Krönung zur Königin (1002) und auch zur Kaiserin (1014) bezeugt ist. Im Perikopenbuch Heinrichs II. ist ihr Bild als erste offizielle Darstellung einer bestimmten gekrönten Herrscherin in der Buchmalerei erhalten. Es ist daher durchaus denkbar, dass die Kaiserin diese Krone ursprünglich getragen hat und sie nach dem Tod Heinrichs II. 1024 dem Bamberger Petersaltar stiftete, auch wenn die Bamberger Quellen sie erst 1554 mit Kunigunde in Verbindung bringen. Den Reif als Weihekrone des Bamberger Bischofs Gunther (1057–1065) zu betrachten, ist anhand der schriftlichen Überlieferung nicht haltbar. H. D.

02.04.07
Fragmente einer Armilla
(ausgestellt in Krakau, Mannheim und Prag)
Byzantinisch (?), 10.–11. Jh. (Fälschung?)
Goldblech
H. 3,5 cm, Br. oben: 3,2 cm, Br. unten: 2,4 cm
Veszprém, Laczkó Dezső Museum.
Inv. Nr. 66.144.1–4

Vier getriebene, trapezförmige Goldbleche sind mit je zwei stehenden Gestalten geschmückt, der Rand ist mit Quadraten und liegenden Kreuzen verziert. Die Ecken der Bleche sind gelocht. Die fehlerhaften griechischen Inschriften identifizieren die Figuren als Teile einer *Deesis* (= Fürbitte): Maria Theotokos mit dem Erzengel Michael und sechs Aposteln. Der Erzengel hält ein *Labarum,* einige der Apostel tragen ein Buch oder eine Buchrolle. Die großen Draperien der Apostel bauschen sich auf völlig unbyzantinische Art. Ähnliche Buchstaben und Schreibfehler zeigen Inschriften auf provinzial-byzantinischen Pektoralkreuzen aus dem 10. und 11. Jahrhundert. Die Goldbleche stammen vom berühmten Münzsammler und Fälscher Niklovits, was die Hypothese verstärkt, es handle sich um eine Fälschung. E. K.

02.04.07

Slawen und Ungarn zwischen Abendland und Byzanz – Lebensweise

03

Seit dem 6. Jahrhundert ließen sich die Slawen im seit der Völkerwanderung menschenleeren Land östlich von Elbe und Adria nieder. Am Ende des 9. Jahrhunderts nahmen die Ungarn das Donaubecken in Besitz. Von antikem Erbe und Christentum waren sie zunächst unberührt, sie hatten keine Schrift, keine Bauten aus Stein und prägten keine Münzen. Ackerbau und Viehzucht bildeten die Lebensgrundlage der einfachen Leute. Große Wälder und fischreiche Gewässer boten zusätzliche Nahrung.
Auch nach der Einwanderung von Slawen und Ungarn blieben weite Teile des Landes noch unbesiedelt. In den Ebenen des Donaubeckens züchtete man Pferde für die ungarischen Reiterheere und für den Verkauf in andere Länder. Das Bevölkerungswachstum führte zur Rodung immer größerer Landstriche, die Nutzung der schonungslos ausgebeuteten Wälder verlor vielerorts schon vor der Jahrtausendwende an Bedeutung. Die Landwirtschaft wurde als Ernährungsgrundlage noch wichtiger als vorher.
Die Menschen lebten in kleinen Häusern aus Holz, Teile der ungarischen Bevölkerung auch in Jurten. Neben der Holzverarbeitung spielte die Herstellung von Eisengerät, Textilien und Tongefäßen eine wichtige Rolle im ländlichen Leben. T.K.

Landwirtschaft 03.01

Der Ackerbau wurde dem Bauern durch den Hakenpflug erleichtert. Angebaut wurden Roggen, Weizen, Gerste, Hafer und Hirse, Flachs und Hanf. Im Garten der Bäuerin wuchsen Linsen, Erbsen, Bohnen, Apfel, Birne, Kirsche, Pflaume. In wärmeren Gegenden gediehen zudem Wein, Walnüsse und Pfirsiche.
Die Landbewohner hielten sich Schweine, Rinder, Schafe und Ziegen. Ställe für das Vieh gab es nicht. Zunehmende Bedeutung gewann die Haltung von Hühnern und Gänsen. Wichtig waren Pferd und Hund. Bienenhaltung am Rande von Siedlungen und Wäldern versorgte die Menschen mit Honig. Dieser wurde auch als Steuer an die Herrschenden entrichtet und erbrachte als Handelsgut ein „Zubrot". Nicht selten vernichteten Unwetter, Viehseuchen und Krieg die Erträge des mühsamen bäuerlichen Fleißes. T. K.

03.01.01

03.01.01
Schaftlochaxt
Mikulčice. (Tschechien)
Eisen; Holz
L. noch 55,3 cm (Schaft); H. 16 cm (Axt)
9. Jh.
Brno, Archeologický ústav AV ČR.
Inv. Nr. 594–563/67
Lit.: Z. Klanica, Výsledky čtrnácté sezóny výzkumu v Mikulčicích (okr. Hodonín). Přehled výzkumů 1967, 1968, 61–85; 62 Taf. 57, 2.

Eiserne Bartaxt mit schmaler Schneide, dreieckigen Stacheln am Schaftloch und im Querschnitt rechteckigem Nacken. Der im Profil ovale Schaft ist aus Ahornholz, die Axt schräg zur Schaftachse, etwa 5 cm unterhalb des Scheitels angesetzt. Die Axt wurde unter einer Holzbrücke im ehemaligen Flussbett der March gefunden, wohin sie offenbar im Zuge von Kampfhandlungen gelangt war. L. P.

03.01.02
Hakenpflug (Rekonstruktion)
Grotniki (Polen)
L. 72 cm; L. Pflugschar 50 cm
Ende 11.–1. Hälfte 12. Jh.
Trzebiny, Wielkopolski Ośrodek Studiów i Ochrony Środowiska Kulturowego, Oddział Trzebiny
Lit.: E. Wyrwińska, Wczesnośredniowieczna osada odkryta na wielokulturowym stanowisku nr 6 w Grotnikach, gm. Włoszakowice, woj. Leszczyńskie. Wielkopolskie Sprawozdania Arch. 3, 1995, 139–152.

Bei den 1992 bis 1993 in einer Siedlung am Ufer des heute verlandeten Grotnicki-Sees durchgeführten Ausgrabungen wurden einige hölzerne Pflughaken und eine eiserne Pflugschar gefunden. Das am besten erhaltene Exemplar bestand aus einem langen Ast mit Asthaken und viereckigem Loch zur Befestigung des Stiels (rekonstruiert). Die eiserne abgerundete Pflugschar hatte einen dreieckigen Querschnitt.
Bei den Slawen waren Hakenpflüge zur Bearbeitung des Bodens üblich. Das hier gezeigte Exemplar mit einer Pflugschar aus Holz oder Eisen war eine Übergangsform zum Pflug mit rahmenförmigen Haken. E. W. u. Z. K.

03.01.03
Pflugschar
Edelény-Borsod (Ungarn)
Eisen
L. 22,5 cm, Klingenbr. 12 cm
10. Jh.
Budapest, Magyar Nemzeti Múzeum. Nicht inventarisiert
Lit.: unveröffentlicht

Die Pflugschar war an einem einfachen Pflug wohl waagerecht befestigt, wie die gleichmäßige Abnutzung beider Seiten annehmen lässt. Mit solchen Pflügen konnte nur flach gepflügt werden, indem man die Erde nach beiden Seiten aufwarf. Zur Verstärkung schmiedete man auf die Schneide des Pflugeisens ein besonders gehärtetes Stahlband auf.

03.01.03

Landwirtschaftliche Geräte sind im ungarischen Fundmaterial des 10. und 11. Jahrhunderts selten, und eine Pflugschar fehlte bislang ganz. Bei der Datierung der Pflugschar aus Edelény-Borsod half die ^{14}C-Analyse der darauf festgebrannten Getreidekörner. M. W.

03.01.04
Pflugreute
Edelény-Borsod (Ungarn)
Eisen
L. 15,1 cm, Klingenbr. 7,2 cm, Tüllenbr. 4,2 cm
10. Jh.
Miskolc, Herman Ottó Múzeum. Nicht inventarisiert
Lit.: unveröffentlicht

Die geschmiedete Klinge des Werkzeugs ist dreieckig, mit gebogener Schneide. Am Ende der trichterförmigen Tülle befindet sich ein kleines Loch, durch das ein Eisennagel eingeschlagen wurde, der die Pflugreute an ihrem langen Holzstiel befestigte. Die ursprüngliche Aufgabe der Pflugreute war, die am Pflug klebende Erde abzukratzen. Es ist aber anzunehmen, dass man mit ihr auch die Zugtiere des Pfluges zu schnellerem Gang ansporne. Das beweist auch ihr ungarischer Name „ösztőkel“ (ermuntern). M. W.

03.01.06

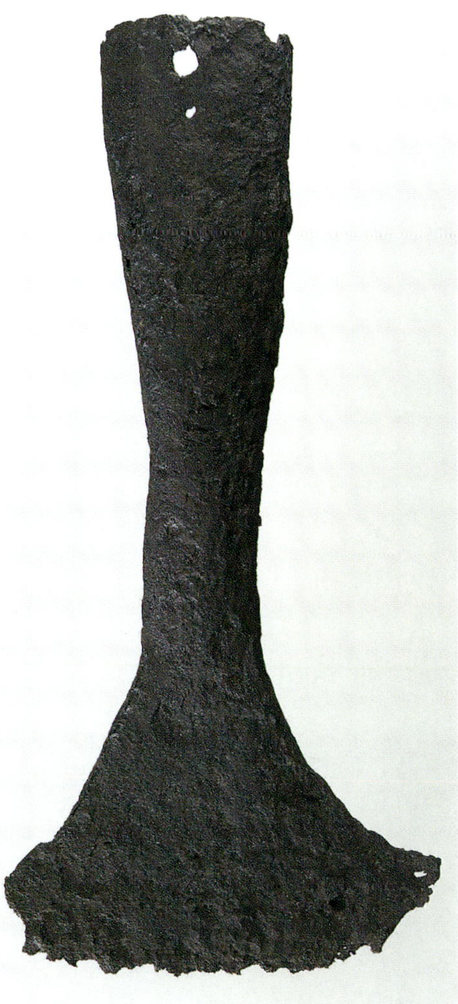

03.01.04

03.01.05
Verkohlte Getreidekörner
Edelény-Borsod (Ungarn)
10. Jh.
Miskolc, Herman Ottó Múzeum. Nicht inventarisiert
Lit.: unveröffentlicht

In den niedergebrannten Häusern der Siedlung aus dem 10. Jahrhundert wurden große Mengen verkohlter Getreidekörner gefunden. Sie waren sauber ausgedroschen. Neben einem Vorratsgefäss für Getreide wurde sogar ein Gebäude zur Getreidelagerung nachgewiesen. Außer den als Brotgetreide genutzten Weizen, Gerste und Hirse gab es auch Gartenpflanzen wie Erbsen und Samen von Lein, der zum Weben und Flechten diente. Alle diese Funde lassen auf eine entwickelte Landwirtschaft in jener Zeit schließen. M. W.

03.01.06
Schälchen
Edelény-Borsod (Ungarn)
Ton
H. 8,5 cm, Randdm. 16,9 cm, Bodendm. 10,4 cm
10. Jh.
Miskolc, Herman Ottó Múzeum.
Inv. Nr. 93.8.23
Lit.: M. Wolf, Előzetes jelentés a borsodi földvár ásatásáról (1987–1990) JAMÉ 30–32, 1987–1989 (1992) 393–442.

Unter dem Rand des scheibengedrehten Schälchens befinden sich eingeritzte Wellen- und Linienbündel und auf dem Boden ein Bodenstempel, der entweder das Kennzeichen des Besitzers oder des Herstellers war. Beim Brand des Hauses wurde die Schale deformiert.
Im Keramikmaterial der landnehmenden Ungarn sind Schalen sehr selten. Nach derzeitiger Kenntnis übernahmen sie diese Gefäßform von lokalen Meistern, die awarisch-slawische Traditionen bewahrt hatten. Vermutlich ahmten die Gefäße mit Fußring gedrechselte Holzgefäße nach. M. W.

03.01.07

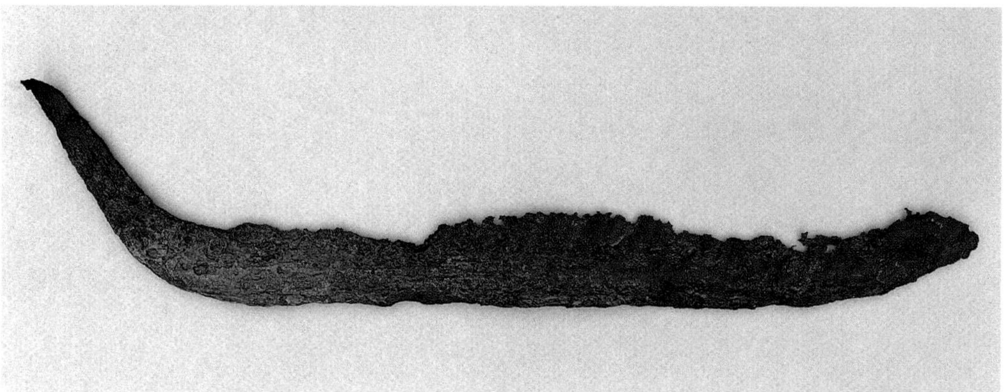

03.01.08

03.01.09

03.01.07 Handbuch Abb. 51

Halbsense

Ostrów Lednicki, Kr. Gniezno. Fdst. 3b (Polen)
Eisen
L. 42 cm, Br. 4 cm
2. Hälfte 10.–12. Jh.
Lednagora, Muzeum Pierwszych Piastów na Lednicy. Inv. Nr. 49/85
Lit.: A. Kola/G. Wilke, Bericht über die archäologischen Unterwasseruntersuchungen im Lednica-See auf den Relikten der frühmittelalterlichen „Gnesener" Brücke (Rybitwy, Fst. 3b) in den Jahren 1984–1985. Acta UNC. A, 15 (1991) 51 Abb. 11, A.

Das landwirtschaftliche Potential des Gebietes um die Inselresidenz der polnischen Herrscher bestätigen unter anderem 19 Halbsensen, von denen elf Stück vom Grund des Lednica-Sees – im Bereich der östlichen Brücke – stammen. Eines der interessantesten Exemplare ist die hier gezeigte Halbsense mit einem Kreuzbild und fünf Einstichgruppen. J. G.

03.01.08

Kurze Sense

Edelény-Borsod (Ungarn)
Eisen
L. 33,8 cm, Klingenbr. 3,2 cm
10. Jh.
Miskolc, Herman Ottó Múzeum.
Inv. Nr. 93.10.27
Lit.: unveröffentlicht

Die kurze Sense ist ein spezielles Werkzeug zum Grasmähen und Schneiden von Futterpflanzen. Ihre charakteristische Form ermöglicht, Gras selbst auf kleinen Flächen und im unebenen Gelände zu schneiden, für das sich weder lange Sensen noch Sicheln eignen. Mit den landnehmenden Ungarn tauchte diese kurze Sense im Karpatenbecken auf. Ihre Nutzung beweist, dass die Ungarn nicht nur die ganzjährige Hirtenwirtschaft im Freien betrieben, sondern auch Kenntnisse in der Futtergewinnung besaßen. M. W.

03.01.09

Erntesichel

Edelény-Borsod (Ungarn)
Eisen
L. 37,5 cm, Klingenbr. 1,8 cm
10. Jh.
Miskolc, Herman Ottó Múzeum. Nicht inventarisiert
Lit.: unveröffentlicht

Die geschmiedete Sichel wurde zum Mähen von Getreide benutzt, beim Schneiden von Futterpflanzen spielte sie keine große Rolle. Bei der Getreideernte wurde sie erst in der Neuzeit durch die langen Sensen verdrängt. Sicheln mit Griffdorn und schmaler, stark gebogener Klinge waren im 6. bis 10. Jahrhundert in ganz Europa verbreitet. Bei Exemplaren mit gezähnter Klinge „sägte" man die Halme direkt unterhalb der Ähre ab, bei solchen mit ungezähnter Klinge schnitt man sie ganz nahe über dem Boden ab. M. W.

03.01.10

03.01.10
Spaten
Behren-Lübchin, Kr. Güstrow (Deutschland)
Buchenholz
L. 108,5 cm
11./12. Jh.
Archäologisches Landesmuseum und Landesamt für Bodendenkmalpflege Mecklenburg-Vorpommern. Inv. Nr. III, 199
Lit.: E. Schuldt, Behren-Lübchin. Eine spätslawische Anlage in Mecklenburg. Deutsche Akad. Wiss., Schr. Sektion Vor- u. Frühgesch. 19 (Berlin 1965) 116 Taf. 87.

Spaten mit eisernem Blatt waren bis weit in das Mittelalter kaum verbreitet. Für Erdarbeiten wurden gerade auch östlich der Elbe hölzerne Spaten verwendet. Ein solcher „Grabscheit" liegt auch aus dem slawischen Burgwall von Behren-Lübchin vor, der aufgrund der guten Erhaltungsbedingungen vollständig geborgen werden konnte. H. N.

03.01.11
Spatenbeschlag
Ibrány-Esbóhalom. Grab 152 (Ungarn)
Eisen
H. 12,5 cm
10. Jh.
Nyíregyháza, Josa András Múzeum.
Inv. Nr. 95.293.5
Lit.: E. Istvánovits, Ibrány. In: I. Fodor u. a. (Hrsg.), A honfoglálo magyarság. Ausstellungskat. Budapest (Budapest 1996) 145–150.

In den Gräbern des Gräberfeldes von Ibrány-Esbóhalom wurden auch einige Eisengeräte gefunden. Eines der bedeutendsten ist ein kleiner Spatenbeschlag mit abgerundeter Schneide, der mit einer Rinne an seiner Innenseite auf dem hölzernen Spaten befestigt wurde. Die Ungarn kamen schon mit der Kenntnis des mit Eisen beschlagenen Spatens ins Karpatenbecken. Sie glaubten, dass scharfe Schneide- oder Stichwerkzeuge als Grabbeigabe die Lebenden vor dem bösen Geist der Toten beschützen. M. W.

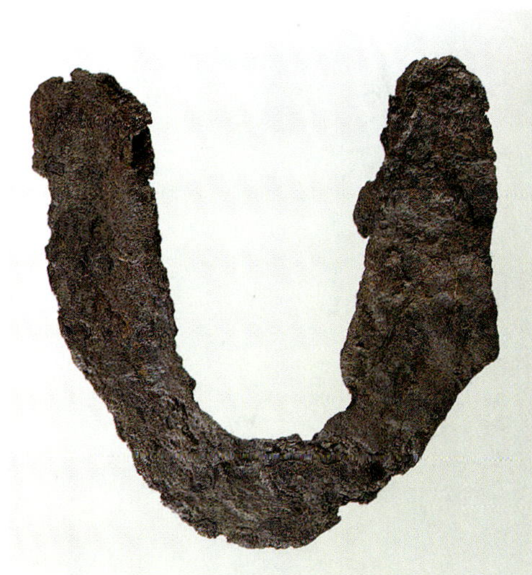

03.01.11

Jagd, Waldnutzung und Fischfang

03.02–03

Hirsche, Rehe, Wildschweine, Hasen und Vögel zählten zu den beliebtesten Jagdtieren. In manchen Gegenden gab es Wölfe und Bären, seltener Auerochsen. In Fallen wurden Pelztiere gefangen. Die wertvollen Felle behielten die Jäger nicht nur für den eigenen Bedarf, sondern entrichteten ihre Steuerabgaben damit oder verkauften sie. Für viele Menschen war die Nutzung des Waldes lebensnotwendig: Bauholz für Häuser, Burgen, Brücken und Bohlwege wurde im Wald geschlagen. Dort weidete das Vieh (Eichel- und Bucheckernmast) und hier verkohlten Köhler Holz zu Holzkohle, die der Schmied benötigte. Durch intensive Nutzung und Rodung schrumpften die Wälder. Außerdem zogen die Adeligen die Rechte am Wald mehr und mehr an sich. Eine große Rolle bei der Ernährung spielte Fisch, der in Netzen, Reusen, mit der Angel oder dem Fischstecher gefangen wurde. T. K.

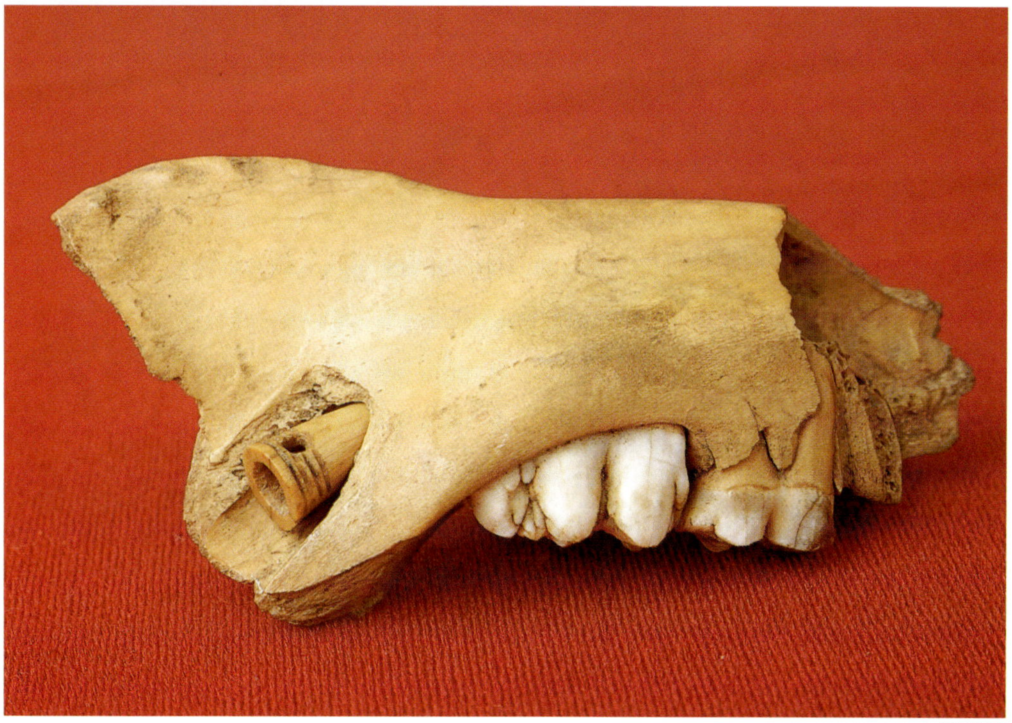

03.02.01

03.02.03

03.02.01
Wildschweinkiefer mit Pfeilspitze
Wolin. Fdst. 1 (Polen)
Knochen; Geweih
1. Hälfte 10. Jh.
Wolin, Instytut Archeologii i Etnologii PAN, Pracownia Archeologiczna w Wolinie. Deposit: Szczecin, Muzeum Narodowe
Inv. Nr. 1275/54
Lit.: W. Filipowiak, Wolin – największe miasto Słowiańszczyzny Zachodniej. Szkice z dziejów Pomorza 1. Pomorze średniowieczne (1958) 36–72.

In dem Wildschweinkiefer steckt eine mit umlaufenden Furchen verzierte Pfeilspitze aus Geweih. Sie ist ein Beweis für die Nahrungsbeschaffung im frühmittelalterlichen Wollin, wo die Jagd auf Wild den Speiseplan zusätzlich bereicherte. B. S.

03.02.02 a–c
Drei Pfeilspitzen
Eger-Szépasszonyvölgy (Ungarn)
Eisen
L. 10,6 cm, 13,2 cm, 11,2 cm
10. Jh.
Eger, Dobó István Museum. Inv. Nr. 54.5.1–3
Lit.: Á. Nagy, Eger-Szépasszonyhölgy. Reg. Füz. Ser. I. (1969) Nr. 22.59; Nr. 23.77.

Die zweiflügeligen, so genannten Schwalbenschwanz-Pfeilspitzen wurden vor allem zur Jagd auf Wasservögel benutzt. Mit kleineren spitzen Pfeilen jagte man Pelztiere, um den Pelz nicht unnötig zu beschädigen. Dieser Typ konnte aber auch vorzüglich Schuppen- oder Kettenpanzer durchschlagen. Für den Kampf und die Jagd auf Großwild benutzte man große und schwere rhombische Pfeilspitzen. Diese Pfeile führten, selbst wenn kein lebenswichtiges Organ getroffen wurde, in kurzer Zeit zum Tod durch Verbluten. L. R.

03.02.03
Klappen- oder Tierfalle
Rägelin, Kr. Wittstock (Deutschland)
Eichenholz
L. 81 cm, Br. 26 cm, H. 8 cm
Mitte 10. Jh.
Brandenburgisches Landesamt für Denkmalpflege und Archäologisches Landesmuseum. Inv. Nr. IIK 1998:5/1
Lit.: unpubliziert

Der Fallenrahmen gehört zu einem Fund von sechs Fallen, der an einem Toteisloch inmitten der Wittstocker Heide entdeckt

03.02.04–07

wurde. Die Öffnung des Fallenrahmens verschlossen zwei Klappen, die auf der Rückseite gespannt wurden. Die unterschiedliche Größe der Fallen lässt auf eine Verwendung für unterschiedliches Jagdwild schließen. M. F.

03.02.02 a–c

03.02.04 a–b; 03.02.05 a–b; 03.02.06–07
Amulette
Csongrád-Vendelhalom, Kom. Csongrád.
Grab 39
Halimba-Cseres, Kom. Veszprém.
Grab 54 u. 859
Nagytarcsa, Kom. Pest (Ungarn)
Hundzahn; Rothirschzähne; Hasenknochen
10. Jh.
Budapest, Magyar Nemzeti Múzeum.
Inv. Nr. 15./1939.45; 55.1.81.A; 55.1.1088.A; 62.62.2.A
Lit.: I. Dienes, Die Kunst der landnehmenden Ungarn und ihre Glaubenswelt. In: Évolution générale et développements régionaux en histoire de l'art. Actes du XXe Congrès International d'Histoire de l'Art Budapest 1969, 1 (Budapest 1972) 101–102. – Ders., A honfoglaló magyarok (Budapest 1972) 51–55. – Ders., Die Ungarn um die Zeit der Landnahme (Budapest 1972) 62–64. – L. Kovács, Honfoglalás kori sírok Nagytarcsán 1. Temeta ucta 5. Adatok a gombos

nyakú kengyelek értékeléséhez. Comm. Arch. Hung. 1985, 125. – M. Párducz/L. Tary, A csongrád-vendelhalmi honfoglaláskori lelet. Fol. Arch. 1–2, 1939, 194. – Gy. Török, Die Bewohner von Halimba im 10. und 11. Jahrhundert. Arch. Hung. 39, 1962, 28–29.

In den Gräbern von Frauen und Kindern (seltener bei Männern) aus der Landnahmezeit finden sich häufig Amulette, die Bestandteile von Perlenketten oder sonstigem Halsschmuck waren. Dabei sollten diese Amulette aus Rotwildzähnen, Bären- und Hundereißzähnen, Eberhauern, sowie aus Knochen von Pferden, Wölfen, Hasen oder Flügeln von Wildgans und Bussard dem Träger Schutz durch den Geist des Tieres verleihen. L. K.

03.02.08

03.02.08
Riemenzunge mit Hundedarstellung
Kenézlő-Fazekaszug. Gräberfeld II (Ungarn)
Silber, vergoldet
L. 2,9 cm, Br. 2,3 cm
1. Hälfte 10. Jh.
Budapest, Magyar Nemzeti Múzeum.
Inv. Nr. 10/1929
Lit.: N. Fettich, Adatok a honfoglaláskor archaeológiájához. Arch. Ért. 45, 1931, 78–79.

Im ungarischen Fundmaterial des 10. Jahrhunderts gibt es nur vereinzelt Tierdarstellungen, die vor allem Frauenschmuck zieren. Hundedarstellungen finden sich dabei ausschließlich auf Pferdegeschirrbeschlägen. Man vermutet, dass die traditionsbewussteren Frauen mehr an der archaischen Glaubenswelt festhielten oder diese Pferdegeschirre vor allem bei festlichen Anlässen wie der Jagd benutzten. Wichtig in diesem Zusammenhang ist, dass Hundezahn-Halsketten nur aus Frauen- und Kindergräbern bekannt sind. Daraus kann man folgern, dass die sitzend dargestellten Tiere die Wächter des Heims symbolisierten und in dieser Funktion auch auf die Reitausrüstung der Frauen gelangten. L. R.

03.02.09

03.02.09
Riemenzunge vom Pferdegeschirr
Törtel-Demeter-tanya (Ungarn)
Silber, vergoldet
L. 5,7 cm, Br. 3,9 cm
10. Jh.
Budapest, Magyar Nemzeti Múzeum.
Inv. Nr. 101/1895.42
Lit.: B. Posta, A törteli magyar pogánykori leletek. Arch. Ért. 16, 1896, 30–39.

Auf der gegossenen Riemenzunge ist ein Hirsch dargestellt, den eine Art Halsband als besonderes Tier auszeichnet. Nach der fragmentarisch erhaltenen Ursage der Ungarn wurde ein jagendes Brüderpaar von einem Zauberhirsch in ein neues Land gelockt, wo er vor ihren Augen verschwand. Zu ihrem Volk zurückgekehrt, brachen die Brüder mit ihrem Gefolge auf, und nahmen die neue Heimat in Besitz. Wahrscheinlich ist hier dieses mythische Tier dargestellt. Es ist eine der wenigen realistischen Tierdarstellungen des 10. Jahrhunderts. L. R.

03.02.10

03.02.11

03.02.10
Angelhaken
Brandenburg/Havel (Deutschland)
Eisen
L. 3,2 cm
11. Jh.
Brandenburgisches Landesamt für Denkmalpflege und Archäologisches Landesmuseum. Inv. Nr. 1964:21/1/1320
Lit.: K. Grebe, Die Brandenburg vor 1000 Jahren (Potsdam 1991) Abb. 37, 1.

03.02.11
Zwei Fischstecher
Sowinki, Kr. Poznań. Gräberfeld, Grab 70 (Polen)
Eisen
L. 23,7 cm
Ende 10. Jh.–1. Hälfte 11. Jh.
Poznań, Muzeum Archeologiczne.
Inv. Nr. 1998:57, Kat. Nr. 1998:57/81–82
Lit.: A. Krzyszowski, Slavia Ant. 36, 1995, 49–71. – Ders., Germania 75, 2, 1997, 639–667.

Die beiden Fischstecher wurden mit ihren ehemals hakenförmigen Dornen an einem Stiel befestigt. Es konnten Reste von mineralisiertem Pechdraht nachgewiesen werden, der zur zusätzlichen Befestigung am Stiel verwendet wurde. Solche „Dreizacke" sind als Beigabe in Gräbern, wie hier in Sowinki selten zu finden. A. K.

03.02.12

03.02.13 a–b

03.02.12
Sechs Netzsenker
Praha. Prag 1-Kleinseite, Klárov (Tschechien)
Stein
3,94 cm x 3,72 cm x 2,07 cm; 3,25 cm x 3,16 cm x 2,14 cm
10.–11. Jh.
Praha, Archeologický ústav AV ČR.
Inv. Nr. 24/69-494/1-6
Lit.: L. Hrdlička, Předběžné výsledky výzkumu v Praze 1 na Klárově Arch. Rozhledy 24, 1981, 660.

Die Netzsenker aus örtlichem Rohstoff illustrieren eine der wirtschaftlichen Aktivitäten der Handwerkersiedlung auf der untergegangenen „Insel unter der Prager Brücke", die historisch zwischen dem Bach Brusnice und dem Fluss Moldau belegt ist. Außer auf Fischfang spezialisierten sich deren Bewohner auf die Herstellung und Verarbeitung von Eisen und Buntmetallen, auch bauten sie Nutzpflanzen an. Die Anfänge der dauerhaften Besiedlung der „Insel" deuten gleichzeitig an, dass das Prager Suburbium im Tal unterhalb der Burg alle zur dauerhaften Besiedlung geeigneten Lagen bereits im 10. Jahrhundert einnahm. L. H.

03.02.13 a–b
Zwei Netzschwimmer
Opole. Burgwall (Polen)
Rinde
Dm. 6,5–6,7 cm, 8,7 cm x 3,5 cm
Wrocław, PAN, Oddział we Wrocławicu.
Instytut Archeolgii i Etnologii.
Inv. Nr. 180/78; 117/8; 351a/56.

03.03.01
Modell des mittelalterlichen Dorfes Nitriansky Hrádok, Bez. Nitra (Slowakei)
Gips; Holz; Kunstharz
L. 120 cm, Br. 80 cm, H. 30 cm

Das Modell zeigt die Situation der Siedlung im 9./10. Jahrhundert. Št. H.

03.03.01

Hausrat aus Holz 03.04

Nur im feuchten Boden haben sich bis heute Reste hölzernen Hausrats erhalten. Böttcher verwendeten für die Dauben von Fässern, Eimern und Schalen Nadelholz. Daraus fertigten Drechsler auch Teller. Löffel und Schöpfkellen schnitzte man aus Obstbaumholz. Manchmal wurden Gegenstände mit Tierköpfen oder Flechtbandornamenten verziert. Besonders kunstvolle Gestaltung zeigen Messergriffe und -scheiden: Messer waren das wichtigste Alltagsgerät, das Erwachsene und größere Kinder am Gürtel ständig mit sich führten. T. K.

03.04.02
Schöpfkelle mit Bärenkopf
Ostrów Lednicki, Kr. Gniezno. Fdst. 3a (Polen)
Holz
Gesamtl. 24,5 cm; H. des Schöpflöffels 7,5 cm, Dm. 8,5 cm
2. Hälfte 10.–1. Hälfte 11. Jh.
Lednagora, Muzeum Pierwszych Piastów na Lednicy. Inv. Nr. 16/87
Lit.: A. Kola/G. Wilke, Bericht über die archäologischen Unterwasseruntersuchungen im Lednica-See auf den Relikten der frühmittelalterlichen Gnesener Brücke (Rybitwy, Fst. 3b) in den Jahren 1984–1985. Acta UNC. A, 15, 1991, 90 Abb. 12/1, 13. – T. Stępnik, Mittelalterliche Holzerzeugnisse aus Ostrów Lednicki. Stud. Lednickie 4, 1996, Taf. 2.

Künstlerisches Schaffen erstreckt sich bei den Slawen auch auf die Holzbearbeitung. Beispiel ist eine im Lednica-See gefundene Schöpfkelle, bei der das Ende des verzierten, gebogenen, profilierten und mit einer Stütze versehenen Stiels in Form eines Bärenkopfes mit Augenfassung aus Metall ausgestaltet wurde. J. G.

03.04.03
Schöpfkelle mit Entenkopf
Ostrów Lednicki, Kr. Gniezno. Fdst. 3b (Polen)
Holz (Laubholz)
Gesamtl. 26 cm; H. des Schöpflöffels 9,6 cm, Dm. 11 cm
2. Hälfte 10.–12. Jh.
Lednagora, Muzeum Pierwszych Piastów na Lednicy. Inv. Nr. 33/85
Lit.: A. Kola/G. Wilke, Bericht über die archäologischen Unterwasseruntersuchungen im Lednica-See auf den Relikten der frühmittelalterlichen „Gnesener Brücke" (Rybitwy, Fst. 3b) in den Jahren 1984–1985. Acta UNC. A, 15, 1991, Abb. 9 c.

Die Schöpfkelle hat ein realistisch gestaltetes Stielende in Form eines Entenkopfes mit Schnabel. Das Stück dürfte, zusammen mit weiteren Exemplaren in der Werkstatt eines lokalen Holzhandwerkers, der für den Bedarf der Bewohner der Inselresidenz arbeitete, entstanden sein. J. G.

03.04.04
Löffel
Behren-Lübchin, Kr. Teterow (Deutschland)
Obstbaumholz
L. 15 cm
11./12. Jh.
Archäologisches Landesmuseum und Landesamt für Bodendenkmalpflege Mecklenburg-Vorpommern. Inv. Nr. III, 319.
Lit.: E. Schuldt, Behren-Lübchin. Eine spätslawische Burganlage in Mecklenburg. Schr. z. Vor- u. Frühgesch. 19 (Berlin 1965) 114 Taf. 37.

Im moorigen Brückengebiet der spätslawischen Burganlage von Behren-Lübchin kamen einige Löffel und Kellen zutage. Der hier gezeigte Löffel entspricht den auch anderorts häufig vorkommenden Formen und kann daher nur allgemein in das 11./12. Jahrhundert datiert werden. H. N.

03.04.05
Tablett
Berlin-Spandau (Deutschland)
Buchenholz
L. 47 cm, Br. 33,9 cm.
10. Jh.
Berlin, Museum für Vor- und Frühgeschichte SMB. Inv. Nr. If 16 215
Lit.: unpubliziert.

Das fast vollständig erhaltene Holztablett fand sich unterhalb des ebenfalls gut erhaltenen Brückenaufsatzes der Phase 3 (dendrodatiert in die Zeit um 920). Es zeigt deutliche Anklänge an skandinavische Traditionen. Zu den Randschnitzereien gibt es Parallelen bei einigen Holzfunden aus dem norwegischen Gokstadtschiff, einer Grablege, die in das späte 9. Jahrhundert datiert wird. Gleichwohl bestehen Unterschiede zu skandinavischen Funden. Vermutlich war der Schnitzer Slawe mit Kontakten zum skandinavischen Kunstkreis. A. v. M.

03.04.02

03.04.03

03.04.04

03.04.05

03.04.06
Teller
Opole-Ostrówek. Burg (Polen)
Kiefernholz
Dm. 16 cm
1. Hälfte 11. Jh.
Wrocław, Instytut Archeologii i Etnologii PAN, Oddział we Wrocławiu.
Inv. Nr 1171/69
Lit.: J. Bukowska-Gedigowa/B. Gediga, Wczesnośredniowieczny gród na Ostrówku w Opolu (Wrocław 1986) 58 Abb. 14, 4.

Der Teller wurde während der Ausgrabungen auf dem slawischen Burgwall in der Schicht des 11. Jahrhunderts entdeckt. Der obere Teil des auf der Drehbank hergestellten Tellers ist beschädigt. Auf dem Tellerboden befindet sich ein geritztes Kreuzzeichen. B. G.

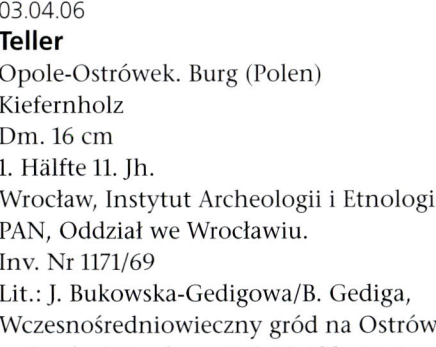

03.04.06

03.04.07

03.04.08

03.04.07
Schale
Opole-Ostrówek. Burg (Polen)
Holz
Dm. 15 cm
11. Jh.
Wrocław Instytut Archeologii i Etnologii PAN, Oddział we Wrocławiu.
Inv. Nr 2600/54, 3295/54
Lit.: J. Bukowska-Gedigowa/B. Gediga, Wczesnośredniowieczny gród na Ostrówku w Opolu (Wrocław 1986).

Bei den Ausgrabungen auf dem slawischen Burgwall wurde eine, auf der Drehbank hergestellte Schale mit eingeritztem Zeichen auf der Außenwand gefunden. B. G.

03.04.08
Pokal
Opole-Ostrówek. Burg (Polen)
Holz
H. 7 cm, Dm. 17 cm
12. Jh.
Wrocław Instytut Archeologii i Etnologii PAN, Oddział we Wrocławiu.
Inv. Nr 1229/52
Lit.: J. Bukowska-Gedigowa/B. Gediga, Wczesnośredniowieczny gród na Ostrówku w Opolu (Wrocław 1986) 206 Abb. 87, 14.

Während der Ausgrabungen auf dem slawischen Burgwall in Oppeln in der Verfüllung von Haus Nr. 14 entdeckt. Der Holzpokal wurde auf der Drehbank hergestellt. B. G.

03.04.09

Ente

Berlin-Spandau (Deutschland)
Pappelholz
L. 11,7 cm, H. noch 5 cm
letztes Drittel 10. Jh.
Berlin, Museum für Vor- und Frühgeschichte SMB. Inv.Nr. If 18 944
Lit.: A. v. Müller/K. v. Müller-Muči, Ausgrabungen und Funde auf dem Burgwall in Berlin-Spandau. Berliner Beitr. z. Vor- u. Frühgesch. N. F. 5 (Berlin 1987) 96 Taf. 31, 2.

Die vom Ausgräber als „Ente“ bezeichnete Schnitzerei wurde im Tempelbereich des Burgwalls von Berlin-Spandau gefunden. Sie gehörte vermutlich zum Schmuck des Tempels. Eine Ansprache als Spielzeug soll, da das Stück nicht schwimmfähig ist, eher unwahrscheinlich sein.
Die „Ente“ wurde aus einem Holzbrettchen hergestellt. Der Kopf ist zurückgedreht, die Flügel seitlich angelegt. Der ursprünglich leicht nach oben gebogene Schnabel ist abgebrochen und fehlt heute. Auf der Unterseite des Vogels sind zwei parallele, senkrecht verlaufende Druckstellen. Sie lassen darauf schließen, das der Vogel auf ein gespaltenes Holzstuck aufgeschoben war. H. N.

03.04.09

03.04.10–11

Zwei Messergriffe

Wolin. Fdst. 1 (Polen)
Holz
2. Hälfte 10. Jh.
L. 10 cm, 7,1 cm; Br. 2,2 cm, 1,4 cm
Wolin, Instytut Archeologii i Etnologii PAN, Pracownia Archeologizene w Wolinie.
Deposit: Szczenin, Muzeum Narodowe.
Inv. Nr. 1610/75; 2120/75
Lit.: W. Filipowiak/H. Gundlach, Wolin – Vineta. Die tatsächliche Legende von Untergang und Aufstieg der Stadt (Rostock 1992).

Die beiden Messergriffe, die mit für die skandinavische Kunst charakteristischen Motiven verziert sind, kamen im Altstadtbereich von Wollin zutage. Sie beweisen die Kontakte dieses bedeutenden frühmittelalterlichen Zentrums nach Skandinavien und die Aufgeschlossenheit der Bewohner für fremde Einflüsse. B. S.

03.04.10–11

Keramik

03.05

Die einwandernden Slawen benutzten unverzierte, handgemachte Töpfe. Nach 600 lernten sie im Donauraum das langsam drehbare Töpferbrett kennen. Seit dieser Zeit hatten zumindest die Ränder ihrer Gefäße eine gleichmäßige Form. Beliebtes Ziermotiv waren flach eingezogene Wellenbänder. Vor 900 kamen in Mähren bessere Töpferbretter in Gebrauch. Von nun an wurden die Gefäße komplett nachgearbeitet und mit umlaufenden waagerechten Rillen verziert. Die eingewölbten Böden kennzeichneten die Töpfer bisweilen mit ihren Marken. Solche Töpferware wurde im 10. bis 11. Jahrhundert im östlichen Europa allgemein üblich, nicht nur bei den Slawen. Die Ungarn stellten auch weiterhin eigene Gefäßtypen her, wie beispielsweise breite Tonkessel. T. K.

03.05.01
Getreide-Vorratsgefäß (Pithos)
Edelény-Borsod (Ungarn)
Ton
H. 43,5 cm, Randdm. 11,5 cm, Bodendm. 14 cm
10. Jh.
Miskolc, Herman Ottó Múzeum.
Inv. Nr. 93.8.2
Lit: M. Wolf, Előzetes jelentés a borsódi földvár ásatásáról (1987–1990). JAME 30–32, 1992, 393–442.

03.05.01

Das dickwandige, scheibengedrehte Gefäß mit engem Zylinderhals kam in einem abgebrannten Haus aus dem 10. Jahrhundert zum Vorschein. Die Schulter zieren eingeritzte Dreiecke, ein Wellenlinienbündel und Kammeindrücke, den Bauch schmücken eingeritzte Linien. Das Gefäß enthielt verbrannte Getreidekörner, was seine Funktion als Getreide-Vorratsgefäß beweist. Zeitgenössische Parallelen fanden sich bisher nur im Gebiet der so genannten Saltowo-Majack-Kultur, nahe den früheren Wohnsitzen der Ungarn. M. W.

03.05.02

03.05.02
Tonkessel
Lébény-Bille-domb. Siedlungsobjekt Nr. 107 (Ungarn)
Ton
H. 16,7 cm, Randdm. 21,8–31,4 cm
10. Jh.
Mosonmagyaróvár, Hanság Múzeum.
Nicht inventarisiert.
Lit.: M. Takács, Formschatz und exaktere Chronologie der Tongefässe des 10.–14. Jahrhunderts der Kleinen Tiefebene. Acta Arch. Hung. 48, 1996, 168 Abb. 2, 1.

Das auf der Scheibe geformte Gefäß ist mit glimmerhaltigem Sand gemagert. Es hat einen abgerundeten, aber verhältnismäßig flachen Boden und eine konkave Wand. Die Verzierung des oxydierend gebrannten Topfes besteht aus drei Wellenlinien. M. T.

03.05.03

03.05.03
Topf
Spławie, Kr. Września. Burgwall, Fdst. 2 (Polen)
Ton
H. 13,2 cm
1. Hälfte 10. Jh.
Poznań, Muzeum Archeologiczne.
Inv. Nr. 1991:29, Kat. Nr. 1991:29/47
Lit.: M. Brzostowicz, Wielkolpolskie Sprawazdania Arch. 2, 1993, Abb. 6, 4.

Tongefäße mit zylindrischem Hals und umlaufender Rippe fanden sich vor allem in Bruszczewo, weshalb man sie als Typ Bruszczewo bezeichnet. Die seltenen Gefäße sind bislang nur auf großpolnischen und schlesischen Fundstellen aus dem 9. und 10. Jahrhundert anzutreffen. Sie entstanden wahrscheinlich infolge böhmischer bzw. mährischer Einflüsse. M. B.

03.05.04

03.05.04
Gefäß mit Deckel
Wolin (Polen)
Ton
H. mit Deckel 22,5 cm; Gefäßh. 15,6 cm, Mündungsdm. 12 cm
Wolin, Instytut Archeologii Etnologii PAN, Pracownia Archeologiczna w Wolinie.
Deposit: Szczecin, Muzeum Narodowe
Lit.: W. Filipowiak/W. Gundlach, Wolin, Vineta. Die tatsächliche Legende vom Untergang und Aufstieg der Stadt Rostock (Rostock 1992).

Die Herstellung von Tongefäßen stellte ohne Zweifel den höchstentwickelten Zweig der Handwerksproduktion der Einwohner Wollins dar. Die Gefäße waren sowohl für den Binnenmarkt als auch für den Export bestimmt. Das ausgestellte Gefäß gehört zum so genannten Bobziner Typ. B. S.

03.05.05
Topf
Žalov-Roztoky. Gräberfeld in der Ziegelei (Tschechien)
Ton
H. 17,7 cm, Randdm. 20,3–20,5 cm, Bodendm. 10,5 cm
letztes Drittel des 9.–10. Jh.
Praha, Archeologický ústav ČV AR.
Inv. Nr. 276/48

Ein durch kombinierte Kammbänder und Wellenlinien geschmücktes Gefäß, das im südwestlichen Teil der inneren Burgstätte gefunden wurde. K. T.

03.05.06
Flasche
Žalov-Roztoky. Gräberfeld in der Ziegelei (Tschechien)
Keramik
H. 24,4 cm, Randdm. 7 cm, Bodendm. 8,8 cm
letztes Drittel des 9.–10. Jh.
Praha, Archeologický ústav ČV AR
Lit.: I. Borkovský, Levý Hradec. Nejstarší sídlo Přemyslovců (Praha 1965) Abb. 12.

Flasche mit Kammbändern und Einstichen in Kombination mit einfachen gravierten Wellenlinien und Rillen verziert. K. T.

03.05.07

03.05.07
Pokal
Bruszczewo, Kr. Kościan. Burgwall, Fdst. 13 (Polen)
Ton
H. 18,5 cm
1. Hälfte 10. Jh.
Poznań, Muzeum Archeologiczne.
Inv. Nr. 1956:322, Kat. Nr. 1956:1683
Lit.: S. Jasnosz, Przegląd. Arch. 16, 1963, Abb. 7

Der Tonpokal mit hohlem Fuß kam im Burgwall von Bruszczewo zutage. Nach Auffassung der Forschung waren solche Tonpokale zumeist Nachahmungen der Metall- und Holzformen. Sie kommen auf vielen frühmittelalterlichen Fundstellen des 9. bis 13. Jahrhunderts vor. M. B.

03.05.08

03.05.08

Flasche

Bratislava-Hrad. Grab 174 (Slowakei)
Ton
H. 17,6 cm, Dm. 9,2 cm, Standflächendm. 5,7 cm
9. Jh.
Bratislava, Slovenské národné múzeum, Archeologické múzeum. Inv. Nr. AH 39 026
Lit.: T. Štefanovičová, Bratislavský hrad v 9.–12. Storočí (Bratislava 1975) 150.

Die gelbbraun bis ockerfarbene Flasche wurde aus feingeschlämmtem Ton hergestellt. Die Oberfläche ist geglättet und mit feinen waagrechten Rillen verziert. Die Flasche stammt aus einem (Frauen?)Grab auf dem Friedhof bei der Erlöser-Kirche in der Preßburger Burg. Št. H.

03.05.09

Topf mit gerilltem Hals

Edelény-Borsod (Ungarn)
Ton
H. 10,5 cm, Randdm. 5,5 cm, Bodendm. 5,6 cm
10. Jh.
Miskolc, Herman Ottó Múzeum.
Inv. Nr. 93.8.11
Lit: M. Wolf, Előzetes jelentés a borsódi földvár ásatásáról (1987–1990). JAME 30–32, 1992, 393–442.

Den Hals dieses dünnwandigen, scheibengedrehten Gefäßes gliedern drei waagerechte Rippen. Auf der Schulter sitzen zwei kleine Henkel zur Aufhängung. Der Gefäßkörper ist mit der bekannten Kombination von eingeritzten wellenförmigen und geraden Linienbündeln verziert. Das kleine Gefäß wurde zur Aufbewahrung von Flüssigkeiten verwendet.
Den gegenwärtigen Kenntnissen nach sind die Rippenhalsgefäße mit den landnehmenden Ungarn ins Karpatenbecken gekommen und finden sich in Gräbern und Siedlungen. M. W.

03.05.10

Öllampe

Edelény-Borsod (Ungarn)
Ton
H. 4,5 cm, Randdm. 6,7 cm, Bodendm. 6,2 cm
10. Jh.
Miskolc, Herman Ottó Múzeum.
Inv. Nr. 93.8.12
Lit.: M. Wolf, Előzetes jelentés a borsódi földvár ásatásáról (1987–1990). JAME 30–32, 1992, 393–442; (1992) 393–442.

Die kleine scheibengedrehte Öllampe ist aus dunkelgrauem Ton hergestellt. Auf einem schalenförmigen Unterteil sitzt ein sich verengender zylindrischer Hals über einer weit vorspringenden waagerechten Rippe. Seine besondere Bedeutung erhält der Gegenstand durch die Tatsache, dass Öllampen im ungarischen Fundmaterial des 10. bis 13. Jahrhunderts bisher unbekannt waren. M. W.

03.05.09

03.05.10

Textilherstellung 03.06

Alltägliche Kleidung stellten Frauen aus einfachen Stoffen her. Zunächst mussten Schafwolle oder Flachs zu einem Faden versponnen werden. Dazu wurde auf eine hölzerne Spindel als Gewicht ein Spinnwirtel gesteckt. Auf einfachen Webstühlen entstanden grobe Stoffe, aus denen mit Knochennadeln Kleider genäht wurden. Vornehme Frauen verarbeiteten feinere Gewebe in bedeutenden Burgen und Handelsplätzen. Importierte Stoffe aus Westeuropa, Byzanz oder dem Orient galten als Luxusgüter. T. K.

03.06.01
Flachskamm
Berlin-Spandau (Deutschland)
Holz
L. 22 cm, Br. 5 cm
10. Jh.
Berlin, Museum für Vor- und Frühgeschichte SMB. Inv. Nr. I f 24 131
Lit.: unveröffentlicht

03.06.02
Schere
Groß Raden, Kr. Parchim (Deutschland)
Eisen
L. 24 cm
9./10. Jh.
Archäologisches Landesmuseum und Landesamt für Bodendenkmalpflege Mecklenburg-Vorpommern. Inv. Nr. X–XIII/29
Lit.: unveröffentlicht

03.06.03–04
Vier Spinnwirtel
Veresegyház-Ivacs (Ungarn)
Ton
Dm. 3 cm, 2,5 cm, 2,5 cm, 2,5 cm
11. Jh.
Budapest, Magyar Nemzeti Múzeum. Inv. Nr. 77.5.2–4.B; 77.8.3.B
Lit.: K. Mesterházy, Településásatás Veresegyház-Ivacson. Com. Arch. Hung. 1983, 134–162.

03.06.01

03.06.02

03.06.03–04

In mehreren Häusern der Siedlung von Veresegyház-Ivacs wurden geschliffene Spinnwirtel gefunden. Auf die Spindel aufgezogen wurden sie dazu benutzt, das Aufdrehen des gezwirnten Fadens zu verhindern. Die Spinnwirtel waren zumeist aus Ton; es kam jedoch auch vor, dass Scherben zerbrochener Tongefäße verwendet wurden. Einer der schönsten Wirtel aus Veresegyház ist aus einer römischen Terra-sigillata Scherbe gefertigt. Vermutlich fanden die Dorfbewohner des 11. Jahrhunderts zufällig das Bruchstück eines solchen römischen Gefäßes. M. W.

03.06.05

03.06.06

03.06.05–06
Zwei Spinnwirtel
Budeč, Bez. Kladno. Vorburg (Tschechien)
9.–11. Jh.
Stein
2,7 cm x 1,6 cm; 2,1 cm x 2,7 cm
Praha, Archeologický ústav AV ČR.
Inv. Nr. Bp83–55; Bu76–138/1
Lit.: Z. Váňa, Přemyslovská Budeč (Praha 1995) 63 Abb. 43,1.

03.06.07

03.06.07
Spinnwirtel
Budeč, Bez. Kladno. Hauptburg (Tschechien)
9.–10. Jh.
Ton
4,1 cm x 3,8 cm
Praha, Archeologický ústav AV ČR.
Inv. Nr. Bu75–222/1
Lit.: Z. Váňa, Přemyslovská Budeč (Praha 1995) 63 Abb. 43, 2.

Der Spinnwirtel wurde aus der Scherbe eines Keramikgefäßes aus der mittleren Burgwallzeit (9.–Mitte 10. Jh.) hergestellt. A. B.

03.06.08

03.06.09

03.06.08
Spinnwirtel
Teterow, Kr. Güstrow (Deutschland)
Sandstein
Dm. 3,2 cm, H. 0,6 cm
9./10. Jh.
Archäologisches Landesmuseum und Landesamt für Bodendenkmalpflege Mecklenburg-Vorpommern. Inv. Nr. XLIX, 172
Lit.: W. Unverzagt/E. Schuldt, Teterow. Ein slawischer Burgwall in Mecklenburg. Deutsche Akad. Wiss. Berlin. Schr. z. Vor- u. Frühgesch. 13 (Berlin 1963) 113 Taf. 44 b.

Insgesamt wurden in Teterow 28 Spinnwirtel geborgen. Bei der Mehrzahl handelte es sich um doppelkonische Tonwirtel, daneben ka-

03.06.10

men jedoch auch scheibenförmig flache Sandsteinwirtel vor. Diese waren, im Gegensatz zu den Tonwirteln häufig verziert. Nach Aussage von E. Schuldt gehören die Sandsteinwirtel aus Teterow vor allem der mittelslawischen Periode an. H. N.

03.06.09
Spinnwirtel
Teterow, Kr. Güstrow (Deutschland)
Sandstein
Dm. 3,5 cm, H. 0,8 cm
9./10. Jh.
Archäologisches Landesmuseum und Landesamt für Bodendenkmalpflege Mecklenburg-Vorpommern. Inv. Nr. XLIII, 1219
Lit.: W. Unverzagt/E. Schuldt, Teterow. Ein slawischer Burgwall in Mecklenburg. Dtsch. Akad. Wiss. Berlin. Schr. z. Vor- u. Frühgesch. 13 (Berlin 1963) 112 Taf. 43 g.

03.06.10
Spinnwirtel mit Spindel
Berlin-Spandau (Deutschland)
Ton; Holz
L. 10 cm
10. Jh.
Berlin, Museum für Vor- und Frühgeschichte SMB. Inv. Nr. I f 24 127
Lit.: Unpubliziert.

03.06.11
Webschwert
Berlin-Spandau (Deutschland)
Holz
L. 43,7 cm
2. Drittel 10. Jh.
Berlin, Museum für Vor- und Frühgeschichte SMB. Inv. Nr. I f 18 211
Lit.: Unpubliziert.

03.06.11

03.06.12

03.06.13–14

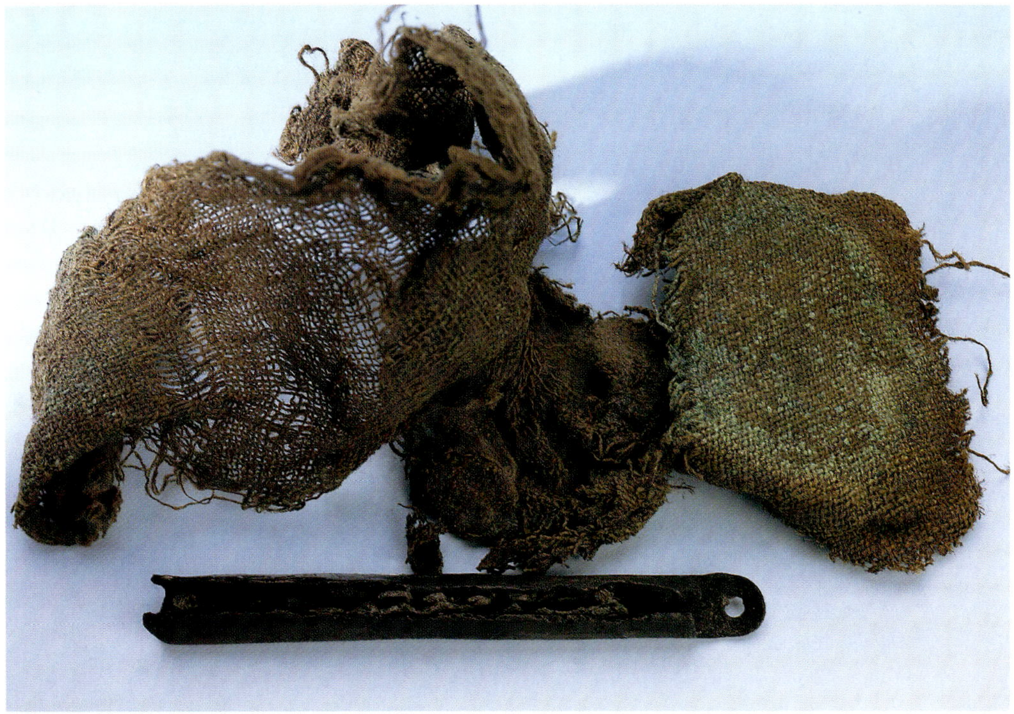

03.06.15

03.06.12
Nadelbehälter
Szabadkígyós-Tangazdaság. Grab 19 (Ungarn)
Bein; Eisen
H. 6,5 cm, Dm. 1,2 cm
10. Jh.
Békescsaba, Munkácsy Mihály Múzeum. Inv. Nr. 68.44.1
Lit.: A. Pálóczi-Horváth, X. századi temető A szabadkigyósi tangazdaság homokbányáiban. BMMÉ 1, 1971, 24–27.

Aus dem zylindrischen beinernen Nadelbehälter ragt die ursprünglich breite und flachköpfige, vom Rost deformierte Eisennadel hervor. Im Fundmaterial der Gräber der Landnahmezeit zählen die Nadelbehälter zu den Seltenheiten. Nach Zeugnis der Grabfunde hängten die ungarischen Frauen die Nadelbehälter an einem Band an der linken Gürtelseite auf. Im allgemeinen fanden sich die Nadelbehälter in ärmlichen Gräbern als Beigabe älterer (40–60jähriger) Frauen. L. R.

03.06.13–14
Zwei Nadeln
Groß Raden, Kr. Parchim (Deutschland)
Schweineknochen
L. 9 cm; 8 cm
9./10. Jh.
Archäologisches Landesmuseum und Landesamt für Bodendenkmalpflege Mecklenburg-Vorpommern. Inv. Nr. XXIX, 432; X–XIX, 455
Lit.: E. Schuldt, Groß Raden. Ein slawischer Tempelort des 9./10. Jahrhunderts in Mecklenburg. Schr. z. Ur- und Frühgesch. 39 (Berlin 1985) 186 Abb. 107, 30; 34.

03.06.15
Textilrest
Kiskunfélegyháza (Ungarn)
Leinen
15 cm x 4 cm
10. Jh.
Kecskemét, Katona József Múzeum. Inv. Nr. 73.1.50
Lit.: E. H. Tóth, Honfoglalás kori sír Kiskunfélegyházán. Arch. Ert. 101, 1974, 116–121.

Auf dem mit Metalloxyd durchtränkten Stoff sind die Abdrücke der ehemals darin eingewickelten Münzen zu erkennen. Bei den Bodenverhältnissen im Karpatenbecken bleiben meist nur die Textilien erhalten, die an Metallzierden, Waffen oder Schmuck angerostet waren. So ist der Gebrauch von Leinen verschiedener Qualität, Seide und in einem Falle Wolle belegt. Die vielen Spinnwirtel aus Siedlungen weisen darauf hin, dass Textilien vor allem im häuslichen Bereich hergestellt wurden. L. R.

Metallverarbeitung 03.07

Eisenerz wurde in Moorböden der Niederungen gefunden (Raseneisenerz), abgebaut und an Ort und Stelle zu Roheisen verhüttet. Der Schmied schmiedete das Eisen als Halbfabrikat stab- oder bandförmig aus. Seine Werkstatt war mit Amboss, Hammer und Zange ausgestattet; das Schmiedefeuer erhielt durch Holzkohle und Blasebalg die nötige Hitze. Hauptprodukte waren Äxte und Messer, aber auch Waffen und Arbeitsgeräte.
Nur an bedeutenden Orten gab es Feinschmiede und Bronzegießer, die Gegenstände aus Bronze, Messing, Kupfer und Silber herstellten. Ihre Tätigkeit lässt sich an Gussformen und Gusstiegel nachweisen. T. K.

03.07.01
Düse
Sopron-Bánfalvi út, Kom. Győr-Moson-Sopron (Ungarn)
Ton
3,8 cm x 4,5 cm
10. Jh.
Sopron, Soproni Múzeum.
Inv. Nr. 73.6.23–24
Lit.: J. Gömöri, Korai császárkori és Árpád-kori település, X. századi vasolvasztó telep Sopronban. Arrabona 15, 1973, 69–123.

Typische, rotgebrannte Düse zur Belüftung der Öfen. J. G.

03.07.01

03.07.02 a–b; 03.07.04

Acht Stabeisen

Janów Pomorski/Truso (Polen)
Eisen
L. 6 cm–13,6 cm, Br. 0,6 cm–1,1 cm
9.–Anfang 10. Jh.
Elbląg, Muzeum w Elblągu. Inv. Nr.
ME 937/2482–2486; ME 937/2488–2490
Lit.: I. Heindel. Zeitschr. Arch. 27, 1993, 345.

Acht gebogene bzw. ursprünglich gebogene Stabeisen mit dreieckigem Querschnitt. Höhe des dreieckigen Querschnitts ca. 0,3–0,7 cm. M. F. J.

03.07.03

Bandeisen (Meißel bzw. Stemmeisen?)

Janów Pomorski/Truso (Polen)
Eisen
L. 10,9 cm
9.–Anfang 10. Jh.
Elbląg, Muzeum w Elblągu. Inv. Nr.
ME 931/2476
Lit.: I. Heindel. Zeitschr. Arch. 27, 1993, 345.

Stabeisen, mit Öffnung und rechteckigem Querschnitt (ca. 1,2 cm x ca. 1 cm) und schmal zulaufenden Enden mit u-förmigem Abschluss. Möglicherweise handelt es sich hier um ein Werkzeug – ein Meißel oder Stemmeisen –, dessen Spitze durch Korrosion vergangen ist. Der Gegenstand ist geschmiedet, die Arbeitsfläche(?) im Wasser gehärtet. Im Gegensatz zu anderen Bandeisen ist das Stück aus hochwertigem Eisen (Stahl) mit niedrigem Phosphorgehalt (quantitative Analyse: P – 0,09 %). M. F. J.

03.07.05

Vier Bandeisen

Janów Pomorski/Truso (Polen)
Eisen
L. 9,8 cm–22,5 cm; Br. Ca. 1,7 cm–2,3 cm
9.–Anfang 10. Jh.
Elbląg, Muzeum w Elblągu. Inv. Nr.
ME 1200/2746; ME 932/2478; ME 1201/2747;
ME 935/2480
Lit.: I. Heindel. Zeitschr. Arch. 27, 1993, 345.

03.07.06.

Bandeisen (Meisel bzw. Stemmeisen?)

Janów Pomorski/Truso (Polen)
Eisen
L. 20,8 cm, Br. ca. 1,7 cm
9.–Anfang 10. Jh.
Elbląg, Muzeum w Elblągu. Inv. Nr.
ME 932/2477
Lit.: I. Heindel. Zeitschr. Arch. 27, 1993, 345.

03.07.02–06

03.07.02–06

03.07.08

03.07.09

03.07.10

03.07.08–10

Werkzeug eines Feinschmiedes (Zange, Hammer, Amboss)

Mikulčice. Hauptburg (Tschechien)
Eisen
Schenkell. 19,4 cm (Zange); L. 8,5 cm, Schaftlochdm. 1 cm x 0,6 cm (Hammer); H. 7,9 cm, Dm. Arbeitsfläche 4 cm x 2,1 cm, Rillenbr. 0,5 cm, 0,9 cm, 0,5 cm (Amboss)
9. Jh.
Brno, Archeologický ústav AV ČR.
Inv. Nr. 594–628/55; 594–606/70; 594–984/68
Lit.: Z. Klanica, Práce klenotníků na slovanských hradištích. Studie Aò ČSAV Brno, II–6, Praha 1974, 75 Abb. 7, 5; 6, 3; 6, 1.

Die Zange hat Ösen an den Schenkelenden und einen flachgehämmerten Kopf. Ein Schenkel ist rechtwinklig gebogen. Der leicht geschwungene Hammer hat einen viereckigen Nacken, flachen Kopf und ein längliches Schaftloch mit abgerundeten Ecken. Die Arbeitsfläche des kleinen Ambosses ist durch drei gleichlaufende, unterschiedlich breite Rillen gegliedert. L. P.

03.07.11
Gusstiegel
Berlin-Spandau (Deutschland)
Ton
Dm. 5 cm
Mitte 11. Jh.
Berlin, Museum für Vor- und Frühgeschichte SMB. Inv. Nr. If 18 718
Lit.: A. v. Müller/K. v. Müller-Muči, Ausgrabungen und Funde auf dem Burgwall in Berlin-Spandau. Berliner Beitr. Vor.- u. Frühgesch. 5 (Berlin 1987) 58; 96 Taf. 31,5.

Bei den Grabungen auf dem Spandauer Burgwall wurde in der Nähe eines Schmelzofens ein stark glasierter Gusstiegel aus Ton gefunden. Die an dem Stück vorgenommene Untersuchung nach Metallspuren ergab keinerlei Hinweise auf die Verwendung. H. N.

03.07.11

03.07.12
Gussform für einen Kreuzanhänger (Kopie)
Berlin-Spandau (Deutschland)
Ton (Form)
L. 5,3 cm, Br. 6,3 cm (Gussform); Dm. 2,6 cm (Anhänger)
2. Hälfte 10. Jh.
Berlin, Museum für Vor- und Frühgeschichte SMB. Inv. Nr. If 17 621
Lit.: A. v. Müller/K. v. Müller-Muči, Ausgrabungen und Funde auf dem Burgwall in Berlin-Spandau. Berliner Beitr. z. Vor- u. Frühgesch. N. F. 5 (Berlin 1987) 59; 96 Taf. 31,3.

In unmittelbarer Nähe der Saalkirche kam das Bruchstück einer zweiteiligen Gussform zutage, in der noch Bronzereste festgestellt wurden. Das Stück belegt die Herstellung von Schmuckstücken auf dem Spandauer Burgwall.
Der kreisförmige Anhänger zeigt einen stark stilisierten Menschen. Hände und Füße sind mit dem Ring verbunden, der Kopf ist freigestellt. Die kreuzförmige Anordnung spricht für eine stark vereinfachte Christusdarstellung, auch wenn das Kreuz selbst nicht wiedergegeben ist. H. N.

03.07.12

03.07.13

03.07.14

03.07.13
Gussform
Wolin. Fdst. 1 (Polen)
Stein
L. 12,5 cm, Br. 6,5 cm, H. 2,0 cm
11. Jh.
Wolin, Instytut Archeologii i Etnologii PAN, Pracownia Archeologiczna w Wolinie.
Deposit: Szczecin, Muzeum Narodowe.
Inv. Nr. 447/74
Lit.: W. Filipowiak/W. Gundlach, Wolin, Vineta. Die tatsächliche Legende vom Untergang und Aufstieg der Stadt Rostock (Rostock 1992).

Die aufgefundene Gussform diente zur Herstellung von Ohrringen. B. S.

03.07.14
Gussform
Wolin. Fdst. 1 (Polen)
Stein
L. 4,3 cm, Br. 3,3 cm, H. 1,7 cm
11. Jh.
Wolin, Instytut Archeologii i Etnologii PAN, Pracownia Archeologiczna w Wolinie.
Deposit: Szczecin, Muzeum Narodowe.
Inv. Nr. 1609/75
Lit.: W Filipowiak/W. Gundlach, Wolin, Vineta. Die tatsächliche Legende vom Untergang und Aufstieg der Stadt Rostock (Rostock 1992).

Die Gussform für Anhänger in Form eines Hundekopfes ist der Nachweis für die Anwesenheit von Bronzegießern im frühmittelalterlichen Wollin, die sowohl Gebrauchsgegenstände als auch Schmuckstücke herstellten.

03.07.15
Hundekopfanhänger
Wolin. Fdst. 1 (Polen)
Silber
L. 3,5 cm
11. Jh.
Wolin, Instytut Archeologii i Etnologii PAN, Pracownia Archeologiczna w Wolinie.
Deposit: Szczecin, Muzeum Narodowe.
Inv. Nr. 1311/71
Lit.: W. Filipowiak/W. Gundlach, Wolin, Vineta. Die tatsächliche Legende vom Untergang und Aufstieg der Stadt Rostock (Rostock 1992).

Der kleine Anhänger in Form eines Hundekopfes ist, aufgrund der aufgefundene Gussform, ein Beweis für die Qualität des Bronzegusses in dieser frühmittelalterlichen Handelsstadt.

Slawen und Ungarn zwischen Abendland und Byzanz – Fernbeziehungen

04–05

Seit dem 8. Jahrhundert gewannen die Länder östlich von Elbe und Donau Anschluss an den transkontinentalen Handel. An der Ostsee entstanden Hafenorte, in denen Nordeuropäer und Einheimische wohnten. Neue Gewerbe bildeten sich heraus, man baute Seeschiffe und fertigte Qualitätswaren aus Eisen, Bronze, Geweih und Bernstein. Importfunde aus fernen Ländern bezeugen weitreichende Beziehungen. Schon vor 1000 gingen die frühen Handelsplätze zugrunde, und die Produktion erfolgte seither an den aufstrebenden Burgen der Herrscher. Nur Wollin behauptete seine Unabhängigkeit: Statt eines Fürsten regierte ein Ältestenrat.

Zu den Exportwaren zählten Pelze, Honig, Wachs und Pferde. Kriegsgefangene Männer und Frauen verkaufte man als Sklaven in großer Zahl vor allem in die islamischen Länder. Im Gegenzug gelangten Münzen, Schmuck und Luxusgüter zu den Slawen und Ungarn, bei denen auch Waffen aus dem Westen begehrt waren.

Im Fernhandel zu Lande spielten Juden eine wichtige Rolle, im Ostseehandel waren Nordeuropäer stark vertreten. Bald bildete sich auch eine einheimische Kaufmannsschicht. Die Fürsten förderten den Handel, von dem sie durch Abgaben profitierten. T. K.

Handwerk an Handelsplätzen

04.01–02

In der Zeit um 1000 gab es nur an wenigen bedeutenden Burgorten und Handelsplätzen verschiedene Handwerker. In der Ausstellung werden als Beispiele die Kammherstellung und die Bernsteinverarbeitung gezeigt. Auch die Ungarn hatten im 10. Jahrhundert herausragende Kunsthandwerker. Diese Spezialisten arbeiten an den Höfen der Fürsten. T. K.

04.01.01
Säge
Groß Raden, Kr. Parchim (Deutschland)
Eisen
L. 15,2 cm.
9./10. Jh.
Archäologisches Landesmuseum und Landesamt für Bodendenkmalpflege Mecklenburg-Vorpommern. Inv. Nr. VIII, 8170
Lit.: E. Schuldt, Groß Raden. Ein slawischer Tempelort des 9./10. Jahrhunderts in Mecklenburg. Schr. z. Ur- u. Frühgesch. 39 (Berlin 1985) 177 Abb. 96, b 3. – V. Schmidt, Drense. Eine Hauptburg der Ukrane. Schr. z. Ur- u. Frühgeschichte der Bezirke Rostock, Schwerin und Neubrandenburg 22 (Berlin 1989) 42.

Sägen sind auf slawischen Siedlungsplätzen und Burgwällen äußerst selten. Das Exemplar aus Groß Raden gehört zum Typ der so genannten Bügelsägen, die sich unter anderem in Neubrandenburg-Hanfwerder, Fohrde, Kr. Brandenburg, Feldberg, Kr. Neustrelitz, Hedeby-Haithabu sowie östlich der Oder in Stettin (Szczecin) und Oppeln (Opole) fanden. Der Ausgräber sah hier ein Werkzeug für die Geweihverarbeitung, doch solche relativ grobzähnigen Sägen dürften eher für Holzarbeiten verwendet worden sein. H. N.

04.01.01

04.01.02

04.01.02
Kamm
Groß Raden, Kr. Parchim (Deutschland)
Rothirschgeweih
L. 13,2 cm
10. Jh.
Archäologisches Landesmuseum und Landesamt für Bodendenkmalpflege Mecklenburg-Vorpommern. Inv. Nr. III, 2002
Lit.: E. Schuldt, Groß Raden. Ein slawischer Tempelort des 9./10. Jahrhunderts. Schr. z. Ur- u. Frühgesch. 39 (Berlin 1985) 189 Abb. 114, 4.

Der einzeilige Dreilagenkamm ist auf den Deckleisten mit Rautenmustern und Kreisaugen verziert. Die Enden sind tierkopfartig gestaltet, Deckleisten und die Platte mit den Zähnen werden durch sechs eiserne Niete zusammengehalten.
Nach E. Schuldt wurden die Kämme von Groß Raden vermutlich nicht in der Siedlung gefertigt, da unter den zerlegten Geweihteilen von Rothirschen keine Spuren von Vorarbeiten für die Kammproduktion nachgewiesen werden konnten. H. N.

04.01.05
Kamm
Wolin. Fdst. 1, Hafen (Polen)
Geweih
L. 12,5 cm
2. Hälfte 10. Jh.
Wolin, Instytut Archeologii i Etnologii PAN, Pracownia Archeologiczna w Wolinie.
Deposit: Szczecin, Muzeum Narodowe.
Inv. Nr. 1354/80
Lit.: E. Cnotliwy, Pracownie grzebiennicze na Srebrnym Wzgórzu w Wolinie. Materiały Zachodniopomorskie 16, 209–287. – Ders., Rzemiosło rogownicze na Pomorzu wczesnośredniowiecznym (Wrocław, Warszawa, Kraków, Gdańsk 1973).

04.01.06
Skandinavischer Kamm
Wolin. Fdst. 1 (Polen)
Geweih
L. 6 cm, H. 4 cm
2. Hälfte 11. Jh.
Wolin, Instytut Archeologii i Etnologii PAN, Pracownia Archeologiczna w Wolinie.
Deposit: Szczecin, Muzeum Narodowe.
Inv. Nr. 1312/71
Lit.: W. Filipowiak/W. Gundlach, Wolin, Vineta. Die tatsächliche Legende vom Untergang und Aufstieg der Stadt Rostock (Rostock 1992). – W. Filipowiak, Die Bedeutung Wolins im Ostseehandel. Acta Visbyensia 7, 1983, 121–138.

Der mit Pferdeköpfen verzierte Kamm gehört zu den Funden, die sowohl den künstlerischen Geschmack der Einwohner als auch die Stellung des frühmittelalterlichen Wollin im Ostseehandel bezeugen. B. S.

04.01.06

04.01.07

Geweihscheibe

Gniezno. Burg, Fdst. 15d (Polen)
Geweih
Dm. 6,4–6,6 cm, D. 0,9 cm, Dm. der Durchbohrung 1,1 cm
Mitte 11.–12. Jh.
Gniezno, Muzeum Początków Państwa Polskiego. Inv. Nr. 1983:7/98
Lit.: K. Szurkowska, Cztery zdobione przedmioty z kości i poroża z Gniezna. Studia i Materiały Historyczne 2 (Gniezno 1987) 243–255

Eine gedrechselte, flache, beidseitig verzierte Scheibe mit zentraler Durchbohrung. Die Verzierung besteht aus konzentrisch angeordneten Kreisaugen. Die Funktion der Scheibe ist nicht klar; es könnte sich um einen Spielstein oder einen verzierten Spinnwirtel handeln. T. J.

04.01.08

Spinnwirtel

Wolin. Fdst. 1 (Polen)
Bernstein
Dm. 2,7 cm
10.–12. Jh.
Wolin, Instytut Archeologii i Etnologii PAN, Pracownia Archeologiczna w Wolinie.
Deposit: Szczecin, Museum Narodowe.
Inv. Nr. 496/76
Lit.: J. Wojtasik, Bursztyn ze stanowisk wykopaliskowych 5, 6 oraz znaleziony luźno na Starym Mieście w Wolinie. Materiały Zachodniopomorskie 38, 1992, 173–201.

Spinnwirtel und Amulette aus Bernstein sind der Beweis für die qualitätvolle Verarbeitung von Bernstein im frühmittelalterlichen Wollin. B. S.

04.01.09

Kamm

Budeč, Bez. Kladno. Hauptburg (Tschechien)
Geweih
L. 12 cm, Br. 5,5 cm
10. Jh.
Praha, Archeologický ústav AV ČR.
Inv. Nr. Bu72-47/1
Lit.: Z. Vàňa, Přemyslovská Budeč (Praha 1995) 61–62 Abb. 41, 4.

Der zweireihige Dreilagenkamm mit geraden Kanten wurde in der Hauptburg des Budečer Burgwalls in der Füllung eines Grubenhauses des 10. Jahrhunderts gefunden. Das Mittelplättchen mit den ausgeschnittenen Zinken besteht aus mehreren Teilen, die mit den beiden äußeren Plättchen durch kleine Metallniete zusammengehalten werden. Die Plättchen ziert ein Bandmotiv mit Kreisaugen. Den Hintergrund des mit einem Zirkel eingravierten Dekors bilden Einstiche. Verzierte Kämme dieser Art finden sich vor allem in Mittelböhmen, wo, neben fünf Kämmen mit diesem Dekor aus Budeč, noch je ein Exemplar von der Prager Burg, von Levý Hradec, Altbunzlau (Stará Boleslav) und dem Hrádek in Čáslav bekannt sind. Zweifellos wurden solche Kämme auf einem dieser erwähnten přemyslidischen Burgwälle in Serie hergestellt. A. B.

04.01.07

04.01.10

Kammfutteral

Gniezno. Burgkomplex, Fdst. 15 c (Polen)
Geweih
L. 11,1 cm, Br. 4,2 cm
Anfang 10. Jh.
Gniezno, Muzeum Początków Państwa Polskiego. Inv. Nr. 1959:3; 180–81/52
Lit.: K. Szurkowska, Wczesnośredniowieczne grzebienie z Gniezna, Studia i Materiały Historyczne 2 (Gniezno 1990) 199–222

04.01.08

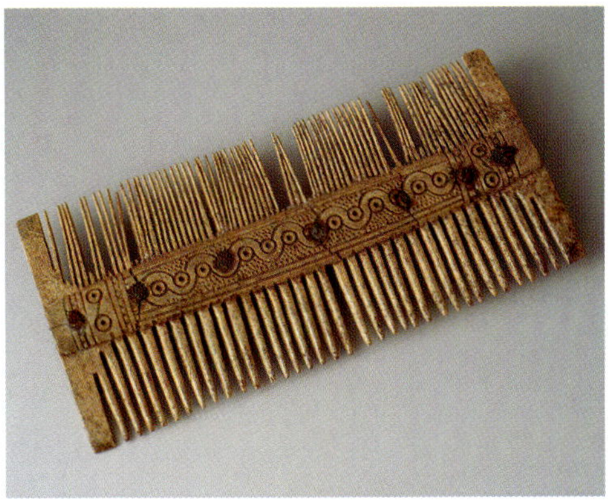

04.01.09

04.01.10

04.01.11

04.01.12

Seltenes Exemplar eines aufklappbaren Futterales für einen zweireihigen Kamm. Die insgesamt vier rechteckigen Platten sind an einer Seite durch eine angenietete schmal-rechteckige Platte miteinander verbunden. Die Platten zieren Kreisaugen, die durch parallele Linien rautenförmig miteinander verbunden sind. Auf den Schmalseiten finden sich parallele Linien und einzelne Kreisaugen. T. J.

04.01.11
Fassung
Budeč, Bez. Kladno. Vorburg (Tschechien)
Geweih
L. 12 cm
10. Jh.
Praha, Archeologický ústav AV ČR.
Inv. Nr. Bu80–91/1
Lit.: Z. Váňa, Přemyslovská Budeč (Prag 1995) 137 Abb. 100,2.

Die zur Befestigung eines Metallwerkzeugs in einem Holz- oder Geweihschaft dienende Fassung fand sich in der Hauptburg des Budečer Burgwalls in Siedlungsschichten des 10. bis 11. Jahrhunderts. Die relativ großen Abmessungen der Fassung und ihrer Öffnung (Dm. 10 mm) sowie der reiche, in Kerbschnitttechnik ausgeführte Dekor deuten darauf hin, dass sie den Griff eines größeren, nicht alltäglichen Metallgegenstandes, z. B. eines Dolchgriffes, verstärkte und zugleich schmückte A. B.

04.01.12
Beschlag mit Pfauendarstellung
Budeč, Bez. Kladno. Vorburg (Tschechien)
Knochen
L. 13 cm, Br. 12 cm
9.–1. Hälfte 10. Jh.
Praha, Archeologický ústav AV ČR.

Inv. Nr. Bp89-689
Lit.: A. Bartošková, Die Knochen- und Geweihindustrie aus der Vorburg des frühmittelalterlichen Budeč-Lage Na kašne. Památky archeologické 86, 1995, 50-53 Abb. 8, 5. – A. Bartošková, Kostená ozdobná destička s motivem páva z budečského předhradí. Sborník prací FF BU, E40, 1995, 50-53; Abb. 8,5.

Teil eines längliches Knochenplättchens aus der Budečer Vorburg. Bisher ohne Vergleich ist die ungewöhnliche Dünnwandigkeit (0,5 mm) und die darauf befindliche Pfauendarstellung. Die Umrisslinie des Pfaus ist graviert, Schwanz und Flügel sind in Durchbruchstechnik gearbeitet. Pfauengefieder und Krone sind durch Einstiche dargestellt. Der Beschlag, bei dem ein Nietloch fehlt, war wohl ursprünglich auf einer farbigen Unterlage befestigt, die das durchbrochene Ornament plastisch hervortreten ließ. Möglicherweise war er Teil eines Schmuckkästchens, einer Dolch- bzw. Schwertscheide oder eines Bucheinbandes. Das Pfauenmotiv kann nicht nur dekorativ, sondern auch als Ausdruck einer frühchristlichen Symbolik aufgefasst werden, die durch großmährische Kultureinflüsse nach Böhmen gelangte. A. B.

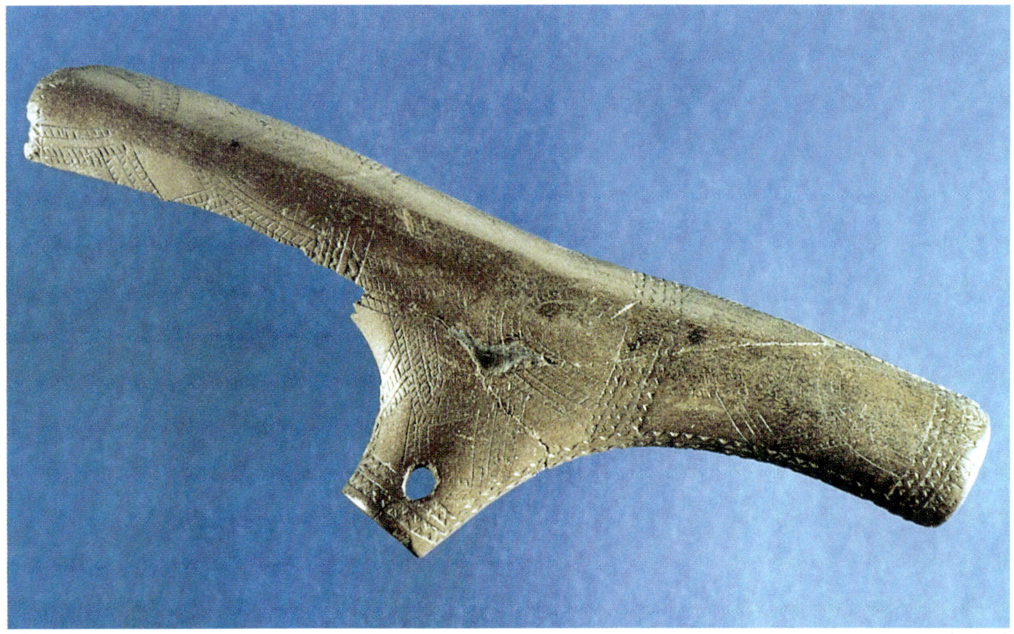

04.01.13

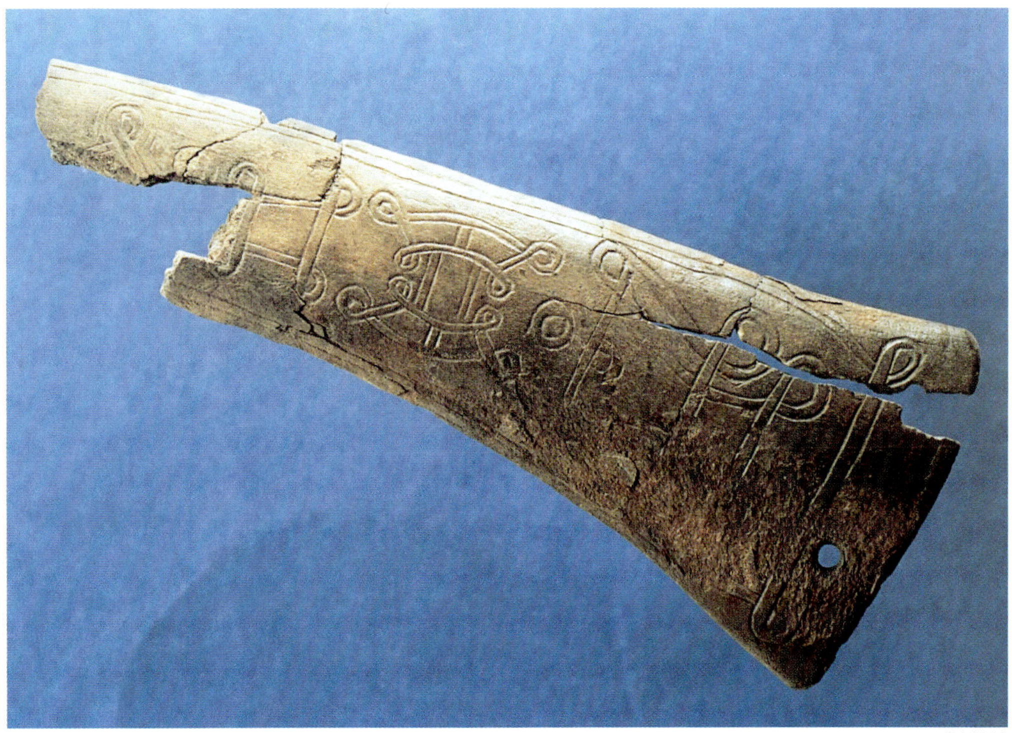

04.01.14

04.01.13
Behältnis aus Geweih
Parchim-Löddigsee (Deutschland)
Geweih
L. 24,5 cm
11./12. Jh.
Archäologisches Landesmuseum und Landesamt für Bodendenkmalpflege Mecklenburg-Vorpommern.
Inv. Nr. 77/38,2
Lit.: D. Becker, Ein verzierter Geweihbehälter von Parchim. Ausgr. u. Funde 25, 1980, 161-165.

Reich ornamentierte Hälfte eines Behältnisses, das 1975 auf dem Gelände der spätslawischen Marktsiedlung gefunden wurde. In der Öffnung des längeren Arms befand sich noch der dazugehörige Holzstöpsel. Am Rand des kurzen Endes ist eine seitliche Bohrung angebracht. Während solche Stücke früher als Riemenverteiler dem Sattelzeug zugerechnet wurden, nimmt man heute an, dass sie zur Aufbewahrung von Salz, Gewürzen und Heilkräutern dienten. Vergleichbare Stücke sind von anderen jungslawischen Siedlungsplätzen wie auch aus awarischen Gräberfeldern bekannt. D. P.

04.01.14
Platte
Parchim-Lödigsee (Deutschland)
Geweih
L. 19 cm
11./12. Jh.
Archäologisches Landesmuseum und Landesamt für Bodendenkmalpflege Mecklenburg-Vorpommern. Inv. Nr. 96/1602, 1022.
Lit. Unpubliziert.

Mit eingeritztem Flechtband verzierte Geweihplatte, die 1996 ausgegraben wurde. Das Stück ist leicht gewölbt. Nur die Außenseite ist verziert, die Innenseite ist geglättet, aber nicht in dem Maße poliert wie die ornamentierte Seite. Am breiteren Ende finden sich zwei Durchbohrungen, von denen eine ausgebrochen ist, das andere Ende ist nicht erhalten. Die Funktion des Stückes ist unbestimmt. Der Ornamentstil weist in den skandinavisch-wikingischen Raum. D. P.

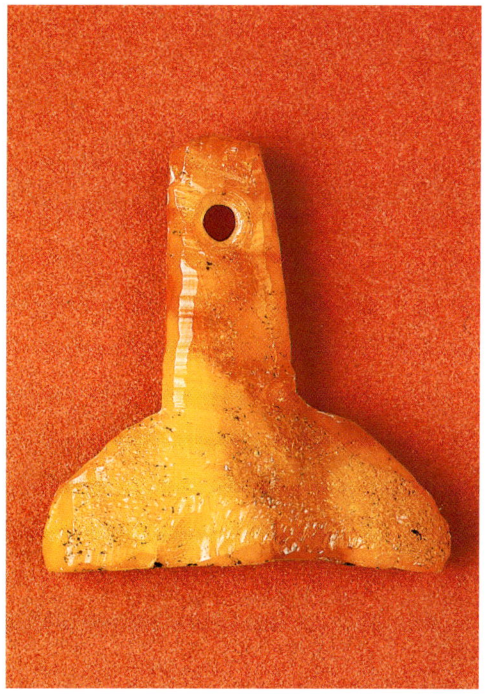
04.01.16

04.01.16
Thorshammer
Wolin. Fdst. 1 (Polen)
Bernstein
H. 2,6 cm
10.–12. Jh.
Wolin, Instytut Archeologii i Etnologii, PAN Pracownia Archeologiczna w Wolinie.
Deposit: Szczecin, Muzeum Narodowe.
Inv. Nr. 1025/71
Lit.: J. Wojtasik, Bursztyn ze stanowisk wykopaliskowych 5, 6 oraz znaleziony luźno na Starym Mieście w Wolinie. Materiały Zachodniopomorskie 38, 1992,173–201.

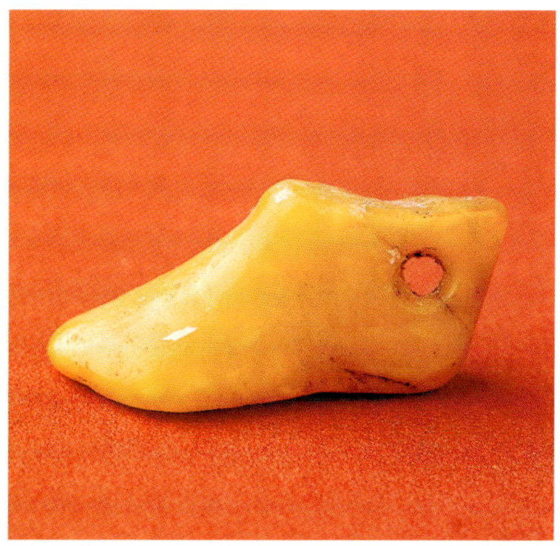
04.01.17

04.01.17
Anhänger in Form eines Stiefels
Wolin. Fdst. 1 (Polen)
Bernstein
L. 3 cm
10.–12. Jh.
Wolin, Instytut Archeologii i Etnologii, PAN Pracownia Archeologiczna w Wolinie.
Deposit: Szczecin, Muzeum Narodowe.
Inv. Nr. 636/71
Lit.: J. Wojtasik, Bursztyn ze stanowisk wykopaliskowych 5, 6 oraz znaleziony luźno na Starym Mieście w Wolinie. Materiały Zachodniopomorskie 38, 1992, 173–201.

Amulette aus Bernstein gehören zu den nicht alltäglichen Dingen, die aus diesem Werkstoff gefertigt wurden. B. S.

04.01.18

04.01.18
Hundefigur
Libice nad Cidlinou, Bez. Nymburk (Tschechien)
Knochen
L. 3,63 cm
10. Jh.
Praha, Národní muzeum, Oddělení prehistorie a protohistorie.
Inv. Nr. H1–310.062.
Lit.: R. Turek, Libice – knížecí hradisko X. věku (Prag 1966–1968) Taf. 18, h.

Vom Burgwall von Libice stammt das Figürchen eines zum Sprung ansetzenden Hundes. Der Schwanz des Tieres liegt auf dem Rücken und bildet so eine Öse. Der untere Teil der Figur, die wohl als Anhänger diente, ist beschädigt, die Vorderbeine des Hundes fehlen ganz. J. Mi.

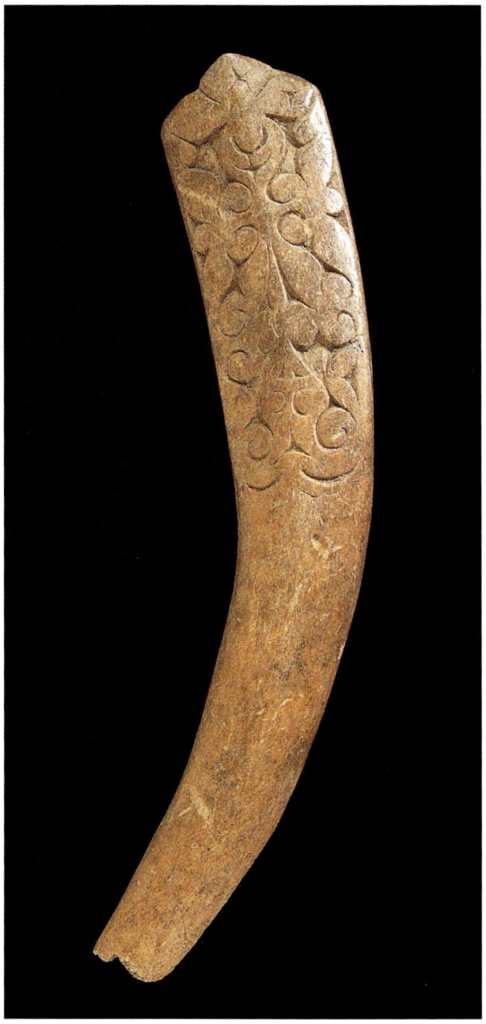

04.01.19 a

04.01.19 b

04.01.20

04.01.19 a–b

Zwei Trensenknebel, Halbfabrikate

Edelény-Borsod (Ungarn)
Geweih
L. 14,3 cm, 14,5 cm; Br. 2,6 cm, 2,7 cm
10. Jh.
Miskolc, Herman Ottó Muzeum.
Ohne Inv. Nr.
Lit.: Unveröffentlicht

Die Trensenknebel sind aus Geweih geschnitzt, ihre Oberfläche wurde geschnitten. Die Rückseite des einen ist beim Bearbeiten abgebrochen, die Fläche des anderen ist mit Palmettensträußen verziert. Im archäologischen Fundgut der Ungarn sind Funde aus Bein nicht ungewöhnlich. Am häufigsten wurden beinerne Platten von Reflexbögen gefunden, aber auch Trensenknebel sind von mehreren Orten bekannt. Ihre Verzierung ist mit dem Motivschatz auf Metallgegenständen identisch. M. W.

04.01.20

Trensenknebel

Sály-Lator (Ungarn)
Geweih
L. 11,8 cm, Br. 2,2 cm
10. Jh.
Budapest, Magyar Nemzeti Múzeum.
Inv. Nr. 84.4.28.B
Lit.: K. Mesterházy, Az Örsúr nemzetség Váralja faluja. In: L. Novák/L. Selmeczi (Hrsg.), Falvak, mezővárosok az Alföldön. Arany J. Múzeum 4 (Nagykörös 1986) 85–104. – N. Parádi, A sály-latori palmettás zablapáca. Fol. Arch. 36, 1985, 173–181.

Als Streufund wurde in der Siedlung von Sály-Lator ein gut erhaltener Trensenknebel aus Hirschgeweih gefunden, Abnutzungsspuren sind nicht zu erkennen. Vermutlich brach der obere Teil beim Schnitzen ab, und daher wurde der stangenförmige Knebel weggeworfen. Seine Außenfläche ist mit einer tief eingravierten dreifachen Palmette verziert. Nach Größe, Form und Verzierungsart ist er fast identisch mit dem beinernen Trensenknebel aus der Erdburg von Borsod. M. W.

04.01.21

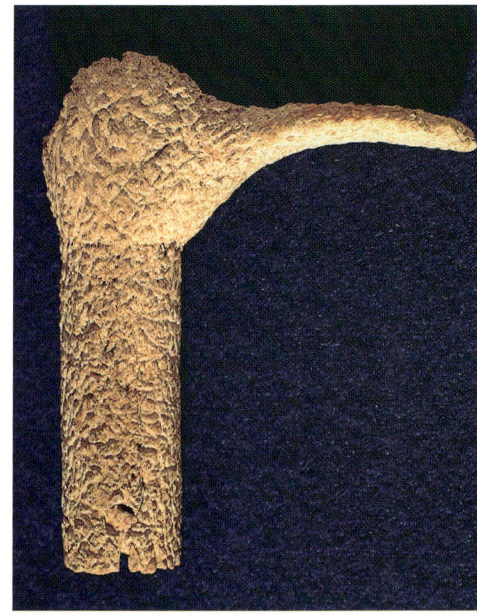

04.01.22

04.01.21
Sattelverzierungen
Soltszentimre (Ungarn)
Bein
Plattenpaar des vorderen Sattelkopfes
14,7 cm x 24,3 cm; Deckplatten vom Ende des Seitenbretts 10 x 4,3 cm
10. Jh.
Budapest, Magyar Nemzeti Múzeum.
Inv. Nr. 61.14.1
Lit.: Gy. László, A koroncói lelet és a honfoglaló magyarok nyerge Arch. Hung. 27 (Budapest 1943) 33–34.

Das aus Bein geschnitzte breite Plattenpaar folgt der Form des vorderen Sattelknopfes. Die Verzierung ist geschnitzt und bildet im Relief eine unendliche Reihe ineinander verflochtener Palmettensträuße. Auf den Enden der Sattelbretter waren ähnlich verzierte trapezförmige Beinplatten mit abgerundeten Ecken befestigt. Durch den von Gy. László rekonstruierten Sattel von Soltszentimre ist der Aufbau des Sattels der landnehmenden Ungarn bekannt. Er steht den Hirtensätteln nahe, welche die Sattlermeister der Hortobágy (Große Ungarische Tiefebene) auch noch in den ersten Jahrzehnten des 20. Jahrhunderts herstellten. Ähnliche verzierte Sättel sind im ungarischen Fundmaterial des 10. Jahrhunderts sehr selten. Eine andere Art von Sattelverzierung stellen fünfeckige Silberbleche dar, die am vorderen und hinteren Sattelkopf angenagelt wurden. L. R.

04.01.23

04.01.22
Endbeschlag
Szabadbattyán-Külcsapda (Ungarn)
Bein
L. 8,2 cm
10. Jh.
Székesfehérvár, Szent István király Museum.
Inv. Nr. 294–296/1927.7417
Lit.: I. Dienes, Die landnehmenden Ungarn (Budapest 1972) 102.

Die Schnitzerei stellt einen Vogel mit langem Hals, rundem Kopf und langem Schnabel dar – vielleicht einen Löffelreiher. Das untere Ende der Tülle war zur Befestigung durchbohrt. Aus ungarischen Gräbern der Landnahmezeit sind erst vier dieser Beschläge bekannt. Ihre Funktion ist umstritten. Sie könnten z. B. das Ende eines Schamanenstabes oder das Griffende einer Reitpeitsche verziert haben. Vermutlich trifft letzteres zu, da sie stets in Reitergräbern ohne Hinweis auf Schamanismus gefunden wurden. L. R.

04.01.23
Rohbernstein
Janów Pomorski/Truso (Polen)
Bernstein
Gew. 0,43 kg
9.–Anfang des 10. Jh.
Elbląg, Muzeum w Elblągu.
Inv. Nr. ME 1117/2663–1155/2701
Lit.: E. Tabaczyńska, Prace Komisji Archeologicznej PTPN 4. H. 1/2, 1959, 95–115. – P.

04.01.24–28

Wielowiejski, Kwartalnik Historii Kultury Materialnej 3 (1991) 317–361.

39 Rohbernsteinstückchen (Succinit) in verschiedenen Größen und Formen sowie unterschiedlichem Durchsichtigkeitsgrad und Farbton. Das Material kann in drei Hauptgruppen eingeteilt werden: undurchsichtiger weißer oder gelb-weißer Rohbernstein, oft mit marmorierter Struktur, durchschimmernder, gelber Rohbernsein mit verschiedenen Farbtönen von hellgelb bis gelb-rot und durchsichtiger, gelber Rohbernstein mit verschiedenen Farbtönen von hell bis dunkelrot. M. F. J.

04.01.24

Halbfabrikat einer Perle

Janów Pomorski/Truso (Polen)
Bernstein
Dm. ca. 2,0 cm, D. 0,8 cm
9.–Anfang 10. Jh.
Elbląg, Muzeum w Elblągu.
Inv. Nr. ME 1091/2637
Lit. unpubliziert

Halbfabrikat einer doppelkegelähnlichen Perle aus durchsichtigem, orange-gelbem Bernstein. Auf der Oberfläche Bearbeitungsspuren. Auf einer der Seitenflächen Spuren des Durchbohrungsvorganges. M. F. J.

04.01.25–26

Zwei Halbfabrikate

Janów Pomorski/Truso (Polen)
Bernstein
Dm. ca. 2,1 cm, 1,7 cm; D. ca. 0,6 cm, 0,7 cm
9.–Anfang 10. Jh.
Elbląg, Muzeum w Elblągu.
Inv. Nr. ME 1101/2647–2648

Zwei Halbfabrikate einer zylinderförmigen Perle aus gelb-rotem Bernstein. Auf der Oberfläche Bearbeitungsspuren. M. F. J.

04.01.27

Perle

Janów Pomorski/Truso (Polen)
Bernstein
Dm. ca. 1,4 cm, D. ca. 0,7 cm
9.–Anfang 10. Jh.
Elbląg, Muzeum w Elblągu.
Inv. Nr. ME 1083/2629
Lit.: unpubliziert

Flachkugelige Perle aus durchsichtigem, gelb-rotem Bernstein mit unsauber polierter Oberfläche und Spuren der Bearbeitung. M. F. J.

04.01.28

Perle

Janów Pomorski/Truso (Polen)
Bernstein
Dm. ca. 1,2 cm, D. ca. 0,5 cm
9.–Anfang 10. Jh.
Elbląg, Muzeum w Elblągu.
Inv. Nr. ME 1082/2628
Lit.: unpubliziert

Zylinderförmige Perle aus durchschimmerndem, orange-gelbem Bernstein mit unsauber polierter Oberfläche und Spuren der Bearbeitung. M. F. J.

04.01.29

04.01.30–32

04.01.29

Thorshammer-, Schild- und Beilanhänger

Janów Pomorski/Truso (Polen)
Bernstein
H. 1,5 cm; 2,3 cm; 2,4 cm; 1,7 cm; 2,3 cm
9.–Anfang 10. Jh.
Elbląg, Muzeum w Elblągu.
Inv. Nr. ME 1063/2609; ME 1067/2613; ME 1067/2610–2612
Lit.: A. Wapińska, Gdańsk Wczesnośredniowieczny 6 (1967) 96–97 Taf 7, 9; 11, 23. – W. Filipowiak, Society and trade in the Baltic during the Viking Age. Acta Visbyensia 7, 128 Abb. 6.

Als Amulette wurden Bernsteinanhänger in Form von Thorshämmern, Schilden oder Beilen getragen. Der Anhänger in Form eines Thorshammers ist aus durchschimmerndem, orange-gelbem Bernstein mit kurzem Schaft und einer am Ende ausgekehlten, umlaufenden Rille zur Aufhängung. Die Oberfläche ist unsauber poliert und weist Bearbeitungsspuren auf. M. F. J.

04.01.30

Hnefistein

Janów Pomorski/Truso (Polen)
Bernstein
H. 1,8 cm;
9.–Anfang 10. Jh.
Elbląg, Muzeum w Elblągu.
Inv. Nr. ME 1056/2602
Lit.: I. Gabriel, Ber. RGK 69, 1988, 229–236.

Hnefistein aus durchschimmerndem, hellgelbem Bernstein in Form eines unregelmäßigen Würfels mit abgerundeten Kanten. Maße der Flächen ca. 1,4 cm x ca. 1,4 cm bzw. ca. 1,7 cm x ca. 1,5 cm. Die Oberfläche ist unsauber poliert mit Spuren der Bearbeitung. M. F. J.

04.01.31

Hnefistein

Janów Pomorski/Truso (Polen)
Bernstein
H. 1,8 cm
9.–Anfang 10. Jh.
Elbląg, Muzeum w Elblągu.
Inv. Nr. ME 1056/2602
Lit.: I. Gabriel, Ber. RGK 69, 1988, 229–236.

Hnefistein in Form eines unregelmäßigen Würfels aus durchschimmerndem, hellgelbem Bernstein. Maße der Flächen mit abgerundeten Kanten 1,4 cm x ca. 1,4 cm bzw. ca. 1,7 cm x ca. 1,5 cm. Die Oberfläche unsauber poliert mit Spuren der Bearbeitung. M. F. J.

04.01.32

Hnefistein

Janów Pomorski/Truso (Polen)
Bernstein
H. 1,9 cm, Bodendm. ca. 2,5 cm
9.–Anfang 10. Jh.
Elbląg, Muzeum w Elblągu.
Inv. Nr. ME 1055/2601
Lit.: I. Gabriel, Ber. RGK 69, 1988, 229–236.

Halbkugelförmiger Hnefistein aus durchschimmerndem, gelb-rotem Bernstein. Auf der Oberfläche sind die Spuren der Bearbeitung deutlich zu erkennen. Die Standfläche ist poliert. M. F. J.

04.01.33

Kollier

Žalov. Gräberfeld in der Ziegelei (Tschechien)
Bernstein; Glas
L. des Bernsteins 1,1 cm–1,4 cm, H. 0,9 cm; Dm. 1,05 cm (Glas)
10. Jh.
Praha, Národní muzeum, Oddelení prehistorie a protohistorie. Inv. Nr. H–1 54.622
Lit.: J. Sláma, Mittelböhmen im frühen Mittelalter. Praehistorica V (Prag 1977) 137 Abb. 32, 13. – K. Tomková, Bernstein im frühmittelalterlichen Böhmen, Památky Arch. 89, 1998, 82.

Kollier aus neun doppelpyramidenförmigen facettierten Bernsteinperlen, einer würfelförmigen Bernsteinperle mit abgerundeten Ecken und einer kugelförmigen, an den gelochten Seiten abgeflachten, mit roten, grünen und blauen Rändern gesäumten schwarzen Bernsteinperle. Es ist eines der Kolliers mit Bernsteinperlen vom Gräberfeld des Burgwalls Levý Hradec. Die Bernsteinperlen belegen die Kontakte des frühmittelalterlichen Böhmen mit dem polnischen Gebiet, welches den Handel mit Schmuck aus diesem Rohstoff von dessen Fundstätten an der Ostseeküste vermittelte. K. T.

04.01.33

04.02.01

Modell des Seehandelsplatzes Truso um 1000

Maßstab 1:250
Elbląg, Muzeum w Elblągu

Der Seehandelsplatz Truso entstand um 800 im Land der Pruzzen. Im 9. Jahrhundert reiste der Angelsachse Wulfstan mit dem Schiff von Haithabu nach Truso. Sein Reisebericht ist durch König Alfred den Großen (871–901) überliefert.
Erst 1982 gelang die archäologische Entdeckung des Handelsplatzes. Die Ausgrabungen zeigten, dass bei Hausbau und Anlage der Siedlung eine starke Ähnlichkeit zwischen Truso und Haithabu besteht. Zahlreiche Funde deuten auf ein Zusammenleben von Pruzzen und Wikingern. In Truso wurde vor allem Bernstein in großem Umfang verarbeitet. Um die Mitte des 10. Jahrhunderts verlor der Platz jegliche Bedeutung. T. K.

Rohstoffe und Luxusgüter 04.03

Immer schon gab es Luxusgüter, die aus kostbaren importierten Rohstoffen angefertigt wurden oder aus fernen Ländern stammten. Im 11. Jahrhundert leisteten sich reiche Leute Bernstein von der Ostseeküste, Walrosszähne aus dem Nordatlantik, Kaurischnecken aus dem Roten Meer, Bergkristall und Karneol aus dem Orient und Elfenbein aus Indien und Afrika. Begehrt waren Mühlsteine aus Basalt aus der Eifel, Wetzsteine aus Norwegen, Glasperlen und Schmuck aus den entwickelten christlichen und islamischen Ländern. Aus dem Kiewer Reich kamen glasierte Toneier und Klappern sowie Spinnwirtel aus Schiefer. T. K.

04.03.01

04.03.01
Rohkarneol
Olomouc (Tschechien)
2,1 cm x 1,9 cm x 1,2 cm, Gew. 5,94 g
10.–11. Jh.
Olomouc, Památkový ústav.
Inv. Nr. 4264/89
Lit.: J. Bláha, Komunikace, topografie a importy ve středověku a raném novověku (7.–17. stol.) na území mesta Olomouce. Arch. Historica 23, 1998, 145.

Im Jahre 1989 konnte stieß man an der Stelle des Olmützer Suburbiums, wo sich im 10. und 11. Jahrhundert der Marktplatz befand, auf ein für den westslawischen Bereich einmaliges Karneol(Chalzedon)-Fragment von hervorragender Beschaffenheit. Der mineralogischen Analyse zufolge handelt es sich um einen Schmuckstein indischer Herkunft (Kaschmir?). Der Rohkarneol war zweifellos für eine weitere Bearbeitung durch lokale Handwerker vorgesehen. In Olmütz fanden sich auch Karneolperlen, die aber höchstwahrscheinlich schon in Kiew geschliffen wurden. J. B.

04.03.02

04.03.02
Perlenarmband
Parchim-Löddigsee (Deutschland)
Karneol; Bergkristall; Glas
L. 17 cm, Dm. der Perlen 0,7–0,9 cm (Glasperle 1 cm)
11./12. Jh.
Archäologisches Landesmuseum und Landesamt für Bodendenkmalpflege Mecklenburg-Vorpommern. Inv. Nr. L V 1711
Lit.: D. Becker, Zur Befestigung der slawischen Siedlung Scarzyn, Gemarkung Parchim. Jahrb. Bodendenkmalpflege Mecklenburg 1990 (1991) Taf. 19 b. – H. Keiling, Forschungsergebnisse von der slawischen Marktsiedlung Parchim (Lödigsee). In: W. Budesheim (Hrsg.) zur slawischen Besiedlung zwischen Elbe und Oder. Beitr. Wiss. u. Kultur 1 (Neumünster 1994) 95 f. – I. Gabriel, Hof- und Sakralkultur sowie Gebrauchs- und Handelsgut im Spiegel der Kleinfunde von Starigard/Oldenburg. Ber. RGK 69, 1988, 195–199.

Armband aus je zwölf Karneol- und Bergkristallperlen sowie einer blauen ringförmigen Glasperle, das auf dem Gelände der spätslawischen Marktsiedlung ausgegraben wurde. Die in der Siedlung gefundenen Perlen sind ein Anzeichen für am Ort erfolgten Handel, da keinerlei Halbfabrikate bzw. Rohmaterialien vorliegen, die auf eine lokale Herstellung schließen ließen. Die Karneolperlen kommen wahrscheinlich aus dem Gebiet der Kiewer Rus, für die Bergkristallperlen wird ein Import aus Osteuropa angenommen. D. P.

04.03.03
Schneckengehäuse
Szob-Vendelin, Kom. Pest (Ungarn)
Kaurischnecke
1,8 cm x 1,3 cm–2,3 cm x 1,7 cm
10. Jh.
Budapest, Magyar Nemzeti Múzeum.
Inv. Nr. 19./1931.6
Lit.: K. Bakay, Honfoglalás- és államalapításkori temetők az Ipoly mentén. Stud. Com. 6, 1978. – L. Kovács, Volt-e a honfoglal magyaroknak kauricsigapénzük? Századok

133, 1999, 63–84. – Ders., Haben die landnehmenden Ungarn Kaurischnecken als Geld gehabt? Acta Arch. Hung. 51, 1999 (im Druck).

In Grab 41 des Gräberfeldes von Szob-Vendelin fand sich in der Halsgegend der weiblichen Bestattung eine Kette aus Glasperlen und Schneckengehäusen (1 x *Turritella* sp.; 10 x *Cypraea monetae*). Die aus dem Indischen Ozean stammenden Schnecken dienten als Schutz vor dem bösen Blick und als Symbol der Fruchtbarkeit. Kaurischnecken sind in ungarischen Frauen- und Mädchengräbern relativ häufig anzutreffen. L. K.

04.03.04

Anhänger mit Amulett (Reliquie?)

Kolín (Tschechien)
Gold; Elfenbein
L. 4 cm
2. Hälfte 9. Jh.
Praha, Národní muzeum, Oddelení prehistorie a protohistorie. Inv. Nr. H1–55.104
Lit.: M. Lutovský, Kolínský knížecí hrob: ad fontes. Sborník Národního muzea v Praze 45, 1994, 3–4; 47–48; Abb. 6, 1; Taf. 5, 1.

Anhänger, bestehend aus einem Stück Elfenbein, das durch drei mit tordierten Drähtchen eingefasste Manschetten aus Goldblech verziert ist. Die Randmanschetten haben einen abschließenden Deckel, die mitt-

04.03.03

04.03.04

04.03.05

04.03.06

lere Manschette ermöglichte die Aufhängung. Bei dem Stück handelt es sich um ein Schutzamulett, ein weiteres, jedoch in Silber gefasst, wurde in Stará Kouřim entdeckt. Aus der gleichen Zeit stammt ein drittes Amulett aus Staré Mesto in Mähren. Außerhalb dieses Gebietes fanden sich solche Amulette nicht. Somit bleibt unklar, ob das gesamte Amulett oder nur das Elfenbein nach Böhmen importiert wurde. Goldanalysen zeigten, dass sich die Zusammensetzungen der beiden Randmanschetten und der mittleren Manschette deutlich voneinander unterscheiden. N. P. u. J. M.

04.03.05
Schwertknauf
Gniezno. Burg, Fdst. 15d (Polen)
Elfenbein
L. 7,5 cm, Br. 2,2 cm, H. 3,5 cm
10./11. Jh.
Gniezno, Muzeum Początków Państwa Polskiego. Inv. Nr. 1982:7; 7/34
Lit.: T. Sawicki, Wczesnośredniowieczna nakładka głowicy miecza z Gniezna. Studia i Materiały Historyczne 3 (1991) 223–236.

Profilierter Schwertknauf „normannischen" Typs. Der trapezförmige mittlere Teil ist mit Flechbandverzierung im iro-schottischen Stil geschmückt. Das Stück ist zur Befestigung an der Griffangel vertikal durchbohrt. Es stammt aus einer Schicht, die unter anderem Münzen aus der zweiten Hälfte des 11. Jahrhunderts enthielt. T. J.

04.03.06
Spinnwirtel
Praha. Prager Burg, „Alte Propstei" (Tschechien)
Schiefer
Dm. 2,2 cm, H. 0,7 cm
11. Jh. (1060–1092)
Praha, Archeologický ústav AV ČR.
Inv. Nr. PH48/164
Lit.: I. Boháčová u. a., Příspevek k poznání života a životního prostředí na Pražském hrade a Hradčanech. Arch. Historica 15, 1990, 177–189.

Der Spinnwirtel stammt aus einer Abfallgrube, die sich in der Nachbarschaft des ersten Palastes des Prager Bischofs befand. Aus derselben Grube stammt ein buntes Glasfensterfragment. Der Spinnwirtel aus Schiefer von Ovruč (Ukraine) ist ein Beispiel für böhmische Fernkontakte im 11. Jahrhundert. Außer diesem Exemplar von der Prager Burg sind aus Böhmen noch zwei weitere Exemplare bekannt. Das erste stammt ebenfalls von der Prager Burg, das zweite wurde in ihrem westlichen Vorfeld gefunden. J. F.

04.03.08
Wetzstein
Groß Raden, Kr. Parchim (Deutschland)
Schiefer
L. 6,5 cm
9./10. Jh.
Archäologisches Landesmuseum und Landesamt für Bodendenkmalpflege Mecklenburg-Vorpommern. Inv. Nr. XXI, 60
Lit.: E. Schuldt, Groß Raden. Ein slawischer Tempelort des 9./10. Jahrhunderts. Schr. z. Ur- u. Frühgesch. 39 (Berlin 1985) 162 Abb. 149, 15.

Die aus blaugrauem Schiefer gefertigten Wetzsteine dienten vermutlich zum Schärfen von Messern. Die Durchbohrung am oberen Ende deutet darauf hin, dass sie wahrscheinlich an einem ledernen Riemen am Gürtel getragen wurden. Eine derartige Tragweise konnte bei einer in Birka freigelegten Bestattung mit einem durchbohrten Wetzstein nachgewiesen werden. H. N.

04.03.09
Rohbernstein
Olomouc (Tschechien)
Bernstein
3,8 cm x 3,3 cm x 1,4 cm
10.–11. Jh.
Olomouc, Památkový ústav.
Inv. Nr. 8913/95
Lit.: J. Bláha, Komunikace, topografie a importy ve středověku a raném novověku (7.–7. stol.) na území města Olomouce. Arch. Historica 23, 1998, 147.

Das in Olmütz bislang größte gefundene Rohbernsteinstück aus dem 10. und 11. Jahrhundert (10,45 g) ist den Analysen zufolge baltischer Herkunft. Es wurde zusammen mit weiteren Bernsteinfragmenten 1995 bei archäologischen Untersuchungen in der befestigten Vorbug von Olmütz gefunden und beweist die Anwesenheit von Juwelieren an Plätzen kirchlicher und weltlicher Würdenträger. Gleichzeitig ist es Zeugnis für den Fernhandel, der vor allem auf das Baltikum und die Kiewer Rus ausgerichtet war. J. B.

04.03.10
Rohbernstein
Olomouc (Tschechien)
Bernstein
3,4 cm x 2 cm x 0,9 cm
2. Hälfte 10.–11. Jh.
Olomouc, Památkový ústav.
Inv. Nr. 1538/83
Lit.: J. Bláha, Komunikace, topografie a importy ve středoveku a raném novoveku (7.–-7. stol.) na území mesta Olomouce. Arch. Historica 23, 1998, 147

Vom Bestehen intensiver Handelsbeziehungen des přemyslidischen Olmütz zum Baltikum zeugt unter anderem auch ein gelborangeroter Bernsteinklumpen (3,82 g), der in den Siedlungsschichten im Bereich des einstigen offenen Suburbiums zutage kam. Es gelang der Nachweis, dass sich vor allem hier, an einer der verkehrsreichsten Stelle des damaligen Suburbiums, im 10. bis 11. Jahrhundert der Marktbetrieb abspielte, was auch durch zahlreiche Münzfunde, kaufmännische Gerätschaften und weitere Importstücke bewiesen werden konnte. J. B.

04.03.08

04.03.09

04.03.10

04.03.11
Bernsteinperle
Stará Boleslav (Tschechien)
Bernstein
H. 0,9 cm, Dm. 1,06–1,23 cm
10.–11. Jh.
Čelákovice, Městké muzeum.
Inv. Nr. 500027–4663

Doppelkonische, kantige Perle aus dem frühmittelalterlichen Siedlungshorizont im westlichen Teil der Vorburg von Altbunzlau. Die Perle ist ein Beleg für den Fernhandel bzw. die Beziehungen des frühmittelalterlichen Böhmen zum Baltikum. I. B.

04.03.11

04.03.12

04.03.12

Amphore

Sóshartyán-Murahegy. Grab 3 (Ungarn)
Ton
H. 29,3 cm
10. Jh.
Budapest, Magyar Nemzeti Múzeum.
Inv. Nr. 12/1936.3
Lit.: I. Fodor, Tiszaeszlár-Bashalom, Rakamaz-Strázsadomb, Sárospatak-Baksahomok, Sóshartyán-Murahegy. In: The Ancient Hungarians. Ausstellungskat. Budapest (Budapest 1996) 406.

Die schlanke, mit brauner Glasur überzogene Amphore diente gewiss der Lagerung und dem Transport von Wein. Sie ist das einzige Erzeugnis der die antiken Traditionen bewahrenden byzantinischen Töpferei in Ungarn. Mit Sicherheit ist die Amphore durch den byzantinisch-ungarischen Handel des 10. Jahrhunderts ins Karpatenbecken gelangt. Zwar erwähnen die Schriftquellen den Weinhandel nicht, aber seine Existenz wird durch diesen Fund zweifelsfrei belegt. L. R.

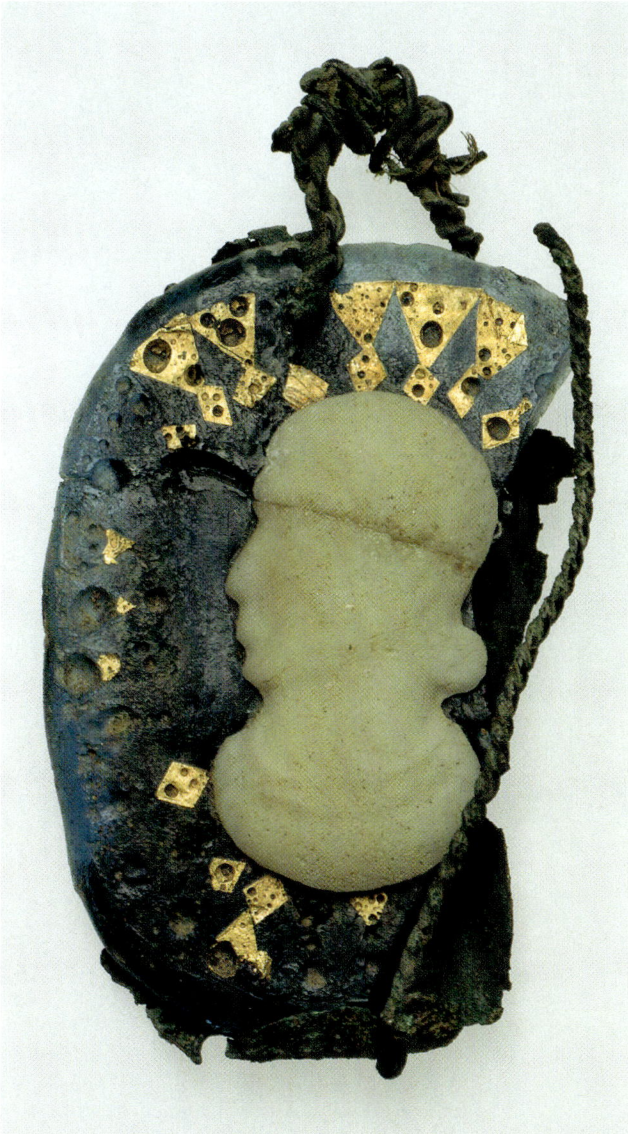

04.03.13

04.03.14

04.03.13
Gemme
Karos-Eperjesszög. Gräberfeld II, Grab 56 (Ungarn)
Gold; Bronze; Glas
L. 4,7 cm, Br. 2,8 cm
10. Jh.
Miskolc, Herman Ottó Múzeum.
Inv. Nr. 94.50.3
Lit.: L. Révész, A karos honfoglaláskori temetők. Régészeti adatok a Fels?-Tisza-vidék 10. Századi történetéhez (Miksolc 1996) 82.

Das Schmuckstück aus Byzanz oder Italien mag schon zerbrochen nach Ungarn gekommen sein. Ein ungeschickter Handwerker klebte es zusammen, befestigte es auf einem Bronzeblech und versah es mit einer Öse, so dass es als Anhänger getragen werden konnte. Diese Gemme blieb erhalten, doch meist wurde das Edelmetall von den ungarischen Goldschmieden als Rohmaterial verwendet und eingeschmolzen, um daraus ihrem eigenen Geschmack entsprechenden Schmuck, Zierrat oder Würdezeichen zu verfertigen. L. R.

04.03.14
Fingerring mit Gemme
Sereď, Bez. Galanta (Slowakei)
Weissmetall; Karneol
Gemme: 1,8 cm x 2,35 cm; Ringh. 3 cm
ll. Jh., bzw. 3. Jh.
Bratislava, Slovenské národné múzeum, Archeologické múzeum. Inv. Nr. AP 17 343
Lit.: A. Točík, Altmagyarische Gräberfelder in der Südwestslowakei (Bratislava 1968).

Der Fingerring wurde in einem altmagyarischen Grab des 11. Jahrhunderts gefunden. Es handelt sich um eine verhältnismäßig grobe Silberschmiedearbeit. Die Gemme mit einer in Negativform eingeschnittenen Frauenbüste wurde sekundär verwendet. Sie stammt wahrscheinlich von einem beschädigten Siegelring des 3. Jahrhunderts. Št. H.

04.03.15

04.03.16

04.03.15
Schnalle mit Löwendarstellung
Tiszabura-Szőlőskert. Grab 1 (Ungarn)
Bronze
6,7 cm
10. Jh.
Budapest, Magyar Nemzeti Múzeum.
Inv. Nr. 20/1934.3.A
Lit.: T. Horváth, Honfoglaláskori sirok Tiszaburán. Arch. Ert. 46, 1934, 141–149.

Schnallen mit Löwendarstellung auf dem Beschlag waren im 10. Jahrhundert billige Handelsware. Sowohl byzantinische Originale wie auch Nachahmungen vom Balkan waren in Osteuropa weitverbreitet. Das christliche Symbol „Löwe" wurde vermutlich auch bei den Ungarn verstanden und könnte den Träger als Christ auszeichnen.
In Bulgarien werden ähnliche Schnallen unter anderem damit erklärt, dass der Löwe das Machtsymbol des Bulgarenkhans war und somit das Symbol für Nichtchristen verständlich war. Eine entsprechende Auslegung als Zeichen der ungarischen Stammesführer ist noch nicht bewiesen. L. R.

04.03.16
Goldenes Ohrringpaar
Kecel-Vádéi dülő. Grab 1 (Ungarn)
Gold
4,7 x 3,9 cm
2. Hälfte 10. Jh.
Budapest, Magyar Nemzeti Múzeum.
Inv. Nr. 3/1935.1
Lit.: N. Fettich, A honfoglaló magyarság femmővessége: Arch. Hung. 21 (Budapest 1937) 104–107. – I. Dienes, Art of the 9th and 10th centuries: The Era of the Magyar Conquest. In: Hungarian Art Treasures. Ausstellungskat. London 1967 (London 1967) 21.

Die fein granulierten und filigranverzierten Halbmondohrringe sind ein hervorragendes Werk byzantinischer Goldschmiedekunst des 10. Jahrhunderts. Imitationen dieses Typs wurden auf dem Balkan und in Osteuropa angefertigt. Die beste und gut datierte Parallele der Keceler Ohrringe stammt aus der Rosenberg-Sammlung, wo auf dem Kreisbogenband das Porträt des byzantinischen Kaisers Iohannes Tsimiskes (969–976) zu sehen ist. Die Beschädigungen und Abnutzungsspuren der Ohrringe aus Kecel belegen ihre wohl jahrzehntelange Benutzung, bevor sie um die Jahrtausendwende ins Grab gelangten. L. R.

04.03.17
Ohrringpaar
Heves-Kapitánhegy (Ungarn)
Bronze, vergoldet
4 cm x 3 cm
10. Jh.
Budapest, Magyar Nemzeti Múzeum.
Inv. Nr. 76/1877.4
Lit.: J. Hampel, A honfoglalási kor hazai emlékei: In: Gy. Pauler/S. Szilágyi (Red.), A magyar honfoglalás kútfői (Budapest 1900) 667–671. – K. Mesterházy, A Felső-Tisza-vidéki ötvösműhely és a honfoglalás kori emlékek időrendje. Agria 25–26, 1989–1990, 103.

Die Ringe des dreieckigen Ohrringpaares fehlen, nur die Anhänger blieben erhalten. Sie sind mit Perlen verziert, die ein Perldrahtrahmen einfasst. Der Schmuck ahmt anspruchsvolle byzantinische Vorbilder in bescheidener Ausführung nach. Weitere drei Anhänger, die ursprünglich am unteren Rand hingen, gingen verloren.
Der Fundort liegt in Südungarn, wo – in unmittelbarer Nachbarschaft des damals auch Bulgarien kontrollierenden Byzanz – relativ viele byzantinische Funde zutage kamen, was auf lebhafte Handelsbeziehungen verweist. L. R.

04.03.17

04.03.18

04.03.18
Armring aus Silberblech
Tiszaeszlár-Bashalom. Gräberfeld II, Grab 12 (Ungarn)
Silber, vergoldet
Dm. 8,5 cm, Br. 3,6 cm
1. Hälfte 10. Jh.
Budapest, Magyar Nemzeti Múzeum.
Inv. Nr. 60.17.A
Lit.: I. Dienes, Un cimetière de Hongrois conquérants à Bashalom. Acta Arch. Hung. 7, 1956, 245–277. – I. Fodor, Tiszaeszlár-Bashalom, Rakamaz-Strázsadomb, Sárospatak-Baksahomok, Sóshartyán-Murahegy. In: The Ancient Hungarians. Ausstellungskat. Budapest (Budapest 1996) 185–190.

Die beiden Glieder des Armbandes verbindet ein Scharnier. Der Dekor zeigt in runden Feldern Vögel oder stilisierte Lotosblüten. Das Armband ist eine repräsentative Arbeit der byzantinischen Goldschmiedekunst.
Die Schriftquellen belegen lebhafte diplomatische Beziehungen zwischen Byzanz und den ungarischen Großfürsten, Byzanz zahlte zwischen 934 und 957 den Großfürsten sogar eine regelmäßige Geldsteuer. In dieser Zeit pflegten beide Länder auch lebhafte Handelsbeziehungen, bis der Kaiser 958 weitere Gelder verweigerte und die Zahlungen von nun an den Kiewer Fürstenhof gingen. L. R.

04.03.21 a

04.03.21 b

04.03.21 c

04.03.21 a–d
Schmuckhort
Gegend von Roudnice nad habem
Bez. Litoměřice (Tschechien)
10.–11. Jh.
Praha, Národní muzeum, Oddělení prehistorie a protohistorie.
Inv. Nr. 96.896; 96.898–96.903; 96.907
Lit.: M. Lutovský, Raně středověké šperky ruského původu v Čechách. Časopis Národního muzea 155, 1986, 2–7 Abb. 1–7.

Über den Schmuckhort aus der Gegend von Roudnice nad Labem sind keine näheren Fundumstände bekannt. Die aufgefundenen Gegenstände stellen einen seltenen Beleg für Schmuckimport aus dem Gebiet der Kiewer Rus nach Böhmen dar.

a) Anhänger Handbuch Abb. 96
Silber
5,95 cm x 6,1 cm, Br. 1,1 cm

Hohler, runder Silberanhänger, so genannter Kolt, aus zwei gleichen dünnen, am Rand durch ein 8 mm dickes Band verbundenen Plättchen. Auf den zentralen runden Flächen befindet sich auf beiden Seiten ein identisches, von einem Perlstab umrahmtes Zierfeld mit Tierstil. Die Ränder schmücken aufgelötete Ringlein und Filigrandrähtchen, die eine Zickzacklinie bilden. Am Anhänger selbst sind Buckelchen auf das Verbindungsband angelötet. Der obere Teil des Anhängers ist sattelförmig geschwungen und war ursprünglich mit vier Aufhängeösen versehen.

b) Sieben Agraffen
Silber
L. 6,3 cm; 5,9 cm; 6 cm; 5,8 cm; 7,5 cm; 3,9 cm; 6 cm

Die Agraffen, bei denen es sich wohl um Gewandverzierungen oder -spangen handelt, bestehen aus einem Stäbchen mit drei durchbrochenen kugelförmigen Perlen. Das Stäbchen ist mit einem einfachen Filigrandrähtchen umwickelt und an beiden Enden zu je einer Öse eingerollt. Die Oberfläche jeder Perle ist durch granulierte Bänder in dreieckige und runde, durchbrochene Felder aufgeteilt. Auf den Bändern sind größere Granulationskörner auf kleinen glatten Scheibchen angelötet.

c) Perle
Silber
L. 2,7 cm, Br. 1,3 cm

Fässchenförmige Perle mit Ringen aus flachen mit breitem Draht verstärkten Enden. Der Perlenkörper ist auf jeder Seite von sechs, mit einem doppelten Filigrandrähtchen eingefassten tropfenförmigen Öffnungen durchbrochen. Im mittleren Bereich befindet sich ein zentrales Band aus einfachen glatten Drahtringen, die von zwei Filigrandrähtchen eingerahmt sind.

d) Zwei Perlen
Silber

Zwei durchbrochen gearbeitete Perlen, deren Öffnungen mit Filigrandraht eingefasst sind. Auf der Perle kleine granulierte Kügelchen. J. Mi.

04.03.21 d

04.03.22 a–c Handbuch Abb. 98

Drei Armringe
Zsennye (Ungarn)
Gold bzw. Elektron
Dm. 7,9 bzw. 7,1 cm
10.–11. Jh.
Budapest, Magyar Nemzeti Múzeum.
Inv. Nr. 2/1928.1–3
Lit.: K. Mesterházy, Zsennye. In: The Ancient Hungarians. Ausstellungskat. Budapest (Budapest 1996) 378.

Einer der drei Armringe besteht aus dickem tordiertem Golddraht und Filigrandraht mit zwei Tierköpfen an den Enden. Die anderen

04.03.22 a–c

04.03.23

04.03.24

04.03.25

04.03.26

04.03.27

beiden Armringe wurden aus Elektrondrähten geflochten und hatten an den Enden aufgelötete Tierköpfe. Einer dieser Ringe, die mit Sicherheit nicht im Karpatenbecken entstanden, wurde von den Findern zerbrochen. L. R.

04.03.23
Kiewer Ei
Wolin. Mühlenberg (Polen)
Ton, glasiert
10./11. Jh.
Wolin, Instytut Archeologii i Etnologii PAN, Pracownia Archeologiczna w Wolinie.
Deposit: Szczecin, Museum Narodowe
Lit.: W. Filipowiak/H. Gundlach, Wolin – Vineta. Die tatsächliche Legende vom Untergang der Stadt (Rostock 1992), 96.

04.03.24
Kugelförmige Rassel
Olomouc (Tschechien)
Ton
Dm. 3,3 cm
11.–12. Jh.
Olomouc, Památkový ústav.
Inv. Nr. 5699/78
Lit.: J. Bláha, Otázka kontinuity slovanského osídlení Olomouckého kopce a nekolik poznámek k hmotné kultuře olomouckých Slovanů. Vlastivědný věstník moravský 32, 1980, 308, Abb. 3, 11.

Im westlichen Randgebiet des Olmützer Suburbiums, wo in der Nähe des romanischen St. Moritz-Marktheiligtums und des vermuteten Fürstengehöftes spätestens im 11. Jahrhundert eine Handwerker- und Kaufmannssiedlung entstanden war, wurde eine schwarzbraun glasierte, mit gelber Bemalung versehene, hohle Klapper aus Ton gefunden. Entsprechungen zu diesem Fund liegen einstweilen nicht vor, doch die in Olmütz ziemlich häufig auftretenden Fragmente von glasierten Toneiern, den so genannten „pisanki" (bemalte Eier) russischer Herkunft, weisen auf die ostslawische Provenienz dieser magischen Gegenstände hin, deren Klang das „einfache" Volk apotropäische Wirkungen zuschrieb. J. B.

04.03.25
Warzenklapper
Drense, Kr. Uckermark (Deutschland)
Ton
Dm. 4,2 cm.
11./12. Jh.
Archäologisches Landesmuseum und Landesamt für Bodendenkmalpflege Mecklenburg-Vorpommern. Inv. Nr. IV 86/111.
Lit.: V. Schmidt, Drense. Eine Hauptburg der Ukrane. Beitr. z. Ur- u. Frühgesch. Der Bez. Rostock, Schwerin u. Neubrandenburg 22 (Berlin 1989) 48; 64 Taf. 26, 3.

Tonklappern gehören zu den großen Seltenheiten auf slawischen Fundplätzen westlich der Oder. Typologisch können sie vor allem in zwei Gruppen eingeteilt werden, so genannte Warzenklappern und Toneier. Bei den Warzenklappern handelt es sich offensichtlich um Erzeugnisse aus dem polnischen Raum. Man vermutet, dass sie, ähnlich wie die Toneier, bei kultischen Handlungen (Fruchtbarkeitskult?) verwendet wurden. H. N.

04.03.26
Kugeliger Amulettanhänger mit Warzen
Olomouc (Tschechien)
Ton
Dm. 5–6 cm
11.–12. Jh.
Olomouc, Památkový ústav.
Inv. Nr. 4628/84
Lit.: J. Bláha, Komunikace, topografie a

importy ve středoveku a raném novoveku (7.--7. stol.) na území mesta Olomouce. Arch. Historica 23, 1998, 143; 145 Abb. 8, 1.

Im Olmützer Suburbium, an der Stelle des vermuteten Marktplatzes, wurde in der in die zweite Hälfte des 11. und in den Beginn des 12. Jahrhunderts datierten Schicht neben Denaren eine gelb-grün glasierte Tonkugel mit acht warzenartigen Fortsätzen gefunden. Zwei Durchbohrungen lassen vermuten, dass es sich um einen Anhänger bzw. ein Amulett handelte. Analoge Funde sind vor allem aus Polen bekannt, von woher das Stück auch stammen dürfte. Nach Auffassung einiger Forscher handelt es sich um das Symbol des altslawischen Sonnen-(und Feuer-)Gottes Swarog oder seines Sohnes Dažbog. J. B.

04.03.27
Warzenklapper
Konskie. Grab 63 (Polen)
Ton, glasiert
Dm. 3,7 cm
11./Anfang 12. Jh.
Warszawa, Państwowe Muzeum Archeologiczne. Inv. Nr. V/607:16.

04.03.28
Armring
Nový Knín, Bez. Příbram (Tschechien)
Silber
Innendm. 7 cm x 6,8 cm, Außendm. 8 cm
10.–12. Jh.
Příbram, Okresní muzeum.
Inv. Nr. 736/1968
Literatur: P. Drda/L. Košnar, Stříbrný náramek skandinávského typu z Čech. Arch. rozhledy 28, 1976, 188–192.

Der aus gewundenen, vierkantigen Drähten bestehende Armring ist einer der wenigen sicheren Belege für die Beziehungen der böhmischen Länder nach Skandinavien. Das Stück dürfte über Polen bzw. Brandenburg nach Böhmen gelangt sein. P. C.

04.03.29
Kamm
Santok. Fdst. 1 (Polen)
Geweih
Poznań, Instytut Archeologii i Etnologii PAN, Oddział w Poznaniu. Deposit: Muzeum Okręgowe Gorzów Wlkp.
Lit.: U. Dymaczewska/A. Dymaczewski, Wczesnośredniowieczny Santok. Wyniki badań wykopaliskowych we wnętrzu grodu w latach 1958–1961, Slavia Antiqua 14, 1967, 199–200 Abb. 29,1. – K. Ambrosiani, Viling Age combs, comb making and omb makers in the light of finds from Birka and Ribe (Stockholm 1981) Abb. 9. – E. Cnotliwy, uwagi o rzemiośle rogowniczym w strefie naddunajskiej w VII-XIII wieku, Archeologia Polski 38, 1993, 355 Abb. 13–14. – Z. Hilczer-Kurnatowska/M. Kara, Die Keramik vom 9. bis zur Mitte des 11. Jahrhunderts in Grosspolen. In: Č. Staňa (Red.), Slavische Keramik in Mitteleuropa vom 8. bis zum 11. Jahrhundert. Koll. Miculčice 1993 (Brno 1994) Abb. 2.

Sorgfältig gearbeiteter Dreilagenkamm mit s-förmig angeordneter Kreisaugenverzierung. In der älteren Literatur werden solche Kämme in die zweite Hälfte des 8. und in das 9. Jahrhundert datiert und friesischen Geweihschnitzern zugeschrieben. Nach der schwedischen Forscherin K. Ambrosiani liegen hier jedoch Erzeugnisse skandinavischer Handwerker vor. Es handelt sich dabei um zum Teil von Wanderhandwerkern hergestellte exquisite Gegenstände, die unter anderem nach Friesland und in die Gebiete der Ostseeslawen verhandelt wurden. Sie waren Ausdruck des Prestiges der damaligen Eliten, die im Ostseeraum und Nordeuropa lebten. Der Kamm aus der Burg von Zantoch ist der bisher einzige Fund auf polnischem Gebiet. M. K.

04.03.28

04.03.30

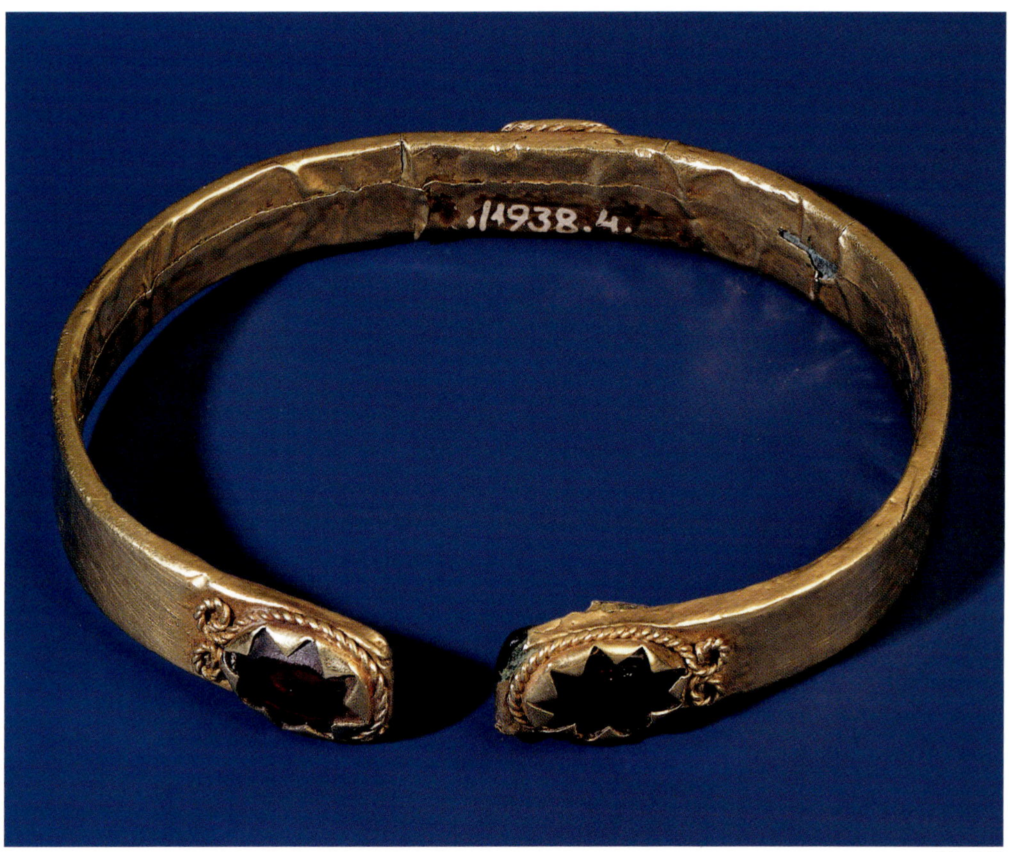

04.03.31

04.03.30

Sieben Schachfiguren

(ausgestellt in Krakau und Prag)
Herkunft unbekannt (Naher Osten oder Spanien)
Bergkristall
10.–12. Jh.
H. 5,3 cm (König); 4,6 cm (Dame); 3,8 cm (Läufer); 3,9 cm (Türme)
Osnabrück, Domschatzkammer und Diözesanmuseum
Lit.: Das Reich der Salier. Ausstellungskat. Speyer (Sigmaringen 1992) 72 ff.

Die Herkunft von Schachfiguren aus Bergkristall wird in arabischen Werkstätten in Ägypten, Irak oder Spanien vermutet, von wo sie ab dem 11. Jahrhundert in den Besitz spanischer und mitteleuropäischer Königs- und Adelsfamilien gelangten. Die Wertschätzung solcher Spiele im Europa des Mittelalters beweist ihre frühe Erwähnung in den Quellen.
Die Schachfiguren des Osnabrücker Domschatzes werden 1646 erstmals erwähnt, und dürften wahrscheinlich von mindestens drei verschieden Spielen stammen. H. N.

04.03.31
Armband
Heves-Kapitánhegy (Ungarn)
Bronze; Goldfolie; Almandin
Dm. 6,8 cm
10. Jh.
Budapest, Magyar Nemzeti Múzeum.
Inv. Nr. 3/1938.4
Lit.: V. Pataki, A hevesi honfoglaláskori női sírlelet. Fol. Arch. 1–2, 1939, 202.

Das offene Bronzearmband mit abgerundeten Enden wurde mit Goldfolie umhüllt. Auf beide Enden und auf die Mitte wurden Fassungen aus tordiertem Golddraht aufgelötet, in denen rote Almandine saßen. Das Armband hat keine Parallele im Fundmaterial der ungarischen Landnahmezeit. Die Verwendung von zwei Metallen sowie die Umhüllung der Metallgegenstände mit Gold- oder Silberfolie sind hier äußerst selten. Mit Sicherheit ist der Schmuck ein Erzeugnis byzantinischer Goldschmiede. L. R.

04.03.32
Krug
Karos-Eperjesszög. Gräberfeld II, Grab 66 (Ungarn)
Ton
H. 16,5 cm, Dm. 6,8 cm
10. Jh.
Miskolc, Herman Ottó Múzeum.
Inv. Nr. 94.59.4
Lit.: L. Révész, Karos-Eperjesszög. In: The Ancient Hungarians. Ausstellungskat. Budapest (Budapest 1996) 103.

Dieser fein bearbeitete Tonkrug entstand im Gebiet der Saltowo-Kultur (Bevölkerung des Chazaren-Khanats). Er dürfte ursprünglich zur Aufbewahrung eines Duftmittels oder eines wertvollen Getränkes gedient haben. Der Krug ist ein Einzelstück in Ungarn und beweist die noch frischen östlichen Beziehungen der Ungarn im 10. Jahrhundert. Handelskarawanen, die gewaltige Strecken zurücklegten, brachten damals Luxusgüter zur zahlungskräftigen Kundschaft – wohl dem Fürsten und seinem Gefolge. L. R.

04.03.32

Tauschmittel 04.04

Bis zur Jahrtausendwende war der Tauschhandel üblich. In Mähren etwa galten Axtbarren und Eisenschüsseln als gängige Tauschobjekte. Historische Quellen erwähnen als Zahlungsmittel auch Leinentücher, die sich jedoch nur unter besonderen Umständen im archäologischen Fundmaterial nachweisen lassen.
Um 1000 verdrängte Silber in unterschiedlichen Formen alle älteren Tauschobjekte. Verbindliche Wertskala war das Silbergewicht. Jeder Kaufmann führte eine zusammenklappbare Feinwaage mit Gewichtssatz in einem Kästchen aus Bronze bei sich. T. K.

04.04.02 Handbuch Abb. 147
Mehrere Axtbarren aus einem Hortfund
Bíňa, Bez. Nové Zámky (Slowakei)
Eisen
L. max. 30,7 cm
9. Jh.
Bratislava, Slovenské národne múzeum, Archelogické múzeum. Inv. Nr. AH 58020; AH 58032; AH 58033; AH 58035; AH 58036; AH 58038; AH 58039; AH 58041; AH 58043; AH 58045; AH 58046; AH 58048; AH 58050 – AH 58052; AH 58054; AH 8055; AH 58057; AH 58058; AH 58060; AH 58061; AH 58063; AH 8064; AH 58065; AH 58066 – AH 58082; AH 58088
Lit.: A. Habovštiak, Stredoveká dedina na Slovensku (Bratislava 1985) 256.

Solche axtförmigen eisernen Gegenstände wurden im 9. Jahrhundert angeblich als Zahlungsmittel, gleichzeitig aber auch als Roheiseneinheiten benutzt. Der Hort von Bíňa enthielt 107 verhältnismäßig gut erhaltene Axtbarren. Št. H.

04.04.02

04.04.03 a–c
Drei Schüsseln vom Schlesischen Typ
Mužla-Čenkov, Bez. Nové Zámky (Slowakei)
Eisen
H. 4 cm, 2 cm, 2 cm; Dm. 19,4 cm, 17,8 cm, 11,2 cm
9. Jh.
Nitra, Archeologický ústav Slovenskej akadémie vied. Ohne Inv. Nr.
Lit.: M. Hanuliak u. a., Mužla – Čenkov (Osídlenie 9.–12. storočia) (Nitra 1993) 87.

Alle drei Schüsseln haben eine einfache Kalottenform. Št. H.

04.04.04
Schüssel
Bruszczewo, Kr. Kościan. Siedlung, Fdst. 12 (Polen)
Eisen
Dm. 12,3 cm
9.–1. Hälfte 10. Jh.
Poznań, Muzeum Archeologiczne.
Inv. Nr. 1956:322, Kat. Nr. 1956:1683
Lit.: S. Jasnosz, Fontes Arch. Posnanienses 22, 1972, Abb. 13, 9.

Eiserne Schüssel des schlesischen Typs, die in der Siedlung von Bruszczewo zutage kam. Außerhalb Schlesien fanden sich ähnliche Stücke in Großpolen, der Lausitz, in Böhmen und in Mähren. Strittig ist die Funktion solcher Schüsseln. Vermutlich stellten sie Zahlungsmittel dar. M. B.

04.04.03 a

04.04.04

04.04.03 b

04.04.05

04.04.03 c

04.04.05
Schüssel
Praha. Prag-Kleinseite, Josefsgasse (Tschechien)
Eisen
Dm. 65 cm, H. 12 cm
9. Jh.
Praha, Pražský ústav památkové péče.
Inv. Nr. 1/94–1518

Eiserne Schüsseln vom Schlesischen Typ gehören zu den seltenen Funden aus der Großmährischen Zeit (9. Jh.), wahrscheinlich aus deren Anfang. Die Schüssel vom Prager Suburbium auf dem linken Moldauufer wurde auf dem ungefähr um die Mitte des 9. Jahrhunderts angelegten Siedlungsgelände an der Innenseite der Holz-Lehm-Mauer gefunden. Da diese Schüsseln oft in Depotfunden vorkommen, setzt man deren Zusammenhang mit dem Handel voraus. J. Č.

04.04.06 a–c
Klappwaage mit Gewichten und Behälter
Bergen, Kr. Rügen (Deutschland)
Bronze
H. 38 cm (Waage); Dm. 3 cm–3,2 cm (Gewichte)
11./12. Jh.
Berlin, Museum für Vor- und Frühgeschichte SMB. Inv. Nr. Waage: II 5135; Gewichte: II 5136; Behälter: II 5134
Lit.: Corpus Archäologischer Quellen zur Frühgeschichte auf dem Gebiet der Deutschen Demokratischen Republik 2 (Berlin 1979) 43 Taf. 41/15, 1–4. – Das Reich der Salier. Ausstellungskat. Speyer (Sigmaringen 1992) 45.

Die bronzene Klappwaage mit Gewichten und Behälter wurde 1860 am Rugard, dem zentralen Burgwall auf der Insel Rügen gefunden.
Solche Waagen gehörten, da es im slawischen Raum im 11. Jahrhundert keinen geregelten Münzumlauf gab, zu den unentbehrlichen Requisiten der Händler. Mit ihnen wurde Silber, das wichtigste Zahlungsmittel der Slawen, gewogen. Typische Beifunde dieser Waagen sind die beiden Gewichte mit abgeflachten Seiten, auf denen Markierungen das Gewicht angeben. Die kugelige Kapsel diente dem Händler zum Transport der Waagschalen und Gewichte. H. N.

04.04.06 a–c

04.04.07

Byzantinischer Münzfund, der „Tokajer Schatz"

Umgebung von Tokaj (Ungarn)
nach 963
Budapest, Magyar Nemzeti Múzeum, Könyvtár. Inv. Nr. 7.1935.1–11; Inv. Nr. R.I.3985; Inv. Nr. R.I.3984

Den kleinen Münzfund erwarb das Ungarische Nationalmuseum 1896 von einem Antiquitätenhändler zusammen mit anderen Gegenständen, von denen ein Teil landnahmezeitlich war. Dass sie zusammengehörten, ist mangels bekannter Fundumstände nicht zu beweisen.

a) Elf Münzen

Gold
Gew. 1,21–4,12 g
Lit.: L. Kovács, Münzen aus der ungarischen Landnahmezeit. Fontes Arch. Hung. (Budapest 1989). – K. Mesterházy, Az ún. Tokaji kincs revíziója. Fol. Arch. 43, 1994, 193–242.

Von den elf Münzen hatte man bei zehn Stücken den Rand abgeschnitten, dabei aber sorgfältig darauf geachtet, den Christuskopf nicht zu beschädigen. Als Emittenten kommen zwei Herrscherpaare in Frage: Konstantin VII. Porphyrogennetos und sein Sohn Romanos II., die diesen Typ zwischen 945 und 959 prägen ließen, oder Nikephoros II. Phokas und sein Stiefsohn Basileios II., die um 963 Münzen dieses Typs ausgaben. Das einzige unversehrte Stück ist der 4,12 g schwere Solidus von Romanos I. und Christophoros, der zwischen 922/924 und 931 geprägt wurde.
Byzantinische Münzen im landnahmezeitlichen Ungarn waren Kriegsbeute bzw. Tribute, aber auch Beleg für Handelskontakte. Das Interesse der Ungarn im 10. Jahrhundert galt vor allem dem Edelmetall, das sie teils einschmolzen, teils als Schmuck verwendeten. Die gegen Ende des Jahrhunderts in größerer Zahl auftretenden Bronzemünzen deuten unter Umständen schon den Beginn der Geldbenutzung an.

b) Byzantinisches Gewicht

Bronze
3 cm x 3 cm, Gew. 53,88 g
6. Jh. (?)
Ö. Gohl, A Magyar Nemzeti Múzeum bizánci súlyai. Arch. Ert. 21, 1901, 2. – N. Dürr, Catalogue de la collection Lucien Naville au Cabinet de Numismatique du Musée d'Art et d'Histoire de Genève. Genava 12, 1964, 66. – C. M. Ross, Catalogue of the Byzantine an early Medieval Antiquities in the Dumbarton Oaks Collection 1 (Washington 1962) 81.

04.04.07

Auf der Oberseite der 7 mm dicken Bronzeplatte mit abgeschrägtem Rand ist ein silbertauschiertes Kreuz und die Aufschrift NIB (Wertbezeichnung) in einem Kranz zu erkennen. Über dem N und in den vier Ecken der Platte befindet sich je ein Ring. Das Gewicht entspricht 1/6 römischem Pfund oder 12 Solidi.
Byzantinische Gewichte sind auf dem Gebiet Ungarns schon aus awarischen Zeiten bekannt und auch dieses Exemplar ist wohl so einzuordnen.

c) Byzantinisches Gewicht

Bronze
0,9 cm x 0,9 cm, Gew. 1,31 g
Lit.: Ö. Gohl, A Magyar Nemzeti Múzeum bizánci súlyai. Arch. Ert. 21, 1901, 6. – N. Dürr, Catalogue de la collection Lucien Naville au Cabinet de Numismatique du Musée d'Art et d'Histoire de Genève. Genava 12, 1964, 237.

Auf dem 1/3 Solidus entsprechenden kleinen Bronzegewicht zeigt ein eingraviertes H den Wert an. Das Alter ist unbekannt. M. To.

04.04.08 a–b

04.04.08 a–b

Klappwaage mit Gewichtssatz

Sowinki, Kr. Poznań. Gräberfeld, Grab 70, (Polen)
Eisen; Silber; Bronze; Blei; Stein
Balkenl. 11,4 cm; Dm. (Schalen) 6 cm
Ende 10.–1. Hälfte 11. Jh.
Poznań, Muzeum Archeologiczne.
Inv. Nr. 1998:57/66; 1998:57, 1998:57/46–64
Lit.: A. Krzyszowski, Slavia Ant. 36, 1995, 49–71. – Ders., Germania 75, 2, 1997, 639–667.

Handklappwaage mit zwei Schalen, die in einem kleinen Birkenkästchen in Grab 70 des Gräberfeldes von Sowinki gefunden wurden. Die Gewichte waren in einem Lederbeutel im Grab deponiert. Sechs der Gewichte haben einen mit Bronzeblech plattierten Eisenkern. Die kugelförmigen Gewichte sind oben und unten abgeflacht und mit Prüfzeichen versehen. Zwölf Gewichte waren aus Blei gegossen. Die Steine dienten ebenfalls als Gewichte. Die Herstellung der Waagen erfolgte in den frühstädtischen Handelszentren, wo sie von Wanderkaufleuten erworben wurden. A. K.

Silberschätze 04.05

Besitzer von Münzen und Edelmetallen vergruben ihre Habe in Unruhezeiten. Solche Schätze aus dem 9. und 10. Jahrhundert zeigen einerseits wechselnde Beziehungen im Fernhandel auf, zum anderen künden sie von zunehmendem Reichtum.
Im 9. Jahrhundert verliefen Handelsrouten vom Ostseeraum zum Orient entlang der Flüsse Dnjepr und Wolga. Im Zusammenhang mit dem Sklavenhandel kamen islamische Münzen in den Norden und Osten Europas. Erst seit dem Ende des 10. Jahrhunderts überwogen Münzprägungen aus christlichen Ländern, vor allem dem Deutschen Reich. Neben Münzen galt auch Silberschmuck als Zahlungsmittel. Um den genauen Preis zu entrichten, wurden Schmuck und Münzen mitunter zerhackt. Den Silbergehalt prüfte man durch Einschnitte und Knicke. T. K.

04.05.01

04.05.01

Schatzfund aus 371 arabischen Dirhem

Maramureş (Rumänien) und Hustovo raj., Zakarpatskaja obl. (Ukraine)
Silber
Dm. 2,7 cm
nach 935
Budapest, Magyar Nemzeti Múzeum (368 St.). Inv. Nr. R II 11855–12921; 12023–12223.
Lutz Illisch Sammlung Tübingen (3 St.)
Lit.: A. V. Fommin/L. Kovács, A Máramaros megyei („Huszti") dirhemkincs. NK-B 1a (1987). – Dies., The tenth century Máramaros county („Huszt") dirham hoard. NK-B 1a (1987). – L. Kovács, A Máramaros megyei („huszti") dirhemkincsről. In: J. Makkay/J. Kobály (Red.), Honfoglalás és Árpád-kor. A Verecke híres útján tudományos konferencia anyagai (Ungvár 1997) 234–244.

1904 fand man im ehemaligen Komitat Máramaros den bislang einzigen Dirhemschatz aus dem 10. Jahrhundert im Karpatenbecken. Der genaue Fundort ist unbekannt, die Angabe Huszt ist falsch.
Die Münzen wurden zwischen 897/98 und 934/35 durch die Samaniden Emire Ismāʿīl b. Ahmad (892–907), Ahamad b. Ismāʿīl (907–914) und Nasr b. Ahmad (914–943) geprägt.
124 Exemplare sind zeitgenössische Dirhem-Nachprägungen von Wolga-Bulgaren, aus der Kiewer Rus und von nicht näher bestimmbaren Prägeorten. Im Karpatenbecken wurden Dirhems ausschließlich im oberen Theiss-Gebiet gefunden. Zusammen mit den aus Gräbern stammenden Kaurischnecken sind sie Belege für den ungarischen Osthandel. L. K.

04.05.02 a–f Handbuch Abb. 83

Edelmetalldepot

Waterneverstorf I, Kr. Plön (Deutschland)
Silber
404 Münzen/Münzfragmente; 27 Schmuck- und Barrenfragmente
terminus post quem: 976
Schleswig, Archäologisches Landesmuseum, Stiftung Schleswig-Holsteinische Landesmuseen. Inv. Nr. K.S. 3562.
Lit.: H. Handelmann, Der Silberfund von Waterneverstorf. Zeitschr. Ges. Schleswig-Holstein-Lauenburg. Gesch. 5, 1875, 163–170. – R. Wiechmann, Edelmetalldepots der Wikingerzeit in Schleswig-Holstein. Vom „Ringbrecher" zur Münzwirtschaft. Offa-Bücher 77 (Neumünster 1996) Kat. Nr. 45.

Der 1873 beim Pflügen entdeckte Fund mit einem Gesamtgewicht von 297,6 g war ursprünglich in einem Leinenbeutel verwahrt, der wiederum in einem Keramikgefäß lag. Die Zusammensetzung des Münzmaterials – viele islamische und wenige osteuropäische Prägungen – ist signifikant für einen slawischen Depotfund dieser Zeit. Neben den dominierenden sassanidischen und islamischen Prägungen (320 Ex.) enthält dieser Fund eine Reihe von süddeutschen Münzen (78 Ex.), die auf dem Landweg in den slawischen Bereich gelangten. Je eine frühe böhmische Prägung und eine byzantinische Silbermünze (Miliaresia) liegen im Depot vor. Vier in Hedeby-Haithabu geschlagene Halbbrakteaten sind als mehr oder weniger lokale Produkte anzusprechen.
Das Schmuck- und Barrensilber zeigt wie die Münzen einen stark fragmentierten Zustand. Chronologisch deckt es den gleichen Rahmen ab. Die wenigsten Teile stammen jedoch aus dem slawischen Bereich, so die Fragmente von Schließblechen, Halsringen und Ringschmuck. Hinzu kommen wenige Stücke schwedischer Provenienz (Randfragment eines schildförmigen Anhängers) und Armringfragmente dänischer Provenienz. Auch die Terslev-Fibeln, von denen hier nur ein Fragment vorliegt, können im altdänischen Bereich lokalisiert werden.
Die Masse des Münz- und Schmucksilbers ist somit als Import anzusprechen. Dies belegen auch die Typenvielfalt, die starke Fragmentierung sowie viele Prüfmarken, die zudem nachweisen, dass die Stücke intensiv zirkulierten. Somit ist der Fund als ein im südwestlichen Ostseegebiet akkumuliertes Vermögen anzusehen. Die verschiedenen Einflüsse deuten auf einen intensiven Handel Wagriens mit dem altdänischen Bereich, aber auch mit Mittelschweden hin. R. W.

04.05.02 a–f

04.05.03 a–e

04.05.03 a–e

Edelmetalldepot

Farve, Wangels, Kr. Ostholstein (Deutschland)
Silber
4132 Münzen/Münzfragmente; 17 Halsringe, 2 Halsketten, ca. 90 Schmuck- und Barrenfragmente
terminus post quem: 1038
Privatsammlung Reventlou; Schleswig, Archäologisches Landesmuseum, Stiftung Schleswig-Holsteinische Landesmuseen. Inv. Nr. K.S. 6486, 7398, 12204; Berlin, Münzkabinett SMB. Acc. Nr. 28853
Lit.: J. Friedlaender/K. Müllenhoff, Der Silberfund von Farve. Ber. Schleswig-Holstein-Lauenburg. Ges. 15, 1850, 1–60. – R. Wiechmann, Edelmetalldepots der Wikingerzeit in Schleswig-Holstein. Vom „Ringbrecher" zur Münzwirtschaft. Offa-Bücher 77 (Neumünster 1996) Kat. Nr. 43.

Der 1848 in der Schüttung eines bronzezeitlichen Grabhügels geborgene Fund gehört mit ungefähr 5,5 kg Gesamtgewicht zu der Gruppe der größten wikingerzeitlichen Depotfunde. Die jüngste Münze des Fundes wurde zwischen 1038 und 1040 geschlagen. Das Münzmaterial besteht fast ausschließlich aus verschiedenen deutschen Münzen. Ein geringer Fundanteil setzt sich aus ungarischen Prägungen sowie aus weiteren sehr unterschiedlichen Münzsorten zusammen, von denen einige nur mit einem einzigen Exemplar vertreten sind. Zu nennen sind islamische, böhmische, eine französische, italienische, englische und verschiedene skandinavische Gepräge sowie einige Blankette (ungeprägte Schrötlinge). Anhand der erhaltenen Münzen aus dem Depotfund von Wangels I zeigt sich, dass die älteren Münzen anteilsmäßig mehr Fragmente aufweisen, stärker verbogen und intensiver auf ihren Silbergehalt untersucht wurden, während die jüngeren Prägungen nicht so viele Probiermarken und Verbiegungen haben, darüber hinaus ist ihr Anteil an fragmentierten Stücken minimal.
Die älteren Münzen wurden in am Rhein gelegenen Münzwerkstätten produziert. Der jüngere Teil verweist auf die Elbe als Süd-Nord-Handelsweg. In Anbetracht der vielen ungarischen sowie der böhmisch-mährischen, italienischen und süddeutschen Münzen, vor allem aber aufgrund der enormen Menge an Wendenpfennigen ist das Depot von Wangels I charakteristisch für einen slawischen Edelmetallfund dieser Zeit.
Das Schmuck- und Hacksilbermaterial ist in besonderem Maße durch die 17 silbernen Halsringe slawischen Typs gekennzeichnet, die diesen Fund auch überregional aus dem „durchschnittlichen" Depotmaterial herausragen lassen. Vergleichbar sind nur der Fund von der Leissower Mühle (Lisówek), Polen, mit 13 oder das Depot von Slemmedal, Norwegen, mit acht Halsringen. Ehemals zu slawischen Halsringen gehören mit Sicherheit auch die Fragmente von Endplatten und die zahlreichen Bruchstücke von spiralig gewundenen Zainen. Ebenfalls im slawischen Gebiet hergestellt sind der aus mehreren Drähten gewundene, offene Fingerring, die zwei Fragmente von spitzovalen Schließblechen und die offenen rundstabigen Ohrringe.

04.05.04

04.05.05

Vermutlich erst bei der Fundbergung zerbrochen sind zwei große Ketten mit zylindrischen Endstücken. Die aufwendig gearbeiteten Endstücke stehen im gesamten Hacksilbergebiet ohne Vergleiche da und sind skandinavischer Provenienz. Ebenfalls skandinavische Produkte sind die Fragmente von Armringen aus stempelverzierten, flachen Zainen, die zu einem dänischen Armringtyp gehören. Eine ganze Reihe von kleineren Fragmenten dieses Fundes sind gleichfalls in Skandinavien hergestellt.
Das Schmuck- und Hacksilbermaterial des Depotfundes von Wangels I setzt sich aus drei Komponenten zusammen: einer westslawischen, einer altdänischen und einer ostschwedischen. Dabei ist der Anteil von skandinavischen Objekten in diesem Fund bemerkenswert hoch. Die für die slawischen Depotfunde so charakteristischen granulationsverzierten Ohrringe, Perlen oder Kaptorgen fehlen dagegen völlig. Der Kontakt des slawischen Ostholstein nach Dänemark und Schweden geht somit deutlich aus dem Hacksilbermaterial hervor. Dieser skandinavische Einfluss lässt sich nicht nur im Schmuckmaterial, sondern auch durch die skandinavischen Münzen belegen, die zum einen aus Sigtuna, zum anderen aus verschiedenen dänischen Münzwerkstätten stammen. Bei den slawischen Halsringen handelt es sich möglicherweise um lokale Produkte. Auch ein Gefäß, das als Fundbehälter diente, ist erst kurz vor dem Niederlegungszeitpunkt lokal hergestellt worden. Dieses lokale Element findet sich auch bei den Münzen wieder. Sowohl die Münzen als auch der Schmuck scheinen einen Nord-Süd-Handelsweg aufzuzeigen, der vom skandinavisch beeinflussten, slawischen Ostholstein in Richtung Elbe und elbaufwärts bis nach Böhmen und Ungarn führte. R. W.

04.05.04
Sklavenfesseln
Breest, Kr. Demmin (Deutschland)
Eisen
L. ca. 50 cm
11. Jh.
Archäologisches Landesmuseum und Landesamt für Bodendenkmalpfege Mecklenburg-Vorpommern. Inv. Nr. IV/87/449
Lit.: Das Reich der Salier. Ausstellungskat. Speyer (Sigmaringen 1992) 45.

Eiserne Fesseln sind in dieser Form aus Burgwällen und Marktorten im slawischen Bereich mehrfach überliefert. Die Funde bestätigen die schriftlichen Quellen, die Sklaven als einen der wichtigsten Exportartikel der Länder östlich der Elbe aufführen, von wo sie zumeist durch jüdische Händler in den vorderen Orient vermittelt wurden. H. N.

04.05.05
Eisenfesseln
Staré Město na Moravě. Nekropole Na Valách, Grab 7/97 (Tschechien)
Eisen
L. 40 cm, Br. 10,5 cm
9./10. Jh.
Brno, Moravské zemské muzeum.
Inv. Nr. SM–002
Lit.: Unpubliziert.

Auch wenn der Sklavenhandel schriftlich überliefert ist, gehören Eisenfesseln im frühmittelalterlichen archäologischen Material der Tschechischen Republik zu den seltenen Funden. Die ältesten Fußfesseln stammen aus einem gestörten Grab, das am Rande der großmährischen Nekropole in Staré Město, Flur Na Valách aufgedeckt wurde. Wahrscheinlich wurde der Tote an der Wende vom 9. zum 10. Jahrhundert mit Fesseln an den Füßen beigesetzt. L. G.

Schrift der Fremden 04.06

Vor der Einführung des Christentums kannten Slawen und Ungarn keine Schrift. Die Christen im Westen benutzten lateinische Buchstaben, die im Südosten griechische. Die Juden schrieben mit hebräischen Schriftzeichen, die islamischen Völker mit arabischen. Die Wikinger im Norden verfassten Inschriften mit Runen. Münzen und andere Gegenstände mit Schriftzügen gelangten zu den Slawen und Ungarn. Aus deren Ländern sind auch Fundstücke mit Zeichen bekannt, deren Bedeutung uns nicht bekannt ist. Möglicherweise handelt es sich um Versuche, die Schrift der Fremden zu imitieren. T. K.

04.06.01

Gründungsinschrift der Wormser Synagoge

Männersynagoge Worms
Sandstein
L. 57 cm, Br. 183 cm
Original: in der Männersynagoge eingemauert; Kopie: Frauensynagoge.
Ohne Inv. Nr.
Lit.: O. Borcher, Die alte Synagoge zu Worms. Der Wormsgau. Beih. 18 (Worms 1960) 23 ff; 97 ff. – G. Bönnen/I. Spille, Bischof Burchard 1000–1025. 1000 Jahre Romanik in Worms. Begleitpubl. Ausstellung Museum Worms 2000 (Worms 2000) 64. – F. Reuter, Warmaisa – 1000 Jahre Juden in Worms (Worms 1983) 18 ff.

Auf der langrechteckigen Tafel aus gelbem Sandstein ist eine hebräische Inschrift eingemeißelt. Es handelt sich dabei um zwei Schriftspiegel, die durch einen Steg voneinander abgesetzt sind. Die Inschrifttafel entstand wohl gleichzeitig mit dem Synagogenbau 1034 und war vermutlich an exponierter Stelle angebracht. Die Stifterinschrift ist die älteste datierte hebräische Inschrift in Deutschland. Sie nennt die Hintergründe für die Entstehung der ältesten Synagoge nördlich der Alpen. So besteht sie zum einen aus Zitaten aus den alttestamentarischen Büchern zum anderen nennt sie Jakob ben David und seine Ehefrau Rahel, die ihr Vermögen verwandten, um „die Synagoge ein wenig mit Ausstattungsstücken zu verschönern", womit sie sich unvergänglichen Ruhm verdienten.

Der Bau der steinernen Synagoge 1034 im Norden der ummauerten Stadt setzt eine florierende jüdische Gemeinde voraus, die vermutlich von dem wirtschaftlichen Aufschwung der Stadt unter Bischof Burchhard (1000–1025) profitierte. I. Sp.

04.06.01

04.06.02

04.06.02

Runenstein

(ausgestellt Kopie)
Sjonhem, Gotland. Kirche (Schweden)
hellgrauer Kalkstein
H. 167 cm
um 1100.
Original: Visby, Gotlands Fornsal.
Inv. Nr. GF B 1061
Lit.: S. Lindqvist, Gotlands Bildsteine II (Stockholm 1942) 111 (Hier als Sjonheim I bezeichnet). – Gotlands Runinskrifter I (Stockholm 1962) 263–268 Nr. 134. – E. Nylén/J. P. Lamm, Bildsteine auf Gotland (Stockholm 1991) Nr. 220.

Der Runenstein ist wie ein gotländischer Bildstein geformt, jedoch schmücken ihn statt Bildern Inschriftenbänder, in der oberen Hälfte ein Kreuz und in der unteren Tierornamentik. Die Inschrift lautet:
Roðvisl und Roðælf, diese (Eheleute) ließen die Steine errichten nach (ihren) drei Söhnen; diesen nach Roðfos, ihn erschlugen heimtückisch Blakumen (Walachen) auf (seiner) Auslandsfahrt. Gott helfe der Seele Roðfos! Gott bringe um, die ihn heimtückisch umbrachten.
Der Stein ist einer von ursprünglich drei ganz ähnlichen Steinen, die eine Dreiergruppe bilden und wohl erst nach dem Bau der Kirche von Sjonhem zum Friedhof verbracht wurden.
Es handelt sich um einen so genannten Ostfahrerstein, der über eine Reise nach Osten zu den Ländern am Mittel- oder Schwarzen Meer berichtet. Die Route führte durch das Land der Walachen (im heutigen Rumänien) und belegt, dass die alte Handelsstrasse durch Polen (Weichsel-Bug-Dnjestr) immer noch benutzt wurde. J. P. L.

04.06.03

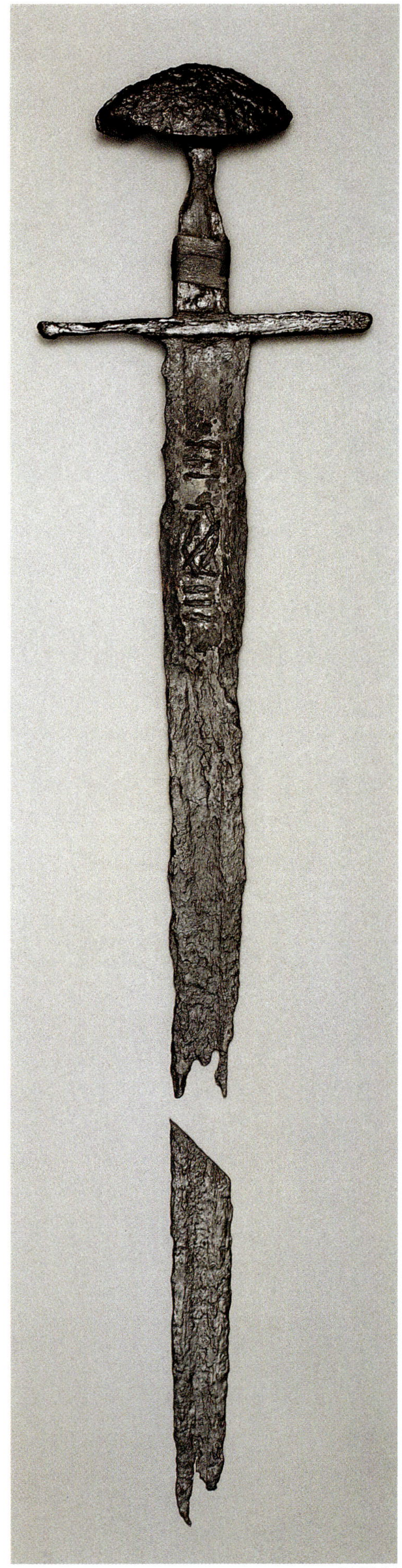

04.06.04

04.06.03
Bandfingerring
Deszk. Grab D (Ungarn)
Silber
Dm. 2,2 cm, Br. 0,5 cm
11. Jh.
Szeged, Móra Ferenc Múzeum.
Inv. Nr. N.53.14.161
Lit.: D. Csallány, Rovásírásos győrők Magyarországon. Arch. Ért. 82, 1955, 79–84; Abb. 6–7.

Ein vieleckiger silberner Bandfingerring mit offenen Enden und gravierter Verzierung: In einem viereckigen Feld mit Linienrahmen verschiedene buchstabenartige und geometrische Zeichen. Nach Ansicht Dezső Csallánys handelt es sich um Kerbschrift. B. K.

04.06.04
Schwert vom Typ X
Ostrów Lednicki, Kr. Gniezno. Fdst. 3b (Polen)
Gesamtl. noch 70,5 cm, Klingenbr. 5 cm; L. der Parierstange 18,8 cm
11. Jh.
Lednagora, Muzeum Pierwszych Piastów na Lednicy. Inv. Nr. 33/84
Lit.: A. Kola/G. Wilke, Bericht über die archäologischen Unterwasseruntersuchungen im Lednicka-See auf den Relikten der frühmittelalterlichen Gnesener Brücke (Rybitwy, Fst. 3b) in den Jahren 1984–1985, Acta UNC.A, 1991, 51, Abb. 7A. – A. N. Kirpocznikov, Die Geheimnisse der Schwerter aus Lednicka. Archeologia Żywa 2, 1998, Abb. 1. – J. Górecki, Die Burg auf Ostrów Lednicki vor dem Hintergrund der ersten Piastenmonarchie (im Druck).

Zu den wichtigsten Waffen der Kriegerelite auf polnischem Gebiet gehörten Schwerter vom sogenannten Typ X nach Petersen. Ihr Wert schwankte zwischen ca. 130 bis 200 g Silber. Die Griffschalen des Exemplars aus Ostrów Lednicki waren aus Holz und wurden mit Leder umwickelt. Die Klinge war dem Zeichen des Herstellers versehen, der seine Erzeugnisse mit dem Namen ULFBERHT und einem schräg karierten Muster signierte. J. G.

04.06.05

04.06.05

Byzantinisches Siegel mit griechischer Inschrift

Kasendorf-Turmberg, Lkr. Kulmbach (Deutschland)
Blei
Dm. 2,4 cm
10. Jh.
Bayerisches Landesamt für Denkmalpflege, Archäologische Außenstelle für Oberfranken, Schloss Seehof
Lit.: B.-U. Abels/J. Haberstroh, Ausgrabungen u. Funde in Oberfranken 10, 1995–1996. Jahrb. Coll. Hist. Wirsbergense 21, 1997/98, 57; 58 Abb. 22. – M. Restle in: Rom und Byzanz. Schatzkammerstücke aus bayerischen Sammlungen Kat. München 1992 (München 1992) 37.

Das Bleisiegel wurde in einem Pfostenloch der Höhenbefestigung Kasendorf-Turmberg gefunden und belegt Handelsbeziehungen in ottonischer Zeit.
Die griechische Umschrift auf dem Avers lautet „Herr hilf deinem Diener". Auf dem Revers befindet sich eine fünfzeilige Inschrift, die Lesung des Namens Nikolaos ist wegen einer Beschädigung jedoch nicht ganz sicher. Neben Ehrentiteln – *Magistros* (Anfang des 10. Jhs. nur an elf Personen des Reiches verliehen), *Patrikios* und *Protospatharios* (= erster Schwertträger) – gibt die letzte Bezeichnung, *Genikos Logothetes*, die Funktion unseres Mannes an. Er muss wohl der höchste Finanzbeamte des Reiches – also Finanzminister – gewesen sein. M. R.

04.06.06–07

04.06.06–07

Zwei „Runenknochen"

Oldenburg, Kr. Ostholstein. Burgwall Starigard (Deutschland)
Knochen
L. 7 cm, 11,5 cm.
2. Hälfte 11. Jh.
Schleswig, Archäologisches Landesmuseum, Stiftung Schleswig-Holsteinische Landesmuseen. Fund-Nr. Old. 02.09.009; Old. 08.11.004
Lit.: M. L. Nielsen, Die Runeninschriften von Starigard/Oldenburg. In: Ch. Zimmermann u. a. (Hrsg.), Von Thorsberg nach Schleswig. Sprache und Schriftlichkeit eines Grenzgebietes im Wandel der Zeit. Internationales Symposium im Wikinger Museum Haithabu 1994. RGA Ergbd. 30 (Berlin 2000) 250 ff.

In einem begrenzten Areal der in Oldenburg freigelegten Bebauung des späteren 11. Jahrhunderts fanden sich innerhalb von Standardhäusern, bei gepflasterten Wegen und Schmiedeplätzen insgesamt acht mit nordischen Runen beschriftete handliche Tierrippenstücke. Die Inschriften verwenden Langzweigrunen oder Normalrunen aus dem 16 Zeichen umfassenden Fuþark-Alphabet der Wikingerzeit. Die beiden Beispiele sind þorki und „faksi" zu lesen. Das erste dürfte die unvollendete oder verkürzte Schreibweise für einen Personennamen mit dem Vorderglied þor- sein und kann zu Namen wie þōrkill, þorgīsl, þorgils, þorgēr ergänzt werden. Das andere ist eine Ableitung zum Appellativ faks (Mähne) in der Bedeutung von westnordisch „faxi" (Pferd) oder einem entsprechenden Personenbeinamen Faksi (der Mähnige). In historischer Betrachtung haben die Runenfunde wahrscheinlich Zusammenhang mit der Rückeroberung des Abodritenreiches durch Heinrich von „Alt Lübeck". Der war beim Aufstand von 1066 nach Dänemark ausgewichen, hatte am Königshofe gelebt, kam aber 1090 bis 1093 mit dänischen Gefolgschaften nach Oldenburg und gewann sich die Königsmacht seines Vaters zurück. I. G.

04.06.08
Runenholz
Wolin. Fdst. 1 (Polen)
Holz
L. 12,5 cm
Ende 10. Jh.
Wolin, Instytut Archeologii i Etnologii PAN, Pracownia Archeologiczna w Wolinie.
Deposit: Szczecin, Muzeum Naradowe
Lit.: W. Filipowiak, Handel und Handelsplätze an der Ostseeküste Westpommerns, Oldenburg-Wolin-Staraja Ladoga-Novogorod-Kiev. Handel und Handelsverbindungen im südlichen und östlichen Ostseeraum während des frühen Mittelalters (Frankfurt a. M. 1988). – Ders./W. Gundlach, Wolin, Vineta. Die tatsächliche Legende vom Untergang und Aufstieg der Stadt Rostock (Rostock 1992).

Die Holztafel mit Runeninschrift – gedeutet als „Ritz die Runen" – stammt aus einem Haus, das wegen der aufgefunden Gefäße aus Speckstein und dem aus Südnorwegen stammenden geschnitzten Drachenkopf als das „Haus des skandinavischen Kaufmanns" bezeichnet wurde. B. S.

04.06.09
Köcherdeckelverzierung mit Inschrift
Homokmégy-Halom. Grab 7 (Ungarn)
Bein
L. 16 cm, Br. 9 cm
10. Jh.
Kalocsa, Viski Károly Múzeum.
Inv. Nr. 95.1.1–3
Lit.: I. Dienes, Landnahmezeitliche Kerbinschrift aus dem Gräberfeld von Homokmégy-Halom in der Umgebung von Kalocsa. Fol. Arch. 43, 1994, 167–180. – A. M. Horváth, Homokmégy. Halom. In: The Ancient Hungarians. Ausstellungskat. Budapest (Budapest 1996) 312–314. – A. Róna-Tas, Kalocsa környéki rovásirások. In: Gy. Kristo (Red.), Korai magyar történeti lexikon (9–14. Század) (Budapest 1994) 319. – D. D. Vasilíev, Versuch zur Lösung der Kerbinschrift aus der Umgebung von Kalocsa im Spiegel der eurasischen Parallelen. Fol. Arch 43, 1994, 181–191.

Auf einer Beinplatte, die von einem Köcher stammt, befindet sich das bis heute einzige, zweifellos authentische ungarische Kerbschriftdenkmal des 10. Jahrhunderts. Die Zeichen ritzte vermutlich der Besitzer des Köchers ein. Bisher wurde versucht, die ursprünglich längere Inschrift aus der türkischen Sprache zu erklären. Die Übersetzungsvorschläge reichen von „Siege mit zehnpfeiligem Köcher" (G. Vékony) über das Fragment „meinem Khagan" (D. D. Vasil'ev) bis zum erschlossenen „meine Waffe biete ich meinem Khagan an" (I. Dienes). Die herausragende kulturgeschichtliche Bedeutung des Fundes ist auch ohne klare Übersetzung unbestreitbar. L. R.

04.06.09

04.06.08

04.06.12

04.06.12 Handbuch Abb. 335

Stilus

Giecz (Polen)
Bronze
L. 11 cm; L. des Kopfes mit Manschette 2,7 cm
Giecz, Piastowski w Gieczu.
Inv. Nr. Gz 20III/3899

Der Stilus, den man zum Schreiben auf Wachstafeln verwendete, wurde 1999 auf einem Gräberfeld aus der zweiten Hälfte des 11. Jahrhunderts bei der Burg Giecz entdeckt. Den Kopf des Stilus bildet eine Hand, die eine Platte hält und durch eine Zierzone mit Flechtband vom Schaft abgegrenzt ist. Das Stück verweist auf Kontakte nach Westeuropa. E. I.

Die alten Götter 05.01

Die Slawen verehrten ihre Götter auf hohen Bergen, an Quellen und in heiligen Hainen. Die bekanntesten Götter hießen Swantewit, Swarozyc und Gerowit. Swantewit hatte vier Köpfe, der Name eines anderen Gottes war Triglaw (Dreikopf). Opfer fanden auf Kultplätzen nahe den Siedlungen und Burgen statt, wo auch Gericht gehalten wurde. Im zentralen Heiligtum tagte die Landesversammlung und befragte das Orakel. Hier wurden die eigenen Fahnen und die erbeuteten Feldzeichen feindlicher Heere verwahrt.

Christentum und Heidentum waren auf die Dauer unvereinbar, auch wenn mancherorts Anhänger beider Religionen friedlich zusammenlebten. Am längsten hielten die Länder an der Ostsee am heidnischen Glauben fest. Erst als 1168 der Tempel des Swantewit in Arkona auf Rügen zerstört wurde und die dortigen Fürsten zum Christentum übertraten, verschwanden die alten Götter.

Mit dem Sieg des Christentums ging die systematische Vernichtung heidnischer Kultbilder und Bauten einher. T. K.

05.01.01 Handbuch Abb. 163

Bildpfeiler (Kultbild)
(ausgestellt Kopie)
Zbrucz bei Husjatyn (Ukraine)
Kalkstein
H. 260 cm, Br. 30 cm
1. Hälfte 10. Jh.
Original: Kraków, Muzeum Archeologii i Etnologii
Lit.: I. P. Rusanova/B. A. Timoščuk, Zbručskoe svjatilišče (The Zbruch Sanctuary). Sovetskaja Arch. H.4, 1986, 90–99. – A. A. Zakharov, The Statue of Zbrucz. Eurasia Septentrionalis Antiqua 9, 1934, 336–348.

Das Kultbild wurde 1848 bei Niedrigwasser aus dem Flussbett geborgen. Sein ursprünglicher Standort war vermutlich der nahe Götterberg Bogit, wofür archäologische Ausgrabungsbefunde 1984 deutliche Hinweise ergeben haben. Der Pfeiler ist auf allen vier Seiten mit Reliefs bedeckt, die in drei Bildzonen – Himmel, Erde und Unterwelt – gegliedert sind. Die lebensgroße Götterfigur an der Spitze ist nach vier Seiten als vier Männer ausgearbeitet, die nach orientalischem Vorbild mit Kaftan und Gürtel bekleidet sind, deren vier Gesichter aber ein einziger Fürstenhut (Klobuk) bedeckt. Auf drei Seiten präsentiert sie die Attribute Ring, Horn und Säbel nebst Pferd, dadurch verschiedene Aspekte ihrer göttlichen Macht ausdrückend. Eine niedrige Mittelzone zeigt Männer und Frauen, die sich im Reigen die Hände reichen. Die Basiszone wird von einem bärtigen Athleten ausgefüllt, der die Menschenwelt auf seinem Kopf trägt. I. G.

05.01.01

05.01.02

05.01.03

05.01.02
Bildplatte
(ausgestellt Kopie)
Altenkirchen, Kr. Rügen (Deutschland)
Granit
H. 119 cm, Br. 68 m
um 1200
Original: Kirche von Altenkirchen
Lit.: A. Holtz, Die pommerschen Bildsteine. Der Bestand und seine Stellung zu den östlichen Baba-Steinen und den mittelalterlichen Grabplatten und ihre historischen Hintergründe. Baltische Studien N.F. 52, 1966, 8–10, 16–20.

Die beim gotischen Umbau der Kirche nachträglich sichtbar eingemauerte „Bildplatte" ist bei eingehender Würdigung historisch relevanter Argumente die Grabplatte des Fürsten Tezlav, „König" der Ranen bis 1168. Nach der dänischen Eroberung war er mit dem um Arkona gelegenen Land Wittow belehnt worden, hatte hier seine erste Kirche errichtet und sollte ebendort bestattet worden sein. Machart und Stil der in Flachrelief ausgeführten Skulptur sind dänisch. Sie zeigt den Fürsten in vollem Bartschmuck und traditioneller Gewandung mit Kaftan und spitzem Fürstenhut orientalischer Prägung. Vor der Brust hält er ein riesiges Urhorn, anscheinend das Füllhorn Swantewits als dessen sakraler Repräsentant ihm ursprünglich der Vollzug des Landesopfers zustand. Sein Bild ist quasi mit dem Bilde Swantewits identisch. Freilich fehlt ihm dessen Omnipotens, die im Heiligtum von Arkona durch ein Kultbild mit vier Gesichtern ausgedrückt worden ist. I. G.

05.01.03
Bildplatte
(ausgestellt Kopie)
Wolgast, Kr. Ostvorpommern (Deutschland)
Quarzitischer Sandstein
H. 84 cm, Br. 44 cm
13. Jh.
Original: Wolgast, St.-Petri-Kirche
Lit.: A. Holtz, Die pommerschen Bildsteine. Der Bestand und seine Stellung zu den östlichen Baba-Steinen und den mittelalterlichen Grabplatten und ihre historischen Hintergründe. Baltische Studien N.F. 52, 1966, 12–13; 17; 21.

Die heute im Innern der Kirche eingemauerte Bildplatte wurde nach 1920 in der St.-Petri-Kirche unter dem Fußboden gefunden. Sie zeigt die lineare Darstellung eines überaus einfach und schematisch gezeichneten Mannes. Er ist mit einer Tunika bekleidet. Seine rechte Hand legt er an eine große, aufrecht stehende Lanze. Über ihm ist ein griechisches Kreuz flächig versenkt ausgemeißelt. Es handelt sich um den stark fragmentierten Grabstein eines anonymen Adligen aus der Frühzeit kirchenorganisatorischer Konsolidierung. Die Lanze ist als Herrschaftszeichen aufzufassen, sie kennzeichnet ihren Träger als Inhaber eines Fahnenlehens. Die Ikonographie folgt westlichem Vorbild. I. G.

05.01.04
Figuralsäule (Kultbild)
Behren-Lübchin, Kr. Güstrow (Deutschland)
Eichenholz
H. 1,43 m (ursprünglich 1,50 m),
Kopfh. 22,3 cm
11./12. Jh.
Archäologisches Landesmuseum und Landesamt für Bodendenkmalpflege Mecklenburg-Vorpommern. Inv. Nr. E 634
Lit.: R. Beltz, Die vorgeschichtlichen Altertümer des Großherzogtums Mecklenburg-Schwerin (Schwerin 1910) Taf. 70,16. – E. Schuldt, Altslawisches Handwerk. Ausstellung zur 800-Jahrfeier der Stadt Schwerin. Museum für Ur- und Frühgeschichte [Bildkatalog 2] (Schwerin 1960) Abb. 41. – Z. Váňa, Die Welt der Alten Slawen (Praha 1983) 94.

Die vollplastische Figur, die starke Brandspuren aufweist, wurde 1868 innerhalb der Hauptburg von Behren-Lübchin gefunden. Feinheiten der Oberflächenbearbeitung sind nicht mehr erkennbar. In Stirnhöhe verlaufen zwei parallele Schnittlinien um den

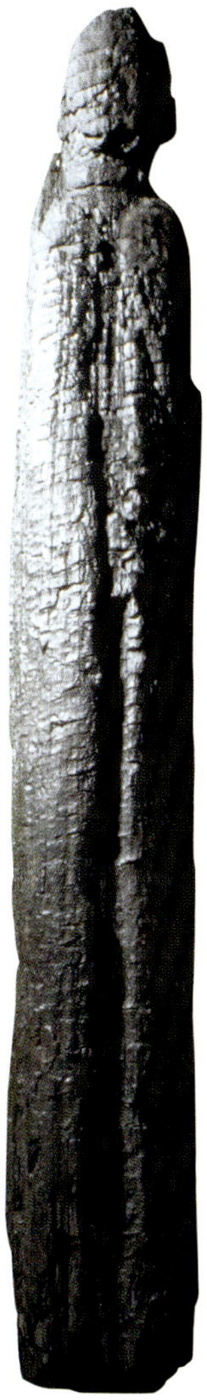

05.01.04

Kopf, vermutlich letzte Spuren vom Pelzbesatz des Fürstenhutes. Hierin ein Diadem westlicher Prägung zu sehen, ist unwahrscheinlich. Die Hoheit der Figur wird durch einen profilierten Halsring betont, ein altes Herrschafts- und Heilszeichen, das mit dem Übergang ins christliche Mittelalter kaum noch nachweisbar ist. I. G.

05.01.05

Amtsstab mit Kopf

Wolin. Handwerkersiedlung am Silberberg (Polen)
Eibenholz
Stabl. 1,19 m, Kopfh. ca. 5,5 cm
10./11. Jh.
Wolin, Instytut Archeologii i Etnologii PAN, Pracownia Archeologiczna w Wolinie.
Deposit: Szczezin, Muzeum Narodowe.
Inv. Nr. 1\1975
Lit.: W. Filipowiak, Wolin – Jomsborg. En Vikingetids-Handelsby i Polen [Begleitschr. Ausstellung Roskilde 1991] (Roskilde 1991) 34 Abb. 53.

05.01.06

Die Verdickung einer Verzweigung nutzend ist der Knauf des Stabes als menschlicher Kopf vollplastisch geformt. Sein bei aller Strenge vorzüglich geschnitztes Gesicht zeigt Schnauzbart und Kinnbart. Es sollte sich um die Darstellung eines Gottesbildes handeln. Das legen zahlreiche Vergleichsstücke nahe, die man im wikingerzeitlichen Norden gefunden hat. Der tiefere Sinn derartiger Ausgestaltung ist es, dem Träger des Stabes bei der Ausübung seines Amtes die nötige Heilskraft und Würde zu verleihen. Anders ausgedrückt: Der beim Bahnbau am Silberberg gefundene Amtsstab ist sichtbares Zeichen sakraler Legitimation. I. G.

05.01.06 Handbuch Abb. 162

Kopfplanke (Brettidol)

Ralswiek, Kr. Rügen (Deutschland)
Seehandelsplatz, Schiffseinfahrt 252, am Rande einer Mole in verworfener Lage.
Eichenholz
H. 93 cm, B. 16 cm, D. 2–3 cm
9. Jh.
Archäologisches Landesmuseum und Landesamt für Bodendenkmalpflege Mecklenburg-Vorpommern.
Lit.: Joachim Herrmann, Die Ausgrabungen im nordwestslawischen Seehandelsplatz Ralswiek auf Rügen 1978–1979. Ausgr. u. Funde 25, 1980, 160 Abb. 3; Taf. 22 (Fundsituation), Taf. 23 (Idol unmittelbar nach seiner Auffindung). – Ders., Ralswiek – Seehandelsplatz, Hafen und Kultstätte. Arbeitsstand 1983. Ausgrabungen und Funde 29, 1984, 130 ff. – Ders. (Hrsg.), Die Slawen in Deutschland. Geschichte und Kultur der slawischen Stämme westlich von Oder und Neiße vom 6. bis 12. Jahrhundert. Ein Handbuch (Berlin 1985) 306 Abb. 149 a, Taf. 65 b.

Der ungegliederte Körper der Figur ist durch die fast unbearbeitete Grundform eines Brettes vorgegeben. Ihr rundlicher Kopf ist nur durch eine Auskerbung abgesetzt. Eingeschnittene Linien bezeichnen spitzovale Augen, lange Nase, herabhängenden Schnauzbart, Mund, Zähne und den langen, spitzen Kinnbart. Mit Blick auf die überlebensgroßen „Kopfplanken" von Groß Raden ist damit gesichert, daß tatsächlich anthropomorphe Bildwerke vorliegen und bärtige Männer – teils ohne, teils mit Fürstenhut – gemeint sind. I. G.

05.01.07

Taschengott

Schwedt/Oder (Deutschland)
Bronze
H. 15 cm
10./11. Jh.
Berlin, Museum für Vor- und Frühgeschichte SMB. Inv. Nr. If 8110
Lit.: A. Götze, Nachr. Dtsch. Altertumsfunde 13/1, 1903, 1–3. – J. Herrmann/P. Donat (Hrsg.), Corpus Archäologischer Quellen zur Frühgeschichte in der Deutschen Demokratischen Republik (7. bis 12. Jahrhundert) 3 (Berlin 1979) 300.

Die vollplastische Statuette eines kleinen „Taschengottes" wurde 1902 im Bereich des slawischen Burgwalles von Schwedt entdeckt. Es handelt sich um das bislang einzige bronzene Kleinidol dieser Form, das im westslawischen Raum zutage kam. Die spitze Kopfbedeckung des Figürchens weist auf skandinavische Trachteinflüsse hin, wo man solche Mützen in Gräbern des 10. und 11. Jahrhunderts fand. Die kleine Götterfigur ist damit ein Beispiel für die Kontakte der slawischen Stämme nach Skandinavien. H. S.

05.01.07

05.01.08 Handbuch Abb. 160

Swantewit-Figur

Wolin. Fdst. 1 (Polen)
Holz
H. 9,8 cm
2. Hälfte 9. Jh.
Wolin, Instytut Archeologii i Etnologii PAN, Pracownia Archeologiczna w Wolinie.
Deposit: Szczecin, Muzeum Narodowe.
Inv. Nr. 5193\73
Lit. W. Filipowiak, Die Bedeutung Wolins im Ostseehandel. Acta Visbyensia VII, 1983, 121–138. – Ders./W. Gundlach, Wolin, Vineta. Die tatsächliche Legende vom Untergang und Aufstieg der Stadt Rostock (Rostock 1992).

Die kleine Figur, eine Darstellung Swantewits mit vier Gesichtern, wurde in den Gebäuderesten an der frühmittelalterlichen Kirche gefunden. Sie gehört ohne Zweifel zu den wichtigsten archäologischen Funden, die die heidnischen Glaubensvorstellungen der Slawen belegen. B. S.

05.01.08

05.01.11
Köpfchen einer Gottheit
Wolin. Fdst. 1 (Polen)
Bronze
6,5 cm x 2 cm
12. Jh.
Wolin, Instytut Archeologii i Etnologii PAN, Pracownia Archeologiczna w Wolinie.
Deposit: Szczecin, Muzeum Narodowe.
Inv. Nr. 1311/71.
Lit.: W. Filipowiak/H. Gundlach, Wolin – Vineta. Die tatsächliche Legende vom Untergang der Stadt (Rostock 1992).

Den hohen Stand des Bronzegusses im frühmittelalterlichen Wollin beweist der kleine Kopf eines bärtigen Mannes, der bei Grabungen in der Altstadt (Fläche 6) gefunden wurde. B. S.

05.01.11

05.01.12
Pferdfigur
Wolin. Stadtzentrum (Polen)
Bronze, vergoldet
2,8 cm x 2,8 cm
11. Jh.
Wolin, Instytut Archeologii i Etnologii PAN, Pracownia Archeologiczna w Wolinie.
Deposit: Szczecin, Muzeum Narodowe.
Lit.: I. Lange/P. Lange, Vineta (1988) 35.

Das kleine mit Kreisaugen verzierte Bronzefigürchen eines gesattelten Pferdes, gehört zu den Funden aus Wollin, die mit dem Kult des heidnischen Gottes Swantewit zu verbinden sind. Eine wichtige Rolle bei diesem Kult spielte die Haltung des Reitpferdes der Gottheit im Heiligtum. Es wurde bei feierlichen Zeremonien gesattelt, durfte aber nur von Swantewit selbst geritten werden. T. K.

05.01.12

05.01.13

05.01.13
Kosmologisches Bildprogramm als Messerscheidenbeschlag
Oldenburg, Kr. Ostholstein. Burgwall Starigard (Deutschland)
Bronze
H. 11,5 cm
um 1000
Schleswig, Archäologisches Landesmuseum, Stiftung Schleswig-Holsteinische Landesmuseen. Fund-Nr. Old. 12.13.337
Lit.: I. Gabriel, Hof- und Sakralkultur sowie Gebrauchs- und Handelsgut im Spiegel der Kleinfunde von Starigard/Oldenburg. Ber. RGK 69, 1988, 185–194 Abb. 33,1. – Ders., Christentum und Heidentum. In: M. Müller-Wille (Hrsg.) Starigard/Oldenburg (Neumünster 1991) 290–296 Abb. 8,1. – Ders., Slawische Stammesreligion – Kulturfaszination – Zerstörung des Oldenburger Bistums. In: Bernward von Hildesheim und das Zeitalter der Ottonen 2. Ausstellungskat. Hildesheim (Hildesheim, Mainz 1993) 333 Nr. VI-6. – K. Hauck, Text und Bild in einer oralen Kultur. Antworten auf die zeugniskritische Frage nach der Erreichbarkeit mündlicher Überlieferung. Frühmittelalterl. Stud. 17, 1983, 510 ff. – Ders., Die religionsgeographische Zweiteilung des frühmittelalterlichen Europas im Spiegel der Bilder seiner Gottheiten. Fornvännen 82, 1987, 161 ff.

Auf dem länglichen Prunkbeschlag einer Messerscheide sind Götter, Tiere und Menschen an allen vier Seiten ohne eindeutiges „oben“ und „unten“ angebracht. An der einen „oberen“ Spitze des Beschlags steht eine zentrale Götterfigur im Kaftan, mit Kinn- und Schnauzbart, barhäuptig, die Arme in die Hüften gestemmt. An beiden Seiten sieht man auf verschiedenen Ebenen Menschen und Pferde. Durch Haltung und Blickrichtung vermitteln die Pferde zwischen Menschen und Gottheit. Das göttliche Gegenüber an der „unteren“ Spitze des Beschlags erscheint zwischen auswärts gewendeten Pferdeköpfen in der klassischen Bildformel des Wagenlenkers, der für Helios/Sol und später für den kaiserlichen Triumph stand, so daß man hier den Himmels- und Sonnengott Swarog zu erkennen hat. Die Kompositionsachse ist als „leuchtende Spur des Himmelswagens“ ins Bild gesetzt. Das Bildprogramm zitiert demnach das geordneten Kosmos: Gott Swarog in überragender „Herrscherpose“ über den Welten der Lebenden und der Toten, im Himmelswagen segenspendend den Kosmos durcheilend. Für die Bewertung religiöser Zusammenhänge ist dieser Beschlag und seine Parallelen aus Schwedt und Brześć von hervorragender Bedeutung, weil sie als einzige Bildzeugnisse des westslawischen Raumes kosmologische Mythentradition belegen, deren mündliche Überlieferung beim Eintritt in die christliche Welt alsbald verschüttet wurde. I. G.

05.01.14

05.01.14
Pokal
Groß Raden, Kr. Parchim (Deutschland)
Ton
H. 13,5 cm, Dm. 17,5 cm.
10. Jh.
Archäologisches Landesmuseum und Landesamt für Bodendenkmalpflege Mecklenburg-Vorpommern. Inv. Nr. G.R. VII.1908
Lit.: E. Schuldt, Groß Raden. Ein slawischer Tempelort des 9./10. Jahrhunderts in Mecklenburg. Schr. z. Ur- u. Frühgesch. 39 (Berlin 1985) 91 Abb. 91 a. – I. Gabriel, Slawische Stammesreligion – Kulturfaszination – Zerstörung des Oldenburger Bistums. In: Bernward von Hildesheim und das Zeitalter der Ottonen. Ausstellungskat. Hildesheim (Hildesheim, Mainz 1993) 330 Nr. VI–2.

Das qualitätvolle Gefäß kam an der Pforte zum Heiligtum zutage. Mehrere der sonst seltenen Kelchgefäße wurden am Heiligtum von Groß Raden gefunden, so dass es nahe liegt, eine Funktion im Bereich der *vasa sacra* zu suchen. Zeitgenössische Quellen berichten, dass „goldene und silberne" Pokale des Tempelhorts von Stettin (Szczecin) bei Opfergelagen und für Weissagungen benutzt werden. In Arkona dient das gefüllte Horn Swantewits zur Weissagung, und mit dessen Zutrunk erfleht man unter feierlichen Worten die Wohlfahrt des Landes und weiht Erntedank- und Jahresopfer. I. G.

Slawen zwischen Abendland und Byzanz – Herrschaft

06–09

In der slawischen Frühzeit gab es viele kleine unabhängige Stämme. Neben dem Stammesherrscher hatte der entstehende Adel politischen Einfluss. Die einfachen Bauern mussten Heeresfolge leisten, Burgen, Wege und Brücken bauen und von ihren Erträgen Abgaben entrichten.

Stämmen, die sich gegen feindliche Angriffe nicht behaupten konnten, drohte Verwüstung des Landes, Brandschatzung, Tributpflicht oder Verschleppung in die Sklaverei. Wenn das eigene Heer nicht standhielt, blieb nur die Flucht in die Wälder oder in die Burgen, in denen man beizeiten Vorräte für den Notfall speicherte. Durch Eroberungen, Kriegsbeute und Tribute aus unterworfenen Ländern steigerten manche Herrscher ihre Macht. Sie nahmen einheimische und fremde Krieger in ihre Gefolgschaften auf und versahen sie mit hochwertigen Waffen. Bauern konnten zu günstigen Bedingungen Wälder roden. Erste Fürsten traten zum Christentum über.

Von 800 bis 1000 bildeten sich größere slawische Länder, zunächst das Mährische Reich, nach dessen Zerfall Böhmen und Polen. An der Ostsee behaupteten sich die Obodriten und Wilzen (Lutizen) sowie die Handelsmetropole Wollin. Teile des Slawenlandes gerieten unter deutsche oder ungarische Herrschaft. T. K.

„Nitraland“

06.01–03

Nach dem Untergang des Awarenreiches um 800 orientierte sich der mährische Adel zunehmend an fränkischen Vorbildern. Burgen wurden gebaut, Bewaffnung und Kunsthandwerk erhielten karolingisches Gepräge. Im „Nitraland“, das von 830 bis kurz nach 900 zum Mährischen Reich gehörte, breitete sich unter der Herrschaft des Fürsten Pribina das Christentum aus. Im 10. Jahrhundert geriet das Land nach und nach unter ungarische Herrschaft. Etliche Burgen, Siedlungen und Gräberfelder blieben von den historischen Ereignissen jedoch unberührt. T. K.

06.01.01. a–b

06.01.01 a–i

Reitergrab eines slawischen Stammesfürsten

Blatnica (Slowakei)
Anfang 9. Jh.
Budapest, Magyar Nemzeti Múzeum.
Inv. Nr. 241/1876.22a; 146/1880.1; 146/1880.11; 146/1880.12; 146/1880.13–16; 113/1897.1–3; 146/1880.16b; 146/1880.1; 4–10; 146/1880.2; 146/1880.4–10

Zu Beginn des 9. Jahrhunderts wurde in der Nordslowakei wohl ein slawischer Stammesfürst mit Gürtel- und Pferdegeschirrbeschlägen awarischen Charakters, mit fränkischer Lanze und karolingischem Schwert bestattet. Der spätawarische Prunkgürtel des Stammesfürsten von Blatnica ist ein Beweis seiner Selbständigkeit, und seine fränkischen Waffen belegen seine Vasallenbindung zu den Franken.

Am Ende des awarischen Reiches zu Beginn des 9. Jahrhunderts lagen die Gebiete der Slawen im Westen und Nordwesten jenseits der awarischen Siedlungsgrenzen. Den Grabfund des damals in Ungarn liegenden Turőinaky Blatnica kaufte das Ungarische Nationalmuseum Ende des 19. Jahrhunderts in mehreren Teilen an.

Lit.: I. Bona, A népvándorláskor és a korai középkor Magyarországon. In: Magyarország története 1 (Budapest 1984) 365–366. – N. Fettich, A honfoglaló magyarság fémművessége. Arch Hung. 21 (Budapest 1937) 108–121 Taf. 96–99. – J. Hampel Alterthümer des frühen Mittelalters in Ungarn II (Budapest 1905) 426–428. – Ebd. III, Taf. 321–322.

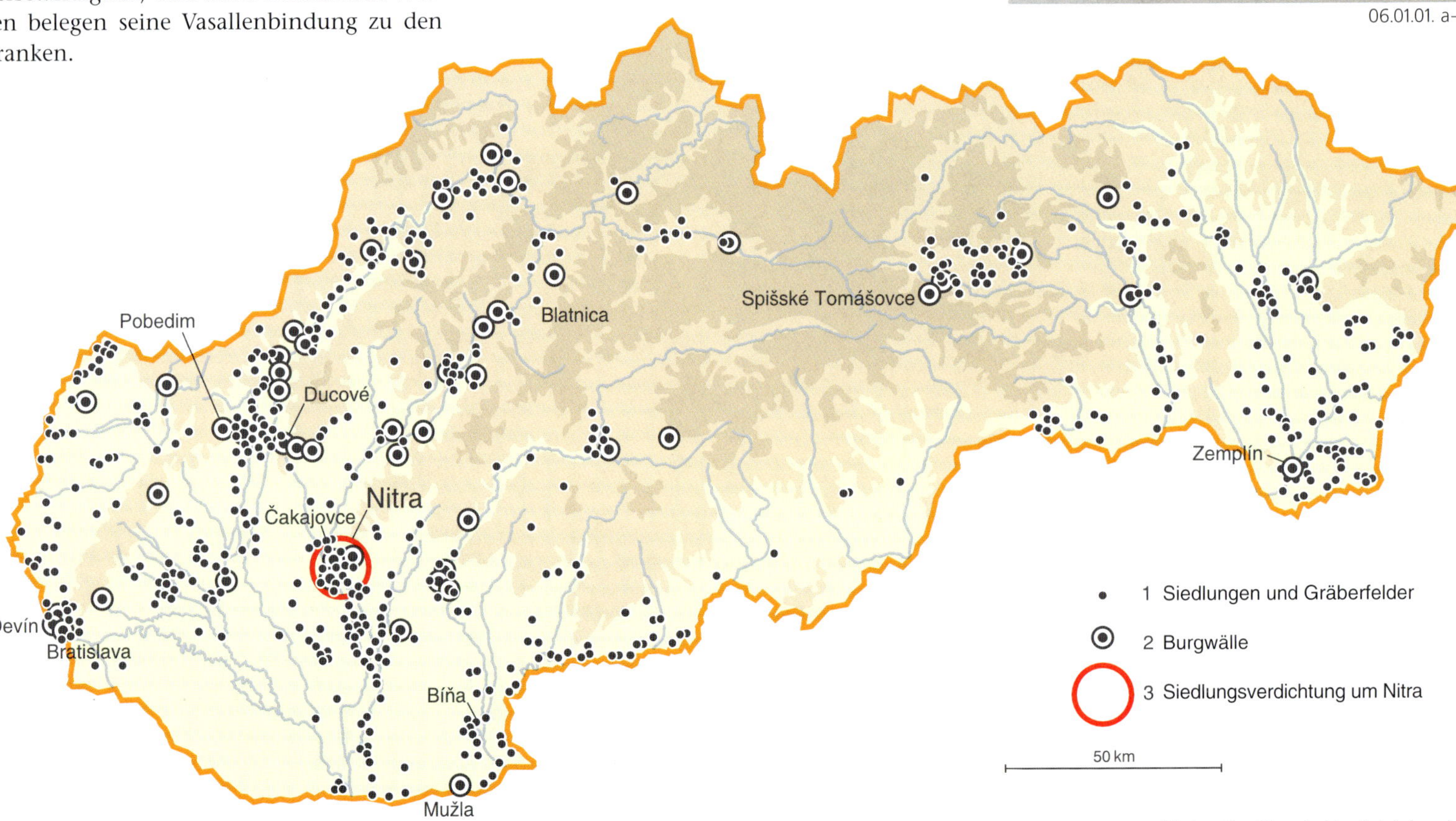

Die heutige Slowakei im 9. Jahrhundert

a) Schwert Handbuch Abb. 242
Eisen; Bronze, vergoldet
L. 69 cm

Die Klinge des breiten zweischneidigen Schwertes ist fragmentarisch erhalten. Die kurze, breite Parierstange und den in einer abgeflachten Halbkugel endenden Griff schmücken die erhaltenen Reste der vergoldeten Bronzeeinlage in Rhomben- und Halbkreisform, mit kleinen Menschenköpfen in den Zwischenfeldern.

b) Lanzenspitze
Eisen
L. 42,5 cm (ergänzt)

Das Blatt der so genannten Flügellanze ist schilfblattförmig, ihr Schaft tüllenförmig, mit „Flügeln" am unteren Rand der Tülle. Das Lanzenblatt ist ergänzt.

c) Hauptriemenzunge
Bronze, vergoldet
L. 3,7 cm

Die gegossene Riemenzunge war Bestandteil der Gürtelgarnitur. Die kurze, breite, wappenförmige Hauptriemenzunge bestand ursprünglich aus zwei ähnlichen Platten. Die erhaltene Vorderplatte mit umgebogenem Rand ist mit einer Stäbchenranke verziert, sowie kleinen herausragenden Rankensträuße bei den Nieten.

d) Nebenriemenzunge
Bronze, vergoldet
L. 3 cm

Die Vorderplatte der gegossenen Nebenriemenzunge ähnelt in Gestalt und Verzierung der Hauptriemenzunge.

e) Sieben Gürtelbeschläge
Bronze, vergoldet
L. 3,7 cm

Die Gürtelbeschläge waren weitere Bestandteile der Gürtelgarnitur. Unter- und Oberteil der doppelwappenförmigen Beschläge sind gegossen. Die oberen Teile verzieren unterschiedliche Ranken auf punziertem Hintergrund, die unteren ein gegossenes Rankenmuster. Vertikal übereinander liegen je zwei Durchbohrungen mit Rundkopfnägeln zur Befestigung am Riemen.

06.01.01 c–e

06.01.01 f

f) Zwei Phalerenknöpfe
Bronze, vergoldet
Dm. 1,8 cm

Die gegossenen Zierknöpfe gehören zum Pferdegeschirr. Die originalen Phaleren aus Bronzeblech sind durch Kunststoffplatten imitiert, auf deren Mitte die kegelförmig gegossenen, mit Stäbchenranken verzierten Phalerenknöpfe befestigt wurden.

06.01.01 g–i

g) Zwei Riemenverteiler
Bronze, vergoldet
L. 8,6 cm

Zum Pferdegeschirr gehören zwei kreuzförmige, gegossene Riemenverteiler. Der Mittelteil der aus mehreren Stücken zusammengesetzten und ergänzten Beschläge ist leicht pyramidenförmig, mit X-Muster und stilisierten Menschenfiguren auf den Kreuzarmen. Zur Befestigung dienten an den Ecken des Mittelteils vier Löcher, an den Enden der Kreuzarme je ein Loch.

h) Zwei Ösenbeschläge
Bronze, vergoldet
L. 8,7 cm

Ebenfalls zum Pferdegeschirr gehören die gegossenen Ösenbeschläge. An den rechteckigen Beschlagteil, dessen Muster mit dem der Riemenverteiler übereinstimmt, schließt sich eine ovale Öse mit langem Hals an. Am Übergang von Hals und Beschlag sitzen vier Rundkopfnägel zur Befestigung der Öse.

06.02.01

06.02.02–04

i) Vier Beschläge
Bronze, vergoldet
L. 2,7–3,5 cm

Auch diese rechteckigen, gegossenen Beschläge stammen vom Pferdegeschirr. Ihr Muster stimmt mit dem auf den Riemenverteilern und Ösenbeschlägen überein. Auf einem Stück ein kleines erhabenes Blech mit drei Löchern, zwei Stücke von je zwei Nadellöchern durchbohrt, ein Stück fragmentiert. É. G.

06.02.01
Schwert
Závada, Bez. Topolčany. Grab Nr. 23 (Slowakei)
Eisen
L. 91,6 cm
1. Hälfte 9. Jh.
Nitra, Archeologický ústav Slovenskej akadémie vied. Ohne Inv. Nr.
Lit.: D. Bialeková, Dávne slovanské kováčstvo (Bratislava 1981) 124.

Aus Grab 23 des Gräberfeldes von Závada stammt ein zweischneidiges Schwert mit breiter Klinge und ausgeprägter Blutrinne. Der Griff entspricht den bei Petersen unter seinem Typ X aufgeführten Formen. Št. H.

06.02.02
Lanzenspitze
Svätý Peter, Bez. Komárno (Slowakei)
Eisen
L. 35 cm
9. Jh.
Nitra, Archeologický ústav Slovenskej akadémie vied. Ohne Inv. Nr.
Lit.: D. Bialeková, Dávne slovanské kováčstvo (Bratislava 1981) 124.

Blattförmige Lanzenspitze aus dem Grab eines Kriegers. Št. H.

06.02.03
Lanzenspitze
Bratislava-Devín (Slowakei)
Eisen
L. 32,5 cm
9. Jh.
Bratislava, Slovenské národné múzeum, Archeologické múzeum. Inv. Nr. AP 1289
Lit.: L. Kraskovská, Slovanské pohrebisko v Devíne. Slovenská Arch. 11, 2, 1963, 394.

Verhältnismäßig gut erhaltene Lanzenspitze mit schmalem Blatt und kurzer Tülle, die mit dem hölzernen Schaft ursprünglich durch zwei Niete verbunden war. Št. H.

06.02.04
Lanzenspitze
Nitra-Dolné Krškany. Grab 4/76 (Slowakei)
Eisen
L. 33,4 cm
9. Jh.
Nitra, Archeologický ústav Slovenskej akadémie vied. Ohne Inv. Nr.
Lit.: B. Chropovský, Vývoj a stav archeologického výskumu doby predveľkomoravskej, Slovenská archeológia 19, 2, 1971, 585.

Die blattförmige Lanzenspitze mit konischer Tülle wurde zusammen mit weiteren Waffen im Grab eines großmährischen Kriegers gefunden. Št. H.

06.02.05
Axt
Bratislava-Devín (Slowakei)
Eisen
L. 14 cm
9. Jh.
Bratislava, Slovenské národné múzeum, Archeologické múzeum. Inv. Nr. AP 4530
Lit.: L. Kraskovská, Slovanské nálezy z hradiska na Devíne. Zborník SNM LXIX. Historia 15, 1975, 85.

Axt mit einer sich fächerartig verbreiternder Schneide und Tülle mit quadratischem Querschnitt. Št. H.

06.02.06
Axt
Cífer (Slowakei)
Eisen
L. 18 cm
9. Jh.
Bratislava, Slovenské národné múzeum, Archeologické múzeum. Inv. Nr. AP 6710
Lit.: J. Slovensko v praveku (Bratislava 1933) 253.

Schlanke Bartaxt mit dreieckigen Schaftlochlappen. Št. H.

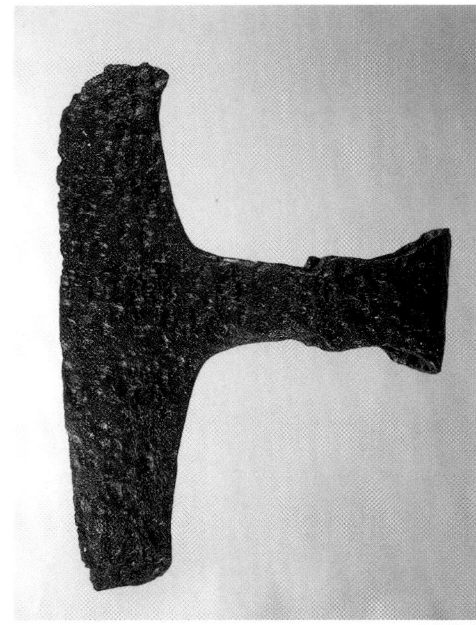
06.02.05

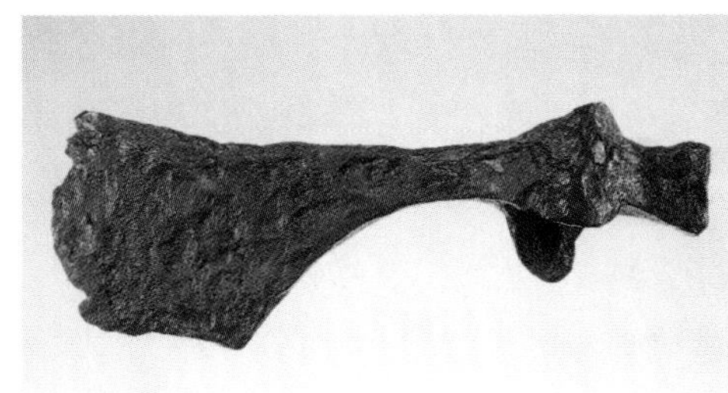
06.02.06

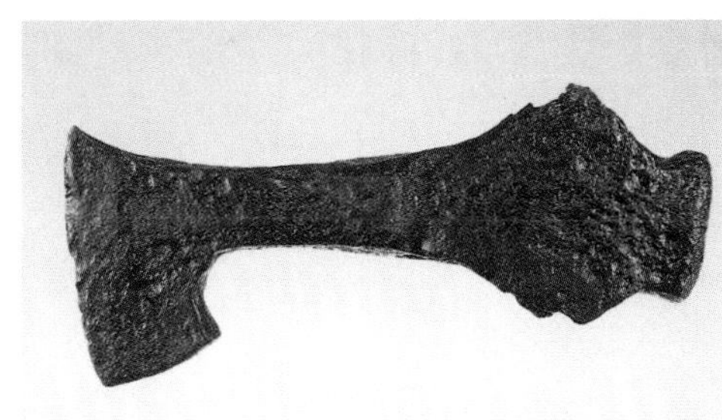
06.02.07

06.02.07
Axt
Moravský Ján, Bez. Malacky (Slowakei)
Eisen
L. 13 cm
8./9. Jh.
Bratislava, Slovenské národné múzeum, Archeologické múzeum. Inv. Nr. AP 6906
Lit.: J. Eisner, Ein Hortfund der älteren Burgwallzeit aus der Slowakei. Altböhmen und Altmähren 1, 1941, 153–171.

Eisenaxt mit bogenartig verbreiteter Schneide und dreieckigen Schaftlochlappen. Št. H.

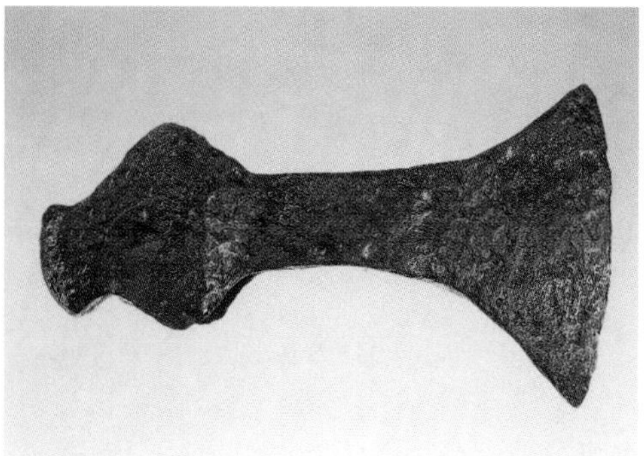

06.02.08

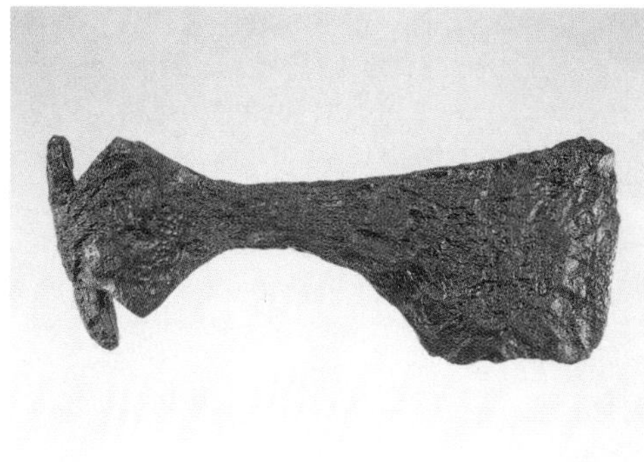

06.02.09

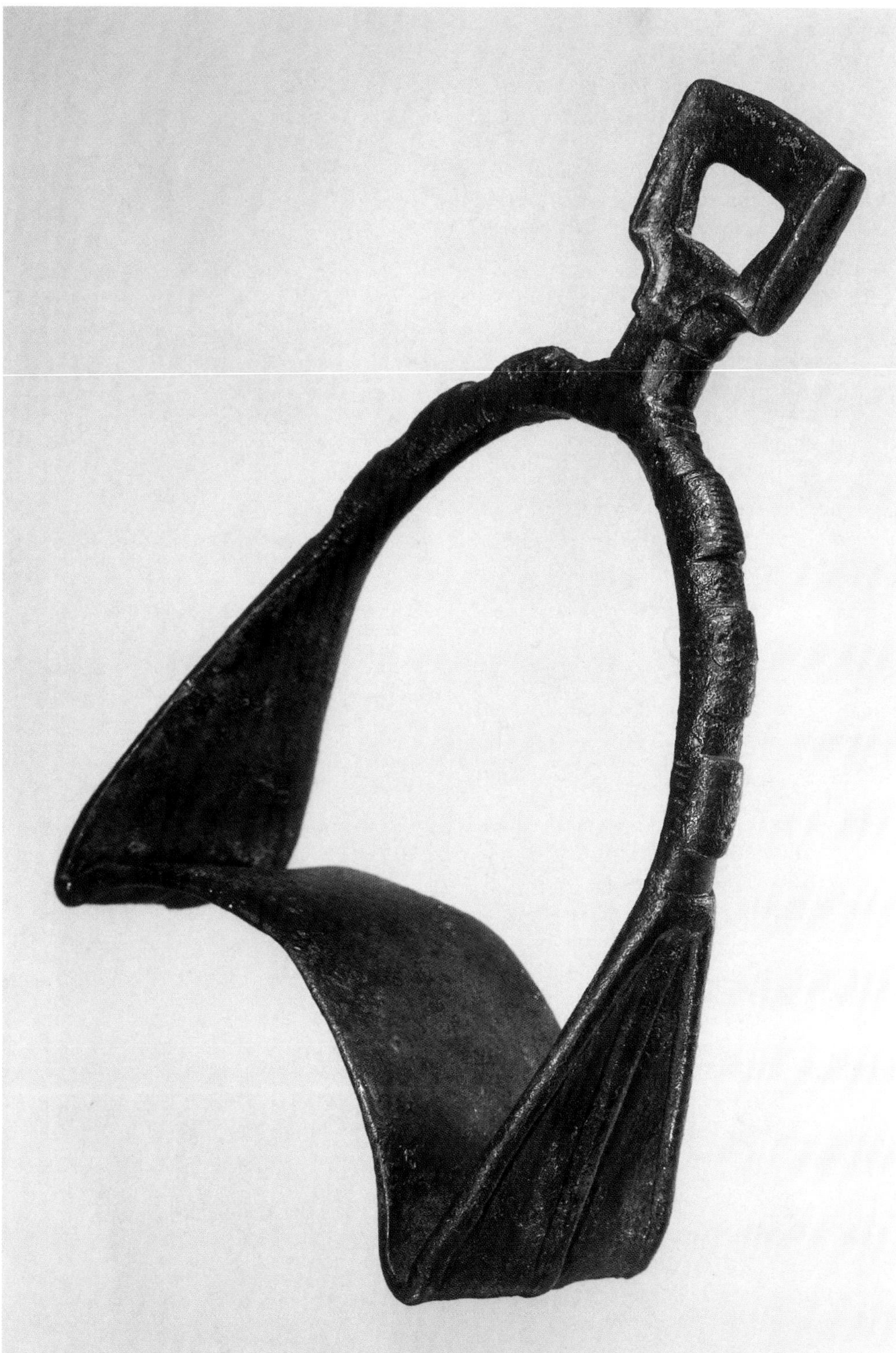

06.02.10

06.02.08
Axt
Bratislava-Devín (Slowakei)
Eisen
L. 13 cm
8./9. Jh.
Bratislava, Slovenské národné múzeum, Archeologické múzeum. Inv. Nr. AP 6907
Lit.: J. Eisner, Ein Hortfund der älteren Burgwallzeit aus der Slowakei. Altböhmen und Altmähren 1, 1941, 153–171.

Bartaxt mit beschädigten dreieckigen Schaftlochlappen. Št. H.

06.02.09
Axt
Bratislava-Devín (Slowakei)
Eisen
L. 15,6 cm
9. Jh.
Bratislava, Slovenské národné múzeum, Archeologické múzeum. Inv. Nr. AP 1270
Lit.: L. Kraskovská, Slovanské pohrebisko v Devíne. Slovenská Arch. 11, 2, 1963, 392.

Slawische Bartaxt mit dreieckigen Schaftlochlappen. Št. H.

06.02.10
Steigbügel
Svätý Jur, Bez. Pezinok (Slowakei)
Eisen, bronzetauschiert
H. 18 cm, Br. 11,5 cm
Mitte 9. Jh.
Bratislava, Slovenské národné múzeum, Archeologické múzeum. Inv. Nr. AP 5968
Lit.: L. Kraskovská, Veľkomoravské hradisko v Jure pri Bratislave. Sborník Slovenského národného múzea LVII (Bratislava 1963). História 3, 1963, 84.

Der Steigbügel mit quadratischer Aufhängeöse wurde in einem Schnitt durch die Wallbefestigung, in 40 cm Tiefe gefunden. Die Bügel sind durch Wülste mit Bronzetauschierung verziert. Št. H.

06.02.11–12

Spornpaar mit drei Beschlägen

Ducové, Bez. Piešťany (Slowakei)
Eisen, silbertauschiert
L. 17,4 cm
2. Hälfte 9. Jh.
Nitra, Archeologický ústav Slovenskej akadémie vied. Ohne Inv. Nr.
Lit.: A. Ruttkay, Umenie kované v zbraniach (Bratislava 1978) 31; 133.

Sporenpaar großmährischer Form aus dem Grabe eines Reiters. Die Sporen zeichnen sich durch besonders reiche silberne Verzierung aus. Hauptzierelemente sind Ranken, das Lebensbaummotiv und griechische Kreuze. Eine identische Verzierung ist auch an den dazugehörigen Schnallen und Endbeschlägen der Befestigungsriemen vorhanden. St. H.

06.02.11–12

06.02.13

Sporn mit Pflanzenornament

Bašovce, Bez. Piešťany (Slowakei)
Eisen
L. 13,3 cm
1. Hälfte 9. Jh.
Nitra, Archeologický ústav Slovenskej akadémie vied. Ohne Inv. Nr.
Lit.: D. Bialeková, Dávne slovanské kováčstvo (Bratislava 1981) 65; 124.

Die Schenkel des Sporns sind durch plastisch gestaltete gleicharmige Kreuze verstärkt und dekoriert. Die Endplättchen schmückt ein stilisiertes Pflanzenmotiv in Form eines dreiblättrigen Kleeblatts. Der doppelkonische Stachel ist stark horizontal gerippt. Die Verzierungsart deutet auf starke Einflüsse durch die frühkarolingische Kunst. St. H.

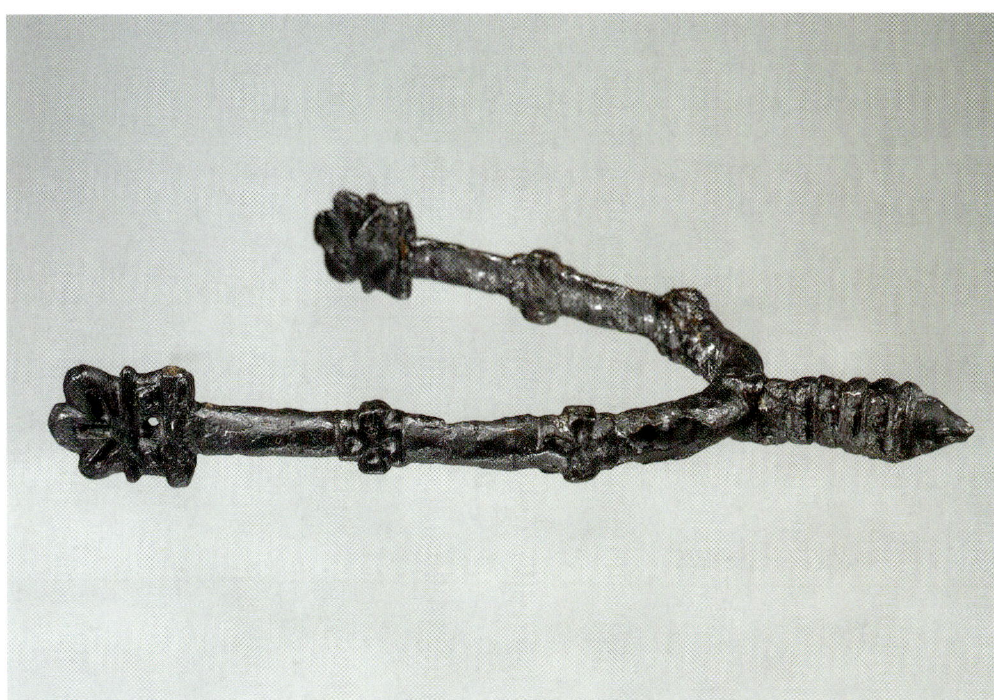

06.02.13

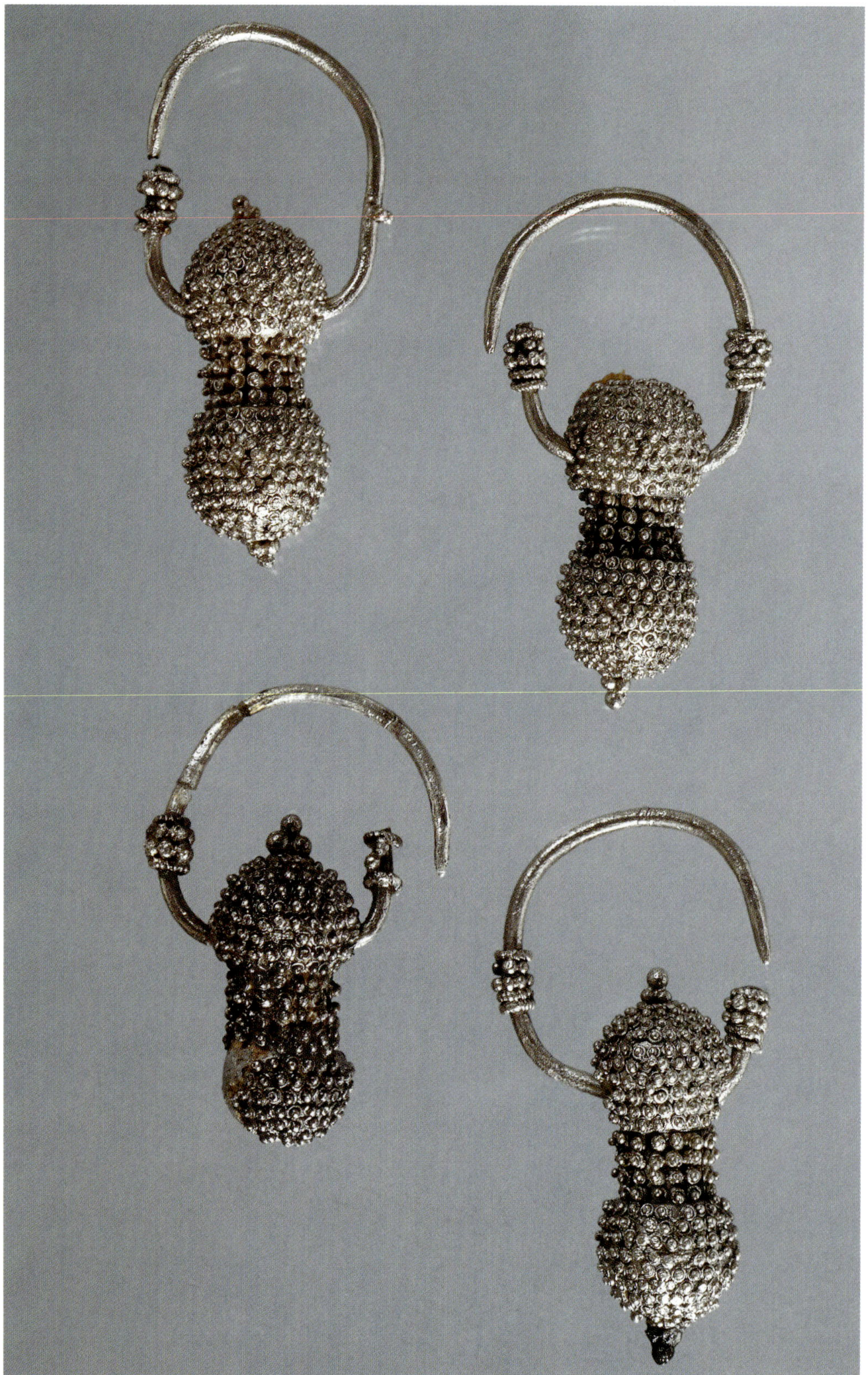

06.03.01 a

06.03.01 a

Vier Ohrringe

Ducové, Bez. Piešťany. Grab 533 (Slowakei)
Silber
H. 3,5–3,6 cm
9. Jh.
Nitra, Archeologický ústav Slovenskej akadémie vied. Ohne Inv. Nr.
Lit.: Ruttkay, A.: Stredoveké umelecké remeslo (Bratislava 1979) 21; 128.

Garnitur identischer granulierter Ohrringe mit ringförmigen Knötchen. Hoher zapfenförmiger Anhänger mit zwei breiten Kugeln. Die Oberfläche des Anhängers ist durch feine Granulation verziert. Št. H.

06.03.01 b

Ohrringpaar

Ducové, Bez. Piešťany. Grab 533 (Slowakei)
Silber
H. 4,5 cm
Ende 11. Jh.
Nitra, Archeologický ústav Slovenskej akadémie vied. Ohne Inv. Nr.
Lit.: A. Ruttkay, Stredoveké umelecké kováčstvo (Bratislava 1979) 37; 129.

Körbchenohrring-Paar in großmährischer Tradition. An jedem Ohrring hängen auf feinem Silberdraht sieben aus Filigrandraht geflochtene Körbchen, die in Traubenform arrangiert sind. Št. H.

06.03.02 a

06.03.02 a

Zwei Kugelknöpfe

Ducové, Bez. Piešťany. Grab 1210 (Slowakei)
Silber
H. 2,8 cm, 3,2 cm
2. Hälfte 9. Jh.
Nitra, Archeologický ústav Slovenskej akadémie vied. Ohne Inv. Nr.
Lit.: A. Ruttkay, Stredoveké umelecké remeslo (Bratislava 1979) 21; 128.

Hohle, aus zwei getriebenen Halbkugeln zusammengesetzte Knöpfe aus dünnem Silberblech. Die Aufhängeösen sind aus dickerem Silberdraht. Die Oberfläche der Knöpfe ist mit einem getriebenen vegetabilen Ornament auf punziertem Untergrund verziert. Silberne Kugelknöpfe dieser Art wurden als Schmuck getragen und finden sich vor allem als Anhänger bei Halsketten. Št. H.

06.03.01 b

06.03.03

Halskette

Ducové, Bez. Piešt'any. Grab 533 (Slowakei)
Silber; Amethyst; Bergkristall; Glas
L. 30 cm
Ende 11. Jh.
Nitra, Archeologický ústav Slovenskej akadémie vied. Ohne Inv. Nr.
Lit.: A. Ruttkay, Stredoveké umelecké remeslo (Bratislava 1979) 37.

Die ursprünglich wahrscheinlich längere Kette besteht heute aus acht silbernen kugeligen Filigranperlen und einer beschädigten, früher möglicherweise auch kugeligen, heute aber linsenförmigen Perle. Hinzu kommen drei polygonale geschliffene Amethystperlen, eine zylindrische Bergkristallperle und mit Goldfolie verzierte zylindrische Glasperlen. Št. H.

06.03.03

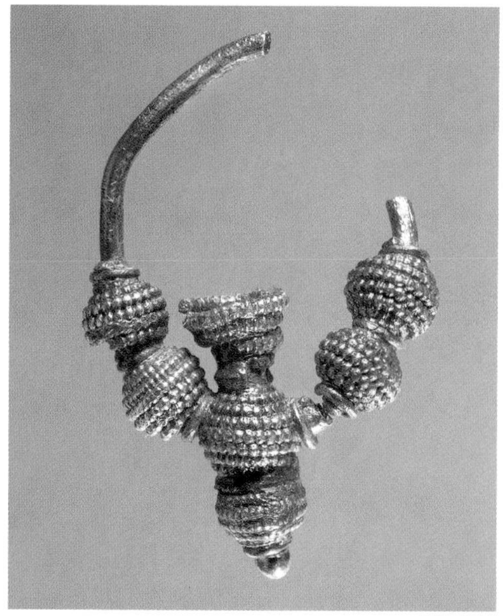

06.03.04

06.03.04
Ohrring
Nitra. Lage Mikov Dvor, Grab 14 (1980) (Slowakei)
Silber
H. 2,7 cm
9. Jh.
Nitra, Archeologický ústav Slovenskej akadémie vied. Ohne Inv. Nr.
Lit.: A. Habovštiak (Hrsg.), Klenoty dávnej minulosti Slovenska (Bratislava 1988) 108.

Bei Auffindung wurden die Fragmente für die Reste eines Ohrrings gehalten. In Wirklichkeit handelt es sich jedoch um Bruchstücke eines Ohrringpaares. Der untere Bogen eines Ohrrings war durch fünf mit feiner Granulation verzierte kugelartige Gebilde bedeckt. An das mittlere schlossen sich beidseitig je eine weitere Kugel an. St. H.

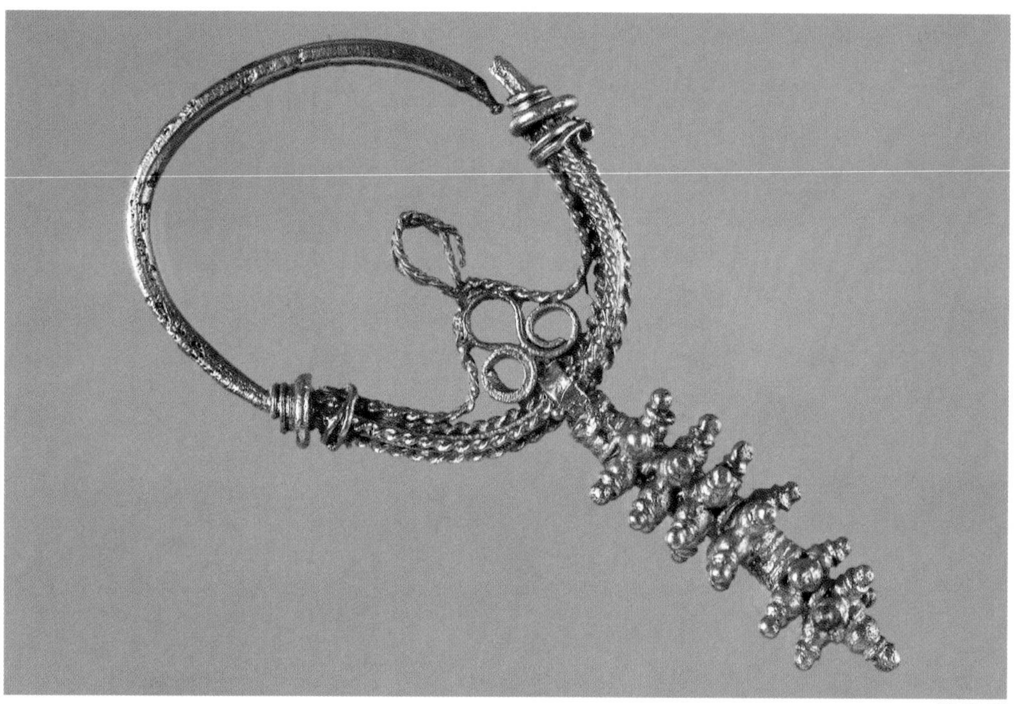

06.03.05

06.03.05
Ohrring
Lipová-Ondrochov, Bez. Nové Zámky (Slowakei)
Silber
H. 3,9 cm
Anfang 10. Jh.
Nitra, Archeologický ústav Slovenskej akadémie vied. Ohne Inv. Nr.
Lit.: A. Točík, Flachgräberfelder aus dem IX. und X. Jahrhundert in der Südwestslowakei. Slovenská Arch. 19, 1, 1971, 205.

Der untere Bogen des Ohrrings ist durch feine Filigranarbeit verstärkt und bildet auf der Innenseite eine Art Lunette. Zu beiden Seiten der Filigranverzierung dreifache ringförmige Knötchen. In der Mitte des unteren Bogens befindet sich ein zapfenförmiger Anhänger. St. H.

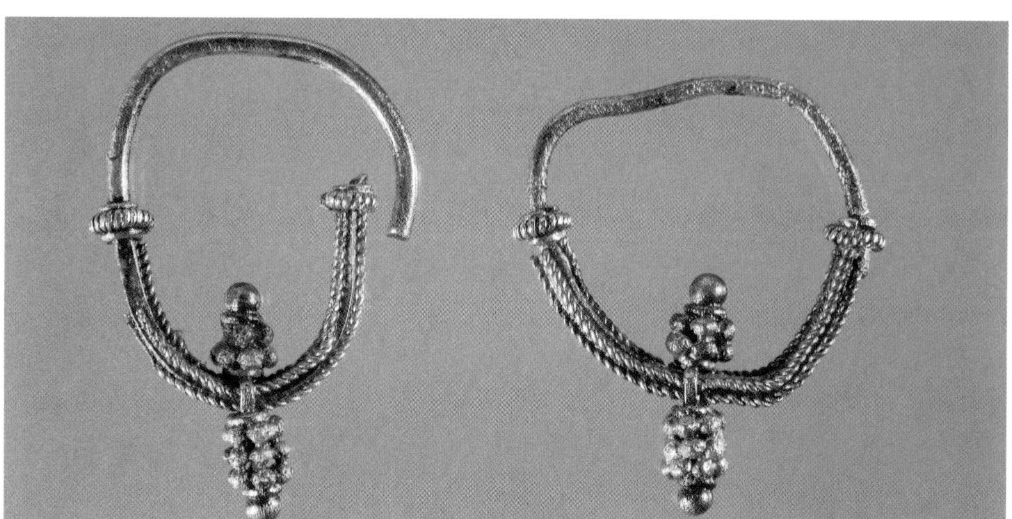

06.03.06

06.03.06
Ohringpaar
Čakajovce, Bez. Nitra (Slowakei)
Silber
H. 2,3 cm
Anfang 10. Jh
Nitra, Archeologický ústav Slovenskej akadémie vied. Ohne Inv. Nr.
Lit.: A. Habovštiak (Hrsg.), Klenoty dávnej minulosti Slovenska (Bratislava 1988) 115.

Ohrringpaar mit filigranverstärktem unteren Bogen und zwei granulierten Knötchen. In der Mitte des unteren Bogens befindet sich ein traubenförmiger Anhänger. St. H.

06.03.07

Halskette

Čakajovce, Bez. Nitra. Grab 475 (Slowakei)
Glas; Kaurimuscheln
L. 180 cm, Perlendm. 0,3–0,8 cm;
L. (Muscheln) 1,3–1,7 cm
Anfang 10. Jh.
Nitra, Archeologický ústav Slovenskej akadémie vied. Ohne Inv. Nr.
Lit.: M. Rejholcová, Pohrebisko v Čakajovciach (9.–12. storočie) (Nitra 1995) 52.

Halsschmuck aus 591 Perlen und drei kleinen Kaurimuscheln als Anhänger. Die zylindrischen, kugeligen bzw. konischen Perlen wurden aus Glaspaste gefertigt und haben eine gelbe, grüne, gelb-weiße oder braune Farbe. Die kugeligen und kreisrunden gelben und blauen Perlen sind aus durchsichtigem Glas. Št. H.

06.03.07

06.03.08

Halskette

Čakajovce, Bez. Nitra. Grab 357 (Slowakei)
Glas; Kaurimuscheln; Bernstein; Silber
L. 101 cm; Münzdm. 2,1 cm u. 2,6 cm
10. Jh.
Nitra, Archeologický ústav Slovenskej akadémie vied. Ohne Inv. Nr.
Lit.: M. Rejholcová, Pohrebisko v Čakajovciach (9.–12. storočie) (Nitra 1995) 38.

Halskette aus 443 Glasperlen (einige beschädigt bzw. zerfallen), fünf kleinen Kaurimuscheln und zwei durchlochten Silbermünzen, die als Anhänger dienten. Die Glasperlen sind kugelig, zylindrisch und konisch, daneben gibt es auch Augenperlen, aus Filigrandraht geflochtene Kugeln sowie achteckige Bernsteinperlen. Bei den beiden durchlochten Münzen handelt es sich um westfränkische Prägungen, einen Denar aus Brioude, Guillame von Auvergne (918–926), und einen Obolus aus Dijon, Raul von Burgund (923–936). Št. H.

06.03.09

Halskette

Čakajovce, Bez. Nitra. Grab 269 (Slowakei)
Glas
L. 30 cm
10. Jh.
Nitra, Archeologický ústav Slovenskej akadémie vied. Ohne Inv. Nr.
Lit.: M. Rejholcová, Pohrebisko v Čakajovciach (9.–12. storočie) (Nitra 1995) 29.

Halskette aus dunkelbraunen, meist zylindrischen Glasperlen. Die Mehrheit der Perlen hat eine feine Glasfadenauflage. Einige der Perlen haben weiße, grüne und blaue „Augen". Št. H.

06.03.08

06.03.09

06.03.10
Halskette
Čakajovce, Bez. Nitra. Grab 777 (Slowakei)
Glas; Bronze
L. 31 cm
10. Jh.
Nitra, Archeologický ústav Slovenskej akadémie vied. Ohne Inv. Nr.
Lit.: M. Rejholcová, Pohrebisko v Čakajovciach (9.–12. storočie) (Nitra 1995) 87.

Halskette aus 29 farbigen Glasperlen (schwarz, grün, gelb, blau). Ein Teil der Perlen ist mit feinen gelben Glasfäden verziert, andere haben weißgelbe Augen oder Wellenbänder. Der durchbrochen gearbeitete Bronzeanhänger ist herzförmig. Št. H.

06.03.11 a–g
Sieben Schläfenringe
Čakajovce, Bez. Nitra. Grab 123 (Slowakei)
Silber
Dm. 1,2–1,6 cm, Drahtd. 0,2 cm, Br. der S-Schleifen 0,5–1 cm
10. Jh.
Nitra, Archeologický ústav Slovenskej akadémie vied. Ohne Inv. Nr.
Lit.: M. Rejholcová, Pohrebisko v Čakajovciach (9.–12. storočie) (Nitra 1995) 14.

Aus Grab 123 des in der Flur Kostolné aufgedeckten Gräberfeldes stammen sieben identische Schläfenringe. Die Ringe wurden aus verhältnismäßig dünnen Silberstäben gefertigt, die S-Schleifen sind breit gehämmert. Št. H.

06.03.13
Brustkreuz
Trnovec nad Váhom-Horný Jatov, Bez. Galanta. Grab 382 (Slowakei)
Bronze
H. 9,3 cm, Br. 3,4 cm
10./11. Jh
Nitra, Archeologický ústav Slovenskej akadémie vied. Ohne Inv. Nr.
Lit.: A. Točík, Flachgräberfelder aus dem IX. und X. Jahrhundert in der Südwestslowakei. Slovenská Arch. 19, 1, 1971, 168.

Gegossenes zweiteiliges bronzenes Kreuz mit einer großen Aufhängeöse. Beide Kreuzteile, auf denen je eine Figur in langem Gewand dargestellt ist, sind durch ein Scharnier verbunden. Oberhalb der Figur auf der Vorderseite ist ein Kreuz mit einer Inschrifttabelle in der Mitte, das von Sonne und Mond flankiert wird und damit eindeutig Christus darstellt. Bei der undeutlichen Figur auf der Hinterseite handelt es sich möglicherweise um die Jungfrau Maria. Št. H.

06.03.10

06.03.13

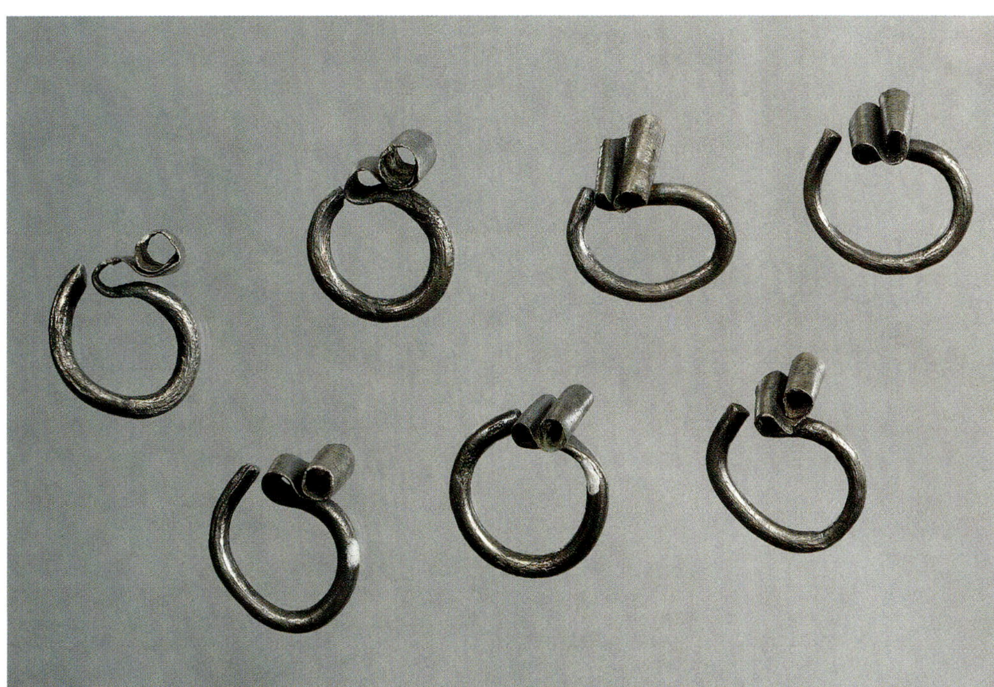
06.03.11 a–g

06.03.14

06.03.14

Anhänger aus einem Brustkreuz

Veľká Mača (?), Bez. Galanta (Slowakei)
Bronze
H. 7,2 cm, Br. 4,4 cm
10.–11. Jh.
Bratislava, Slovenské národní múzeum, Archeologické múzeum. Inv. Nr. K-D.6.12
Lit.: A. Habovštiak (Hrsg.) Klenoty dávnej minulosti Slovenska. Ausstellungskat. Bratislava (Bratislava 1988) 124.

In eine Negativform gegossenes, ursprünglich zweiteiliges Kreuz. Angeblich ist nur die Vorderseite erhalten. Auf der Schauseite befindet sich die vorgegossene und nachträglich eingeritzte Figur des Erlösers. Über dieser ist die spiegelbildliche Inschrift IC XC. Im Inneren des Kreuzes war ein Hohlraum für eine Art Reliquie. Die ehemaligen Kreuzhälften waren durch Scharniere verbunden. Bei dem Stück handelt es sich um einen Lesefund der nach dem 2. Weltkrieg zutage kam und zu dem keine näheren Fundumstände bekannt sind. St. H.

Burgenbau

Als Slawen und Ungarn sich in Mitteleuropa niederließen, lebten Sie in unbefestigten Siedlungen. Der Burgenbau setzte bei den Slawen erst im 8. Jahrhundert, bei den Ungarn im späten 10. Jahrhundert ein. Die Slawen errichteten Ringwälle aus Holz und Erde, aber auch Halbkreis- und Abschnittswälle. Einige der Burgwälle benutzte man nur in Kriegszeiten, andere waren ständig besiedelt.
Nach dem Vorbild der christlichen Länder erhielten einige Wälle zusätzlich eine Steinmauer, zum Teil unter Verwendung von Mörtel. Steinburgen, bei denen Erdwälle nicht mehr nötig waren, baute man erst ab dem 12. und 13. Jahrhundert.
In wichtigen Burgen unterhielten die Herrscher starke militärische Besatzungen. Die Burgen waren auch Ausgangspunkt der Christianisierung. Hier entstanden die ersten Kirchen. Einige Burgorte erlebten einen starken Zuzug von Kaufleuten und Händlern und erhielten vor allem im 13. Jahrhundert Stadtrechte nach westlichem Vorbild. T. K.

Oberschicht

Im archäologischen Material treten die Fürsten, der Adel, die Gefolgsleute und ihre Familien besonders hervor.
Zu den Waffen gehörten Schwert, Streitaxt, Lanze sowie Pfeil und Bogen, dem eigenen Schutz dienten Schilde, Helme und Kettenhemden. Die Reiter verwendeten Sporen und Steigbügel. Nur wenige Krieger verfügten über alle diese Waffen. Die einfachen Bauern zogen vermutlich nur mit Axt, Pfeil und Bogen ins Feld. Wichtigste Schmuckstücke der Frauen waren Ohrringe, Halsketten und die auf ein Stirnband gezogenen Schläfenringe.
Erst in der Übergangszeit zum Christentum wurden die Toten mit Tracht und Waffen bestattet. Zum Vorrecht des Adels gehörte die Beisetzung nahe der Kirche oder sogar in der Kirche. T. K.

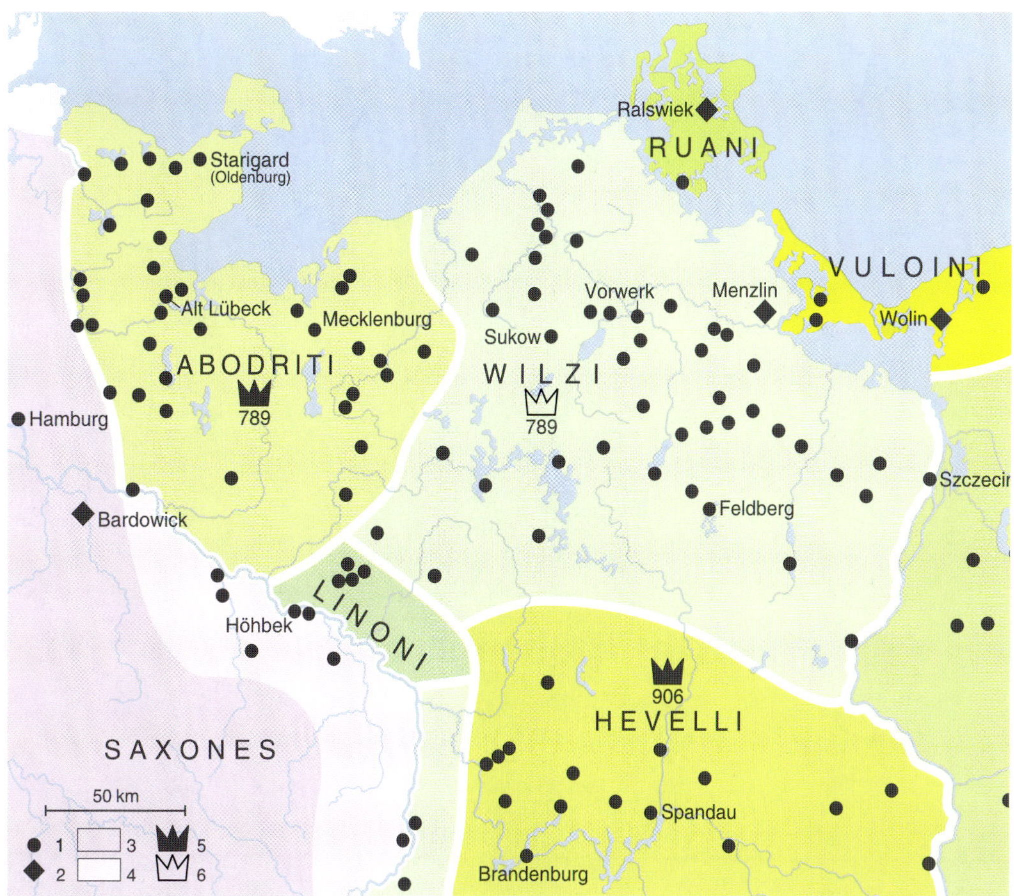

1 Burgwall
2 Handelsplatz
3 Fränkisches Reichsgebiet
4 Fränkisches Reichsgebiet mit slawischer Besetzung
5 Fürstenherrschaft mit Jahr der Ersterwähnung
6 vor 900 zerfallene wilizische Fürstenherrschaft

Slawische Stämme und Burgen um 1000

07.01.01

07.01.03

07.01.04

07.01.01
Schwert
Machow (Polen)
Eisen, Griff tauschiert
L. 95 cm, Griffbr. 13,8 cm
Ende 9./1. Hälfte 10, Jh.
Warszawa, Państwowe Muzeum Archeologiczne. Inv. Nr. V/8683.

07.01.03
Lanzenspitze
Łubowo, Kr. Gniezno. Gräberfeld (Polen)
Eisen; Silber
L. 42,7 cm, Tüllenl. 10,1 cm, Blattbr. 7 cm
11. Jh.
Warszawa, Państwowe Muzeum Archeologiczne. Inv. Nr. PMA V/10052
Lit.: J. Kostrzewski, Cmentarzysko ze śladami kultury wikingów w Łubówku, w pow. gnieźnieńskim, Przegląd Archeologiczny, B. I, R. II–III (1921) 142–143 Abb. 2; Taf. 15, 5.

Lanzenspitze mit länglichem dreieckigem Blatt und flachovalem Blattquerschnitt. Die ehemalige Blattoberfläche ist durch Korrosion vernichtet. Kurze Tülle mit rundem Querschnitt und zwei Nietlöchern. Die Oberfläche der Tülle mit silbertauschierten Omega-förmigen Zeichen, Rhomben, Dreiecken, Trapezen und Fischgrätmuster. U. Sz.

07.01.04
Lanzenspitze
Dzierżążnia, Kr. Płońsk. Gräberfeld (Polen)
Eisen
L. 34,5 cm, Tüllenl. 10,9 cm, Tüllendm. 2,4 cm, Blattbr. 3,2–0,6 cm
11.–12. Jh.
Warszawa, Państwowe Muzeum Archeologiczne. Inv. Nr. PMA V/775
Lit.: L. Rauhut, Wczesnośredniowieczne cmentarzyska w obudowie kamiennej na Mazowszu i Podlasiu. Materiały Starożytne i Wczesnośredniowieczne B 1 (1971) 512–513. – A. Nadolski, Studia nad uzbrojeniem polskim w X, XI i XII w. (Łódź 1954) 260 Taf. 20, 1.

Lanzenspitze mit langem, schmalem Blatt und flachovalem Blattquerschnitt. Runde Tülle mit leicht beschädigtem Rand. U. Sz.

07.01.05

Bartaxt

Wironia, Kr. Łęczyca. Gräberfeld (Polen)
Eisen
L. 16,2 cm, max. Br. 19,8 cm, Schaftlochdm. 2,7 x 3,2 cm
11. Jh.
Warszawa, Państwowe Muzeum Archeologiczne. Inv. Nr. PMA V/1340: 1
Lit.: A. Nadolski, Studia nad uzbrojeniem polskim w X, XI i XII w. (Lódź 1954) 172 Taf. 15, 3.

Die Bartaxt mit breiter, leicht bogenartiger Schneide hat einen schmalen, verhältnismäßig kurzen Hals, Schaftlochlappen und einen flachen Rücken. A. P.

07.01.05

07.01.05 a

Axt

Witki, Gem. Blonie (Polen)
Eisen
L. 14,5 cm, H. 9,5 cm
11. Jh.
Warszawa, Państwowe Muzeum Archeologiczne. Inv. Nr. V/7091

07.01.05 a

07.01.05 b

Axt

Konskie. Grab 58 (Polen)
Eisen
L. 12,3 cm, H. 7,3 cm
11./Anfang 12. Jh.
Warszawa, Państwowe Muzeum Archeologiczne. Inv. Nr. V/607

07.01.05 b

07.01.06

Eiserne Pfeilspitze mit Widerhaken

Stará Boleslav (Tschechien)
Eisen
L. 7 cm, Br. 2 cm
10.–11. Jh.
Čelákovice, Mestské muzeum.
Inv. Nr. 500019–696

Die Pfeilspitze mit Tülle und Widerhaken wurde 1989 bei Rettungsgrabungen im Graben, der die Vorburg von der Hauptburg der Přemyslidenburg Altbunzlau trennt, gefunden. I. B.

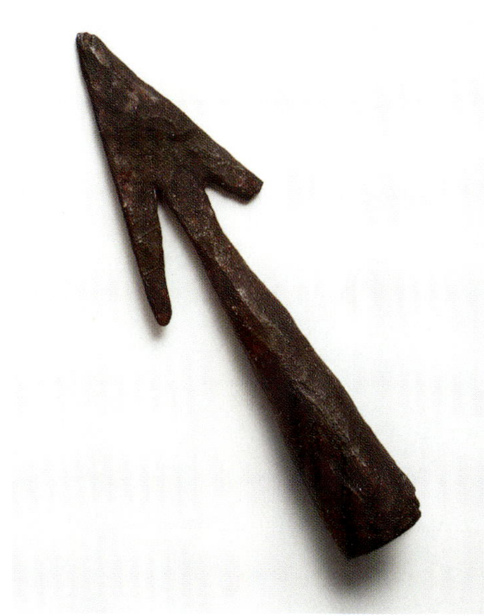

07.01.06

07.01.07

Pfeilspitze

Budeč, Bez. Kladno. Hauptburg (Tschechien)
Eisen
L. 7,8 cm
9.–11. Jh.
Praha, Archeologický ústav AV ČR.
Inv. Nr. Bu74–44
Lit.: Z. Váňa, Přemyslovská Budeč (Prag 1995) 57 Abb. 38, 16.

Eiserne blattförmige Pfeilspitze mit Schaftdorn. Exemplare dieser Art kommen in den frühmittelalterlichen slawischen Fundorten häufig vor. A. B.

07.01.07

07.01.08

07.01.09

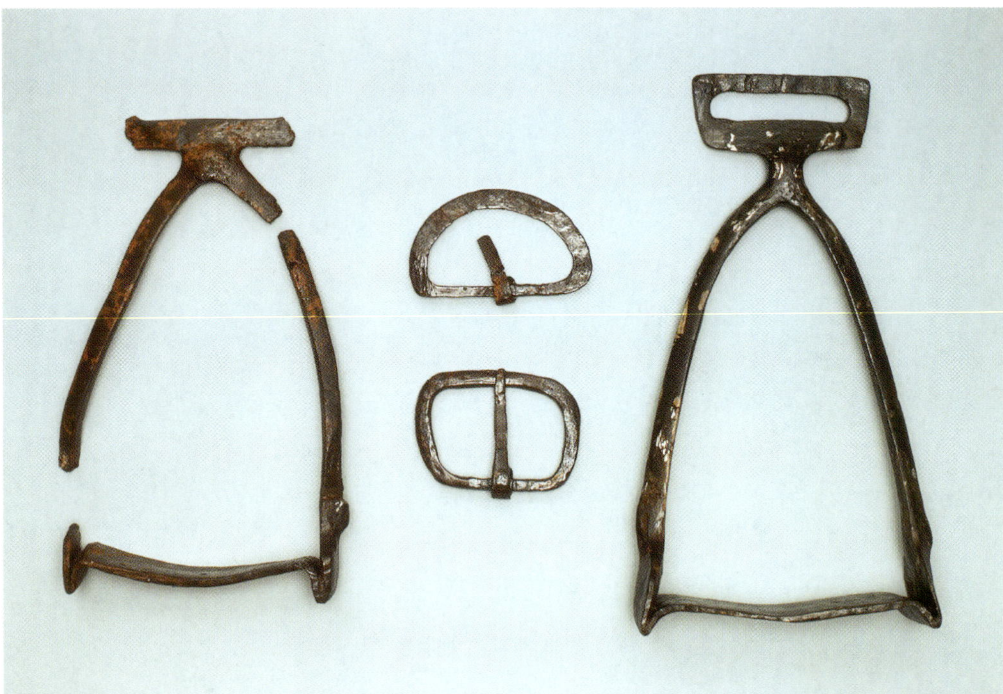

07.01.10 a–b

07.01.08
Pfeilspitze
Budeč, Bez. Kladno. Vorburg (Tschechien)
Eisen
L. 6,5 cm
9.–11. Jh.
Praha, Archeologický ústav AV ČR.
Inv. Nr. Bp89–682

Eiserne Pfeilspitze mit Widerhaken, Schafttülle und tordiertem Hals. Pfeilspitzen dieses Typs sind auf slawischen Fundplätzen häufig anzutreffen. A. B.

07.01.09
Pfeilspitze
Budeč, Bez. Kladno. Vorburg (Tschechien)
9.–11. Jh.
Eisen
L. 8,7 cm
Praha, Archeologický ústav AV ČR.
Inv. Nr. Bp85–106

Auch die eiserne blattförmige Pfeilspitze mit Schafttülle aus der Vorburg von Budeč gehört zu einem in frühmittelalterlichen slawischen Fundzusammenhängen häufig vorkommenden Typ. A. B.

07.01.10 a–b
Steigbügel und Steigriemenschnallen
Oldenburg, Kr. Ostholstein. Burgwall Starigard (Deutschland)
Eisen, verzinnt
H. 22,5 cm, Br. 12,5 cm (Steigbügel); H. 7,8 bzw. 7 cm, Br. 5 cm (Schnallen)
vor 983
Schleswig, Archäologisches Landesmuseum, Stiftung Schleswig-Holsteinische Landesmuseen.
Fund-Nr. Old. 12.18.089/098/090
Lit.: M. Schulze-Dörrlamm, Untersuchungen zur Herkunft der Ungarn und zum Beginn ihrer Landnahme im Karpatenbecken. Jahrb. RGZM 35, 1988, 434.

Ein Paar Steigbügel mit großen Schnallen, gefunden unter dem Brandschutt eines Standardhauses, repräsentiert typisches Sattelzubehör der zweiten Hälfte des 10. Jahrhunderts. Zaumzeugbeschläge, eine Trense und Reste des Sattels mit reicher Schnitzornamentik lagen in der Nähe. Die Steigbügel gehören zur jüngeren Variante des Typs Ladby, der in Mittel- und Nordeuropa häufig zu finden ist. Am Nordrand des ottonischen Reichsgebietes sind sie in Reitergräbern seit dem zweiten Drittel des 10. Jahrhunderts vertreten. I. G.

07.01.12 a–c

Sporenpaar mit Schnallen und Riemenschiebern

Oldenburg, Kr. Ostholstein. Burgwall Starigard, Grab 21 (Deutschland)
Eisen
L. 14,5, Br. 7,5 cm, Dornl. 3,2 cm (Sporen); L. 3 cm, Br. 2 cm (Schnallen); L. 2,6 cm, Br. 1,9 cm (Riemenschieber)
Sporen: um 900; Grab 21: Bestattungsphase 935–952/967
Schleswig, Archäologisches Landesmuseum, Stiftung Schleswig-Holsteinische Landesmuseen. Fund-Nr. Old. 02.15.029/030
Lit.: I. Gabriel, Starigard/Oldenburg. Hauptburg der Slawen in Wagrien I. Stratigraphie und Chronologie (Archäologische Ausgrabungen 1973–1982). Offa-Bücher 52 (Neumünster 1984) 126 f. Anm. 31–32. – Ders., Starigard/Oldenburg. Hauptburg der Slawen in Wagrien V. Fürstliches Gräberfeld mit Sakralbauten – Siedlungsbestattungen – Streufunde menschlicher Knochen. Offa-Bücher (Neumünster, in Vorb.)

Eines der ältesten Gräber bei der ersten Kirche von Starigard führt einteilige Sporen mit kunstvoll gerippten Bügeln und Dornstangen. Diese spätkarolingische Sporenentwicklung konnte wegen des Tiefstands diplomatischer Beziehungen am Ende des 9. Jahrhunderts die nördlichen Gebiete anscheinend nicht erreichen. Der Oldenburger Fund ist eine „altertümlich“ wirkende Ausnahme, die im Beginn des zweiten Drittels des 10. Jahrhunderts. mit dem Einsetzen der ottonischen Sporenrezeptionswelle erscheint. Das nur wenig jüngere Nachbargrab 5 führt bereits moderne Sporen mit überlangen Dornstangen. I. G.

07.01.13 Handbuch Abb. 328

Sporn mit langem Stachel

Wrocław. Dominsel (Polen)
Eisen
L. 17,9 cm
2. Hälfte 10. Jh.
Katedra Archeologii Uniwersytetu Wrocławskiego. Inv. Nr. 271a/85
Lit.: unpubliziert

Ein eiserner Sporn mit langem Stachel und u-förmigen Schenkeln. Schenkel und Stachel sind reich verziert. Am Ende der Schenkel rechteckige Nietplatten mit je zwei Nieten. Bei dem Sporn handelt es sich um eine für Mitteleuropa typische Form des 10. Jahrhunderts, die in Polen charakteristisch für die Frühpiastenzeit (Typ I.1 nach Hilczerówna) ist. P. Rz.

07.01.12 a–c

07.01.13

07.01.14

07.02.01

07.02.02

07.01.14

Klappsichel mit Futteral

Gniezno. Burgkomplex (Polen)
Eisen; Geweih
L. 28,4 cm
11. Jh.
Muzeum Archeologiczne w Poznaniu.
Inv. Nr. 1936:338, Kat. Nr. 1936:1921
Lit.: J. Kostrzewskiego (Red.), Gniezno w zaraniu dziejów (od VII do XIII wieku) w świetle wykopalisk (Poznań 1939) 88. – Gniezno pierwsza stolica Polski. Miast świętego Wojciecha. Kat. Wystawy (Gniezno 1995) 98.

Die zusammenklapppbare eiserne Sichel mit gezähnter Schneide gehört zu den interessantesten Funden aus Gnesen. Das Geweihfutteral der Sichel ist reich verziert. Ähnliche Exemplare kamen auch auf anderen frühmittelalterlichen Fundstellen (z. B. in Polen und in der Ukraine) zutage. Klappsicheln waren möglicherweise Bestandteil der Ausrüstung reitender Krieger auf ihren Feldzügen. M. B.

07.02.01

Lanzen- bzw. Standartenschuh

Kouřim, Bez. Kolín. Männergrab 55 (Tschechien)
oberes Donautal, Regensburg?
Silber; Blei; Bronze, tauschiert, z. T. vergoldet
H. 15 cm, Tüllenl. 8,6 cm,
Ende 8./ 1. Hälfte 9. Jh.
Praha, Národní muzeum, Oddělení prehistorie a protohistorie.
Inv. Nr. H-1 96 671
Lit.: M. Šolle, Stará Kouřim a projevy velkomoravské kultury v Čechách (Prag 1966) 260 Abb. 11a.

Der silberne Lanzen- oder Standartenschuh mit Tülle wurde zur linken Schulter ausgerichtet an den Beinen des Bestatteten gefunden. Die Tülle mit einem Holzrest ist auf einen facettierten, mit Bronzeblech bedeckten Sandstein aufgesetzt. Sie ist mit Silber plattiert und durch tauschierte Bleidreiecke in zwei Schmuckfelder geteilt; analog ist sie auch auf beiden Rändern gesäumt. Die Hauptverzierung in den beiden Feldern bildet eine eingetiefte vergoldete, beiderseitig mit Bleitauschierung gesäumte Ranke, die in einer stilisierten fünfblättrigen Blüte endet. Lanzen- bzw. Standartenschuhe erscheinen überwiegend westlich von Böhmen; die nördlichsten Funde erreichen die Elbemündung, die einzige Ausnahme ist der einfache eiserne Schuh aus Staré Město in Mähren.

Der typologisch nächstverwandte Schuh wurde in Regensburg gefunden, ein einfacheres Exemplar stammt vom Gräberfeld Weismain-West. Die Funktion dieses wichtigen Statussymbols des bestatteten „Fürsten“ von Kouřim zeigt der Stuttgarter Psalter aus den Jahren 820 bis 830 in den Szenen mit dem König David. Der Tote aus Grab 55 war außerdem noch mit einem Schwert ohne Griff, einem Satz vergoldeter Bronzebeschläge vom Schwertgurt, Sporen, einem beschlagenen Eimer und einem großen Messer ausgestattet. Er gehörte zur zweiten auf dem Sippengräberfeld im Areal des Burgwalls von Kouřim bestatteten Fürstengeneration. N. P.

07.02.02
Streitaxt
Kouřim, Bez. Kolín. Männergrab 120 (Tschechien)
Eisen, silberplattiert
L. 12 cm, Br. 6,1 cm, Nacken: 2,7 cm x 2,7 cm
1. Hälfte 9. Jh.
Praha, Národní muzeum, Oddělení prehistorie a protohistorie. Inv. Nr. H1–96.634
Lit.: M. Šolle, Stará Kouřim a projevy velkomoravské hmotné kultury v Čechách (Praha 1966) Taf. 11, b.

Eiserne Streitaxt mit fächerartiger Schneide und kugelförmigem Nacken. Die Verzierung besteht aus durchbrochenen, silberplattierten Herz- und Pflanzenornamenten. Im Schaftloch fanden sich Holzreste. Bei ihrer Auffindung lag die Axt in Leinenstoff eingewickelt in der Hand des Verstorbenen. Das einzigartige Stück ist orientalischer Herkunft, die nächsten Parallelen finden sich erst im chazarisch-iranischen Gebiet (z. B. Bilyarsk). Nach Mitteleuropa gelangte die Axt, die als Statussymbol einer „fürstlichen Bestattung“ diente, offensichtlich über das pontische Gebiet. Weitere bedeutende Beigaben waren ein Sax, eine mit Schnallen und Riemenzungen versehene Gürtelgarniur, prachtvolle, mit Goldfolie plattierte und mit Palmetten verzierte Sporen, ein Metalleimer, eine Flasche und ein Messer mit Silbergriff. Die Gruft des Toten hatte man in den Felsen gehauen (2,65 m x 3,30 m x 0,86 m) und mit Steinen ausgekleidet. N. P. u. J. M.

07.02.03

07.02.03
Bartaxt
Lunow, Kr. Eberswalde (Deutschland)
Eisen, bichrom tauschiert, plattiert.
11. Jh.
Blattl. 28,8 cm
Heimatmuseum Angermünde.
Lit. Corpus Archäologischer Quellen zur Frühgeschichte auf dem Gebiet der Deutschen Demokratischen Republik 3 (Berlin 1979) 34 Abb. 61/32. – Das Reich der Salier. Ausstellungskat. Speyer (Sigmaringen 1992) 96.

Die Fundumstände und die genaue Fundstelle dieser prächtigen Axt sind unbekannt. Aufgrund der aufwendigen Messing- und Silbertauschierung dürfte dieses Stück vor allem auch Repräsentationszwecken gedient haben. Die Form der Schneide gab der Axt ihren Namen. Äxte mit solchen lang ausgezogenen „Bärten“ sind eine Entwicklung des 11. und 12. Jahrhunderts. H. N.

07.02.04
Flügellanzenspitze
Hansestadt Demmin (Deutschland)
Eisen
10./11. Jh.
L. 52,5 cm.
Kreisheimatmuseum Demmin. Inv. Nr. 1087.
Lit. Bernward von Hildesheim und das Zeitalter der Ottonen 2. Ausstellungskat. Hildesheim (Mainz 1993) 338.

07.02.04

Flügellanzen erscheinen bereits in spätmerowingischer, vor allem jedoch in karolingischer Zeit. Im Zeitalter der Ottonen waren sie weit verbreitet, weshalb man sie zu den damaligen Standardwaffen rechnen darf. Ihren Namen erhielten diese Lanzen aufgrund der beiden „Flügel" die beidseitig der Tülle angebracht waren. Außer als Stoßwaffe, fanden diese Stücke hauptsächlich als Fahnenlanzen Verwendung, worauf Münzbilder und Darstellungen in der Buchmalerei verweisen. H. N.

07.02.05

Helm

Hradsko, Bez. Melník (Tschechien)
Eisen
H. 20,5 cm
9. Jh.?
Praha, Národní muzeum, Oddělení prehistorie a protohistorie.
Ohne Inv. Nr.
Literatur: R. Turek, Čechy na úsvitě dějin (Praha 1963) 152 Abb. 26. – M. Šolle, Hradsko u Mšena I, Pam. Arch. 68, 1977, 323–393.

07.02.05

Eiserner, stark deformierter aus einem Stück geschmiedeter Kriegerhelm. Der Helm ist wahrscheinlich karolingischer Herkunft und wurde auf dem Burgwall von Hradsko, der vom 8./9. bis in das 11. Jahrhundert datiert, zufällig gefunden. Von hier stammen zwei weitere gleiche Helme, von denen der eine einen einfachen Nasenschutz aufweist. Metallhelme gehörten zu wichtigen Statussymbolen der damaligen Zeit und wurden von Fürsten und fürstlichen Gefolgsleuten getragen. In Böhmen existieren noch zwei Helme aus Prag-Stromovka, die in das 7. bis 8. Jahrhundert datieren. Sie gehören jedoch zu einem zweiteiligen Typ mit Nasenschutz, der an spätrömische Exemplare anknüpft. N. P. u. J. Mi.

07.02.06

07.02.06

Tauschierter Steigbügel

Zbečno, Bez. Rakovník (Tschechien)
Eisen, silber- und kupfertauschiert
L. 24,1 cm, Br. 11,9 cm
10. Jh.
Národní muzeum Praha, Odděleni prehistorie a protohistori. Inv. Nr. 55 071
Lit.: L. Košnar: Raně středověké třmeny ze Zbečna a Kolína Praehistorica X, Varia Archeologica 3 (Praha 1982) 53–74.

Der zufällig zutage gekommene Steigbügel weist eine aufwendige Tauschierung auf. Es handelt sich bei dem Exemplar um einen karolingisch-wikingischen Typ mit rechteckiger Öse und einer flachen Trittfläche. Die Verzierung besteht aus drei achterförmig geflochtenen Schlangenkörpern und sich gegenüberstehenden Vögelchen. Die Bügel haben einen halbkugeligen Querschnitt und sind mit einer Doppelzickzacklinie verziert. Der Steigbügel dürfte am ehesten nordischer Herkunft sein. Bekannt sind Parallelen zu den einzelnen Verzierungselementen jedoch nicht zur deren Kombination, weshalb der Herstellungsort nicht näher bestimmt werden kann. Verloren wurde der Steigbügel wohl im 10. Jahrhundert von einem bedeutenden Gefolgsmann des Fürsten Boleslav I. (935–972) oder seines Sohnes Boleslav II. (972–999). N. P. u. J. Mi.

07.02.07

Stein mit einer Reitergravur

Libušín, Bez. Kladno (Tschechien)
Pläner
H. 31 cm, Br. 20,5 cm
10. Jh.
Archeologické ústav AV ČR. Inv. Nr. 85/49
Lit.: Z. Váňa, Přemyslovský Libušín. Historie a pověst ve světle archeologického výzkumu. Památníky naší minulosti 7, Abb. 42.

Stein mit Gravur eines Reiters, der eine Lanze mit Standarte trägt. Die Gravur ist auf der glatten Vorderseite eines Steines ausgeführt, der ursprünglich Bestandteil der Stützmauer der südwestlichen Ecke der Innenmauer war. J. Mi.

07.02.07

07.02.09 Handbuch Abb. 307

Panzerreiterstatuette

Lisówek (Polen)
Silber
H. 3,4 cm
um 1015
Berlin, Museum für Vor- und Frühgeschichte SMB. Inv. Nr. MM II 20427.
Lit.: H. Seyer, Slawische Schatzfunde des Mittelalters (Berlin 1997) 56 Abb. 22. – Bernward von Hildesheim und das Zeitalter der Ottonen 2. Ausstellungsat. Hildesheim (Hildesheim, Mainz 1993) 335 ff.

Der aus Silberblech bestehende Reiter war Teil eines prächtigen Ohrgehänges, wie sie aus großmährischen Fundkomplexen überliefert sind. Das Figürchen aus dem bei der Leissower Mühle geborgenen Schatzfund (07.07.05) ist mit Helm, Schild und Lanze versehen. Schildzier, Zaum- und Sattelzeug sowie Augen und Nase von Pferd und Reiter deuten Filigranauflagen an.
Dank dem Reisebericht des Ibrāhim ibn Jakūb weiß man von gepanzerten Reitern bei den westslawischen Abodriten. Deren Land war „reich an Pferden, so dass solche von dort exportiert werden“ und seine Krieger „sind mit Waffen vollständig gerüstet, nämlich mit Panzern, Helmen und Schwertern“. H. N.

07.02.09

07.03.01 a

07.03.01–02

Die fürstlichen Bestattungen im Innern der zweiten Kirche des Burgwalls von Starigard/Oldenburg

An herausragender Stelle wurden die Gräber 74 und 75 in übergroßen Baumsärgen (L. 3,10 m bzw. 3 m) ein und derselben Eiche zentral vor dem Altar angelegt. Ein solcher Platz stand in einer Eigenkirche dem Stifter und seinen engsten Angehörigen zu. In Grab 74 wurde ein über 75 Jahre alter Mann bestattet. Vielleicht war er der ðelibor, der „Kleinkönig" (subregulus) von Wagrien, dem der Sachsenherzog im Jahr 967 die Herrschaft entzog und an dessen Sohn weitergab. Im Grab 75 ruhte ein naher Verwandter, eventuell sein jüngerer Bruder oder sogar der genannte Sohn. Fahnenlanze und Waschbecken könnten seinen Rang als „Marschall" und/oder „Truchsess" anzeigen. Der Bestattete war im Alter von 65 bis 75 Jahren verstorben.

Lit.: I. Gabriel, Starigard/Oldenburg. Hauptburg der Slawen in Wagrien V. Fürstliches Gräberfeld mit Sakralbauten – Siedlungsbestattungen – Streufunde menschlicher Knochen. Offa-Bücher (Neumünster, in Vorb.) I. G.

07.03.01 a–d

Burgwall Starigard, Grab 74

Oldenburg, Kr. Ostholstein (Deutschland)
10. Jh.
Schleswig, Archäologisches Landesmuseum, Stiftung Schleswig-Holsteinische Landesmuseen.
Fund-Nr. Old. 08.21.065

a) Schwertgriff

Eisen
L. 103,5 cm, Klingenl. 86,2 cm, Klingenbr. 5,8 cm.

Lit.: A. Geibig, Beiträge zur morphologischen Entwicklung des Schwertes im Mittelalter. Eine Analyse des Fundmaterials vom ausgehenden 8. bis zum 12. Jahrhundert aus Sammlungen der Bundesrepublik Deutschland. Offa-Bücher 71 (Neumünster 1991). – J. Petersen, De norske vikingesverd. En typologisk-kronologisk studie over vikingetidens vaaben. Videnskapsselskapets Skrifter, Historisk-Filosofisk Klasse II, 1919, 1 (Kristiania 1919).

07.03.01 b

Die Knaufkrone hat einen breiten, runden Höcker, der an der konkaven Knaufstange festgedübelt ist. Die Griffangel ist in der Knaufstange verschmiedet, die spitzovale Parierstange gegen die Klinge konkav gebogen. Die Schwertscheide war aus Holz und innen mit Fell ausgelegt. Wegen großer Nähe zu einer angelsächsischen Weiterentwicklung des Typs L nach Petersen ist die Herstellung nach angelsächsischem Muster in einer skandinavischen oder sogar osteuropäischen Werkstatt derzeit nicht auszuschließen.

b) Wetzstein mit Aufhängelochung
Phyllit-Schiefer
L. 18,5 cm.

Bei dem werkstattfrischen Exemplar aus norwegischem Phyllit-Schiefer handelt es sich um einen Qualitätswetzstein von seltener Größe und sehr gleichmäßiger Formgebung, der sicherlich in einem Futteral am Gürtel getragen wurde.

07.03.01 c

c) Hohlperle
Goldblech mit Filigran
Dm. 0,85 cm.

Als Einzelstück bleibt die Funktion hier wie in zwei anderen Oldenburger Gräbern einigermaßen rätselhaft, erwogen wird die Ansprache als „Knopf" am Taufhemd, als Bommel an einer Kordel, einem seidenen Bücherzeichen *(Signacula)* oder als Zierbesatz eines liturgischen Gewandes. Jedenfalls dürfte ein Objekt von reliquienartigem Ansehen vorliegen, wofür es in anderen Oldenburger Gräbern weitere Zeugnisse gibt.

07.03.01 d

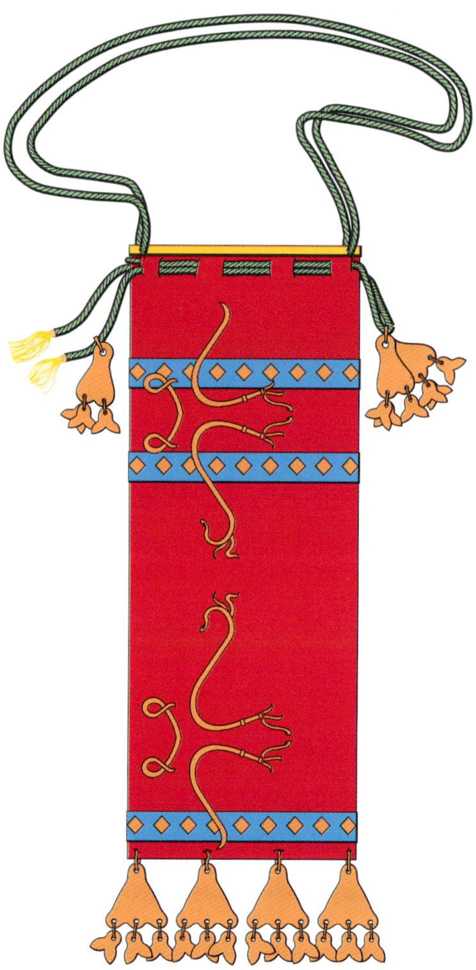

07.03.01 e

d) Brettspielsteine
Bronze; Walrosselfenbein; Walknochen; Walrossknochen
Dm. „Königsfigur“ 3 cm; H. 2,4 cm
Lit.: I. Gabriel, Starigard/Oldenburg. Hauptburg der Slawen in Wagrien V. Fürstliches Gräberfeld mit Sakralbauten – Siedlungsbestattungen – Streufunde menschlicher Knochen. Offa-Bücher (Neumünster, in Vorb.)

Der Königsstein (hnefi) ist aus Bronze mit Silbertauschierung, seine Bügelarme imitieren deutlich eine Bügelkrone. Die Gefolgschaft des Königs besteht aus Knochen, der den Sagen nach rotbraun gefärbt war. Die Gruppe der Angreifer ist aus weißem Elfenbein gemacht. Alle Spielsteine repräsentieren Helme einer Kriegerschar.
Hier wird ein vollständiger Satz von 25 Steinen gezeigt, so wie er nach Material, Größe und Form für das Brettspiel „Hnefatafl“ gebräuchlich war. Die Spielsteine waren eigentlich für andere, seit der Antike bekannte Spiele ausgelegt, insbesondere für das Zwölf-Felder-Spiel *(ludus duodecim scriptorum)*, auch Tricktrack oder Backgammon genannt.

e) Reliquienbeutel
23 cm x 9 cm

Die Überreste des Originals befinden sich in einer Blockbergung und können nicht gezeigt werden, die Grafik veranschaulicht den Forschungsstand auf der Grundlage von Röntgenbildern. Zugschnüre und Farbgebung sind nach dem Vorbild der Beutel von „Nürnberg“ und Beromünster ergänzt. Der Beutel von hochrechteckiger Form ist einseitig mit Rankenornamenten bestickt. Die Platzierung zahlreicher kleiner Rankenendstücke ist unklar; wahrscheinlich wurde ein Geweberest von begrenzter Größe auf einer einzigen Seite des Beutels appliziert. Drei Bänder mit rautenförmigen Goldlahnmustern überlagern das Rankenornament. An der unteren Beutelkante und den oberen Ecken sind vergoldete Klapperbleche eingehängt.
Repräsentative Reliquienbeutel sind in der Regel aus Abschnitten kostbarer Seidengewebe gefertigt und tragen oft zusätzlich zeitgenössische Applikationen, Posamenten und Goldstickerei. I. G.

07.03.02 a

07.03.02 b

07.03.02 a–b
Burgwall Starigard, Grab 75
Oldenburg, Kr. Ostholstein (Deutschland)
Schleswig, Archäologisches Landesmuseum, Stiftung Schleswig-Holsteinische Landesmuseen. Fund-Nr. Old. 08.20.046; Old. 08.20.046

a) Reiterlanze
Eisen
L. 24,3 cm

Die Lanzenspitze aus Grab 75 hat eine lange Tülle mit schmalem Blatt mit kräftiger Rippe. Fundumstände und historischer Gesamtzusammenhang machen eine Deutung als Herrschaftszeichen, näherhin wohl als Fahnenlanze wahrscheinlich.

b) Schüssel
Bronzeblech
Dm. 28,0 cm, H. 6,5 cm.

Das Stück dürfte als Waschbecken anzusprechen sein. I. G.

07.04.01–04
Ottonische Scheibenfibeln vom Burgwall Starigard Oldenburg

Das Erscheinen ottonischer Scheibenfibeln im Norden und vereinzelt im nordwestlichen Siedlungsgebiet der Slawen hat mit der Rezeption christlicher Kleiderordnung zu tun, war zunächst der Gesellschaftsspitze vorbehalten und orientierte sich am Ornat des sächsischen Königshauses. Es muss schon ein Ereignis von starker Faszinationskraft gewesen sein, das dazu führen konnte, sich durch Anlegen der gefibelten Tracht christlich-mediterranen Stils zu exponieren. In erster Linie ist hier die königliche Taufe in Haithabu zu nennen, wo 934 Könige der Nordleute und der Abodriten getauft worden sind. Die Errichtung der Bistümer Schleswig (948) und Oldenburg (972) werden später das Ihre dazu beigetragen haben.
Auch wenn die in Oldenburg gefundenen Fibeln einem recht einfachen Qualitätsniveau zugerechnet werden müssen, ist es schon bezeichnend, dass sich die prunkvollen Vorbilder durchaus benennen lassen: In den bekannten Thron- und Krönungsbildnissen Heinrichs II. findet man am Mantel des Kaisers und der Trabanten, die seine herrscherlichen Waffen präsentieren, formal gleichartige Kreuzfibeln bzw. Kreuzscheibenfibeln.

Lit.: H.-J. Frick, Karolingisch-ottonische Scheibenfibeln des nördlichen Formenkreises. Offa 49/50, 1992/93, 348 ff. – I. Gabriel, Hof- und Sakralkultur sowie Gebrauchs- und Handelsgut im Spiegel der Kleinfunde von Starigard/Oldenburg. Ber. RGK 69, 1988, 137–141; Abb. 13. – Das Reich der Salier 1024–1125. Ausstellungskat. Speyer (Sigmaringen 1992) 108–153 Vitrine 1, A.22; 2, A.28 (Mechthild Schulze-Dörrlamm). – M. Schulze-Dörrlamm, Kreuze mit herzförmigen Armen. Die Bedeutung eines Ziermotivs für die Feinchronologie emaillierter Bronzefibeln des Hochmittelalters. Archäologisches Korrespondenzblatt 18, 1988, 407 Taf. 44,1. – Bernward von Hildesheim und das Zeitalter der Ottonen 1. Ausstellungskat. Hildesheim (Hildesheim, Mainz 1993) 59 Abb. 8. – H. Vierck, Mittel- und westeuropäische Einwirkungen auf die Sachkultur von Haithabu/Schleswig. In: H. Jankuhn u. a. (Hrsg.), Handelsplätze des frühen und hohen Mittelalters. Archäologische und naturwissenschaftliche Untersuchungen an ländlichen und frühstädtischen Siedlungen im deutschen Küstengebiet vom 5. Jahrhundert v. Chr. bis zum 11. Jahrhundert n. Chr. 2 (Weinheim 1984) 400 ff. I. G.

07.04.01

07.04.02

07.04.03

07.04.04

07.04.01
Scheibenfibel
Bronze, gegossen.
Dm. 5 cm
10./11. Jh.
Schleswig, Archäologisches Landesmuseum, Stiftung Schleswig-Holsteinische Landesmuseen.
Fund-Nr. Old. 08.13.073.

Fibel mit kleinem Zentralbuckel und davon ausgehendem Kreuz in Flachrelief. I. G.

07.04.02
Scheibenfibel
Bronze, vergoldet
Dm. 2,4 cm
2. Viertel 10. Jh.
Schleswig, Archäologisches Landesmuseum, Stiftung Schleswig-Holsteinische Landesmuseen.
Fund-Nr. Old. 12.19.202.

Scheibenfibel mit ausgeprägtem, zuckerhutförmigem Buckel und gewelltem Rosettenrand. I. G.

07.04.03
Scheibenfibel
Silber
Dm. 2,7 cm
3. Viertel 10. Jh.
Schleswig, Archäologisches Landesmuseum, Stiftung Schleswig-Holsteinische Landesmuseen.
Fund-Nr. Old. 12.20.018.

Auf dem Zierfeld der Scheibenfibel befindet sich ein dreiteiliges geometrisches Ornament (addorsierende Pelten). Es handelt sich um die Imitation einer filigran- und granulationsgezierten Vorlage. I. G.

07.04.04
Kreuzfibel mit abgerundeten Armen
Bronze; Glas
H. 3,4 cm, Br. 3,2 cm, D. 0,9 cm
10./11. Jh.
Schleswig, Archäologisches Landesmuseum, Stiftung Schleswig-Holsteinische Landesmuseen.
Fund-Nr. Old. 12.13.128

Das gepresste Oberblech fasst gemugelte Glaseinlagen, die Bodenplatte ist angelötet. I. G.

07.04.05

07.04.05
Emailfibel
Flessenow (Deutschland)
Bronze, Emaille
Dm. ca. 4 cm
10./11. Jh.
Archäologisches Landesmuseum und Landesamt für Bodendenkmalpflege Mecklenburg-Vorpommern. Inv. Nr. 93/577,1
Lit.: Unpubliziert

07.04.06–07

07.04.06
Emailscheibenfibel
Bamberg. Domberg, Grab 33 (Deutschland)
Bronze
Dm. 2,1 cm
9./10. Jh.
Bamberg, Diözesanmuseum.
Inv. Nr. 2720/2–21
Lit.: T. Peek, Frühmittelalterliche Funde vom Bamberger Domberg. In: L. Henning (Hrsg.), Geschichte aus Gruben und Scherben. Schr. Hist. Museum Bamberg (Bamberg 1993) 55–58; 158. – E. Wamers, Die Frühmittelalterlichen Lesefunde aus der Löhrstraße (Mainz Hilton II) in Mainz. Mainzer Arch. Schr. 1 (Mainz 1994) 79–81; 222.

Die Emailscheibenfibel mit flachem Plateau und abgesetztem Perlrand kann zu der hauptsächlich zwischen Rhein und Elbe verbreiteten Gruppe von radförmigen Exemplaren gezählt werden. Durch getreppte Winkelstege ist das blaue Innenfeld von den weiß gefüllten Dreipässen getrennt. Die Fibel aus einem Kindergrab gehört zu den ausgesprochen seltenen Trachtbestandteilen des vorbistumzeitlichen Friedhofs auf dem Domberg. T. P.

07.04.07
Emailscheibenfibel
Bamberg. Domberg (Deutschland)
Bronze; Email
Dm. 2,7 cm.
10. Jh.
Bamberg, Diözesanmuseum.
Inv. Nr. 2720/2–22
Lit.: T. Peek, Frühmittelalterliche Funde vom Bamberger Domberg. In: L. Henning (Hrsg.), Geschichte aus Gruben und Scherben. Schr. His. Museum Bamberg (Bamberg 1993) 55–58; 158. – E. Wamers, Die Frühmittelalterlichen Lesefunde aus der Löhrstraße (Mainz Hilton II) in Mainz. Mainzer Arch. Schr. 1 (Mainz 1994) 79–81; 222.

Aus dem Schutt der spätestens 1007 abgerissenen Burgkirche stammt die Scheibenfibel mit leicht erhabenem Plateau und abgesetztem Perlrand. Das Zierfeld ist durch vier peltaförmige Stege kreuzförmig gegliedert, was durch den Wechsel von blauem und weißem Email noch unterstrichen wird.
Die Bamberger Fibel ist die bislang nördlichste einer kleinen Gruppe von 8 Stücken, deren Verbreitungsgebiet sich sonst über das Donautal, Niederösterreich und Slowenien erstreckt. T. P.

07.04.08

07.04.09

07.04.10

07.04.08

Scheibenfibel mit Glasperleneinlage

Friesen, Stadt Kronach (Deutschland)
Bronze
Dm. 2 cm
10. Jh.
Bayerisches Landesamt für Denkmalpflege. Archäologische Außenstelle für Oberfranken, Schloss Seehof.
Lit.: B.-U. Abels/J. Haberstroh, Ausgrabungen und Funde in Oberfranken 11, 1997–1998. Gesch. Obermain. Jahrb. Coll. Hist. Wirsbergense 22, 1999/2000, 43 f.; Abb. 46,2.

Bei der kleinen Scheibenfibel mit Glaseinlage handelt es sich um eine in Nordbayern seltene Arbeit aus dem sogenannten nördlichen Werkstattkreis. Die nächste Parallele aus dieser Serie stammt aus dem unterfränkischen Altbessingen. J. Ha.

07.04.09

Münzfibel

Friesen, Stadt Kronach (Deutschland)
Bronze
Dm. 2,2 cm
1. Hälfte 11. Jh.
Bayerisches Landesamt für Denkmalpflege. Archäologische Außenstelle für Oberfranken, Schloss Seehof.
Lit.: B.-U. Abels/M. Hoppe, Ausgrabungen und Funde in Oberfranken 8, 1991–1992. Jahrb. Coll. Hist. Wirsbergense 19, 1993/94, Abb. 44,5. – B. Wollner, Die Fibel von Friesen. In: 1000 Jahre Kronach 4, 1992, 23. – Das Reich der Salier. Ausstellungskat. Speyer (Sigmaringen 1992) 135 f.

Die nach dem Vorbild eines Denars Heinrich III. (1039–1056) gepresste Fibel besitzt auf ihrer Rückseite zwei Lötstellen. Verwandte Exemplare stammen vor allem aus Norddeutschland und Skandinavien. J. Ha.

07.04.10

Pressblechfibel mit Navicella-Darstellung

Friesen, Stadt Kronach (Deutschland)
Bronze
Dm. 2,2 cm
1. Hälfte 11. Jh.
Bayerisches Landesamt für Denkmalpflege. Archäologische Außenstelle für Oberfranken, Schloss Seehof.
Lit.: unpubliziert

Die gewölbte Pressblechscheibe zeigt auf der Rückseite zwei Lötstellen, die Öse und Nadelrast getragen haben dürften. Ein eng verwandtes Exemplar stammt aus dem sächsischen Zauschwitz-Weideroda. Die nach Münzvorlagen Jaromírs v. Böhmen (1003–1012) gepresste Darstellung zeigt wohl die Heiligen Veit und Modest in einem Boot mit Kreuz und Krummstäben. Die in Böhmen um 1000 einsetzende Veits-Verehrung gibt einen weiteren Hinweis auf die Herkunft der Fibeln, deren Verbreitung bis nach Trier reicht. J. Ha.

07.04.11

Knöpfchenring

Friesen, Stadt Kronach (Deutschland)
Bronze
Dm. 2 cm
10. Jh.
Bayerisches Landesamt für Denkmalpflege. Archäologisches Außenstelle für Oberfranken, Schloss Seehof.
Lit.: B.-U. Abels/J. Haberstroh, Ausgrabungen und Funde in Oberfranken 9, 1993–1994. Gesch. Obermain – Jahrb. Coll. Hist. Wirsbergense 20, 1995/96, Abb. 31,2.

07.04.11

Der Ringtyp ist charakteristisch für den Bijelo-Brdo Horizont bzw. die Stufe Köttlach II, die im südostalpinen Raum durch Gräberfelder des 10./11. Jahrhunderts definiert ist. Die Ringe gehören meist zum Kopfschmuck, selten fanden sie als Fingerringe Verwendung. In den zahlreichen karolingisch-ottonischen Friedhöfen Nordostbayerns ist die Form kaum vertreten. Siedlungsfunde wie in Friesen sind nur vereinzelt auch in westlichen Fundzusammenhängen (Runder Berg bei Urach) nachgewiesen. J. Ha.

07.04.12

07.04.13

07.04.12
Halsschmuck
Hohenberg/Eger, Lkr. Wunsiedel (Deutschland)
Goldblech; Türkis
Dm. 2,6 cm
Ende 10./11. Jh.
Privatbesitz Dr. med. F. W. Singer, Arzberg.

Das Schmuckstück wurde bei Hohenberg als Lesefund geborgen. In einen Stern ist eine Rosette eingeschrieben mit einem Türkis im Zentrum; die übrigen Einlagen fehlen. Seitliche Bandösen legen eine Verwendung als Zier eines zweibahnigen Halsbands, ähnlich byzantinischer Vorbilder, nahe. Nach Technik und Form datiert es wahrscheinlich ans Ende des 10. bzw. ins 11. Jahrhundert. Damit liegt um das Jahr 1000 der erste Hinweis auf hochgestellte Personen im Egertal vor, was die Bedeutung des Fernwegs durch das Fichtelgebirge betont. E. Wi.

07.04.13
Riemenbesatz mit Grubenschmelz
Friesen, Stadt Kronach (Deutschland)
Bronze
L. 4,3 cm
9./10. Jh.
Privatbesitz G. Förtsch
Lit.: B.-U. Abels/J. Haberstroh, Ausgrabungen und Funde in Oberfranken 11, 1997–1998. Gesch. Obermain. Jahrb. Coll. Hist. Wirsbergense 22, 1999/2000, 43 f. Abb. 46, 1.

Der rechteckige Riemenbesatz mit Emaileinlage gehörte zu einer Schwert- oder Pferdegeschirrgarnitur. Auf der Rückseite des Besatzes befinden sich vier angegossene Ösen. Die Schauseite zeigt zwei Paradiesvögel, die an einem stilisierten Lebensbaum picken. Das seltene Stück gehört der Stufe Köttlach II an, die im karantanischen Raum in das 10./11. Jh. datiert ist. Ein nahezu werkstattgleicher Fund stammt aus einem ungarischen Gräberfeld (freundl. Hinweis M. Schulze-Dörrlamm, Mainz und E. Wamers, Frankfurt/M.). J. Ha.

07.04.14

07.04.14–18
Die Burg von Neudorf-Kahlberg

Die zuletzt im frühen Mittelalter ausgebaute Burg von Neudorf-Kahlberg besitzt am Übergang des Bergsporns zur Hochfläche der Fränkischen Alb drei Abschnittswälle. Dem äussersten der bis zu einer Höhe von drei Metern erhaltenen Wälle ist zusätzlich ein Graben vorgelagert. In der jüngsten Ausbauphase erreichte man damit eine für ottonische Anlagen charakteristische Gliederung des Befestigungssystems.
Reitzubehör und zerstörte Waffen des 10. Jahrhunderts aus der Befestigung lassen auf die Anwesenheit berittener Krieger schließen. Die Qualität der Rüstungsteile erinnert dabei an das benachbarte große Gräberfeld von Weismain, in dem seit dem 8. Jahrhundert auch privilegierte Familien bis zum Ende der Beigabensitte im 10. Jahrhundert (?) bestatteten und am Landesausbau mitwirkten. J. Ha.

07.04.14
Riemenverteiler
Neudorf-Kahlberg, Stadt Weismain
(Deutschland)
Eisen
Dm. 6,8 cm
10./1. Hälfte 11. Jh.
Privatbesitz W. Gimperlein

Zum Reit- und Pferdegeschirr zählt ein kreuzförmiger und mit Kreisaugen verzierter Riemenverteiler. J. Ha.

07.04.15–18

07.04.15–18.
Vier Pfeilspitzen
Neudorf-Kahlberg, Stadt Weismain
(Deutschland)
Eisen
L. 6,2 cm–18,6 cm
10. Jh.
Privatbesitz W. Gimperlein

Die Auswahl zeigt mit den Widerhakenspitzen charakteristische Vertreter des 10. Jahrhunderts. Die Spitze mit rautenförmigem Blatt und abgesetztem Schaftdorn besitzt dagegen Merkmale, wie sie für ungarische, aber auch skandinavische Pfeilspitzen typisch sind. J. Ha.

07.05.02

07.05.02

Hnefistein

Janów Pomorski/Truso (Polen)
Bernstein
H. 2,0 cm, Bodendm. ca. 2 cm
9.–Anfang 10. Jh.
Elbląg, Muzeum w Elblągu. Inv. Nr. ME 1058/2604
Lit.: I. Gabriel, Ber. RGK 69, 1988, 229–236.

Halbkugelähnlicher Hnefistein aus durchschimmerndem, orange-gelbem Bernstein mit polierter Oberfläche. M. F. J.

07.05.03

07.05.03

Fragment eines Mühlespielbrettes

Libice nad Cidlinou, Bez. Nymburk (Tschechien)
Pläner (heller Mergel)
L. 9,24 cm, Br. 7,96 cm, H. 2,95 cm
10. Jh.
Praha, Archeologický ústav AV ČR.
Ohne Inv. Nr. (Fundsituation Nr. 453/87)
Lit.: J. Justová, Archeologický výzkum na předhradí slovanského hradiště v Libici nad Cidlinou a v jeho zázemí v letech 1985–1989. (Předběžná zpráva). Archeologické rozhledy 42, 1990, 670; 730 Taf. 8:2.

Das Eckfragment eines Spielbrettes aus Pläner wurde auf der Vorburg gefunden. Als Ergänzung dieses Fundes ist ein Knochenspielstein aus der Hauptburg von Libice erwähnenswert. J. P.

07.05.04

Spielstein

Libice nad Cidlinou, Bez. Nymburk (Tschechien)
Knochen
Dm. 3,7 cm, Br. 8 cm
10. Jh.
Praha, Archeologický ústav AV ČR.
Ohne Inv. Nr.
Lit.: J.Kavá, Hrací kámen z Libice nad Cidlinou, Pam. Arch. 66, 1975, 348–449.

Runder, ritzverzierter Spielstein aus Knochen. Beide Seiten ziert ein rundes Zierfeld mit einer sechsblättrigen Rosette und sechs Kreisaugen. Das Zierfeld ist auf einer Seite von einem Zick-Zack-Band und auf der anderen Seite von einem Band aus hängenden Dreiecken eingerahmt. Das Stück wurde im Burgwall von Libice in der Nähe des zeitlich jüngeren Palastes gefunden. J. Mi.

07.05.04

07.05.05

07.05.05

Schachfigur

Wrocław. Dominsel (Polen)
Hirschgeweih
H. 5,7 cm
1. Hälfte 12. Jh.
Katedra Archeologii Uniwersytetu Wrocławskiego. Inv. Nr. 22a/74
Lit.: K. Jaworski, Wyroby z kości i poroża w kulturze wczesnośredniowiecznego Ostrowa Tumskiego (Wrocław, Warszawa 1990) 43–53 Abb. 17.

Pferdefigur mit schwach kegelförmigem Hals, der in einen stilisierten Kopf übergeht. Auf dem Kopf eine stilisierte, abstehende Pferdemähne. Die Schachfigur von der Dominsel in Breslau gehört zu seltenen Funden aus Polen. Sie weist Merkmale auf, die arabische Formen mit skandinavischen Darstellungen verbindet. P. Rz.

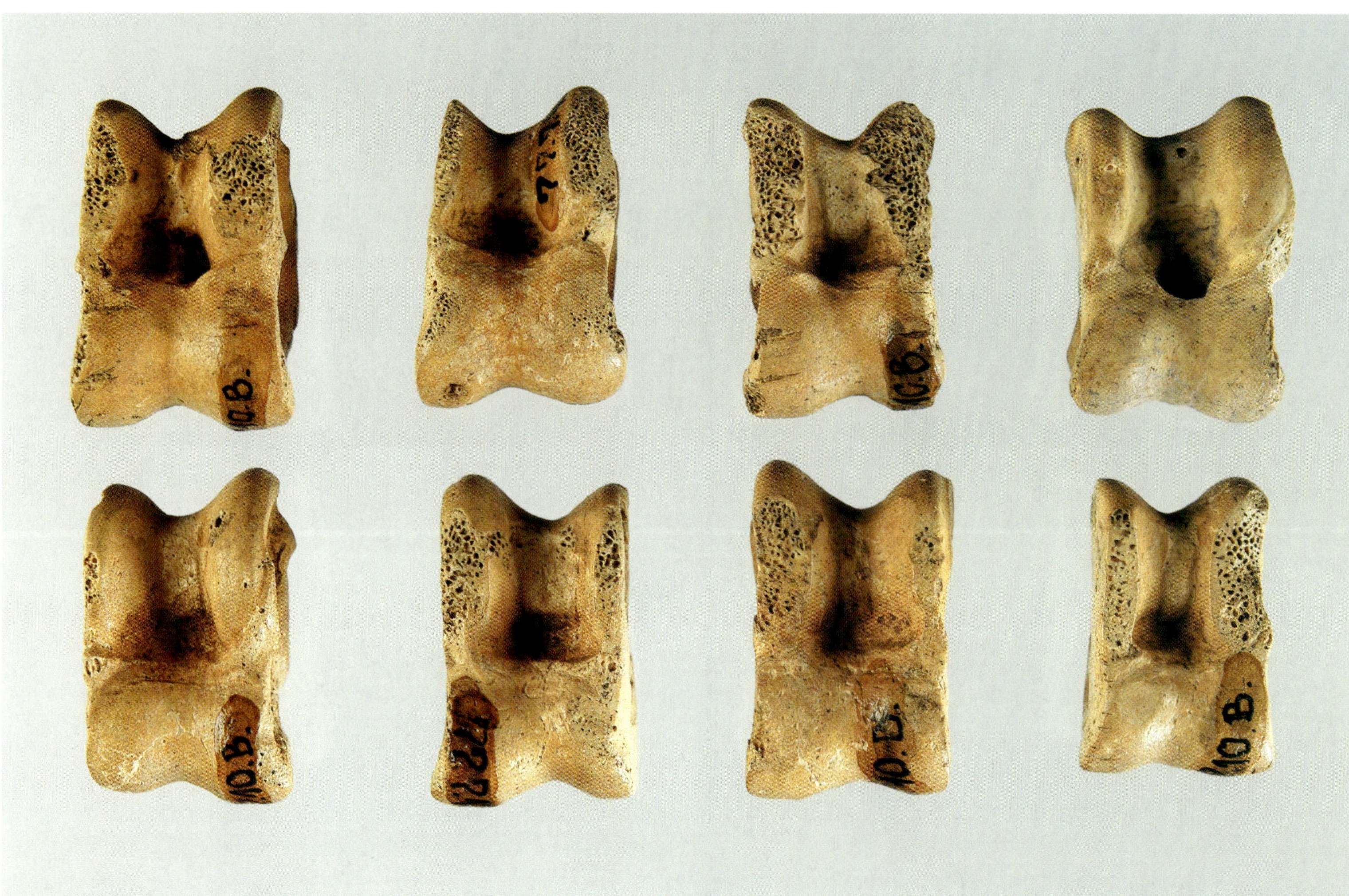

07.05.06

07.05.06
Acht Spielknochen
Veresegyház-Ivacs (Ungarn)
Schafknochen
Dm. 3 cm x 1,8 cm
11. Jh.
Budapest, Magyar Nemzeti Múzeum.
Inv. Nr. 77.7.10.B
Lit.: K. Mesterházy, Településásatás Veresegyház-Ivacson. Com. Arch. Hung. 1983, 134–162.

Insgesamt zehn Spielknochen mit geschliffener Oberfläche fanden sich vor dem Eingang eines freigelegten Hauses von Veresegyház-Ivacs. Halbkugelige Vertiefungen, auf den Knochen hängen möglicherweise mit dem Spielwert der Figuren zusammen. Ähnliche Spielsteine aus Schafknochen *(Astragalos)*, mit denen man eine Art Würfelspiel gespielt hat, sind nicht nur aus ungarischen Friedhöfen und Siedlungen bekannt, sondern auch aus mehreren Fundorten in Russland. Das Spiel ist nicht bekannt, seine Popularität belegen burjatische Heldenlieder, die das Spiel mit Fersenknochen von Tieren erwähnen. M. W.

07.05.07
Flöte
Brandenburg/Havel (Deutschland)
Schafknochen
L. 18,6 cm
10.–12. Jh.
Brandenburgisches Landesamt für Denkmalpflege und Archäologisches Landesmuseum. Inv. Nr. 1965:22
Lit.: Corpus Archäologischer Quellen zur Frühgeschichte auf dem Gebiet der Deutschen Demokratischen Republik (7.–12. Jahrundert 3 (Berlin 1979) Nr. 80/13. – Ch. Brade, Die mittelalterlichen Kernspaltflöten Mittel- und Nordeuropas. Ein Beitrag zur Überlieferung prähistorischer und zur Typologie mittelalterlicher Kernspaltflöten (Neumünster 1975).

Aus der *Tibia* vom Schaf gefertigte Flöte mit dem Pfeifloch und zwei Grifflöchern auf der Oberseite. Bei der zusammen mit slawischer Keramik des 10. bis 12. Jahrhunderts in der Uferrandzone einer Siedlung gefundenen Flöte handelt es sich um ein in slawischer Zeit weit verbreitetes Musikinstrument. K. G.

07.05.08
Flöte
Opole-Ostrówek. Burg (Polen)
Fliederholz
L. 16 cm
11. Jh.
Wrocław, Instytut Archeologii i Etnologii PAN, Oddział we Wrocławiu.
Inv. Nr 417b/65
Lit.: J. Bukowska-Gedigowa/B. Gediga, Wczesnośredniowieczny gród na Ostrówku w Opolu (Wrocław 1986) 110 Abb. 12.

Während der Ausgrabungen auf dem slawischen Burgwall in Oppeln in der Verfüllung von Haus Nr. 62 entdeckt. Das Mundstück der aus Fliederholz gefertigten Flöte war beschädigt B. G.

07.05.09
Saiteninstrument
Opole-Ostrówek. Burg (Polen)
Fichtenrinde; Fichtenholz
L. 22,5 cm
Ende 10. – Anfang 11. Jh.
Wrocław, Instytut Archeologii i Etnologii PAN, Oddział we Wrocławiu.
Inv. Nr 594/68
Lit.: J. Bukowska-Gedigowa/B. Gediga, Wczesnośredniowieczny gród na Ostrówku w Opolu (Wrocław 1986) 39 Abb. 14, 1.

Während der Ausgrabungen auf dem slawischen Burgwall in Oppeln in einer Grube (Nr. 11/68) vom Ende des 10. Jahrhunderts gefunden. Es handelt sich um ein Saiteninstrument aus Rinde mit drei erhaltenen Saitenspannern und einer Querleiste aus Holz. Die in geringen Resten erhaltenen Seiten bestanden aus Rossschweifhaaren B. G.

07.05.07

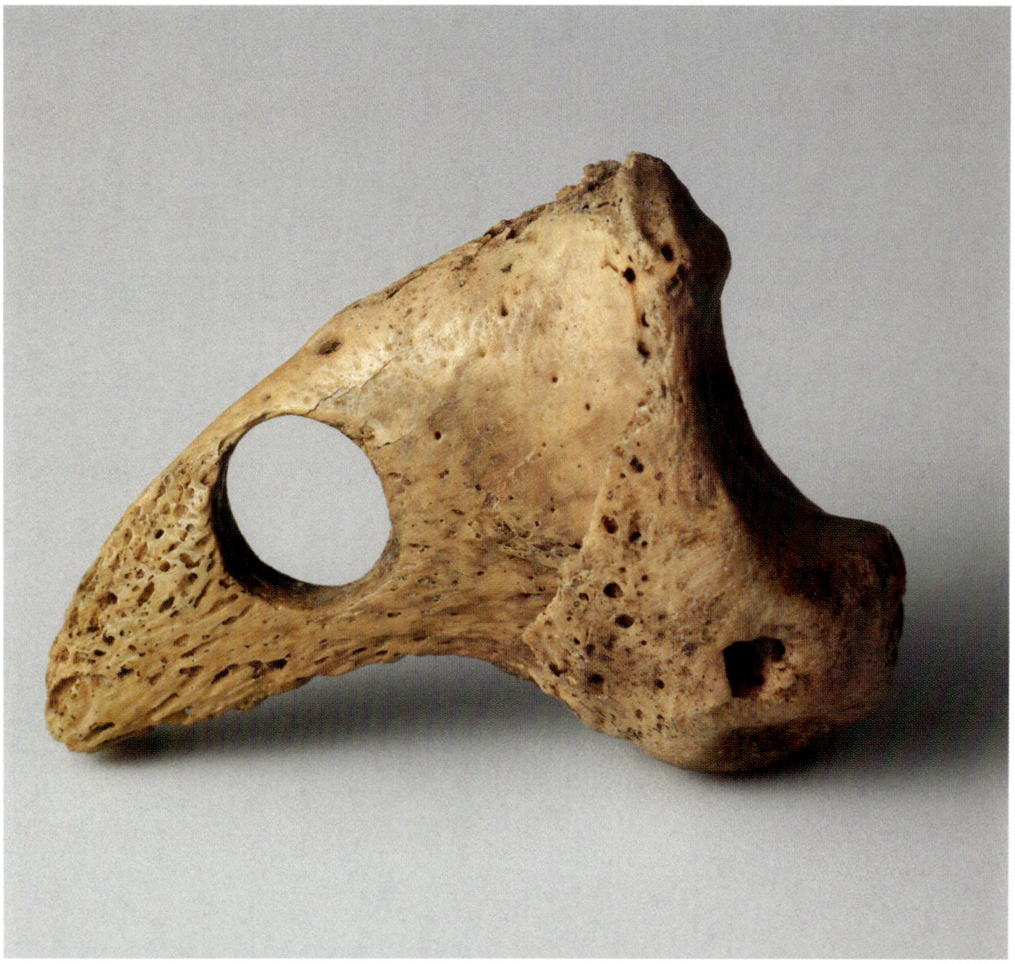

07.06.01

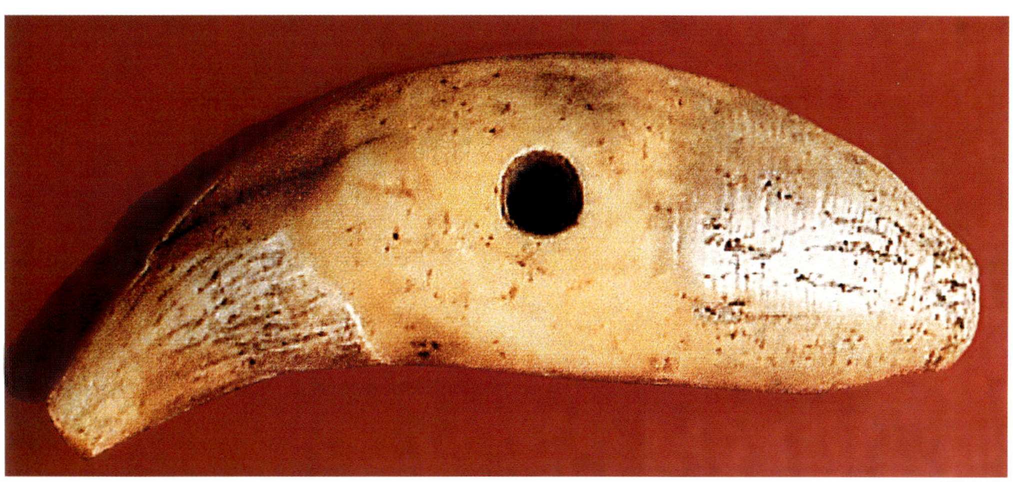

07.06.02

07.06.01

Durchbohrte Bärenklaue

Olomouc (Tschechien)
Horn
L. 3,1 cm
10.–12. Jh.
Olomouc, Památkový ústav.
Inv. Nr. 8912/95
Lit.: J. Bláha, Církevní a laická společnost v Olomouci v některých projevech středověké hmotné kultury. Archaeologia Historica 21, 1996, 176–177 Abb. 2, 3.

07.06.02 Handbuch Abb. 277

Bärenzahnanhänger

Olomouc (Tschechien)
Zahnbein
H. 8,3 cm
10.–12. Jh.
Olomouc, Památkový ústav.
Inv. Nr. 4055/95
Lit.: J. Bláha, Církevní a laická společnost v Olomouci v některých projevech středověké hmotné kultury. Arch. Historica 21, 1996, 176–177 Abb. 2, 5.

Der durchlochte Bäreneckzahn wurde 1995 in der befestigten Vorburg von Olmütz zusammen mit weiteren Gegenständen gefunden, die ebenfalls zweifellos als Amulette dienten. Die Konzentration von Funden dieser Art (Kat. Nr. 07.06.01; 07.06.03) in der sozial exklusiven Umwelt der Olmützer Burg und zudem in allernächster Nähe des Gehöftes der ersten hiesigen Bischöfe im 10./12. Jahrhundert ist überraschend. Anhand von ähnlichen Befunden wäre zu erwägen, ob es sich um eine Konfiskation handeln könnte, also um Gegenstände, die bei der lokalen Bevölkerung des Suburbiums beschlagnahmt worden waren. Deren heidnische Gebräuche sind für diesen Zeitraum verhältnismäßig häufig archäologisch belegt. Reißzähne, Klauen und andere Teile der Bärenpranke spielten in den noch vorhandenen heidnischen Vorstellungen eine bedeutende Rolle, da ihnen „Bären"kräfte, apotropäische und heilkräftige Wirkungen zugeschrieben wurden. J. B.

07.06.03 Handbuch Abb. 276

Haifischzahn

Olomouc (Tschechien)
Zahnbein
2,5 cm x 1,5 cm
11.–12. Jh.
Olomouc, Památkový ústav.
Inv. Nr. 8914/95
Lit.: J. Bláha, Církevní a laická společnost v Olomouci v některých projevech středověké hmotné kultury. Archaeologia Historica 21, 1996, 176–177 Abb.2, 6.

07.06.04

Haifischzahn-Amulett und Anhänger mit griechischer Inschrift

Piliny-Leshegy. Grab 2 und 3 (Ungarn)
Zahnbein; Silber; Bronze
L. 3,5 cm, Dm. 1,8 cm (Amulett)
10. Jh.
Budapest, Magyar Nemzeti Múzeum.
Inv. Nr. 44/1898.2463 und 2452
Lit.: I. Dienes, Die landnehmenden Ungarn (Budapest 1972) 49. – J. Hampel, A honfoglalási kor hazai emlékei. In: Gy. Pauler/S. Szilágyi (Red.), A magyar honfoglalás kútfői (1900) 515–528.

Der Pilinyer Fund ist eine sonderbare Verknüpfung von heidnischen und christlichen Symbolen. In zwei nebeneinanderliegenden Frauengräbern trug eine der Bestatteten am Hals ein Amulett aus einem Haifischzahn in Silberfassung, während bei der anderen Toten ein Anhänger mit griechischer Inschrift gefunden wurde. Dieser Synkretismus ist bei den Ungarn der Landnahmezeit öfter zu beobachten. So finden sich in Gräbern mit typisch heidnischem Ritus – zuweilen in Gesellschaft anderer Amulette – Brustkreuze. Religiöse Intoleranz oder die ausschließliche Verehrung einer bestimmten Gottheit war den damaligen Menschen fremd. Schönster Beweis ist außer der Taschenplatte von Tiszabezdéd vor allem der Fund von Piliny. Die Aufschrift in griechischen Buchstaben auf dem Anhänger lautet: „Herr, hilf János, Amen". L. R.

07.06.03

07.06.04 u. 10

07.06.05

07.06.06

07.06.05

Zwei bogenförmige Anhänger

Stará Kouřim, Bez. Kolín. Gräberfeld am Libuše-Weiher (Tschechien)
2. Hälfte 9. Jh.
Silber, vergoldet; Zahnbein
L. 5,3 cm, Br. 2,5 cm, D. 0,8 cm; L. 5,3 cm, Br. 2,5 cm, D. 1 cm
Praha, Národní muzeum, Oddělení prehistorie a protohistorie. Inv. Nr. NM–11564, 11565
Lit.: M. Šolle, Stará Kouřim a projevy velkomoravské kultury v Čechách (Praha 1966) 79; 59 Abb. 13 a, Gr. 49b, 1a–1b.

Den Kern der beiden Anhänger bildet der Tierzahn, der komplett durch ein bogenförmiges, aus drei Manschetten zusammengesetztes Silberröhrchen geschützt wird. Bei einem Anhänger ist die Manschette beschädigt, so dass der darin enthaltene Zahn als Eberhauer bestimmt werden konnte. Die Ränder der vergoldeten Silbermanschetten sind bei beiden Anhängern mit einem Filigrandraht eingefasst, die Manschette auf der Schauseite mit Granulationskörnern verziert. Die als Amulett dienenden Anhänger waren wahrscheinlich an einem silbernen Kettenhalsband aufgehängt. Eine Parallele der Alt-Kouřimer Amulettanhänger stellt der silberne Anhänger aus Staré Mesto in Mähren dar, der zusammen mit einem Silberhalsband in einem Kindergrab gefunden wurde. Ein weiterer Amulettanhänger ähnlicher Form, jedoch aus Gold mit einem Elfenbeinkern, stammt aus dem im Jahre 1864 in der Gemarkung der Stadt Kolín gefundenen „Fürstengrab“. A. B.

07.06.06

Halbmondförmiger Anhänger

Mikulčice. Hauptburg, Grab 550 (Tschechien)
Gold
H. 2,0 cm, Br. 2,6 cm
9. Jh.
Brno, Archeologický ústav AV ČR.
Inv. Nr. 594–1424/57
Lit.: J. Poulík, Svědectví výzkumů a pramenů archeologických o Velké Morave. In: J. Poulík – B. Chropovský a kol., Velká Moravě a počátky československé státnosti (Praha 1985) Taf. 8.

Der Lunula-Anhänger hat einen filigranverzierten Rand und ist auf der Vorderseite mit Rauten in Granulationstechnik verziert. Die Aufhängeöse besteht aus einem flachen, doppelt gerieften Band und ist mit einem Niet an der Rückseite befestigt. In dem in der

07.06.07

Nähe des Ostflügels der Basilika gelegenen Grab 550 fanden sich zudem ein vergoldeter und ein silberner Kugelknopf, eine silberne Perle mit Granulation, Fragmenten eines bronzenen Ohrringes und ein Eisenmesser. L. P.

07.06.07

Zopfscheibenpaar

Sárospatak-Baksahomok. Grab 3 (Ungarn)
Silber, vergoldet
Dm. 5,2 cm
10. Jh.
Budapest, Magyar Nemzeti Múzeum.
Inv. Nr. 59.5.3.A
Lit.: I. Dienes, Die landnehmenden Ungarn (Budapest 1972) Abb. 36–37. – I. Fodor, Tiszaeszlár-Bashalom, Rakamaz-Strázsadomb, Sárospatak-Baksahomok; Sóshartyán-Murahegy. In: The Ancient Hungarians. Ausstellungskat. Budapest (Budapest 1996) 168–171.

Auf den Zopfscheiben ist ein schön gearbeiteter und fein gravierter Lebensbaum dargestellt. Nach dem Glauben der Ungarn des 10. Jahrhunderts gliedert sich die Welt in drei Teile: Den mittleren Teil bildet die irdische Welt, den oberen Teil bewohnen die Götter und Geister, während im unterer Teil, der finsteren Totenwelt, die bösen Geister leben. Dies alles verbindet der Lebens- oder Weltenbaum, dessen Wurzelwerk in die untere und dessen Wipfel in die obere Welt hineinreicht. Auf dem Baumwipfel sitzt ein zauberkräftiger Vogel, der die Seele der Neugeborenen aus dem Himmel herabholt, damit die Ahnen so in einem jungen Mitglied der Sippe wiedergeboren werden. Daher werden die Palmettendarstellungen, die Schmuck, Waffen und Würdezeichen der Ungarn bedecken, als Lebensbaum gedeutet. L. R.

07.06.08

07.06.09

07.06.08

Zopfscheibenpaar

Algebrő-Mocsáros. Grab 20 (Ungarn)
Silber, vergoldet
Dm. 7,4 cm
10. Jh.
Eger, Dobó István Múzeum. Inv. Nr. 63.9.35
Lit.: J. Gy. Szabó, A honfoglalás kori lemezes korongok viselete. EMÈ 1, 1963, 103–105.

Zu den prachtvollsten Stücken der Frauentracht gehören die meist paarweise gefundenen Zopfscheiben. Sie wurden in Brusthöhe an Bändern befestigt, die in die Zöpfe eingeflochten wurden. Auf ihnen sind meist Pflanzenmotive und seltener mythische Tierfiguren dargestellt. Zopfscheiben gehören zu den aus dem Osten mitgebrachten Trachtelementen, deren Gebrauch sich bis in die erste Hälfte des 11. Jahrhunderts nachweisen lässt. L. R.

07.06.09

Goldplatten des Gesichtstuches

Rakamaz-Strázsadomb. Grab A (Ungarn)
Goldblech
Augenplatte: 8,3 x 4,2 cm;
Mundplatte: 9,3 x 5,7 cm
10. Jh.
Nyíregyháza, Jósa András Múzeum. Nicht inventarisiert
Lit.: I. Dienes, Szabolcs-Szatmár megye régészeti emlékei II. A Fels?-Tisza-vidék a 10. Században. In: G. Entz (Red.). Szabolcs-Szatmár megyei mőemlékei I Budapest 1986) 97. – I. Fodor, Tiszaeszlár-Bashalom, Rakamaz-Strázsadomb, Sárospatak-Baksahomok; Sóshartyán-Murahegy. In: The Ancient Hungarians. Ausstellungskat. Budapest (Budapest 1996) 110–119.

Auf das Gesichtstuch des hochrangigen Mannes waren eine goldene Augen- und eine Mundplatte in Pflaumenkernform aufgenäht. Nach einem bis heute lebendigen Volksglauben schadet der Blick des Verstorbenen, weshalb man ihn mit einem Gesichtstuch bedeckt. Die Öffnungen in Augen- und Mundplatte wiederum sollen dem Toten die Orientierung auf dem Weg ins Jenseits ermöglichen. Auch in anderen Gräbern wurden Spuren dieses Totenbrauchs beobachtet, der ein Element der Glaubenswelt aus ugrischer Zeit verkörpert. Die nächsten Vergleichsfunde kommen aus dem Gebiet der *Magna Hungaria* an der Kama, und aus Baschkirien. L. R.

07.06.10

s. unter 07.06.04

07.06.11

07.06.12

07.06.11
Kugelknopf
Stará Kouřim, Bez. Kolín. Gräberfeld am Libuše-Weiher (Tschechien)
Ende 9. Jh.
Bronze, vergoldet
Dm. 1,7 cm
Praha, Národní muzeum, Oddělení prehistorie a protohistorie. Inv. Nr. NM–118697
Lit.: M. Šolle, Stará Kouřim a projevy velkomoravské kultury v Čechách (Praha 1966) 81; 268 Abb. 13, b; Gr. 113 a, 1a–b.

Der Kugelknopf ist mit erhabenem geometrischem Flechtornament und Malteserkreuzchen auf gepunztem Hintergrund in rhombischen Zierfeldern verziert. Er gehört zu einem Kugelknopfpaar, das in einem Kindergrab (Gr. 113 a) gefunden wurde. An Beigaben fanden sich noch olivenförmige Glasperlen, ein Eimer, eine Tonflasche und drei gegossene halbkugelige, vergoldete Kupferbeschläge mit Pflanzendekor, deren direkte Parallelen aus dem bekannten Fundkomplex von Blatnica stammen. Die Kugelknöpfe wurden, wenngleich hier spätawarische Gusstechnik und karolingisches Dekor des beginnenden 9. Jahrhunderts Verwendung fanden, in einer Werkstatt, die am Ende des 9. Jahrhunderts in Böhmen in großmährischer Tradition produzierte, hergestellt. Das christliche Kreuz hat dabei vor allem dekorative Bedeutung, zeugt jedoch gleichzeitig von Kontakten zu einer christlichen Kultur. A. B.

07.06.12
Kugelknopf
Praha. Prager Burg (Tschechien)
9./10. Jh.
Bronze, vergoldet
Praha, Národní muzeum, Oddělení prehistorie a protohistorie. Inv. Nr. NM–42635
Lit.: K. Sklenář/J. Sláma, Nález slovanských kostrových hrobův bývalé Kráovské zahradě Pražského hradu v roce 1837, Arch. rozhledy 28, 1976, 659–664.

Aus den durch die Bautätigkeit im Königlichen Garten im Jahre 1837 zerstörten Gräbern (zwischen dem Lustschloss Belvedere und dem Ballhaus) stammt ein Kugelknopf aus vergoldetem Bronzeblech mit gleicharmigem Kreuz in einem runden Feld. Ein identisches Dekor hat auch der Kugelknopf vom Gräberfeld im Lumbe-Garten, das ebenfalls in unmittelbarer Nachbarschaft der Prager Burg liegt und Einflüsse der großmährischen Kultur sowie des sich nach Böhmen ausbreitenden Christentums aufweist. Da man aus Mähren keine Kugelknöpfe mit Kreuzdekor in runden Feldern kennt, dürften diese böhmischer Provenienz sein. A. B.

07.06.13

07.06.14

07.06.13
Kollier
Libice nad Cidlinou, Bez. Nymburk (Tschechien)
Glas; Bernstein
L. 3,35 cm, Br. 2,5 cm (Kreuzchen)
1. Hälfte 10. Jh.
Praha, Národní muzeum, Oddělení prehistorie a protohistorie.
Inv. Nr. 310.060–310.061.
Lit.: R. Turek, Pohřebiště na vnitřním hradisku. Sborník Národního muzea v Praze A 32 (1978) Nr. 1–4; 62–63 Taf. 11, 1.

Kollier aus zwei prismatischen blauen, zwei länglich runden gelblichen und 403 kleinen grünen Perlen sowie einem Bernsteinkreuzchen mit sich verbreiternden Armen. Das Kollier gehörte zu den Beigaben des Grabes Nr. 159 das in der Umgebung der Kirche des Burgwalls von Libice zutage kam. J. Mi.

07.06.14 Handbuch Abb. 329
Kruzifixanhänger (Kopie)
Wrocław. Dominsel (Polen)
Zinn
L. 2,65 cm, Br. 3 cm
2. Hälfte 10. Jh.
Wrocław, Zbiory Katedry Archeologii Uniwersytetu Wrocławskiego. Inv. Nr. 165d/78.

07.06.15 Handbuch Abb. 393
Taschenplatte
Tiszabezdéd. Grab 8 (Ungarn)
Kupfer, vergoldet
13,6 cm x 15,6 cm
1. Hälfte 10. Jh.
Budapest, Magyar Nemzeti Múzeum.
Inv. Nr. 86/1896.236a
Lit.: J. Hampel, Die Alterthümer des frühen Mitelalters in Ungarn II (Budapest 1905) 513–523. – Gy. László, A honfoglaló magyar nép élete (Budapest 1944) 128–134. – L. Révész, Voltak-e nagycsaládi temetői a honfoglaló magyaroknak? MFMÈ 1984–1985/2 (1991) 619–620.

Die Taschenplatte von Tiszabezdéd beweist, dass die Ungarn auch Elemente anderer Religionen kannten und nicht ablehnten. Beim zentralen Palmettenornament handelt es sich wohl um die Darstellung des Lebensbaumes, der in der ungarischen Glaubenswelt eine Schlüsselrolle spielte und der ein christliches, byzantinisches Kreuz umschließt. Diese Komposition wird beidseitig von mythischen Tierfiguren begleitet, deren eine als der pfauenschwänzige Drache des iranischen Zoroastrismus (Senmurw) gedeutet wird.
Man nimmt an, dass die Bedeutung solcher Motive verstanden und sie von den Ungarn nicht nur als Ornament verwendet wurden. Manche halten diese Taschenplatte für so archaisch, dass sie ihre Herstellung nicht im Karpatenbecken, sondern noch im 9. Jahrhundert, im Etelköz vermuten. L. R.

07.06.15

07.06.16

07.06.17

07.06.16–17

Pektoralkreuze vom Burgwall Starigard/Oldenburg (Deutschland)

Die erste Periode des Oldenburger Bistums (972–983) ist durch eine stattliche Anzahl von Funden christlicher Sakralobjekte gekennzeichnet, darunter sind Fragmente von Läuteglocken und Reliquienkästen, außerdem gibt es Applikations- und Pektoralkreuze.
Lit.: I. Gabriel, Hof- und Sakralkultur sowie Gebrauchs- und Handelsgut im Spiegel der Kleinfunde von Starigard/Oldenburg. Ber. RGK 69, 1988, 149 Abb. 16, 4.6. – Ders., Christentum und Heidentum. In: Müller-Wille (Hrsg.) Starigard/Oldenburg (Neumünster 1991) 281. – Ders., Slawische Stammesreligion – Kulturfaszination – Zerstörung des Oldenburger Bistums. In: Bernward von Hildesheim und das Zeitalter der Ottonen 2. Ausstellungskat. Hildesheim (Hildesheim, Mainz 1993) 340 Nr. VI.12–13. I. G.

07.06.16

Pektoralkreuz mit Kreisaugenzier

Oldenburg, Kr. Ostholstein (Deutschland)
Messingblech
H. 2,7 cm, Br. 2,3 cm, D. 0,2 cm
10. Jh.
Schleswig, Archäologisches Landesmuseum, Stiftung Schleswig-Holsteinische Landesmuseen.
Fund-Nr. Old. 12.12.079.

Das gleicharmige Kreuz mit leicht verbreiterten Armen ist aus einer Messingblechplatte geschnitten und mit Ringaugenzier versehen. Silberne Pektoralkreuze dieses Typs sind – teils gegossen, teils gleichfalls aus Blech geschnitten – aus Schatzfunden und aus hochrangigen Frauengräbern Südskandinaviens sowie aus den skandinavischen Siedlungsgebieten Russlands bekannt. Gleichwohl sind die Vorbilder im ottonischen Reichsgebiet unter den Scheibenfibeln auszumachen. I. G.

07.06.17

Pektoralkreuz

Oldenburg, Kr. Ostholstein (Deutschland)
Bronze
H. 3,4 cm, Br. 2,3 cm
Ende 10. Jh.
Schleswig, Archäologisches Landesmuseum, Stiftung Schleswig-Holsteinische Landesmuseen.
Fund-Nr. Old. 25.03.029.

Das Christusbild ist extrem schematisiert. Gerade ausgestreckte Arme heben sich nur minimal von den Kreuzbalken ab, gleiches gilt für Körper und Beine. Der eigentümlich dreikantige Kopf sticht heraus, sein Volumen kontrastiert gegen ansonsten flaches Relief, seine Position ist – wie auf die Brust herabhängend – angegeben. Dieser Typus entstand unter der Wirkung des neuen Christusbildes, des Kölner Gerokreuzes von ca. 970 und ist dementsprechend dessen theologisch zugespitzter Botschaft verpflichtet. I. G.

07.07.01 a–e

Das „Fürstinnengrab"von Želénky

Teplice (Tschechien)
2. Hälfte 9. Jh.
Praha, Národní muzeum, Oddělení prehistorie a protohistorie.
Inv. Nr. H1–118.744; H1–118.743; H1–118.748–118.749

Im Jahre 1850 untersuchte Karl Forst nahe der Ortschaft Želénky einen ca. 2,7 m hohen, mit einem kreisförmigen Graben umgebenen „fürstlichen" Grabhügel von etwa 40 m Durchmesser. In der Mitte befand sich eine längliche, mit Holz ausgekleidete Kammer (etwa 2,5 x 1,9 m), in die sechs Grabgruben eingetieft worden waren. Nur drei von ihnen enthielten Körperbestattungen und nur eine Frauenbestattung beinhaltete Funde. Während sich die wertvollsten Gegenstände erhalten haben, sind Fragmente von Beschlägen eines Holzeimers, ein auf der Stirn des Schädels gefundenes Kreuzchen aus Silberblech sowie der mit Silberdraht umwickelte Elfenbeingriff eines Messers oder Dolches verschwunden. Die aus der 2. Hälfte des 9. Jahrhunderts stammende Bestattung gehört zu den bedeutendsten Fundkomplexen Böhmens aus dieser Zeit. N. P.

07.07.01 a–e

a) Drei Ohrringe

Gold
Dm. 2,8 cm; 2,45 cm; 2,7 cm
9. Jahrhundert
Lit.: M. Šolle, Stará Kouřim a projevy velkomoravské hmotné kultury v Čechách (Praha 1966) Abb. 14 a.

Goldene Ohrgehänge mit durch kleine granulierte Knoten verziertem unterem Bogen und einem beidseitigen Stachelträubchen. Die typengleichen Stücke unterscheiden sich in einem Falle durch den Metallfein-

07.07.01 a

07.07.01 b

gehalt. Die Ohrgehänge sind mährischen Ursprungs, sie wurden in einer zentralen Werkstatt hergestellt, vielleicht in Mikulčice. N. P u. J. Mi.

b) Zwei Kugelknöpfe

Gold

H. 2,8 cm

Lit.: M Šolle, Stará Kouřim a projevy velkomoravské hmotné kultury v Čechách (Praha 1966) Abb. 14 a. – Z. Smetánka, Příspěvěk ke studiu karolinského vlivu na velkomoravský šperk v Čechách a na Moravě, Praehistorica XXI (Praha. 1994) 105–115.

Die Kugelknöpfe sind mit granulierten Bändern verziert. Rechteckige oder ovale Kastenfassungen enthielten Glaseinlagen. Die Bänder laufen den Fassungen zu, welche eine Art Mitte bilden. Kugelknöpfe dieser Art wurden sicherlich im mährischen Mikulčice hergestellt, da sich hier ähnliche Stücke in Silber und Gold fanden (Grab 98 u. 505 bei der 2. u. 3. Kirche). In Silber fanden sich solche Knöpfe auch Preßburg/Bratislava. Eine einfachere Ausführung mit karolingischen Zierelementen wurde im Lumbe-Garten bei der Prager Burg entdeckt. N. P. u. J. Mi.

07.07.01 c

07.07.01 d

c) Getriebene Plakette
Silber, vergoldet
4,8 cm x 6 cm
Lit.: K. Benda, Bemerkungen zum Stil und zur Chronologie der spätawarenzeitlichen Metallkunst. Umění 19, 1971, 1–34. – N. Profantová, To Central Asia and beyond. in: Ibrahim Ibn Ja'qub al-Turtushi: Christianity, Islam and Judaism Meet in East-Central Europe c. 800–1300 A.D. (Praha 1996) 26–37.

Zweiteilige, längliche, leicht beschädigte Plakette mit einem in Treibtechnik vor gepunztem Hintergrund ausgeführten Motiv eines jagenden Falken und Hirsches(?). Das vierbeinige, mit vergoldeten Bändern bzw. Riemen geschmückte Tier mit Geweih und Hufen wird von einem heranfliegenden Falken angegriffen. Beide Figuren sind im Relief dargestellt, der Vierbeiner wurde mit Ausnahme des Geweihs silbern belassen, um so einen besseren Kontrast vor dem vergoldeten Hintergrund zu erreichen. Ein derartiges Verfahren ist aus der orientalischen Toreutik bekannt. Da im Orient Falkenmotive weit verbreitet waren, könnte das Schmuckstück ein Import aus dem iranisch-postsassanidischen Kulturbereich sein, wenngleich eine mährische Ausführung dieses orientalischen Motivs nicht ganz auszuschließen ist. Falkenjagdmotive sind in Mähren jedoch selten. Seit dem Ende des 8. Jahrhunderts findet man sie nur in Moravský Ján und Staré Město/Altstadt-Špitálky, wobei letzteres ebenfalls einen gepunzten Hintergrund besitzt. Das hier gezeigte Motiv gehört in den Kreis der königlichen Jagden mit deutlicher Macht- bzw. Opfersymbolik. N. P.

d) Medaillon mit Kaiserkamee
Gold; Onyx
3,95 cm x 2,7 cm (Medaillon); Kettenl. 31,8 cm.
Lit.: J. Frel, Kamej ze Želének. Arch. rozhledy 8, 1956, 536; 579–579. – K. Sklenář, Původní zpráva o výzkumu slovanské knížecí mohyly u Želének v roce 1850. Časopis Národního muzea 153, 1985, 61–81. – Z. Měřínský, Morava v 10. století ve světle archeologických nálezů. Pam. Arch. 77, 1986, 18–80.

Goldene geflochtene Kette mit einem ovalen Medaillonanhänger. Auf der Schauseite des Medaillons ist eine römische Portraitkamee aus dem zweiten Viertel des 4. Jahrhunderts eingesetzt, die die linkswendige, bekränzte Büste eines römischen Kaisers(?) darstellt.
Die Kamee ist in das Schmuckstück mit dem Kopf nach unten eingesetzt, also zur Ansicht des Schmuckträgers. Die Kamee aus braunem Onyx (Sardonyx) sitzt in einer ovalen Fassung mit zwei granulierten Linien und Bögen aus tordiertem Draht. Der äußere Rand mit einem Rähmchen aus tordierten Doppeldrähtchen und mit einer Zickzacklinie aus glattem Draht gesäumt, auf die ein weiteres tordiertes Drähtchen angelötet ist. Zur Aufhängung diente eine profilierte, mit verflochtenem Drähtchen eingefasste Hängeöse mit zwei Kanneluren. Das Medaillon wurde vermutlich in der karolingischen Zentralwerkstatt hergestellt. In Technik und Verzierung ist eine Riemenzunge aus der Umgebung von Chateauroux vergleichbar. Antike Kameen und Gemmen fanden sich in Großmähren in Dolní Věstonice-Vysoká Zahrada und in Mikulčice (Gräber 390, 433 an der 3. Kirche sowie ein Karneol-Onyx-Stein aus der Siedlungsgrube auf der Vorburg). Das Medaillon von Želénky könnte nach Böhmen auch durch die Vermittlung Mährens gelangt sein. N. P. u. J. Mi.

07.07.01 d

07.07.01 e

e) Schläfenring

Gold
4,05 cm x 4 cm
10.–11. Jh.
Praha, Národní muzeum, Oddělení prehistorie a protohistorie. Inv. Nr. H1–55.081
Lit.: Z. Krumphanzová, Chronologie pohřebního inventáře vesnických hřbitovů 9. -11. věku v Čechách, Pam. Arch. 65, 34–110. – J. Frána/N. Profantová, Příspěvek ke studiu šperkařství v raném středověku. Arch. Rozhledy (im Druck). – I. Boháčová/J. Frolík, Špaček, Stará Boleslav. Archeologický výzkum v r. 1988- 1994 (Čelákovice 1995).

Der goldene Schläfenring wurde 1905 zufällig beim Pflügen gefunden. Der Gegenstand könnte aus einem weiteren Grab in der Umgebung des „fürstlichen" Grabhügels stammen, weshalb eine Datierung in das 10. Jahrhundert vorgeschlagen wird. Das verwendete Gold hat den bisher in Böhmen höchsten festgestellten Feingehalt (82,9 %, also 19,9 Karat). Dieser einmalige Fund hat keine exakte Parallele, der Herstellungstechnik nach entspricht ihm ein größerer Bronzeschläfenring (Dm. 5 cm) von der Hauptburg des Burgwalls in Altbunzlau. Solche Schläfenringe sind Erzeugnisse einer zentralen Werkstätte in Böhmen, wo das goldene, auf Bestellung hergestellte Exemplar als Vorlage für weitere einfachere Stücke diente. N. P. u. J. Mi.

07.07.02 a–d

Das Grab von Matzhausen

Lkr. Neumarkt i. d. Oberpfalz (Deutschland)
9. Jh.
Museum der Stadt Regensburg. Inv. Nr. 1938/273
Lit.: A. Stroh, Die Reihengräber der karolingisch-ottonischen Zeit in der Oberpfalz. Materialh. z. bayer. Vorgesch. 4 (Kallmünz 1954) 30 Taf. 8 B, 1–11. – W. Menghin, Frühgeschichte Bayerns (Stuttgart 1990) Abb. 62–64.

Beim Anlegen einer Sandgrube wurden vom Grundstücksbesitzer 1929 vier Körpergräber aufgedeckt, deren Funde vor allem in Privatbesitz gelangten.
Bestattungen wurden auch zu späteren Zeiten mehrmals angeschnitten, weshalb man sich 1937, als erneut Raubgrabungen einsetzten, dazu entschloss, das Gräberfeld zumindest teilweise auszugraben. Bei diesen Untersuchungen wurden 44 Gräber geborgen, deren Funde in das Regensburger Museum gelangten. Bei Grab 2/3, aus dem die hier gezeigten Funde stammen, handelt es sich vermutlich um eine Doppelbestattung. Eine Grabdokumentation zu dem ost-west orientieren Grab liegt nicht vor.

a) Halbmondohrringpaar

Silber
L. 9 cm

Die Ohrringe haben vier bzw. fünf Ketten mit je einer doppelkonischen Hohlperle an ihren Enden. An den Hohlperlen befinden sich Ösen in die dünne trapezförmige Bleche eingehängt sind. Die Halbmonde und die auf den Ring aufgeschobenen Perlen sind mit Granulation verziert.

b) Kugelknopfpaar

Silber
Dm. 3,1 cm

Die Anhänger sind aus zwei Blechhalbkugeln zusammengesetzt. Eine der Ösen ist alt repariert. Beide Kugeln sind mit einem identischen, umlaufenden Medaillonfries verziert, das abwechselnd Gesichtsdarstellungen und sternförmige Halbkreise zeigt. In den Kugeln befinden sich Klappersteinchen. Die Tragweise solcher Kugelknöpfe ist unbekannt. Ornamentik und die Gesichtsdarstellungen auf den Matzhausener Exemplaren haben ihre besten Vergleiche auf Grabfunden des so genannten Großmährischen Reiches.

c) Sechs Schläfenringe
Silber
Dm. 5,5 cm–7,3 cm

Sechs rundstabige Schläfenringe fanden sich in zwei Sätzen mit je drei Ringen im Schädelbereich. Die unverzierten Silberringe haben haken- und s-förmige Enden.

d) Pferdefigur
Silber
L. 3,57 cm, H. 1.9 cm

Körper und Grundplatte des Pferdchens sind mit gedrehtem und geperltem Draht verziert. Das naturalistisch gestaltete Tier ist aus zwei getriebenen Halbschalen zusammengesetzt und mit den runden Beinstümpfen an der Grundplatte verlötet. Auf der Grundplatte befinden sich sechs mit Perldraht verzierte Durchbohrungen. Ob die Pferdchenfigur als Aufsatz für ein Behältnis diente oder als Schmuck am Körper getragen wurde, muss offen bleiben. H. N.

07.07.02 a u. d

07.07.03 a–g
Der Schatzfund von Tempelhof (Swiątki)
Swiątki (Polen)
2. Hälfte 10. Jh.
Berlin, Stiftung Stadtmuseum Berlin, Märkisches Museum. Inv. Nr. MM II 7278–7284.
Lit.: H. Seyer, Slawische Schatzfunde des Mittelalters (Berlin 1997) 58 f. Abb. 40.

Der Fund wurde 1878 beim „Ausschachten von Erde“ in 0,5 m Tiefe auf einer Anhöhe am Ufer des Clara-Sees geborgen. Der Silberfund war ursprünglich in einem Tongefäß verwahrt, von dem jedoch nur zwei Scherben aufbewahrt wurden.
Der Schatzfund bestand aus zwei vollständig erhaltenen Halsringen, fünf Ohrringen sowie zehn orientalischen und vier deutschen Silbermünzen. Die Münzen sowie Fragmente von sechs Halsringen und zwei weiteren Ohrringen sind heute verschollen. Bei den orientalischen Münzen handelt es sich vor allem um samanidische Münzen. Die jüngsten Exemplare sind zwischen 943 und 950 geprägt. Ein Exemplar imitiert eine kufische Prägung. Die deutschen Münzen setzen sich aus drei Regensburger Denaren Heinrichs I. (948–955) und einem Denar Bischof Udos von Straßburg (950–965) zusammen.
Die Vergrabung des Fundes wird mit den Feldzügen des von Otto dem Großen eingesetzten Markgrafen Gero in Verbindung gebracht, von denen einer 963 auch gegen Mieszko von Polen gerichtet war.

a) Halsring
Silber
Dm. 15,2 cm x 19 cm

Großer ovaler Halsring mit Endknopf und Öse als Verschluss. Der Ring besteht aus zwei dickeren Drähten, in die ein feiner Perldraht eingewunden ist. Die Verschlussplatte ist rhombisch mit eingepunzten Dreiecken und Trapezen.
Das Verbreitungsgebiet der Halsringe beschränkt sich nicht nur auf den westslawischen Raum sondern geht weit über diesen, insbesondere in Richtung Skandinavien hinaus, weshalb hier auch die Werkstätten der gewundenen Halsringe vermutet werden.

b) Halsring
Silber
Dm. 11,1 cm x 13,2 cm

Kleiner ovaler Halsring aus zwei dicken gewundenen Drähten, in die ein feinerer Perldraht eingewunden wurde. Rhombische Schließplatte mit eingepunzten Dreiecken und Trapezen. Der eigentliche Verschluss ist heute nicht mehr erhalten.

c–f) Vier Ohrringe vom Typ Tempelhof
Silber
L. 6–6,5 cm, Br. 4–4,2 cm

Silberne Ohrringe mit vier melonenförmigen Blechperlen und einem halbrunden Bügel mit spitz zulaufendem Ende. Die Oberfläche der Blechperlen ist reich granuliert. Der untere Teil des Ringes ist durch ein feines Netzwerk aus Perldraht und Bändern verziert.
Der Ohrring gehört zu einer Gruppe von Ohrringen die als Typ Tempelhof in die Forschung Eingang fanden. Das Verbreitungsgebiet dieses Typs und seiner Varianten reicht von den Donauländern über Mähren bis zur Odermündung und nach Skandinavien. Sie wurden hauptsächlich in großmährischen Werkstätten hergestellt, die ihrerseits byzantinisch-orientalische Vorbilder nachahmten.

g) Ohrring
(nicht ausgestellt)
Silber
Plattenl. 2,1 cm, L. Kettchen 6 cm

Ovaler, silberner Ohrring mit fünf herabhängenden Kettchen, an denen ein trapezförmiges Blech, zwei kugelige und eine zylinderförmige Hohlperle befestigt sind. Ein Anhänger fehlt. Im unteren Teil des Ringes ist eine halbrunde Platte fest verlötet, die mit einem aufgelöteten Buckel und feinem Draht verziert ist.
Ohrringe dieses Typs sind vor allem in Polen verbreitet. Daneben gibt es wenige Fundorte westlich der Oder und in Skandinavien. H. N.

07.07.03 a–g

07.07.04 a–e

07.07.04 f

07.07.04 a–f

Grab einer Frau aus Stará Boleslav

Stará Boleslav. Grab 12 (Tschechien)
11. Jh.
Čelákovice, Městské muzeum. Inv. Nr. 500006–10–437–438;

Bei Bauarbeiten an der Fahrbahn im Kerngebiet der Přemyslidenburg südlich der St. Wenzels-Basilika wurde im Jahre 1997 bei Rettungsgrabungen das Grab einer erwachsenen Frau freigelegt. An den Schläfen der Toten fanden sich fünf so genannte Schläfenringe, an der linken Hand trug sie einen einfachen unverzierten Ring. I. B.

a–e) Fünf s-förmige Schläfenringe

Bronze
Dm. 1,77–1,92 cm; Drahtdm. 0,18–0,19 cm

f) Fingerring

Knochen
Dm. 2,2 cm, Br. 0.48 cm

Mähren – Ansätze slawischer Reichsbildung

08.01–09.01

Der westslawische Adel orientierte sich seit Beginn des 9. Jahrhunderts verstärkt am Karolingerreich als Ausdruck christlicher Herrschaft und organisatorischer Einheit. Im Gegensatz zum böhmischen gelang es jedoch dem mährischen Adel, die traditionellen heidnischen Stammesstrukturen zu zerschlagen. Es entstand eine hochentwickelte, durch die Verbindung awarisch-slawischer und christlich-karolingischer Elemente gekennzeichnete Kultur. Grundlage des Mährischen Reiches bildete ein Burgensystem, das die Oberschicht gemeinsam mit ihrem Fürsten beherrschte. Zu den wichtigen Zentren zählten der auf einer Insel in der March gelegene Fürstensitz Mikulčice, Siedlungsagglomerationen um Staré Mešto, Uherské Hradiště und Nitra, das 830 unter mährische Herrschaft geriet. Seine größte Ausdehnung erlebte das Mährische Reich unter Fürst Svatopluk (870–894). Mit Svatopluks Tod begann aufgrund innerer Thronstreitigkeiten und unter den Angriffen der Ungarn der Zerfall des Reiches. P. S., D. T. u. J. Ž.

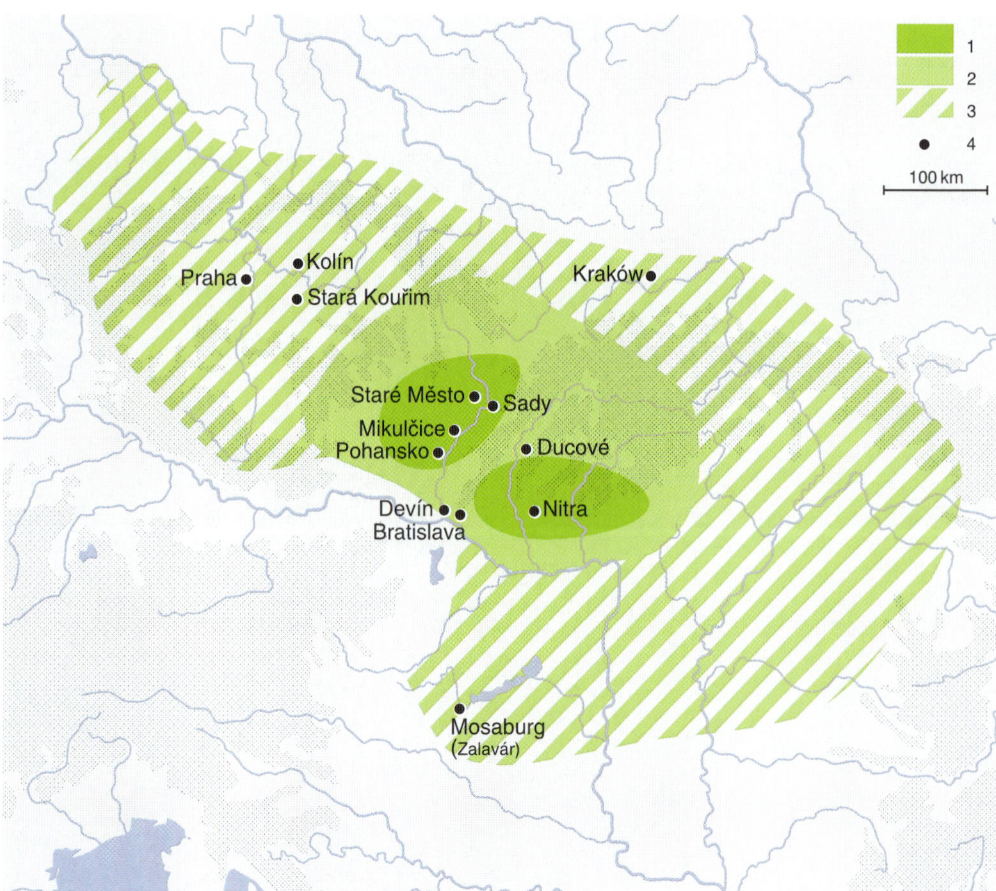

1 Kernländer in Mähren und der Slowakei; 2 Ausdehnung um 850; 3 zeitweise abhängige Gebiete nach 850, 4 bedeutende Orte

Das Mährische Reich um 830–900

08.01.01

Modell von Mikulčice im 9. Jahrhundert

Maßstab 1:500

Die Burgstätte in Mikulčice (Bez. Hodonín, Tschechische Republik) reiht sich zu den bedeutendsten Zentren Grossmährens im 9. Jahrhundert.

Den befestigten Kern der Agglomeration im Ausmaß von 10 ha bildeten eine Hauptburg (Akropolis) und eine Vorburg. Eine Holz-Lehm-Schanze mit Steinverblendung wurde von einer Holzpalisade und zusätzlich durch die March geschützt. In dem nördlichen erhöhten Teil der Hauptburg konzentrierten sich die bedeutendsten Objekte – ein Fürstenpalast und einige Kirchen mit ausgedehnten Gräberfeldern. Auf der Hauptburg lagen die Handwerksbetriebe, vorwiegend der Schmiede, Metallgießer und Schmuckhersteller. Die Vorburg mit einer dichten regelmäßigen Bebauung aus Holzhäusern diente vermutlich als Sitz des Militärgefolges. Um den befestigten Kern, auf einer Fläche von mindestens 30 ha erstreckte sich die untere Vorburg (Suburbium) mit Kirchen von Magnaten, Handwerksbetrieben und Bauernhöfen sowie umfangreichen Gräberfeldern. Die gesamte Siedlungsagglomeration dieser großmährischen Burg lag auf mehreren Flussinseln in der Talflur der March. L. P.

08.01.01

08.02.01 a–b

Zweischneidiges Schwert (Original und Nachbildung der Klinge)

Mikulčice. Hauptburg, Grab 90
(Tschechien)
Eisen; Messing; Holz; Leder; Textilien;
Damaszener Stahl
L. 94 cm, Parierstangenl. 14,5 cm, Klingenl.
78 cm, Klingenbr. 6 cm
9. Jh.
Brno, Archeologický ústav AV ČR.
Ohne Inv. Nr.
Lit.: J.Poulík, Výsledky výzkumu na velkomoravském hradišti „Valy" u Mikulčic. Pam. Arch. 48, 1957, 271–273; 369 Abb. 59–60.

Zweischneidiges Schwert vom Typ K mit gegliedertem Griff und damaszierter Klinge. Die sechsteilige Gliederung des Griffes betonen Messingdrähte zwischen einzelnen Teilen. Auf der Griffangel ist stellenweise der Belag aus Ahornholz mit Gewebespuren auf der Oberfläche erhalten. Die Parierstange hat eine langovale Form. Die Damaszierung der gekehlten Klinge entstand durch das Zusammenschmieden von fünf Eisenstäben. Etwa 8 cm unterhalb der Parierstange ist in die Klinge eine omegaförmige Maske aus damasziertem Stahl eingesetzt. Erhalten haben sich Reste der Holzscheide mit Leder- und Leinenabdrücken. Das Schwert wurde zusammen mit einem Sporenpaar, einem größeren Messer, einem Eimer und einem Schleifstein im Grab eines älteren Mannes in der Nekropole an der „2. Kirche" gefunden. L. P.

08.02.01 a

08.02.01 b

08.02.01 a

08.02.02

08.02.02
Mährische Streitaxt
Stará Kouřim, Bez. Kolín. Gräberfeld am Libuše-Weiher (Tschechien)
9. Jh.
Eisen
L. 12,8 cm
Praha, Národní múzeum.
Inv. Nr. NM–118597
Lit.: M. Šolle, Stará Kouřim a projevy velkomoravské kultury v Čechách (Praha 1966) 263 Abb. 38, Gr. 79,5.

Die Axt – eine Bartaxt kann als eine typische Waffe des großmährischen Kriegers gelten. Sie wurde zusammen mit einer eisernen altmadjarischen Hammeraxt und Sporen mit langem Dorn in einem Kindergrab (Gr. 79) gefunden, das bereits in die nachgroßmährische Periode datiert. Die Bartaxt hat ähnlich der Hammeräxte einen hammerartig auslaufenden, verlängerten Nacken. In Böhmen finden sich solche Äxte nur vereinzelt, so dass es sich bei den in Böhmen gefundenen Bartäxten um Erzeugnisse großmährischer Schmieden handeln dürfte. A. B.

08.02.03
Lanze
Břeclav-Pohansko, Bez. Břeclav. Herrenhof (Tschechien)
Eisen
L. 32 cm, Br. 3cm
9. Jh.
Brno, Masarykova univerzita, Ústav archeologie a muzeologie.
Ohne Inv. Nr.
Lit.: B. Dostál, Břeclav-Pohansko IV (Brno 1975) 189.

Lanze mit langer, blattförmiger Klinge mit Mittelgrat und sechskantiger Tülle mit zwei Nietlöchern. Das Stück stammt aus der Kulturschicht des Herrenhofes von Pohansko. J. M.

08.02.03

08.02.04
Sporen mit Maskendarstellung
Mikulčice. Hauptburg, Grab 44 (Tschechien)
Bronze, vergoldet
H. 12,1 cm
9. Jh.
Brno, Archeologický ústav AV ČR.
Inv. Nr. 594-4438/57; 594-4439/57
Lit.: J. Poulík, Výsledky výzkumu na velkomoravském hradišti „Valy" u Mikulčic. Pam. Arch. 48, 1957, 292–298; 366–367 Abb. 75–77. – K. Benda, Mittelalterlicher Schmuck (Praha 1966) Nr. 17. – J. Dekan, Velká Morava. Doba a umění (Praha 1980) 134 Abb. 89, 92.

Gegossenes Sporenpaar mit verzierten Bügeln und kurzem Stachel. Die Außenseite der Bügel und die zylindrische Tülle des Stachels zieren menschliche Masken in plastisch ausgearbeiteten Feldern. Die schildförmigen Abschlüsse sind mit einem Kreuz und menschlichen Masken geschmückt. Beide Sporen wurden noch im 9. Jahrhundert repariert. Zu dem Sporenpaar gehörten kleine Riemenzungen und Schnallen in gleicher Technik und im gleichen Stil. Vorbilder zu den Sporen sind am ehesten im karolingischen Formenkreis zu suchen. Die Sporengarnitur fand sich im Grab eines jungen Mannes in der Nekropole an der „2. Kirche" zusammen mit einem eisernen Sporenpaar und zwei vergoldeten Kugelknöpfen mit Palmettendekor. L. P.

08.02.05
Steigbügelpaar vom Typ Immenstedt
Břeclav-Pohansko, Bez.Břeclav (Tschechien)
Eisen
H. 16,5 cm, Br. 10,5 cm
9. Jh.
Brno, Masarykova univerzita, Ústav archeologie a muzeologie.
Inv. Nr. P 133875–133876
Lit.: J. Vignatiová, Břeclav-Pohansko II (Brno 1992) 60–61.

Aus der südlichen Vorburg stammt ein Steigbügelpaar von dreieckiger Form mit gerader Trittfläche. Es war Bestandteil eines in einer Grube gefundenen Eisendepots. J. M.

08.02.04

08.02.05

08.02.06 Handbuch Abb. 226

Riemenzunge mit Lebensbaumdarstellung

Mikulčice. Hauptburg, Grab 433 (Tschechien)
Silber
L. 6,6 cm, Br. 3,9 cm
9. Jh.
Brno, Archeologický ústav AV ČR.
Inv. Nr. 594–790/57
Lit.: J. Filip (Hrsg.), Kat. Praha (Praha 1964) Taf. 20; 22. – K. Benda, Mittelalterlicher Schmuck (Praha 1966) Nr. 22–23. – J. Dekan, Velká Morava, Doba a umění (Praha 1980) 171–172; Abb. 111–112.

Große Riemenzunge aus Silberblech, deren Schauseite mit einem erhabenen Rahmen mit brillenförmiger Filigranzier und plastischen rautenförmigen Schildchen, die vielleicht die Beschläge der Reliquiarscharnierchen nachahmen sollten, geschmückt ist. Das von Perldrähten begrenzte Mittelfeld ist in zwei zungenförmige Flächen mit Tannenzweigmuster gegliedert. Auf dem gepunzten Hintergrund der Rückseite ist ein stilisierter Lebensbaum mit symmetrisch angeordneten Palmettenzweigen, der von einem aus Doppelschleifen geflochtenen Rahmen umgeben wird, eingeritzt. Auch wenn die Nietunterlagen aus Perldraht auf karolingische Vorbilder hinweisen, ist eine byzantinisch-orientalische Herkunft der Zierelemente überzeugender. L. P.

08.02.06

08.02.07

Riemenzunge

Břeclav-Pohansko, Bez. Břeclav. Herrenhof, Grab 13 (Tschechien)
Bronze, vergoldet
L. 3,7 cm, Br. 2,7 cm
9. Jh.
Brno, Masarykova univerzita, Ústav archeologie a muzeologie.
Inv. Nr. P 12662
Lit.: F. Kalousek, Břeclav-Pohansko I. (Brno 1971) 33.

Bronzene vergoldete Riemenzunge mit fünf Nieten und in Kerbschnitt ausgeführtem Sternenornament. Auf der Rückseite eine stilisierte, gravierte Gestalt, die nach Vergleichsfunden aus dem süd- und ostslawischen Bereich eine gebärende Frau oder eine Kröte darstellt. Das Stück wurde zusammen mit einer Schnalle mit vogelförmigem Dorn im Grab eines jungen Mannes bei der großmährischen Kirche in Pohansko gefunden. J. M.

08.02.08 Handbuch Abb. 232

Riemenzunge

Staré Město na Moravě. Nekropole Na Valách, Grab 96/AZ (Tschechien)
Silber, vergoldet; Almandin; Glas
L. 8 cm, Br. 5 cm
2. Hälfte 9. Jh.
Brno, Moravské zemské muzeum.
Inv. Nr. 262
Lit.: V. Hrubý, Staré Město. Velkomoravské pohřebiště Na valách (Praha 1955) 198–200; 379.

Die so genannte Zelnitius-Riemenzunge, früher als Stirnband gedeutet, gehört zu den prunkvollsten Funden aus der großmährischen Zeit in der Tschechischen Republik. Das mit Filigran und Granulation verzierte Stück weist sowohl westkarolingische als auch ostbyzantinische Einflüsse auf. Die Almandine wurden sekundär verwendet und dürften damit älter, möglicherweise römisch sein. Die Gestaltung der Filigranbuckel erinnert an die Körbchen eines großmährischen Ohrringtyps. In früheren Zeiten wurden Riemenzungen als Importe angesprochen, doch ist ihre heimische mährische Provenienz nicht auszuschließen. L. G.

08.02.07

08.02.08

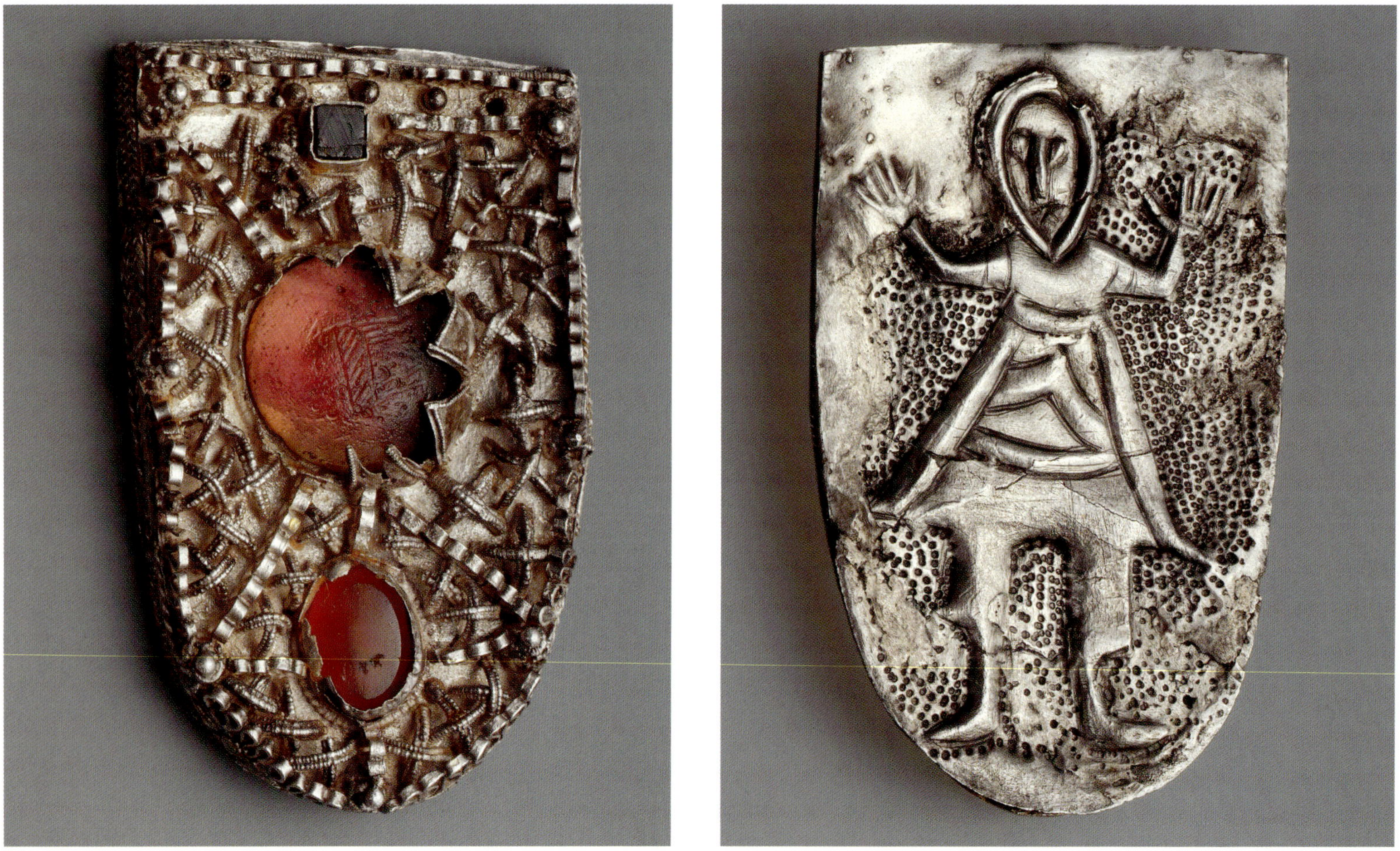

08.02.09 a

08.02.09 b

08.02.10 a

08.02.09 a–b
Schnalle und Riemenzunge mit Orantendarstellung
Mikulčice. Hauptburg, Grab 390 (Tschechien)
Silber; Halbedelsteine; Glas
L. 7,2 cm, Br. 4,6 cm (Riemenzunge);
L. 3,4 cm, Br. 6 cm (Schnalle)
9. Jh.
Brno, Archeologický ústav AV ČR.
594–776/57; 594–777/57
Lit.: J. Poulík, The Latest Archaeological Discoveries from the Period of the Great Moravian Empire. Historica I (Praha 1959) Abb. 10. – K. Benda, Mittelalterlicher Schmuck (Praha 1966) Nr. 18–19. – J. Poulík, Mikulčice, Sídlo a pevnost knížat velkomoravských (Praha 1975) 82–85 Taf. 48,3–4; 49,4. – J. Dekan, Velká Morava, Doba a umění (Praha 1980) 172–173 Abb. 113–114.

Große hohle Riemenzunge aus dünnem Blech. Auf der Vorderseite ein dichtes Geflecht feiner Silberdrähte, das von einem breiteren Streifen aus Mäanderschleifen eingefasst ist; identische Streifen verlaufen vom Rand zur Mitte mit einer rosafarbenen Glasperle mit eingraviertem Vierbeiner. In die Schauseite sind ferner ein kleiner ovaler Karneol – eine antike Gemme mit dem geritzten Darstellung des Gottes Merkur, vorsätzlich nach unten gerichtet – und ein viereckiger Stein eingesetzt. Die Seiten der Riemenzunge sind mit je einem Bündel von Filigrandrähten verziert. Dass es sich bei dem Stück um ein Produkt lokaler Werkstätten handelt, beweist die Orantendarstellung auf der Rückseite. Die teilweise in Treibtechnik ausgeführte Gestalt auf gepunztem Hintergrund ist eine der wenigen ikonographischen Belege für die Tracht der alten Mährer. Riemenzunge und Schnalle sowie weitere zahlreiche Beifunde stammen aus dem 15 m südlich der Basilika gelegenen Grab eines jungen Mannes. L. P.

08.02.10 a–b Handbuch Abb. 228
Schnalle und Riemenzunge mit Darstellung eines Fürsten
Mikulčice. Hauptburg (Tschechien)
Bronze, vergoldet; Glas
L. 4,1 cm, Br. 5,7 cm (Schnalle);
L. 5,25 cm, Br. 3,4 cm (Riemenzunge)
9. Jh.
Brno, Archeologický ústav AV ČR.
Inv. Nr. 594–1311/56; 594–1344/56
Lit.: V. Denkstein, K ikonografii mikulčického nákonči. Pam. Arch. 52, 1961, 506–514. – J. Poulík, Mikulčice, Sídlo a pevnost knížat velkomoravských (Praha 1975) 79–81. – J. Dekan, Velká Morava, Doba a umění (Praha 1980) 36 Abb. 104–105.

Die massiv gegossene Riemenzunge ist auf ihrer Schauseite mit Kerbschnitt verziert. Ebenfalls vorhandene Vetiefungen waren ursprünglich vielleicht mit farbigen Glaseinlagen gefüllt. In der Mitte ist in Reliefdarstellung das stilisierte Bild eines Frosches. Auf der Rückseite der Riemenzunge befindet sich auf gepunztem Hintergrund eine Gestalt mit

08.02.10 b

Wimpel *(labarum)* und Trinkhorn, die offenbar einen Fürsten mit Attributen der Herrschermacht darstellt.
Die vergoldete Schnalle mit Beschlag aus vergoldetem Bronzeblech hat einen kerbschnittverzierten Bügel und Vertiefungen, die ebenfalls zur Aufnahme von Glaseinlagen gedient haben könnten. Wenngleich bei Riemenzunge und Schnalle westliche Elemente überwiegen, lässt die Darstellung des Fürsten lokales Kunsthandwerk vermuten. L. P.

08.02.11

08.02.11

Zierscheibe mit Reiter(Falkner)-Motiv

Staré Město na Moravě. Innenraum der Kirche Na Špitálký, Grab 15 (Tschechien)
Silber
2. Hälfte 9. Jh.
Dm. 4,3 cm
Brno, Moravské zemské muzeum.
Inv. Nr. SM-001
Lit.: J. Poulík, Nález kostela z doby říše Velkomoravské v trati Špitálky ve Starém Městě. Pam. Arch. 46, 1955, 328; 332; 335; 337. – K. Benda, Stříbrný terč se sokolníkem ze Starého Města u Uherského Hradiště. Pam. Arch. 54, 1963, 41–66.

Auf der in Treib- und Pressblechtechnik ausgeführten Scheibe von Staré Město ist eine der ältesten Abbildungen eines Jägers mit Falken zu sehen. Die Herkunft dieses Motivs wird meistens im iranischen Gebiet, in der nachklassischen sassanidischen Periode (7.–9. Jh.) vermutet. Dabei handelt sich weniger um eine Jagdszene, als vielmehr um die Darstellung einer hochgestellten Persönlichkeit. Die Scheibe entstand in Mitteleuropa etwa in der zweiten Hälfte des 9. Jahrhunderts nach einer nicht erhaltenen ikonographischen Vorlage. Möglicherweise war die Zierscheibe auf einem Stab befestigt, was in der Nähe gefundene Silberblechtüllen bezeugen könnten. L. G.

08.02.12

Kugelknopf mit Glaseinlagen

Mikulčice. Hauptburg, Grab 216 (Tschechien)
Silber; Glas
H. 4,7 cm, Br. 4,1 cm
2. Hälfte 9.–Anfang 10. Jh.
Brno, Archeologický ústav AV ČR.
Inv. Nr. 594–1300/56
Lit.: Z. Klanica, Práce klenotníků na slovanských hradištích. Studie AÚ ČSAV Brno, II-6 (Praha 1974) Taf. 3, 2. – J. Poulík, Mikulčice, Sídlo a pevnost knížat velkomoravských (Praha 1975) Taf. 52.

Großer Kugelknopf aus Silberblech mit in Pressblechtechnik ausgeführtem Pflanzenornament auf gepunztem Hintergrund. An den gekreuzten Linien des geometrischen Ziermotivs sind blaue Glaseinlagen eingesetzt, die ähnlich wie die Basis der Aufhängeöse von Kränzchen aus Filigrandraht gesäumt sind. Der Kugelknopf wurde zusammen mit einem identischen Knopf, einem vergoldeten Kugelknopf und einem Eisenmesser im Grab einer jungen Frau in der Nekropole an der „3. Kirche" von Mikulčice gefunden. Diese Knöpfe waren charakteristische Bestandteile der Kleidung der höheren Gesellschaftsschichten Großmährens und finden sich vor allem in den Hauptzentren Mikulčice, Staré Město und Břeclav-Pohansko. L. P.

08.02.12

08.02.13

Silberner Kugelknopf mit Vogeldarstellungen

Mikulčice. Hauptburg (Tschechien)
Silber
H. 5,2 cm, Dm. 4,3 cm
2. Hälfte 9.–Anfang 10. Jh.
Brno, Archeologický ústav AV ČR.
Inv. Nr. 594–3083/78
Lit.: Z. Klanica, Předběžná zpráva o výsledcích 24. sezóny výzkumu v Mikulčicích (okr. Hodonín). Přehled výzkumu 1977, 1980, 56.

Großer Kugelknopf aus Silberblech mit stark stilisierten Vogeldarstellungen und vier Kreisfeldern mit Kreuzen auf gepunztem Hintergrund. Das Stück wurde im Bereich der „12. Kirche" von Mikulčice gefunden und stammt möglicherweise aus einem gestörten Grab. Große silberne Kugelknöpfe mit in Treibarbeit ausgeführter Verzierung sind charakteristisch für den jüngsten Horizont des großmährischen Kunsthandwerkes. In der Verzierung überwiegen Elemente orientalischer Herkunft. L. P.

08.02.13

08.02.14

08.02.14

Kugelknopf

Mikulčice. Hauptburg, Grab 134 (Tschechien)
Silber
H. 2,7 cm, Br. 2,0 cm
9. Jh.
Brno, Archeologický ústav AV ČR.
Inv. Nr. 594–4473/57
Lit.: J. Poulík, Výsledky výzkumu na velkomoravském hradišti „Valy" u Mikulčic. Pam. Arch. 48, 1957, 304; 371–372; Abb. 83, 3.

Die Oberfläche der Stücke ist mit Buckeln mit dreieckigen granulierten Feldern bedeckt. Granulation befindet sich auch zwischen den Buckeln. Das Paar stammt aus einem bei der „2. Kirche" von Mikulčice gefundenen Grab, das noch einen weiteren Kugelknopf sowie ein Eisenmeser enthielt. L. P.

08.02.15

Zwei Kugelknöpfe

Mikulčice. Hauptburg, Grab 505 (Tschechien)
Gold
H. 2,6 cm, Br. 2,2 cm
9. Jh.
Brno, Archeologický ústav AV ČR.
Inv. Nr. 594–1122/57
Lit.: J. Poulík, The Latest Archaeological Discoveries from the Period of the Great Moravian Empire. Historica 1 (Praha 1959) Abb. 8, 2. – Ders., Mikulčice, Sídlo a pevnost knížat velkomoravských (Praha 1975) 85; Taf. 54, 3.

Filigranverziertes Kugelknopfpaar mit aufgelöteten Granulationsstegen. Von jeder der sechs plastischen Ösen auf der Knopfwand gehen mit Granulation gesäumte, gebogene und an den Enden in Ösen gedrehte Goldblechstreifen aus. In den freien rautenförmigen Feldern ist auf glatter Unterlage omegaförmige Filigranzier angebracht. Einfachere Parallelen zu diesen prächtigen Knöpfen fanden sich in Grab 98 an der „2. Kirche" von Mikulčice. Das Frauengrab 505 mit den hier gezeigten Kugelknöpfen gehört zu den reichsten Gräbern an der Basilika. L. P.

08.02.15

08.02.16
Polyedrischer Kugelknopf mit Glaseinlagen
Mikulčice. Hauptburg, Grab 318 (Tschechien)
Gold; Glas
H. 2,5 cm, Br. 1,8 cm
9. Jh.
Brno, Archeologický ústav AV ČR.
Inv. Nr. 594–100/57
Lit.: J. Poulík, The Latest Archaeological Discoveries from the Period of the Great Moravian Empire. Historica I (Praha 1959) Abb. 8, 1. – Ders., Mikulčice, Sídlo a pevnost knížat velkomoravských (Praha 1975) Taf. 4. – Z. Klanica, Náboženství a kult, jejich odraz v archeologických pramenech. In: J. Poulík/B. Chropovský a kol., Velká Morava a počátky československé státnosti (Praha 1985) 119.

Polyedrischer Kugelknopf, auf dessen unterer Hälfte sich fünf blaue Glasplättchen befinden. Die glatte Oberfläche des Knopfes ist mit Körnchen in Granulationstechnik verziert. Aus Grab 318 stammen zwei weitere identische Kugelknöpfe, drei goldene traubenförmige Ohrringe und zwei Eisenmesser. L. P.

08.02.16

08.02.17

08.02.18

08.02.17
Fingerring
Břeclav-Pohansko, Bez. Břeclav. Herrenhof, Grab 158 (Tschechien)
Bronze, vergoldet
L. 2,2 cm, Br. 2,2 cm
9. Jh.
Brno, Masarykova univerzita, Ústav archeologie a muzeologie.
Inv. Nr. P 1729
Lit.: F. Kalousek, Břeclav-Pohansko I. (Brno 1971) 103–105.

Massiver, vergoldeter Bronzefingerring mit Pflanzenornament, und blauer ovaler Glaseinlage. Das Stück wurde am Finger einer bei der großmährischen Kirche von Pohansko bestatteten jungen Frau zusammen mit einem Beutel voller Schmucksteine gefunden. J. M.

08.02.18
Kugelknopf
Mikulčice. Hauptburg, Grab 440 (Tschechien)
Gold
H. 2,64 cm, Dm. 1,95 cm
9. Jh.
Brno, Archeologický ústav AV ČR.
Inv. Nr. 594–862/57
Lit.: J. Poulík, Svědectví výzkumů a pramenů archeologických o Velké Moravě. In: J. Poulík/B. Chropovský a kol., Velká Morava a počátky československé státnosti (Praha 1985) Taf. 14.

Der Filigranschmuck des Kugelknopfes besteht aus vier vertikalen, tordierten Drahtbündeln, einem um beide Pole spiralig gewickelten Perldraht und aus kleinen Kränzen aus tordiertem Draht in den freien Feldern. Der Knopf wurde mit einem identischen Knopf sowie einem silbernen und einem goldenen Ohrring in einem Kindergrab in der Nekropole an der Basilika gefunden. L. P.

08.03.01

08.03.03

08.03.01 Handbuch Abb. 229

Traubenförmiger Ohrring

Mikulčice. Suburbium, Grab 1686
(Tschechien)
Gold
H. 3 cm
9. Jh.
Brno, Archeologický ústav AV ČR.
Inv. Nr. 504–609/85
Lit.: Z. Klanica, Vorbericht über die Ergebnisse der 32. Grabungssaison in Mikulčice (Bez. Hodonín). Přehled výzkumů 1985, 1987, 36 Taf. 6, 2–3.

Ohrring in Traubenform mit verzierter unterer Ringhälfte. Die ausgezeichnete Granulations- und Filigranarbeit, die typisch für byzantinisch-orientalischen Schmuck ist, kennzeichnet die höheren Gesellschaftsschichten Großmährens in der zweiten Hälfte des 9. Jahrhunderts. Das Stück wurde zusammen mit einem identischen Ohrring bei einer weiblichen Bestattung in der Flur Kostelisko im Mikulčicer Suburbium gefunden. Mit einem eisernen Messer ausgestattet, ruhte die Frau in einem mit massiven Eisenbeschlägen versehenen Eichenholzsarg. L. P.

08.03.03 Handbuch Abb. 229

Ohrgehänge

Mikulčice. Hauptburg, Grab 505
(Tschechien)
Gold
H. 5,3 cm, Br. 2,7 cm
9. Jh.
Brno, Archeologický ústav AV ČR.
Inv. Nr. 594–1620/57
Lit.: J. Poulík, The Latest Archaeological Discoveries from the Period of the Great Moravian Empire. Historica I (Praha 1959, Abb. 8. – Z. Klanica, Vorbericht über die Grabungsergebnisse des altslawischen Burgwalles in Mikulčice für Jahr 1964. Přehled výzkumů 1964, 1965, 55–56.

Prächtiges Ohrgehänge, dessen zehn Kugeln mit rautenförmiger Granulation verziert sind. Das Stück gehört zu den seltensten großmährischen Ohrringformen. Es wurde in einem der reichsten Frauengräber in der Nekropole an der Basilika im Burgwall von Mikulčice gefunden. Ein ähnlicher Ohrring mit zehn Pauken stammt aus Grab 794 in der Vorburg. L. P.

08.03.04

08.03.05

08.03.04

Halbmondförmige Ohrringe

Staré Město na Moravě. Nekropole Na Valách, Grab 167/51 (Tschechien)
Gold
L. 3,4 cm, Br. 2 cm
9. Jh.
Brno, Moravské zemské muzeum.
Inv. Nr. 105.665; 105.666
Lit.: V. Hrubý, Staré Město. Velkomoravské pohřebiště Na valách (Praha 1955) 244; 514.

Lunulaförmige Ohrringe mit Pyramiden aus Kügelchen mit Granulation und schildförmigem Anhänger mit kugeligem Abschluss. Ohrringe dieses Typs sind einmalige Schmuckstücke aus dem großmährischen Raum, die die Eigenständigkeit der großmährischen Goldschmiedekunst bezeugen, bei der fremde Einflüsse aufgenommen und abgewandelt wurden. L. G.

08.03.05

Körbchenförmige Ohrringe

Staré Město na Moravě. Nekropole Na Valách, Grab 282/49 (Tschechien)
Gold
L. 5 cm, Br. 2,1 cm
9. Jh
Brno, Moravské zemské muzeum.
Inv. Nr. 105.636,105.637
Lit.: V. Hrubý, Staré Město. Velkomoravské pohřebište Na valách (Praha 1955) 241; 456.

Filigranverzierung war bei den Goldschmieden Großmährens sehr beliebt. Am häufigsten verwendete man diese Verzierungstechnik bei der Anfertigung von Ohrringen, bei denen in den unteren Ringteil Drahtkörbchen eingehängt oder aufgeschoben wurden. Die goldene Variante mit neun Körbchen kam in reichen Gräbern vor. L. G.

08.03.06
Ohrringpaar mit Kettengehänge
Břeclav-Pohansko, Bez. Břeclav. Herrenhof, Grab 158 (Tschechien)
Silber
L. 11,2 cm, Br. 1,7 cm
9. Jh.
Brno, Masarykova univerzita, Ústav archeologie a muzeologie.
Inv. Nr. P 1736–1737
Lit.: F. Kalousek, Břeclav-Pohansko I. (Brno 1971) 103–105.

Silberne Ohrringe mit länglichen, granulierten Plättchen. Der eigentliche Ring ist durch zwei gegossenen Kügelchen an den Plättchen befestigt, von denen sieben lange, in blattförmigen Anhängern endende Kettchen herabhängen. Vier Ohrringe dieses Typs wurden zusammen mit einem weiteren körbchenförmigen silberen Ohrringpaar, mit zwei bronzenen sowie zwei silbernen Kugelknöpfen in den Resten eines Beutels zwischen den Knien einer an der großmährischen Kirche in Pohansko bestatteten jungen Frau gefunden. J. M.

08.03.06

08.03.07 a

08.03.07 b

08.03.08

08.03.07 a

Halbmondförmiges Ohrringpaar

Uherské Hradiště-Sady. Nekropole an der Kirche, Grab 209/59 (Tschechien)
Gold
L. 3,7 cm, Br. 2,8 cm
9. Jh.
Brno, Moravské zemské muzeum.
Inv. Nr. 105.705, 105.706
Lit.: L. Galuška, Uherské Hradište-Sady. Křesťanské centrum Říše Velkomoravské (Brno 1996) 92–93.

Die Herkunft solcher Ohrringe wird am häufigsten in den Gebieten der byzantinischen Kultur im Süden und Westen der Balkanhalbinsel vermutet. In Großmähren erschienen sie im Laufe des 9. Jahrhunderts. Im Unterschied zu den aus einem einzigen Drahtstück gefertigten Ringen vom Balkan, bestehen die großmährischen aus zwei Teilen – dem eigentlichen Halbmond und einem Ring. An die Spitzen und den unteren Teil des Halbmondes hängte man Körbchen, Pauken oder Kettchen. Die Variante mit vollmondförmigen Anhängern tritt selten auf. L. G.

08.03.07 b

Fingerring

Uherské Hradiště-Sady. Nekropole an der Kirche, Grab 209/59 (Tschechien)
Gold
2,8 cm x 2,2 cm
9. Jh.
Brno, Moravské zemské muzeum.
Inv. Nr. 106.538
Lit.: L. Galuška, Uherské Hradiště-Sady. Křesťanské centrum Říše Velkomoravské (Brno 1996) 102; 137.

Der mit einer runden flachen mit reich granulierter Auflage verzierte Fingerring ist ein einmaliger Fund in der Nekropole des kirchlichen Areals von Sady. Er gehörte einer vermögenden, neben der Apsis bestatteten Frau. In dem Grab fanden sich außerdem goldene, silberne und mit echten Perlen besetzte Ohrringe, Kugelknöpfe, eine Halskette mit einem Topas und eine Muschel aus dem Mittelmeer sowie ein Gefäß. L. G.

08.03.08

Fingerring

Staré Město na Moravě. Nekropole Na Valách, Grab 24/48 (Tschechien)
Gold
2,2 cm x 1,7cm
9. Jh.
Brno, Moravské zemské muzeum.
Inv. Nr. 105.623
Lit.: V. Hrubý, Staré Město. Velkomoravské pohřebiště Na valách (Praha. 1955) 270; 413.

Fingerringe gehörten nicht zu den beliebtesten Schmuckstücken der Einwohner Großmährens. So kommen bronzene Fingerringe gelegentlich in durchschnittlich ausgestatteten Gräbern vor, während goldene und silberne, mit Filigran, Granulation und farbigen Glaseinlagen verzierte Exemplare sich nur in den Gräbern der reichsten Mährer fanden. Die in Grab 24/48 von Staré Město bestattete Frau hatte sogar zwei goldene mit Filigrangeflecht und Granulation verzierte Ringe. L. G.

08.03.09
Halskette
Staré Město na Moravě. Nekropole Na Valách, Grab 25/48 (Tschechien)
Bronze, vergoldet
15 cm x 5 cm
2. Hälfte 9. Jh.
Brno, Moravské zemské muzeum.
Inv. Nr. 106.177–106.190
Lit.: V. Hrubý, Staré Město. Velkomoravské pohřebiště Na valách (Praha 1955) 258; 414.

Halsketten aus Metallperlen gehören in den Gräbern der großmährischen Zeit zu den seltenen Funden. Im Grab 25/48 fand sich eine solche Kette aus zwölf granulierten Perlen am Hals eines kleinen Mädchens. Eine identische Kette trug auch die daneben bestattete 70jährige Frau, die mit dem Mädchen möglicherweise verwandt war. Beide Bestattungen datieren um die Mitte des 9. Jahrhunderts. Ähnliche Perlen, jedoch aus Silber, waren im 11. Jahrhundert häufiger Bestandteil der so genannten Brucherzhorte. L. G.

08.03.09

08.03.10 Handbuch Abb. 106
Anhänger
Mikulčice. Hauptburg (Tschechien)
Gold; Glas; Perlen
L. 3,4 cm, Br. 1,9 cm
9. Jh.
Brno, Archeologický ústav AV ČR.
Inv. Nr. 594–2/57
Lit.: J. Poulík, The Latest Archaeological Discoveries from the Period of the Great Moravian Empire. Historica I (Praha 1959) 57 Abb. 18, 3. – K. Benda, Mittelalterlicher Schmuck (Praha 1966) Nr. 32. – J. Poulík, Mikulčice, Sídlo a pevnost knížat velkomoravských (Praha 1975) 85 Abb. 54, 3. – J. Dekan, Velká Morava, Doba a umění (Praha 1980) 174 Abb. 117.

In einem ovalen Rahmen mit lilienförmigen Haken und Granulation ist ein dunkelrotes, geschliffenes Glas eingesetzt. Die Glaseinlage besteht aus zwei Teilen, zwischen denen ein Hohlraum mit Resten einer als das Blut Christi bezeichneten Masse liegt. Die Muffe aus Goldblech zieren auf Drähte aufgezogene Perlen und Goldringe. Der Gegenstand mit unbekannter Funktion ist unter den großmährischen Funden einmalig und wird als byzantinisches Importstück angesehen. Er stammt aus einem der gestörten Gräber im Nordosten der „3. Kirche" von Mikulčice. L. P.

08.03.10

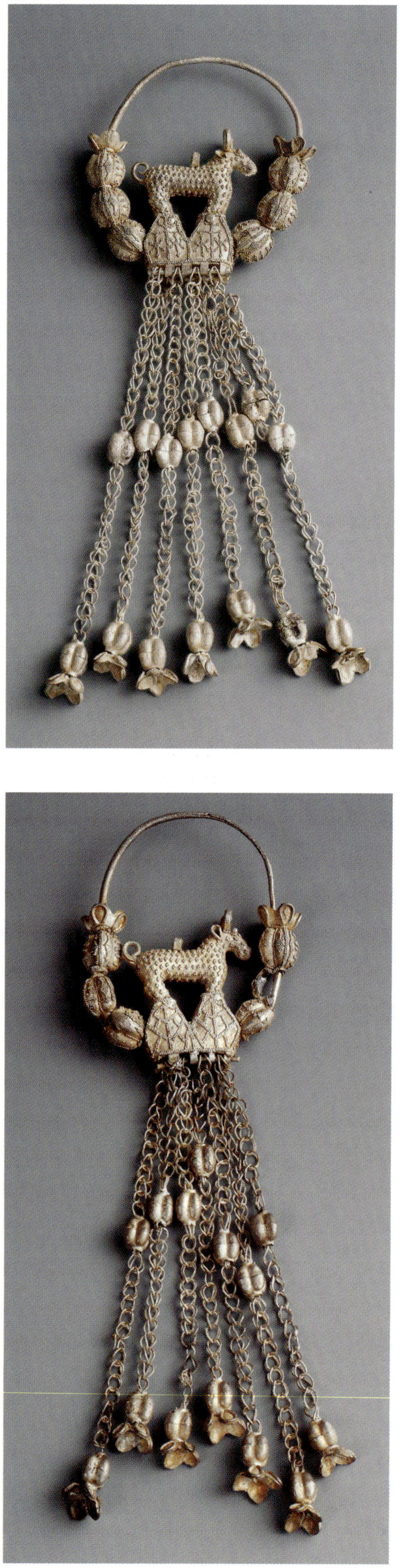

08.04.01 a

08.04.01 b 1

08.04.01 b 2

08.04.01 a–i

Stará Kouřim, Bez. Kolín. Grab 106 b (Tschechien)

1. Drittel 10. Jh.

Praha, Národní muzeum, Oddelění prehistorie a protohistorie. Inv. Nr. H 1 96 696–97; H 1 96 701–02; H 1 96 699–700; H 1 96 707–08; H 1 96 710; H 1 96 705–06; H 1 96 703–04; H 1 96 711–13; H 1 96 717–18; H 1 96 709.

Lit.: M. Šolle, Stará Kouřim a projevy velkomoravské kultury v Čechách (Praha 1966) 266–267 Abb. 40 b.

Auf dem „fürstlichen Gräberfeld" im zentralen Bereich des Burgwalls Stará Kouřim, gelang es, die Bestattungen einer fürstlichen Elite über vier Generationen nachzuweisen. Das jüngste dieser Gräber (106 b) erhält seine Bedeutung dadurch, dass es den ältesten „böhmischen" (nachgroßmährischen) Schmuck in seiner ursprünglichen Funktion enthält.

Handbuch Abb. 253

a) Ohrgehänge mit Tierplastik

Silber

L. 13,2 cm, Dm. 4,5 cm; L. der Tierplastik 1,9 cm, H. 1,4 cm

Bei dem Ohrgehänge wurden auf den Drahtring sechs granulierte Perlen, von denen die beiden oberen von einem Blütenkranz bekrönt werden, aufgeschoben. Ein zwischen den Perlen plastisch ausgeführtes Tier mit eingerolltem Schwanz stellt vermutlich ein Lamm dar. Das Tier steht auf zwei mitraähnlichen Gebilden, von denen sieben Ketten mit je zwei kaffeebohnenähnlichen Perlen ausgehen. Die unteren Perlen tragen eine Blütenkrone. Der Körper des Tieres und die auf den Drahtring aufgeschobenen Perlen sind mit Granulation geschmückt. Bei den hier gezeigten Ohrgehängen handelt es sich um die älteste Schöpfung einer böhmischen, an das großmährische Kunsthandwerk (Staré Město, Pohansko) anknüpfenden Goldschmiedewerkstatt. Sie haben keine direkten Parallelen, in ähnlichem Stil fanden sich Ohrgehänge in Grab 268 von Libice, in Grab 16 im Lumbe-Garten in Prag und in einem reichen Grab aus Matzhausen. Jünger sind die Schmuckstücke aus dem in Schlesien entdeckten Schatz von Komárov bei Opava, der durch eine Münze der Königin Adelheid an die Wende vom 10. zum 11. Jahrhundert datiert werden kann.

Handbuch Abb. 254

b 1) Halbmondförmiges Ohrgehänge

Silber

L. 14 cm.

Das Ohrgehänge ist im unteren Teil halbmondförmig durchbrochen. Auf den drei Spitzen sitzen je eine durchbrochene Kugel mit Blütenbekränzung. Am unteren Teil ist eine fassförmige durchbrochene Perle angebracht, an der silberne, in Körbchen mit Blütenhüllen endende Kettchen hängen.

b 2) Ohrgehänge mit Mitramotiv

Silber

L. 16,5 cm, 17 cm

Zwei Ohrgehänge, davon eines mit fünf auf den Drahtring aufgeschobenen Kügelchen. Die beiden oberen Kügelchen bekrönt ein Blütenkränzchen. In der Mitte befindet sich eine mitraförmige Kapsel, an der sieben Kettchen mit je zwei Kügelchen hängen. An den unteren abschließenden Kügelchen sind noch vier pfeilförmige Plättchen angebracht. Bei dem zweiten Ohrgehänge fehlt der Drahtring. Erhalten sind das halbmondförmige durchbrochene Unterteil mit drei durchbrochenen Perlen mit Blütenbekrönung. An das halbmondförmige Unterteil schließt eine fassförmige durchbrochene Perle an, an der vier Kettchen mit je einem Kügelchen mit Blütenkranz hängen.

c) Zwei Kaptorgen

Silber

L. 3 cm, Br. 2,4 cm.

Zwei kleine Silberkaptorgen mit mandelförmigem Querschnitt und plastischer Darstellung eines in Filigranverzierung und Granulation ausgeführten Dreigespanns. Auf der Unterseite sind rautenförmig angeordnete Filigrandrähte mit Kügelchen. Kaptorgen dieser Form fand man nur im Burgwall von Libice in Grab 268 sowie in Prag am Wenzelsplatz. Eine ähnlich verzierte Kaptorge bzw. Schmuckstücke fanden sich in dem Gräberfeld im Lumbe-Garten in Prag. Man vermutet, dass alle Schmuckstücke in einer in Prag am Anfang des 10. Jahrhunderts für den Fürstenhof arbeitenden Werkstatt hergestellt wurden. Die als Reliquienbehälter gedeuteten Kaptorgen waren bei den Slawen beliebte Schmuckstücke, die auch in Hacksilberschätzen vor allem aus dem 11. Jahrhundert – wenngleich unvollständig und beschädigt – vorkommen und so das Ende dieses Schmuckes anzeigen.

08.04.01 c

08.04.01 d

d) Kaptorge Handbuch Abb. 256

Silber, vergoldet
L. 3,2 cm, Br. 2,8 cm

Die Schauseite der Kaptorge ist mit aus Filigran hergestellten herzförmigen Feldern mit je einer dreiblättrigen Palmette verziert. An der Unterseite befinden sich Ösen, in die eine Nadel eingeschoben ist an der zwei Kettchen mit gerippten Blechperlen und blattförmigen Anhängern befestigt sind. Im Innern der Kaptorge fand man einen Leinenstoffrest. Kaptorgen verbindet man mit den Anfängen des sich ausbreitenden Christentums, das Fragment einer Kaptorge aus dem Grab von Kolín zeigt jedoch, dass sie auch als heidnische Amulette verwendet wurden.

e) Zwei Kugelknöpfe

Silber
4 cm x 4,2 cm

Die in Treibtechnik ausgeführte Verzierung besteht aus einem Pflanzenmotiv mit tropfenähnlichen Blättchen auf punziertem Hintergrund. Die Zierfelder bilden durch Sockelchen verbundene Bänder.

08.04.01 e

08.04.01 f

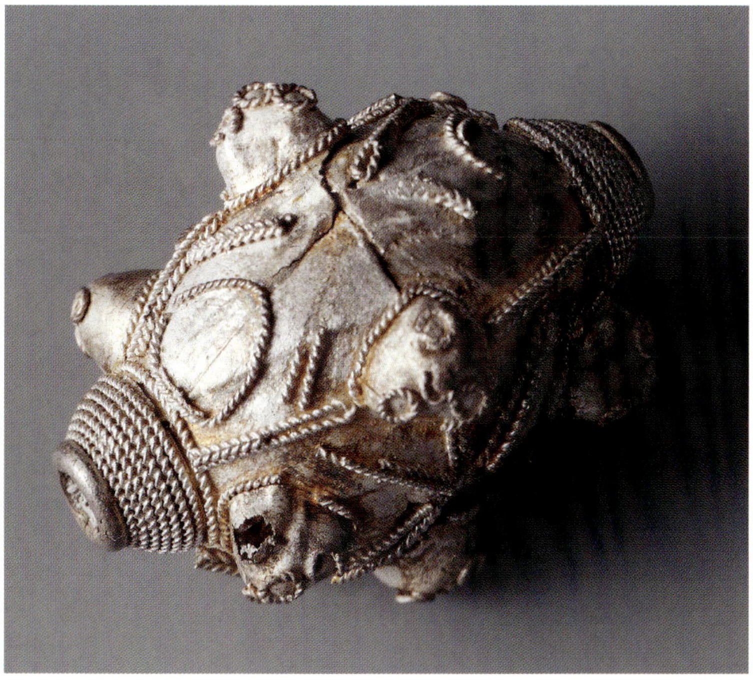

08.04.01 g

f) Zwei Kugelknöpfe
Silber
2,8 cm x 3,2 cm
1. Drittel 10. Jh.

Mit einem Pflanzenmotiv in arkadenähnlichen Feldern auf punziertem Hintergrund verzierte Kugelknöpfe. Die Stücke ahmen großmährische Vorlagen nach und dienten als Schmuck oder Kleidungsverschlüsse.

g) Drei Perlen mit Buckelverzierung
2 cm x 2,9 cm
1. Drittel 10. Jh.

Drei Perlen mit plastischer Buckelverzierung. Auf der Oberfläche befinden sich Filigranfäden, die Buckel sind mit Filigranfäden eingefasst bzw. mit drei bzw. fünf Filigrankreisen verziert. Die beiden Öffnungen sind mit Filigranfäden umwickelt. Buckelperlen

08.04.01 h

08.04.01 i

sind eigenständige Schöpfungen der mittelböhmischen postgroßmährischen Produktion und gehen wohl auf die Verzierung einer Gruppe silberner Kugelknöpfe mit granulierten Buckelchen zurück (Libice, Grab 268, Mikulčice, Břeclav-Pohansko usw.). Außer in Kouřim/Kauřim fand sich Buckelperlen in einem Körpergrab in Sedlec bei Kutná Hora. Von Böhmen gelangten diese Perlen im zweiten Viertel des 10. Jahrhunderts nordwärts nach Polen, wo örtliche Varianten in Schmuck- bzw. Hacksilberschätzen vorkommen.

h) Zwei Perlen
Silber
Dm. 2 cm

Länglich ovale Perlen, deren Schauseite mit granulierten Bändern, Rauten- und Dreiecksmustern verziert sind. Die Perlen bilden das altertümliche Element des Grabinventares, da sie bereits gegen Ende des 9. Jahrhunderts hergestellt wurden.

i) Nadel
Silber, vergoldet
L. noch 5 cm; Nadelkopf 0,6 cm x 0,9 cm

Silberne Nadel mit plastisch ausgestaltetem Kopf aus eingerollten Bändern, die auf ein zentrales hohles Silberkügelchen zulaufen. Das Stück wurde am Kopf der Bestatteten gefunden, so dass es sich hier um eine Haarnadel handeln dürfte. Haarnadeln gehörten in Böhmen nicht zur gängigen Tracht. Vermutlich übernahm die Verstorbene die Sitte aus dem Westen, möglicherweise auch aus Mähren, wenngleich Nadeln auch hier ein eher fremdes Trachtelement darstellten. N. P.

09.01.01 a

09.01.01 a–p
Das Fürstengrab von Kolín
Kolín (Tschechien)
2. Hälfte 9. Jh.
Praha, Národní muzeum, Oddělení prehistorie a protohistorie. Inv. Nr. H1–55.091; H1–55.090; H1–55.089; H1–55.087; H1–55.101–102; H1–55.095; H1–55.100; H1–55.097; H1–55.103; H1–55.093; H1–55.086; H1–55.105; H1–55.129; H1–55.107–108; H1–55.109–110; H1 55.131–132.
Lit.: M. Lutovský, Kolínský knížecí hrob: ad fontes. Sborník Národního muzea v Praze, řada A, 48, 1994, 45–47; 55, Abb. 4; 5, 1, 7; 8, Taf. 1; 3; 4, 1, 5. – M. Lutovský, Pokus o rekonstrukci původního vzhledu kalicha z kolínského knížecího hrobu. Časopis Národního muzea 156, 1987, 10–20. – Ders., Kolínský knížecí hrob: ad fontes. Sborník Národního muzea v Praze, řada A, 48, 1994, 45; 47; 51 Abb. 1,1–2; 3, 2–3; 5, 3; 8–9; 6, 2–3, 5–6; 7,2, 5; 9, 2 Taf. 2; 4, 2–3, 6, 45; 6, 1, 3; 7, 3; 8. – N. Profantová, K nálezům ostruh z konce 7.–1. stol. v Čechách. Mediaevalia Archaeologica Bohemica, Suppl. PA 2 (1993) 79. – O. Quadrat: Poznámky k výrobní technice staroslovanských čepelí. Pam. Arch. 47, 1956, 314 – 334 Abb. 2, 3.

Das „Fürstengrab" von Kolín wurde bereits 1864 entdeckt. Es enthielt in einer mit Holz verkleideten Kammer die Bestattung eines Edlen und seiner Frau oder Konkubine, die in die zweite Hälfte des 9. Jahrhunderts datiert werden können. Erst Ende des 19. Jahrhunderts gelangte die Grabausstattung in das Nationalmuseum in Prag. Die karolingischen Stücke in diesem Grab (Schwert, Sporenpaar, Kelch und Glasgefäße) könnte der böhmische Adelige als Geschenk anlässlich der Taufe von 14 böhmischen Fürsten in Regensburg im Jahre 845 erhalten haben. Der Frauenschmuck, insbesondere das Ohrgehänge, die Bronzeperlen und Kugelknöpfe stellen den jüngsten Teil des Fundkomplexes dar. Als Amulette fanden sich ein goldgefasstes Elfenbeinstück und eine Kaptorge. Ein Pokal, ein Glasschälchen, ein Metalleimer und eine Bronzeschüssel bildeten die Gefäßbeigabe. N. P.

a) Schwert
Eisen
L. 53,3 cm, Klingenbr. 4,3 cm, L. der Parierstange 10,9 cm
1. Hälfte 9. Jh.

Eisernes zweischneidiges Schwert bei dem der Knauf und die Klingenspitze fehlen. Auf der Klinge haben sich deutliche Reste der Holzscheide erhalten. Das Schwert wurde wohl im Schweißdamastverfahren hergestellt, da auf der Klinge hellere und dunklere V-förmige Streifen hervortreten. Ein endgültiges Urteil lässt die starke Beschädigung der Klinge jedoch nicht zu. Die Metallanalyse ergab, dass es sich um eine Waffe von außerordentlicher Qualität handelte. Die Analysen zeigen, dass hier ein kostbarer Importgegenstand, wahrscheinlich aus dem Rheinland vorliegt.

09.01.01 b

Handbuch Abb. 458
b) Schwertriemenschnalle
Silber, vergoldet; Niello
L. 5,8 cm, Br. 3,7 cm
2. Drittel 9. Jh.

Gegossene Schnalle des Schwertgurts mit ovalem Bügel und einfachem Dorn. Den Bügel zieren sechs plastische, mit Nielloeinlagen versehene Palmettenbündel. Bei der Schnalle handelt es sich um eine hervorragende Arbeit einer karolingischen Werkstatt. Ähnliche Stücke sind aus Ostra Paboda in Schweden und aus Sonderjyllas in Dänemark bekannt. Verzierungsmuster dieser Art finden sich auf Riemenzunge aus Norra Vedby bzw. Alsen. Die Werkstatt dürfte nach Untersuchungen von E. Wamers in Lothringen zu suchen sein, wo in der Zeit nach 825 solche qualitätvollen Stücke entstanden.

09.01.01 c

09.01.01 d

Handbuch Abb. 458

c) Schwertriemenschlaufe
Silber, vergoldet; Niello
L. 2 cm, H. 1,9 cm
2. Drittel 9. Jh.

Der ovale vergoldete Silberbeschlag gehörte ebenfalls zum Schwertriemen des Verstorbenen. Ein zentrales rechteckiges Feld mit ehemals sechs silbernen Nieten, von denen noch zwei erhalten sind, teilen die Schauseite in zwei Zierfelder. Die Art der Verzierung mit Palmettenbündeln entspricht dem Bügel der Schnalle. Der Riemen selbst wurde durch einen halbrunden Steg an der Unterseite des Stückes geführt.

Handbuch Abb. 458

d) Kleeblattbeschlag
Silber, vergoldet; Niello
L. 5,6 cm, Zungenbr. 3,7 cm
2. Drittel 9. Jh.

Silbervergoldeter Kleeblattbeschlag einer Schwertgarnitur. Dreieckiges zentrales Zierfeld, von dem drei zungenförmige „Blätter“ ausgehen. Das dreieckige Zierfeld begrenzen drei langrechteckige Felder mit je sechs Nietlöchern. Zwei silberne Niete sind noch erhalten. Die Zierfelder plastische Palmettenbündel, wobei durch den vergoldeten Hintergrund und die silbernen mit Niello betonten Stengel eine hohe Plastizität erreicht wird. Jedes der „Blätter“ hat an seiner Unterseite eine Öse, durch die die Riemen geführt wurden. Schnalle, Schwertriemenschlaufe und der Kleeblattbeschlag stammen aus einer in Lothringen produzierenden Werkstatt.

e) Ringförmige Riemenschlaufe

Silber, vergoldet
H. 1,9 cm, Dm. 2 cm
Anfang 9. Jh.

Die Zierfläche der Riemenschlaufe schmücken vier Palmetten mit einem zentralen Buckel. Die überlappenden Enden sind angelötet.

09.01.01 e

f) Riemenzunge

Silber, vergoldet
L. 3,8 cm, Br. 1,5 cm
Anfang 9. Jh.

Silbervergoldete Riemenzunge mit drei Nietlöchern am oberen Ende. Auf der Schauseite ist eine von einem Flechtbandpaar eingerahmte Tiergestalt dargestellt. Das Stück dürfte zu einer Schuh- oder Stiefelgarnitur gehört haben, angefertigt an der Wende vom 8. zum 9. Jahrhundert. Die Riemenzunge zeigt Anklänge an den insularen Tierstil, dürfte jedoch bereits auf dem Kontinent entstanden sein.

09.01.01 f

g) Riemenzunge

Bronze, vergoldet; Silber
L. 4,1 cm, Br. 2 cm
1. Hälfte 9. Jh.

Die Riemenzunge aus vergoldetem Bronzeblech war Bestandteil einer Sporengarnitur. Vier von tordierten Drähtchen eingefasste Nieten dienten am oberen Ende zur Befestigung. Die Verzierung besteht aus zwei Reihen mit Granulation, die von tordierten Bändchen eingerahmt bzw. getrennt sind.

09.01.01 g

h) Schlaufe

Bronze, vergoldet
L. 2,5 cm, Br. 2,2 cm
1. Hälfte 9. Jh.

Schlaufe aus vergoldetem Bronzeblech mit nahezu quadratischer Zierfläche. Auf der Zierfläche zwei Reihen mit nur noch zum Teil erhaltenen granulierten Kügelchen, die durch tordierte Bänder eingefasst bzw. getrennt sind. Der eigentliche Steg, durch den der Riemen geführt wurde, hat überlappende Enden.

09.01.01 h

09.01.01 i

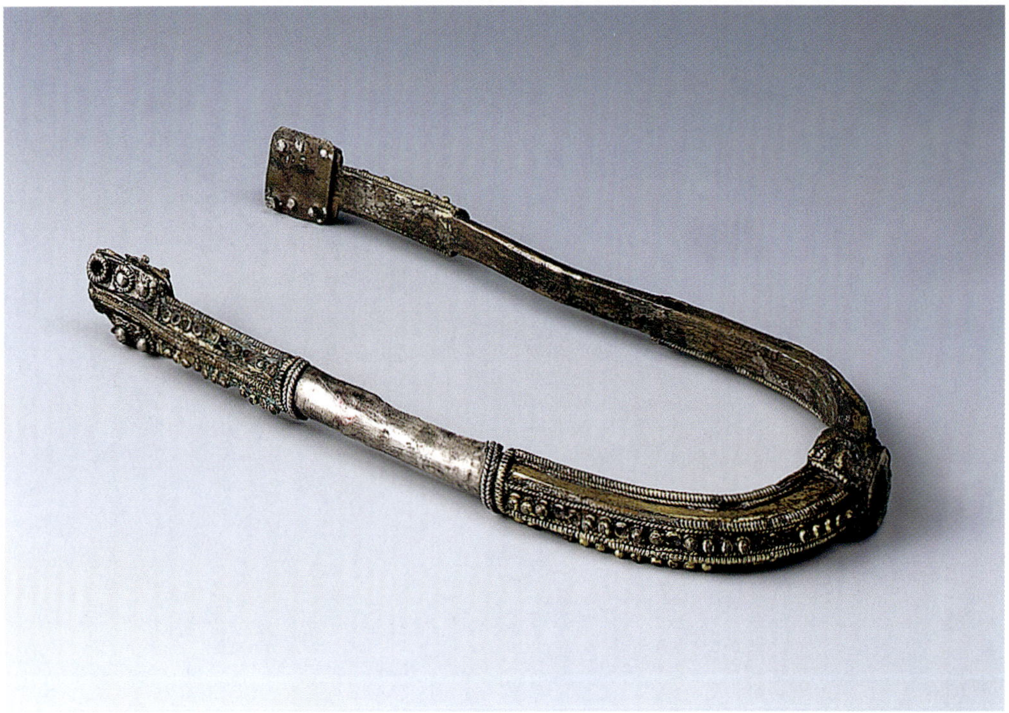

09.01.01 j

i) Bartaxt
Eisen
L. 15, cm, Schneidenh. 11,5 cm
2. Hälfte 9. Jh.

Eiserne Axt mit einer ausladender, leicht geschwungener Schneide, langem Bart und rechteckigem Schaftloch. Solche gelegentlich als „böhmischer Typ" bezeichneten Äxte treten in Böhmen seit dem Beginn des 9. Jahrhunderts häufiger auf.

j) Sporn
Bronze, vergoldet mit Silberplattierung
L. 15,3 cm, Br. 8,1 cm
1. Hälfte des 9. Jahrhunderts

Bronzesporn mit Abschlussplättchen und einem ehemals eingesetzten Stachel. Der Bügel ist vergoldet und mit Granulation und tordierten Drähtchen bedeckt. An der Stelle des Stachels befindet sich eine kreisrunde hohle, mit einem Flechtbandpaar und Granulation verzierte Fassung. Die mit Granulation und tordierten Drähtchen verzierten Bügelenden erweitern sich zu Abschlussplättchen mit je sechs Silbernieten in zwei Dreiergruppen. Die Niete sind durch tordierte Ränder eingefasst. Der mittlere Teil ist mit Silberblech plattiert. Die aufwendige Verarbeitung dürfte eine alltägliche Benutzung des Sporns ausschließen. Vielmehr dürfte er Bestandteil des Festgewandes mit symbolischer Bedeutung gewesen sein.

k) Kelch Handbuch Abb. 211–212
Silber, vergoldet
H. 22 cm, Mündungsdm. 10,6 cm,
1. Hälfte 9. Jh.

Der ehemals wohl 15 bis 16 cm hohe Kelch ist nicht vollständig erhalten. Antik ist nur die Kuppa und der obere Nodus. Die innen glatte, vergoldete Kuppa ist in ihrem unteren Bereich mit schrägen Kanneluren und unter dem Rand mit einem Fries verziert. Der untere Teil der Kuppa wird von langen gekehlten, leicht gedrehten Blättern eingefasst. Der vergoldete durchbrochene, aus massiven Spiralen bestehende Nodus ist im oberen Bereich mit drei Kleeblättern geschmückt. Der Rest des Kelches wurde im 19. Jahrhundert ergänzt. Das Stück ist ein beeindruckendes Zeugnis karolingischen Kunsthandwerks. Aufgrund seiner Gliederung und seinen Maßen steht er dem hölzernen im 9. Jahrhundert in Aachen hergestellten so genannten Lebuinuskelch nahe. Der Pflanzendekor deutet auf eine Herstellung des Kelches in der Hofwerkstatt Karls des Großen. Ursprünglich mag es sich um einen liturgischen Kelch bzw. einen *calix imaginatus* wie beim Lebuinuskelch gehandelt haben, der dann jedoch dem böhmischen Fürsten als Bestandteil des Trinkgeschirrs diente.

09.01.01 k

09.01.01 l

l) Schälchen
Glas
H. 2,6 cm, Mündungsdm. 16,3 cm

Niedriges flaches Schälchen aus hellgrünem Glas mit umgebogenem Rand und konkavem Boden. Das zum Teil ergänzte Stück ist mit plastischem Dekor verziert. Wie der Pokal, so dürfte auch das Glasschälchen aus dem Karolingerreich, wo es in rheinischen Werkstätten hergestellt wurde, importiert worden sein. Aus derselben Zeit stammt das Fragment eines Glasgefäßes vom Burgwall Rubín bei Podbořany in Böhmen.

m) Perle

Silber
L. 2,5 cm, Dm. 1,7 cm
2. Hälfte 9. Jh.

Mit Granulation verierte Perle aus Silberblech, deren Verzierung aus zweireihigen Zick-Zack-Linien Pfeilen besteht. Das Stück könnte mährischer Herkunft sein (Staré Město/Altstadt); die nächsten Analogien in Böhmen stammen aus Kouřim, Grab 49 b.

n) Zwei Kugelknöpfe

Kupfer(?), vergoldet
H. 3,5 cm, 3,2 cm; Dm 3,5 cm, 3,3 cm
2. Hälfte 9. Jh.

Zwei vergoldete filigranverzierte, kupferne(?) Kugelknöpfe mit Resten von Aufhängeösen auf der Oberseite und halbrundem Buckel auf der Unterseite. Die Filigranverzierung besteht aus Rosetten, Ringen und Kreuzchen.

o) Zwei Kugelknöpfe mit Glaseinlagen

Kupfer(?), vergoldet; Glas
H. 1,4 cm (ohne Öse), Dm. 1,9 cm
2. Hälfte 9. Jh.

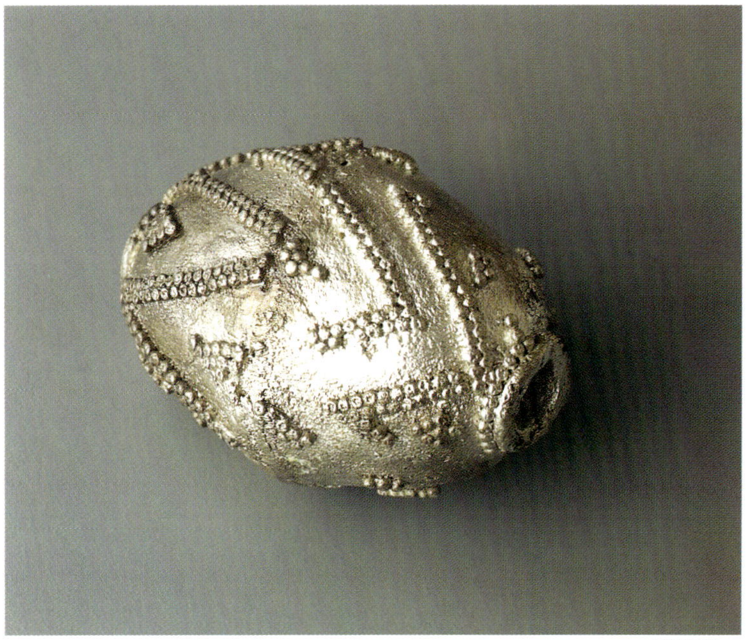

09.01.01 m

09.01.01 n

09.01.01 o

09.09.01 p

Die Kugelknöpfe mit facettierter Aufhängeöse zieren sieben senkrechte Felder mit einem einfachen getriebenen Ornament. Die Felder sind durch Bänder aus granulierten Kügelchen voneinander getrennt. Im unteren Bereich, wo das Ornament eine siebenblättrige Rosette bildet, sind Einlagen aus dunkelblauem Glas eingesetzt. Obwohl es sich bei den Kugelknöpfen um typisch mährische Schmuckstücke handelt, fallen die Koliner Exemplare aus dem Rahmen der herkömmlichen mährischen Produktion, weshalb man eine böhmische Produktion nach mährischen Vorbildern nicht ausschließen kann.

p) Zwei Perlen
Glas; Bronze
L. noch 2 cm
2. Hälfte 9. Jh.

Längliche gerippte Perlen aus blauem Glas mit einem Bronzeröhrchen im Kern einfassenden Strähnen. Eine der Perlen nur zum Teil erhalten. Bei den Stücken handelt es sich um vornehmlich in der zweiten Hälfte des 9. Jahrhunderts in Böhmen und Mähren getragene Perlen. Sie dürften außerhalb Böhmens im Gebiet des Karolingerreiches entstanden sein. N. P. u. J. M.

Christianisierung 09.02-03

Seit Beginn des 9. Jahrhunderts nahmen Adelige in Mähren sowie in der Umgebung von Nitra den christlichen Glauben an und errichteten an ihren Höfen erste Kirchen. Wohl auf Wunsch Fürst Mojmírs I. (um 830–846) vollzog Bischof Reginhar von Passau 831 eine Taufe „aller" Mährer. Zum Aufbau einer mährischen Landeskirche bat Fürst Rostislav (846–870) in Rom, später in Byzanz um Entsendung von Missionaren, die einheimische Priester ausbilden sollten. 863 trafen aus Byzanz die Brüder Konstantin (Kyrill) und Method ein. Anders als die westlichen Missionare bedienten sie sich für alle kirchlichen Kulthandlungen der slawischen Sprache und einer eigens hierfür entwickelten Schrift, der „Glagolica". Dies stieß auf erbitterten Widerstand der bayerischen Bischöfe. 880 wurde Method zum mährischen Erzbischof erhoben. Nitra wurde als Suffraganbistum errichtet. Nach dem Tod Methods 885 blieb das Erzbistum unbesetzt; seine Schüler wurden vertrieben und fanden Asyl in Bulgarien. P. S., D. T. u. J. Ž.

1 römisch-katholisch um 750; 2 römisch-katholisch um 900,; 3 byzantinisch-orthodox um 750; 4 byzantinisch-orthodox um 900; 5 Erzbistum Methods bis 885; 6 kyrillo-methodianische Tradition nach 885; 7 römisch-katholische Mission; 8 byzantinisch-orthodoxe Mission; 9 kyrillo-methodianische Mission; 10 Sitz Erzbistum Methods bis 885

Mission 750–900

09.02.01

09.02.01

Kreuzanhänger mit Christusdarstellung und griechischer Inschrift

Uherské Hradiště-Sady. Siedlung an der Kirche, Hütte II (Tschechien)
Blei
L. 4 cm, Br. 2,6 cm
9. Jh.
Brno, Moravské zemské muzeum.
Inv. Nr. SM–003
Lit.: L. Galuška, Uherské Hradišrě-Sady. Křesťanské centrum říše Velkomoravské (Brno 1996) 112–113. – R. Hošek, První řecký nápis na Moravě. In: Almanach Velká Morava (Brno 1965) 140.

Das im christlichen Zentrum Großmährens entdeckte Bleikreuz ist ein einmaliger mitteleuropäischer Fund aus dem 9. Jahrhundert. Es trägt die griechische Inschrift „ZOE – ISUS – CHRISTOS" (Jesus-Licht-Christus), die „Sieg – Leben – dem Herrn" gedeutet wird. Auf der Schauseite ist der Gekreuzigte abgebildet. Wahrscheinlich handelte es sich um ein Missionarkreuz byzantinischer Herkunft, das in den Raum Staré Město-Uherské Hradište durch die byzantinische Mission Kyrills und Methods gelangte. Es beweist die Anwesenheit von Priestern aus dem Südosten im christlichen Zentrum auf der Sady-Anhöhe. M. S.

09.02.02

Halskette mit drei Kreuzchen

Dolní Věstonice. Grab 467 (Tschechien)
Silber; Glas; Blei
L. 2,4 cm, 2,6 cm, 2,8 cm; Br. 2,1 cm, 2,1 cm, 2,1 cm
9./10. Jh.
Brno, Archeologický ústav AV ČR.
Ohne Inv.
Lit.: B. Dostál, Slovanská pohřebiště ze střední doby hradištní na Moravě (Praha 1966) Abb. 11, 8. – Z. Měřínský, Kosočtverečné olověné křížky a jejich chronologické postavení v rámci hmotné kultury střední doby hradištní. In: Rodná země. Sborník k 100. výročí Muzejní a vlastivědné společnosti v Brně a k 60. narozeninám PhDr. Vladimíra Nekudy, CSc (Brno 1988) 122 Kat. Nr. 3; Abb. 3, 2–8; 5, 10–12; 6.

Halskette aus Glas- und Bleiperlen mit drei Bleikreuzchen und einer heute verschollenen silbernen Kaptorge. Zwei gleicharmige Bleikreuzchen haben eine bogenförmige plastische Verzierung auf jedem Arm und den Buchstabe Omega in der Mitte. Das dritte Kreuzchen ist rautenförmig und mit Gittermuster verziert. Die Halskette wurde in einem Kindergrab zusammen mit einem bronzenen Fingerring und einem Metallanhänger mit Öse gefunden. Bleikreuzchen mit plastischem Gittermuster sowie weitere Bleischmuckstücke gehören zu einer selbständigen Denkmälergruppe, die nach Südmähren und in das österreichische Donaugebiet ausstrahlte und an das Ende des 9. und zu Beginn des 10. Jahrhunderts datiert wird. Man bringt sie mit dem Wirken der westlichen christlichen Missionen in Verbindung. L. P.

09.02.02

09.02.03 Handbuch Abb. 220

Brustkreuz mit Christusdarstellung

Mikulčice. Hauptburg (Tschechien)
Silber
H. 4,1 cm, Br. 3,3 cm
8.–9. Jh.
Brno, Archeologický ústav AV ČR.
Inv. Nr. 594–1022/56
Lit.: J. Poulík, Výsledky výzkumu na velkomoravském hradišti „Valy" u Mikulčic. Pam. Arch. 48, 1957, 314. – H. Preidel, Die neu entdeckten frühmittelalterlichen slawischen Burgwälle bei Mikultschitz und bei Lundenburg in Südmähren. Stifter-Jahrbuch 8, 1964, 152–153 Abb. 6, 1. – K. Benda, Mittelalterlicher Schmuck (Praha 1966) Nr. 28. – J. Dekan, Velká Morava. Doba a umění (Praha 1980) 176–177 Abb. 126. – Z. Klanica, Křížky z 8.–9. století v Mikulčicích. Pravěk 3, 1993, 211–215 Abb. 1, 1; 3, 9.

Silberner Kreuzanhänger mit in Relief ausgeführtem Bild des Gekreuzigten in einer langen, breitgesäumten Tunika. Über dem Kopf Christi ein Schildchen mit den Buchstaben CCXO (?). Die maskenhafte Betonung des Kopfes mit seinen ausdrucksvollen Gesichtszügen wird der iro-schottischen Kunst zugeschrieben, während das Gewand und die Gesamtkonzeption des Kreuzchens ein Beweis für die östliche, am ehesten syrische Herkunft sein sollen. Auch Einflüsse der koptischen Kunst lassen sich nicht ausschließen. Als nächstes Vergleichsstück wäre ein Bleikreuz aus dem ehemaligen St. Klara-Kloster in Mainz zu nennen. Das Mikulčicer Kreuzchen wurde in einer Siedlungsschicht 6 m südlich der Basilika gefunden. Möglicherweise stammt es aus einem zerstörten Grab. L. P.

09.02.03

09.02.04

Buchförmige Riemenzunge

Mikulčice. Hauptburg, Grab 505 (Tschechien)
Bronze, vergoldet
L. 4 cm, Br. 2,8 cm
9. Jh.
Brno, Archeologický ústav AV ČR.
Inv. Nr. 594–1125/57
Lit.: J. Poulík, The Latest Archaeological Discoveries from the Period of the Great Moravian Empire. Historica 1 (Praha 1959) 38–39 Abb. 9. – H. Preidel, Die neu entdeckten frühmittelalterlichen slawischen Burgwälle bei Mikultschitz und bei Lundenburg in Südmähren. Stifter-Jahrbuch 8, 1964, 155 Taf. 1, 5. – K. Benda, Mittelalterlicher Schmuck (Praha 1966) Nr. 31. – J. Dekan, Velká Morava. Doba a umení (Praha 1980) 174 Abb. 110.

Beschlag in Form eines Miniaturbuches aus vergoldetem Bronzeblech mit filigranverzierten Kanten. Filigranverzierung gliedert auch den Rücken des Codexes. Den vorderen und hinteren „Einband", die von vier nachgearbeiteten(?) Nieten zusammengehalten werden, schmücken Buckel mit granulierten Dreiecken und einzelne große Granulationskörner. Der „Codex" wurde am oberen Teil des Oberschenkelknochens einer jungen Frau zusammen mit weiteren reichen Beigaben auf dem Gräberfeld an der Basilika von Mikulčice gefunden. Beschläge in Buchform dienten offenbar als Riemenzungen und gehören zu den originellsten Schöpfungen der höfischen Kultur Großmährens. Bei den Mikulčicer Beschläge handelt es sich um einheimischen Goldschmiedearbeiten. L. P.

09.02.04

09.02.05

09.02.05 Handbuch Abb. 228

Riemenzunge mit Orantendarstellung

Mikulčice. Hauptburg, Grab 100
(Tschechien)
Silber, vergoldet; Niello
L. 5,1 cm, Br. 3,2 m
9. Jh.
Brno, Archeologický ústav AV ČR.
Inv. Nr. 4463/57
Lit.: J. Poulík, Výsledky výzkumu na velkomoravském hradišti „Valy“ u Mikulčic. Pam. Arch. 48, 1957, 309–318; 369–370 Abb. 90–92. – K. Benda, Mittelalterlicher Schmuck (Praha 1966) Nr. 20–21. – J. Dekan, Velká Morava. Doba a umění (Praha 1980) 134–135 Abb. 102–103.

Auf der gewölbten mit Granulation versehenen Umrahmung der Schauseite der Riemenzunge befinden sich fünf erhabene rautenförmige Schildchen. Das mit einem Perlband eingefasste Mittelfeld hat eine ovale und runde Erhebung mit zwei Medaillons. Das obere zeigt ein nielloverziertes menschliches Antlitz, das untere ein in gleicher Technik gefertigtes nicht näher zu bestimmendes Motiv. Auf der Rückseite ist die Gestalt eines Geistlichen mit erhobenen Armen und einem gleichschenkligen Kreuz auf der Kasel eingeritzt. Die Riemenzunge gilt als ein unter dem Einfluss fremder, namentlich karolingischer und koptisch-byzantinischer Vorlagen hergestelltes Produkt lokaler böhmischer Werkstätten. Sie stammt aus dem Grab eines kleinen Jungen bei der „2. Kirche“ von Mikulčice, wo sie zusammen mit silbernen Kugelknöpfen, bronzenen Schnallen und Helmbeschlägen sowie einem Eisenmesser gefunden wurde. L. P.

09.02.06 a–c

Drei buchförmige Riemenzungen

Mikulčice. Suburbium, Grab 1735 (Tschechien)
Bronze, vergoldet; Glas
L. 3,5 cm, 3,5 cm, 3,5 cm; Br. 3,8 cm, 3,9 cm, 3,9 cm
9. Jh.
Brno, Archeologický ústav AV ČR.
Inv. Nr. 594–2887/86; 594–2885/86; 594–2884/86
Lit.: Z. Klanica, Vorbericht über die Forschungsergebnisse in Mikulčice für das Jahr 1986. Přehled výzkumů 1989, 1989, 50.

Die drei Beschläge in Buchform wurden in einem Männergrab in der Flur Kostelisko im Mikulčicer Suburbium zusammen mit Eisensporen, Gürtelschnallen und Gürtelbeschlägen, einem Beil, einem Rasiermesser, einem Messer sowie weiteren nicht näher bestimmbaren Gegenständen gefunden. Alle drei Beschläge sind gleich groß und unterscheiden sich nur in der Verzierung der „Einbände". Die in Gürtelhöhe des Toten aufgefundene Riemenzunge zieren Achterschlaufen in Filigranverzierung und blaue Glaseinlagen. Die beiden anderen, am Becken des Toten gelegenen Beschläge sind auf der Schauseite mit fünf blauen Glaseinlagen und einzelnen Granulationskörnern und auf der Rückseite mit einem geritztem Pflanzenornament auf gepunztem Hintergrund verziert. L. P.

09.02.06 a

09.02.06 b

09.02.06 c

09.02.07

Riemenzunge in Form eines geöffneten Buches

Břeclav-Pohansko, Bez. Břeclav, Grab 253/Herrenhof (Tschechien)
Bronze, vergoldet; Email
L. 4 cm, Br. 2,4 cm
9. Jh.
Brno, Masarykova univerzita, Ústav archeologie a muzeologie.
Inv. Nr. P 12662
Lit.: F. Kalousek, Břeclav-Pohansko I (Brno 1971) 147–148.

Bronzevergoldete Riemenzunge auf einer gegossenen Bleiplatte als Grundlage. Das rechteckige emaillierte Zierfeld wird von zwei gewölbten dreigliedrigen Feldern eingerahmt. Vier Niete mit Perlrand in einem rechteckigen von Perlrändern eingefassten Feld dienten zur Befestigung am Riemen. Das Stück stammt aus dem Grab eines jungen Mannes aus der großmährischen Kirche in Pohansko, wo es zusammen mit einem Gefäß und einer Eisenschnalle mit Dorn gefunden wurde J. M.

09.02.07

09.02.08

09.02.08

Kreuzförmiger Beschlag mit Maske

Mikulčice. Hauptburg (Tschechien)
Bronze, vergoldet
L. 5,4 cm, Br. 5,2 cm
9. Jh.
Brno, Archeologický ústav AV ČR.
Inv. Nr. 594–438/59
Lit.: J. Poulík, Mikulčice, Sídlo a pevnost knížat velkomoravských (Praha 1975) 95–96 Abb. 23, 1. – J. Dekan, Velká Morava. Doba a umení (Praha 1980) 176 Abb. 123.

Beschlag in Form eines Kreuzes, dessen Arme mit menschlichen Masken in Relief verziert sind. Am Ende der Arme sowie im Mittelteil befinden sich Durchbohrungen zur Befestigung. Der Beschlag könnte Bestandteil eines Riemens, des Pferdegeschirrs oder eines Holzschreines gewesen sein. In der Ausführungstechnik und Ornamentik ähnelt er den „Maskensporen“ von Mikulčice. Der Fund stammt aus einer Siedlungsschicht westlich der „5. Kirche“. L. P.

09.03.01

09.03.01
Schreiben des Markgrafen Aribo an König Arnulf
(ausgestellt in Berlin und Prag)
zwischen 887 und 896
Pergament
H. 13,5 cm, Br. 20,5 cm
Karlsruhe, Badische Landesbibliothek. Aug. Fragm. 150
Lit.: H. Schwarzmaier, Ein Brief des Markgrafen Aribo an König Arnulf über die Verhältnisse in Mähren, Frühmittelalterliche Studien 6, 1972, 55–66. – P. Ratkoš, Cenný prírastok k prameňom o Veľkej Morave. List grófa Aribu kráľovi Arnulfovi z roku 891. Slovenská archivistika 11, 1976, 177–179. – P. Ratkoš, Význam listu grófa Aribu kráľovi Arnulfovi z r. 891. V: Příspěvky pro VIII. mezinárodní sjezd slavistů (Praha 1978) 209–217. – D. Třeštík, Počátky Přemyslovců (Praha 1997) 72.

Markgraf Aribo informiert König Arnulf in diesem Schreiben aus dem Jahre 891 über die Friedensverhandlungen zwischen einer von Bischof Wiching von Neutra geführten Gesandschaft und den Mährern. Ein Fragment des Briefes war im 15. Jahrhundert im Reichenauer Kloster beim Binden des Codexes Aug. Perg CCXLVIII auf die Innenseite des Einbanddeckels geklebt worden. Es handelt sich um eines der wenigen Originaldokumente aus dem 9. Jahrhundert und zugleich um das einzige im Original erhaltene Schreiben der großmährischen Geschichte. Markgraf Aribo berichtet hierin König Arnulf, dass die Friedensverhandlungen Bischof Wichings und seiner Gesandten in Mähren erfolgreich waren. Die Mährer wiesen die gegen sie erhobenen Anschuldigungen zurück und verpflichteten sich zu einer Tributzahlung an den König. Der Frieden wurde jedoch nicht gewahrt. Arnulf griff mit ungarischer Hilfe Großmähren im Jahre 892 erfolglos an. D. T.

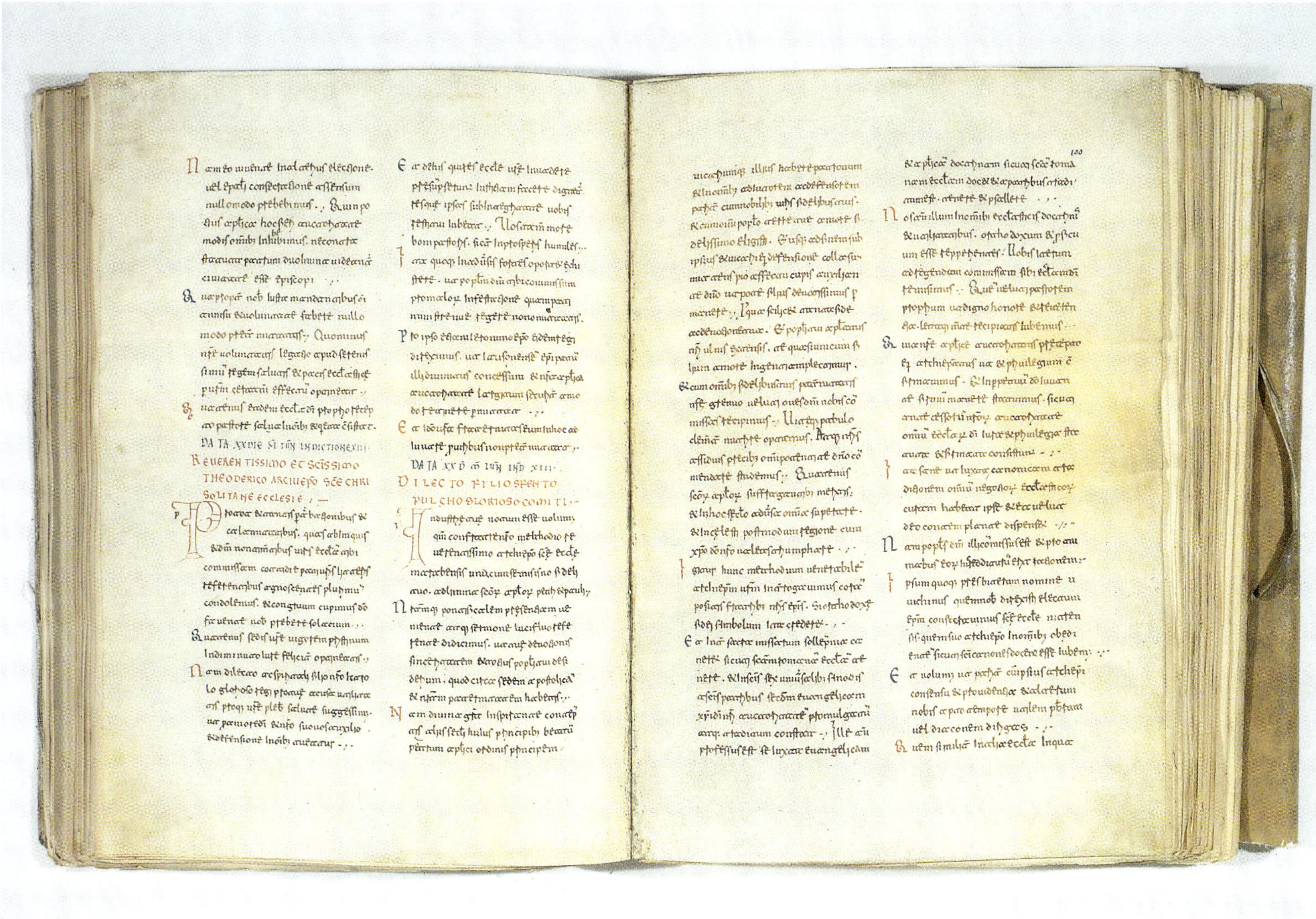

09.03.02

09.03.02

Bulle Papst Johannes VIII. an Fürst Svatopluk aus dem Jahr 880

(ausgestellt Faksimile)
Rom, 11. Jh.
Pergament
H. 34 cm, Br. 26 cm
Città del Vaticano, Archivio Segreto. Reg. Vat 1. fol. 99v–100v (Original)
Bratislava, Slovenské národné múzeum (Faksimile)
Lit.: Magnae moraviae fontes historici III (Brno 1969) 197–208. – L. E. Havlík, Der päpstliche Schutz und die slawischen Völker. Zur Problematik der den Herrschern in den Ländern Südost-, Mittel- und Osteuropa gewährten päpstlichen patronatus-protectio. An. Inst. Slavici II, 1, 1969, 10–32.

In einem Schreiben an Svatopluk, den Mährenfürsten, teilt Papst Johannes VIII. mit, dass der mährische Erzbischof Method und Zemižizňa, ein Getreuer Svatopluks, vor dem Apostolischen Stuhl mit dem Bittgesuch erschienen seien, der heilige Petrus und dessen Nachfolger, der Papst, möchten Svatopluk mit all seinen edlen Getreuen und mit dem ganzen Volk des Landes in ihren Schutz nehmen. Der Papst befand Method als rechtgläubig und gab ihm auf, das anvertraute Amt zu verwalten. Darüber hinaus weihte der Papst Wiching, den neugewählten Bischof von Nitra, und versprach einen weiteren zu konsekrieren, mit dem Method im Gebiet der mährischen Erzdiözese andere Bischöfe weihen könne. Zugleich forderte er alle Geistlichen ohne Unterschied der Volkszugehörigkeit im Bereich der mährischen Erzdiözese auf, ihrem Erzbischof zu gehorchen und zu folgen. Der Papst bewilligte zudem, die Messe und das Evangelium in slawischer Sprache zu lesen, unter der Bedingung, dass das Evangelium zuerst in Latein gelesen werde.
Der Text des Schreibens, das traditionsgemäß als Bulle *industriae tuae* bezeichnet wird, hat sich als Abschrift im Register Johannes VIII. im Vatikanischen Archiv erhalten.
Der in der Zwischenzeit als authentisch befundene Text stellt einen Höhepunkt in den Bemühungen der mährischen Herrscher um ein selbständiges Erzbistum dar, das Mähren die gleiche Souvaränität wie den anderen christlichen Staaten sichern sollte. Da das fränkische Reich dem entgegenstand, wandten sich die mährischen Herrscher an die zweite Autorität der christlichen Welt, das Papsttum, unter dessen Schutz sich Svatopluk nun mit seinem gesamten Volk begab. Darüber hinaus befasst sich das Schreiben mit der Errichtung des neuen mährischen Erzbistums und der Ernennung Methods zu dessen Erzbischof. Dieser war zuvor lediglich Erzbischof von Pannonien (mit Titularsitz in Sirmium). Der Papst erlaubte Method auch den Gebrauch der slawischen Liturgie, während Svatopluk für sich beanspruchte, die lateinische Messe zu hören. D. T.

09.03.03

09.03.03 Handbuch Abb. 215

Kiewer Blätter

(ausgestellt Faksimile)
Böhmen, Anfang 10. Jh.
Pergament
Original: Kiew, Bibliothek der Ukrainischen Akademie der Wissenschaften in Kiew. Sign. DA/P 328.
Faksimile: Praha, Památky ústav stredních Čech
Lit: V. Jagić, Glagolitica. Würdigung neuentdeckter Fragmente (Wien 1890). – Fr. V. Mareš, An Anthology of Church Slavonic Texts of Western (Czech) Origin (München 1979). – Fototypische Edition: V.V. Nimčuk, Kyjivski hlaholyčni lystky (Kyjiv 1983).

Das älteste erhaltene altslawische Sprachdenkmal ist in glagolitischer Schrift verfasst und besteht aus sieben Pergamentblättern mit 10 Messformularen. Am Beginn steht das Formular zum Fest des heiligen Clemens, des Patrons der Mission von Kyrill und Method. Die Formulare enthalten nicht den gesamten Messtext, sondern die veränderlichen Teile. Diese Gebete wurden aus dem Lateinischen übersetzt. Sie gehörten ursprünglich vermutlich zum so genannten *libellus missae,* der von den italienischen Missionaren benutzt wurde. Die altslawische Übersetzung dieses Textes, die wohl noch in Grossmähren entstand und Kyrill selbst zugeschrieben wird, weist an einigen Stellen starken byzantinischen Einfluss auf. Sie zeugt von dem Versuch, im Rahmen der Mission eine Synthese zwischen westlichen und östlichen Elementen in der altslawischen Kultur zu erreichen. Häufige Bohemismen deuten auf die tschechische Herkunft des Manuskripts um den Anfang des 10. Jahrhunderts hin. V. V.

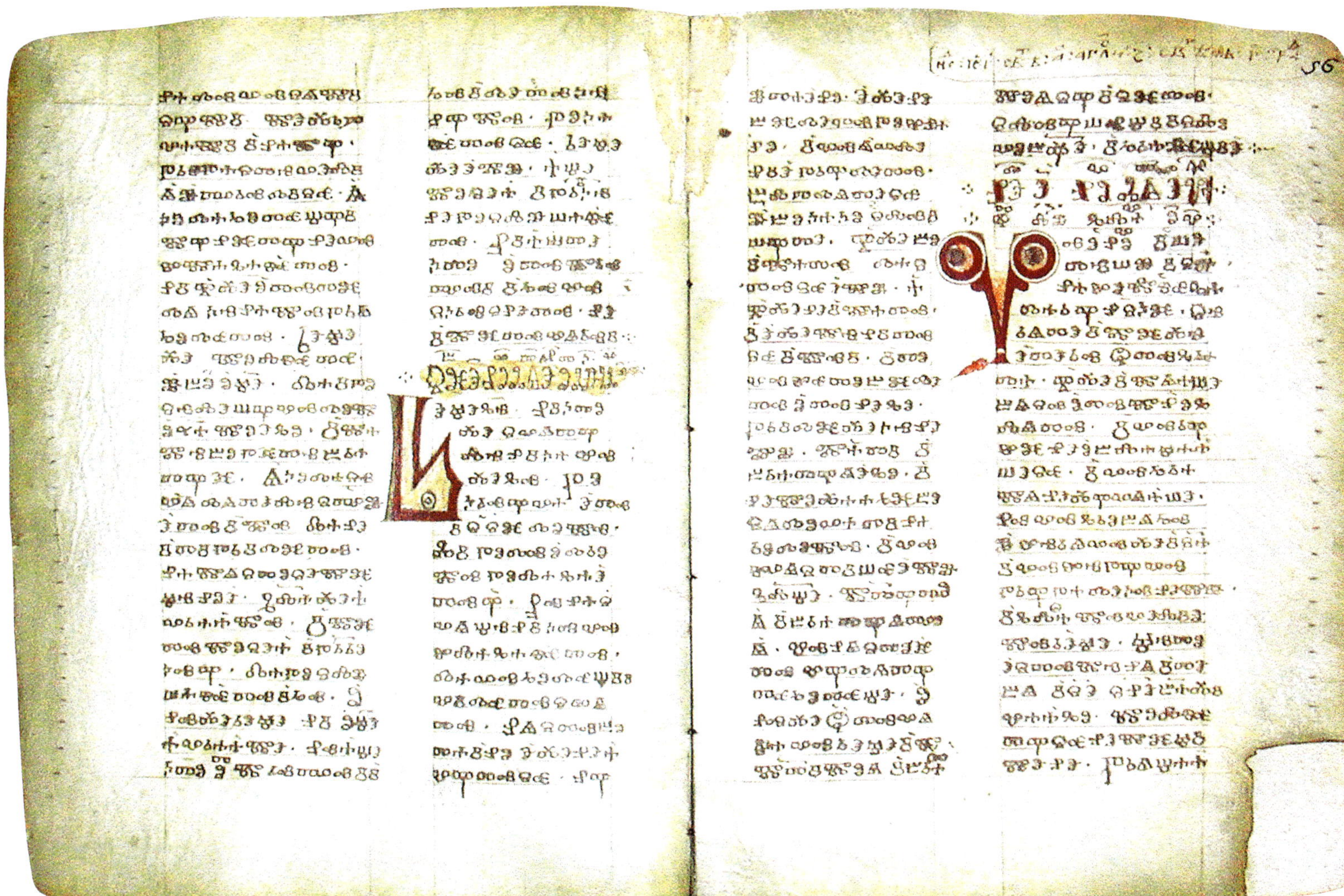

09.03.04

09.03.04
Codex Assemanianus
(ausgestellt Faksimile)
Ende 10./Anfang 11. Jh.
Pergament
H. 22,5 cm, Br. 16,5 cm
Original: Città del Vaticano, Biblioteca Apostolica Vaticana. Vat. slavo 3
Faksimile: Praha, Památky ústav stredních Čech
Lit.: Fototypische Editionen: J. Vajs/J. Kurz, Evangeliarium Assemani. Codex Vaticanus 3. Slavicus glagoliticus. Tomus I. Prolegomena. Tabulae (Praha 1929). – V. Ivanova-Mavrodinova/A. Džurova, Assemanievoto evangelie. Starobalgarski glagoličeski pametnik ot X vek. 2. faksimilno izdanie (Sofia 1981). – Transliterace cyrilicí: J. Kurz, Evangeliarium Assemani. Codex Vaticanus 3 Slavicus. Tomus II (Praha 1955).

Bei dem Codex Assemanianus handelt es sich um eine glagolitische Handschrift aus dem Ende des 10. oder dem Anfang des 11. Jahrhunderts mit 158 Pergamentblättern und kolorierter Ornamental- und Initialverzierung. Sie enthält ein Evangeliar (d. h. die in Gottesdiensten gelesen Auszüge aus den Evangelien) sowie Kalenderanmerkungen zu den christlichen Festen. Im Jahre 1736 fand sie Josef Simon Assemani, Kurator der päpstlichen Bibliothek im Vatikan, in Jerusalem. Seither befindet sie sich unter dem Namen „Vatikanisches Evangeliar“ in der oben erwähnten Bibliothek. Ihr Text ist der von Kyrill (Konstantin) und Method in Mähren vorgenommenen Evangelienübersetzung sehr ähnlich. V. V.

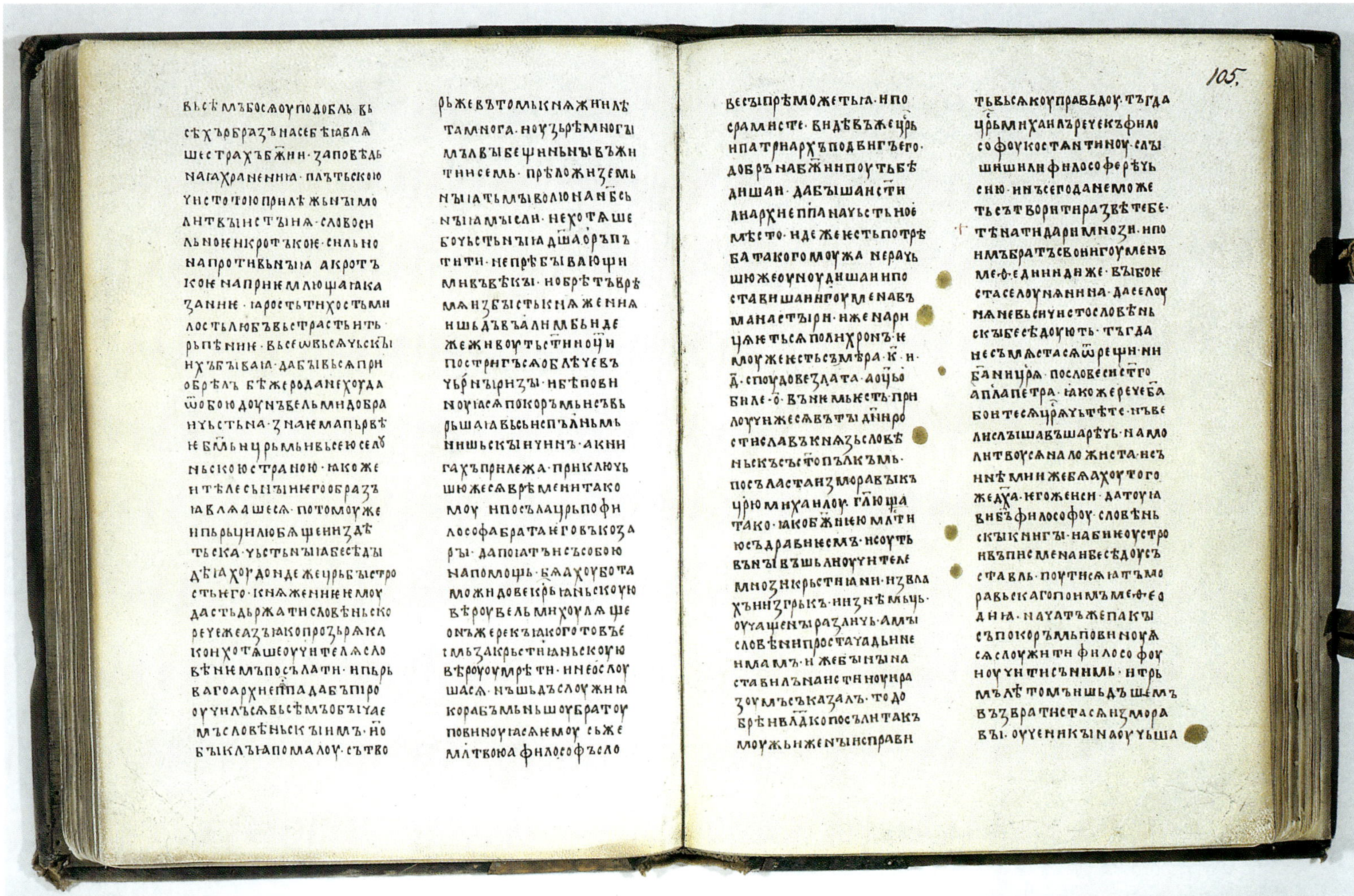

09.03.05

09.03.05

Vita des heiligen Method

(ausgestellt Faksimile)
Kiew, Ende 12./Anfang 13. Jh.
Pergament
H. 33 cm, Br. 26 cm
Original: Moskau, Uspenskij soubor
Faksimile: Bratislava, Slovenské národne múzeum
Lit. E. Dümmler, Vita s. Methodii russico-slovenice et latine (Wien 1870); P. A. Lavrov, Materialy po istorii vozniknovenija dfrevnejšej slavjanskoj pisímennosti (Leningrad 1930) 67–78. -F. Grivec/F. Tomšič, Constantinus et Methodius Thessalonicenses. Fontes, Radovi Staroslovenskog instituta knjiga 4 (Zagreb 1960).

Die altslawische Lebensbeschreibung des Gründers der großmährischen Kirche wurde von den Schülern Methods kurz nach seinem Tod, noch bevor sie aus Mähren vertrieben wurden, im Jahre 885 verfasst. Das Werk ist geprägt durch eine apologethische Tendenz, die vor allem gegen die fränkischen Geistlichen gerichtet ist. Betont werden das allein dem Wohle Großmährens dienende Schaffen Methods sowie die wiederholte Bestätigung seines Tuns durch weltliche Große ebenso wie durch die römischen Päpste. Im Gegensatz zu anderen zeitgenössischen Heiligenviten verzichtet die Method-Vita auf die Darstelung von Wundern und übernatürlicher Phänomene. Die Ausführungen beruhen auf Zitaten aus Papst- und Herrscherbriefen. Die Method-Vita ist vermutlich böhmischen Ursprungs. Die älteste Handschrift ist in der so genannte Uspensker Sammelhandschriftschrift überliefert, die am Ende des 12. oder am Anfang des 13. Jahrhunderts in Kiew niedergeschrieben wurde. V. V.

09.03.06

Milíčer Handschrift mit tschechischer Übersetzung des Vaterunsers aus dem 9. Jahrhundert

(ausgestellt in Berlin und Prag)
14. Jh.
Papier
H. 21 cm, Br. 15 cm
Praha, Národní knihovna České republiky.
Sign. XVII.F.30
Lit.: Patera, Adolf: Svatovítský rukopis (Praha 1886) XL-XLI; 293–299; 375–378. – J. Truhlář, O staročeských dramatech velikonočních, v: Časopis Musea království Českého 65, 1891, 191–197. – V. Flajšhans, Nejstarší rukopis staročeských „Modliteb". In: České museum filologické 4, 1898, 42–60, 176–198; 5, 1899, 108–123; 313–350. – Z. Nejedlý, Dějiny předhusitského zpěvu (Praha 1904) 279–282. – J. Vilikovský, Písemnictví českého středověku (Praha 1948) 120–140. – A. Škarka, Nejstarší česká duchovní lyrika (Praha 1949) 59–63; 67–69; 71–72; 85–95. – J. Tříška, Anonymní česká literatura předhusitské reformace. In: Acta Universitatis Carolinae – Historia Universitatis Carolinae Pragensis 12, 1–2, 1972, 155–207. –

J. M. Clifton-Everest, The Eucharist in the Czech and German Prayers of Milič z Kroměříže. Bohemia 23, 1982, 1–15. – A. Škarka, Půl tisíciletí českého písemnictví (Praha 1986) 111–115. – J. Lehár, Česká středověká lyrika (Praha 1990) 59–60; 123–124; 133–140; 147; 154–155; 157–159; 163–166; 172–174; 182; 184; 293–294; 300–303; 307; 311–314; 317–320; 323–325; 330–331.

Die Handschrift zählt zu den wertvollsten Denkmälern der älteren tschechischen Literatur. Sie enthält eine Reihe von kürzeren literarischen Kompositionen unterschiedlicher Orientierung und Bedeutung. Vorwiegend wird sie allerdings als bedeutendste Sammlung der ältesten tschechischen Gebete und im geringerem Maße ebenfalls der Lieder bezeichnet. Im Vergleich mit diesen literarischen Werken rückt die tschechische Übersetzung des Vaterunsers die Sammlung jedoch in frühere Zeiten als bisher angenommen. Autor der meisten Gebete ist Jan Milíč von Kroměříž († 1374), der schon traditionell für einen der „Vorgänger Jan Hus'" und für den Vater der tschechischen Reformation gehalten wird. Ob der traditionelle katholische Reformismus auf die tschechischen vorhussitischen Reformbewegungen jedoch wirklich in seinem Werk Niederschlag gefunden hat, ist heute umstritten.
Bei den Gebeten unterscheidet man vier geistliche Strömungen und die folgende Thematik: die traditionelle von der alten Übersetzung des Vaterunsers dargestellte Spiritualität und die thanatologisch-eschatologischen Gebete. In gewissem Sinne existiert hier eine Anknüpfung an die älteste Sammlung lateinischer Gebete aus dem künstlerischen Kreis um die Äbtissin Kunhuta († 1321) vom St. Georgskloster.
In der vierten Bitte des Vaterunsers „chléb náš vezdejší dej nám dnes" (unser tägliches Brot gib uns heute) enthalten das Neu-Tschechisch wie auch das Alt-Tschechisch in dem Text der Milíčer Sammlung den ungewöhnlichen Ausdruckt *vezdejší* für das lateinische *quotidianus*. Die griechischen Texte verwendet an dieser Stelle das Wort ἐπιούσιος. Im zeitlichen Sinne wurde es als „bevorstehender Tag" begriffen. In diesem Sinne übersetzten es ebenfalls die ältesten altslawischen Texte, die im Zuge der Mission Kyrills und Methods in Großmähren entstanden. Das alttschechische Wort *vezdejší* bedeutet allerdings „dauernd, ununterbrochen, beständig, immer existierend" und nicht das Brot, „das jeden bevorstehenden Tag zur Verfügung steht". Grundlage für die Übersetzung bildete der althochdeutsche Vaterunser-Text aus den Jahren 790–820, der an dieser Stelle das Wort *emizzhic* oder *emizz(i)gaz,* das heißt „dauernd, ununterbrochen" benutzt. Für die späteren althochdeutsche Vaterunser-Gebete ist bereits das Wort *(tágelcha)* charakteristisch, was mit dem heute benutzten Text gleichlautend ist. Daher lässt sich folgern, dass der alttschechische Text vermutlich zur Zeit der bayerischen Mission in Grossmähren vor der Ankunft Kyrills und Methods übersetzt wurde. D. T. u. Z. U.

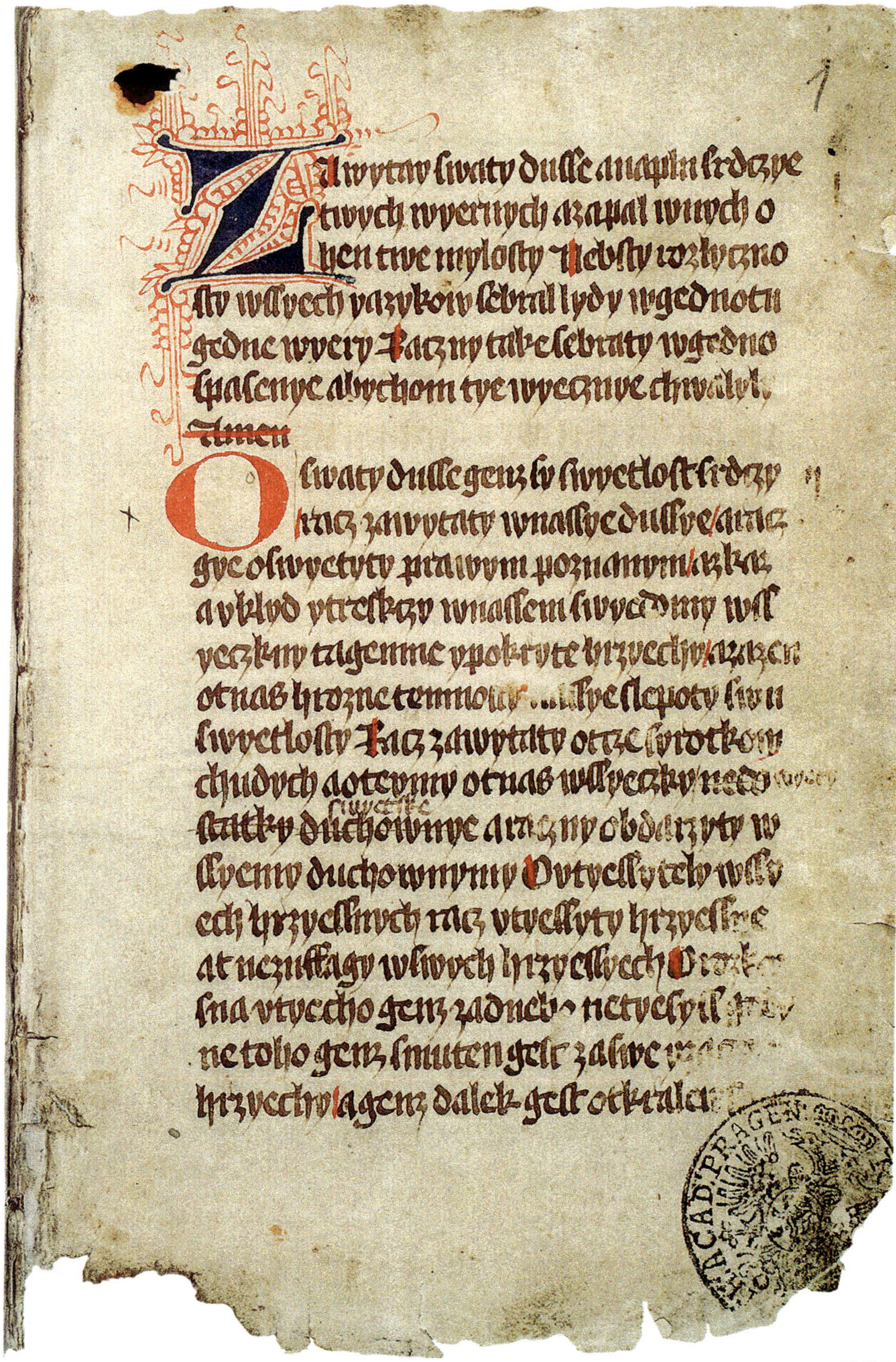

09.03.06

Die Formierung der Mitte Europas

10–20

Seit dem 9. Jahrhundert entstanden in der Mitte Europas regionale Herrschaftsgebilde, aus denen die Völker und Länder der Tschechen, Polen, Ungarn und Deutschen hervorgingen. Diese Prozesse verliefen parallel und bedingten einander gegenseitig: Die Entstehung jedes einzelnen Volkes setzte ähnliche Vorgänge bei seinen Nachbarn voraus, denn die Bestimmung des jeweils Eigenen war mit dem Erkennen des Fremden verbunden, von dem man sich selbst unterschied.

Einzelne Herrscherfamilien traten an die Spitze der entstehenden Reiche: Die Přemysliden in Böhmen, die Piasten in Polen und die Arpaden in Ungarn. Sie entschieden sich für das römische, nicht für das byzantinische Christentum. Durch Heiraten verbanden sie sich untereinander und verstärkten ihre Beziehungen zum lateinischen Westen. Ihre Macht gegenüber konkurrierenden heidnischen Adelsfamilien wurde hierdurch weiter gestärkt. An ihren Herrschaftssitzen errichteten sie steinerne Paläste und Kirchen. Mit der Gründung von Bistümern begann der Aufbau einer Kirchenorganisation. Heidnische Kulte und alte Freiheiten wurden unterdrückt. Nur die Elb- und Ostseeslawen verharrten in ihrer heidnischen Welt, was eine vergleichbare Reichsbildung verhinderte. K. Sch.

Böhmen 10–12

Um 900 endete die mährische Vorherrschaft über die böhmischen Stämme, unter denen die Tschechen an der mittleren Moldau mit der Fürstenfamilie der Přemysliden an der Spitze am weitesten entwickelt waren. Vom Mährischen Reich hatten sie Christentum und Herrschaftsstruktur übernommen. Ihr Zentrum wurde Prag. Von hier aus unterwarf Boleslav I. um die Mitte des 10. Jahrhunderts die anderen böhmischen Stämme und dehnte seine Herrschaft zeitweise bis an die Grenzen des Kiewer Reiches aus. Finanziell profitierte das Land vom internationalen Sklavenhandel, zu dessen Drehscheibe Prag wurde.

Nach langen Auseinandersetzungen verpflichtete sich Boleslav I. 950 gegenüber König Otto I. zu Tribut und Heeresfolge. Auf die inneren Angelegenheiten Böhmens nahm das Reich jedoch kaum Einfluss. 973 wurde das Bistum Prag gegründet. Seit den 60er Jahren bestanden zunächst enge Beziehungen zu dem Polenherrscher Mieszko, der eine Tochter Boleslavs heiratete. Die polnische Eroberung Schlesiens und des Krakauer Landes sowie dynastische Konflikte stürzten Böhmen jedoch am Ende des 10. Jahrhunderts in eine tiefe Krise. Eine dauerhafte Stabilisierung gelang erst unter Břetislav I. (1035–1055). P. S., D. T. u. J. Ž.

Herrschaftsorganisation 10.01–07

Die přemyslidische Herrschaft über Mittelböhmen stützte sich auf ein planmäßig aufgebautes Burgennetz. Anders als die nicht přemyslidischen Burgen dienten sie als Verwaltungszentren des frühen Staates und der Steuererhebung. Alle diese festen Plätze hatten ihre eigene Kirche. Als Boleslav I. nach 935 ganz Böhmen vereinigte, wurden die Burgen der besiegten Fürsten verlassen und in ihrer Nähe neue Verwaltungsburgen gegründet. Sie erhielten die gleiche Funktion wie die Burgen im přemyslidischen Kernland, wurden Herrschaftszentren, Marktorte und Mittelpunkte von Großpfarreien.
Wichtige přemyslidische Burgen waren Stará Boleslav, Žatec und Litoměřice. Die Burg Libice, die Boleslav I. zusammen mit benachbarten Befestigungen seinem Statthalter Slavnik verliehen hatte, erlangte große Bedeutung. Alle Burgen aber überragte die Metropole Prag. Manche frühpřemyslidische Zentren, wie Budeč und Levý Hradec, die nicht in diese neue Struktur passten, gingen langsam zugrunde. P. S., D. T. u. J. Ž.

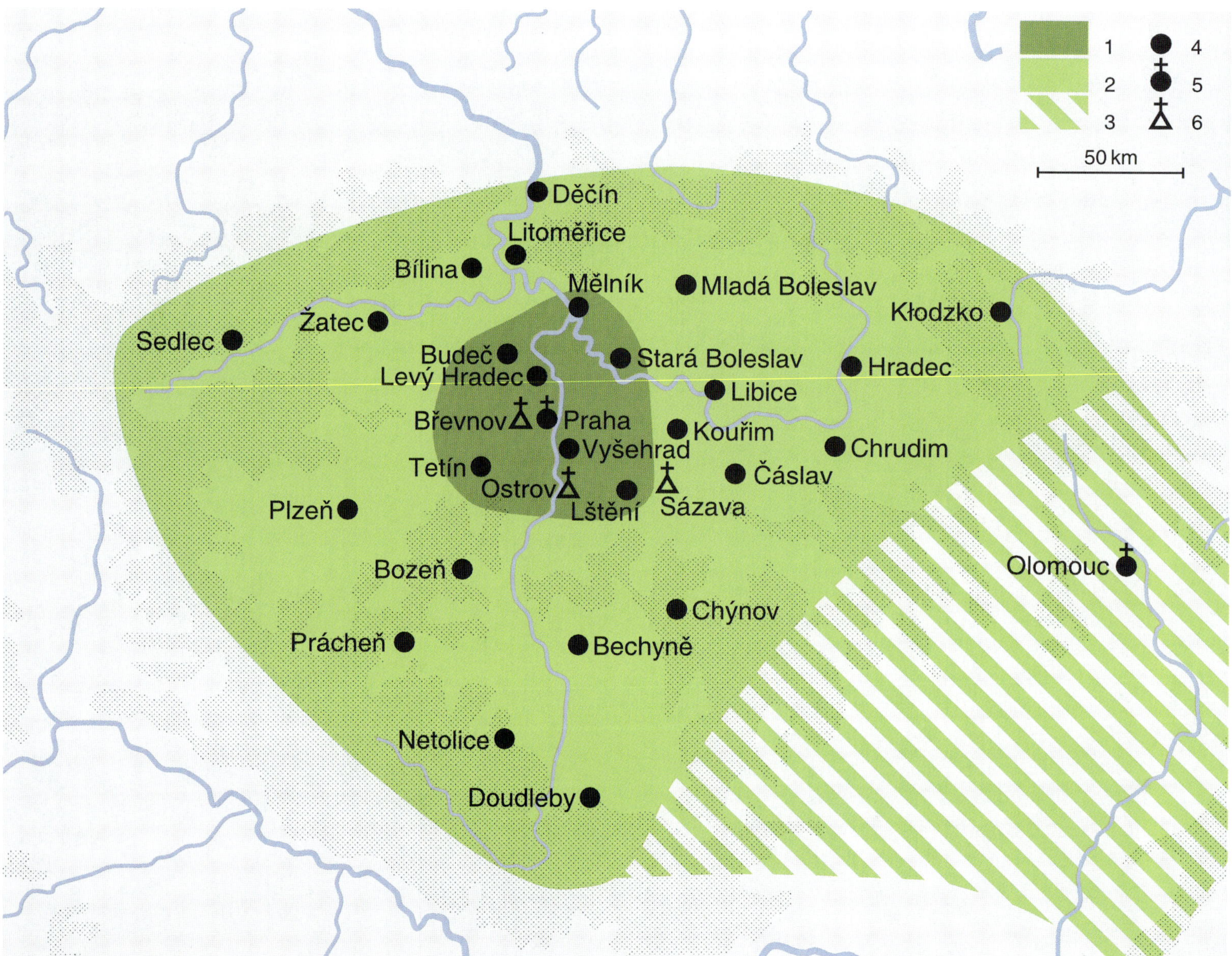

1 přemyslidisches Kernland; 2 Erwerbungen nach 930; 3 Mähren unter zeitweiser bömischer Herrschaft; 4 wichtiger Burgort; 5 Bistum; 6 Kloster

Böhmen um 1000

10.01.01

10.01.01

Lanzenspitze

Žalov. Levý Hradec (Tschechien)
Eisen
L. 39,5–39,7 cm, Br. 5,3 cm; Tüllenl. 12 cm, Tüllendm 2,3 cm
9. Jh.
Praha, Národní muzeum, Oddelĕní prehistorie a protohistorie
Lit.: I. Borkovský, Levý Hradec. Nejstarší sídlo Přemyslovců (Prag 1965) 71 Abb. 19. – N. Profantová, Problém importů a rekonstrukce cest v 8.–9. století. Arch. Hist. 23, 1998, 85 Abb. 3, 5.

Lanze mit einer achtkantigen Tülle, im Jahre 1855 in der inneren Burgstätte des Burgwalles, wahrscheinlich in der Umgebung der St. Clemenskirche gefunden. Die Lanzenspitze stammt aus Westeuropa. K. T.

10.01.02

Kugelknopf

Žalov. Gräberfeld in der Ziegelei (Tschechien)
Kupfer, vergoldet
Dm. 3,8 cm x 3,3 cm
1. Hälfte 10. Jh.
Praha, Muzeum Hlavního města.
Inv. Nr. MM 20 468
Lit.: J. Sláma, Mittelböhmen im frühen Mittelalter. Praehistorica V (Prag 1977) 141 Abb. 14, 5; 33, 20.

Der Kugelknopf stammt aus Grab 22, das ferner ein Paar Kugelknöpfe, eine flache quadratische Bernsteinperle, eine unregelmäßig prismatische Bernsteinperle mit abgeschrägten Ecken, sechs Doppelperlen mit goldschimmerndem Glasüberguss und drei einfache kugelige Perlen aus gelblichem Glas enthielt. Den Kugelknopf ziert ein getriebenes Flechtbandornament, in dem sich das Motiv eines mit einem vierzackigen Stern ausgefüllten Quadrats dreimal wiederholt. Flechtband und Sterne schmückt ein Perlensaum. K. T.

10.01.03

Kugelknopf

Žalov. Gräberfeld in der Ziegelei (Tschechien)
Kupferblech, vergoldet
Dm. 2,2 cm
1. Hälfte 10. Jh.
Praha, Muzeum Hlavního města.
Inv. Nr. 20 441
Lit.: J. Sláma, Mittelböhmen im frühen Mittelalter. Praehistorica V (Prag 1977) 140 Abb. 14, 3; 33, 10; Taf. 52, 23.

10.01.03

10.01.02

Der Kugelknopf wurde zusammen mit einer Flasche in Kindergrab 11 gefunden. Der geometrische Dekor besteht aus einer sich dreimal wiederholenden Ranke aus dachförmigen mit kleinen Perlen gesäumten Rippen. Innerhalb des letzten Motivs erscheint dreimal ein Kreuz, an das sich von oben und unten Ellipsen mit Perlensaum anschließen. K. T.

10.01.04

Ein Paar Körbchenohrringe

Žalov. Gräberfeld in der Ziegelei (Tschechien)
Silber
1,9 cm x 1,5 cm
10. Jh.
Praha, Muzeum Hlavního města.
Inv. Nr. 20 441

10.01.05

Lit.: J. Sláma, Mittelböhmen im frühen Mittelalter. Praehistorica V (Prag 1977) 141 Taf. 52, 18.

Das Paar silberner Körbchenohrgehänge besteht aus drei am unteren Bogen eingefädelten Körbchen aus feinem, an den Kreuzungsstellen granuliertem Draht. Es stammt aus Grab 18, in dem ferner sechs runde oder ovale Schläfenringe aus silbernem Draht und ein offener, aus silbernen Drähtchen geflochtener Ring gefunden wurde. Ohrgehänge mit drei Körbchen gibt es in Böhmen in Gräbern des 10. Jahrhunderts und in Depots, die Ende des 10./1. Hälfte 11. Jahrhunderts niedergelegt wurden. K. T.

10.01.06

0.01.05

S-förmiger Schläfenring

Žalov. Gräberfeld in der Ziegelei (Tschechien)
Silber
Dm. 1,6 cm x 1,3 cm, St. 0,3 cm
10. Jh.
Praha, Národní muzeum, Oddělení prehistorie a protohistorie. Inv. Nr. H–1 54.638
Lit.: J. Sláma, Mittelböhmen im frühen Mittelalter. Praehistorica V (Prag 1977) 139 Abb. 33, 2.

S-förmiger Schläfenring, ein typischer Kinder- bzw. Frauenfrisurschmuck in Böhmen seit dem 10. Jahrhundert. Diese Schläfenringe aus dem Gräberfeld in der Ziegelei von Žalov weisen in die Zeit, in der die Bewohner von Levý Hradec aufhörten, ihre Toten hier zu bestatten. Von nun an bestattete man die Toten direkt auf dem Burgwall an der St. Clemenskirche. K. T.

10.01.06

Halskette aus Bernstein- und Glasperlen

Žalov. Gräberfeld in der Ziegelei (Tschechien)
Bernstein; Glas
L. 1,2–1,4 cm (Bernsteinperlen);
L. 0,54 cm, 1,2 cm (Glasperlen)
10. Jh.
Praha, Národní muzeum, Oddělení prehistorie a protohistorie. Inv. Nr. H 1–54.621
Lit.: J. Sláma, Mittelböhmen im frühen Mittelalter. Praehistorica V (Prag 1977) 137 Abb. 32. – K. Tomková Bernstein im frühmittelalterlichen Böhmen, Památky Arch. 89, 1998, 82.

Kollier aus vier quadratischen Bernsteinperlen mit abgeschrägten Ecken, einer runden Perle aus blauem Glas, einer beschädigten zylindrischen Perle aus hellblauem Glas, einer dreifachen Perle aus blauem Glas, elf Doppelperlen aus blauem, weißem und gelbem Glas. Es ist eines von mehreren Kolliers aus dem Gräberfeld Levý Hradec. Bernsteinperlen belegen Kontakte zu Polen, von woher der Rohstoff stammte. K. T.

10.01.07

Fingerring mit einer Vogeldarstellung

Žalov. Levý Hradec (Tschechien)
Silber
Dm. 1,8 cm (Plättchen)
Frühmittelalter
Praha, Národní muzeum, Oddělení prehistorie a protohistorie. Inv. Nr. H 1–27.081

Lit.: J. Sláma, Mittelböhmen im frühen Mittelalter. Praehistorica V (Prag 1977) 136 Abb. 31, 4.

Horizontal gegliederter Ring mit einem Zierplättchen, auf dessen Schauseite eine Vogelfigur eingraviert ist. Seine genaue Fundstelle auf dem Burgwallgelände ist nicht bekannt. K. T.

0.01.08

Kugelknopf

Budeč-Zákolany, Bez. Kladno (Tschechien)
Bronze, vergoldet
Dm. 3,1 cm
Ende 9. Jh.
Praha, Národní Muzeum, Oddělení prehistorie a protohistorie. Inv. Nr. H1–54.696
Lit.: M. Šolle, Slovanská pohřebiště pod Budčí. Pam. Arch. 73, 1982, 197 Abb. 15, 1.

Der Kugelknopf mit der Darstellung eines Vögelchens in rhombischem Zierfeld auf gepunztem Untergrund wurde im Jahre 1908 auf dem Gräberfeld in Zákolany gefunden. Das Gräberfeld, das an das Ende des 9. und in die erste Hälfte des 10. Jahrhunderts datiert und im unmittelbaren Umfeld des Budečer Burgwalles liegt, weist starke großmährische Kultureinflüsse auf. Der Kugelknopf wurde in Böhmen nach großmährischen Vorbildern hergestellt, wobei ein solches Dekor nur auf den in Mittelböhmen gefundenen Kugelknöpfen vorkommt. A. B.

10.01.07

10.01.08

Burgwall von Budeč

10.01.09

10.01.09

Zwei Ohrgehänge

Budeč-Zákolany, Bez. Kladno (Tschechien)
Silber
1,7 cm x 1,6 cm; 1,7 cm x 1,7 cm
Ende 9. Jh.
Praha, Archeologický ústav AV ČR.
Inv. Nr. 68/74
Lit.: M. Šolle, Slovanská pohřebištěpod Budčí. Pam. Arch. 73, 1982, 188 Abb. 12, 2–3.

Die beiden Ohrgehänge, von denen nur noch bei einem der Draht teilweise erhalten ist, haben je drei mit Granulat verzierte Perlen. Diese sind durch einen gerippten, mit Filigrandraht verzierten gebogenen Steg verbunden. Die Granulation besteht aus kleinen Dreiecken, die in Kreuzform angeordnet sind. Eine derartige Verzierung findet sich vor allem auf Schmuckstücken großmährischen Charakters von böhmischen Fundorten. (Budeč-Zákolany, Prag, Stará Kouřim). Ob es sich um eine bewusste christliche Symbolik oder nur um eine einfache Verzierungsform handelt, muss offen bleiben, zumal die hier gezeigten Ohrgehänge aus einem Grab mit Eimerbeigabe stammen, was eindeutig auf heidnische Bestattungsbräuche auf dem außerhalb des Burgwalls liegenden Gräberfeld schließen lässt. Ende des 9. und in der ersten Hälfte des 10. Jahrhunderts wurden hier weitere bedeutende Einwohner von Budeč bestattet, die den christlichen Glauben noch nicht angenommen hatten. Goldene und silberne Schmuckstücke bezeugen die herausragende Stellung der Bestatteten, Keramikgefäße und Eimerchen in den Gräbern sowie das Fehlen einer Kirche auf dem Gräberfeld ihren heidnischen Glauben. A. B.

10.01.10

Fragment eines Kreuzanhängers mit Christusmasken

Budeč, Bez. Kladno. Gräberfeld an der Rotunde St. Peter und Paul (Tschechien)
Bronze, vergoldet
3,1 cm x 3,1 cm
Praha, Archeologický ústav AV ČR.
Inv. Nr. Bu76–305
Lit.: A. Bartošková, Budečve sféře vlivu velkomoravské kultury. In: Śląsk i Czechy a kultura wielkomorawska (Wrocław 1997) 97; 101 Abb. 2, 1. – M. Šolle, Rotunda sv. Petra a Pavla na Budči. Pam. Arch. 81, 1990, 166 Abb. 19, 1.

Vergoldeter gegossener Bronzekreuzanhänger mit Christusmasken in den beiden erhaltenen Kreuzarmen. Das Stück wurde zusammen mit einer Kette aus verschieden geformten Glasperlen und einem Paar silberner Traubenohrgehänge in einem Kindergrab (Grab 71) gefunden. Ein identisches, jedoch unbeschädigtes Kreuzchen stammt von der „5. Kirche" in Mikulčice und wird in die Anfangsphase der großmährischen Periode datiert. Das Stück aus Budeč wurde nach absichtlichem(?) Abbrechen von zwei Armen sekundär als Anhänger und nicht wie das Kreuz aus Mikulčice als Beschlag genutzt. Es beweist die von Großmähren ausgehende Verbreitung christlicher Symbolik. Die Deponierung im Grab erfolgte zu einer Zeit, in der die kirchliche Zugehörigkeit Böhmens zum ostfränkischen Regensburg historisch belegt ist. A. B.

10.01.10

10.01.11

Silberperle

Budeč, Bez. Kladno. Gräberfeld an der Rotunde St. Peter und Paul (Tschechien)
Silber
Dm. 1,7 cm
Ende 9. Jh.
Praha, Archeologický ústav AV ČR.
Inv. Nr. Bu86–56
Lit.: Z. Váňa, Přemyslovská Budeč (Prag 1995) 88; 134. Abb. 66, 2.

Längliche gerippte großmährische Perle mit Perlband und Granulationskörnchen, die von feinen Drahtringen eingefasst sind. Zusammen mit einer Bergkristallperle und einem Eisenmesser wurde die Perle im Grab 25/86 gefunden, wo sie an der rechten Schulter eines Erwachsenen lag. Offensichtlich diente sie zum Verschluss eines Gewandes oder eines Mantels. Die Datierung des Grabes in die 1. Hälfte des 10. Jahrhunderts erfolgt aufgrund stratigraphischer Überlegungen. So respektieren die ältesten Bestattungen des Gräberfeldes die an der Wende vom 9. zum 10. Jahrhundert von Spytihněv I. gegründete Rotunde, weshalb sie nach deren Bau datiert werden müssen. A. B.

10.01.11

10.01.12

10.01.17

10.01.12

Zwei Schläfenringe

Budeč-Zákolany, Bez. Kladno (Tschechien)
Gold
1,3 cm x 1,2 cm; 1,1 cm x 1,3 cm
1. Hälfte 10. Jh.
Praha, Archeologický ústav AV ČR.
Inv. Nr. 42a,b/74
Lit.: M. Šolle, Slovanská pohřebištěpod Budčí. Pam. Arch. 73, 1982, 191–192 Abb. 11, 20–21.

Die beiden kleinen goldenen Schläfenringe mit S-förmigen Enden fand man zusammen mit kleinen Bernstein- und Glasperlen in einem Kindergrab (Grab 8) auf dem Gräberfeld in Zákolany. Die hier gezeigten Schläfenringe gehören aufgrund ihrer geringen Größe zu den älteren Typen, die in die erste Hälfte des 10. Jahrhunderts datiert werden und vor allem in Böhmen vorkommen. A. B.

10.01.17 Handbuch Abb. 282

Perlenkette

Budeč, Bez. Kladno, Gräberfeld an der Rotunde St. Peter und Paul (Tschechien)
Glas
Perlendm. 0,4–1,4 cm
Praha, Archeologický ústav AV ČR.
Inv. Nr. Bu86–41,45
Lit.: Z. Váňa, Přemyslovská Budeč (Praha 1995) 93; 137 Abb. 66, 1; 67, 4–5.

Die aus Glasperlen bestehende Kette, von denen einige Perlen Spuren einer vergoldeten Folie aufweisen wurde zusammen mit zwei kleinen silbernen Schläfenringen und Fragmenten von drei silbernen Traubenohrgehängen sowie der silbernen Öse eines Kugelknopfes in einem Kindergrab (Grab 28/86) gefunden. Insgesamt besteht die Kette aus vier großen und 52 einfachen kleinen Perlen. A. B.

10.02.01

Modell der Prager Burg um 1000

Maßstab 1:500

Das Modell der Prager Burg aus der Zeit um 1000 wurde auf Grundlage der gegenwärtigen archäologischen Erkenntnisse angefertigt. Es handelt sich um die genaue Wiedergab der Westseite der Haupt- und Vorburg mit ihren Gräben, dem Verlauf der Wälle und des Hauptweges von der Burg. Authentisch sind auch die Kirchen der Jungfrau Maria (1), von St. Veit (2), St. Georg (3) und des Bischofspalastes mit der St.-Moritz-Kapelle (4). Die Lage des Fürstenpalastes und Fürstensitzes (5) sowie die Wiedergabe des St.-Georgs-Klosters (6) sind hypothetisch. Die übrigen Bauten sind schematisch wiedergegeben. J. F.

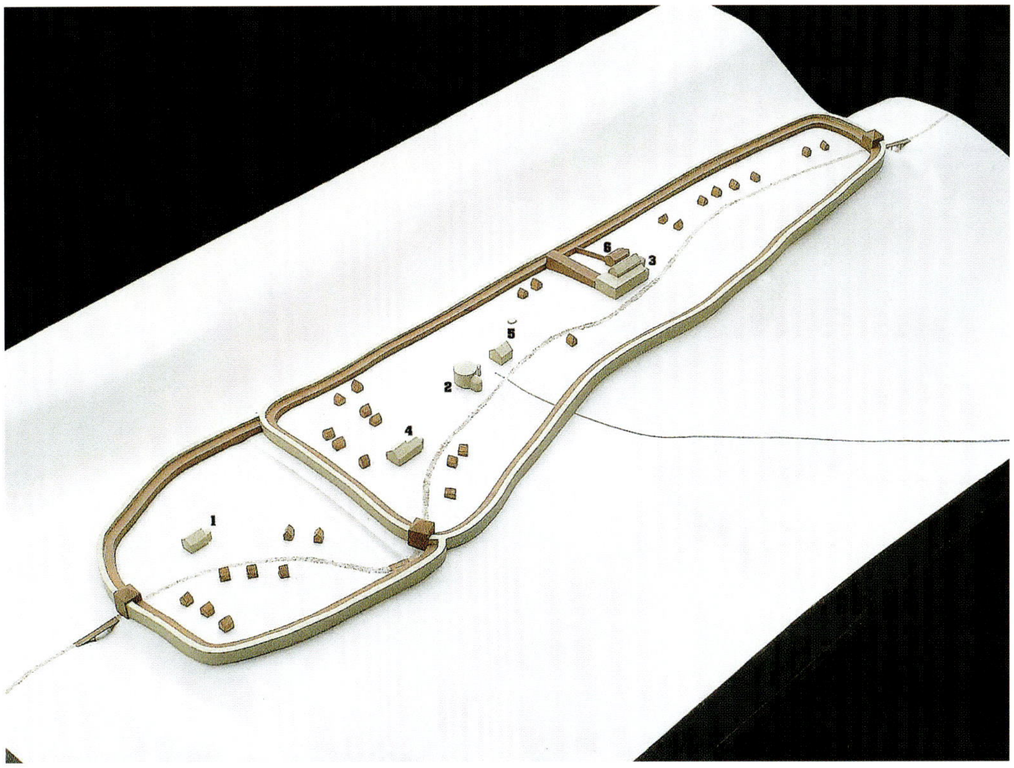

10.02.01

10.03.01

Die Bestattung der hl. Ludmilla

Die heilige Ludmilla, Mutter des Fürsten Bořivoj, wurde im Auftrag ihrer Schwiegertochter Drahomir auf Tetín bei Prag im Jahre 921 ermordet. Im Jahre 925 überführte sie ihr Enkel, Fürst Wenzel der Heilige, auf die Prager Burg und ließ in der St. Georgsbasilika bestatten. Beim Umbau der Basilika aus Anlass der Bistumsgründung im Jahre 973 bestattete man die Reliquien der heilige Ludmilla möglicherweise in einen kreuzförmigen Schrein, der bei der Grablegung des Fürsten Boleslav II. im Jahre 999 beschädigt wurde. Bei dieser Gelegenheit wurden die Reliquien wohl geborgen. Man bewahrte sie weiterhin beim Heiligkreuzaltar auf, der an dieser Stelle wohl schon damals stand. Am Ende des 13. Jahrhunderts wird erwähnt, dass Ludmillas Überreste in einem Sarkophag im Chorraum hinter dem Hauptaltar des heiligen Georg aufbewahrt wurden. Zwischen den Jahren 1328 und 1371 erfolgte die Translation der heilige Ludmilla in die Südkapelle der Basilika, wo auch ein Grabmal mit einer Plastik der Fürstin errichtet wurde. Vermutlich während der Hussitenkriege deponierte man den Sarg mit Ludmillas Reliquien zusammen mit einem Schrein, der drei Schädel unbekannter Frauen enthielt, in einer gemeinsamen Grabkammer unter der Tumba. Beide wurden im Jahre 1983 geöffnet. Die darin aufgefundenen Textilien gehören zu den kostbarsten Stoffen in Böhmen, insbesondere der hintere Teil der Dalmatika. Außer den unten beschriebenen Stoffen fand man in Ludmillas Schrein auch den vorderen Teil eines Rochetts sowie eine Altardecke, die in das 13. bzw. die erste Hälfte des 14. Jahrhunderts datiert werden können. Die Textilien waren wahrscheinlich Reliquien, die zu verschiedenen Zeiten in den Schreinen niedergelegt wurden. Sie belegen nicht nur den Kult der böhmischen Heiligen, sondern auch die weitreichende Handelskontakte. M. Br.

10.03.01 a–e

Textilien aus der Reliquiengrabkammer der hl. Ludmilla in der St. Georgsbasilika

Praha (Tschechien)

Praha, Knihovna, Metropolitní kapituly u sv. Víta.

PHA 12

Lit.: N. Bažantová, Svědectví textilií z relikviářového hrobu sv. Ludmily. Listy filologické 121, 1998, 220 - 254. – M. Bravermanová/V. Otavská, Nové poznatky o nejstarších textiliích z hrobu sv. Ludmily z baziliky sv. Jiří. Archaelogia Historica 26, 2001 (im Druck) – J. Frolík u. a., Nejstarší sakrální architektura na Pražském hradě. Výpověď archeologických pramenů (Praha 2000). – I. Hlobil, Gotický náhrobek sv. Ludmily na Pražském hradě. Umení 33, 1985, 377–402. – R. Schorta, Monochrome Seidenstoffe des hohen Mittelalters. Untersuchungen zu Webtechnik und Musterung (Berlin 2000).

a) Kleine Fragmente eines ungemusterten Stoffes

Leinen

L. max. 20 cm

1. Drittel 10. Jh. (?)

Der Stoff wurde in einem Päckchen inmitten von Knochen im Schrein der heiligen Ludmilla, zusammen mit Pflanzen-, Insekten- und Samenresten gefunden. An einigen Fragmenten sind Reste eines genähten Saumes erhalten. Der offenbar in Böhmen hergestellte Stoff könnte ein Überrest der ursprünglichen Ausstattung des Grabes der Fürstin in Tetín oder ihres ersten Grabes in der St. Georgsbasilika sein.

b) Weißer Stoff mit geometrischem Muster

Leinen, Leinenbindung, mit einem Leinenfaden bestickt

In der Kettenrichtung 2080 mm, in der Schussrichtung 715 mm

Der fragmentarisch erhaltene Stoff bildete ein im Schrein der heiligen Ludmilla gefundenes Päckchen. Ursprünglich handelte es sich um einen langen Stoffstreifen – wahrscheinlich ein Schweißtuch – mit einem durch ein geometrisches Muster führenden Faden verziert. Bei der Restaurierung durch V. Otavská zeigte sich, dass das geometrische Muster aus Hakenkreuzen (Swastika) gestickt war. Hakenkreuze als Verzierungselement kommen von der Spätantike bis in die Gotik

10.03.01 b

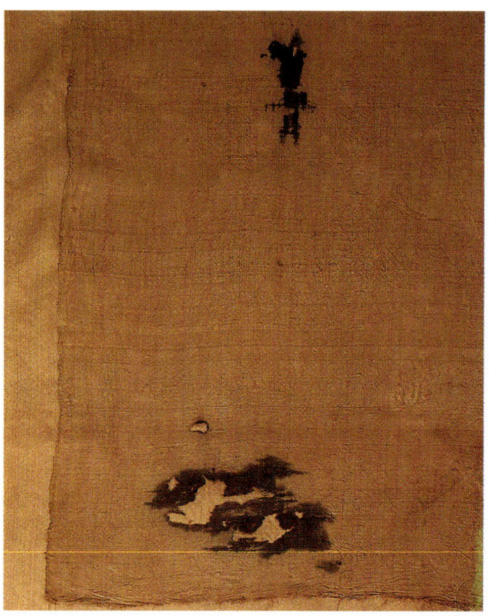

10.03.01 d

10.03.01 c

10.03.01 e

vor und können daher zur Datierung des Gewebes keinen Beitrag leisten. Eine Parallele könnte beispielsweise das gestickte seidene Schweißtuch aus dem Grab Heinrichs III. im Speyerer Dom sein. Da das Schweißtuch aus dem Grab der heiligen Ludmilla aus Flachs gewebt war, der damals auch in Böhmen angebaut wurde, und die Stickkunst für das St. Georgskloster schriftlich belegt ist, wird man das Tuch für ein einheimisches Erzeugnis halten dürfen.

Handbuch Abb. 94

c) Hinterer Teil einer Dalmatika
Seide, Bindung – Protolampas
In der Kettenrichtung 1390 mm, in der Schussrichtung 1030 mm
um 1000

Die Dalmatika war ein weiteres Einschlagtuch für die Reliquien der heiligen Ludmilla. Der Stoff stammt aus Byzanz und ist in der so genannten Protolampas-Technik gewebt. Auf fast der gesamten Fläche findet sich das Motiv von mit der Mittelrosette verbundenen Medaillonen. In der Medaillonmitte befindet sich ein Baum, der von Vögeln flankiert ist. Nach R. Schorta entspricht das Muster der Dalmatika dem Muster der Kasel Bernwards von Hildesheim, in der Webart gibt es jedoch geringe Unterschiede. Am unteren Rand wurde jüngst ein bisher unbekanntes Muster entdeckt, dessen Grundmotiv aus sich durchdringenden Kreisen und Rauten besteht. Die T-förmige Dalmatika aus dem Grab der heiligen Ludmilla war ursprünglich weiß und mit zwei wahrscheinlich roten *Clavi* verziert. Mit einem Saum waren auch der Ausschnitt und die seitlichen Schlitze der Dalmatika versehen. Den hinteren Teil der Dalmatika zierten am unteren Rand ca. 1 m lange Fransen aus Kettfäden, wie sie auch bei der Bestattungsdalmatika von Papst Clemens II. aus dem Bamberger Dom zu finden sind. Das Dalmatikafragment aus dem Grab der heiligen Ludmilla ist das älteste erhaltene böhmische Stück Stoff eines Kirchengewandes. Nach Böhmen gelangte es möglicherweise durch einen der drei deutschen Bischöfe, die dem heiligen Adalbert auf den Prager Bischofsstuhl folgten. Eine andere Möglichkeit könnten die Ereignisse des Jahres 1004 sein. In diesem Jahr half der deutsche König Heinrich II. Jaromír bei dessen Wahl zum böhmischen Fürsten. Heinrich kam nach Böhmen mit Godeskalk, Bischof von Freising, der in der St. Georgsbasilika gemeinsam mit dem Prager Bischof Thiddag eine feierliche Messe zelebrierte.

d) Ungemusterter ockerfarbener Stoff
Seide, Leinenbindung
in der Kettenrichtung 1820 cm, in der Schussrichtung 476 mm, 872 x 465 mm, 435 x 467 mm
Frühes Mittelalter, Mittelalter (?)

Der ungemusterte seidene Stoff könnte einst ein Schweißtuch gewesen sein. Später wurde er geteilt, so dass sich ein Teil 1983 im Schrein der heiligen Ludmilla fand, während in zwei weitere Fragmente die Schädel der unbekannten Frauen eingewickelt waren. Seidenstoffe wurden im frühen Mittelalter und im Mittelalter in China, Persien, Byzanz und in den islamischen Ländern hergestellt. Nach Böhmen gelangten sie als Importe.

e) Fragment eines ungemusterten braunroten Stoffes
Seide, Leinwandbindung
In der Kettenrichtung 615 mm, in der Schussrichtung 570 mm
Frühes Mittelalter, Mittelalter (?)

Das Fragment wurde in der Tumba zwischen den beiden Schreinen gefunden. Der Stoff, der an drei Seiten Saumreste aufweist, war gefüttert. Bei dem Stoff mit Resten von grüner Seide könnte es sich um das Futter des Reliquiensäckchens handeln. M. Br.

10.03.02–05

Das Gräberfeld im Lumbe-Garten auf der Prager Burg

Das Körpergräberfeld der frühstaatlichen Elite befindet sich auf der Nordseite des Hirschgrabens, etwa 400 m nordwestlich vom Kern der Prager Burg entfernt. Es handelt sich um eine Gruppe von 141 Gräbern mit Überresten von 157 Individuen. Die Grabgruppe gehört zu einer Reihe von frühmittelalterlichen Nekropolen, die an der Nord- und Westseite der Prager Burg zutage kamen. Das Gräberfeld wurde ab der Wende vom 9. zum 10. Jahrhundert bis zu Beginn des 11. Jahrhunderts belegt, was unter anderem der Fund eines silbernen Denars Jaromírs I. (1004–1012) beweist.

10.03.02

Vier Ohrringe mit Pferdekopfanhängern

Praha. Prager Burg, Lumbe-Garten (Tschechien)
Gold
Dm. 1,44 cm; 1,32 cm; 0,99 cm; 1,26 cm
Mitte 10. Jh.
Praha, Archeologický ústav AV ČR.
Inv. Nr. H16/1–4 (39/73)
Lit.: Z. Smetánka, Archaeological Excavations in the Lumbe Garden of the Prague Castle and their Implications for the Study of the Culture of the Early Czech State. In: J. Fridrich (Hrsg.), 25 Years of Archaeological Research in Bohemia, Pam. Arch., Suppl. 1 (Prag 1994) 162–167.

10.03.02

An den goldenen Ring eines jeden Ohrringes wurden je drei mit Granulation verzierte, plastisch ausgearbeitete Pferdeköpfe aus Goldblech befestigt. Die Ohrringe stammen wahrscheinlich aus einem Frauengrab (Adult I, 20–29 Jahre).

10.03.03

10.03.03

10.03.03
Halsschmuck
Praha. Prager Burg, Lumbe-Garten (Tschechien)
Silber; Glas
L. 54 cm (Halskette);
3,1 cm x 2,6 cm x 0,4 cm,
17 cm x 16 cm x 0,5 cm (Kaptorgen)
vor der Mitte des 10. Jh.
Praha, Archeologický ústav AV ČR.
Inv. Nr. H82/13, 14, 15 (73/73)
Lit.: Z. Smetánka u. a, Výzkum slovanského po-hřebištěza Jízdárnou Pražského hradu v roce 1973. Arch. rozhledy 25, 1973, 386–405; 433–438.

Der Halschmuck besteht aus drei geflochtenen Ketten, die durch sechs durchbrochene Perlen gegliedert sind. An den Ketten hängen zwei Kaptorgen mit Filigranverzierung und Granulation. Bei der kleineren Kaptorge ist eine von ehemals zwei rechteckigen Glaseinlagen erhalten. Der Halsschmuck wurde im Grab einer Frau (Adult I, 20–29 Jahre) zusammen mit zwölf beschädigten Ohrgehängen, sechs würfelförmigen Bernsteinperlen mit abgeschrägten Ecken und einem Messer gefunden.

10.03.04 a
Vier Schläfenringe
Praha. Prager Burg, Lumbe-Garten (Tschechien)
Silber
1,88 cm x 1, cm; 1,94 cm x 1,67 cm; 1,82 cm x 1,52 cm; 1,8 cm x 1,57 cm
um 1000
Praha, Archeologický ústav AV ČR.
Inv. Nr. H100/36–39 (7/75)

In dem Frauengrab fanden sich zehn weitere silberne Schläfenringe mit s-förmigen Enden, 18 Chalzedonperlen, zehn Bergkristallperlen, zwei silberne Perlen mit Granulation, zwei körbchenförmige Silberperlen, zwei Glasperlen sowie Reste einer Kaptorge.

10.03.04 b

Zehn Halbedelsteinperlen

Praha. Prager Burg, Lumbe-Garten (Tschechien)
Bergkristall; Chalzedon
L. 1,67 cm, 2 cm 1,76 cm, 0,67 cm, 1,94 cm; L. 1,5 cm, 1,3 cm, 1,2 cm, 1,04 cm, 0,74 cm.
um 1000
Praha, Archeologický ústav AV ČR.
Inv. Nr. H100/1 – H100/10 (7/75)

Die facettierten Bergkristall- und Chalzedonperlen stammen, neben fünf weitere Bergkristallperlen und 13 Chalzedonperlen aus dem Grab einer Frau (Adult I, 20–29 Jahre). Z. S.

10.03.04 a

10.03.04 b

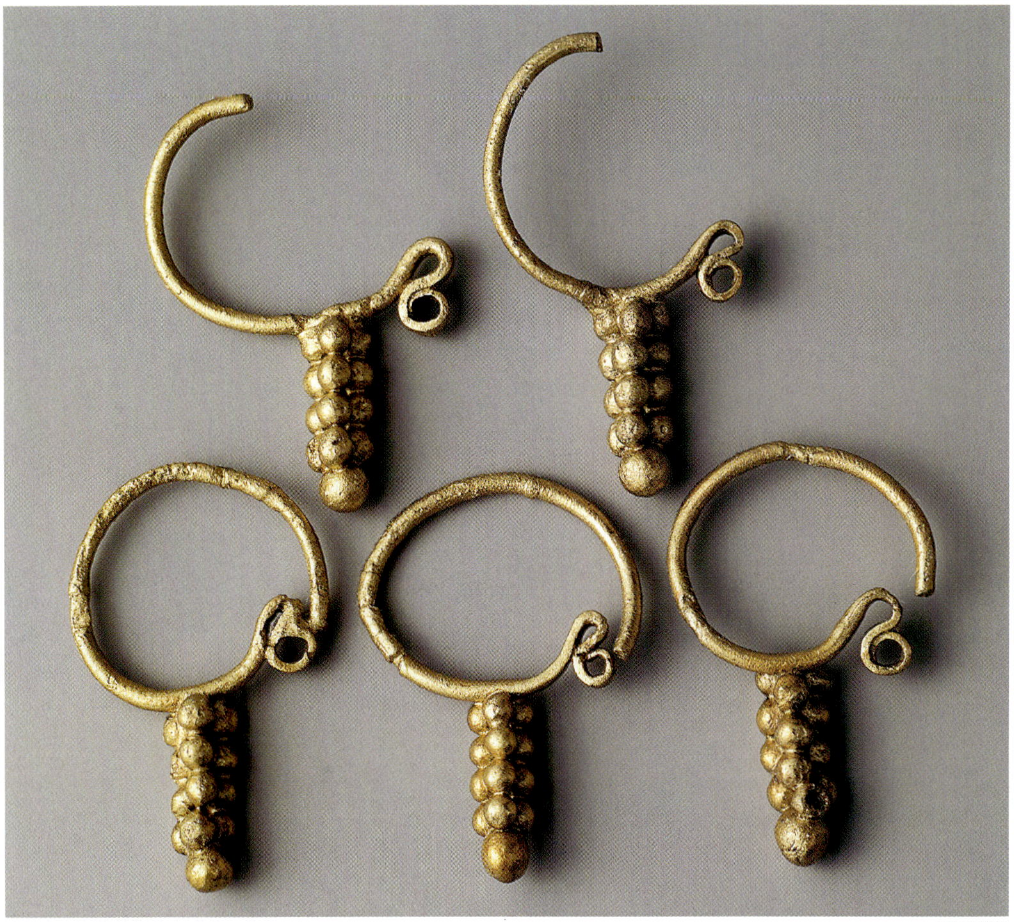

10.03.06

10.03.06

Fünf Traubenohrgehänge

Praha. Prager Burg, Reitschule (Tschechien)
Bronze, vergoldet
3,3 cm x 2,1 cm; 2,3 cm x 3,2 cm;
2,3 cm x 3 cm; 2,5 cm x 3,3 cm;
2,2 cm x 3,7 cm
10. Jahrhundert
Praha, Archeologický ústav AV ČR.
Inv. Nr. 12694
Lit.: I. Borkovský: Pražský hrad v době přemyslovských knížat (Praha 1969) 137–138; Abb. 9.

Die Ohrgehänge stammen aus einem Kindergrab bei der Reitschule, das zudem die Bruchstücke von weiteren zwei bis drei identischen Ohrgehängen, ein Kollier aus grünlichen olivenförmigen Perlen (4–5 Stück), die Fragmente einer Kaptorge und die Reste eines kleinen Eimers enthielt. Es handelte sich um das am reichsten ausgestattete Grab auf dem in das 9. bis 11. Jahrhundert datierten Gräberfeld mit mehr als 100 Gräbern. Die Ohrgehänge sind Beispiele einer gröberen einheimischen, durch großmährische Vorlagen inspirierten Produktion. J. F.

10.04.01

10.04.01

Lederhelm („Podivens Helm")

Praha. Prager Burg (Tschechien)
Rindsleder
H. 15,2 cm, Dm. 23,7 cm
11. Jh. (?)
Praha, Sbírky Pražského hradu, Správa Pražkého hradě. Inv. Nr.: PHA 76
Lit.: K. Hilbert, O nálezech rotundy Václavovy. In: Svatováclavský sborník, I (Praha 1934) 224; 229 Taf. 26. – J. Frolík u. a., Nejstarší sakrální architektura na Pražském hrade. Výpoveď archeologických pramenů (Praha 2000).

Das Grab (K3) mit den Resten des Helmes wurde 1911 bei einer Untersuchung der Wenzelskapelle entdeckt. Es lag westlich der südlichen Apsis der ehemaligen St.-Veits-Rotunde unter einer romanischer Mauer. Die Helmteile fanden sich versteut zwischen Knochen nachbestatteter Individuen. Das Grab selbst wurde mit Podiven, einem Gefolgsmann des heiligen Wenzel in Verbindung gebracht. Nach der neuesten Fundinterpretation dürfte das Grab jedoch erst im 11. Jahrhundert angelegt worden sein.
Der Helm bestand aus zwei Schichten Rindsleder, die in fünf Bahnen mit einem wohl ehemals groben Faden untereinander vernäht waren. Eine flache, mit Leder bespannte runde Holzscheibe bildet den obe-

10.04.02

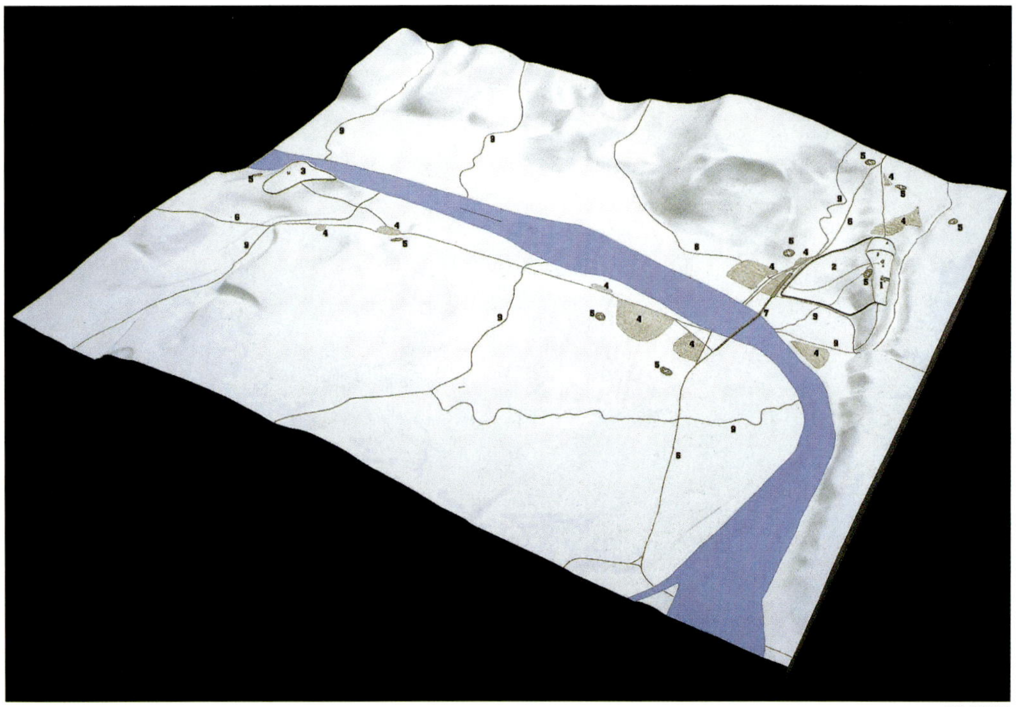

10.05.01

ren Abschluss des Helmes. An den Seiten befinden sich Einschnitte, vermutlich für den Durchzug eines Riemens. Ein nicht näher zuweisbares Lederteil könnte der Rest einer Wangenklappe gewesen sein. Auch wenn bis heute keine weiteren erhaltenen Exemplare solcher Helme gefunden wurden – lediglich aus Staré Město-Na Valách stammt der Rest einer ledernen Kopfbedeckung – wird man eine Verwendung von Lederhelmen in der damaligen Zeit annehmen können. Möglicherweise waren solche Helme mit Metallteilen versehen, z. B. mit Visier oder Nasenschutz. Der so genannte Podivenshelm ist mit Durchbohrungen versehen, die nicht näher gedeutet werden können. Ob es sich bei dem Stück wirklich um einen Helm handelte kann, da auch das flache kreisrunde Oberteil bislang ohne Parallelen ist, nicht mit endgültiger Sicherheit entschieden werden. M. B.

10.04.02

Kruzifixanhänger

Praha. Prager Burg, Gräberfeld an der Marienkirche (Tschechien)
Bronze
L. 5,2 cm; Br. 4,9 cm; D. 1,1 cm
Süddeutschland(?) um 1000
Praha, Archeologický ústav AV ČR.
Inv. Nr. PH 13136
Lit.: J. Kubková: Ecce lignum crucis, in quo salus mundi pependit. In: Život v archeologii středověku – Das Leben in der Archäologie des Mittelalters (Prag 1997) 402–407.

Das Kreuzchen stammt aus den zerstörten Gräbern östlich der Apsis der Marienkirche. Das Gräberfeld selbst war vom 9. bis zum 13. Jahrhundert belegt. Analoge Darstellungen zu der Christusgestalt finden sich in süddeutschen und rheinländischen Handschriften. J. F.

10.05.01

Modell der Prager Stadt um 1000

Den Keim einer der bedeutendsten frühmittelalterlichen Siedlungsagglomerationen im Ostteil Mitteleuropas stellt das befestigte Suburbium unterhalb der přemyslidischen Siedlungsburg dar. Am gegenüberliegenden Moldauer Ufer erfolgte eine Ausdehnung der Besiedlung erst nach der Gründung der weiteren přemyslidischen Burg Vyšehrad, die das Prager Becken nach Süden hin abriegelte. Die Verbindungslinie beider Burgen wurde gleichzeitig zu einer Hauptachse der Vorburgsiedlung.
1 Prager Burg, 2 befestigtes Suburbium, 3 Vyšehrad, 4 Siedlungsbereiche, 5 Gräberfeld, 6 Kommunikation, 7 Holzbrücke, 8 Furten, 9 Moldau-Zuflüsse P. S.

10.06.01

Der Depotfund von Saaz (Žatec)

Žatec. Vorstadt (Tschechien)

Lit.: H. Preidel, Der Silberschatz von Saaz. Mannus 31, 1940, 538–589. – F. Cach, Nejstarši české minze. České denáry do mincovní reformy Břetislava I. (Praha 1970). – J. Šmerda, Denáry české a moravské. Katalog mincí českého státu od X. do počátku XIII. století (Brno 1996).

1937 wurde unter einem eingestürzten Stall in der Vorstadt von Žatec in einem Tongefäß ein slawischer Silberhort mit 357 Münzen, 19 Silberbarren, 118 Gold- und Silberschmuckstücken, Drahtrollen und Schmuckbruchstücke mit einem Gewicht von 2,7 kg entdeckt. Man vermutet, dass sich hier im frühen Mittelalter ein Markt befand. Bei archäologischen Untersuchungen stießen die Ausgräber im Umkreis der Fundstelle auf Reste von Öfen für Metallverarbeitung und große Mengen von Schlacke. Der aufgefundene Silberschmuck gehörte wahrscheinlich wegen des unterschiedlich dicken Silberdrahtes, der für Filigranarbeiten vewendet wurde, einem Juwelier der hier Schmuckstücke anfertigte.

Der Münzanteildes Saazer Schatzes bestand aus 357 Münzen. Unter ihnen waren 143 deutsche Prägungen (Goslar, Augsburg, Regensburg, Nabburg und Salzburg). Im einheimischen, bisher nicht eingehend publizierten Fundanteil waren Denare Boleslavs II. (Typen Cach Nr. 123 u. 133), Boleslavs III. (Typ Cach Nr. 185); Bolesław Chrobrys (Typ Cach Nr. 226) und Jaromírs (Typ Cach Nr. 228–229, 255, 262, 264, 267, 273–276). Der Fund wurde wohl nach 1099 vergraben.

10.06.01 a

a) Sechs Schläfenringe

Silber

Dm. 1 cm

110/11. J.

Žatec, Regionalí muzeum K. A. Polánka.

Inv. Nr. 2135/113–118

Schläfenringe mit s-förmigen Enden fanden sich auch in einem Kindergrab einer unbekannten frühmittelalterlichen Kirche in Saaz. Der Vergleich mit den Schläfenringen aus dem Schatzfund zeigte, dass die Belegungszeit des Friedhofs der Kirche in das beginnende 11. Jahrhundert datiert werden kann.

b) Acht Schläfenringe

Silber

Dm. 1,2 cm–1,3 cm, Drahtdm. 0,2 cm

10./11. Jh.

Žatec, Regionalí muzeum K. A. Polánka.

Inv. Nr. 2135/127–134

c) Acht Schläfenringe

Silber

Dm. 1 cm–1,2 cm, Drahtdm. 0,1 cm–0,15 cm

10./11. Jh.

Žatec, Regionalí muzeum K. A. Polánka.

Inv. Nr. 2135/119–126

10.06.01 b

10.06.01 c

10.06.01 d

10.06.01 e

10.06.01 f

10.06.01 g

d) Ohrring
Silber
Dm. 2,2 cm x 1,7 cm
10./11. Jh.
Žatec, Regionalí muzeum K. A. Polánka.
Inv. Nr. 2135/75

Den Ohrring zieren filigranverzierte Körbchen und Blechhalbkugeln.

e) Ohrring
Silber
Dm. 2 cm x 1,9 cm
10./11. Jh.
Žatec, Regionalí muzeum K. A. Polánka.
Inv. Nr. 2135/34

Das Exemplar gehörte ursprünglich zu einem Ensemble von fünf Ohrringen, wurde aber 1969 von diesen unfachmännisch getrennt.

f) Ohrringe
Silber
Dm. 2 cm x 1,9 cm
10./11. Jh.
Žatec, Regionalí muzeum K. A. Polánka.
Inv. Nr. 2135/26–28

Dass der Schatz im Besitz eines Goldschmiedes war, bezeugen die ineinander gehängten Ohrringe. Es sieht so aus, als lägen diese für eine vermögende Kundin bereit.

g) Ohrring mit drei filigranverzierten Blechpauken
Silber
L. 2 cm, Br. 1 cm
10./11. Jh.
Žatec, Regionalí muzeum K. A. Polánka.
Inv. Nr. 2135/59

10.06.01 h

10.06.01 k

10.06.01 l

h) Ohrringe mit Filigranverzierung
Silber
L. 1,7 cm
10./11. Jh.
Žatec, Regionalí muzeum K. A. Polánka.
Inv. Nr. 2135/54; 2135/64

k) Fragment eines paukenförmigen Ohrrings
Silber
L. 1,5 cm
10./11. Jh.
Žatec, Regionalí muzeum K. A. Polánka.
Inv. Nr. 2135/66

l) Fragment eines paukenförmigen Ohrrings
Silber
L. 1,3 cm
10./11. Jh.
Žatec, Regionalí muzeum K. A. Polánka.
Inv. Nr. 2135/67

10.06.01 m

m) Fragment eines Ohrrings mit Filigrankörbchen und Hohlblechkugeln
Silber
Dm. 1,9 cm x 1,8 cm
10./11. Jh.
Žatec, Regionalí muzeum K. A. Polánka.
Inv. Nr. 2135/25

o) Kaptorge
Silber
H. 3,2 cm, D. 0,45 cm
10./11. Jh.
Žatec, Regionalí muzeum K. A. Polánka.
Inv. Nr. 2135/36

Eine von ursprünglich zwei im Schatz vorgefundenen Kaptorgen. Das zweite Exemplar wurde bei der 1969 durchgeführten Konservierung vernichtet.

p) Perle
Silber
L. 1,9 cm
10./11. Jh.
Žatec, Regionalí muzeum K. A. Polánka.
Inv. Nr. 2135/47

q) Perle
Silber
Dm. 1,8 cm
10./11. Jh.
Žatec, Regionalí muzeum K. A. Polánka.
Inv. Nr. 2135/48

Die mit Granulation verzierte Blechperle ist das letzte von ursprünglich acht Exemplaren. Die restlichen Perlen wurden bei der Konservierung im Jahre 1969 vernichtet.

10.06.01 o

10.06.01 p

10.06.01 q

10.06..01 r

10.06.01 s

10.06.01 t

r) Fingerring
Gold
Dm. 1,9 cm, Gew. 9,8 g
10./11. Jh.
Žatec, Regionalí muzeum K. A. Polánka.
Inv. Nr. 2135/23

Der Fingerring wurde aus einem Stäbchen mit sich verjüngenden Enden hergestellt.

s) Fingering
Gold; Almandin
Ringdm. 2,1 cm; 1,4 cm x 1,1 cm (Almandin); Gew. 11,8 g
Žatec, Regionalí muzeum K. A. Polánka.
Inv. Nr. 2135/538–589

Die Fassung des Ringes ist von zwei Tierköpfen flankiert, der Almandin selbst von sieben auf Draht aufgezogenen Perlen eingefasst.

t) Blechkreuzchen
Silber
H. 3 cm, Br. 2,3 cm, D. 0,7 cm
10./11. Jh.
Žatec, Regionalí muzeum K. A. Polánka.
Inv. Nr. 2135/39

10.06.01 u

10.06.01 v–z

10.06.01 aa

u) Toilettgarnitur mit drei Anhängern
Silber
L. 5,4 cm (Spatel); 5,8 cm (Löffel);
Dm. 1,3 cm (Blechperle)
Žatec, Regionalí muzeum K. A. Polánka.
Inv. Nr. 2135/69–72

v–z) 19 stäbchenförmige Barren
Silber
L. 0,65 cm–13 cm, Gew. 2118,6 g
Žatec, Regionalí muzeum K. A. Polánka.
Inv. Nr. 2135/3–21

Mit Ausnahme von drei Exemplaren wurden 13 der Barren in ein und derselben Form gegossen. Drei Barren waren schon teilweise mit dem Hammer bearbeitet worden und lassen sich nicht mehr einordnen.

aa) Drei zu einer Kette verflochtene Drähte
Gold
L. 2,5 cm
10./11. Jh.
Žatec, Regionalí muzeum K. A. Polánka.
Inv. Nr. 2135/99

10.06.01 cc

10.06.01 dd

10.06.01 ee

10.06.01 ff

bb) Silberdraht
Silber
L. 5,8 cm, Gew. 12,7 g
nach 1009
Žatec, Regionalí muzeum K. A. Polánka.
Inv. Nr. 2135/42

Eine der drei im Saazer Schatz vorkommenden Drahtrollen, die zur Herstellung von Schmuckstücken dienten. Sie beweisen, dass der Schatz einem Goldschmied gehörte.

cc) Denar Boleslavs II (972/73–999)
Silber
Dm 2,1 cm, Gew. 1,281 g.
10./11. Jh.
Žatec, Regionalí muzeum K. A. Polánka.
Inv. Nr. 2135/È 2
Lit. Cach (1970) 27 Nr. 122.

dd) Denar Boleslavs II. (972/73–999)
Silber, Münzstätte Prag; Münzpräger Nacub
D, 1,9 cm, Gew. 1,245 g
Žatec, Regionalí muzeum K. A. Polánka.
Inv. Nr. 2135/È 23
Lit. Cach (1970) 28 Nr. 134.

ee) Denar Jaromírs (1003, 1004–1012, 1033–1034)
Silber, Münzstätte Prag
Dm. 1,9 cm, Gew. 1,03 g
Žatec, Regionalí muzeum K. A. Polánka.
Inv. Nr. 2135/È 15
Lit. Cach (1970) 40 Nr. 264.

ff) Denar Jaromírs (1003, 1004–1012, 1033–1034)
Silber, Münzstätte Prag
Dm. 1,9 cm, Gew. 1,042 g
Žatec, Regionalí muzeum K. A. Polánka.
Inv. Nr. 2135/È 17
Lit. Cach (1970) 39 Nr. 258.

10.06.01 gg

10.06.01 hh

10.06.01 ii

10.06.01 jj

gg) Denar Jaromírs (1003, 1004–1012, 1033–1034)
Silber, Münzstätte Prag
Dm. 2,1 cm, Gew. 0,99 g
Žatec, Regionalí muzeum K. A. Polánka.
Inv. Nr. 2135/È 43
Lit.: Cach (1970) 41 Nr. 273.

hh) Otto-Adelheid Pfennig (Niedersachsen, Goslar)
Silber
Dm. 1,85 cm, Gew. 1,3 g
Žatec, Regionalí muzeum K. A. Polánka.
Inv. Nr. 2135/N 1
Lit.: D. Radoměrsky, Der Silberschatz von Saaz (Der deutsche Anteil der Prägungen). Act. Univ. Carolinae – Phil. et Hist. I, 1993. Z. pomocccných ved historických XI. Numismatica 1993 (Praha 1995) č 1, Taf. 1, 1. – V. Hatz, Zur Frage der Otto-Adelheid Pfennige. Versuch einer Systematisierung auf Grund des schwedischen Fundmaterials. Commentationes de nummis saeculorum IX-XI in Suecia repertis, pars I. Kungliga Vitterhets Historie och Antikvitets Akademiens Handlingar. Antikvariska Ser. 9, III, 6 e (1961).

ii) Denar Bischof Brunos von Augsburg (1006–1009) (Schwaben, Augsburg)
Silber
Dm. 1,95 cm, Gew. 0,93 g
Žatec, Regionalí muzeum K. A. Polánka.
Inv. Nr. 2135/N 14
Lit.: D. Radoměrsky, Der Silberschatz von Saaz (Der deutsche Anteil der Prägungen). Act. Univ. Carolinae – Phil. et Hist. I, 1993. Z. pomocccných věd historických XI. Numismatica 1993 (Praha 1995) 31, č 4, Taf. 1, 4.

jj) Denar Heinrichs II. (1002–1024) (Bayern, Regensburg)
Silber
Dm. 2,09 cm, Gew. 1,54 g
Žatec, Regionalí muzeum K. A. Polánka.
Inv. Nr. 2135/N 65
Lit.: D. Radomersky, Der Silberschatz von Saaz (Der deutsche Anteil der Prägungen). Act. Univ. Carolinae – Phil. et Hist. I, 1993. Z. pomocccných ved historických XI. Numismatica 1993 (Praha 1995) 31, č 14.

10.06.01 kk

10.06.01 ll

10.06.01 mm

kk) Denar Heinrichs II (1002–1024) (Bayern, Regensburg)
Silber
Dm. 1,95 cm, Gew. O,86 g
Žatec, Regionalí muzeum K. A. Polánka. Inv. Nr. 2135/N 14
Lit.: D. Radoměrsky, Der Silberschatz von Saaz (Der deutsche Anteil der Prägungen). Act. Univ. Carolinae – Phil. et Hist. I, 1993. Z. pomocccných ved historických XI. Numismatica 1993 (Praha 1995) 32, č 65, Taf. 1, 65.

ll) Denar Heinrichs II (1002–1024) (Bayern, Regensburg)
Silber
Dm. 2,06 cm, Gew. 0,93 g
Žatec, Regionalí muzeum K. A. Polánka. Inv. Nr. 2135/N 135
Lit.: D. Radoměrsky, Der Silberschatz von Saaz (Der deutsche Anteil der Prägungen). Act. Univ. Carolinae – Phil. et Hist. I, 1993. Z. pomocccných ved historických XI. Numismatica 1993 (Praha 1995) 33, č 135, Taf. 3, 135.

mm) Topf
Silber
H. 13 cm
10./11. Jh.
Žatec, Regionalí muzeum K. A. Polánka. Inv. Nr. 2135/1

Mit Wellenlinien verziertes Gefäß in dem 1937 der Schatz gefunden wurde. P. Č.

10.06.02

10.06.03

10.06.04

10.06.02–12

Das Saazer Gehöft

Žatec (Tschechien)

1999 wurden zur Klärung der Ausdehnung des Bestattungsplatzes nördlich der Maria Basilika Grabungen eingeleitet. Dabei stieß man auf die Fundamente eines hölzernen Palastes und einiger kleinerer Wirtschaftsgebäude. Der Hofkomplex war von einer Palisade umgeben, das Innere vollständig mit kleinen Steinen gepflastert. Das Gehöft dürfte dem lokalen Fürsten gehört haben, was vor allem auch die Glasfunde beweisen.

10.06.02

Bruchstück eines Kirchenmodells

Sandstein
H. 84,3 cm, Br. 57,9 cm
Mitte 11. Jh.
Most, Ústav archelogické památkové péče.
Inv. Nr. 1093/99
Lit.: E. Nohejlová-Prátová, Příspívek k tematice na českých denárech 12. Století Sborník mzea v Praze 21 A (1967) 213–218.

Einzigartiger Fund eines Kirchenmodells, wie sie auf böhmischen Münzen in den Händen von Herrschern (Svatopluk und Vladislav) abgebildet sind. Vermutlich ist in solchen Bildnissen der Herrscher als Stifter von Kirche einer Kirche dargestellt.

10.06.03

Ei

Sandstein
H. 5 cm, Br. 3,58 cm
Mitte 11. Jh.
Most, Ústav archelogické památkové péče.
Inv. Nr. 929/99

In Steinkirchen aufgefundene Eier werden allgemein als christliche Symbole gedeutet. Da das Gehöft über keinen Sakralbau verfügte, befanden sich diese Eier möglicherweise in einer heiligen Ecke des Hauptgebäudes.

10.06.04

Kopf einer Bärenfigur

Ton
l. 5,9 cm
Mitte 11. Jh.
Most, Ústav archelogické památkové péče.
Inv. Nr. 1976/99

Kammeinstiche bilden Halsband und Maulkorb des Tieres. Vermutlich gehörte der Kopf zur Figur eines Tanzbären. Der Nachweis dieser Art von Unterhaltung im frühen Mittelalter kann so auch archäologisch erbracht werden.

10.06.05–07

10.06.05
Ring
Glas
Dm. 1,04 x 1,71 cm
Mitte 11. Jh.
Most, Ústav archelogické památkové péče.
Inv. Nr. 1886/99

Unter den Glasobjekten wurde auch ein Stück Rohglas gefunden. Ob in Saaz Glas hergestellt wurde, muss jedoch zur Zeit noch offen bleiben.

10.06.06
Ring
Glas
Dm. 1,51 cm x 1,34 cm
Mitte 11. Jh.
Most, Ústav archelogické památkové péče.
Inv. Nr. 1888/99

10.06.07
Fragment eines Ringes
Glas
L. 1,98 cm
Mitte 11. Jh.
Most, Ústav archelogické památkové péče.
Inv. Nr. 1768/99

10.06.08
Schere
Eisen
L. 13,2 cm, Br. 2,5 cm
Mitte 11. Jh.
Most, Ústav archelogické památkové péče.
Inv. Nr. 2408/99

Die Größe der Schere spricht für eine Funktion als Haar-, Bart- oder Nagelschere.

10.06.09 a–b
Zwei Angelhaken
Eisen
L. 3,8 cm, 3,7 cm; Br. 1 cm
Mitte 11. Jh.
Most, Ústav archelogické památkové péče.
Inv. Nr. 2079/99; 2011/99

10.06.08

10.06.09 a–b

10.06.10 a–b

10.06.11 a–d

10.06.12

10.06.10 a–b

Zwei Gewichte

Blei
Dm. 1,6 cm; 1,8 cm
Mitte 11. Jh.
Most, Ústav archelogické památkové péče.
Inv. Nr. 1973/99; 2165/99

Kleine Bleigewichte benutzte man zum Abwiegen von Edelmetallen oder anderen Materialien, von denen kleine Mengen gehandelt wurden.

10.06.11 a–d

Vier Schlüssel

Eisen
L. 15,7 cm; 9 cm; 17 cm; 16,5 cm
Mitte 11. Jh.
Most, Ústav archelogické památkové péče.
Inv. Nr. 1734/99; 1940/99; 2037/99; 2230/99

In den Trümmern des Palastes wurden die vier eisernen Schlüssel gefunden. Der kleinste gehörte wohl zu einer Truhe, die drei größeren zu Türschlössern.

10.06.12

Ring

Bronze
1,92 cm x 1,83 cm
Mitte 11. Jh.
Most, Ústav archelogické památkové péče.
Inv. Nr. 1821/99

Der aus einem Bronzeband getriebene Fingerring ist mit x-förmig angeordneten Dreieckspunzen verziert. P. Č.

10.07.01 a–b

Schatzfund mit böhmischen Denaren

Stará Boleslav-Hluchov (Tschechien)
Silber
letztes Viertel 10. Jh.
Lit.: G. Skalský, Nález českých denárů z konce X. století ve Staré Boleslavi, Ročenka Okresní Jednoty muzejní v Brandýse nad Labem VII (1932).

Der Silbermünzenhort wurde beim Bau einer Schleusenkammer im Jahre 1931 in der Gemarkung der Stadt Altbunzlau etwa 400 m südlich der von Boleslav I. (935–972) erbauten Burg entdeckt. Das Gefäß mit den Münzen lag in 60–80 cm Tiefe mit dem Boden nach oben im Überschwemmungsgebiet der Elbe. Der Fund enthielt mehr als 1015 böhmische Denare. Es handelte sich um Prägungen Boleslavs II. aus der Prager und Vyšehrader Münzstätte, seiner Ehefrau Emma aus der Melniker Münzstätte und Soběslavs aus den Münzstätten in Malín und Libice. Münzen des Ethelred-Typs „Hand-Büste" mit Varianten waren in dem Schatzfund, der nur von ca. 985 bis 995 geprägte Münzen beinhaltete, vorherrschend. In geringerem Umfang war der Typ mit Hand und Kreuz aus der Prager Münzstätte vertreten. Unter den Prägungen Soběslavs, überwiegend aus der Maliner Münzstätte, kamen Prägungen mit Hand und Vogel vor. Der Hort von Altbunzlau, dessen Deponierung im letzten Viertel des 10. Jahrhunderts erfolgte, gehört zu den größten und wertvollsten Münzdepotfunden in Böhmen. J. Hás.

a) Auswahl böhmischer Münzen Boleslavs II. (972–999), Emmas († 1006) und Soběslavs (981–995)

Münzstätten: Prag, Vyšehrad, Mělník, Malín, Libice
Silber

b) Gefäß

Keramik
H. 15,3 cm, Randdm. 5,6–5,8 cm
10. Jh.
Praha, Národní muzeum. Inv. Nr. H5-1/250

Als Behälter für die Denare benutzte Keramikflasche mit einfachem abgerundeten Rand. Der Ton ist mit mittelgroben Sand und wenig Glimmer gemagert. Hals und Schulter sind mittels eines Stichels mit unregelmäßigen Wellenlinien verziert, die sich mit einer Schraubenlinie abwechseln. Der Ton ist rotbraun gebrannt und weist Schmauchspuren auf. Der Hals ist zweifach durchbohrt. I. B.

10.07.01 a–b

Christianisierung 11.01–02

In Böhmen setzte sich das Christentum erheblich später durch als in Mähren. Die Taufe mehrerer böhmischer Fürsten in Regensburg 845 blieb ohne nachhaltigen Erfolg. Als der Mährerfürst Svatopluk kurz nach 880 Böhmen erwarb, empfing Fürst Bořivoj vom mährischen Metropoliten die Taufe. Nach der Trennung von Mähren 895 gehörte allein das přemyslidische Fürstentum zunächst zur Kirchenprovinz Regensburg, später zu Mainz. Erst im Zuge der Einigung des Landes unter Boleslav I. wurde ganz Böhmen christianisiert. Trotz der Bemühungen Boleslavs ab 968 gelang die Errichtung von Bistümern in Prag und in Mähren – wohl in Olmütz (Olomouc), 1063 neu begründet – erst dessen Sohn 976. In diese Zeit reichen die ersten Klostergründungen zurück: Um 970 gründet Herzogin Mlada-Maria den Frauenkonvent St. Georg zu Prag, 992 Bischof Adalbert das Männerkloster Břevnov nahe Prag, das mit Benediktinermönchen aus SS. Bonifacio e Alessio in Rom besiedelt wurde.
P. S., D. T. u. J. Ž.

11.01.01
Fuldaer Annalen
(ausgestellt in Prag)
11. Jh.
Pergament
H. 17,5 cm, Br. 12,5 cm
Wien, Österreichische Nationalbibliothek. Cod. Vindob. 615, fol. 30r

11.01.02
Fuldaer Annalen
(ausgestellt in Berlin)
12. Jh.
Pergament
H. 27,4 cm, Br. 20 cm
Wien, Österreichische Nationalbibliothek. Cod. Vindob. 451, fol. 5r

11.01.03
Fuldaer Annalen
(nicht ausgestellt)
10. Jh. (?)
H. 23 cm, Br. 16 cm
Leipzig, Universitätsbibliothek, „Biblioteca Albertina". Rep II. 129a, fol. 21r

11.01.04
Fuldaer Annalen
(ausgestellt in Mannheim)
Ende 11. Jh.
Pergament
H. 25 cm, Br. 18 cm
Città del Vaticano, Biblioteca Apostolica Vaticana. Reg. lat. 633
Lit.: F. Kurze (Hrsg.), Annales Fuldenses. MGH. SS rer. germ. (Hannover 1891). – S. Hellmann, Die Entstehung und Überlieferung der Annales Fuldenses. Neues Archiv 33, 1908, 695–742. – W. Egert, Das ostfränkisch-deutsche Reich in der Auffassung seiner Zeitgenossen (Berlin 1973) 17 ff.

Die Fuldaer Annalen gelten als offizielles Geschichtswerk des ostfränkisches Reiches, was sie nicht nur zur bedeutendsten Quelle für dessen Geschichte sondern auch für die seiner Nachbarn, nicht zuletzt Mährens macht. Die Ansichten über Autoren und Stil differieren in der Forschung bis heute. Zumeist folgt man der Meinung des Herausgebers F. Kurzes, demzufolge der erste Teil der Jahre 714–838 von Einhard, dem Biographen Karls des Großen verfasst worden sei, während die Jahre 838–863 auf den bekannten Gelehrten, Dichter und Maler Rudolf von Fulda zurückgehen. Zum Jahr 845 berichten die Fuldaer Annalen über die Taufe von 14 böhmischen *duces* (Fürsten) in Regensburg. D. T.

11.01.05
So genannter Christian-Codex
(ausgestellt Faksimile)
Böhmen, 40er Jahre 14. Jh.
Pergament
H. 34 cm, Br. 26,3 cm, 8 Blätter
Original: Praha, Knihovna, Metropolitní kapituly u sv. Víta, Praha. Sign. G V.
Kopie: Archiv Prahžkého hradu. (Garomír Lauda, 1995)
Lit.: A.. Podlaha, Soupis rukopisů knihovny Metropolitní kapituly pražské II (Praha 1922) 87–88. – A. Podlaha, Knihovna kapitulní. In: Soupis památek historických a umeleckých v Královstvíčeském (Praha 1903) 175–178. – J. Karwasińska in: Monumenta Poloniae historica, S. N. IV, 1. – O. Králík, Filiace vojtěšských legend (1971).

Der Mönch und spätere Abt des Klosters SS. Bonifacio e Alessio auf dem römischen Aventin Iohannes Canaparius beschreibt in dieser lateinischen Legende Leben und Martyrium des zweiten Prager Bischofs Adalbert (Voj-

11.01.03

11.01.05

těch), der aus dem Geschlecht der Slavnikiden stammte († 997). Wahrscheinlich wurde die Abschrift der St. Adalbertslegende von seinen Zeitgenossen verfasst und in der Bibliothek der Prager Domkirche seit Beginn der Verehrung des Heiligen aufbewahrt. Vielleicht befand sich in dieser Kirche aber auch seit 1039 das Grab mit seinen Reliquien. Der heilige Adalbert war einer der Patrone der Domkirche und des Königreichs Böhmen. Die älteste vollständige Abschrift der Canaparius-Legende erhielt sich jedoch im Sammelband literarischer Quellen zur böhmischen Geschichte, den der Prager Bischof Johannes IV. von Draschitz († 1343) zusammenstellen ließ. Die auf fol. 1r–8v geschriebene Legende wird von einer rosafarbenen, zehn Textzeilen hohen Initiale E *(Est locus in partibus)* eingeleitet. Im Innenfeld kniet ein Mann, wahrscheinlich Johannes IV. von Draschitz, dem der heilige Adalbert den Bischofsstab reicht und der heilige Wenzel die Mitra aufsetzt. Rechts über der Initiale befindet sich das Wappen des Prager Bistums, links das Familienwappen der Herren von Draschitz. In der Sammelhandschrift finden sich darüber hinaus folgende Heiligenlegenden: „Martyrium des heiligen Adalbert" vom Kapellan Ottos III., Brun von Querfurt (fol. 8v–16v), „Vita und Martyrium des heiligen Wenzel und seiner heiligen Großmutter Ludmilla" des Bendiktinermönches Christian (fol. 24v–36v), „Vita des heiligen Wenzel" des Bischofs Gumpold von Mantua (fol. 36v–43v), die „Böhmische Chronik" des Domkapitulars und Dechanten der Prager Domkirche Cosmas (fol. 48r–105r) sowie andere mittelalterliche Literatur. M. Ko.

11.01.06

Prager Sakramentar

(ausgestellt Faksimile)
(Gregorianisch-gelasianisches Sakramentar und Pönitentiale)
Bayern (Regensburg?), 8./9. Jh.
Pergament
H. 24,5 cm, Br. 16,5 cm, 2 + 146 Blätter
Original: Praha, Knihovna, Metropolitní kapituly u sv. Víta. Sign. O LXXXIII.
Kopie: Archiv Prahžkého hradu. (D. Kašparová, 1980).
Lit.: A. Podlaha: Soupis rukopisů knihovny Metropolitní kapituly pražské II (Praha 1922) 561–566. – V. E. Mourek: Prager althochdeutsche Glossen. In: Sitzungsber. Königl. Böhm. Ges. Wiss., Phil.-hist.-philol. Cl. (Praha 1890) 16–21. – A. Dold/L. Einzenhöfer: Das Prager Sacramentar, Cod. O LXXXIII, f. 1–20. I. Lichtdruck-Ausgabe (Beuron 1944).

Der erste Teil der Handschrift (fol. 1r–130v) enthält Gebetstexte, die der Zelebrant während der Messe im römischen Ritus vortrug. Die Gebete beginnen mit der Vigil zum Fest der Geburt des Herrn und setzen sich ent-

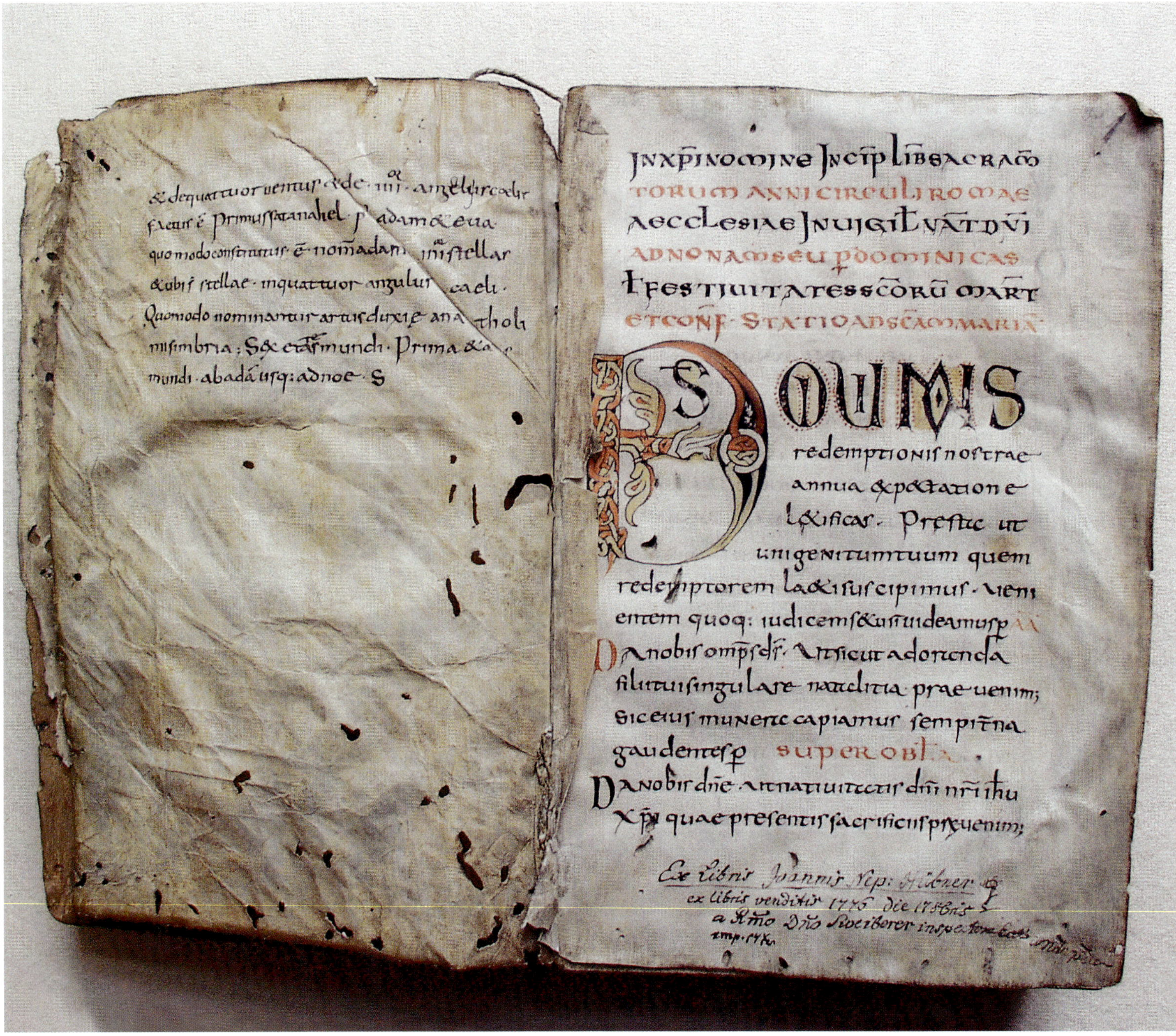

11.01.06

sprechend den beweglichen und unbeweglichen Festen des Jahres bis zur ersten Woche vor der Geburt des Herrn fort. Auf fol. 83v befinden sich von anderer Hand geschrieben die Namen Karls des Großen, seiner Ehefrau, seiner Kinder und einiger Bischöfe, die in den Jahren 784–805 in der Regensburger Diözese wirkten. Der zweite, von einem anderen Schreiber im 9. Jahrhundert geschriebene Teil der Handschrift enthält das Pönitentiale (fol. 131r bis 145v). Eine außerordentliche Bedeutung haben die in das Pergament zwischen den Zeilen und am Rande des lateinischen Textes eingeritzen althochdeutschen Glossen.

Die Handschrift schmücken elf ornamentale Initialen mit zoomorphen Motiven. Deren federzeichnerische Umrisse füllen Minium und Bleigelb aus. Einige haben gepunktete Konturen oder sind mit Punkten aus Minium und dunkelbrauner Tinte gefüllt. Zur Illuminierung gehören auch Schreiberinitialen und Buchstabengruppen, die der Schreiber zu einer Monogramm-Komposition zusammengestellt hat. Die Buchmalerei zeigt Einflüsse, die auf die Missionstätigkeit angelsächsischer Mönche hinweisen.

Vom zeitgenössischen Einband der Handschrift haben sich die Bindungen und die Befestigung des Korpus am Einband erhalten. Die beiden Holzdeckel sind durch Holzwürmer beschädigt.

Kleine Reste eines seidenen Gewebes und Öffnungen von Nägelchen, welche wahrscheinlich metallene und weitere Verzierungen befestigten, lassen auf einen Luxuseinband schließen.

Laut Vermerk auf fol. 1r kaufte der Domkapitular des St. Veitsdomkapitels Joh. Math. Schweiberer die Handschrift im Jahre 1776 für 17 Kreuzer von Joh. Nep. Hübner. Es ist jedoch wahrscheinlich, dass sich die Handschrift bereits in den vorangegangenen Jahrhunderten auf dem Gebiet des böhmischen Staates befand. Vielleicht handelt es sich um ein Geschenk von Regensburg an Prag anlässlich der Weihe der St. Georgsbasilika auf der Prager Burg Mitte der 20er Jahre des 10. Jahrhunderts. M. Ko.

11.01.07 Handbuch Abb. 285

Bischof Hermann von Prag (?): Homiliarium quod dicitur Opatovicense

(ausgestellt in Mannheim)
1. Hälfte 12. Jh.
Pergament mit kolorierter Federzeichnung einer Maiestas Domini
H. 22 cm, Br. 15 cm, 243 fols.
Praha, Národní knihovna České republiky. III.F.6 XII
Lit.: F. Hecht, Das Homiliar des Bischofs von Prag (Praha 1863). – K. Miklík, Opatovický homiliář. Časopis katolického duchovenstva 72/97, 1931, 93–100; 234–242; 373–376; 480–488; 641–648; 970–982. – D. Třeštík, Kristián a václavské legendy 13. Století. Act. Univ. Carolinae Philosophica et historica 2. Studia historica 21 (1981) 45–91.

Das Homiliar enthielt die älteste Predigtensammlung tschechischen Ursprungs. Die Sammelschrift mit Homilien und Sermones (unorganischer Typus) ist aus unterschiedlichen Quellen des europäischen christlichen Schrifttums zusammengesetzt und auch mit ursprünglichen Teilen ergänzt. Sie entstand in der Zeit zwischen der Wende des 11. und 12. Jahrhunderts und der ersten Hälfte des 12. Jahrhunderts. Wegen der *sermones ad clerum* und *sermones ad populum* geht man davon aus, dass die Predigten vom Prager Bischof Hermann (1099–1122) vorgetragen wurden. Von Bedeutung ist die Erläuterung des Vaterunsers, die die Oberflächlichkeit des damaligen christlichen Glaubens belegt, sowie zwei Predigten über den heiligen Wenzel, die Einblick in den heidnisch-christlichen Synkretismus des frühen Mittelalters geben. Z. U.

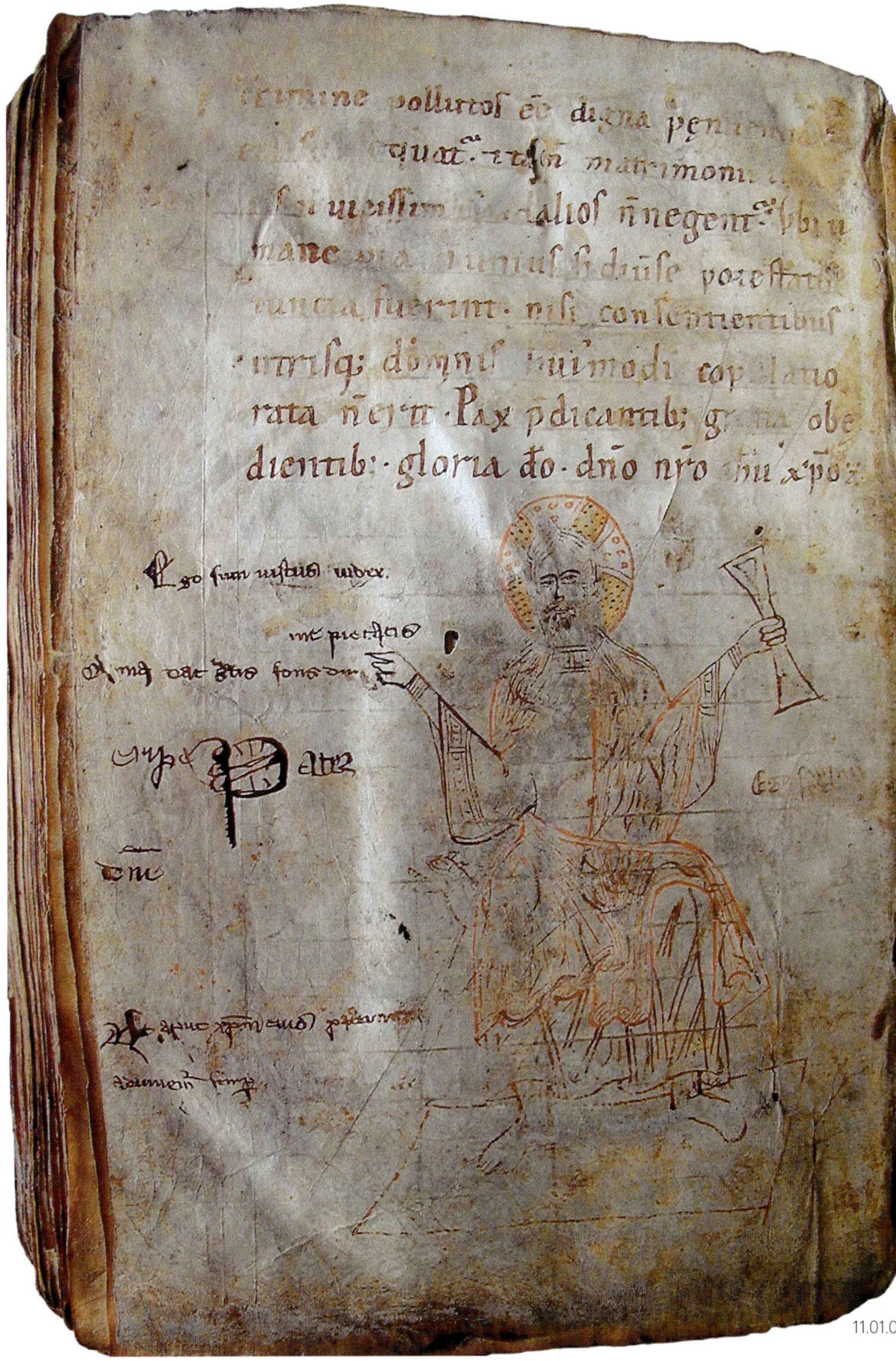

11.01.07

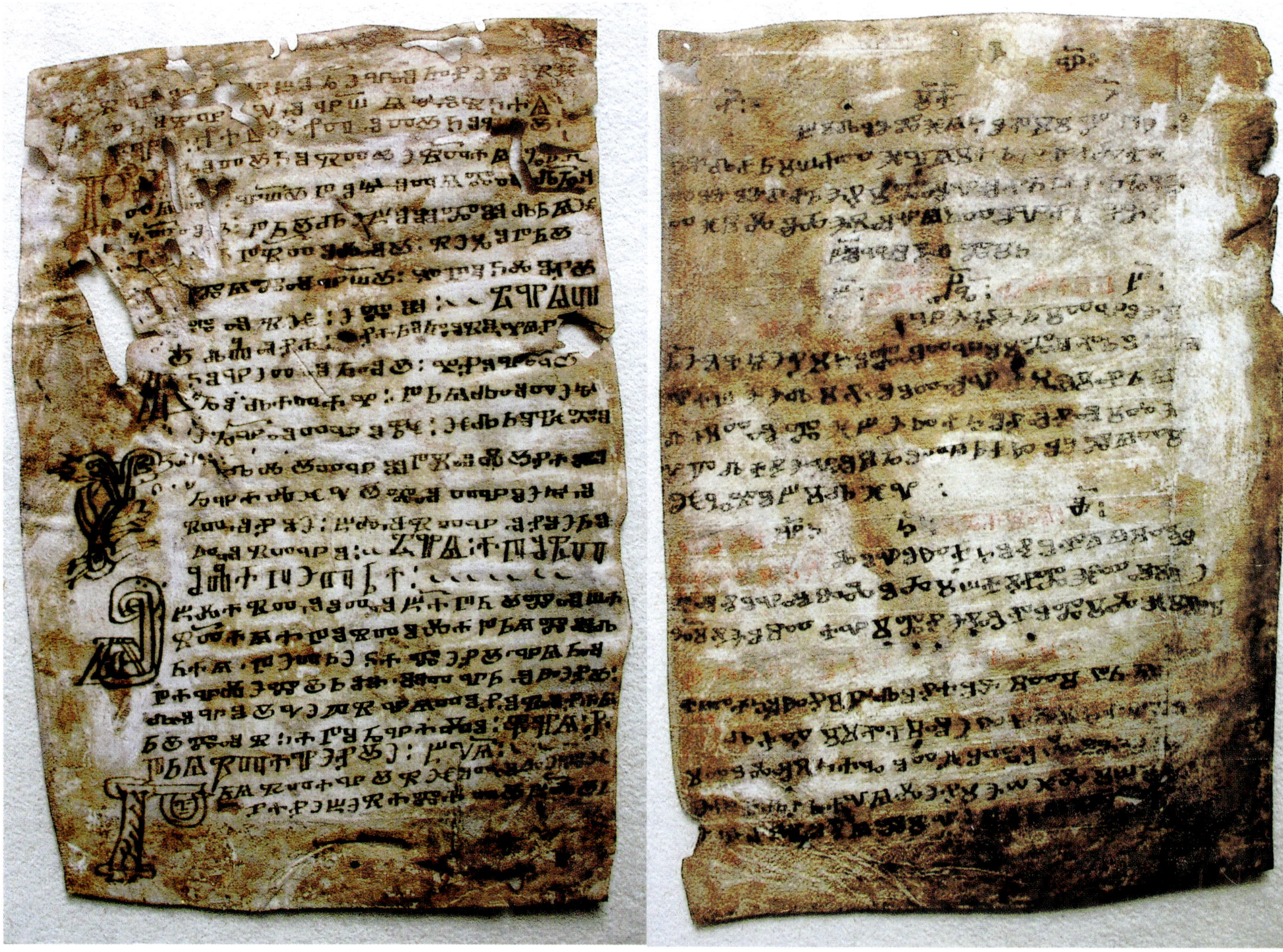

11.01.07 a

11.01.07 a
Prager glagolitische Fragmente
(ausgestellt Faksimile)
Böhmen, 2. Hälfte 11. Jh.
Pergament
H. 20 cm–22 cm, Br. 14 cm–15 cm, 2 Blätter
Original: Praha, Knihovna, Metropolitní kapituly u sv. Víta. Sign. N LVII
Kopie: Praha, Archiv Prahžkého hradu. (Milan Kodejš 1979).

Lit.: K. A. C. Höfler/P. J. Šafařík, Glagolitische Fragmente (Praha 1857). – P. J. Šafařík, Beleuchtung der Glagolischen Fragmente (Praha 1857). – V. Vondrák, O původu kyjevských listů a pražských zlomků(Praha 1904). – F. Mareš, Pražské zlomky a jejich předloha v světle hláskoslovného rozboru. Slavia XIX, 1949, 54–61. – L. Pokorný, Liturgie pěje slovansky. In: Soluňští bratři (Praha 1963) 158–191.

Die zwei Pergamentblätter sind mit altkirchenslawischem Text in glagolitischer Schrift beschrieben. Das erste Blatt weist Spuren eines älteren abgekratzten Textes auf. Darüber befindet sich das Fragment des altkirchenslawischen Kalenders, der vom fünfundzwanzigsten Tag nach Ostern bis zum Fest Mariä Himmelfahrt reicht. Es folgen neun liturgische Texte entsprechend den beweglichen und unbeweglichen Festen. Man findet in ihnen Anklänge sowohl an den römischen als auch an den östlichen Ritus. Das zweite Blatt enthält das Offizium einer heiligen Dreitagezeit (Gründonnerstag?) bestehend aus drei Antiphonen (Psalm 51, 53, 12), zwei Sedalny-Gesängen und einem Blaženstvo-Gesang.
1855 fand K. A. Höfler die Pergamentblätter unter dem hinteren Buchdeckel der lateinischen Handschrift der so genannten St. Veitsapokalypse aus der zweiten Hälfte des 11. Jahrhunderts (Bibl. St. Veitsdomkapitel, Sign. A LX/3). Die Fragmente gehören zu den wertvollsten Denkmälern der Tätigkeit der heiligen Kyrill und Method. Vielleicht sind sie in dem um 1032 gegründeten Benediktinerkloster Sázau entstanden, in dem die slawische Liturgie mit kurzen Unterbrechungen bis zum Jahre 1097 gepflegt wurde. M. Ko.

11.01.08
Wenzelsvita „Crescente fide"
(ausgestellt in Prag)
11. Jh.
Pergament
H. 24 cm, Br. 18 cm
München, Bayerische Staatsbibliothek.
Clm 4605, fol. 139 v/140r

11.01.09
Wenzelsvita „Crescente fide"
(ausgestellt in Budapest)
12. Jh.
Pergament
H. 32 cm, Br. 22 cm
München, Bayerische Staatsbibliothek.
Clm 2552, fol. 125r

11.01.10
Wenzelsvita „Crescente fide"
(ausgestellt in Krakau und Prag)
12. Jh.
Pergament
H. 23,7 cm, Br. 17,3 cm
Città del Vaticano, Biblioteca Apostolica Vaticana. Reg. lat. 498
Lit.: J. Emler in: Fontes rerum bohemicarum I (Praha 1873) 183–190. – J. Ludvíkovský, Nově zjištěný rukopis legendy Crescente fide a jeho význam pro datování Kristiána. Listy filologické 6, 1958, 56–58. – J. Staber, Die älteste Lebensbeschreibung des Fürsten Wenzelslaus und ihr Ursprungsort Regensburg. An. Inst. Slavici II, 2, 1970, 183–193. – D. Třeštík, Počátky Přemyslovců. Vstup Čechů do dějin (530–935) (Praha 1997) 155–175.

Die bald nach 974 in Prag entstandene Legende stammt aus der Feder eines Mönches aus dem Regensburger Kloster St. Emmeram, der am Prager Erzpresbyterium tätig war. Es handelt sich um eine Überarbeitung der ältesten nicht erhaltenen Wenzelslegende. Sie ist geprägt durch die von Abt Ramwold reformierten Ordensregeln, die sich in der Beschreibung der Tugenden und frommen Taten Wenzels wiederspiegeln. Die Taufe des ersten historischen Böhmenherrschers Bořivoj wird nicht anerkannt. Als erster christlicher Herrscher gilt sein Sohn Spytihněv, der 895 sein Fürstentum dem Regensburger Bistum unterstellte. *Crescente fide* diente als Grundlage späterer Überarbeitungen, vor allem jener nach 983 im Auftrag Ottos II. von Bischof Gumpold von Mantua verfassten Wenzelsvita. Die Gumpold-Vita wurde im 11. Jahrhundert im Kloster Sazau ins Kirchenslawische übersetzt und ging als so genannte zweite altkirchenslawische Heiligenerzählung in die Geschichte ein. Auch eine „böhmische" Redaktion der *Vita Crescente fide* ist bekannt. Im Gegensatz zur bayerischen Redaktion nennt sie Bořivoj als ersten christlichen Fürsten Böhmens. D. T.

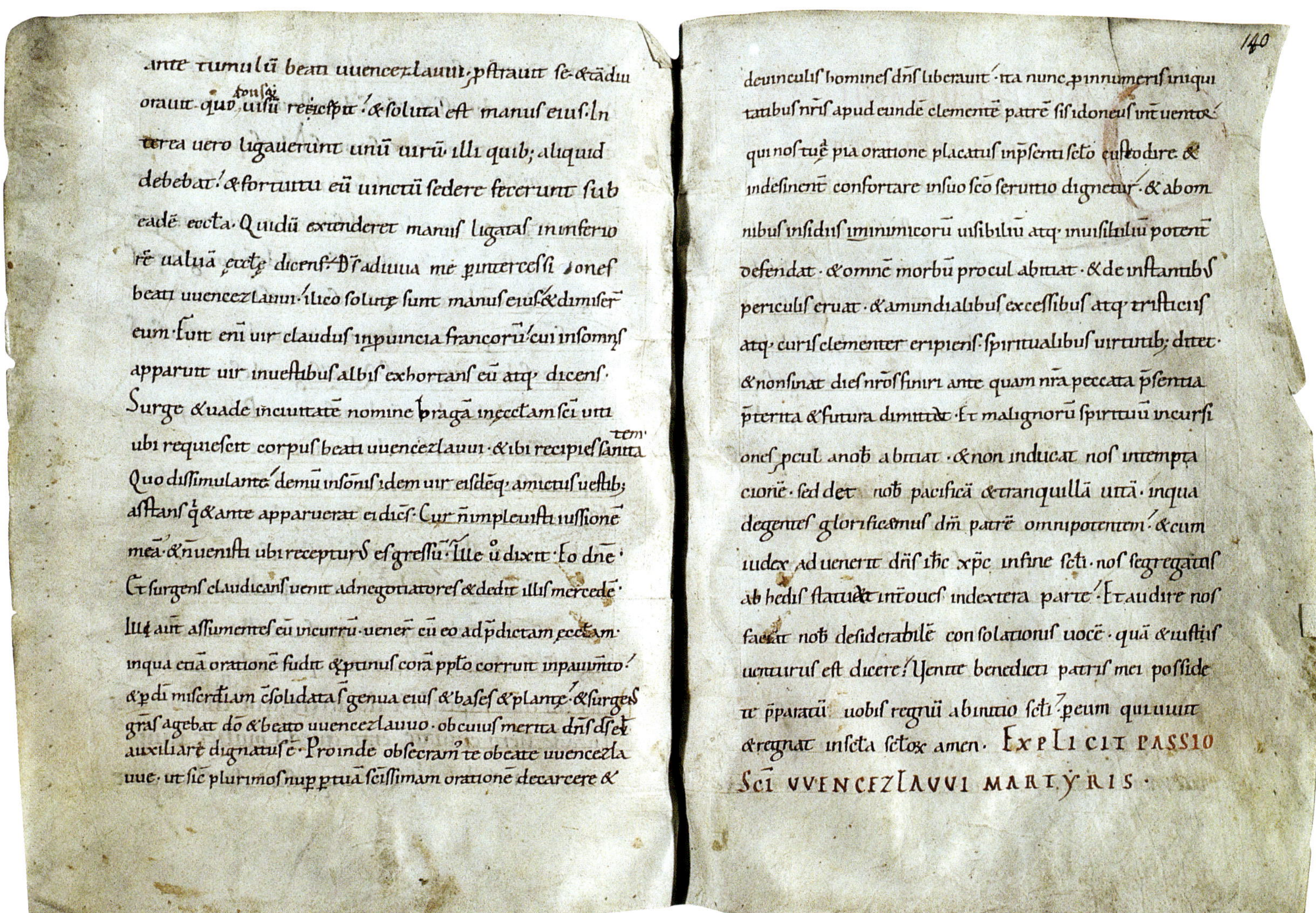

11.01.08

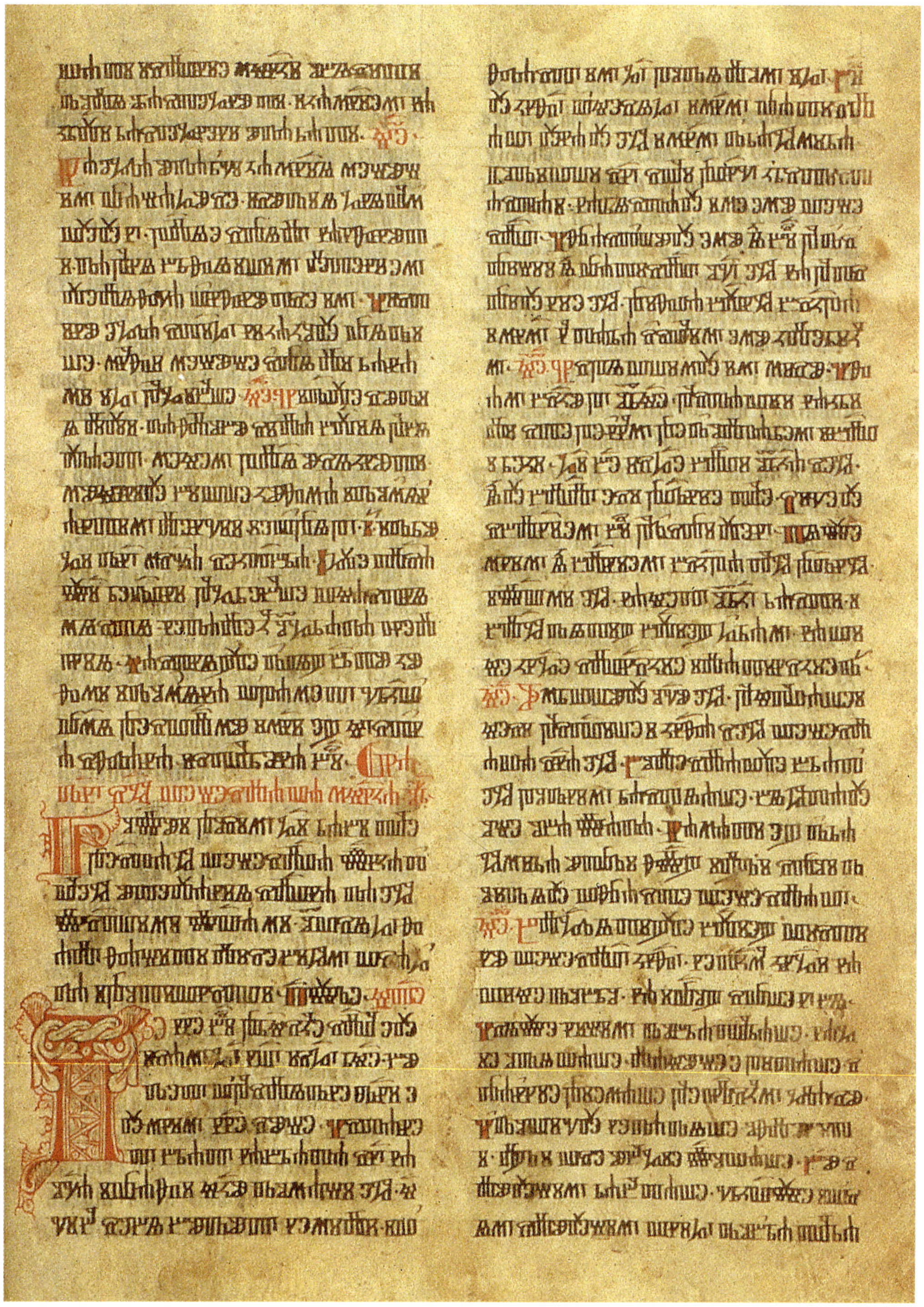

11.01.13

11.01.13

Erste kirchenslawische Wenzelslegende

(ausgestellt in Berlin)
10. Jh.
Pergament
H. 33 cm, Br. 25 cm
Città del Vaticano, Biblioteca Apostolica Vaticana. Borg. ill. 6, fol. 176r
J. Vajs, Sborník staroslovanských literárních památek o sv. Václavu a sv. Lidmile (Praha 1929). – V. Konzal in: Staroslovenské legendy českého původu (Praha 1976) 55–139. – Ders., První Slovanská legenda václavská a její „Sitz im Leben". Stud. med. Pragensia 1, 1988, 113–127. – D. Třeštík, Počátky Přemyslovců. Vstup Čechů do dejin (530–935) (Praha 1997) 155–175.

Die als erste kirchenslawische Heiligenerzählung bezeichnete Wenzelsvita wird zumeist als die älteste in Böhmen kurz nach dem Tod des Heiligen entstandene Legende angesehen. Die gegenwärtige Forschung jedoch bezweifelt eine so frühe Datierung, da die Legende nur eine kurze und ungenaue Beschreibung aus der nicht erhaltenen ältesten lateinischen Vita darstelle, die sich in einer glagolitischen Fassung in Kroatien und in zwei kyrillischen Versionen in Russland erhalten habe. Als ältere von beiden gilt die hier gezeigte kroatisch-glagolitische Fassung. Ihre in der zweiten Hälfte des 11. Jahrhunderts im Kloster Sazau erstellte Redaktion diente als Vorlage für die russische Fassung.
Die erste kirchenslawische Wenzelslegende belegt zum einen für das Ende des 10. Jahrhunderts ein Fortbestehen kirchenslawischer Literatur in Böhmen, vermittelt durch die 906 aus Großmähren eingewanderten Priester. Ihr historischer Wert liegt zum anderen in der Überlieferung zeitgenössischer Elemente aus der ältesten Wenzelslegende, die in die sechziger bis Anfang der siebziger Jahre des 10. Jahrhunderts datiert. D. T.

11.01.14

Gumpold von Mantua, Vita des heiligen Wenzel

(Original ausgestellt in Prag)
Böhmen (?),10./11. Jh.
Pergament mit Deckfarbenmalerei
H. 22,5 cm, Br. 18 cm 16 Blätter (Orig.);
H. 23,7 cm, Br. 19 cm, 20 Blätter (Kopie)
Original: Wolfenbüttel, Herzog August Bibliothek. Cod. Guelf. 11.2 Aug. 4°, fol. 18v, 20v
Künstlerkopie: Praha, Knihovna, Metropolitní kapituly u sv. Víta. Sign. H XXXVII (J. Scheiwl?), Ende 19. Jh.

11.01.14

Lit.: Pertz, in: Monumenta Germaniae historica, SS. IV (Hannover 1841). – Emler, in: Fontes rerum Bohemicarum I (Praha 1873). – J. Pekař, Die Wenzels- und Ludmilalegenden und die Echtheit Christians (Praha 1906). – A. Matějíček, Rukopisy doby románské s miniaturami české a v Čechách. Pamáky Arch. XXVI, 1914, 158–164. – A. Friedl, Iluminace Gumpoldovy legendy o sv. Václavu ve Wolfenbüttelu. Facultas philosophica Universitatis Carolinae Pragensis. Práce z vědeckých ústavů XIII (Praha 1926). – P. Spunar, Paleografické poznámky k wolfenbüttelskému rukopisu Gumpoldovy legendy. Listy filologické IV (LXXIX), 1956, 39–46. – W. Milde, Mittelalterliche Handschriften der Herzog-August-Bibliothek, Sonderbd. 1 (Frankfurt am Main 1972) 64–66.

Lateinische Legende, in der Bischof Gumpold von Mantua am Ende der siebziger Jahre des 10. Jahrhunderts auf Wunsch Kaiser Ottos II. die Ermordung des böhmischen Fürsten Wenzel aus dem herrschenden Přemyslidengeschlecht beschrieb († 929 oder 935). Die älteste erhaltene, jetzt in Wolfenbüttel befindliche Abschrift der Gumpold-Legende entstand auf Befehl der Fürstin Hemma, Ehefrau des Fürsten Boleslavs II., die auf dem Titelblatt der Handschrift abgebildet und genannt ist († 1006). Das Bild, so groß wie die Textflächen der Handschrift, zeigt den heiligen Fürsten Wenzel, von Chrisuts gekrönt, sowie die knieende Fürstin, wie sie Wenzels linken Fuß küsst (fol. 18v). Auf dem gegenüberliegenden Blatt (19r) beginnt Gumpolds Prolog, eingeleitet durch eine goldene, neun Textzeilen hohe Initiale „S“ (*tudiorum*). Die in karolingischen Minuskeln geschriebene Handschrift ist außerdem durch die Szene des Festmahls bei Wenzels jüngerem Bruder Boleslav in Altbunzlau (Stará Boleslav) geschmückt (untere Hälfte fol. 20v, 3v). Ein Rahmen teilt die Bildfläche in zwei Hälften: Links hebt Wenzel einen goldenen Becher zum Toast, rechts am gedeckten Tisch sitzt Boleslav mit seinem Gefolge. Die vierte illuminierte Seite (21r) ist ebenfalls zweigeteilt. Die obere Darstellung zeigt den mörderischen Angriff auf Fürst Wenzel vor der Kirche in Altbunzlau (Stará Boleslav). Unten leitet die Initiale „A“ (*vulsa*) das eigentliche Werk Gumpolds ein, das den Titel *Passio sancti Vencezlavi martyris* trägt. Die individuelle Ausführung der Gestalten bezeugt die Vertrautheit des Buchmalers mit den böhmischen Verhältnissen. Den slawischen Kreisen verbunden war auch der Autor der phonetisch genauen Transkription der Eigennamen der Fürsten Spytihněv, Vratislav, Wenzel und Boleslav. Der Brudermörder Boleslav I., der Wenzels Nachfolger auf dem Přemyslidenthron wurde, ließ nach drei Jahren die Reliquien seines Bruders auf die Prager Burg überführen und in der Südapsis der von Wenzel gegründeten St. Veitskirche niederlegen.

Der heilige Wenzel wurde als Beschützer der herrschenden Dynastie und Patron des böhmischen Staates verehrt. M. Ko.

11.01.15

11.01.15

Heinrich IV. lässt die alten Grenzen der Diözese Prag feststellen und bestätigt sie

(ausgestellt in Prag)
Regensburg, 29. April 1086
Pergament
H. 40 cm, Br. 40,5 cm
Würzburg, Staatsarchiv, Kaiserselekt 883
Lit.: D. v. Gladis/A. Gawlik (Hrsg.), Die Urkunden Heinrichs IV. MGH Dipl. regum et imp. Germ 6.2 (Hannover 1952–1978) 515ff, Nr. 390. – D. Třestík, Die Gründung des Bistums Prag und des mährischen Bistums. In: Europas Mitte um 1000. Ausstellungskat. Budapest, Kraków, Berlin, Mannheim, Praha, Bratislava (Stuttgart 2000), 407–410.

Streitigkeiten um die Ausdehnung seines Bistums konnte der Prager Bischof Gebhard in den Jahren 1085/86 zugunsten seiner Kirche entscheiden: In einer Urkunde vom 29. April 1086 ließ Kaiser Heinrich IV. die alten Grenzen der Diözese feststellen und bestätigte, dass bereits Papst Benedikt und Kaiser Otto I. dem Prager Bistum ganz Böhmen und Mähren als Sprengel zuerkannt hätten. Zwar ist umstritten, ob die in Abschrift erhaltene Urkunde Heinrichs in ihrem Wortlaut auf Vorurkunden aus der zweiten Hälfte des 10. Jahrhunderts, der Gründungsphase des Bistums, gar auf eine Urkunde des heiligen Adalbert, des zweiten Bischofs von Prag, zurückgeht. Nicht angezweifelt wird jedoch die gegebene Grenzbeschreibung des Bistums Prag, die die Situation zur Zeit der Bistumsgründung in den 70-er Jahren des 10. Jahrhunderts spiegelt. K. Sch.

11.01.16

Bautzener Handschrift der Chronik Cosmas' von Prag

(ausgestellt Faksimile)
12./13. Jh. (Miniaturen 14. Jh.)
Pergament
H. 24 cm, Br. 16,2 cm, 73 Blätter
Praha, Narodní knihovna.
Sig. VIII F 69
Lit.: J. Krása, Rukopisy Václava IV^{2} (Praha 1974) 254, Anm. 314. – J. Vrchotka, Z pokladnice Knihovny Národního muzea. Výstava nejkrásnějších iluminovaných rukopisů z muzejních kimélií (Praha 1981) 6. – K. Stejskal, Der Meister des Prager Examerons und der Meister des Krummauer Speculums. Umení XXXVI, 1988, 349. – K. Stejskal/P. Voit, Iluminované rukopisy doby husitské (Praha 1991) 40–41. – M. Bláhová, Histo- rická literatura v českých knihovnách přemyslovského období. In: Historia docet. [Festschr. I. Hlaváčka](Praha 1992) 15; 21 Anm. 37.

Die Bautzener Handschrift der Böhmischen Chronik von Cosmas von Prag. Der Geistliche Cosmas unterstützt dabei die Position einer mächtigen Partei. Der Stoff ist auf drei Bücher verteilt. Die Erzählung endet mit dem Jahr 1125, in dem Cosmas starb. In der Chronik gibt es starke Anklänge an antike Schriftsteller (auch als rhythmisierte Prosa); wichtig ist auch die Verwendung alter Volkssagen. Das Einleitungsblatt mit Dedikationen ist verschollen. Die Kapitel des Werkes sind in der Handschrift nicht besonders gekennzeichnet. Im 15. Jahrhundert wurden tschechische Glossen in die Handschrift eingetragen.

Die Handschrift ist unbekannter, aber böhmischer Herkunft. Sie befand sich in der Bibliothek von Václav Koranda Jun. Ferner gehörte sie zur Rosenberger-Bibliothek. Von dort gelangte sie in die Königliche Bibliothek auf der Prager Burg und wurde im dreißigjährigen Krieg ins Ausland gebracht. Danach kam die Handschrift in die Gersdorffsche Bibliothek in Bautzen; im Jahre 1953 wurde sie der Bibliothek des Nationalmuseums in Prag übergeben.
Buchmalereien auf fol. 1r: Im oberen Drittel ist eine farbige Miniatur aus dem 15. Jahrhundert eingeklebt, die die Brüder „Czyecho und Lecho" zeigt. Zwischen ihnen ist ein Bild der Prager Burg (?) zu sehen. Das Motiv gehört wohl nicht zu Cosmas' Chronik, in der die Erzählung von Čech und Lech nicht vorkommt. M. Ko.

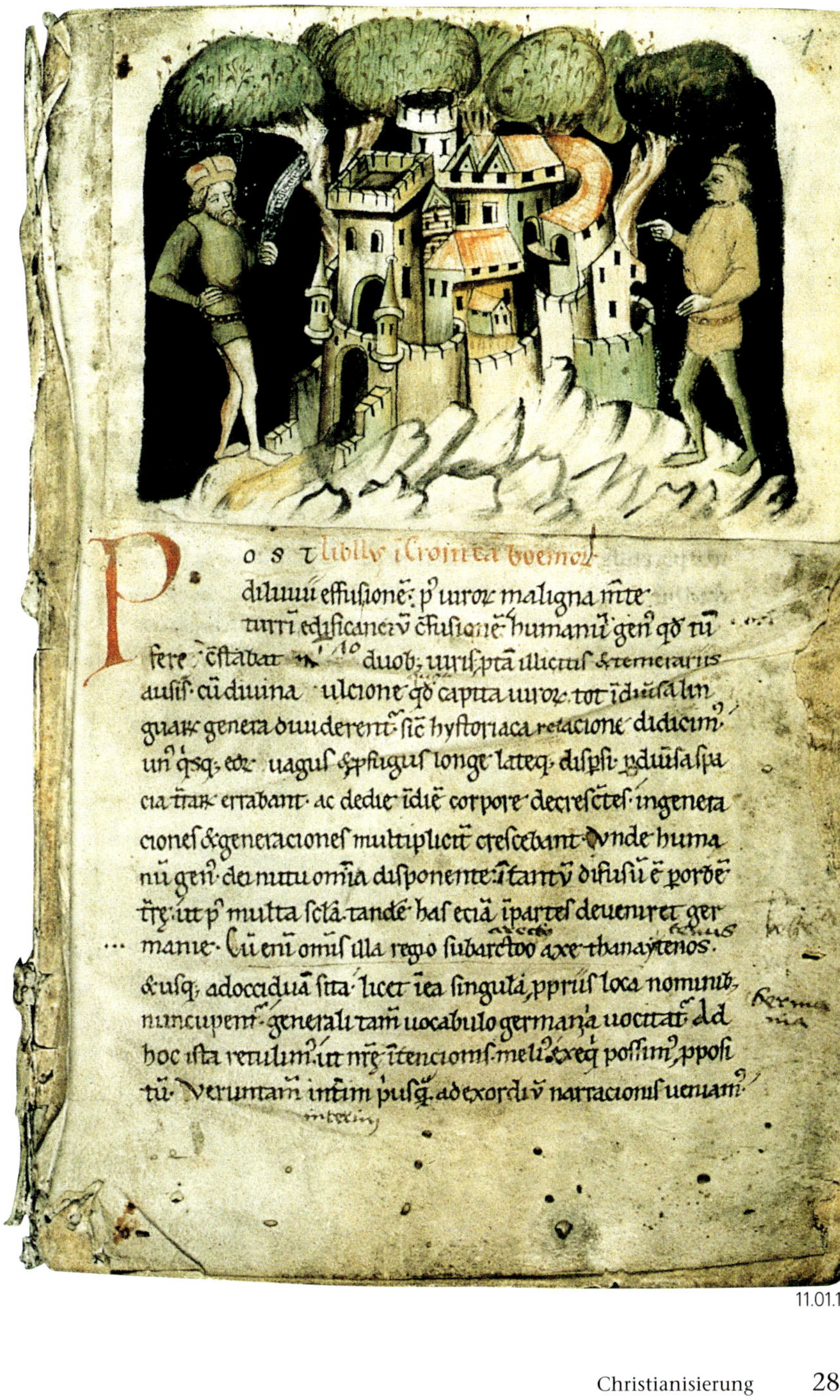

11.01.16

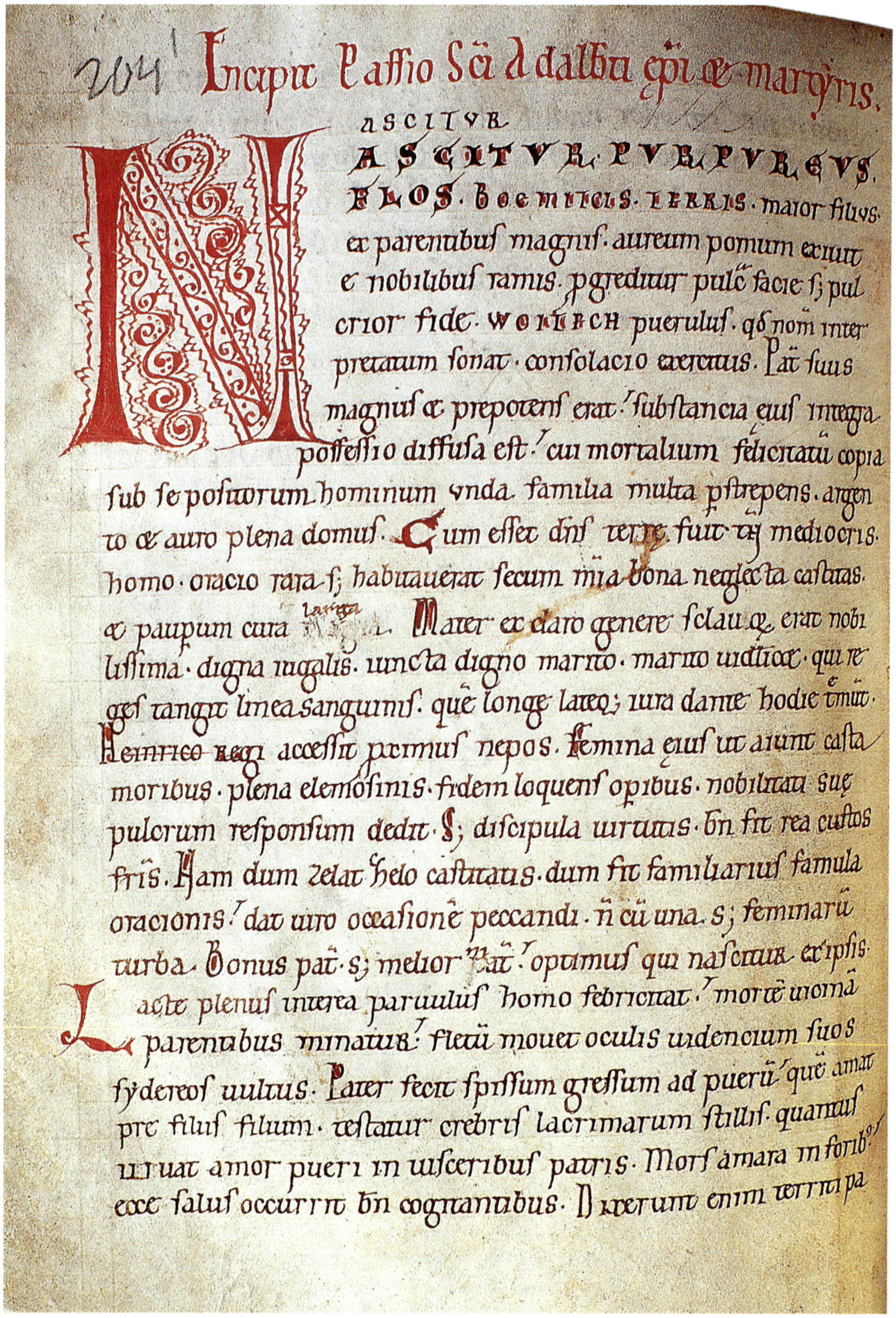
204 Incipit Passio Sci Adalbti epi et martyris.

11.01.19

11.01.19

Brun von Querfurt, Vita des heiligen Adalbert (2. Redaktion)

(ausgestellt in Berlin und Mannheim)
12. Jh.
Pergament
H. 25 cm, Br. 19,5 cm
Admont, Benediktinerstift. Cod. 393, fol. 204v

Lit.: J. Karawasińska (Hrsg.), S. Adalberti Vita altera auctore Brunone Querfurt. Monumenta Poloniae Historica. Series novat, t. IV, fasc. 2. (Warszawa 1969). – J. Fried, Gnesen, Aachen, Rom. Otto III. und der Kult des hl. Adalbert. Beobachtungen zum älteren Adalbertsleben, In: Polen und Deutschland vor 1000 Jahren. In: Europa im Mittelalter. Koll. Berlin 28.–29.01.2000. Abhandl. u. Beitr. zur europäischen Komperatistik (im Druck). – F. Lotter, Das Bild des hl. Adalbert in der römischen und in der sächsischen Vita. In: H. H. Henrix (Hrsg.), Adalbert von Prag. Brückenbauer zwischen dem Osten und dem Westen Europas (Baden-Baden 1997) 77–107. – R. Wenskus, Studien zur historisch-politischen Gedankenwelt Bruns von Querfurt (Münster, Köln) 1956.

997 wurde der Prager Bischof Adalbert während einer Missionsreise bei den heidnischen Pruzzen ermordet. Mit der Todesnachricht setzte seine Verehrung als Heiliger ein. In wenigen Jahren entstanden zwei Lebensbeschreibungen Adalberts mit mehreren Redaktionen. Unterschieden werden eine ältere, die so genannte römische Vita, benannt nach ihrem angenommenen Entstehungsort dem Kloster SS. Bonifacio e Alessio, was jedoch in neueren Untersuchungen verworfen wird, sowie eine jüngere, die sächsische Vita, verfasst von Brun von Querfurt. Im elften Kapitel der Vita konfrontiert Brun die fromme, vorbildliche Lebensführung Adalberts mit dem verwerflichen Leben der Prager Bevölkerung. Als Vergehen werden unter anderem Verwandtenehen, Vielweiberei, der Verkauf christlicher Sklaven an Juden und Heiden, Verstöße gegen die Fastengebote sowie Priesterehen genannt. Das Unvermögen, die wachsenden Missstände zu beseitigen, bedingten, so Brun, letztlich den Entschluss Adalberts, seinen Bischofssitz Prag zu verlassen. K. Sch.

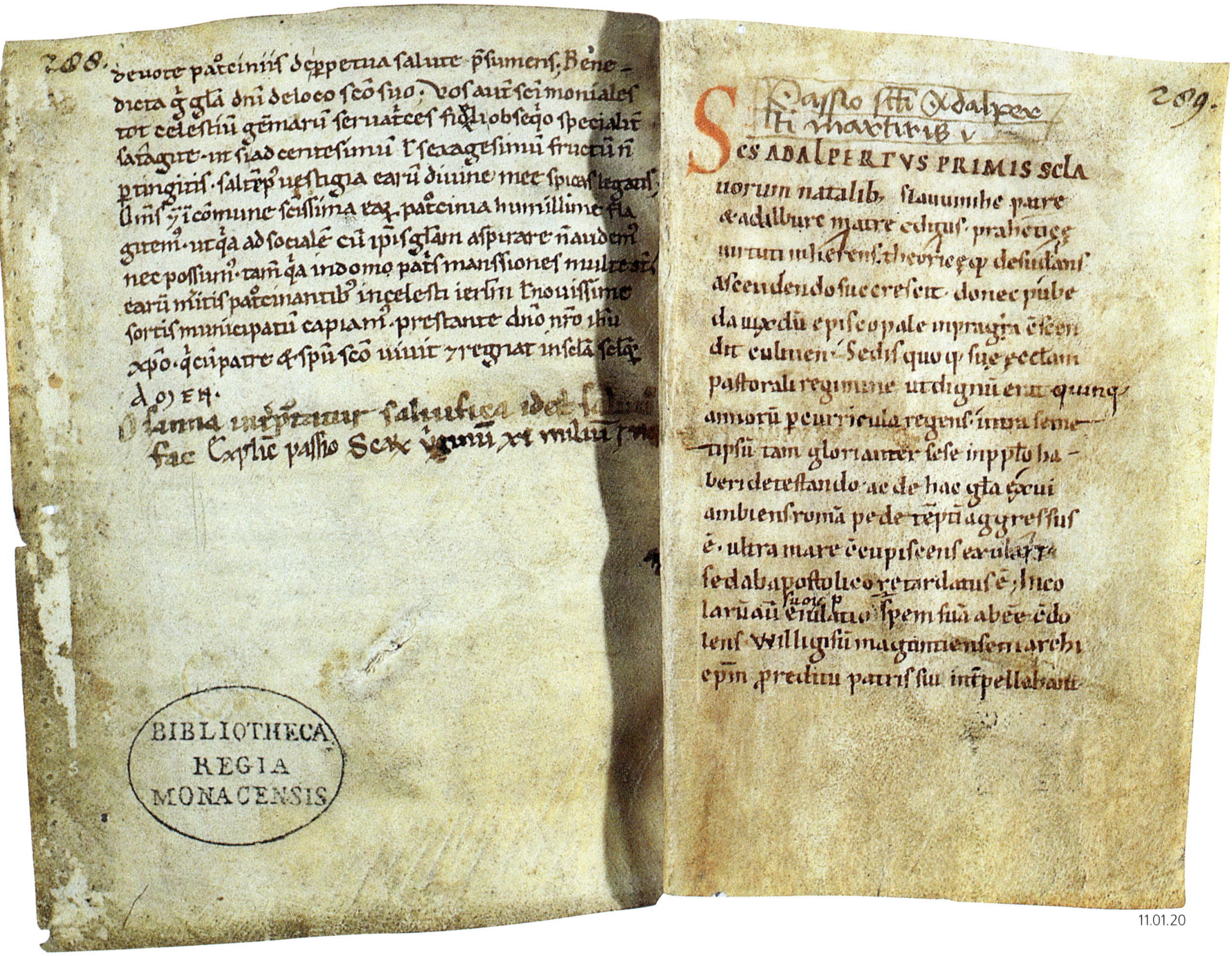

11.01.20

11.01.20

Passio sancti Adalberti martyris
(ausgestellt in Krakau)
Handschrift aus dem Kloster in Tegernsee
11. Jh.
Pergament
H. 16 cm, Br. 12 cm
München, Bayerische Staatsbibliothek.
Clm 18897, pag. 288/289
Lit.: H. G. Voigt, Adalbert von Prag. Ein Beitrag zur Geschichte der Kirche und des Mönchtums im zehnten Jahrhundert (Berlin 1898) 226 f.

Die Bedeutung und Verbreitung des Adalbertskultes im 11. Jahrhundert lässt sich nicht nur anhand der beiden Viten ermessen, sondern auch an einer aus dem Kloster Tegernsee stammenden Handschrift über die *Passio sancti Adalberti martyris* (das Leiden des hl. Märtyrers Adalbert). Zwar ist der Verfasser unbekannt, doch besticht er durch Kenntnisse, die auf einen Aufenthalt in Polen schließen lassen. Vielleicht war es ein deutschstämmiger Mönch, der vor Ort die notwendigen Kenntnisse erworben hatte. Aufgrund der geschilderten historischen Ereignisse dürfte die Passio im ersten Drittel des elften Jahrhunderts entstanden sein. Der inhaltliche Schwerpunkt der Erzählung liegt in der dramatischen Darstellung des Todes, den Adalbert erleiden musste, und in der Wiedergabe legendenhafter Ereignisse, die dem Werk einen eher phantastischen Charakter verleihen. J. Hás.

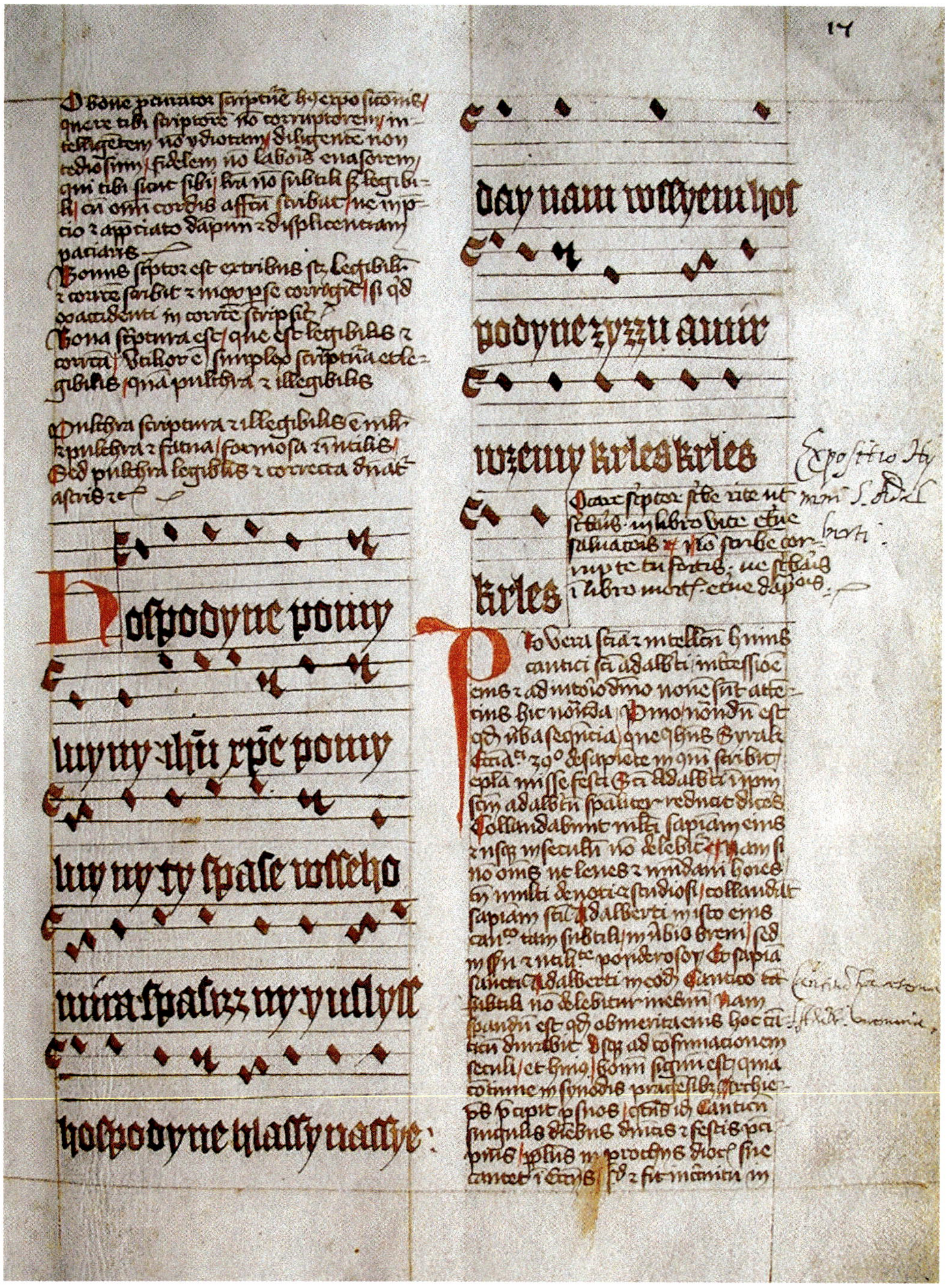

11.01.21

11.01.21

Traktat Johans von Holešov über das Lied „Hospodine pomiluj ny"

(ausgestellt in Berlin und Prag)
14. Jh.
Papier
H. 29,5, Br. 21 cm, 244 fols.
Praha, Národní knihovna České republiky. III.D.17

Lit.: K. Konrád: Dějiny posvátného zpěvu staročeského. Díl první (Praha 1881) 27; 28. – D. Orel, Hudební prvky svatováclavské (Praha 1937) 29. – Z. Nejedlý, Dějiny husitského zpěvu. I. Zpěv předhusitský. (Praha 1954) 82; 320; 321; 409. – Z. Nejedlý: Dejiny husitského zpevu. II. Předchůdci (Praha, 1954) 38; 201. – Z. Nejedlý: Dejiny husitského zpěvu. III. Jan Hus (Praha 1955) 385. – F. Mužík (Hrsg.), Hospodine, pomiluj ny. Nejstarší česká duchovní píseň. Canticum Bohemiae antiquissimum. Editio Cimelia Bohemica 7 (Pragae 1969). – M. Kabelková, Hudba v břevnovském klášteře. In: Tisíc let benediktinského kláštera v Břevnově (Praha 1993) 223–234.

Eine Sammlung vorwiegend mystisch-asketischer Traktate. Von besonderer Bedeutung ist die Handschrift des Břevnover Benediktiners Johannes von Holešov über das Lied „Hospodine, pomiluj ny". Sie enthält die erste Notenfassung dieses alten schon aus dem Frühmittelalter stammenden tschechischen Liedes. Lange Zeit wurde das Lied „Hospodine, pomiluj ny" dem zweiten Bischof von Prag, dem heiligen Adalbert, zugeschrieben. Auch ist die Handschrift der erste Beleg einer exegetischen Analyse eines tschechischen Textes, die archaische Wortformen und Wortbedeutungen rekonstruiert und erklärt. Die Handschrift beinhaltet darüber hinaus volkstümliche Überlieferungen zum Weihnachtsfest. Z. U.

11.02.01

11.02.01

Reliquiar

Břevnov (Tschechien)
Elfenbein; Eisen
L. 10 cm, Br. 5 cm, H. 4 cm
Fränkische Arbeit, 7.–8. Jahrhundert
Praha, Muzeum hlavního města.
Inv. Nr. 11463 (Geschenk des Břevnover Pfarrers B. J. Holub aus dem Jahr 1897).
Quellen: Staatliches Zentralarchiv, ŘB Břevnov, Manuskr. 38, Bruno Gimsa († 1738), u. a. Abschrift des Bestandsaufnahme aus dem Jahr 1607, Bestandsaufnahme ca. aus dem Jahr 1726.
Lit.: K. Böhner, Rheinische Grabmäler der Merowingerzeit als Zeugnisse frühen fränkischen Christentums. In: Das erste Jahrtausend 2 (Aachen, Düsseldorf 1962–1964) 653–678. – W. H. Elbern, Das fränkische Reliquienkästchen und Tragaltar aus Werden. In: Das erste Jahrtausend 2 (Aachen, Düsseldorf) 1962–1964) 436–470. – Ders., Das liturgische Gerät in edlen Materialien zur Zeit Karls des Großen. In: W. Braunfels/H. Schnitzler (Hrsg.), Karl der Große. Lebenswerk und Nachleben; Karolingische Kunst (Düsseldorf 1965) 115–167. – J. Emler, Zlomek inventáře kláštera břevnovského z let 1390–1394. Věstník královské české společnosti nauk (1888) 296. – Chr. Stiegemann/M. Wemhoff (Hrsg.), 799 – Kunst und Kultur der Karolingerzeit. Ausstellungskat. Paderborn (Mainz 1999). – D. Stehlíková, Umelecké řemeslo. In: Tisíc let bendiktinskěho kláštera v Břevnově (993–1993). Ausstellungskat. Praha (Praha 1993) 40–51 Kat. Nr. IV/21.- D. Stehlíková, Zlatnické práce z břevnovské pokladnice. Zprávy památkové péče 5, 1993, 187–191. – J. Werner, Die romanische Trachtprovinz Nordburgund im 6. und 7. Jahrhundert. In: Les Rélations entre l'Empire Romain tardif, l'Empire Franc et ses voisins. Kongressber. Nizza 1976, 228–253.

Rechteckiges Reliquienkästchen aus dünnen geschnitzten und durchbohrten Knochenplättchen. Dazu gehören ein eiserner Ring und zwei mit vier Nieten befestigte Bänder als Scharniere. Auf der Oberfläche sind Nietlöcher und Spuren von weiteren zwei bis vier Bändern sichtbar.
Die Verzierung wiederholt ein religiöses und ein magisches Motiv, das ein durchlaufendes

Band trennt: Die frontal dem Betrachter zugewandte Figur eines Oranten mit Nimbus, in gegürteter Tunika, erhebt die Arme zum Gebet oder zum Segen. Auf den Seiten sind zwei Schlüssel symmetrisch angeordnet. Eine schematisierte Baumdarstellung trennt zwei miteinander kämpfende geflügelte Monster. Die Tradition des christlichen Oranten geht auf die steinernen römischen Sarkophage des 4. bis 6. Jahrhunderts zurück, von denen wir sowohl die Darstellung des heiligen Apostels Petrus kennen als auch den Schlüssel als dogmatisches Symbol der Weltherrschaft, das Christus an Petrus übergab (Mt. 16, 19). Die Stilisierung des Oranten steht den steinernen Grabstelen aus dem Rheinland des 7. bis 8. Jahrhunderts am nächsten. Der magische Kampf der beiden Monster erinnert an den Tierstil der merowingischen und germanischen Denkmäler aus dem Gebiet zwischen Rhein und Somme, insbesondere an burgundische Fibeln mit Reliquiarkästchen. Für das Břevnover Reliquiar fehlen nähere stilistische Analogien. Aus Teilchen zusammengesetzte magisch-religiöse Motive finden sich auf dem fränkischen Reliquienkästchen aus Werden aus der Zeit um das Jahr 700. Der Typus des beschlagenen Knochenkästchens sowie das Bildthema ist von Reliquiaren aus dieser Epoche bekannt.

Die abgewetzte Verzierung deutet auf eine intensive (votive?) Benutzung des Gegenstandes hin. Das stark korrodierte Eisen und der verwitterte Knochen sprechen von einer langfristigen Lagerung unter extremen feuchten Bedingungen, beispielsweise in einem Altarhohlraum oder in einer Gruft. Die schriftlichen Břevnover Quellen verzeichnen das Kästchen nicht als Reliquiar eines bestimmten Heiligen. Hypothetisch lässt es sich in folgende Zusammenhänge bringen: Für den Břevnover Konvent kann es der Mitbegründer des Klosters, der heilige Adalbert, erworben haben, der von seiner Wirkungsstätte in Rom die Reliquien der dortigen Patrone, der heiligen Bonifacius und Alexius, für den Altar der ersten Břevnover Kirche brachte. Eine weitere Gelegenheit zum Import des Kästchens kann der französische Abt Johannes von Laubiem im Jahre 1174 gehabt haben bei der Translation der Reliquien aus Reims, die der Erzbischof von Reims Heinrich dem Břevnover Kloster schenkte. Eine andere Möglichkeit deutet die Eintragung des Břevnover Abtes Diwisch II. in einem Inventarfragment aus den Jahren 1390–94 an, welche ein Elfenbeinkästchen *(pyxis eburnea)* erwähnt, das zu den Reliquiaren der Břevnover Propstei in Police nad Metují gehörte. Eine weitere Interpretation geht davon aus, dass die Verzierung des Kästchens mit seinem Inhalt zusammenhängen konnte. Dann würde die im Břevnover Inventar im Jahre 1607 erwähnte Reliquie vom Gewand des heiligen Petrus hineingehören. Der bedeutendste böhmische Sammler der Reliquien Petri, Kaiser Karl IV., beschenkte das Břevnover Kloster im Jahre 1355 anlässlich seines Besuchs bei der Rückkehr von seiner römischen Krönungsreise.

Das Kästchen befand sich wohl bereits im Mittelalter in einer der Břevnover Kirchen. So gab es im Jahre 1405 in Břevnov 20 ortsfeste Altäre, über die fast keine Informationen vorliegen. Aus diesem Grund ist es wenig wahrscheinlich, dass es irgendwann gelingen wird, den ursprünglichen Aufbewahrungsort des Kästchens genauer zu bestimmen. D. S.

Die Přemysliden 12.01–02

Entstehung und Aufstieg Böhmens sind untrennbar mit den Přemysliden verbunden. Das Charisma des Herrscherhauses gründete sich auf der Ursprungslegende von Přemysl, den die Tschechen „vom Pflug" zur Herrschaft berufen hatten. Als Ehemann der Wahrsagerin Libussa bändigte Přemysl die Tschechen durch die Zügel der Fürstenmacht. Erster historischer Přemyslide war Fürst Bořivoj († um 889), der in Mähren die Taufe erhielt. Zur Vereinigung des Landes kam es unter Boleslav I. (935–973). Am Beginn seiner Herrschaft stand der Mord an seinem Bruder Wenzel, der schon bald zum Heiligen der Dynastie und Landespatron Böhmens aufstieg. Mit den Slavnikiden wurde 995 die letzte konkurrierende Adelsfamilie vernichtet. 1198 erhielten die Přemysliden die erbliche Königswürde. Der Tod des letzten Přemysliden Wenzel III. 1306 wurde zu einem Markstein der tschechischen Geschichte, hatten die Přemysliden doch über Jahrhunderte die Geschicke Böhmens bestimmt. P. S., D. T. u. J. Ž.

12.01.01 a

12.01.01

Grabausstattung Boleslavs II.

Praha. St. Georgs-Basilika
Ende 10. Jh.
Sbírky Pražského hradu, Správa Pražského hradu. Inv. Nr. PHA 12
Lit.: I. Borkovský, Svatojiřská bazilika (Praha 1975) 22–28; 142–143. – M. Bravermanová, Hrob Boleslava II. In: Přemyslovský stát kolem roku 1000. Na pameť knížete Boleslava II., zemřelého 7. ònora roku 999 (Praha 2000).

Der böhmische Fürst Boleslav II. starb am 7. Februar 999. Aus späteren Nachrichten weiß man, dass sich sein Grab an besonderer Stelle in der Achse der St. Georgsbasilika befand. Im Jahre 1959, als das Grab von I. Borkovský untersucht wurde, stellte man fest, dass sein Inhalt im Verlauf der Jahrhunderte unversehrt geblieben war. Die Überreste Boleslavs II. lagen in einem ausgehöhltem Baumstamm mit Deckel. Zu den aufgefundenen Gegenständen gehören das Bruchstück eines importierten Glases und der Teil eines wertvollen importierten Stoffes. Die Grabausstattung ist ein Beispiel für den vorhandenen Synkretismus. Knochen, Eierschalen und eine Tonscherbe belegen die noch immer vorhandenen heidnischen Bräuche, während die Schlichtheit des Begräbnisses bereits auf kirchliche Einflüsse zurückzuführen ist.

a) Sargringe

Eisen
Riegell. 1,1 cm–1,6 cm, Ringdm. 11–14,5 cm, D. 1,3–1,7 cm

Am Sarg befanden sich einst acht Ringe, von denen noch sechs erhalten sind. In die Ringe sind zwei spitzzulaufende Stifte zur Befestigung im Holz eingehängt. Durch die Ringe wurden wahrscheinlich Stangen geführt, mit deren Hilfe der Sarg beim Begräbniszeremoniell getragen wurde. M. B.

12.01.02

Dolch

Praha. St. Veitsrotunde, Grab K 1 (Tschechien)
Eisen; Ahornholz; Stoff.
L. 11 cm; durchschnittliche Br. 1,6 cm
10. Jahrhundert (?)
Sbírky Pražského hradu, Správa Pražského hradu. Inv. Nr. PHA 29
Lit.: J. Frolík u. a., Nejstarší sakrální architektura na Pražském hradě. Výpověď archeologických pramenů (Praha 2000). – M. Lutovský, Bratrovrah a tvůrce státu (Praha 1998) 150. – J. Sláma, K údajnému moravskému původu knížete Bořivoje. In: Velká Morava mezi východem a západem (Brno 2000).

12.01.02

12.01.04

12.01.05

Das Grab K1 (Arbeitsbezeichnung), das sich im südlichen Teil der St. Veitsrotunde in der Verlängerung der Achse ihrer südlicher Kapelle befindet, wurde im Jahre 1911 von K. Hilbert entdeckt. In dem Grab, das dieselbe Orientierung wie die Bestattung des heiligen Wenzel aufwies, lagen in den Resten eines Holzsarges die sterblichen Überreste eines erwachsenen Mannes. Nördlich des Grabes fand sich eine weitere Bestattung (K2), von der jedoch aufgrund einer späteren Störung nur das Fragment eines Beinknochens erhalten blieb. 1974 wurden durch E. Vlček für eine anthropologische Untersuchung die Knochenreste sowie Tierknochen und ein Dolch geborgen. E. Vlček glaubte die Bestattung mit dem 890 (?) verstorbenen Fürst Bořivoj in Verbindung bringen zu können. Eine neue Interpretation des Befundes schreibt Grab K1 dem Fürsten Boleslav I. zu, der um 972 starb. Danach könnte in Grab K2 dessen Ehefrau Biagota bestattet worden sein.

Der Dolch aus Grab K1 war nur fragmentarisch erhalten. Ursprünglich steckte er in einer Holzscheide, ein kleiner mineralisierter Stoffrest auf der Scheide stammt wahrscheinlich von der Scheidenhülle oder vom Gewand des Toten. Das Scheidenende hatte einen Beschlag mit Öse, die zur Aufhängung diente. Ein ähnlicher Dolch fand sich in Grab 119/49 in Staré Město Na Valách. M. B.

12.01.04

Denar Boleslavs I. (935–972)

Münzstätte: Prag
Silber
Dm. 1,94 cm, Gew. 1,27 g
vor 967
Praha, Národní muzeum. Inv. Nr. H5-2087
Lit.: F. Cach, Nejstaršíčěské mince I (Praha 1970) Nr. 34.

Münze vom Regensburger bzw. bayrischen Typ mit Kreuz und Kirche mit zwei Stufen, innen mit Buchstaben. Denare dieses Typs waren während der gesamten Regierungszeit Boleslavs I. vorherrschend. Auf dem Avers der Münze ist Name und Titel des prägenden Fürsten, BOLESLAV DU(X), auf dem Revers der Name der Münzstätte, PRAGA CIV(ITAS), zu erkennen. Die Münzstätte wurde auf böhmischen Denaren bis zum Anfang des 11. Jahrhunderts angeführt. Das stark schematisierte Bild und die unbeholfenen Buchstaben hingen mit der bis in die 80er Jahre des 11. Jahrhunderts ausschließlich verwendeten Punztechnik sowie mit dem Analphabetentum der Prägestempelhersteller zusammen. J. Hás.

12.01.05

Denar Boleslavs I. (935–972)

Münzstätte: Prag
Silber
Dm 2 cm, Gew. 1,13 g
nach 955
Praha, Národní muzeum. Inv. Nr. H5-159
Lit.: F. Cach, Nejstarší české mince I (Praha 1970) Nr. 13. – J. Hásková, Česká mince v době románské (Cheb 1975) 8 ff.

Der silberne Denar Boleslavs I. beweist mit seinem ikonographischen Inhalt den westliche Kultureinfluss und die traditionelle politische Orientierung des *Regnum Bohemorum* nach Bayern. Die Münze ahmt den alten Münztyp XRISTIANA RELIGIO nach, der auf den Prägungen Regensburgs vorherrschte, weshalb der Denar als Münze vom Regensburger Typ bezeichnet wird. J. Hás.

12.01.06

Denar Boleslavs II. (972–999)

Münzstätte: Prag, Münzmeister Mizleta
Silber
Dm. 2,14 cm, Gew. 1,26 g
80er Jahre 10. Jh.
Praha, Národní muzeum. Inv. Nr. H5–77
Lit.: F. Cach, Nejstarší české mince I (Praha 1970) Nr. 136. – J. Hásková, Česká mince v době románské (Cheb 1975) 8.

Der Denar Boleslavs II. (972–999) ahmt vom angelsächsischen König Ethelred II. geprägte Münzen nach, die bei den damaligen Handelsgeschäften wegen ihrer hohen Qualität beliebt war. Auf dem Avers ist eine aus den Wolken herausragenden Hand Gottes, zwischen den Buchstaben Alpha und Omega, die Anfang und Ende bedeuten. Auf dem Revers befindet sich die Büste des Herrschers mit bekränztem Haupt und Kreuzdarstellung. In der Umschriftlegende findet sich der Name des Münzmeisters Mizleta, wohl des Verwalters oder Pächters der Prager Münzstätte. Denare vom angelsächsischen bzw. Ethelred-Typ waren die meist geprägten böhmischen Münzen des Fürsten Boleslav II. J. Hás.

12.01.07

Denar Boleslavs II. (972–999)

Münzstätte: Prag
Silber
Dm. 1,84 cm, Gew. 1,10 g
etwa 973–982
Praha, Národní muzeum. Inv. Nr. H5–2071
Lit.: F. Cach, Nejstarší české mince I (Praha 1970) Nr. 50 Var. – V. Katz, O chronologii denárů Boleslava I. a Boleslava II. (Praha 1935) 60–79.

Die Darstellung eines Schwertes zwischen einem Kreuz und einem Amboss auf dem Avers ist eine Variante der zahlreichen Prägungen vom so genannten Schwerttyp. Auf dem Revers befindet sich die Darstellung einer Kirche mit einer schwer lesbaren Umschriftlegende. Auffällig ist der große Buchstabe E, der durch den Einfluss Regensburger Prägungen aus dort vorkommenden Buchstaben im Kircheninneren oder den Kirchensäulchen entstanden ist. Das Schwertmotiv geht vermutlich auf angelsächsische Prägungen aus York zurück J. Hás.

12.01.08

Denar Boleslavs II. (972–999)

Münzstätte: Prag
Silber

12.01.06

12.01.07

12.01.08

Dm. 2 cm, Gew. 1,16 g
vor 995
Praha, Národní muzeum. Inv. Nr. H5–78
Lit.: F. Cach, Nejstarší české mince I (Praha 1970) Nr. 105.

Der Denar Boleslavs II. vom so genannten Friesischen Typ zeigt die Hand Gottes und ein Kreuz mit christlichen Symbolen in den Winkeln der Kreuzarme. Die auffälligen Kügelchen in den Umschriftlegenden des Denars haben nur dekorative Funktion. J. Hás.

12.01.09

12.01.13

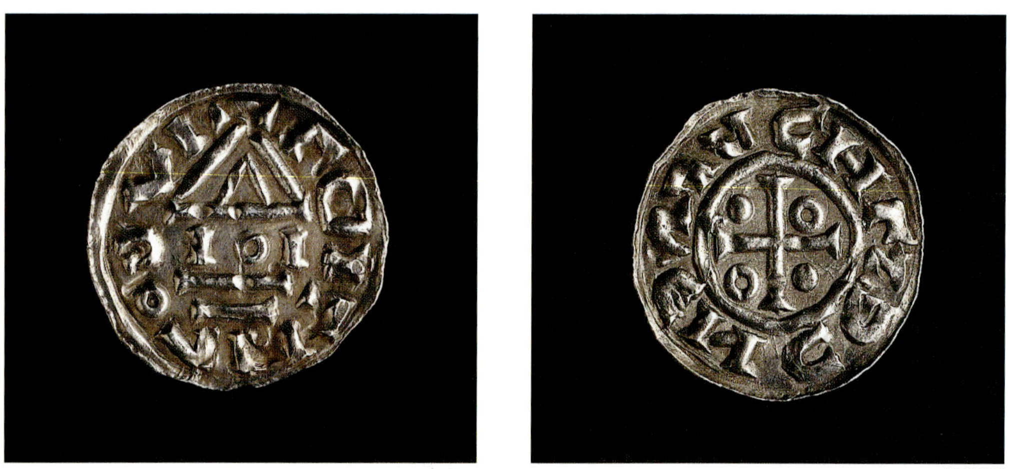

12.01.15

12.01.09
Denar Boleslavs II. (972–999)
Münzstätte: Prag
Silber
Dm. 1,99 cm, Gew. 1,20 g
vor 980
Praha, Národní muzeum. Inv. Nr. H5–2113
Lit.: F. Cach, Nejstarší české mince I (Praha 1970) Nr. 84. – J. Hásková, Česká mince v době románské (Cheb 1975) 9.

Der byzantinische Einfluss zeigte sich auf den Denaren Boleslavs II. aus der ersten Hälfte seiner Regierungszeit. Das bis zur Unkenntlichkeit vereinfachte Bildnis en face (Christus?) ist wahrscheinlich eher auf westliche Prägungen als auf byzantinische Vorbilder zurückzuführen. Neben Münzen der römischen Päpste dürften auch angelsächsische Sceattas aus dem 7. bis 9. Jahrhundert Vorbilder der ältesten byzantinisierenden böhmischen Prägungen mit Bildnis gewesen sein. J. Hás.

12.01.13
Denar Vladivojs (1002–1003)
Münzstätte: Prag, Münzmeister Mizleta
Silber
Dm. 1,84 cm, Gew. 0,82 g
ca. 1002–1003
Praha, Národní muzeum. Inv. Nr. H5–2192
Lit.: F. Cach, Nejstarší české mince I (Praha 1970) Nr. 217.

Unter den Prägungen des Fürsten Vladivoj dominiert der nach einem böhmischen Fundort benannte Typ von Chodovlice, der auf beiden Seiten mit einer Kreuzdarstellung geschmückt ist. Münzen unter 1 g Gewicht wurden üblicherweise an der Wende vom 10. zum 11. Jahrhundert geprägt. Das hier gezeigte Exemplar weist gut gepunzte Umschriftlegenden auf. Sie nennen neben Prag als Prägeort auch den Münzmeister Mizleta, der unter Boleslav II. in der fürstlichen Münzstätte wirkte. J. Hás.

12.01.15
Denar Jaromirs (1003, 1004–1012)
Münzstätte: Prag
Silber
Dm. 2,04 cm, Gew. 1,24 g
um 1006
Praha, Národní muzeum. Inv. Nr. H5–2210
Lit.: F. Cach, Nejstarší české mince I (Praha 1970) Nr. 247. – J. Hásková, òvod do problematiky českého denárového období (Praha 1978) 39.

Zu Beginn des 11. Jahrhunderts erscheinen unter westlichem Einfluss Heiligennamen in den Umschriftlegenden böhmischer Münzen. Als erster begegnet uns Wenzel, der Patron der Prager Kirche, mit der Umschrift (S)CS VVENCEZLA(US) auf einem Denar des Fürsten Jaromir aus der Zeit um 1006. J. Hás.

12.01.16

Denar Jaromirs (1003, 1004–1012)

Münzstätte: Prag
Silber
Dm. 1,86 cm, Gew. 1 g
nach 1006
Praha, Národní muzeum. Inv. Nr. H5–2223
Lit.: F. Cach, Nejstarí české mince I (Praha 1970) Nr. 261. – J. Hásková, Česká mince v doběrománské (Cheb 1975) 11.

Die seit dem Ende des 10. Jahrhunderts existierenden politischen Kontakte der böhmischen Herrscher mit der Kiewer Rus spiegelten sich in dem unmittelbaren Einfluss der byzantinischen Kunst auf böhmische Münzprägungen des 11. Jahrhunderts wieder. Ein Beispiel ist die Darstellung des segnenden Christus mit der griechisch-lateinischen Legende JEZUS CHRISTUS DOMINUS NOSTER auf einem Denar des Fürsten Jaromir aus der zweiten Hälfte seiner Regierungszeit. J. Hás.

12.01.16

12.01.17

Denar Jaromirs (1003, 1004–1012)

Münzstätte: Prag
Silber
Dm. 2,05 cm, Gew. 1,14 g
nach 1004
Praha, Národní muzeum. Inv. Nr. H5–2207
Lit.: F. Cach, Nejstarší české mince I (Praha 1970) Nr. 236. – J. Hásková, Česká mince v době románské (Cheb 1975) 14.

Im ersten Jahrzehnt des 11. Jahrhunderts begegnet man auf böhmischen Münzen außer neuen Motiven immer noch dem Kreuz, der Kapelle und der Hand Gottes. Auf dem gezeigten Denar ist neben dem alten Bildinhalt Kreuz-Kapelle die Umschrift auf dem Revers interessant, die Namen und Titel des angelsächsischen Königs Ethelred II. – EDELRED REX ANG(LORUM) – anführt. Solche und andere angelsächsische Umschriften auf den ältesten böhmischen Denaren werden mit der Tätigkeit angelsächsischer Prägestempelhersteller am Přemyslidenhof erklärt. J. Hás.

12.01.17

12.02.01–22

Der Burgwall von Libice, Hauptburg der Slavniken

Die Libicer Burgstätte (Libice nad Cidlinou), die im 9. Jahrhundert entstand, war ab der zweiten Hälfte des 10. Jahrhunderts Sitz von Slavnik und Zentrum der ostböhmischen Domäne. Slavnik verwaltete die Burg mit Zustimmung seines Verwandten, Boleslav I. Nach der Inbesitznahme von Libice errichtete er in der Hauptburg einen Holzpalast und in dessen Nachbarschaft eine gemauerte Kirche. Die Fernhandelswege, die durch das Gebiet Slavniks verliefen, sicherten ihm einen Anteil am Handel und damit beträchtlichen Reichtum. Daher konnte er seinen Sohn Adalbert, den späteren Prager Bischof und Heiligen, zum kostspieligen Studium nach Magdeburg schicken. Nach Slavniks Tod verwaltete sein Sohn Soběslav ab 981 die Burg. Unter seiner Regierung wurden die Libicer Münzen geprägt. Die erfolglose Außenpolitik Boleslavs I. führte zu Spannungen zwischen Soběslav und den přemyslidischen Magnaten. Sie kulminierte im Überfall der Burg Libice durch přemyslidische Truppen, der Ermordung der anwesenden Slavniken und der Plünderung der Burg am 28. September 995. Die Burgstätte Libice wurde noch im 12. Jahrhundert unter den přemyslidischen Verwaltungsburgen erwähnt und erst in den nachfolgenden Jahrhunderten als Dorf bezeichnet. P. S.

Libice, Luftaufnahme des Burgwalls

12.02.01

12.02.01

Grabplatte mit Inschrift „Clarissima puella"

Libice nad Cidlinou, Bez. Nymburk (Tschechien)
Sandstein
L. 117 cm, Br. 45 cm
2. Hälfte 10 Jh.
Praha, Národní muzeum, Oddělení prehistorie a protohistorie. Ohne Inv. Nr.
Lit.: R. Turek, Libice knížecí hradisko X. věku (Praha 1966–1968) 63 Taf. 10. – R. Turek, Libice. Hroby na libickém vnitřním hradisku. Sborník Národního muzea v Praze A 32 (1978) 1–4 Taf. 20,1.

Die heute rekonstruierte Sandsteingrabplatte war ursprünglich in der Südwestecke des Libicer Kirchentransepts vermauert. In die glatte Oberfläche war eine Inschrift in horizontalen Zeilen eingemeißelt. Einige Zeilen sind durch horizontale, gemalte Linien getrennt. Der Text der Anschrift ist unleserlich. Man vermutet nach der Titulatur CP (*clarissima puella*), dass es sich um das Grabsteinfragment einer hochgestellten Frau handelt. J. Mi.

12.02.02

12.02.02

Glockenfragment

Libice nad Cidlinou, Bez. Nymburk (Tschechien)
Bronze
L. 6,5 cm, Br. 4,8 cm, Wandd. 0,43–0,63 cm
10. Jahrhundert
Praha, Národní muzeum, Oddělení prehistorie a protohistorie.
Inv. Nr. 309.925
Lit.: R. Turek, Libice nad Cidlinou. Monumentální stavby vnitřního hradiska. Sborník Národního muzea v Praze A 35 (1981) Nr. 11 Taf. 8, 9.

Randstück einer Bronzeglocke, deren ehemaliger unterer Durchmesser bei ca. 30 cm lag. Das Fragment stammt aus der Umgebung der Kirche auf dem Libicer Burgwall und dürfte mit dem Untergang dieses Gotteshauses im Jahre 995 zusammenhängen. J. Mi.

12.02.03

12.02.03

Aquamanilefragment

Libice nad Cidlinou, Bez. Nymburk (Tschechien)
Ton
L. 5,7 cm
2. Hälfte 10. Jh.
Praha, Národní muzeum, Oddělení prehistorie a protohistorie.
Inv. Nr. 309.390
Lit.: R. Turek, Libice nad Cidlinou. Monumentální stavby vnitřního hradiska. Sborník Národního muzea v Praze A 35 (1981) Nr. 8 Abb. 9, 1; Taf. 10, 8.

Ausgussfragment eines Aquamaniles in Form eines Tierkopfes (Stier?). Ohren und Maul des Tieres sind abgebrochen. Die Oberfläche ist mit Linien aus kreisförmigen und schrägen Einstichen verziert. Der Fund stammt aus den Räumen auf der Südostseite der Kirche des Burgwalls von Libice. J. Mi.

12.02.06

12.02.05

12.02.07

12.02.04
Stilus
Libice nad Cidlinou, Bez. Nymburk (Tschechien)
Eisen
Länge 11,3 cm
2. Hälfte 10. Jh.
Praha, Národní muzeum, Oddělení prehistorie a protohistorie.
Inv. Nr. 309.762
Lit.: R. Turek, Libice nad Cidlinou. Monumentální stavby vnitřního hradiska. Sborník Národního muzea v Praze A 35 (1981) Nr. 9 Taf. 7, 10.

Eiserner Stilus mit schmaler, trapezförmig auslaufender, abgerundeter Spitze und pyramidenförmigem Kopf. Das Stück stammt aus den Räumen auf der Südostseite der Kirche. J. Mi.

12.02.05
Löffel
Libice nad Cidlinou, Bez. Nymburk (Tschechien)
Eisen
L. 1,2 cm
2. Hälfte 10. Jh.
Praha, Národní muzeum, Oddělení prehistorie a protohistorie.
Inv. Nr. 309.402
Lit.: R. Turek, Libice nad Cidlinou. Monumentální stavby vnitřního hradiska. Sborník Národního muzea v Praze A 35 (1981) Nr. 3 Abb. 9, 1; Taf. 8, 1.

Der rundliche Eisenlöffel mit tordiertem Griff, der im Innern der Libicer Kirche gefunden wurde, diente möglicherweise als Weihrauchlöffel. J. Mi.

12.02.06
Brustkreuz
Libice nad Cidlinou, Bez. Nymburk (Tschechien)
Bronze
L. 2,11 cm, Br. 2,7 cm
10.–11. Jh.
Praha, Národní muzeum Praha, Oddělení prehistorie a protohistorie. Eingangsnr. 24/80
Lit.: M. Lutovský, Raně středověký bronzový křížek z Libice nad Cidlinou. Polabí 23, 1987, Nr. 1–2; 2–23.

Gegossenes Bronzekreuzchen mit zum Teile abgebrochener Aufhängeöse. Das Kreuz hat leicht ausladende Arme mit einer stilisierten Christusgestalt. Die Rückseite ist glatt. Bei dem Stück, das wohl Bestandteil eines Colliers war, handelt es sich um einen Lesefund aus dem Jahre 1980, der am Westrand des Burgwalles zutage kam. J. Mi.

12.02.07
Beschlag eines Bucheinbandes
Libice nad Cidlinou, Bez. Nymburk (Tschechien)
Silber, vergoldet; Niello
L. 4,9 cm
Anfang 9. Jh.
Praha, Archeologický ústav AV ČR. Ohne Inv. Nr.
Lit.: J. Justová, Nálezy blatnicko-mikulčického stylu na území zlického kmenového knížectví. Arch. rozhledy 29, 1977, 493–495; 499–500; 599 Abb. 1; Taf. 3.

Der in der Vorburg gefundene massive silberne Beschlag karolingischen Gepräges mit vergoldeten Andreaskreuzen in Kerbschnitttechnik und niellierten Streifen weist eine zentrale, offensichtlich funktionale Durchbohrung auf. Da das Stück nicht vollständig erhalten ist, bleibt eine Ansprache als Buchschließe zweifelhaft. J. P.

12.02.08

12.02.09

12.02.08

Denar Soběslavs (981–995)

Münzstätte: Malín
Silber
Dm. 2,1 cm, Gew. 1,31 g.
nach 986
Praha, Národní muzeum. Inv. Nr. H5–2171
Lit.: F. Cach, Nejstarší české mince I (Praha 1970) Nr. 162. – J. Hásková, Malín civitas. In: Lesk a stíny stříbrnáho města (Kutná Hora 1996) 19.

Seit 986 begann der aus dem Geschlecht der Slavnikiden stammende Fürst von Libice Soběslav eigene Münzen zu prägen. Zu Beginn seines Machtkampfes mit den Přemysliden entstand der Denar vom Ethelred-Typ, der bewusst die zeitgenössischen přemyslidischen Münzen nachahmte. Die Umschrift MALIN CIVITAS auf dem Revers des Denars bezeichnet als Prägeort Malin, einen Burgwall im Bereich des späteren Kuttenberger Erzreviers. Hier wurde in der zweiten Hälfte des 10. Jahrhunderts Silber aus obertägigen Lagerstätten gefördert. J. Hás.

12.02.09

Denar Soběslavs (981–995)

Münzstätte: Libice
Silber
Dm. 2,06 cm, Gew. 1,15 g
vor 995
Praha, Národní muzeum.
Inv. Nr. H5–2168
Lit.: F. Cach, Nejstarší české mince I (Praha 1970) Nr. 162. – R. Turek, K otázkám libického Soběslavova denáru. Numismatické listy 44, 1989, 33–36.

Die Ikonographie der letzten Denare, die Sobeslav auf Libice vor der Auslöschung seines Geschlechtes durch die Přemysliden im Jahre 995 prägen ließ, zeigt dessen hohe politische Ambitionen. Dargestellt ist auf dem Avers nach dem Vorbild der Deventer-Prägung Kaiser Ottos III. (983–996–1002) ein gekröntes Haupt. Für die Gestaltung der Kapelle auf dem Revers diente eine der zahlreichen Otto-Adelheid-Prägungen als Vorbild. Diese Vorbilder des Soběslav-Denars bestätigen indirekt Kontakte der Slavnikiden zum Hof Kaiser Ottos III., die durch die Vermittlung des Prager Bischofs Adalbert († 997), einem Mitglied ihres Geschlechtes, hergestellt worden waren. J. Hás.

12.02.10

12.02.11 a

12.02.11 b

12.02.10

Schwert

Libice nad Cidlinou, Bez. Nymburk (Tschechien)
Eisen
L. 91,8 cm, Klingenbr. 4,6–5,7 cm
10. Jahrhundert
Praha, Národní muzeum, Oddělení prehistorie a protohistorie.
Inv. Nr. 309.836.
Lit.: R. Turek, Pohřebiště na vnitřním hradisku. Sborník Národního muzea v Praze A 30 (1976) Nr. 5; Taf. 4, 3. – Ders., Libice. Hroby na libickém vnitřním hradisku. Sborník Národního muzea v Praze A 32 (1978) Nr. 1–4; 96–97.

Schwert mit gewölbter Parierstange und abgeschrägtem Knauf. Die zweischneidige Klinge verjüngt sich gleichmäßig bis 8 cm vor der Spitze. Auf der Klinge sind noch Reste der Holzscheide erhalten. Das Stück wurde in Grab 227a in der Umgebung der Kirche des Libicer Burgwalles gefunden. J. Mi

12.02.11 a–b

Zwei Kugelknöpfe

Libice nad Cidlinou, Bez. Nymburk (Tschechien)
Kupfer, vergoldet
Dm. 1,91 cm; 1,86 cm
10. Jh.
Praha, Národní muzeum, Oddělení prehistorie a protohistorie.
Inv. Nr. 309.822–309.823.
Lit.: R. Turek, Pohřebiště na vnitřním hradisku. Sborník Národního muzea v Praze A 30 (1976) Nr. 5; Taf. 3, 1–2. – Ders., Libice. Hroby na libickém vnitřním hradisku. Sborník Národního muzea v Praze A 32 (1978) Nr. 1–4; 106–107.

Kugelknöpfe aus vergoldetem Kupferblech mit Aufhängeösen. Die Verzierung besteht aus getriebenen konzentrischen, durch konvexe Linien miteinander verbundenen Kreisen. Dazwischen befinden sich dreieckige geriffelte Felder. Auf einem der Knöpfe ist ein Gewebeabdruck erhalten. Die Kugelknöpfe stammen aus Grab 245 des zentralen Friedhofes vom Libicer Burgwall. J. Mi.

12.02.18 a

12.02.18 a–f

Grab der „Fürstin von Libice"

Libice nad Cidlinou, Bez. Nymburk. Grab 268 (Tschechien)
10. Jh.
Praha, Národní muzeum, Oddělení prehistorie a protohistorie. Inv. Nr. 310.038; 310.042–310.043; 310.037; K 1805–1808; 310.048; 310.050; 310.051; 310.054; 310.56; 310.049; 310.044–310.045; 310.58; 310.047; 310.057; 31.052; 310.055; 310.059
Lit.: R. Turek, Pohřebiště na vnitřním hradisku. Sborník Národního muzea v Praze A 30 (1976) Nr. 5 Abb. 1, 4–6; Taf. 2, 2, 5, 7–12, 14–19. – Ders., Libice. Hroby na libickém vnitřním hradisku. Sborník Národního muzea v Praze A 32 (1978) Nr. 1–4; 122–123.

Das Frauengrab 268, mit der so genannten Libicer Fürstin, wurde auf dem zentralen Kirchhof des Libicer Burgwalls gefunden.

a) Vier Ohrgehänge

Silber
L. 4,8 cm; 4,45 cm; 4,5 cm; 4,4 cm

Vier Ohrgehänge mit einer länglichen pyramidenförmigen Basis mit drei Kügelchen. An diese ist eine größere Kugel angelötet, durch die der eigentliche Ring führt. Bei einem Ohrgehänge ist auf den Ring ein weiteres Kügelchen mit Filigranverzierung aufgelötet. Filigranverziert bzw. mit Granulation versehen sind auch die Basis und die größere Kugel. Auf der Schauseite der pyramidenförmigen Basis sind Fassungen von ehemals vorhandenen Stein- oder Glaseinlagen bzw. in einem Fall eine beschädigte Glas(?)einlage vorhanden. An der Unterseite der Basis sind mehrere Ösen, an denen ursprünglich Kettchen hingen.

12.02.18 b

12.02.18 c

b) Ohrgehänge (Kopie)
Eisen
L. 11–12 cm

Vier Ohrgehänge mit länglicher pyramidenförmiger Basis und Kettchen mit Anhängern. Die aus dem reichen Grab 268 auf dem Libicer Gräberfeld stammenden Ohrgehänge sind rekonstruierte Repliken der fragmentarisch erheltenen Schmuckstücke.

c) Zwei Kugelknöpfe
Silber
H. 3,4 cm; Dm. 2,65 cm, 2,7 cm

Zwei Kugelknöpfe mit Ösen, die auf der gesamten Oberfläche mit Halbkügelchen bedeckt sind. Auf diesen befinden sich „Malteserkreuzchen“ aus Granulation. Beide gehörten zum Kollier der in Grab 268 bestatteten Frau.

12.02.18 d

12.02.18 e

d) Vier Perlen
Silber
L. 2,85 cm, 2,8 cm, 2,13 cm, 2,3 cm; Br. 2,23 cm, 2,3 cm, 1,88 cm, 1,83 cm

Perlen mit länglichen Buckeln, die durch Reihen mit Granulation eingefasst bzw. verziert sind. In der Mitte umlaufendes dreireihiges granuliertes Band. An den Enden je ein flacher Kegel mit einem aus Granulation bestehenden Ring.

e) Zwei Schläfenringe
Gold
Dm. 1,17 cm

Zwei goldene Schläfenringe aus dünnem Draht mit s-förmig eingerollten Enden.

12.02.18 f

12.02.18 g

f) Drei Perlen
Bernstein; Glas; Bergkristall
1,2 cm x 1,05 cm; 1,3 cm x 1,15 cm; 1,4 cm x 1,3 cm

Bernsteinperle in Form eines asymmetrischen Quaders. Eine facettierte Perle aus hellgrün schimmerndem Glas sowie eine kugelige Berkristallperle waren ebenfalls Bestandteil des Kolliers der Bestatteten aus Grab 268.

g) Vier Perlen
Karneol; Bernstein
1,3 cm x 1,25 cm; 1,3 cm x 1,15 cm; 1,3 cm x 1,25 cm

Karneolperlen und eine Bernsteinperle in Form eines asymmetrischen Quaders mit abgeschrägten Ecken. J. Mi.

12.02.19

12.02.20

12.02.19
Zwei Pfeilspitzen
Libice nad Cidlinou, Bez. Nymburk. Südwestliche Befestigungsmauer der Vorburg (Tschechien)
Eisen
L. ca. 6 cm
10. Jh.
Praha, Archeologický ústav AV ČR.
Ohne Inv. Nr.

Zwei eiserne Pfeilspitzen mit Widerhaken aus der zerstörten Innenbefestigung der Vorburg. Sie lagen auf den versengten Steinen der zerstörten Befestigungsmauer. J. P.

12.02.20
Zwei Pfeilspitzen
Libice nad Cidlinou, Bez. Nymburk (Tschechien)
Eisen
L. 5,1 cm, 5,8 cm
Ende 10. Jh.
Praha, Archeologický ústav AV ČR. Ohne Inv. Nr. (Fundsituationen Nr. 132/75 und 79/79)
Lit.: J. Justová, Archeologický výzkum na libickém předhradí v letech 1974–1979. Arch. rozhledy 32, 1980, 247; 253–254 Abb. 3, 9; 6, 4.

Zwei eiserne Pfeilspitzen mit je zwei Widerhaken und Tülle, die in den Trümmern der im September 995 zerstörten inneren südwestlichen Befestigungsmauer der Vorburg gefunden wurden. J. P.

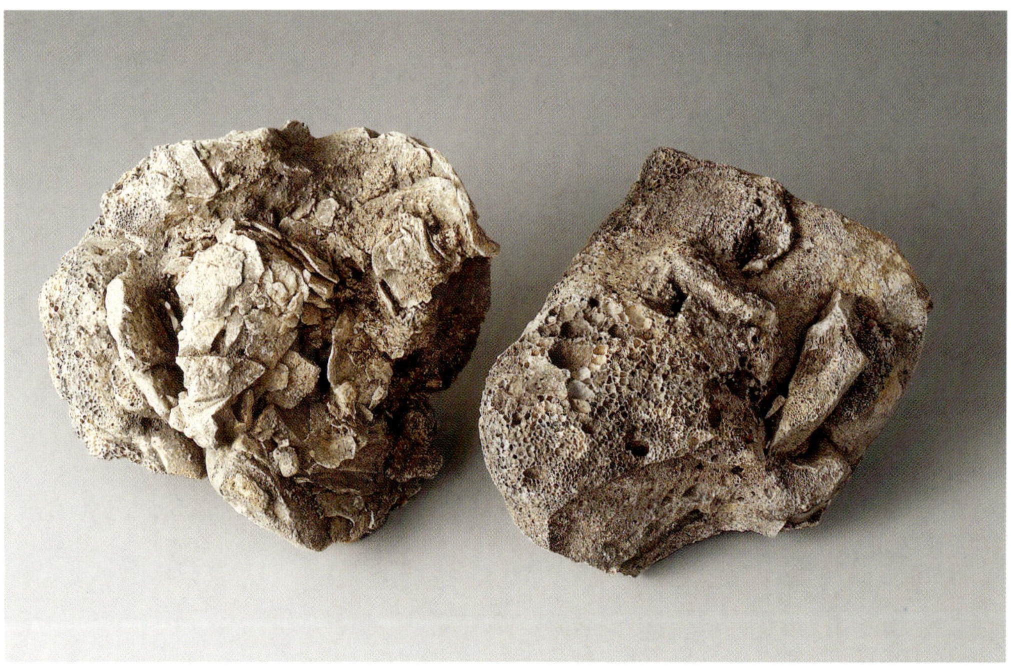

12.02.21

12.02.21

Verbrannte Steine der Libicer Befestigungsmauern

Libice nad Cidlinou, Bez. Nymburk (Tschechien)
Pläner (heller Mergel)
L. ca. 10–20 cm, Br. ca. 5–15 cm
28.9.995
Praha, Archeologický ústav AV ČR.
Ohne Inv. Nr.
Lit.: J. Princová-Justová, Tisíciletá Libice-ústředí slavníkovské domény a pravděpodobné rodiště svatého Vojtěcha. In: K. Wachovski (Hrsg.), Śląsk i Czechy a kultura wielkomorawska (Wroclaw 1997) 103–112.

Die verbrannten Steine der westlichen und südlichen Befestigungsmauer der Libicer Vorburg sind Zeugen der přemyslidischen Eroberung von Libice am 28. September 995. Die Steine bekamen durch die starke Hitzeeinwirkung eine rote, schwarze und graue Farbe. Steine, die einer besonders hohen Hitze ausgesetzt waren, wurden zudem porös. J. P.

12.02.23

Perlenkette

Kanín, Bez. Nymburk (Tschechien)
Glas; Bernstein
L. der Kette 10,8 cm
9./10. Jh.
Praha, Archeologický ústav AV ČR.
Ohne Inv. Nr.
Lit.: unpubliziert (Fundbericht: L. Hrdlička, Fundbericht Nr. 5739/68 im Archiv des Archäologischen Instituts Prag, S. 44–45).

Perlenkette einer Frau aus Grab 90 des Gräberfeldes Kanín II. Es handelt sich um Perlen aus durchsichtigem gelben und blauen Glas sowie um einfache Bernsteinperlen J. P.

Ungarn 14–17

Die Ungarn nahmen das Karpatenbecken von 895 bis 902 unter der Führung des Großfürsten Árpad in Besitz. Zu dieser Zeit war Pannonien Grenzland der Franken, das Gebiet nördlich der Donau gehörte zum Mährischen Fürstentum. Die ungarische Tiefebene und Siebenbürgen, die unter der Oberhoheit der Bulgaren standen, waren von Awaren und Slawen bevölkert. Die Ergebnisse der Landnahme wurden durch den Sieg bei Preßburg (Bratislava) gegen das fränkische Heer stabilisiert. Die ungarischen „Streifzüge" in das Abendland und nach Byzanz endeten mit den Niederlagen auf dem Lechfeld (955) und bei Arkadiopolis (970). Großfürst Géza (972–997) setzte sich mit den westlichen Staaten in Verbindung. Für seinen Sohn Stephan erhielt er die bayerische Prinzessin Gisela. Stephan (997–1038) wurde durch Unterstützung Kaiser Ottos III. mit der von Papst Silvester II. erhaltenen Krone Weihnachten 1000 zum ersten König von Ungarn gekrönt. Stephan organisierte das Komitatensystem, es wurden eigene Münzen geprägt und die ersten ungarischen Urkunden und Gesetzbücher entstanden. Stephans Werk entfaltete sich gegen Ende des 11. Jahrhunderts voll. Das Königreich Ungarn wurde einer der bedeutendsten Staaten der Region. L. R.

Landnahme und „Streifzüge“

14.01–15.04

Nach den schriftlichen Quellen unternahmen die Ungarn bereits in den ersten Jahrzehnten des 9. Jahrhunderts mehrere „Streifzüge“. Im Karpatenbecken erschienen sie erstmals 862, nach Inbesitznahme der neuen Heimat (895) zogen sie mehrmals gegen Norditalien. Es folgten Einfälle nach Sachsen, Thüringen, Schwaben, Burgund und Lothringen, aber auch nach Dänemark (915) und auf die Iberische Halbinsel (942). Die nach Westen gerichteten „Streifzüge“ endeten mit der Stärkung der Macht der ottonischen Herrscher. Nach der Schlacht auf dem Lechfeld 955 führten die Ungarn zwar noch einige Feldzüge gegen Byzanz, aber die Schlacht bei Arkadiopolis von 970 beendete auch diese Einfälle.

Durch zeitgenössische Aufzeichnungen ist die Kampfesweise der Ungarn gut bekannt. Einer uralten nomadischen Finte folgend ergriff eine vorpreschende Truppe nach einem kurzem Zusammentreffen scheinbar die Flucht. Sobald der Gegner seine geschlossene Schlachtordnung aufgab und die Ungarn verfolgte, schlossen ihn die auf der Lauer liegenden übrigen Truppenteile ein und vernichteten ihn mit ihrem Pfeilhagel. Die ungarischen Heere des 10. Jahrhunderts bestanden ausschließlich aus leichter Reiterei, es gab weder Fußtruppen noch schwerbewaffnete Reiter. Die Ungarn vermieden daher die Erstürmung von Burgen und befestigten Städten. L. R.

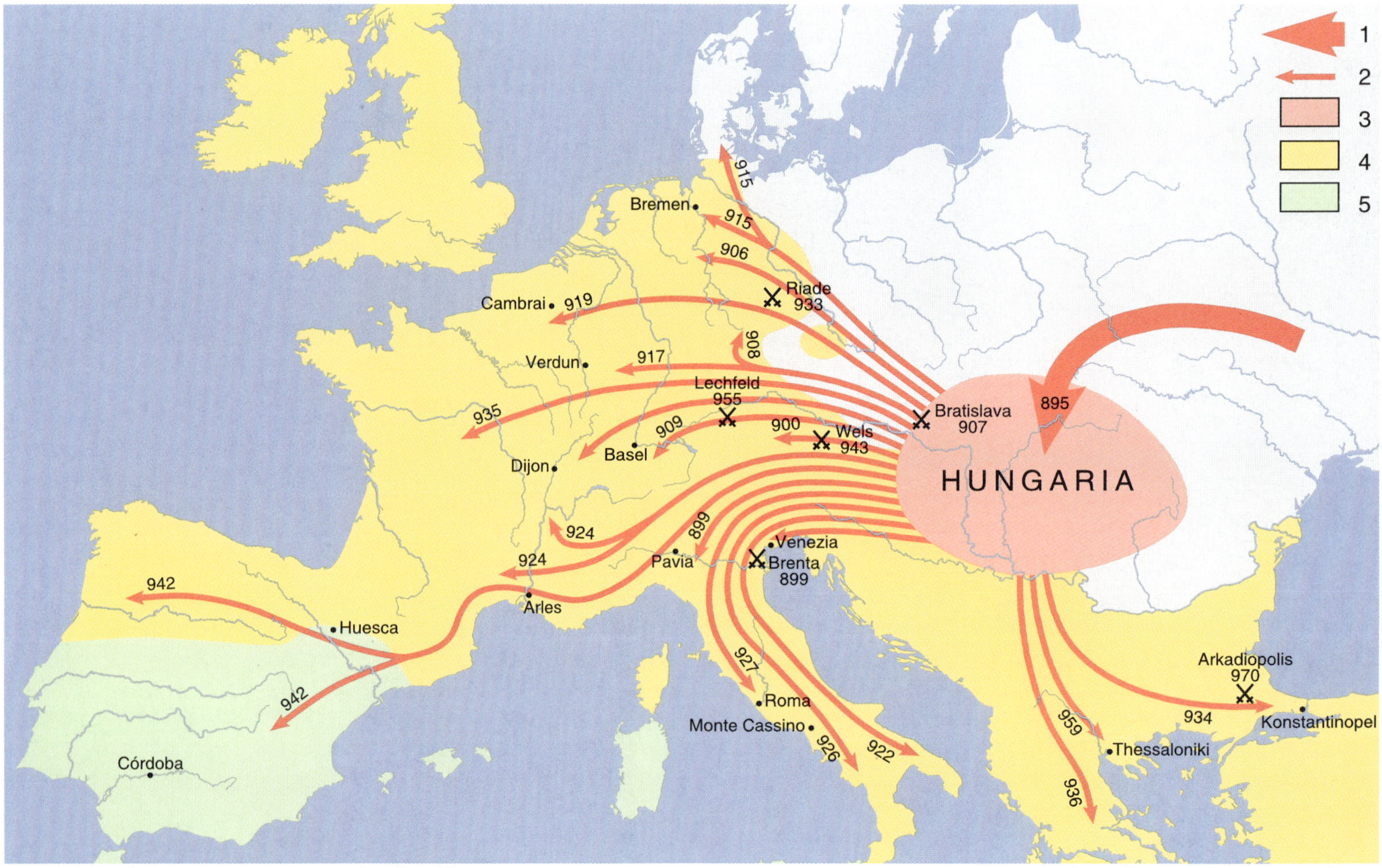

1 ungarische Landnahme 895; 2 Ungarnzüge, mit Anfangsjahr; 3 Ungarn um 930; 4 christliche Länder um 930; 5 islamische Länder um 930

Ungarische Landnahme 895 und Feldzüge bis 970

14.01.01

14.01.01
Säbel
Székesfehérvár-Demkóhegy, Grab 6 (Ungarn)
Eisen; Bronze mit Silbertauschierung
Griffl. 8,7 cm, Klingenl. 51 cm
10. Jh.
Budapest, Magyar Nemzeti Múzeum.
Inv. Nr. 16/1898.1
Lit.: J. Hampel, Alterthümer des frühen Mittelalters in Ungarn 2 (Braunschweig 1905) 579–585. – K. Bakay, Gräberfelder aus dem 10.–11. Jahrhundert in der Umgebung von Székesfehérvár und die Frage der fürstlichen Residenz. Alba Regia 6–7, 1966–1968, 45–75.

Die im Nahkampf am häufigsten gebrauchte Waffe der landnahmezeitlichen Ungarn war der Säbel. Die leicht gebogene Klinge wurde im untere Drittel meist zweischneidig geschliffen oder mit einer aus der Klingenebene vorspringenden Kante (elman) versehen. Die Enden der Parierstange bogen sich zur Klinge hin, im Falle des vorliegenden Exemplars war sie aus Bronze und silbertauschiert. Der Griff neigte sich zur Schneide hin, so dass man mit der Waffe schlagen und stechen konnte. Nur in 140 Gräbern, großteils aus dem oberen Theißgebiet, wurden bisher Säbel gefunden. Ungarische Forscher sehen daher in solchen Bestattungen die Führer der betreffenden Gemeinschaften. L. R.

14.01.02

14.01.02
Streitaxt (Fokosch)
Kisvárda-Csabamező (Ungarn)
Eisen
19,2 cm
10. Jh.
Budapest, Magyar Nemzeti Múzeum.
Inv. Nr. 22/1852.23
Lit.: I. Dienes, Szablocs-Szatmár megye régészeti emlékei II. A Felső-Tisza-vidék a 10. században. In: G. Entz (Red.), Szabolcs-Szatmár megye mőemlékei I (Budapest 1986) 92–114.

Die ungarischen Streitäxte des 10. bis 11. Jahrhunderts können in insgesamt 11 Typen unterschieden werden. Der früheste Typ ist der „Fokosch“, mit flacher Schneide und einem pickelförmigen Ende. In der Hand eines geschickten Mannes war der „Fokosch“ selbst gegen Helm und Panzerhemd eine wirksame Waffe. Relativ wenige dieser praktischen und vielseitig verwendbaren Äxten gelangten in die Gräber. Sie waren kein Rangabzeichen und kommen daher bei Männern mit Taschenplatte ebenso vor wie bei solchen, deren einzige Beigabe sie waren. L. R.

14.01.03

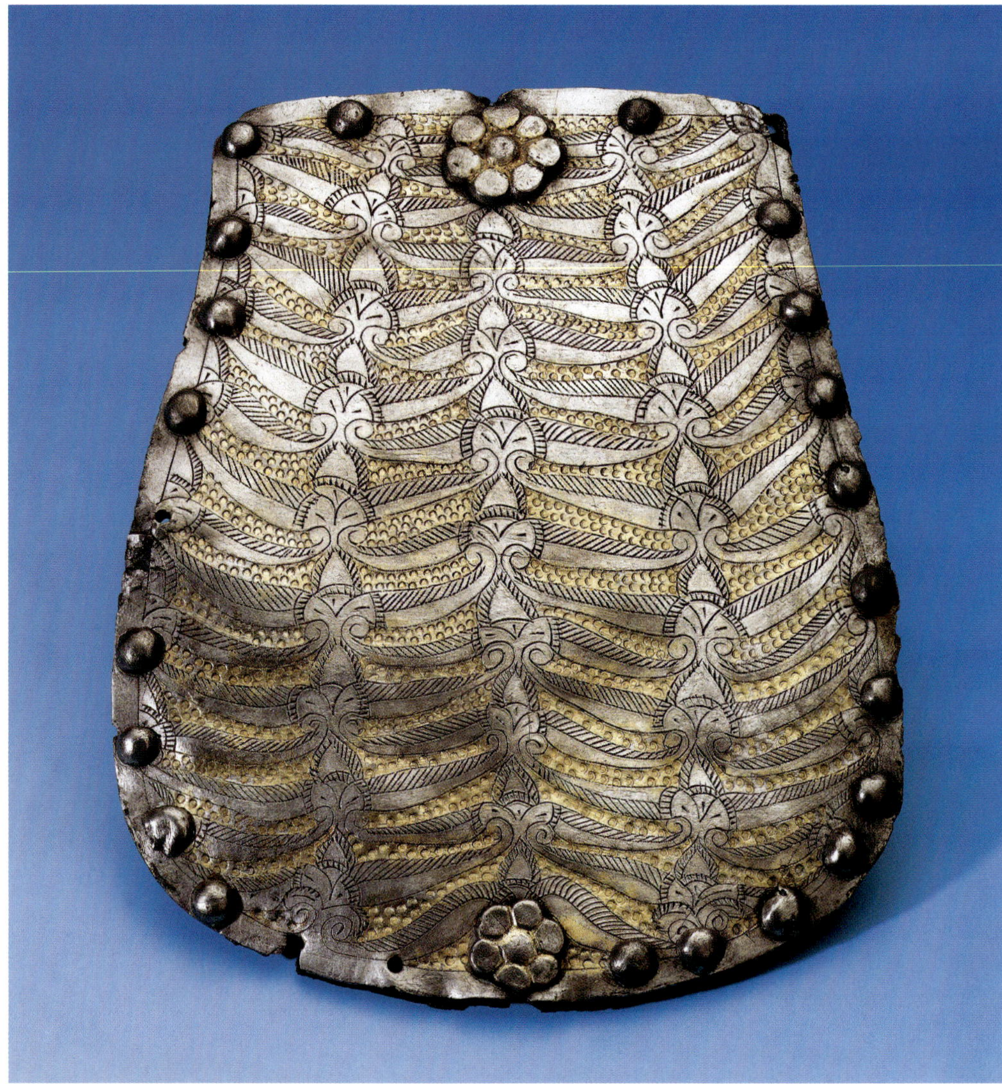

14.01.04

14.01.03
Lanzenspitze
Tiszabezdéd, Grab 7 (Ungarn)
Eisen
L. 27,5 cm
10. Jh.
Budapest, Magyar Nemzeti Múzeum.
Inv. Nr. 86/1896.209
Lit.: A. Jósa, A bezdédi honfoglaláskori temető. Arch. Ért. 16, 1896, 385–412.

Die Lanze von Tiszabezdéd mit ihrem schmalen, langen, vierschneidigen Blatt mit rhombischem Querschnitt gehört zu einem typisch östlichen Lanzentyp. Ursprünglich dürfte sie einen ca. 2 m langen Holzschaft gehabt und als Stoßlanze gedient haben. In landnahmezeitlichen ungarischen Gräbern findet man solche Waffen außerordentlich selten. Das mag mit ihrem begrenzten Einsatz zusammenhängen, vielleicht dienten sie aber auch, in den Grabhügel gesteckt und mit Fähnchen oder Bändern geschmückt, als Grabzeichen. L. R.

14.01.04
Taschenplatte
Več (Bodrogvécs) (Slowakei)
Silber, vergoldet; Kupfer
14,3 x 11,7 cm
10. Jh.
Budapest, Magyar Nemzeti Múzeum.
Inv. Nr. 63.2.A
Lit.: N. Fettich, A honfoglaló magyarság fémművessége. Arch. Hung. 21 (Budapest 1937) 78–79.

Die Vorderseite der Taschenplatte besteht aus feinem Silberblech, das mit einem flächigen Netz untereinander verbundener Palmetten bedeckt ist. Dieses Motiv erinnert an Seidenstoffe. Interessant ist, dass der mit Kreispunzen verzierte und vergoldete Hintergrund nicht eingetieft ist und sich so mit dem Muster auf einer Ebene befindet. Die Taschenplatte mag aus dem Grab des Führers der lokalen Gemeinschaft stammen. Vermutlich entstand sie in einer der großen Goldschmiedewerkstätten an der oberen Theiß. L. R.

14.01.05
Taschenplatte
Hlohovec (Galgóc) (Slowakei)
Vergoldetes Silber
H. 13 cm, Br. 11,2 cm
1. Hälfte 10. Jh.
Budapest, Magyar Nemzeti Múzeum.
Inv. Nr. 42/1871.3
Lit.: J. Hampel, Alterthümer des frühen Mittelalters in Ungarn II (Budapest 1905) 455–456. – N. Fettich, A honfoglaló magyarság femművessége. Arch. Hung. 21, 1937, 77.

Männer trugen kleine Gebrauchsgegenstände in der am Gürtel angeschnallten Tasche. Die darauf befestigten Deckplatten gelten als charakteristische Rangzeichen der Landnahmezeit, von denen wir bis heute nur 26 kennen. Die Platte von Hlohovec ist die erste Taschenplatte, die je gefunden wurde. Verzierte Exemplare sind herausragende Werke der Goldschmiedekunst, es gibt aber auch unverzierte Platten. Die netzartig verflochtenen Palmetten auf dem Exemplar von Galgóc sind auf östliche Textilmotive und Fresken sogdischer Städte zurückzuführen. Diese Vorbilder dürften die Ungarn noch in ihren östlichen Wohnsitzen kennengelernt haben. L. R.

14.01.05

14.01.06

Gürtelgarnitur

Karancslapujtő (Ungarn)
Silber, vergoldet
L. 9,1 cm, Br. 3,8 cm (Schnalle);
3,8 cm x 3,6 cm (breite Gürtelbeschläge);
3,6 cm x 3,6 cm (schmalere Gürtelbeschläge)
10. Jh.
Budapest, Magyar Nemzeti Muzeum.
Inv. Nr.: 16/1939.1–2, 4
Lit.: I. Dienes, A karancslapujtői honfoglalás kori öv és mordvinföldi hasonmása. Arch. Ért. 91, 1964, 18–39.

Die bislang in Ungarn größte aufgefundene Gürtelgarnitur von Karancslapujtő hat ihre besten Vergleiche in Mordwinien, im Gräberfeld von Krjukovo-Kužnovo. Man vermutet, dass es sich hier um ein Rangabzeichen handelt, das von den landnehmenden Ungarn aus dem Osten mitgebracht wurde, als sich diese im Karpatenbecken niederließen. L. R.

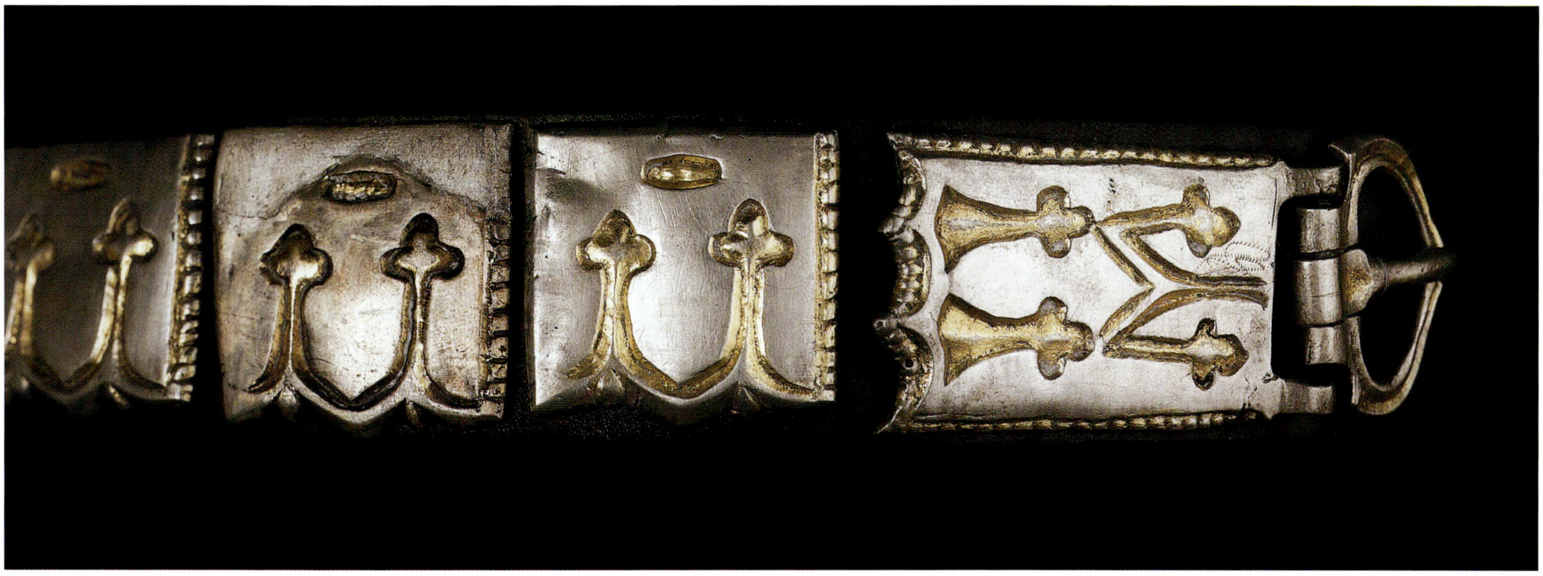

14.01.06

14.01.08
Rekonstruktion eines Reflexbogens

Wichtigstes Element bei der Bewaffnung der landnehmenden Ungarn waren die so genannten Reflex- oder Rückschlagbögen. In ungespanntem Zustand hatten sie eine leichte C-Form, im gespannten Zustand konnte die Sehne im Durchschnitt 110 cm lang sein. Die Bögen waren meist aus Ahorn, auf ihrer Vorderseite waren Hirschsehnenbündel und auf der Rückseite Hornplatten mit Fischleim aufgeklebt. Der starre Griff und die Bogenenden wurden auf beiden Seiten mit Hartholz- oder Beinplatten bedeckt. Die Reichweite der Bögen betrug 200 bis 250 m, gezielte Schüsse konnten auf einer Entfernung von 60 bis 70 m abgeben werden. Ihr Gebrauch war im 10. und 11. Jahrhundert allgemein verbreitet. Aufbewahrt wurden sie in einer Hülle aus weichem Leder, an deren Enden teilweise Beinplatten befestigt waren. Beim Kampf oder auf der Jagd steckten die gespannten Bögen in einem Behältnis aus starrem Leder, das man an der linken Gürtelseite befestigte. Die Pfeile waren aus Birken-, Pappel- oder Weidenruten und wurden mit den Spitzen nach oben in einem Köcher aus Leder oder Birkenrinde aufbewahrt. L. R.

14.01.09
Pfeilspitze

Bruszczewo, Kr. Kościan. Burgwall, Fdst. 13 (Polen)
Eisen
L. 7,2 cm
1. Hälfte 10. Jh.
Muzeum Archeologiczne w Poznaniu.
Inv. Nr. 1963:130, Kat. Nr. 1963:684
Lit.: S. Jasnosz, Prz. Arch. 16, 1963, Abb. 16

Die bolzenförmige Pfeilspitze mit geflügeltem Blatt wurde auf dem Gelände des Burgwalls freigelegt. Pfeilspitzen dieses Typs gehörten zur Bewaffnung der osteuropäischen Nomaden, waren aber auch in der Rus und bei den Westslawen (Böhmen, Mähren, Slowakei, Lausitz, Südpolen) verbreitet. Die Funde solcher Pfeilspitzen werden von der Forschung meist mit den Ungarneinfällen in der ersten Hälfte des 10. Jahrhunderts in Verbindung gebracht. M. B.

14.01.09

14.01.11
Ringtrense

Musca (Muszka) (Rumänien)
Eisen mit Silbertauschierung
L. 30,5 cm
10.–11. Jh.
Budapest, Magyar Nemzeti Múzeum.
Inv. Nr. 45/1898.9
Lit.: J. Hampel, Alterthümer des frühen Mittelalters in Ungarn 2 (Braunschweig 1905) 650–653. – I. Dienes, A honfoglaló magya-

14.01.11

rok lószerszámának néhány tanulsága. Arch. Ért. 95, 1966, 209, 212.

Wichtige Bestandteile der Pferdeausrüstung der landnehmenden Ungarn waren Trensen, die dem Status des Besitzers und den Eigenheiten des Pferdes angepasst wurden. Meistens verwendete man Ringtrensen mit zweiteiligem Mundstück und zwei oder vier Ringknebeln. Ähnliche Ringtrensen wie die von Musca benutzten meist Krieger. Unter Funden dieses Typs zeichnet sich die Trense von Musca durch ihre silbertauschierten Ringe aus und stellt damit ein prächtiges Werk der ungarischen Schmiedemeister der Landnahmezeit dar. L. R.

14.01.12
Steigbügelpaar
Musca (Muszka) (Rumänien)
Eisen mit Silbertauschierung
H. 18,1 cm
2. Hälfte 10.–1. Hälfte 11. Jh.
Budapest, Magyar Nemzeti Múzeum.
Inv. Nr. 45/1898.3–4
Lit.: J. Hampel, Alterthümer des frühen Mittelalters in Ungarn 2 (Braunschweig 1905) 651. – I. Dienes, A honfoglaló magyarok lószerszámának nehány tanulsága. Arch. Ért. 95, 1966, 112.

Öse und Schenkel des so genannten trapezförmigen Steigbügelpaares sind silbertauschiert. Steigbügel der Landnahmezeit hatten runde Tritte. Dieser Typ kam in der Mitte des 10. Jahrhunderts auf, vor allem bei mit zweischneidigem Schwert ausgerüsteten Reitern. Sie gehörten zum damals neuorganisierten und teils „westlich“ ausgerüsteten Militärgefolge, das gegen die Krieger der Stammes- und Sippenaristokratie eingesetzt wurde, die sich gegen die Zentralisierungsbestrebungen der Arpaden aufgelehnt hatten. L. R.

14.01.13
Sattel mit Knochenbeschlägen
Gádoros-Bocskai utca. Grab 3 (Ungarn)
Knochen
L. 45,5 cm, Br. 42,5 cm
Szentes, József Koszta Múzeum.
Ohne Inv. Nr.
Lit.: Cs. Bálint, Arch. Ért. 101, 1974, 17–43.

Im Grab 3 von Gádoros-Bocskai dienten Knochenplatten zur Verzierung eines Sattels. Auf den länglichen Platten sind mit Kreisaugen verzierte, herzförmige Ornamente zu sehen, die breiteren Platten tragen Palmet-

14.01.12

14.01.13

14.01.14

ten. Die Sattelbögen waren mit sehr schmalen, unverzierten Platten bedeckt. Mit Hilfe dieser Beschläge gelang es, den im Boden vergangenen Holzsattel zu rekonstruieren. Er stimmt mit den Sätteln der eurasischen Steppe vom 6. bis 10. Jahrhundert überein und unterscheidet sich sehr von den Sätteln in Nord- und Westeuropa des 10. Jahrhunderts. C. B.

14.01.14
Münzen
Ladánybene-Benepuszta (Ungarn)
Silber
Dm. 2,3 cm
10. Jh.
Budapest, Magyar Nemzeti Múzeum.
Inv. Nr. 10/1846
Lit.: N. Fettich, A honfoglaló magyarság fémművessége. Arch. Hung. (Budapest 1937) 67–72. – J. Hampel, Alterthümer des frühen Mittelalters in Ungarn 2 (Braunschweig 1905) 472–476. – L. Kovács, Münzen aus der ungarischen Landnahmezeit. Fontes Arch. Hung. (Budapest 1989) 42–43.

Den Aufzeichnungen nach fanden sich im Grab ursprünglich 30–40 Münzen, aber nur 12 kamen ins Museum. Sie waren alle durchbohrt und dienten aufgenäht als Schmuck des Pferdegeschirrs oder der Kleidung. Bei der Datierung des Grabes halfen die Münzen Berengars I. als König von Italien (888–915) und als Kaiser (915–924), sowie ein Denar Papst Johannes' X. (914–928). Der reiche Verstorbene erhielt sie möglicherweise, als man 927 durch die verbündete Lombardei zog, um auf Wunsch von Papst Johannes X. dessen Bruder nach Rom zu geleiten. L. R.

15.01.01–03
Das Gräberfeld von Karos-Eperjesszög (Ungarn)

Im Nordosten Ungarns, in der Ebene zwischen Theiß und Bodrog, wurden auf einer Hügelkette westlich des Dorfes Karos die bisher reichsten ungarischen Gräberfelder der Landnahmezeit im Karpatenbecken gefunden. Das Fundmaterial der drei Gräberfelder ist eng miteinander verwandt. Die Belegung setzte vermutlich gleichzeitig, wahrscheinlich im ausgehenden 9. Jahrhundert ein. Bislang wurden 86 Gräber, darunter zwei reiche Männerbestattungen freigelegt. Der hohe Anteil an Männergräbern (64 %) weist auf eine hier gezielt angesiedelte Kriegergemeinschaft hin. Die Belegung der Gräberfelder von Karos – und anderer Gräberfelder des Gebietes an der oberen Theiß – bricht in der Mitte des 10. Jahrhunderts ab. Wahrscheinlich wurden die hier bestattenden Gemeinschaften 955 nach der verlorenen Schlacht auf dem Lechfeld von der neuen Fürstenmacht aufgelöst und umgesiedelt. Neue Gefolgschaften entstanden und die Machtzentrenwurden verlagerten sich in andere Teile des Landes. L. R.

15.01.01
Säbel
Karos-Eperjesszög. Gräberfeld II, Grab 52 (Ungarn)
Eisen; Silberblech, vergoldet; Bronze
L. 87 cm
1. Hälfte 10. Jh.
Miskolc, Herman Ottó Múzeum.
Inv. Nr. 96.46.4
Lit.: L. Révész, A karosi honfonglaláskori temetők. Régészeti adatok a Felső-Tisza-vidék 10. századi történetéhez (Miskolc 1996) 178–185. – Ders., Karos-Eperjesszög. In: The Ancien Hungarians. Ausstellungskat. Budapest (Budapest 1996) 96–97.

Der Säbel ist eine typische Waffe der Ungarn, die ebenso zum Hieb wie zum Stich geeignet war. Die Beschläge aus Gold oder vergoldetem Silber wurden mit Palmetten verziert. Die kleine Zahl der als Würdezeichen geltenden Säbel belegt, dass nur hochrangige Personen berechtigt waren, solch prächtige Waffen zu tragen. Die Mehrheit der Säbel wurde in den nordostungarischen Heerführergräbern gefunden. Dazu gehört auch der Säbel aus Karos, dessen abgewetzte und reparierte Verzierungen auf langen Gebrauch schließen lassen. L. R.

15.01.01

15.01.02 a–j

Altungarisches Männergrab

Karos-Eperjesszög. Gräberfeld II, Grab 29 (Ungarn)

1. Hälfte 10. Jh.

Miskolc, Herman Ottó Múzeum.

Inv. Nr. 94.27. Inv. Nr. 94.27.1-3

Lit.: L. Révész, A karosi honfonglaláskori temetők. Régészeti adatok a Felső-Tisza-vidék 10. századi történetéhez (Miskolc 1996) 103–133; 144–153. – Ders., Karos-Eperjesszög. In: The Ancient Hungarians. Ausstellungskat. Budapest (Budapest 1996) 89; 99.

a) Taschenplatte Handbuch Abb. 373

Silber, vergoldet

12,8 cm x 11,3 cm

Die Taschenplatte trägt kaum Spuren von Abnutzung. Gürtel- und Pferdegeschirrbeschläge aus diesem Grab sind ebenfalls wenig abgenutzt, was darauf hinweist, dass ihr Besitzer alle Rangzeichen gleichzeitig erhielt, also nicht im allmählichen Aufstieg zu höheren Rängen. Drei wohl werkstattgleiche Platten sind aus Nordostungarn bekannt (Tarcal, Rakamaz, Komitat Hajdú-Bihar). Diese Werkstatt hatte vermutlich am fürstlichen Hof die Aufgabe, die Ansprüche des Fürstengefolges zu befriedigen und sie mit Rangzeichen zu versehen.

15.01.02 a, h–j

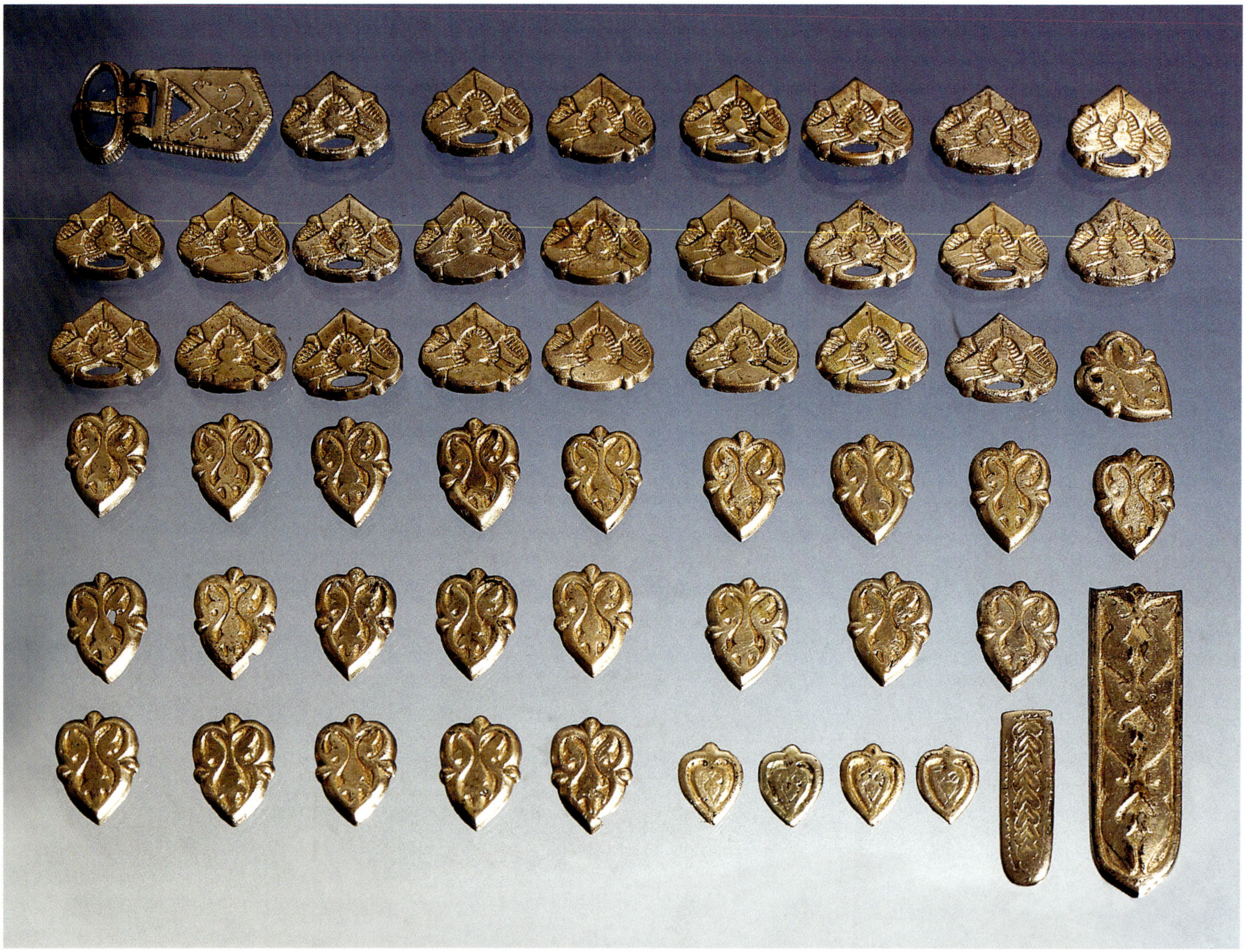

15.01.02 b–g

b–j Schnallen und Beschläge des Gürtels und der Taschenplatte
Silber, vergoldet
L. 4,5 cm, Br. 2,3 cm (Schnalle);
L. 6,5 cm, Br. 2 cm (Hauptriemenzunge);
L. 3,7 cm, Br. 1,2 cm (Nebenriemenzunge)

Im 10. Jahrhundert war bei den Ungarn der „bulgarische Gürtel" mit vielen Beschlägen verbreitet. Dieses Rangabzeichen wurde durch das Material und die Zahl der Beschläge noch weiter differenziert. Die Zahl variiert zwischen üblicherweise 15–20 bis hin zu 40–50 Beschlägen auf einem komplett verzierten Gürtel. Früher deutete man diese Gürtel als Zeichen des freien Kriegers, doch von 143 Fundorten sind nur 184 Gräber mit beschlagenen Gürteln bekannt. Fundhäufungen deuten auf Zentren lokaler Stammesführer und Sippenoberhäupter hin. Mit der Umgestaltung der ungarischen Gesellschaft verschwinden diese Gürtel ab dem letzten Drittel des 10. Jahrhunderts aus den Gräbern. L. R.

15.01.03 a–i

15.01.03 a–i Handbuch Abb. 155

Behälter für den gespannten Bogen

Karos-Eperjesszög, Gräberfeld III, Grab 11 (Ungarn)
Silber, vergoldet
L. 3,5 cm, Br. 2,5 cm (rechteckige Beschläge); L. 5 cm, Br. 2,6 cm (Aufhänger); L. 2,8 cm, Br. 1 cm (Nebenriemenzunge)
1. Hälfte 10. Jh.
Miskolc, Herman Ottó Múzeum.
Inv. Nr. 94.82.6
Lit.: L. Révész, Die Bereitschafts-Bogenbehälter (Gorythos) in den Gräbern der ungarischen Landnahmezeit. Acta Arch. Hung. 44, 1992, 345–369. – Ders., A karosi honfoglaláskori temetők. Régészeti adatok a Felső-Tisza-vidék 10. századi történetéhez (Miskolc 1996) 157–169.

Wenn sich ungarische Krieger auf die Jagd oder in den Kampf begaben, konnten sie den gespannten Bogen in einen ca. 20 cm breiten und 60 cm langen Behälter aus Leder stecken, den sie am Gürtel befestigten. Der Bogenbehälter war mit silbervergoldeten Beschlägen verziert, die das Sonnensymbol, die vier Himmelsrichtungen und das umfassende Universum symbolisieren. Solche Behälter besaßen nur die ranghöchsten militärischen Führer. Die Existenz dieser Bogenbehälter belegen erst seit kurzem die ungarischen Funde sowie Fresken in mittelasiatischen Ruinenstädten des 6. bis 8. Jahrhunderts (Chotscho, Pendschikent). L. R.

15.01.04

Kleiderschließen

Kömpöc (Ungarn)
Silber, vergoldet
L. 8,6 cm
10. Jh.
Szeged, Móra Ferenc Museum.
Inv. Nr. 53.174.3
Lit.: I. Dienes, Die landnehmenden Ungarn (Budapest 1972) Abb. 12. – B. Kürti, Régészeti adatok a Maros-torok vidékének 10.–11. századi történetéhez. In: G. Lőrinczy (Hrsg.), A kőkortól a középkorig (Szeged 1994) 369–386 Abb. 2.

Bei diesem Kleiderschließenpaar in Form auf der Spitze stehender Quadrate aus gegossenem Silber dient die Achterschlinge an der einen und der Haken mit Knopfende an der anderen Seite als Verschluss. Beide wurden mit vier rückseitigen Nieten auf der Kleidung befestigt. Die gewölbte Mitte der Schauseite umgibt eine vierblättrige Blüte, die von einer Perlreihe und einer geraden Rippe gesäumt wird. Die Vertiefungen sind reich vergoldet. B. K.

15.01.04

15.01.05

15.01.05

Das Gräberfeld von Beregovó (Beregszász-Kishegy) (Ukraine)

Bei Erdarbeiten in einem Steinbruch wurde ein reiches ungarisches Gräberfeld der Landnahmezeit vernichtet, von dem nur zwei Gräber 1890 bzw. 1933 gerettet werden konnten. In beiden lag je ein mit Pferd, Pferdegeschirr, Waffen (Säbel, Bogenschützenausrüstung) und ein mit Gürtel bestatteter Mann. Aufgrund ihrer Beigaben werden sie zur Stammesaristokratie der ersten Hälfte des 10. Jahrhunderts gehört haben, wobei der Herr aus dem zuerst entdeckten Grab ein hochrangiger Vertreter dieser Schicht gewesen sein dürfte. L. R.

15.01.05 Handbuch Abb. 377

Spitze einer Kopfbedeckung

Beregovó (Beregszász-Kishegy) (Ukraine)
Silber, vergoldet
H. 11,4 cm, Dm. 6,7 cm
1. Hälfte 10. Jh.
Budapest, Magyar Nemzeti Múzeum.
Inv. Nr. 51/1900.20–21
Lit.: J. Hampel, Alterthümer des frühen Mittelalters in Ungarn II (Budapest 1905) 624–625. – N. Fettich, A honfoglaló magyarság femművessége. Arch. Hung. 21, 1937, 85.

Bei der Mützenspitze handelt es sich um den einzigen Fund aus der Landnahmezeit, der über die Kopfbedeckung der Männer Auskunft gibt. Die hohen Mützen dürften zumeist aus Leder oder Filz gewesen sein und endeten in einer Spitze, die hier mit silbernen Palmetten auf fein gearbeitetem, vergoldetem Hintergrund verziert war. Solche spitzen Kopfbedeckungen sind für Steppenkrieger von der Skythenzeit bis zur Neuzeit überliefert. L. R.

15.01.06–07

Das Gräberfeld von Hlohovec (Galgóc) (Slowakei)

Das Grab eines reichen Mannes wurde 1868 im Waagtal, nordöstlich von Neutra (Nyitra, Nitra) im nordwestlichen Grenzgebiet des ungarischen Siedlungsgebietes im 10. Jahrhundert gefunden. Die hier im ersten Drittel des 10. Jahrhunderts bestattete Person dürfte der Herr des Gebietes gewesen sein, denn bis heute gilt es trotz der unvollständig erhaltenen Beigaben als das reichste Männergrab der Region. An Beigaben fanden sich Pferdeknochen, ein Halsring, ein Ohrringpaar, eine Taschenplatte und ein arabischer Silberdirhem. Die durchbohrte Münze ist eine Prägung des Samanidenemirs Nasr ibn Ahmed (914–943), die 918–919 in Samarkand emittiert wurde. L. R.

15.01.06

15.01.07

15.01.06
Ohrringpaar
Hlohovec (Galgóc) (Slowakei)
Silber; Gold.
H. 5,6 cm
1. Hälfte 10. Jh.
Budapest Magyar Nemzeti Múzeum.
Inv. Nr. 42/1871.1
Lit.: N. Fettich, A honfoglaló magyarság femművessége. Arch. Hung. 21, 1937, 77.

Die ungarischen Männer der Landnahmezeit trugen nur sehr selten Schmuck (Ohrringe, Halsringe, Armringe, Fingerringe) und meist nur, wenn sie Mitglieder der Führungsschicht waren. Manche Forscher halten den hier gezeigten Schmuck auch nicht für Ohrringe, sondern für Zierknöpfe. Die Bestimmung ist fraglich, weil die Lage der Gegenstände im Grab nicht bekannt ist. Jedenfalls wurden in einem anderen reichen Männergrab (Geszteréd) sowohl Ohrringe als auch Zierknöpfe aus Goldblech gefunden. L. R.

15.01.07
Halsring
Hlohovec (Galgóc) (Slowakei)
Silber
Dm. 13,3 cm
1. Hälfte 10. Jh.
Budapest, Magyar Nemzeti Múzeum.
Inv. Nr. 42/1871.2
Lit.: J. Hampel, Alterthümer des frühen Mittelalters in Ungarn II (Budapest 1905) 455–456. – N. Fettich, A honfoglaló magyarság femművessége. Arch. Hung. 21, 1937, 77.

Auch Halsringe sind in der Tracht der ungarischen Männer des 10. Jahrhunderts sehr selten. Außer dem Fund von Hlohovec fand sich nur im Fürstengrab von Zemplín ein aus Golddraht gebogener Halsring. Halsringe wurden – auch wenn sie schon in der 1. Hälfte des 10. Jahrhunderts nachweisbar sind – erst gegen Ende des 2. Drittels des Jahrhunderts gebräuchlich und dann meist bei Frauen und Kindern aus niedrigeren Gesellschaftsschichten. Vermutlich wurden sie auf ost- oder nordeuropäischen Einfluss hin – zumeist in Bronze – bei den Ungarn üblich. L. R.

15.02.01
Die Nekropole von Szeged-Bojárhalom (Ungarn)

Bei Erdarbeiten wurden 1889 in der damals noch zu Szeged gehörenden Flur Bojárhalom (seit 1950 Domaszék) Funde eines aus fünf Gräbern bestehenden Gräberfeldes des 10. Jahrhunderts entdeckt. In Grab 1 und 2 wurden Pferdeknochen beobachtet, in den Gräbern 3 bis 5 nicht. Dank der Beigaben ist das Geschlecht der Bestatteten in Grab 3 sicher. Es ist die reichste Frauenbestattung des 10. Jahrhunderts im Karpatenbecken. Aufgrund der Funde ist mit großer Wahrscheinlichkeit anzunehmen, dass sie mit mehreren Kleidern beerdigt wurde. Die verwandtschaftlichen oder gesellschaftlichen Beziehungen der Bestatteten sind nicht zu bestimmen.

Lit.: Gy. László, A honfoglaló magyar nép élete (Budapest 1944) 150–156; Abb. 17; Taf. 9–18. – J. Reizner, Magyar pogánykori sirleletek. Arch. Ért. 16, 1891, 97–114. B. K.

15.02.01 a

15.02.01 b

15.02.01 c

15.02.01 d

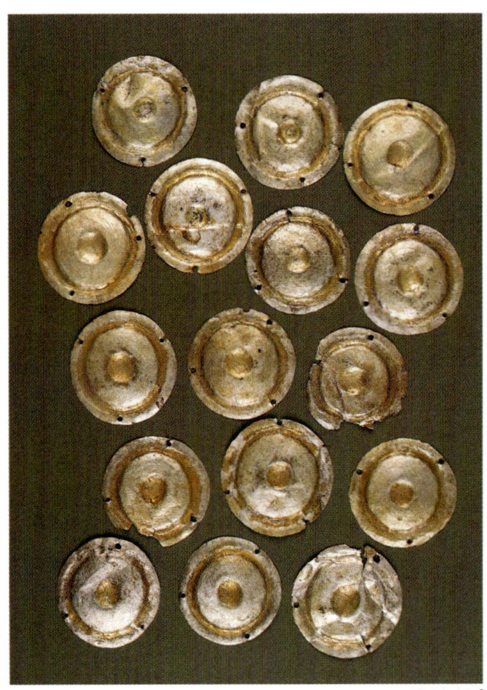

15.02.01 f

15.02.01 a-s

Altungarisches Frauengrab von Szeged-Bojárhalom

Szeged-Bojárhalom, Grab 3 (Ungarn)
10. Jh.
Szeged, Móra Ferenc Múzeum.
Inv. Nr. N.92.1.7; N.92.1.8; N.92.1.6; N.92.1.23; N.92.1.22; N.92.1.21; N.92.1.20; N.92.1.15; N.92.1.17; N.92.1.19; N.92.1.10; N.92.1.11; N.92.1.13; Inv. Nr. N.92.1.16; N.92.1.18; N.92.1.26; N.92.1.28

a) Ohrringpaar
Silber, vergoldet
L. 8 cm
Lit.: L. Révész, Gömbsorcsüngős fülbevalók a Kárpát-medencében. HOMÈ 25–26, 1988, 141–159.

Ohrringpaar aus gegossenem Silber vom Typ Saltowo. Der obere Teil hat die Form eines Vogels, dessen langer Schnabel den eigentlichen Ring bildet. Die drei vergoldeten Buckel des angegossenen Anhängers sind durch gerippte zylindrische Glieder verbunden.

b) Armring
Bronze
Dm. 7,2 cm x 6,4 cm

Geschlossener ovaler Armring mit ovalem Querschnitt aus gegossener Bronze.

c) Fingerring mit Karneoleinlage
Gold; Karneol
Ringdm. 2 cm

Der Ring ist bandförmig, die Fassung besteht aus einem gepressten Goldblech, das mit Buckeln von vier Seiten den Karneol hält.

d) Sechs Gürtelbeschläge
Silber, vergoldet
L. 2,8 cm

Aus Silber gegossene, quadratische Beschläge mit umgebogenem Rand. Von der konvexen runden Mitte geht ein Tropfenmuster aus, zwischen denen sich, mit ihren Spitzen die Beschlagecken bildende, herzförmige Blüte befindet. Die Vertiefungen sind reich vergoldet. Auf der Rückseite dienen vier Ösen der Befestigung.

f) 16 scheibenförmige Zierbleche
Silber, vergoldet
Dm. zwischen 4,7 und 5,2 cm
Lit.: I. Dienes, A honfoglaló magyarok. In: Orosháza története 1 (Orosháza 1965) 6–7 Abb. 9.

Nach den Grabungsbeobachtungen (Orosháza) könnten sie den Kaftan geschmückt haben. Auf der konvexen Mitte der getriebenen Bleche befindet sich eine kreisförmige Vertiefung, am Rand drei Befestigungslöcher. In den Vertiefungen ist die Vergoldung stärker erhalten.

15.02.01 g

15.02.01 h

g) Neun zweigliedrige Anhänger
Silber, vergoldet
L. 8,9 cm
Lit.: B. Kürti, A honfoglaló magyar női viselet. In: M. Wolf/L. Révész (Hrsg.), A magyar honfoglalás korának régészeti emlékei (Miskolc 1996) 148–161.

Nach dem Grabungsbefund (Algyő) schmückten diese großen, aus Silber gegossenen Anhänger vermutlich die Vorderseite eines Kaftans in zwei senkrechten Reihen. Der obere Teil ist ein auf der Spitze stehendes Quadrat mit einem Loch in der Mitte. Auf der Schauseite befinden sich symmetrisch angeordnete, herzförmige Rankenverzierungen, auf der Rückseite vier Ösen. Der untere Teil ist durchbrochen und mit herzförmig zusammenlaufenden Ranken verziert. In den gravierten Riefen reiche Vergoldung.

h) Zweigliedriger Anhänger
Silber, vergoldet
L. 6,4 cm

Der Silbergussanhänger dient der Verzierung eines Kleidungsstückes. Die Mitte des linsenförmigen oberen Teiles ist eingetieft, am Rand ist ein vergoldeter Draht aufgelegt. Auf der Rückseite zwei auf einer senkrechten Achse angebrachte Ösen. Der untere Teil in Herzform ist durchbrochen; die Oberfläche ist vergoldet und mit einer sich verzweigenden Ranke verziert.

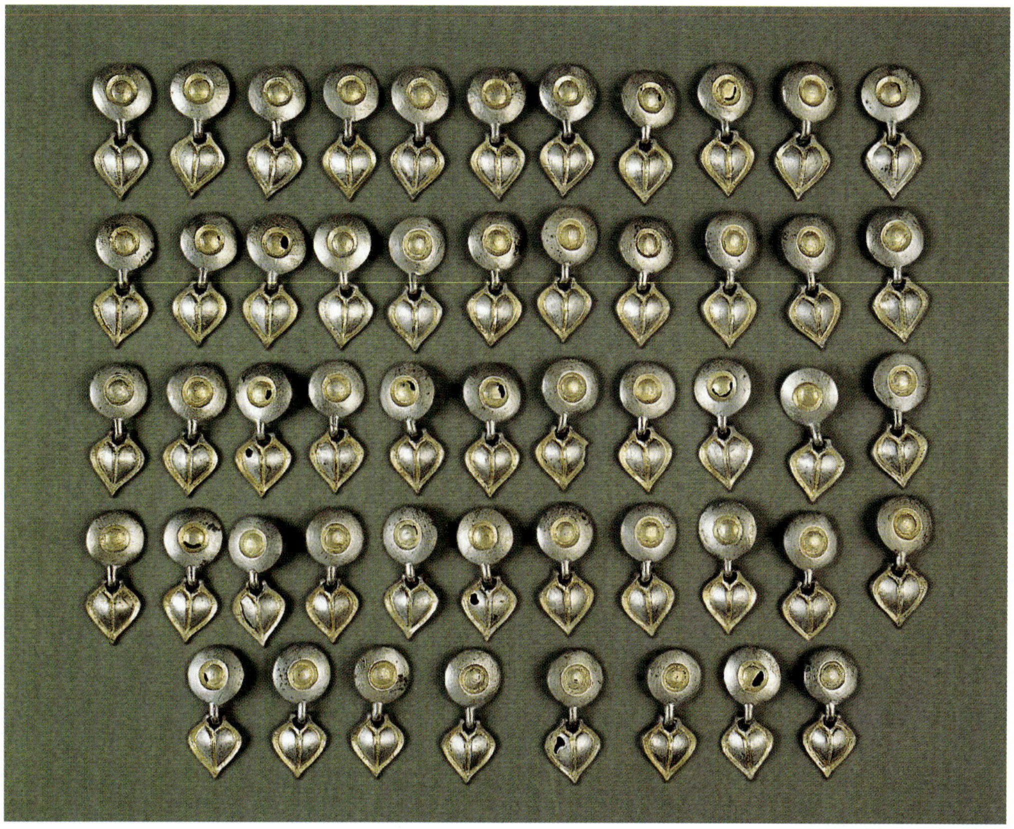

15.02.01 i

15.02.01 k

i) 52 zweigliedrige Anhänger

Silber, vergoldet
L. 4,1 cm

Zweigliedrige Anhänger aus vergoldetem Silber. Der obere Teil ist rund mit von einem Graben umgebenen, konvexen vergoldeten Mittelteil. Auf der Rückseite zwei Ösen zur Befestigung. Der untere Teil ist blattförmig mit stark konvexer Oberfläche und in der Mitte mit durch Riefen getrennten Blütenblättern verziert. Möglicherweise handelte es sich bei diesen Anhängern um Verzierungen des Hemdkragens.

k) 17 zweiteilige Anhänger

Silber, vergoldet
L. 4,1 cm

Silberanhänger, auf deren Oberteil eine reich vergoldete Riefe die konvexe Mitte umgibt. Auf der Rückseite eine Öse. Der untere Teil ist herzförmig, die Mitte wölbt sich vor und ist von einer vergoldeten Buckelreihe eingerahmt. Auch hier könnte es sich um Schmuck des Hemdkragens handeln.

l) 16 zweiteilige Anhänger
Silber, vergoldet
L. 3,7 cm

Anhänger aus vergoldetem Silber, die möglicherweise ebenfalls den Hemdkragen verzierten. Oberteil kegelförmig, strahlenförmig gerippt. In der Mitte durchlocht, auf der Rückseite zwei Ösen. Der untere, blattförmige Teil mit stark konvexer Oberfläche ist eingehängt.

m) 15 Zierknöpfe
Silber, vergoldet
Dm. 1,3 cm bzw. 1,2 cm

Runde, vergoldete Silberbeschläge mit Omphalos-Mitte. Auf der Rückseite eine aus Draht gebogene Öse mit rundem Querschnitt. Im allgemeinen verzierte man mit ihnen Kopfbedeckungen oder Hemdkragen.

n) sechs Zierknöpfe
Silber, vergoldet
Dm. 1,3 cm

Runde Silberbeschläge der Kleidung. Die Mittelwölbung umgibt eine ringförmige Vertiefung. Die Vertiefung ist vergoldet. Auf der Rückseite dienen zwei Silberbleche zur Befestigung.

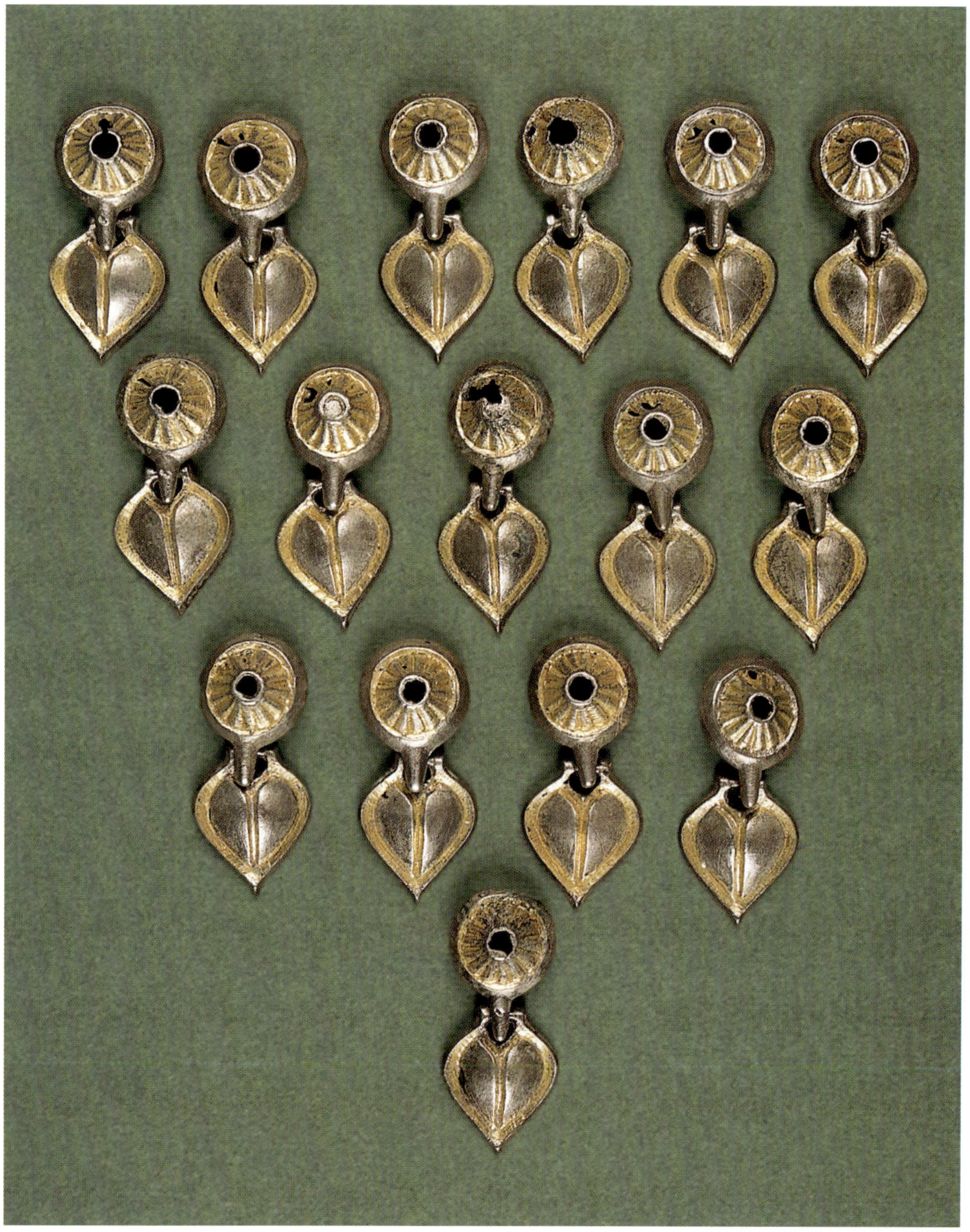

15.02.01 l

15.02.01 m

15.02.01 n

15.02.01 o

15.02.01 p

15.02.01 q

15.02.01 r

o) Zwölf Zierknöpfe
Silber, vergoldet
Dm. 1,7 cm

Runde, leicht konvex Silberbeschläge, deren Mitte ringförmige vertieft und vergoldet ist. Auf der Rückseite zwei aus Silberdraht gebogene Befestigungsösen.

p) Vier Zierknöpfe
Silber, vergoldet
Dm. 1,4 cm

Scheibenförmige Silberbeschläge mit von einer Riefe umgebenem, konvexen vergoldeten Mittelteil. Auf der Rückseite eine Öse. Möglicherweise bildeten sie zusammen mit den 59 Anhängern die Verzierung des Hemdkragens.

q) 13 Zierknöpfe
Silber, vergoldet
Dm. 1,5 cm

Kegelförmige, vergoldete Silberbeschläge, strahlenförmig gerippt und in der Mitte durchlocht. Auf der Rückseite zwei Ösen.

r) Zwei Stiefelbeschläge
Silber, vergoldet
L. 2,5 cm

Schildförmige, unten in einer Spitze endende, konvexe Silberbeschläge. Die Oberfläche ziert eine in Tränenform verlaufende vergoldete Reihe von Buckelchen. Den Rand gliedern vier Buckel. Auf der Rückseite drei Niete.

15.02.01 s

s) 20 Stiefelbeschläge
Silber
Dm. 0,7 cm
Lit.: Gy László, A koroncói lelet és a honfoglaló magyarok nyerge. Arch. Hung. 27 (Budapest 1943) Abb. 6–8.

Winzige halbkugelförmige Silberbeschläge mit einem Niet auf der Rückseite. Laut Grabungsbeobachtungen (Koroncó) waren sie vorn auf den Stiefeln befestigt. B. K.

15.03.01 a–ee

Das altungarische Fürstengrab von Zemplín

Zemplín, Bez. Trebišov (Slowakei)
10. Jh.
Nitra, Archeologický ústav Slovenskej akadémie vied. Ohne Inv. Nr.
Lit.: V. Budinský-Krička/N. Fettich, Das altungarische Fürstengrab von Zemplín (Bratislava 1973).

Das so genannte Fürstengrab wurde 1959 bei planmäßigen Untersuchungen des kaiserzeitlichen Brandgräberfeldes von Zemplín durch das Archäologische Institut der Slowakischen Akademie der Wissenschaften aufgefunden. Das altungarische Grab bedeckte ein ovaler Hügel (Nr. 4), in dem elf Brandbestattungen der kelto-dakischen Periode freigelegt werden konnten. Die Grabgrube des eigentlichen „Fürstengrabes" war 3,36 m lang, 1,93 m breit und mit Holz verkleidet. Den Toten, von dem sich nur noch geringe Reste fanden, hatte man in einem 2,10 m langen und 0,7 m breiten Eichensarg beigesetzt. In der Grabgrube stieß man außerdem auf einen Pferdeschädel und die Extremitätenknochen des Pferdes. Die reiche Beigabenausstattung zeigt, dass es sich bei dem Verstorbenen um eine zweifellos hochgestellte Persönlichkeit gehandelt haben musste, die in ihrem Festgewand beigesetzt worden war. H. N.

a) Säbel
Eisen; Gold; Holz
L. 94 cm

Minderwertige Nachahmung eines fürstlichen Prunksäbels, der als Grabbeigabe aus einem älteren nicht mehr brauchbaren Säbel umgearbeitet wurde. Hierbei hatte man einige Teile der Holzscheide und des Säbelgriffes in einer sehr primitiven Weise mit Goldblech überzogen.

15.03.01 a

15.03.01 b

15.03.01 c

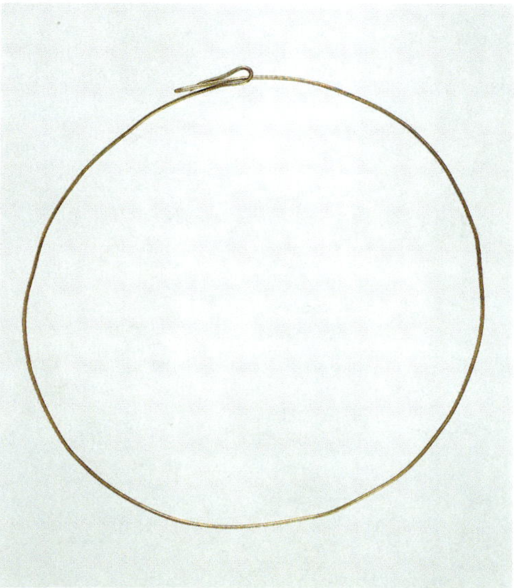

15.03.01 d

15.03.01 e

b–c) Armringpaar
Gold
Dm. 6,2 cm; 6,7 cm

Armringpaar aus dünnem Golddraht, das extra für die Grabausstattung des Toten angefertigt worden war.

d) Halsring
Gold
Dm. 15,3 cm

Einfacher Halsring aus dünnem Golddraht, der extra für die Grabausstattung des Toten gefertigt worden war.

e–f) Zierscheibenpaar
Silber, vergoldet
Dm. 7,4 cm

Die aus feinem Silberblech getriebenen Zierscheiben dienten, auf einer ledernen Unterlage mit sieben Nieten befestigt, als Zopfschmuck einer Frau, welche ihre abgeschnittenen Zöpfe dem Toten mit in den Sarg gab. Eine der Scheiben ist mit der Reliefdarstellung eines Vogels, möglicherweise eines Geiers, mit nach links gewandtem Kopf, gespreizten Beinen, ausgebreiteten Flügeln und fächerförmigem Schweif, dekoriert.
Die zweite Scheibe ziert die Reliefdarstellung eines nach links galloppierenden vierbeinigen Tieres mit geöffnetem Maul.

g) Tasse Handbuch Abb. 388
Silber
H. 6,3 cm, Dm. 9,8 cm, Mündungsdm. 7,9 cm

Stark restaurierte silberne birnenförmige Tasse. Die Oberfläche und der zungenförmige Griff oberhalb des Henkels sind mit getriebenen Palmettenornamenten in herzförmigen Rahmen verziert. Die Fläche hinter den Palmetten ist vergoldet.

h) Ohrringpaar
Gold
Dm. 2,1 cm

Zwei einfache offene Ohrringe aus dünnem Golddraht, die extra für die Grabausstattung des Toten angefertigt worden waren.

15.03.01 f

15.03.01 g

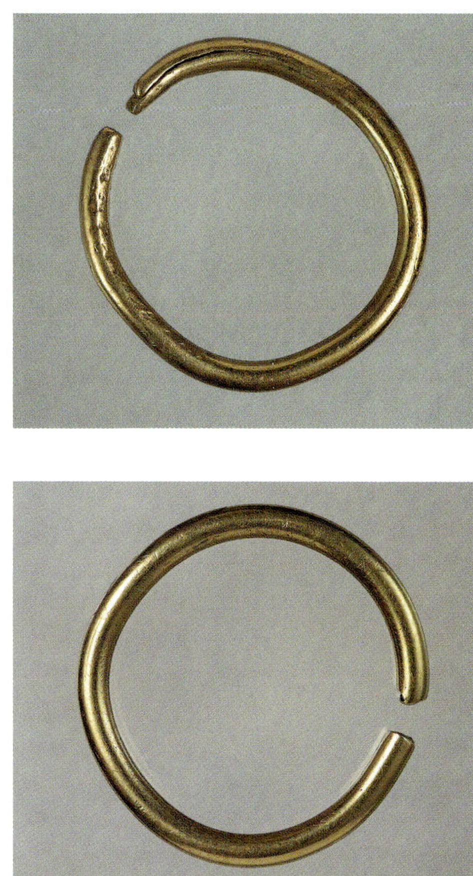

15.03.01 h

15.03.01 i

15.03.01 j

i) Fünf Goldblechfragmente
Gold
2,7 cm x 2,8 cm; 3,1 cm x 3,5 cm; 2,5 cm x 2,8 cm; 2,7 cm x 3,4 cm; 1,2 cm x 1,8 cm

Verzierungsfragmente aus Goldfolie eines nicht näher bekannten Gegenstandes, der auf der Brust des Toten, nahe dem Halsring gefunden wurde.

j) Drei Knöpfe
Bronze
Dm. 1,7–1,8 cm

Die massiv gegossenen Bronzeknöpfe mit Öse, die auf der Brust des Toten gefunden wurden.

k) 99 „Jackenknöpfe"
Silber, vergoldet
Dm. 1,8 cm; 1,7 cm

Insgesamt wurden im Fürstengrab von Zemplín 172 solcher „Jackenknöpfe" gefunden. Es handelt sich um kreisrunde aus Silber gegossene Objekte, die als Dekorationselemente (Beschläge) auf einem wahrscheinlich aus Leder angefertigten Kleidungsstück angebracht waren. Sie wurden mit je zwei Nieten auf der Unterlage befestigt. Drei Formen können dabei unterschieden werden. So gibt es hutförmige Scheiben mit breitem mit einer Perlenreihe verziertem Rand. In der Mitte befindet sich eine kegelartige Erhebung mit zentraler Vertiefung. Bei der zweiten Variante ist der Rand unverziert, die dritte Variante besteht aus einfachen silbernen Scheiben, die nur einen Befestigungsniet haben. Die Verzierung besteht aus einem einfachen Buckel der von einer Rille eingefasst ist.
Kleiderbeschläge dieser Art sind im altungarischen Fundbestand verhältnismäßig selten.

15.03.01 k

l) Riemenzunge
Silber, vergoldet
L. 5,7 cm, Br. 2,1 cm

Die größte Riemenzunge aus dem Fürstengrab von Zemplín gehörte zu der Bekleidung des Verstorbenen. Sie ist gegossen und auf der leicht konvexen Oberfläche mit einem symmetrischen vegetabilen Motiv verziert. Der eingetiefte Hintergrund ist zur Erhöhung des Kontrasts. Die Füllung des Randes besteht aus nahezu runden Perlen. Auf der Rückseite befinden sich fünf Befestigungsniete.

15.03.01 l

m) Riemenzunge
Silber, vergoldet
L. 3,2 cm, Br. 1,1 cm

Kleine gegossene Riemenzunge vom Nebenriemen des Gürtels. Die Verzierung des stark abgenutzten Stückes besteht aus einem plastischen Dreiblattmuster auf vergoldetem Hintergrund. Zwei Niete befinden sich auf der Rückseite.

15.03.01 m

15.03.01 n

n) Zwei herzförmige Gürtelbeschläge
Silber, vergoldet
H. 1,6 cm

Die kleinen gegossenen Beschläge (ursprünglich drei Stück) in Gestalt eines herzförmigen Pflanzenblattes dienten als Verzierung des Waffengürtels. Die Schauseite ist vergoldet, auf der Rückseite befinden sich je zwei Befestigungsniete.

o) 16 herzförmige Gürtelbeschläge
Silber, vergoldet
1,9 cm x 1,9 cm

Aus dem Fürstengrab von Zemplín wurden insgesamt 79 herzförmige Gürtelbeschläge, die den Gürtel des Verstorbenen schmückten und in zwei Typen unterschieden werden können, gefunden. Alle Beschläge waren mit drei Nieten an der Rückseite zur Befestigung am Gürtel versehen.

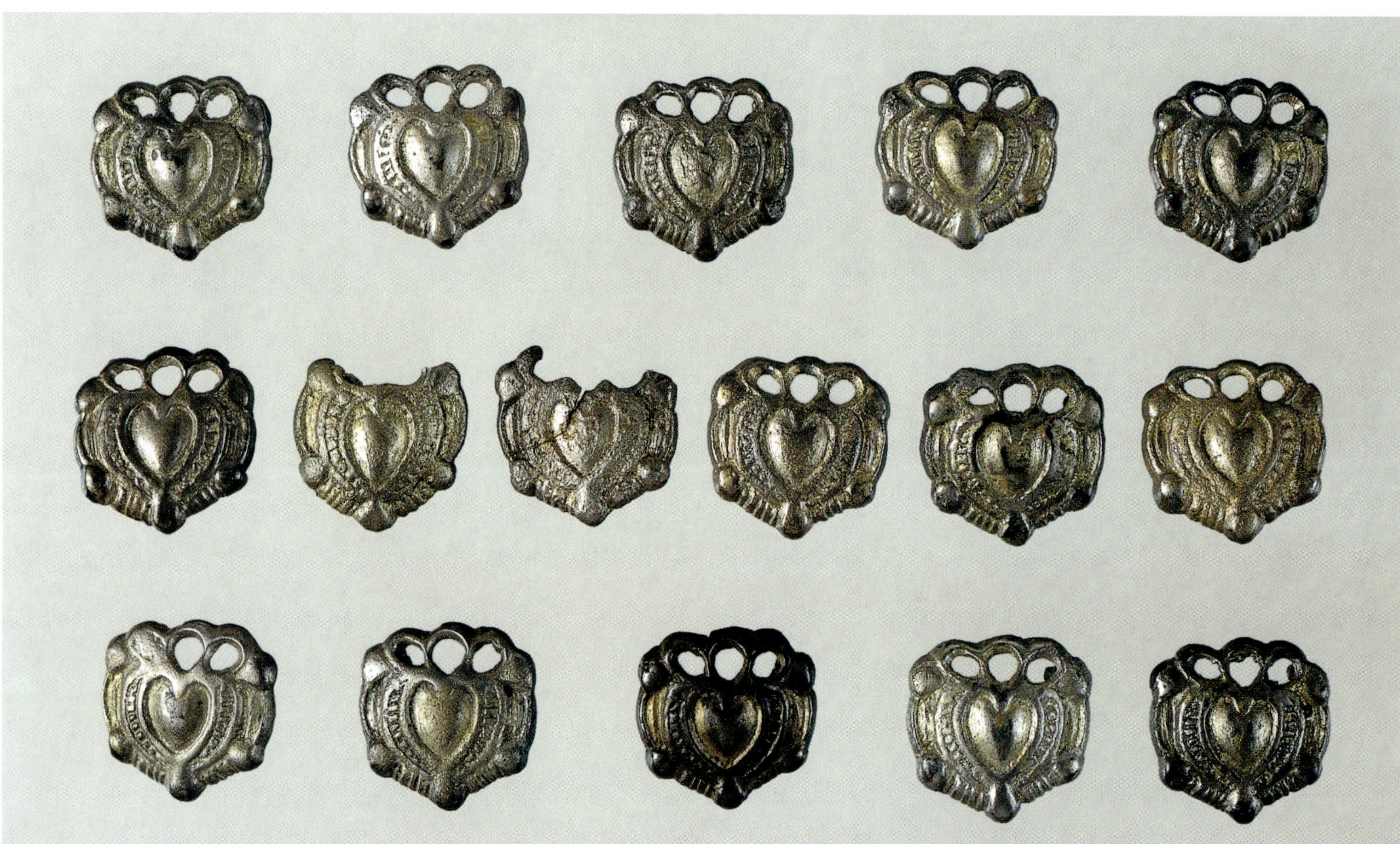

15.03.01 o

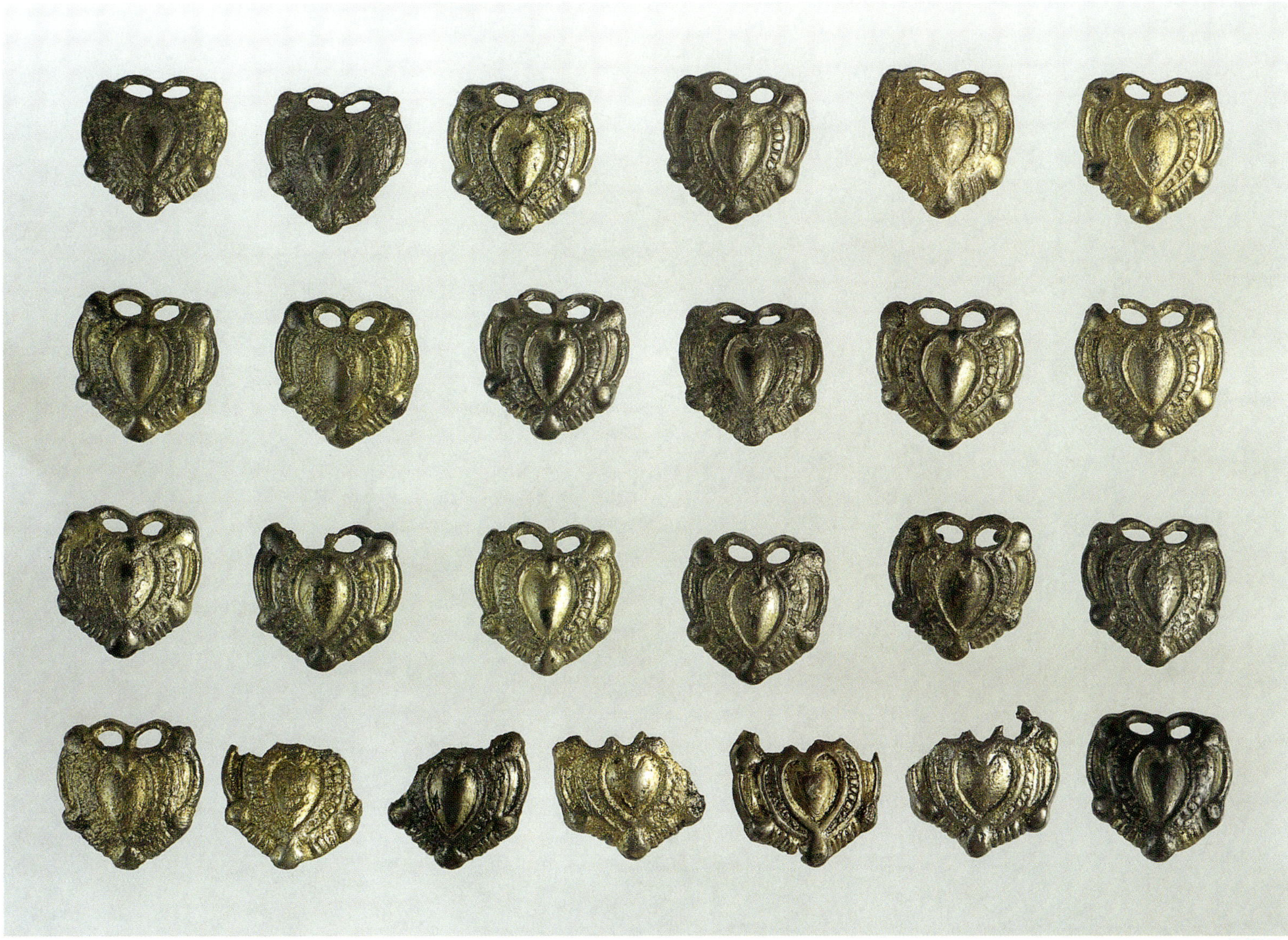

15.03.01 o

p) 25 herzförmige Gürtelbeschläge
Silber, vergoldet
1,8 cm x 1,8 cm

Die kleineren Gürtelbeschläge unterscheiden sich von der größeren Variante durch die Anzahl der tropfenförmigen Öffnungen im oberen Teil. Auch ist der herzförmige Schild in der Mitte etwas schmaler ausgeführt.

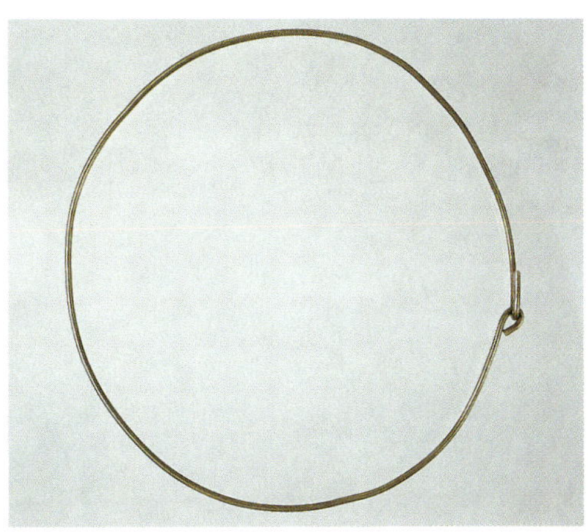

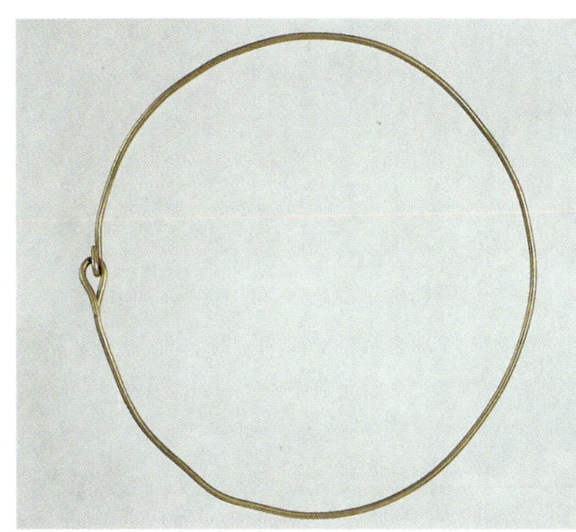

15.03.01 q

q) Fußringpaar
Gold
Dm. 8,1 cm, 8, 4 cm

Fußringpaar aus dünnem Golddraht, das extra für die Grabausstattung des Toten angefertigt worden war.

15.03.01 r

15.03.01 s

r) Zierscheibe
Silber, vergoldet
Dm. 8,6 cm

Im Grabe des Fürsten von Zemplín fanden sich insgesamt fünf Zopfzierscheiben. Drei von ihnen waren fragmentiert, und nur eine der drei konnte noch teilweise rekonstruiert werden. Sie war aus besonders feinem Silberblech getrieben, die Details nachträglich mit einem scharfen Stichel hervorgehoben. Das Ziermotiv stellt möglicherweise einen Raubvogel dar.

s) Vier Phaleren
Silber, vergoldet
Dm. 2,7 cm

Das im Grab aufgefundene Pferdehalfter war mit silbernen Beschlägen dekoriert. Vier davon sind rosettenartige Medaillons, welche zusammen mit schuppenartigen Gliedern die Oberfläche des Riemens vollständig bedeckten. Das Verzierungsmotiv der kleinen Phaleren erinnert an eine konzentrische Arkade mit Mittelbuckel. An der Rückseite befinden sich vier Befestigungsniete. Zwei Phaleren weisen nachträgliche Durchbohrungen auf.

15.03.01 t

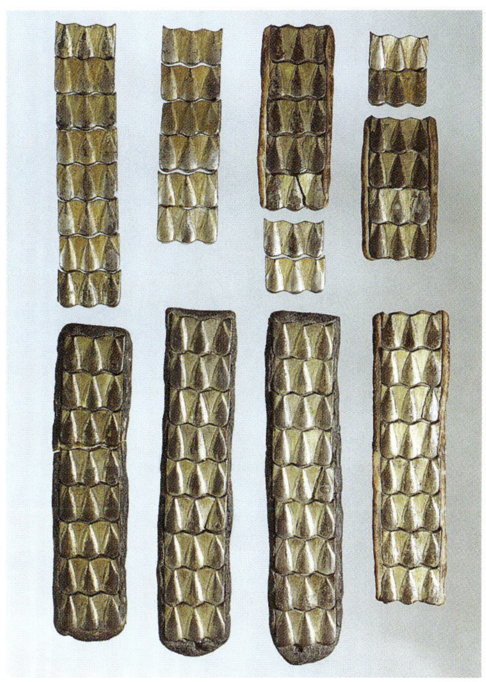

15.03.01 u

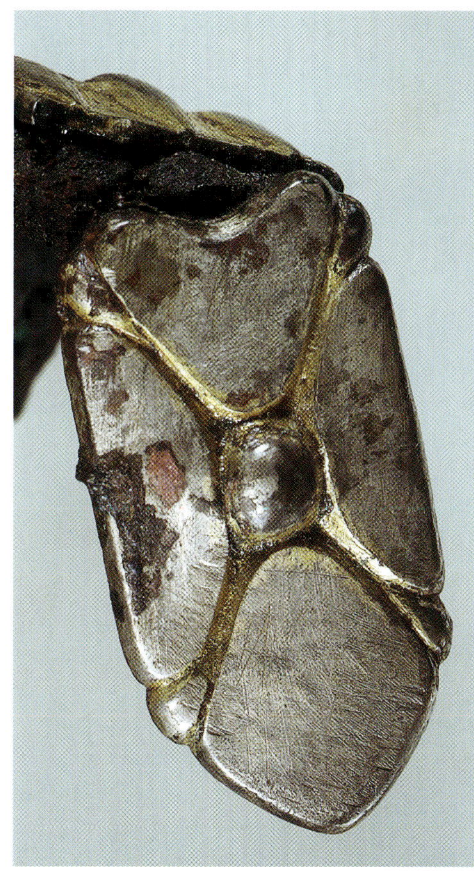

15.03.01 v

t) Zwei Phaleren
Silber, vergoldet
Dm. 3,7 cm

Zum Pferdehalfter gehörten zwei gegossene Phaleren mit Mittelbuckel, die mit Knospen- und Palmettenmotiven verziert waren. Auf der Rückseite je vier Befestigungsniete.

u) 66 schuppenartige Beschläge
Silber, vergoldet
1,3 cm x 2,2 cm

Insgesamt 95 solcher Beschläge wurden im Fürstengrab von Zemplín gefunden. Jeder Beschlag besteht aus beweglichen Gliedern mit je vier Befestigungsnieten. Die längere Seite der Beschläge, die ein tropfenähnliches Gebilde ziert, ist geschweift.

v) Riemenzunge
Silber, vergoldet
L. 4 cm, Br. 2,1 cm

Zum Pferdehalfter gehörte eine größere gegossene wappenschildförmige Riemenzunge. Die Schauseite des stark abgenutzten Stückes ist durch diagonale Rillen in vier Felder geteilt, in der Mitte befindet sich ein Buckel. Die Riemenzunge war am Riemen mit drei Nieten befestigt.

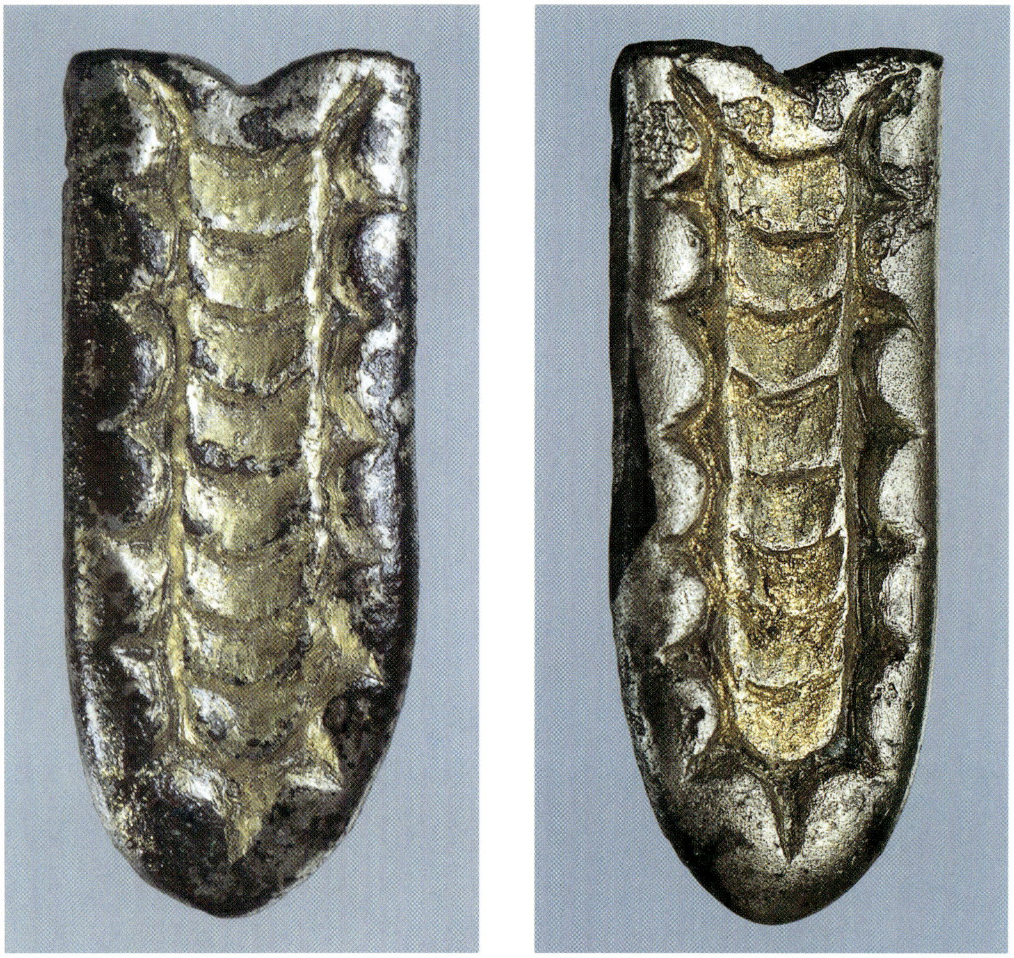

15.03.01 w

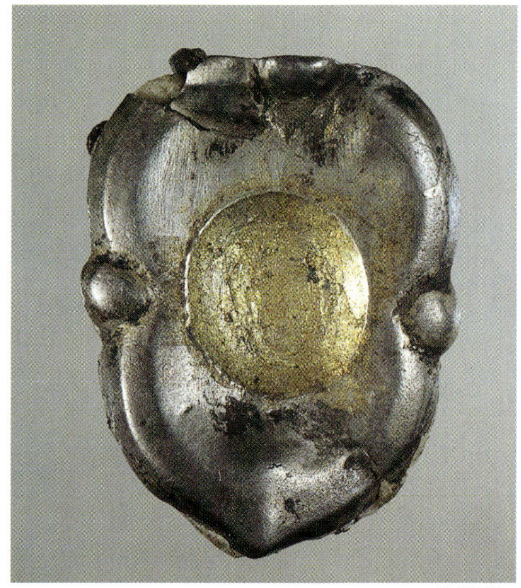

15.03.01 x

15.03.01 y

w) Zwei Riemenzungen
Silber, vergoldet
L. 2,2 cm, Br. 0,9 cm

Zwei von insgesamt vier winzigen gegossenen Riemenzungen, die ebenfalls vom Pferdehalfter stammen. Auf der Schauseite drei längliche Zierfelder, von denen das mittlere, vergoldet und schuppenartig verziert ist. Auf der Rückseite befinden sich zwei Niete.

x) Riemenzunge
Silber, vergoldet
L. 2, 5 cm, Br. 1,9 cm

Dreiblättriger Beschlag mit vergoldeter runder Vertiefung in der Mitte, drei Perlen und kantigen Seiten. Auf der Rückseite des als Streufund geborgenen Stückes sind Reste des Lederriemens erhalten.

y) Vier Pseudoschnallen
Silber, ehemals vergoldet
L. 1,9 cm, Br. 1,8 cm

Es handelt sich um in Serienproduktion gegossene Bestandteile der Pferdehalfters. Insgesamt wurden neun dieser Schnallen gefunden. Die leicht gebogene ovale Öse ist mit einem unverzierten Plättchen in Form eines Schmetterlingsflügels verbunden. Auf der Rückseite befinden sich je drei Niete, von denen einer an der Spitze der Öse angebracht ist.

15.03.01 z

z) Vier schildförmige Schellen

Silber, teilweise vergoldet
4,1 cm x 7,1 cm

Auch die vier schildförmige Schellen waren Bestandteile des Pferdehalfters. Die Schauseite der Schellen besteht aus Silber, die Rückseite aus Eisen. Beide Seiten wurden durch fünf Niete zusammengehalten. Im Hohlraum befanden sich kleinere Gegenstände zur Klangerzeugung. Die Oberfläche der im Gussverfahren hergestellten Schauseite war ziseliert und mit vegetabilem Ornament verziert.

aa) Sechs ovale Ösenbeschläge

Silber, teilweise vergoldet
3,9 cm x 5,7 cm

Insgesamt wurden 36 ovale Silberbeschläge des Pferdehalfters mit länglichen ovalen Ösen gefunden. Die meisten Beschläge wiesen starke Abnutzungsspuren auf. Die Verzierung besteht aus geometrisch-vegetabilen Ornamenten. Auf der Rückseite sind je vier Befestigungsniete.

15.03.01 aa

15.03.01 bb

15.03.01 cc

15.03.01 dd–ee

bb) Steigbügel
Eisen
17,2 cm x 13,8 cm

Der stark korrodierte Steigbügel hat eine nahezu dreieckige Form, die Trittfläche ist durch einen Mittelgrat verstärkt. Zwischen Trittfläche und Bügel befindet sich auf jeder Seite ein wulstartiges Zwischenglied.

cc) Trense
Eisen
21 cm x 16,5 cm

Die sich zu den Enden hin verjüngende Querstange der stark korrodierten Trense ist 16,5 cm lang. Abschlussköpfchen sind mit Bronzeblech bedeckt. Das Stück gelangte wahrscheinlich bereits als unbrauchbares Stück in das Grab des „Fürsten."

dd) Feuerstahl und Feuerstein
Eisen
L. 7,7 cm

Neben dem Messer gehörte zur Ausstattung des Toten auch ein Feuerstahl samt Feuerstein. Der Feuerstahl ist lyraförmig, mit zurückgebogenen Enden. Auf einer Seite des Feuerstahls haben sich die durch Rost konservierten Reste einer Textilie erhalten. Als Feuerstein wurde ein Kieselsplitter benutzt.

ee) Vier Pfeilspitzen
Eisen
L. max. 11,6 cm

Im Grab lagen gebündelt sieben verschieden geformte stark korrodierte Pfeilspitzen. Vier waren rhombisch, eine rautenförmig, eine blattförmig und eine in Form einer dünnen Stange. Št. H.

15.04.01
Wiener Säbel (Kopie) Handbuch Abb. 157
L. 90,5 cm
Eisen; Kupfer; Holz; Gold; Silber; Edelsteine (Original)
Szeged, Móra Ferenc Múzeum
Lit.: N. Fettich, Adatok a honfoglaláskor archeologiájához. Arch. Ért. 45, 1931, 62–72. – J. Hampel, Alterthümer des frühen Mittelalters in Ungarn II (Braunschweig 1905) 681–682. – A. N. Kirpičnikov, Tak nazivaemaja sabl'a Karla Velikogo. S.A. 1965, 2, 268–276. – L. Kovács, Bécsi szablya. In: S. Bökönyi (Red.) A magyar föld és nép korai történetének enciklopédiája (Budapest 1987) 7–9. – P. Paulsen, Einige Säbelschwerter im Ostseeraum. In: Documenta Archeologica Wolfgang la Baume dedicata (Bonn 1956) 123–136. – Z. Tóth, Attilas Schwert (Budapest 1930).

Die prächtigste landnahmezeitliche Waffe und Rangzeichen zugleich gelangte nie in die Erde. Säbel und Scheide bedecken mit Bandornamentik und Palmetten verzierte Goldbleche. In die Blutrinne ist ein Kupferband eingelegt, auf dem mythische Tiere und Rankenmotive dargestellt sind.
Nach zeitgenössischen Quellen schenkte 1063 die Mutter König Salomons die Waffe dem bayerischen Herzog, was im Laufe der Zeit vergessen wurde. Nach späteren Sagen war die Waffe ein Geschenk an Karl den Großen oder ein Erbstück von Attila. Es hieß, sie sei aus der Schatzkammer der Awaren geraubt oder stünde in Verbindung mit bulgarischen Fürsten. Doch die nächsten Verwandten des Wiener Säbels stammen aus ungarischen Heerführergräbern (Geszteréd, Rakamaz, Tarcal, Karos). Der Wiener Säbel wurde sicherlich im 10. Jahrhundert für einen Arpaden geschaffen und kam aus deren Schatzkammer in den Besitz der Bayern. Im Mittelalter wurde er bei der Krönung der Kaiser des Heiligen Römischen Reiches Deutscher Nation verwendet und wird bis heute zusammen mit den Reichsinsignien aufbewahrt. L. R.

15.04.01

Herrschaftszentren und Waffenwechsel

15.05

Die Ungarn bauten erst seit dem ausgehenden 10. Jahrhundert Burgen. Sie errichteten Ringwälle aus Holz und Erde, bisweilen mit steinerner Fassade, wie sie sie im Deutschen Reich und in den slawischen Ländern kennengelernt hatten. In oder vor den Burgen entstanden die ersten Kirchen. Burgherren waren die Statthalter der ungarischen Herrscher. Die Einteilung in Burgbezirke, die späteren Komitate, geht auf die Zeit um 1000 zurück.

Seit dem letzten Drittel des 10. Jahrhunderts trugen die ungarischen Krieger die gleichen Waffen wie ihre slawischen und deutschen Nachbarn.

Burgenbau und neue Bewaffnung trugen ebenso wie die Christianisierung zur Europäisierung des Landes bei. T. K.

15.05.01

15.05.02

15.05.01

Zweischneidiges Schwert aus der Donau

Budapest. Elisabethbrücke (Ungarn)
Eisen, mit Silber- und Kupfertauschierung
L. 88 cm
Ende 10.–Anfang 11. Jh.
Budapest, Magyar Nemzeti Múzeum.
Inv. Nr. FN 31/1899
Lit.: K. Bakay, Archäologische Studien zur Frage der ungarischen Staatsgründung. Act. Arch. Hung. 19, 1967, 105–173. – J. Hampel, Ujabb tanulmányok a honfoglalási kor emlékeiről (Budapest 1907) 219–220.

Das Schwert gehört aufgrund seines dreigliedrigen Knaufs zu den Waffen vom Typ S nach Petersen. Auf dem Knauf der einst prächtigen Waffe sind Silber- und Kupfertauschierungen sowie Reste von Silber- und Kupferblechauflagen zu erkennen. Ähnlich verziert war auch die Parierstange. Die Klingen der in Ungarn gefundenen Schwerter wurden zumeist im Rheinland gefertigt, mehrere sind wie dieses Exemplar damasziert. Tauschierte Parierstangen und Knäufe waren jedoch oft das Werk skandinavischer Handwerker. L. R.

15.05.02

Zweischneidiges Schwert

Szob-Kiserdő. Grab 21 (Ungarn)
Eisen; Kupfer, vergoldet
L. noch 47,5 cm
Ende 10.–Anfang 11. Jh.
Budapest, Magyar Nemzeti Múzeum.
Inv. Nr. 2/1937.20
Lit.: K. Bakay, Honfoglalás és államalapitás kori temetők az Ipoly mentén. Studia Comitatensia 6 (Suzentendre 1978) 6–52; 128–141.

Das Schwert gehört zum Typ S nach Petersen. Knauf und Parierstange sind bichrom tauschiert. Diese Schwerter fanden sich in der zweiten Hälfte des 10. und Anfang des 11. Jahrhunderts häufiger in der Umgebung der Hauptzentren der Arpadendynastie. Daher identifizierte man ihre Träger mit der schriftlich belegten *miles*-Schicht, doch sprechen immer mehr Befunde gegen die Vorstellung, dass diese Schwerter die Hinterlassenschaft des neuen fürstlichen Gefolges sind. Die einstigen Besitzer dieser Waffen waren zwar nicht arm, doch wurden sie in Nekropolen des Gemeinvolkes bestattet. L. R.

15.05.03
Schwert mit Säbelgriff
Rakamaz-Strázsadomb (Ungarn)
Eisen
L. 72 cm
2. Drittel 10. Jh.
Nyíregyháza, Jósa András Múzeum. Nicht invertarisiert
Lit.: I. Fodor, Tiszaeszlár-Bashalom; Rakamaz-Strázsadomb, Sárospatak-Baksahomok, Sóshartyán-Murahegy. In: The Ancient Hungarians. Ausstellungskat. Budapest (Budapest 1996) 119.

Die Ungarn versuchten wohl, die Vorteile ihrer leichten Säbel mit jenen der im Nahkampf überlegenen, zweischneidigen Schwerter des Westens zu vereinen: sie bogen die Griffe erbeuteter Schwerter einem Säbel entsprechend zur Seite und versahen sie mit der zur Klinge hin gebogenen Parierstange eines Säbels. Die beiden Waffen verlangten jedoch eine unterschiedliche Reit- und Fechttechnik und setzten unterschiedliche Kampfarten voraus. Die Ungarn sahen dies rasch ein, da kaum ein Dutzend Schwerter mit Säbelgriff aus landnahmezeitlichen Gräbern überliefert und sie nach den 70er Jahren des 10. Jahrhunderts gar nicht mehr vorhanden sind. L. R.

15.05.04
Lanzenspitze
Budapest. Im Flussbett der Donau (Ungarn)
Stahl mit Niello und Vergoldung
L. 59 cm, Klingenbr. 2,9 cm
2. Hälfte 11. Jh.
Budapest, Magyar Nemzeti Múzeum, Waffensammlung. Inv. Nr. 67.8513
Lit.: I. Fodor, Tiszaeszlár-Bashalom, Rakamaz-Strázsadomb, Sárospatak-Baksahomok, Sóshartyán-Murahegy. In: The Ancient Hungarians. Ausstellungskat. Budapest (Budapest 1996) 365. – L. Kovács, A budapesti lándzsa. A magyar királylándzsa történetének vázlata. Fol. Arch. 21, 1970, 127–146. – P. Paulsen, Magyarországi Viking leletek az észak- és nyugateurópai kulturtörténet megvilágitásban. Arch. Hung. 12 (Budapest 1933) 7.

Die auf Gotland hergestellte Lanze wurde im Donaubett gefunden. Ihr langes Blatt hat eine schmal auslaufende Spitze, einen ausgeprägten Mittelgrat und zeigt ein schwaches Wellenlinienmuster. Die Tülle ist mit Gold plattiert und trägt floralen Niellodekor sowie ein Flechtband, das an den wikingischen „Ringerike"-Stil erinnert. Ihre Goldplattierung macht diese Wikingerlanze zu einem einzigartigen Fund. In der Schlacht von Ménfő fällt 1044 die vergoldete königliche Lanze dem deutschen Kaiser Heinrich III. in die Hände. So könnte der Budapester Fund die Lanze König Peters I. sein, ist jedoch wahrscheinlicher das Herrschaftssymbol des Dux, also des Thronerben, die auf unbekannte Weise in die Donau gelangte. T. S. K.

15.05.03

15.05.04

15.05.05

15.05.05

Steigbügel

Nagytarcsa, Kom. Pest (Ungarn)
Eisen
18,5 cm x 12,8 cm; 12 cm x 10,6 cm
10. Jh.
Budapest, Magyar Nemzeti Múzeum.
Inv. Nr. 61.132.2–3.A
Lit.: L. Kovács, Honfoglalás kori sírok Nagytarcsán 1. Temetö utca 5. Adatok a gombos nyakú kengyelek értékeléséhez. Comm. Arch. Hung. 1985 125; 132–135. – Ders., Über einige Steigbügeltypen der Landnahmezeit. Acta. Arch. Hung. 38, 1986, 198 Nr. 6–7.

Aus einem beim Sandabbau angeschnittenen Frauengrab stammen zwei ungleiche Steigbügel. Die Exemplare gehören nicht zum Fundgut der landnehmenden Ungarn. Vermutlich gelangten sie als Beute aus den Einfällen in Westeuropa nach Ungarn. L. K.

15.05.06

Helm

Pécs, Kom. Baranya (Ungarn)
Eisen
Dm. 21 cm, H. 25 cm
Ende 10. Jh.
Pécs, Janus Pannonius Múzeum.
Inv. Nr. 2613.
Lit.: A. Kiss, Baranya megye X–XI szádi sírleletei. MKHTL 1, 1983.

Die Kalotte des Helms besteht aus vier nahezu dreieckigen Eisenplatten, die überlappend zusammengenietet sind. An den Rändern der Platten befinden sich verzierte Bronzebänder. Auf dem Scheitelpunkt ist eine auf einem achtblättrigen Grund sitzende Spitze angebracht. Am unteren Rand der Kalotte befinden sich noch Reste der Ringbrünne. Da die Ungarn üblicherweise Lederhelme trugen, dürfte es sich bei diesem Helm um ein Importstück, vermutlich aus Russland, handeln. L. K.

15.05.06

Christianisierung 16.01–06

Vor der Landnahmezeit im 9. Jahrhundert missionierten die Bistümer Aquileia, Salzburg, Passau und Regensburg in Transdanubien, seit etwa 950 sowohl lateinische als auch byzantinische Missionare. Gesandte des Arpadenfürsten Géza baten Otto II. vermutlich 973 um Missionare. Wenig später ließen sich Géza und sein Sohn Vajk taufen. Vajk nahm den Namen Stephan an und gab Ungarn eine Kirchenverfassung. Im Zuge dieser Maßnahmen werden Gran (Esztergom) und Kalocsa als Erzbistümer sowie acht Bistümer eingerichtet. Nach dem zweiten Gesetzbuch Stephans mussten jeweils 10 Dörfer immer eine Kirche errichten. Bei der Christianisierung des Landes spielte der Benediktinerorden eine wichtige Rolle. Die Gründung des ersten und bedeutendsten Benediktinerklosters Martinsberg (Pannonhalma) reicht in die letzten Herrschaftsjahre Gézas zurück. Obwohl in Ungarn wohl noch im 11. Jahrhundert ein Bistum nach östlichem Ritus bestand, verlor Byzanz langsam an Einfluss. L. R. u. Á. R.

16.01.01–15

Die Friedhöfe des Benediktinerklosters St. Hadrian sowie der nördlich des Klosters gelegenen Pfarrkirche

Das dem heiligen Hadrian geweihte Benediktinerkloster wurde der historischen Überlieferung nach 1019 von Stephan I. gegründet. Der Baukomplexes des 16. Jahrhunderts ist aus einer Vermessungszeichnung von 1569 bekannt. Nach seiner Sprengung 1702 wichen die Überreste einem Steinbruch, später einer Sandgrube.

Die ungefähre Lage der ehemaligen Klosterkirche kann nur anhand der erwähnten Zeichnung bestimmt werden. Der teilweise ergrabene Friedhof der Klosterkirche lieferte Bestattungen des 11. Jahrhunderts. Die gehobene Stellung der Bestatteten beweist der beigegebene Schmuck. Schläfen- und Fingerringe bestehen fast ausnahmslos aus Edelmetall.

Zur Wallfahrtskirche St. Hadrian aus dem 9. Jahrhundert bzw. zu der 850 geweihten Marienkirche gehören die aufgefundenen Gräber des 9. Jahrhunderts. Letztere bildete wahrscheinlich den Kern des im 11. Jahrhundert neugegründeten Klosters.

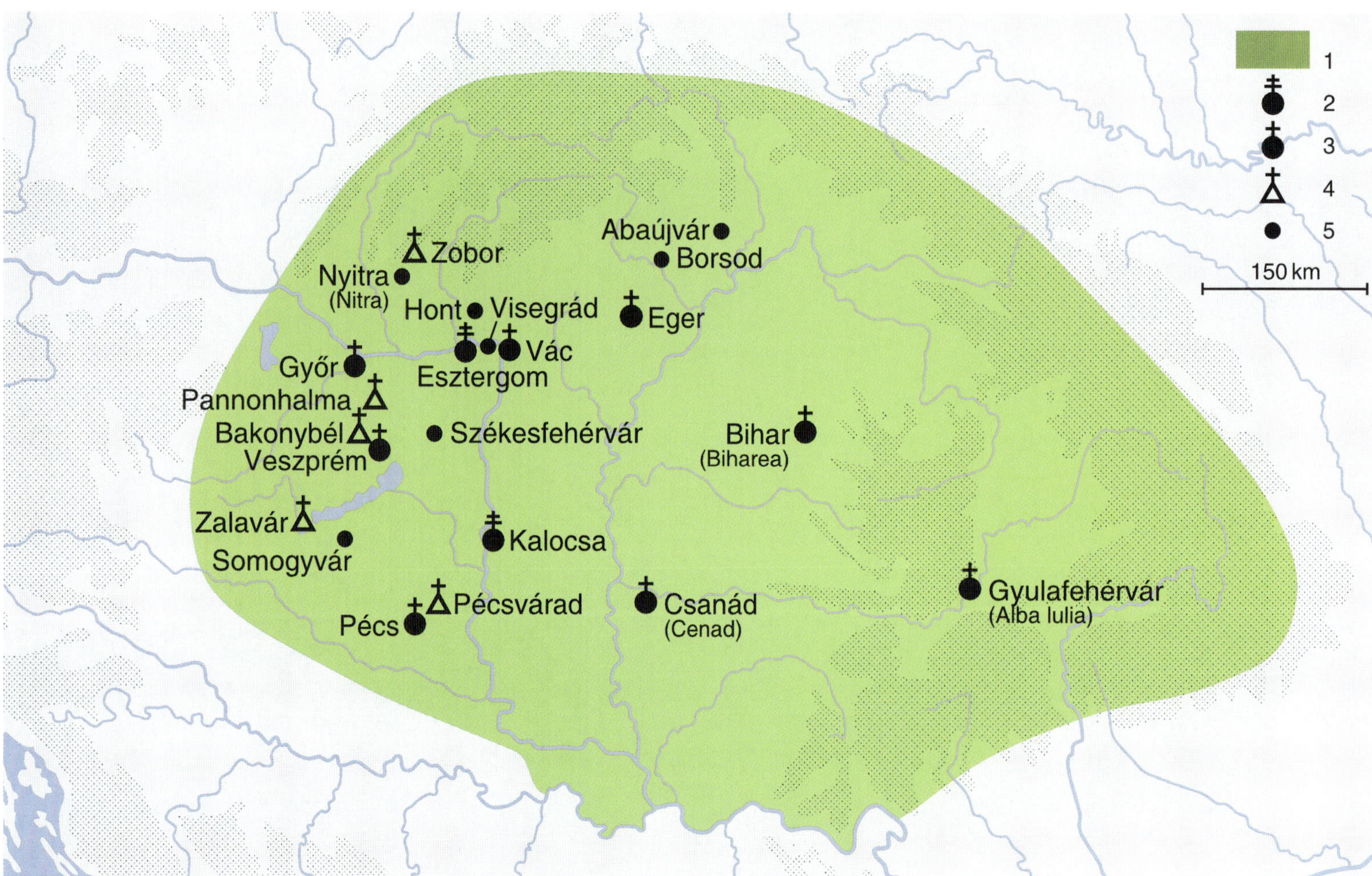

1 ungarisches Gebiet; 2 Erzbistum; 3 Bistum; 4 Kloster; 5 sonstiger Ort

Ungarn um 1000–1500

Nördlich des Benediktinerklosters wurde im letzten Drittel des 11. Jahrhunderts eine Pfarrkirche für die Beamten des sich inzwischen herausbildenden Komitatszentrums erbaut. Ihr Friedhof wurde nach dem 13. Jahrhundert nicht mehr genutzt. Die Auflassung des Friedhofs – und vermutlich gleichzeitig auch die Aufgabe der Kirche – kann mit dem Verfall des auf Stephan I. zurückgehenden Burgsystems erklärt werden. Á. R.

16.01.01 a–c

Grab 71 der Benediktinerabtei

Zalavár. Burginsel (Ungarn)
2. Hälfte 9. Jh.
Budapest, Magyar Nemzeti Múzeum.
Inv. Nr. 53.18.7; 53.18.5–6
Lit.: Á. Sós, Die Ausgrabungen Géza Fehérs in Zalavár. Arch. Hung. 41 (Budapest 1963) 42–43; 57–58 Taf. 47, 1–4.

a) Ohrringpaar mit beidseitigem Traubenanhänger

Silber, vergoldet
L. 4,1 cm, Ringl. 2,9 cm, Gew. 10,4 g

Der Ring besteht zu drei Vierteln aus einem Geflecht von zusammengedrehten Drähten und Perldrähten und wird an drei Stellen durch kleine Kränze aus granulierten Kügelchen und Perldraht gegliedert. Der beidseitige Traubenanhänger besteht aus zusammengelöteten granulierten Hohlkugeln und Perldrähten. Der eine Anhänger ist eine gegossene Kopie des Originals. Die nächsten Analogien sind von Abraham II, Grab 1 (SW-Slowakei), Staré Město, Grab 550 (26/48) (Mähren) und Trilj (Dalmatien) bekannt.

b–c) Zwei Bandfingerringe mit kreuzförmigem bzw. halbkugeligem Kopf

Silber, vergoldet
Dm. 1,8 x 2 cm, bzw. ca. 2 cm

Der kreuzförmige Kopf besteht aus 5 großen Hohlkugeln mit kleinen Kugeln in den Zwischenräumen. Der andere Ring mit halbkugeligem Kopf trug ursprünglich eine Glaseinlage in einem Perldrahtrahmen, der seitlich von je drei granulierten Kugeln gefasst wird. Die beste Parallele des Fingerrings mit kreuzförmigem Kopf ist aus Zalaszabar-Borjúállás-sziget, Grab 123, bekannt, während der andere Fingerring hauptsächlich aus Mähren Analogien hat (Staré Město, Přemostí, Břeclav-Pohansko). B. M. Sz.

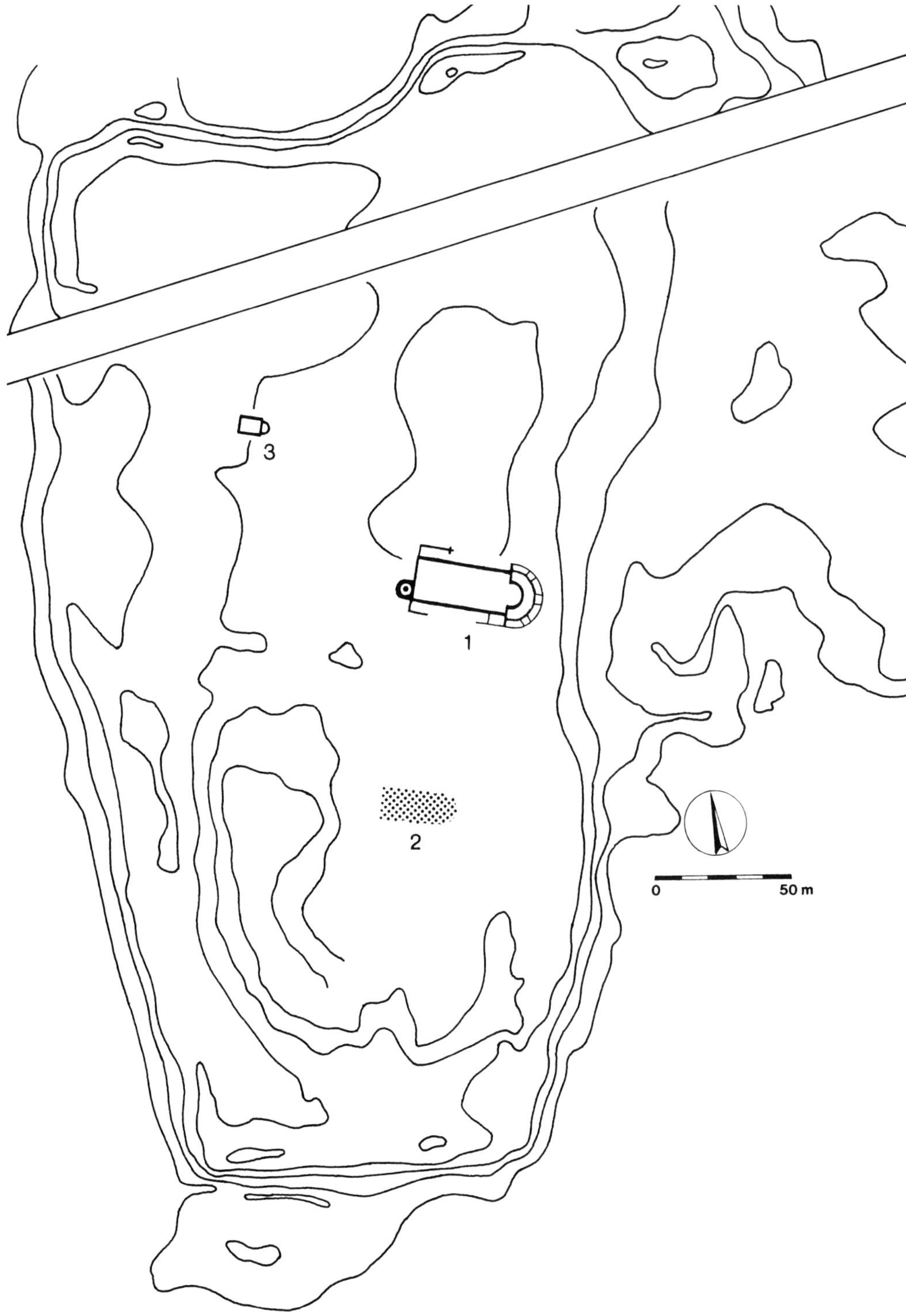

Zalavár. Lageplan der Benediktinerabtei St. Hadrian (1) sowie der nördlich des Klosters gelegenen Pfarrkirche (3).

16.01.01 a

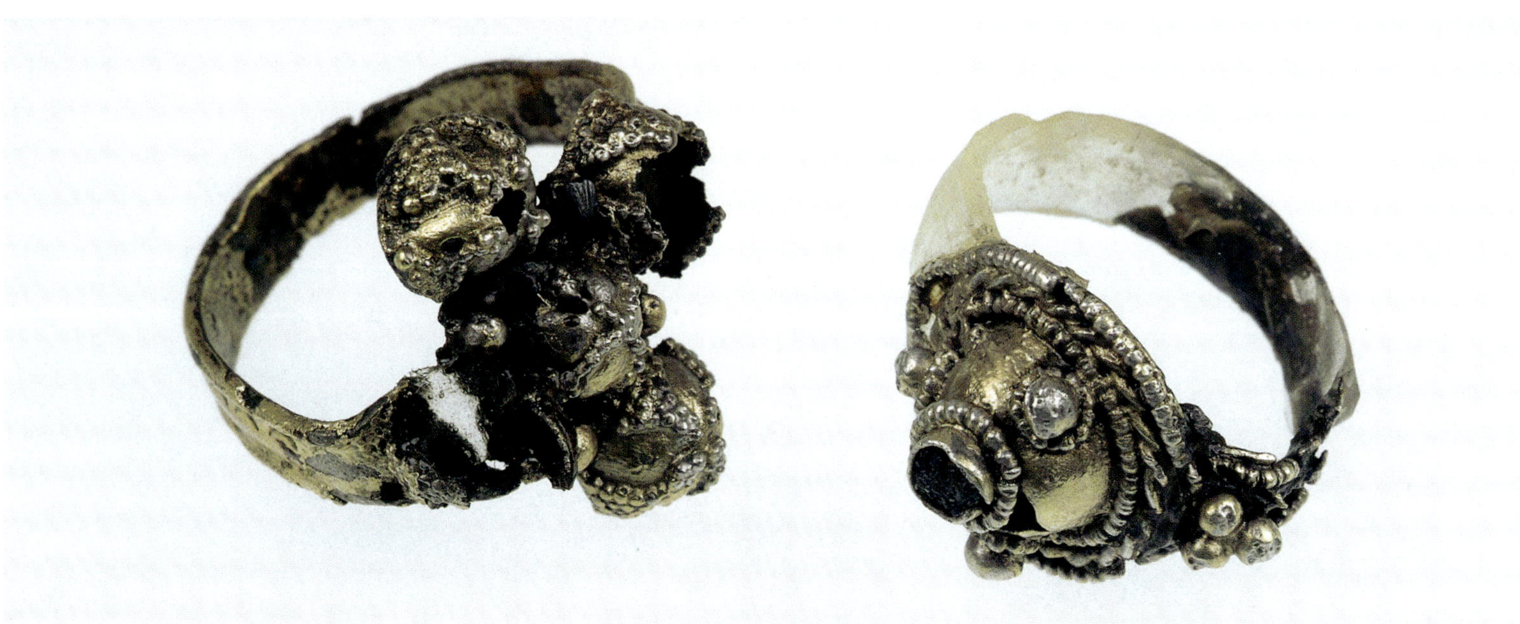

16.01.01 b–c

16.01.02

16.01.03

16.01.02–04

Drei Perlenketten

Zalavár. Burginsel, Grab 248 und 336 (Ungarn)
2. Hälfte 9. Jh.
Glas
Grab 248: L. 24,0 cm, 38 cm (11 u. 134 St.); Grab 336: L. 28 cm (62 St.)
Budapest, Magyar Nemzeti Múzeum. Inv. Nr. 54.26.80 (Grab 248); 56.1.70 (Grab 336)
Lit.: Á. Sós, Die Ausgrabungen Géza Fehérs in Zalavár. Arch. Hung. 41 (Budapest 1963) 47; 79 Taf. 48, 1–2, 4.

16.01.04

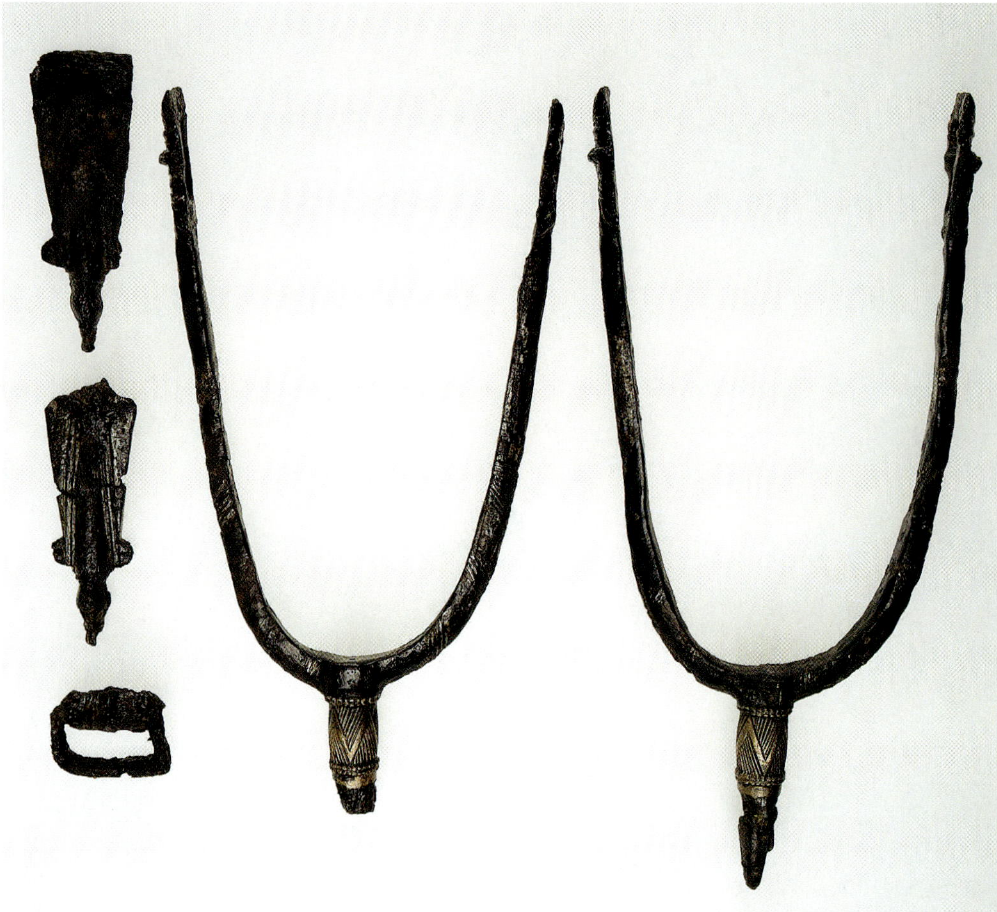

16.01.05

16.01.05

Sporenpaar mit vogelförmigen Riemenzungen und Schnalle

Zalavár. Burginsel, Grab 269 (Ungarn)
Mitte 9. Jh.
Eisen mit Silberplattierung
L. 19,1 cm, Br. 10,3 cm, Dornl. 4,5 cm;
L. 6,5–7,2 cm (Riemenzungen)
Budapest, Magyar Nemzeti Múzeum.
Inv. Nr. 54.26.107
Lit.: Á. Sós, Die Ausgrabungen Géza Fehérs in Zalavár. Arch. Hung. 41 (Budapest 1963) 62 Taf. 50.

Das Sporenpaar gehört zu den schweren Sporen des so genannten Biskupija-Crkvina-Typs. Der Sporendorn war mit einem Kupferblech ummantelt, das schraffierte Dreiecke verzieren. Der Schenkel des Sporns und die Riemenzungen waren streifentauschiert und silberplattiert. Ähnliche Sporen sind aus Pannonien, aus mehreren Gräbern in NW-Deutschland, England bzw. von der dalmatinischen Küste bekannt. Unser Sporenpaar könnte direkt aus einer rheinischen Werkstatt nach Mosaburg-Zalavár gelangt sein. B. M. Sz.

16.01.06 a–d

Farbiges und bemaltes Fensterglas und Reste der Bleirahmen

Zalavár. Abtei St. Hadrian (Ungarn)
Glas; Blei
Kopf eines Engels (?): 3,5 x 2,4 cm; Kopfbruchstück mit Hand und Stab: 3,5 x 3 cm, Dicke des Glases: 0,2–0,25 cm; Überreste des Bleirahmens: 4–4,5 x 1 cm
Budapest, Magyar Nemzeti Múzeum.
Inv. Nr. 88.40.26–29.Z
Lit.: B. M. Szőke, A korai középkor hagyatéka a Dunántulon. Ars Hung. 1998, Abb. 3.

Bei der Apsis der Hadrians-Wallfahrtskirche kamen farbige und goldbemalte Fensterglasscherben und Reste der Bleirahmen zutage, die eventuell zu kleinen Fenstern der Ringkrypta gehörten. Die Figuren dürften Christus, Heilige und Engel darstellen, die Inschriften sich auf die abgebildeten Personen bezogen haben.
Aus dem Gebiet des Karolingerreiches sind aus dieser Zeit bisher nur Fenster mit Pflanzenornamentik oder Inschriften bekannt, nicht aber mit menschlichen Figuren. Der Stil der Figuren zeigt Verwandtschaft mit der Wandmalerei Südtirols, vor allem Naturns, St. Prokulus. B. M. Sz.

16.01.06 a

16.01.06 b

16.01.06 c

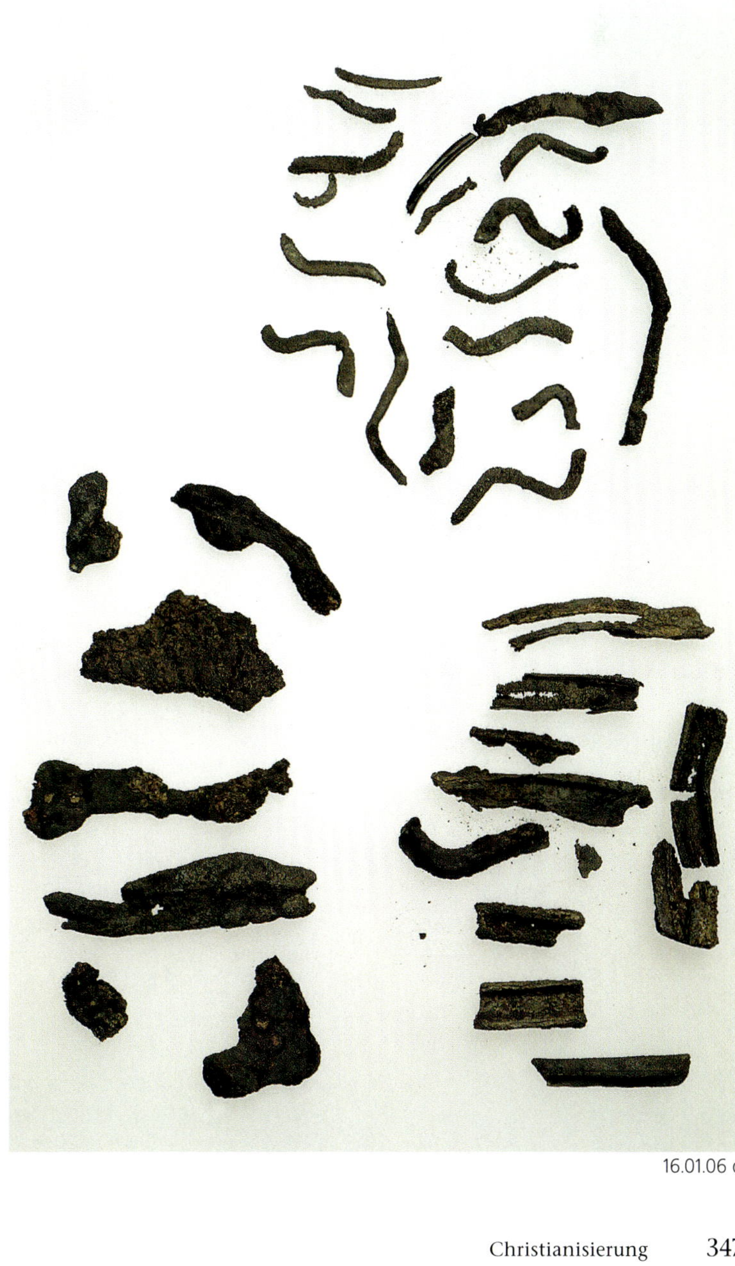

16.01.06 d

16.01.07 a–b

Grab 85 des Benediktinerklosters

Zalavár. Burginsel (Ungarn)
2. Hälfte 11. Jh./12. Jh.
Budapest, Magyar Nemzeti Múzeum.
Inv. Nr. 53.18.8; 53.18.9
Lit.: K. Mesterházy, Köznépi ékszerek nemesfém változatai: Arany S végű hajkarikák. Alba Regia 20, 1983, 148–149. – Ders., Bizánci és balkáni eredető Tárgyak a 10–11 századi magyar sirleletekben II. Folia Aarch. 52, 1991, 156–160 (176). – Á. Sós, Die Ausgrabungen Géza Fehérs in Zalavár. Arch. Hung. 41 (Budapest 1963) 151 Taf. 47, 9.

a) Schläfenring mit s-förmigem Ende

Elektron
Dm. 1,6 cm

Ein aus rundstabigem Draht gebogener Schläfenring mit gerippten „S"-Enden. Die aus Gold und manchmal aus Elektron gefertigte Variante des Schmuckstückes des Gemeinvolkes kommt vereinzelt in Gräbern von Reihen- und Kirchenfriedhöfen des 11. bis 12. Jahrhunderts vor. Sie gehörten zur Tracht der Vornehmen jener Zeit. Seit der zweiten Hälfte des 12. Jahrhunderts dominiert hier das Elektron als Schmuckmaterial. In Schatzfunden des 13. Jahrhunderts sind neben Silber- ausschließlich Elektronexemplare anzutreffen.

b) Filigranverzierter Bandfingerring

Gold
Dm. 1,6 cm

Um die etwas verdickten Ränder des Bandfingerringes laufen je zwei Filigrandrähte. Dazwischen ist die Oberfläche glatt und unverziert. Die Bandenden sind zusammengelötet. Solche Fingerringe mit filigranverziertem Reif hält die Forschung für byzantinisch oder balkanisch. Ähnlich verzierte Goldbänder gehören zu Kopffingerringen. Sie werden ins 10. und 11. Jahrhundert datiert. Nachahmungen dieser Ringform aus Silber und Bronze waren im 11. Jahrhundert weit verbreitet. Á. R.

16.01.08

Schläfenringpaar mit offenen Enden

Zalavár. Burginsel, Benediktinerkloster, Grab 15/1995 (Ungarn)
2. Hälfte 11. Jh./12. Jh.
Silber
Dm. 3 cm
Budapest, Magyar Nemzeti Múzeum.
Nicht inventarisiert

Aus Draht mit rundem Querschnitt gebogene, einfache Ringe mit offenen Enden. Dieser einfachste Typ von Kopfschmuck kommt als Streufund, aber auch in Friedhöfen bei Kirchen des 11. bis 12. Jahrhunderts vor. Á. R.

16.01.09 a–b

Grab 36/1995 des Benediktinerklosters

Zalavár. Burginsel (Ungarn)
2. Hälfte 11. Jh./12. Jh.
Budapest, Magyar Nemzeti Múzeum.
Nicht inventarisiert

a) Schläfenringe mit s-förmigem Ende

Silber
Dm. 1,7 cm

Schläfenringe dieses Typs sind „Leitfunde" von Friedhöfen des Gemeinvolkes seit dem letzten Drittel des 10. Jahrhunderts. Ihr Gebrauch ist bis zum Ende des 13. Jahrhunderts nachzuweisen. Die Ringe mit gerippten „S"-Ende tauchen in der Mitte des 11. Jahrhunderts auf.

b) Offener Bandfingerring

Silber
Dm. 2,1 cm

Der breite Bandfingerring aus Bronze oder Silber mit gerippter Oberfläche und offenen Enden war bis ins 12. Jahrhundert ein beliebtes Schmuckstück. Á. R.

16.01.10

Vier Schläfenringe mit s-förmigem Ende

Zalavár. Burginsel, Benediktinerkloster, Grab 32/1996 (Ungarn)
2. Hälfte 11. Jh./12. Jh.
Silber
Dm. 1,5–1,6 cm
Budapest, Magyar Nemzeti Múzeum.
Nicht inventarisiert

Schläfenringe mit s-förmigem Ende sind „Leitfunde" der Friedhöfe des gemeinen Volkes. Sie sind in verschiedenem Material und in wechselnder Größe bis zum Ende des 13. Jahrhunderts nachzuweisen. Ringe mit geripptem „S"-Ende tauchen in der Mitte des 11. Jahrhunderts auf. Die glatten Exemplare sind in den Friedhöfen von Zalavár-Burginsel sehr selten. Die meisten hier gefundenen Ringe haben ein geripptes „S"-Ende. Üblicherweise liegen zwei bis vier solcher Ringe an beiden Seiten des Schädels. Á. R.

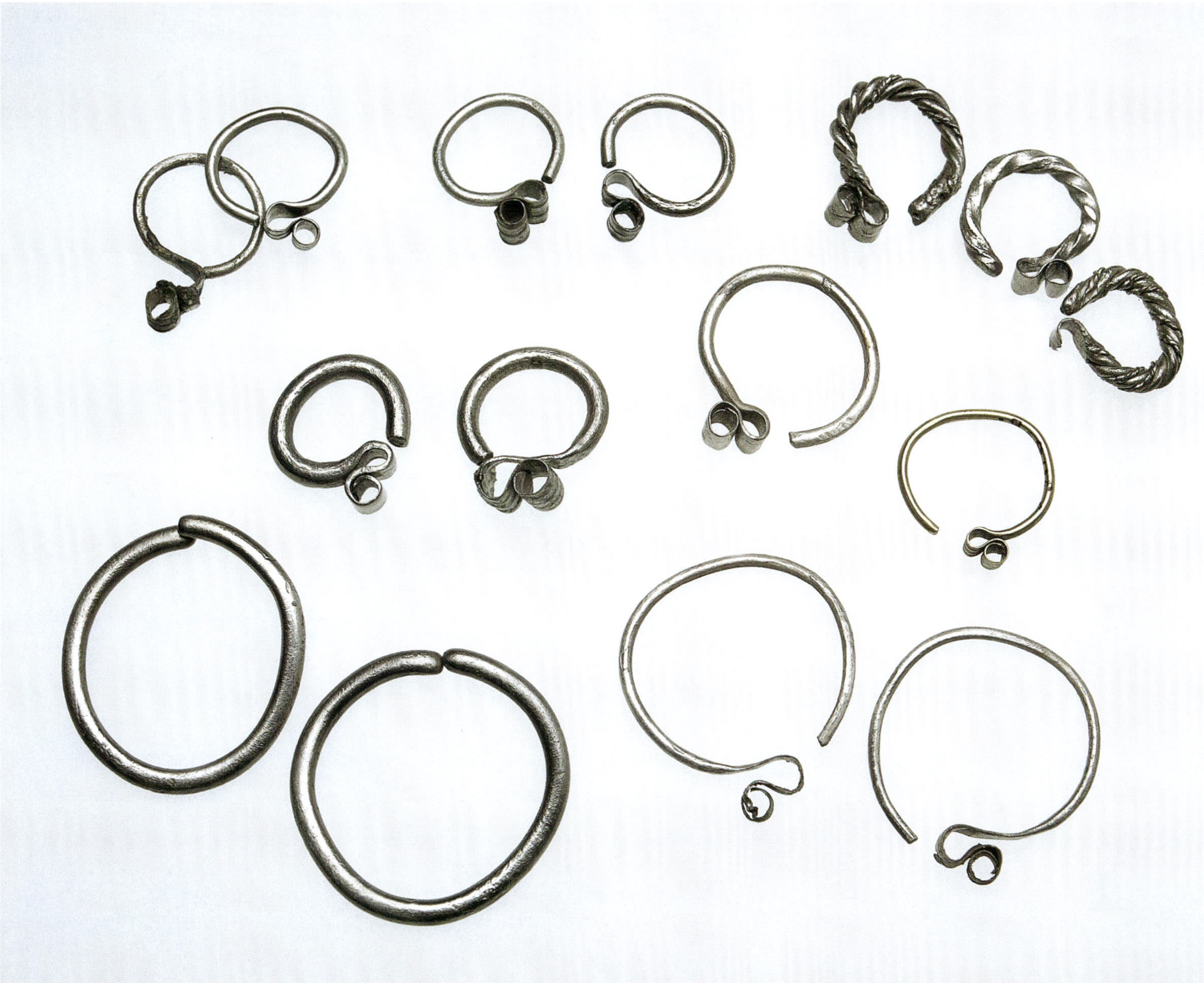

16.01.07 a, 08, 09 a, 10, 11 a, 12 a, 13

16.01.07 b, 09 b, 12 b

16.01.11 b–c

16.01.11 a–c

Grab 47/1996 des Benediktinerklosters

Zalavár. Burginsel (Ungarn)
2. Hälfte 11. Jh./12. Jh.
Budapest, Magyar Nemzeti Múzeum.
Nicht inventarisiert

a) Zwei Schläfenringe mit s-förmigem Ende

Silber
Dm. 2,6 cm

Aus Draht mit rundem Querschnitt gebogene Ringe mit s-förmigem Ende.

b–c) Zwei Perlenketten

Glas
L. 8 cm, 15 cm

Die farbigen Glasperlen zierten – nach ihrer Lage im Grab – vermutlich einen Haarzopf. Seit der zweiten Hälfte des 12. Jahrhunderts verschwinden die den Hals bzw. Zopf zierenden Glasperlen – übereinstimmend mit den allgemeinen europäischen Tendenzen – allmählich aus der Tracht des Gemeinvolkes. Auf die Perlentracht des Adels weist eine Angabe von 1264 hin: Auf der Hochzeit Herzog Bélas hatten die den ungarischen König begleitenden Vornehmen „auf Tatarenweise" Perlen und Edelsteine in ihren Bart geflochten. Á. R.

16.01.12 a–b

Grab 53/1996 des Benediktinerklosters

Zalavár. Burginsel (Ungarn)
2. Hälfte 11. Jh.
Budapest, Magyar Nemzeti Múzeum.
Nicht inventarisiert

a) Schläfenringe mit s-förmigem Ende

Silber
Dm. 2,2 cm

b) Geflochtener Ring mit offenen Enden

Silber
Dm. 2,5 cm

Die Form des aus vier Drähten geflochtenen Silberrings war im Karpatenbecken im 11. Jahrhundert sehr beliebt. Meist waren sie aus Silberdraht, es sind jedoch auch Exemplare aus Bronze bekannt. Á. R.

16.01.13

Drei Schläfenringe mit s-förmigem Ende

Zalavár. Burginsel, Pfarrkirche, Grab 157/96 (Ungarn)
Ende 11. Jh./12. Jh.
Silber
Dm. 1,5–1,7 cm
Budapest, Magyar Nemzeti Múzeum.
Nicht inventarisiert

Zwei der Ringe entstanden durch Zusammendrehen eines glatten und eines Filigrandrahtes, der dritte war aus tordiertem Draht gebogen. Aus tordiertem Draht gebogene Schläfenringe sind in größerer Zahl von Fundstellen des 12. Jahrhunderts bekannt. Aus mehreren Drähten und darunter Filigrandraht gedrehte Ringe sind selten (aus Elektron: Szabadbattyán-Somlódomb, aus Bronze: Szécsény-Kerekdomb, ähnlich: Ducó/Ducove, Slowakei). Ähnlicher Schmuck taucht in Hacksilberfunden des 11. Jahrhunderts auf. Á. R.

16.01.14 a–b

16.01.14 a-b

Zwei Anhänger

Zalavár. Burginsel, Pfarrkirche, Grab 211/96 (Ungarn)
10. Jh.
Silber, vergoldet
L. 1,8 cm, Br. 1,9 cm
Budapest, Magyar Nemzeti Múzeum.
Nicht inventarisiert

Die Stiefel-/Köcherbeschläge lagen in einem gestörten Grab des Kirchfriedhofs. Die Beschläge ähneln einfachen, dreiblättrigen Blüten mit vergoldeter Mitte. An Stelle des vierten Blattes war sekundär (?) eine Öse angebracht, in die aus Draht gebogene Ringe eingehängt waren. Auf der Rückseite erhielten sich je zwei Niete. Einzelne Trachtbestandteile der Landnahmezeit (vor allem Hemdkragenbeschläge) erscheinen, oft auch umgestaltet, auch noch im 13. Jahrhundert in Friedhöfen und Siedlungen. Á. R.

16.01.15

16.01.15

Perlenkette

Zalavár. Burginsel, Pfarrkirche, Grab 114/96 (Ungarn)
Ende 11. Jh./12. Jh.
Kauri; Fluorit; Glas
L. 16 cm
Budapest, Magyar Nemzeti Múzeum.
Nicht inventarisiert

Fluoritperlen tauchen vereinzelt zu Beginn des 11. Jahrhunderts auf. Ihre „Blütezeit" reicht vom Ende des 11. bis zu Beginn des 12. Jahrhunderts. Die Häufigkeit dieses Perlentyps in Ungarn weist darauf hin, dass der Rohstoff in erster Linie aus transdanubischen Bergwerken (Velence-Hügelzug) stammte. Die Kaurischnecken mögen im 10.–11. Jahrhundert durch arabische und normannische Kaufleute ins Karpatenbecken gelangt sein. Á. R.

16.02.01 a-b

Zwei Ziegel mit Flechtbandornament

Zalavár. Abtei St. Hadrian, (Ungarn)
2. Drittel 9. Jh.
Ton
20 cm x 18 cm x 5 cm; 21 cm x 21 cm x 6 cm
Budapest, Magyar Nemzeti Múzeum.
Nicht inventarisiert
Lit.: B. M. Szőke, A korai középkor hagyat'ka a Dunántulon. Ars. Hungarica 1998, 275.

Die einfache Flechtbandverzierung wurde vor dem Brennen der Ziegel eingeritzt. Ein ähnliches Flechtbandmuster befindet sich auf einem Türsturzfragment aus weißem Marmor in Zalavár. Die Ziegel könnten in der Kirche als Fußbodenplatten gedient haben. B. M. Sz.

16.02.02.

Drei Fragmente eines Türsturzes mit Flechtbandornamentik und Inschrift

Zalavár. Burginsel bzw. aus der Kirche des 18. Jahrhunderts in Zalaapáti (Ungarn)
Marmor
18 cm x 191 cm x 35 cm
9. Jh.
Keszthely, Balatoni Múzeum
Lit.: T. v. Bogyay, Über den Stuhlweissenburger Sarkophag des hl. Stephan, Ungarn-Jahrbuch 4, 1972, 17; 23. – T. Bogyay, Történeti forrás- és művészettörténeti stíluskritika Zalavár körül. Megjegyzések Tóth Sándor „A keszthelyi Balatoni Múzeum középkori kőtára" című tanulmányához, Zalai Múzeum 4, 1992, 172. – G. Entz/E. Szakál, La reconstitution du sarcophage du roi Étienne, Acta Historiae Artium 10, 1964, 215–218. – J. Hampel, Alterthümer des frühen Mittelalters in Ungarn I (Braunschweig 1905) 63; 68; II, 435–436; III, 330. – V. Récsey, Zalavári emlékek. Arch. Ért. 12, 1892, 63–64. – B. M. Szőke, A korai középkor hagyatéka a Dunántúlon, Ars Hung. 1998/2, 285. – S. Tóth, A keszthelyi Balatoni Múzeum középkori kőtára, Zalai Múzeum 2, 1990, 24 f.

16.02.02

16.02.02

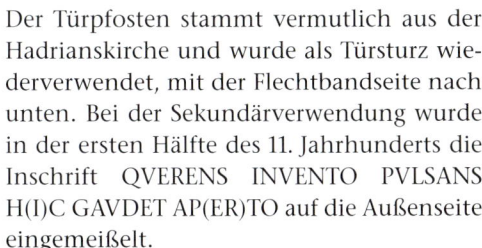

Der Türpfosten stammt vermutlich aus der Hadrianskirche und wurde als Türsturz wiederverwendet, mit der Flechtbandseite nach unten. Bei der Sekundärverwendung wurde in der ersten Hälfte des 11. Jahrhunderts die Inschrift QVERENS INVENTO PVLSANS H(I)C GAVDET AP(ER)TO auf die Außenseite eingemeißelt.

Von der Entstehung der Bauskulptur im 9. Jahrhundert, die jüngst im Mittelpunkt eines Datierungsstreits zwischen S. Tóth und T. Bogyay stand, zeugen außer verwandten karolingischen Stücken Ähnlichkeiten mit weiteren Funden des 9. Jahrhunderts aus der Hadrianskirche in Zalavár. Die Inschrift, die eine Stelle des Neuen Testaments (Mt, 7,8) paraphrasiert, ist sowohl in der Ausführung als auch durch die Abfassung im leoninischen Hexameter Ausdruck eines hohen kulturellen Niveaus. Ähnliche Inschriften befinden sich auch auf anderen Fragmenten der Kirchenausstattung des 11. Jahrhunderts. E. M.

16.02.03

16.02.03 Handbuch Abb. 398

Brüstungsplatte mit Darstellung eines Adlers, der einen Hasen schlägt

Zalaapáti. Sekundärverwendung des 18. Jh. (Ungarn)
Marmor
noch 72 cm x 50 cm x 11 cm
1. Hälfte 11. Jh.
Keszthely, Balatoni Múzeum (Deposit: Zalaegerszeg, Zalai Múzeum)
Lit.: T. Bogyay, Szent István korabeli oltár töredéke Zalavárról a Vasvármegyei Múzeumban, Dunántúli Szemle 8, 1941, 91–92. – T. v. Bogyay, Über den Stuhlweissenburger Sarkophag des hl. Stephan, Ungarn-Jahrb. 4, 1972, 16. – G. Entz, Un chantier du XIe siècle à Zalavár, Bulletin du Musée Hongrois des Beaux-Arts 24, 1964, 24–25 Nr. 2. – T. Gerevich, Magyarország románkori emlékei (Budapest 1938) 10; 59 Taf. 155. – Á. Mikó/I. Takács (Hrsg.), Pannonia Regia. Művészet a Dunántúlon 1000–1541, Kunst und Architektur in Pannonien 1000–1541. Ausstellungskat. Budapest (Budapest 1994) 81–82 Nr. I–24. – M. Toth/E. Marosi (Hrsg.), Árpád-kori kőfaragványok. Ausstellungskat. 1978 (Székesfehérvár 1978) 71 Nr. 2. – M. Tóth, Architecture et sculpture en Hongrie aux XIe–XIIIe siècles, Arte medievale 1, 1983, 83–84. – S. Tóth, A keszthelyi Balatoni Múzeum középkori kőtára, Zalai Múzeum 2, 1990, 165.

Aus der Hadriansabtei zu Zalavár stammt die Hälfte einer Chorschrankenplatte mit quadratischem Motiv von ursprünglich 50 cm x 50 cm. Früher zog man zur kunsthistorischen Einordnung vor allem venezianische (San Marco II), adriatische und dalmatinische Parallelen heran. Die Datierung erfolgte über das Weihedatum der Hadriansbasilika (1019) und den Stephanssarkophag (um 1038 entstanden), den man derselben Werkstatt zuschrieb. Der Nachweis des byzantinischen Charakters der Platte ist der Verdienst Bogyays, dem der Hinweis auf deren farbig inkrustierte Technik (M. Tóth) folgte. Die Neudatierung des Sarkophags (nach 1083) bildet die Grundlage für die neuerdings diskutierte Datierung zwischen 1070–1080 (S. Tóth). Abweichungen in der Darstellungstechnik sowie auschließlich motivische Übereinstimmungen mit dem angenommenen Künstlerkreis weisen eher auf eine selbständige Werkstatt in Zalavár hin. E. M.

16.02.04

16.02.04
Schleifenbandfries mit Vogelfigur
Zalavár. Pfarrhaus (Ungarn)
Marmor
noch 36 cm x 41,5 cm x 11,5 cm
1. Hälfte 11. Jh.
Keszthely, Balatoni Múzeum
Lit.: G. Entz, Un chantier du XIe siècle à Zalavár, Bulletin du Musée Hongrois des Beaux-Arts 24, 1964, 26–27 Nr. 5. – M. Tóth/E. Marosi (Hrsg.), Árpád-kori kőfaragványok, Ausstellungskat. 1978 (Székesfehérvár 1978) 72 Nr. 3. – S. Tóth, A keszthelyi Balatoni Múzeum középkori kőtára, Zalai Múzeum 2, 1990, 164 Nr. 22.

Der linke Rand des aus der Hadriansabtei zu Zalavár stammenden Fragments ist original erhalten. Oberhalb der den Fries abschließenden Leiste befindet sich eine fragmentarische Säulenbasis. Vermutlich handelte es sich um den waagrechten Abschluss eines Architekturteils, das zugleich den Ansatz für eine weitere Kleinarchitektur bildete. Die von Schleifenbandmedaillons mit Tierfiguren gebildete Reihe erinnert an die Rahmung des Altarvorsatzes. E. M.

16.02.05

16.02.06

16.02.05 Handbuch Abb. 397

Fragment eines Altarvorsatzes mit dem Symbol des Evangelisten Johannes

Nagykanizsa (Ungarn)
Marmor
noch 52 cm x 49 cm x 13 cm
Szombathely, Savaria Múzeum (Deposit: Zalaegerszeg, Zalai Múzeum)
Lit.: T. v. Bogyay, Über den Stuhlweissenburger Sarkophag des hl. Stephan, Ungarn-Jahrbuch 4, 1972, 16. – T. Bogyay, Szent István korabeli oltár töredéke Zalavárról a Vasvármegyei Múzeumban, Dunántúli Szemle 8, 1941, 88–93. – T. Bogyay, Adatok a középkori magyar oltárdíszítőművészet történetéhez, Regnum 5, 1943, 96. – G. Entz, Un chantier du XIe siècle à Zalavár, Bull. Musée Hongrois des Beaux-Arts 24, 1964, 31–32. – Á. Mikó/I. Takács (Hrsg.), Pannonia Regia. Művészet a Dunántúlon 1000–1541, Kunst und Architektur in Pannonien 1000–1541. Ausstellungskat. 1994 (Budapest 1994) 80–81 Nr. I-23. – M. Tóth/E. Marosi (Hrsg.), Árpád-kori kőfaragványok. Ausstellungskat. Székesfehérvar (Székesfehérvár 1978) 70–71 Nr. 1. – S. Tóth, A keszthelyi Balatoni Múzeum középkori kőtára, Zalai Múzeum 2, 1990, 164–165.

Das ursprünglich aus der Hadriansabtei zu Zalavár stammende Fragment, das die linke Ecke einer etwa 135 cm x 135 cm großen Platte bildete, wird als Teil eines Antependiums rekonstruiert. Es bestand mit ziemlicher Sicherheit aus einem größeren Mittelkreis (wohl mit einer Darstellung der *maiestas domini*) in einem quadratischen Rahmen mit den Evangelistensymbolen in den Ecken. Die jüngst diskutierte Datierung zwischen 1070–1080 beruht auf einer motivischen Übereinstimmung mit einer *in situ* erhaltenen Säulenbasis in Zselicszentjakab. Stilistisch ist dies jedoch wenig aussagekräftig, weshalb auch angezweifelt werden muss, dass der Stephanssarkophag in derselben Werkstatt entstand. Der Altarvorsatz gehört zu einer umfangreichen Gruppe von Skulpturen ähnlicher Technik und ähnlichen Stils aus Zalavár. E. M.

16.02.06 Handbuch Abb. 154

Fußbodenplatte mit Löwenfigur

Zalavár. Abtei St. Hadrian (Ungarn)
Marmor
38 cm x 37 cm x 6,6 cm.
11. Jh.
Budapest, Magyar Nemzeti Múzeum.
Inv. Nr. 58.28.1.A.
Lit.: G. Entz, Un chantier du XIe siècle à Zalavár, Bull. Musée Hongrois des Beaux-Arts 24, 1964, Nr. 10, 29–30, 32–34. M. Tóth/E. Marosi (Hrsg.), Árpád-kori kőfaragványok. Ausstellungskat. Székesfehérvár (Székesfehérvár 1978) Nr. 4/a, 72–73. – S. Tóth, A keszthelyi Balatoni Múzeum középkori kőtára, Zalai Múzeum 2, 1990, 165, E.

Die quadratische, stark abgetretene Platte ist Teil eines durch Tierfiguren verzierten Fußbodenbelages. Am Rand des eingetieften Mittelfeldes der Platte befindet sich eine Umschrift: [...]OMNIS / SVM LEO /[...]TISD / MEFER.V[...]
Die Tierdarstellungen wurden von erklärenden, gereimten Inschriften (wohl im Sinne des Physiologus) flankiert. Die erhaltenen Buchstaben ähneln denen der Inschrift des Türsturzes. Vermutlich befand sich dieser Fußboden im Chorbezirk (G. Entz) und stand in engem Zusammenhang mit der Chorausstattung. Von einem ähnlichen Chorschmuck in Stuhlweißenburg (Szekesfehérvár) *„celaturis in chori pariete distinctis, pavimento tabulis marmoreis strato"* ist in der *Legenda maior* des Heiligen Stephan die Rede. E. M.

16.02.07

Fußbodenplatte mit Vierpassornament und Palmetten

Zalaapáti. Sekundärverwendung des 18. Jh. (Ungarn)
Marmor
24 cm x 24 cm x 6,5 cm.
1. Hälfte 11. Jh.
Keszthely, Balatoni Múzeum.
Lit.: G. Entz, Un chantier du XIe siècle à Zalavár, Bulletin du Musée Hongrois des Beaux-Arts 24, 1964, 27–28; 32. – S. Tóth, A keszthelyi Balatoni Múzeum középkori kőtára, Zalai Múzeum 2, 1990, 164 Nr. 25.
Lit.: I. Horváth u. a., Komárom megye régészeti topográfiája. Esztergom és a dorogi járás. Magyarország Régészeti Topográfiája 5 (Budapest 1979). – E. Marosi, Die Anfänge der Gotik in Ungarn. Esztergom in der Kunst des 12.–13. Jahrhunderts (Budapest 1984). – S. Tóth, Esztergom Szent Adalbert-székesegyháza és az Árpád-kori építészet. In: A. Hegedűs/I. Bárdos (Hrsg.), Strigonium Antiquum IV. Ezer év Szent Adalbert oltalma alatt (Esztergom 2000) 121–154. E. M.

16.02.07

Aus der Hadriansabtei zu Zalavár stammt die stark abgetretene, quadratische Platte mit eingetieftem Feld, die in Technik und Stil der vorher besprochenen Platte ähnelt. Ihre abgeriebene, allein in ihren Umrissen erkennbaren Palmetten hatten wohl ähnliche Formen, wie diejenigen auf den Altar- und Brüstungsfragmenten. E. M.

16.03.01–02

Gran (Esztergom), Adalbertskathedrale

Die Ruinen der 1000 oder 1002 begonnenen erzbischöflichen Kathedrale Ungarns verschwanden im Laufe des 18. und 19. Jahrhunderts. Um die Mitte des 18. Jahrhunderts standen noch ansehnliche Reste auf dem Burghügel von Gran, die zur Aufschüttung des Bergabhanges während des Neubaus der Kathedrale des 19. Jahrhunderts verwendet wurden. Die Anlage der Kathedrale illustrierte 1827 J. Nep. Máthes nach einem um 1750 verfertigten Grundrissplan. Dieser Grundriss gibt größtenteils die Anordnung des im 12. Jahrhundert errichteten Baues II wieder. Umstritten ist, inwieweit diese dem Bau des 11. Jahrhunderts entspricht. Der Gründungsbau der Adalbertskathedrale war vermutlich wie andere zeitgenössische Kirchenbauten nur in seinem Innern mit Reliefschmuck versehen worden. Hiervon zeugt ein einziges Steinfragment.

Lit.: I. Horváth u. a., Komárom megye régészeti topográfiája. Esztergom és a dorogi járás. Magyarország Régészeti Topográfiája 5 (Budapest 1979). – E. Marosi, Die Anfänge der Gotik in Ungarn. Esztergom in der Kunst des 12.–13. Jahrhunderts (Budapest 1984). – S. Tóth, Esztergom Szent Adalbert-székesegyháza és az Árpád-kori építészet. In: A. Hegedűs/I. Bardos (Hrsg.), Strigonium Antiquum IV. Ezer év Szent Adalbert oltalma alatt (Esztergom 2000) 121–154. E. M.

16.03.01

16.03.01

Brüstungsplatte mit Flechtband

Esztergom. Burg (Ungarn)
Kalkstein
30 cm x 25 cm x 14 cm
11. Jh.
Eztergom, Vármúzeum

Lit.: T. Gerevich, Magyarország románkori emlékei (Budapest 1938) 156. – E. Marosi, Die Anfänge der Gotik in Ungarn. Esztergom in der Kunst des 12.–13. Jahrhunderts (Budapest 1984) Abb. 34. – M. Tóth/E. Marosi (Hrsg.), Árpád-kori kőfaragványok. Ausstellungskat. Székesfehérvár (Székesfehérvár 1978) Nr. 6, 75. – Á. Mikó/I. Takács (Hrsg.), Pannonia Regia. Művészet a Dunántúlon 1000–1541, Kunst und Architektur in Pannonien 1000 – 1541. Ausstellungskat. Budapest (Budapest 1994) 69 Nr. I–7.

Aus der Adalbertskathedrale oder einem anderen frühen Sakralbau stammt das linksseitige Fragment einer Brüstungsplatte. Es ist links mit einer vertikalen Leiste versehen und passte mit dem eingezogenen linken Rand wohl in die Hohlkehle eines Brüstungspfeilers. In einen Rechteckrahmen ist ein kreisförmiges Motiv eingeschrieben, dessen plastische Füllung fragmentarisch erhalten ist. Diese Brüstungsplatte ist der einzige Beleg für das Vorhandensein von Architekturornamentik in Gran. Die Steinmetzarbeit entspricht in Ausführung und Qualität nicht den Architekturteilen aus Zalavár und Stuhlweißenburg. E. M.

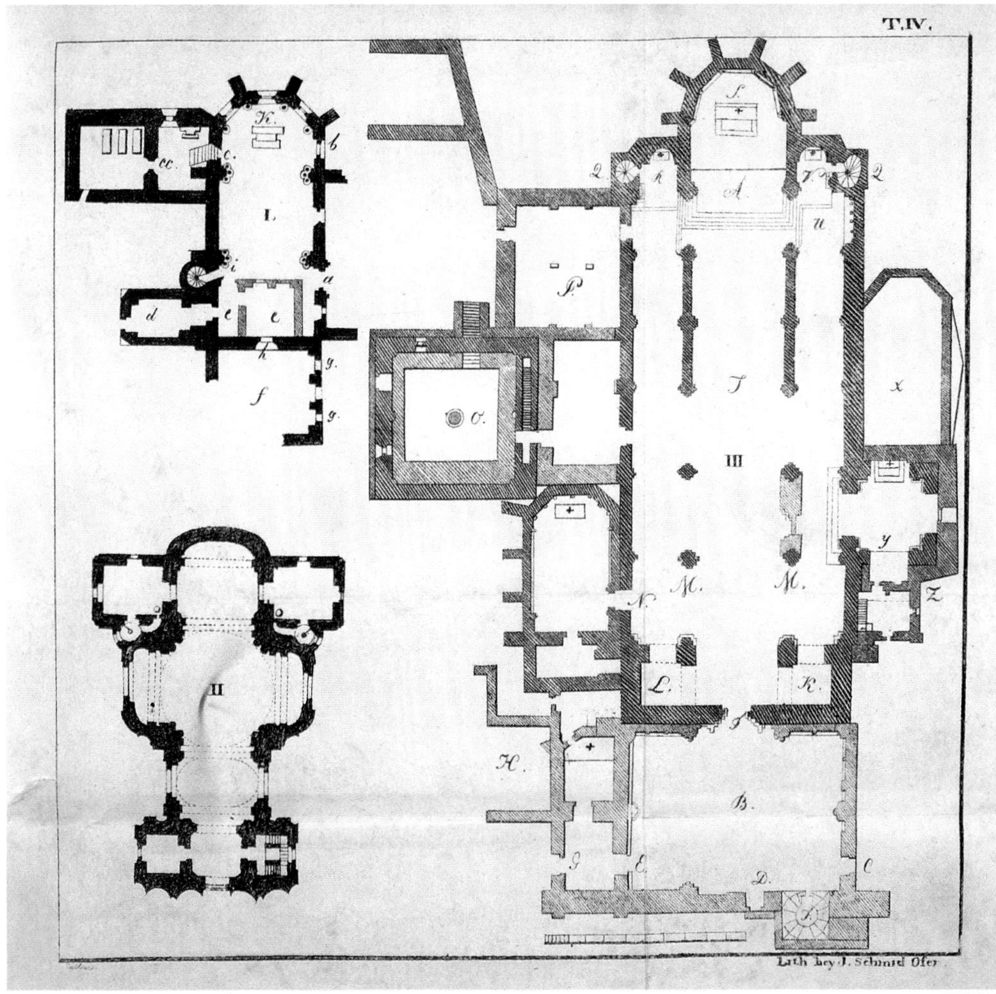

16.03.02

16.03.02

Reproduktion einer Seite aus „Veteris Arcis Strigoniensis monumentorum ibidem erutorum aliarumque antiquitatum lytographicis abulis ornata descriptio" von J. N. Máthes
Strigonium 1827
H. 19,5 cm, Br. 23,5
Budapest, Magyar Nemzeti Muzeum, Könyvtár. Inv. 3305

Der Plan zeigt Grundrisse der früheren Kirchenbauten, die beim Neubau der Kathedrale auf dem Burghügel von Esztergom im 19. Jahrhundert beseitigt wurden. Links oben (I) ist die Kirche St. Stephans des Protomärtyrers abgebildet, darunter (II) befindet sich ein Plan der vorläufigen Barockkirche aus der Zeit Maria Theresias. Beim Bau der nach den Plänen Fr. A. Hillebrandts errichteten Kirche waren bereits wesentliche Teile der mittelalterlichen Adalbertskathedrale verschwunden. Rechts auf dem Plan sieht man den Grundriss der Ruinen des Kathedralbaues. Er spiegelt im wesentlichen den Zustand vor den Zerstörungen des Erdbebens von 1764 und vor den Planierungsarbeiten wieder.
Die Zeichnung wird dem lokalen Baumeister Anton Hartmann zugeschrieben und in die Mitte des 18. Jahrhunderts datiert. E. M.

16.04.01

16.04.01

Corpus eines Kruzifixes

Újszász (Ungarn)
Zentral-Europa (Ungarn?) 1. Hälfte 11. Jh.
Gold
H. 7,1 cm
Budapest, Magyar Nemzeti Múzeum.
Inv. Nr. 29.1864
Lit.: T. Gerevich, Magyarország románkori emlékei (Budapest 1938) 200.

Der goldene Corpus ist rückwärtig ausgehöhlt. Die Nietfragmente bei den Händen, Füßen und in der Mitte der Brust dienten einst zur Befestigung am Prunkkreuz. Das bärtige, seitwärts geneigte Haupt trägt eine Krone, eine Seltenheit in der Ikonographie des toten Christus mit Lendenschurz im 11. Jahrhundert. Die dreigeteilte Brust und die parallelen Mittelfalten des Lendenschurzes charakterisieren den Regensburger Kunstkreis, sind jedoch auch auf ungarischen Prozessionskreuzen aus dem 12. Jahrhundert zu finden. Die gedrungenen Proportionen, das Lendentuch, das die Oberschenkel völlig bedeckt, und die betonte Binnenzeichnung sind Merkmale der spätottonischen Epoche, aber wegen des provinziellen Charakters der Figur ist ein etwas späteres Entstehungsdatum nicht auszuschließen. E. K.

16.04.02

Brustkreuz

Feldebrő. Pfarrkirche (Ungarn)
Gold
H. 3,7 cm, Br. 2,6 cm
2. Hälfte oder Ende des 11. Jahrhunderts
Budapest, Magyar Nemzeti Múzeum.
Inv. Nr. 64.5.B
Lit.: M. v. Bárány-Oberschall, Il pastorale romanico in osso della chiesa di Feldebrő. In: Corvina, Ser. 3, 1 (1952) 38–58. – Dies., Baculus Pastoralis. Zeitschr. für Kunstwiss. 12, 1958, 13–36.

Das Pektoralkreuz kam wahrscheinlich als Streufund in der Abteikirche von Feldebrő zutage und wurde vom Finder beschnitten. Rahmen, Aufhängeöse und Figur sind an das Kreuz angelötet.
Christus trägt einen Lendenschurz, der die kurzen Oberschenkel bedeckt. Seine Augen sind geöffnet, er steht auf einer horizontalen Fußstütze. Die Betonung der Rippen und des Brustbeines, die parallelen, V-förmigen Falten und der untere Verschluss des Lendenschurzes sind Merkmale des Regensburger Kunstkreises, die sich auch bei anderen Stücken des 11. und 12. Jahrhunderts in Ungarn finden. Eine Fertigung in Ungarn ist daher durchaus möglich, wenngleich Kreuze aus Gold selten sind. Nach seinem Alter könnte das Kreuz zusammen mit der Krümme von Feldebrő aus einem bedeutenden, aber unbekannten Abtsgrab stammen. E. K.

16.04.03

Krümme eines Abtsstabes

Feldebrő, Pfarrkirche (Ungarn)
Ende 11. Jh.
Niederrhein oder Westfalen (?)
Knochen
H. 11,3 cm Br. 7,9 cm
Budapest, Magyar Nemzeti Múzeum.
Inv. Nr. 60.4.B
Lit.: M. v. Bárány-Oberschall, Il pastorale romanico in osso della chiesa di Feldebrő. In: Corvina, Ser. 3, 1 (1952) 38–58. – Dies., Baculus Pastoralis. Zeitschr. für Kunstwiss. 12, 1958, 13–36.

Die Krümme ist achteckig, ihr zylindrischer Haken endet in einem breiten Löwenkopf, dessen weit geöffneter Rachen mächtige Fänge hat. Der Windung nach ähnelt die Krümme anderen Bischofs- oder Abtsstäben aus dem 11. Jahrhundert (z. B. Annostab in Köln), ist jedoch einzigartig durch seinen Löwenkopf. Die breiten Formen und die großen Fänge des Löwen haben Parallelen in der Goldschmiede- und Bronzekunst im Rheinland und in Westfalen. Demnach könnte sein Meister aus den nordwestlichen Gebieten Deutschlands stammen. E. K.

16.04.02

16.04.03

16.04.04

16.04.04
Reliquiar-Brustkreuz
Orosháza (Ungarn)
Provinzial-byzantinisch
10.–11. Jh.
Bronze
H. 7,9 cm, Br. 4,5 cm
Budapest, Magyar Nemzeti Múzeum.
Inv. Nr. 1893.75.1348
Lit.: M. v. Bárány-Oberschall, Byzantinische Pektoralkreuze aus ungarischen Funden. In: Forsch. z. Kunstgesch. u. christlichen Arch. 2 (Baden-Baden 1953) 218 Abb. 67a. – Zs. Lovag, Mittelalterliche Bronzegegenstände des Ungarischen Nationalmuseums (Budapest 1999) 25. – I. Szatmári, Bizánci Tipusú ereklyetartó mellkeresztek Békés és Csongrád megyéből. In: Móra Ferenc Múzeum èvkönyvei. Stud. Arch. 1 (1995) 239–240.

Die Rückseitenplatte eines gegossenen Reliquiarkreuzes hat zwei Aufhängeösen und zeigt eine gravierte Vollfigur in betender Haltung mit einem umlaufenden Rahmen und Kerbstreifen an den Kreuzenden. Eine Identifizierung ist unmöglich: Die Inschrift fehlt und die Figur entspricht einem üblichen Heiligentyp. Das Haar aber gleicht dem Kreuznimbus Christi, der nie auf der Rückseite dargestellt sein konnte. „Vorikonoklastische" Züge (wie das Fehlen der Inschrift) weisen auf Werkstätten für Pilger am Rande des byzantinischen Kulturkreises noch im 10. und 11. Jahrhundert hin. E. K.

16.04.05

16.04.05
Brustkreuz
Umgebung von Pécs (Ungarn)
Böhmen (?)
Frühes 11. Jh. (?)
Bronze, vergoldet; Grubenschmelz
H. 6,7 cm, Br. 5,3 cm
Budapest, Magyar Nemzeti Múzeum.
Inv. Nr. 1867.51.IV.1.
Lit.: Zs. Lovag, Mittelalterliche Bronzegegenstände des Ungarischen Nationalmuseums (Budapest 1999) 30–31.

Die Christusfigur hebt sich von einem blauen Hintergrund aus Grubenschmelz ab. Den Körper bedecken abstrakte Querstreifen, die dem gröber gestalteten Lendenschurz ähneln. Kopf, Hände, Querstreifen und der Rahmen sind vergoldet. Bezüglich der Grubenschmelztechnik und der Vergoldung sind die Kreuze aus Opočnice zu vergleichen, deren Datierung und Lokalisierung umstritten ist. Ob die Stücke aus Opočnice und Pécs Importstücke aus dem Nordwesten oder Erzeugnisse einer böhmischen Werkstatt sind, lässt sich nicht klar entscheiden. E. K.

16.04.06

16.04.06
Brustkreuz
Arad-Földvárpuszta (Rumänien)
Ungarn (?)
11. Jh.
Bronze
H. 4,1 cm, Br. 2,5 cm
Budapest, Magyar Nemzeti Múzeum.
Inv. Nr. 1898.13.21
Lit.: Zs. Lovag, Mittelalterliche Bronzegegenstände des Ungarischen Nationalmuseums (Budapest 1999) 28 f.

Das Kreuz mit Aufhängeöse hat sich verbreiternde Balken. Christus, dessen Körper mit zahlreichen Kerben gegliedert ist, erhebt die Hände. Der große Kopf ist sehr abgewetzt. Das Kreuz wurde mit zwei Münzen aus der zweiten Hälfte des 11. Jahrhunderts und einigen Gewandstücken in einer Kiesgrube gefunden. Wir kennen ein gleiches Exemplar aus einem Kindergrab in Püspökladány-Eperjeshalom. Solche Kreuze sind in Nord- und Osteuropa verbreitet, aber dieses Stück kann ein lokales Erzeugnis sein. E. K.

16.04.07

16.04.08

16.04.07
Brustkreuz
Sremska Mitrovica (Jugoslawien)
Balkanisch
10.–11. Jh.
Bronze
H. 4,8 cm, Br. 2,7 cm
Budapest, Magyar Nemzeti Múzeum.
Inv. Nr. 1901.79.4
Lit.: Zs. Lovag, Mittelalterliche Bronzegegenstände des Ungarischen Nationalmuseums (Budapest 1999) 29.

Das gegossene Kreuz mit Aufhängeöse zeigt eine primitive Christusfigur in langer Tunika mit leicht erhobenen Händen. Am Kopf sind nur große Augen und die Nase zu erkennen. Auf der Rückseite sieht man Diagonallinien und in deren Mitte ein Kreuzchen.
Das Kreuz wurde im antiken Sirmium gefunden, das im 11. und 12. Jahrhundert eine Grenzstadt zwischen Byzanz und Ungarn war. Ein ähnliches Exemplar stammt aus Rumänien, weshalb diese Kreuze als balkanische (provinzial-byzantinische) Arbeiten angesehen werden. E. K.

16.04.08
Reliquiar-Brustkreuz
Vésztő. Mágori-Hügel (Csoltmonostor) (Ungarn)
Provinzial-byzantinisch
10.–11. Jh.
Bronze
H. 7 cm, Br. 3,5 cm
Budapest, Magyar Nemzeti Muzeum.
Inv. Nr. 1939/96
Lit.: M. Bárány-Oberschall, Byzantinische Pektoralkreuze aus ungarischen Funden. Forschungen zur Kunstgeschichte und christliche Archäologie 2 (Baden-Baden 1953) 212. – Zs. Lovag Mittelalterliche Bronzegegenstände des Ungarischen Nationalmuseums (Budapest 1995) 23.

Auf der Vorderseite des Kreuzes ist eine Christus-Figur in ärmelloser Tunika (*Kolobium*) und einem Kreuz über dem Haupt dargestellt, auf der Rückseite die betende Maria (*Theotokos*). Das Kreuz gehört zum einfachsten Typ unter den Pektoralkreuzen mit Reliefdarstellung. Die zahlreichen Vergleichsfunde in den Balkanländern und in Ungarn ohne Inschriften sprechen dafür, dass solche Kreuze am Rande des byzantinischen Kulturkreises erzeugt wurden. E. K.

16.04.09

16.04.09

Reliquiar-Brustkreuz

Bicske-Nagyegyháza (Ungarn)
Provinzial-byzantinisch
10.–11. Jh.
Bronze
H. 8,5 cm, Br. 4,5 cm
Budapest, Magyar Nemzeti Múzeum.
Inv. Nr. Ö/1.90.2
Lit.: Zs. Lovag, Mittelalterliche Bronzegegenstände des Ungarischen Nationalmuseums (Budapest 1999) 25–26

Vorderseite eines gegossenen Reliquiarkreuzes mit eingravierten Büsten des heiligen Demetrius in der Mitte, flankiert wohl von den Erzengeln Gabriel und Michael, und mit den heiligen Bischöfen Gregor und Nikolaus oben und unten (nach schwer entzifferbaren Inschriften). Kreuze mit ähnlich primitiven Büsten sind auf dem Balkan und Ungarn im 10. und 11. Jahrhundert sehr verbreitet. Die zentrale Rolle des heiligen Demetrius macht eine seiner Kultstätten, wie Thessalonike oder das antike Sirmium (Mitrovica), als Entstehungsort wahrscheinlich. E. K.

16.05.03–04

Das Kloster Martinsberg (Pannonhalma)

Martinsberg ist das älteste urkundlich erwähnte Kloster Ungarns. 1001 oder 1002 wird die dem heiligen Martin von Tours geweihte Benediktinerabtei in einer Schenkungsurkunde Stephans I. genannt. Auf einem mons supra Pannoniam gelegen, existierte die Abtei vermutlich jedoch schon zu Zeiten des Fürsten Géza.
Maße und Aussehen der um die Jahrtausendwende errichteten Gebäude des Klosters waren lange Zeit nur Spekulation. Nach neueren Forschungen handelte es sich vermutlich um ein dreischiffiges Gebäude mit Westapsis. H. N.

16.05.03

König Stephan I. privilegiert das Kloster von Martinsberg (1001–1102) (Interpolation)

(ausgestellt in Budapest, Krakau und Prag)
12. Jh.
Pergament, mit abhängendem Siegel König Kolomans
H. 48 cm, Br. 45,5 cm
Pannonhalma, Pannonhalmi Főapátság Gűjteménye. Capsa 2 A.
Lit.: G. Györffy (Hrsg.) Diplomata Hungariae Antiquissima I. Accedunt epistolae et acta ad historiam Hungariae pertinentia. Ab anno 1000 usque ad annum 1131 (Budapest 1992). – G. Érszegi, Szt. István pannonhalmi oklevelc (Oklevéltani-filológiai kommentár). In: I. Takács (Hrsg.), Mons Sacer 996–1996. Pannonhalma 1000 éve I–III (Pannonhalma 1996).

Nach der *legenda maior* König Stephans I. hat sein Vater, Großfürst Géza, auf einem als *mons sacer* bezeichneten Berg ein Kloster gegründet, das dem in der römischen Provinz Pannonia geborenen heiligen Martin von Tours geweiht wurde. Diese Klostergründung bestätigte Stephan I. und privilegierte die Abtei nach dem Vorbild Monte Cassinos. Martinsberg wurde der Jurisdiktion des zuständigen Bischofs entzogen, seine Mönche erhielten die freie Abtswahl. Den Äbten war erlaubt, während der Messe Pontifical-Sandalen zu tragen, was allein Bischöfen vorbehalten war. Stephan stattete die Gründung seines Vaters mit Einnahmen aus dem Komitat Somogy sowie mit einem Drittel vom Zoll in Preßburg (Slowakei) aus. Die Urkunde nennt außerdem die klösterlichen Besitzungen zur Zeit der Weihe. Ein Teil der Historiker bestreitet jedoch, dass alle Privilegien auf die Zeit der Jahrtausendwende zurückgehen.
Die Urkunde, die nach allgemeiner Auffassung im 12. Jahrhundert verfasst wurde, ahmt in ihren formalen Teilen vermutlich eine Urkunde aus der Zeit um 1000 nach. Man geht davon aus, dass als Vorlage eine Urkunde Stephans I. diente. Aufgrund formaler Kriterien wird sie einem ehemaligen Notar (sog. Heribert C) aus der Kanzlei Ottos III. zugeschrieben, der später an den ungarischen Hof kam. P. B.

16.05.03

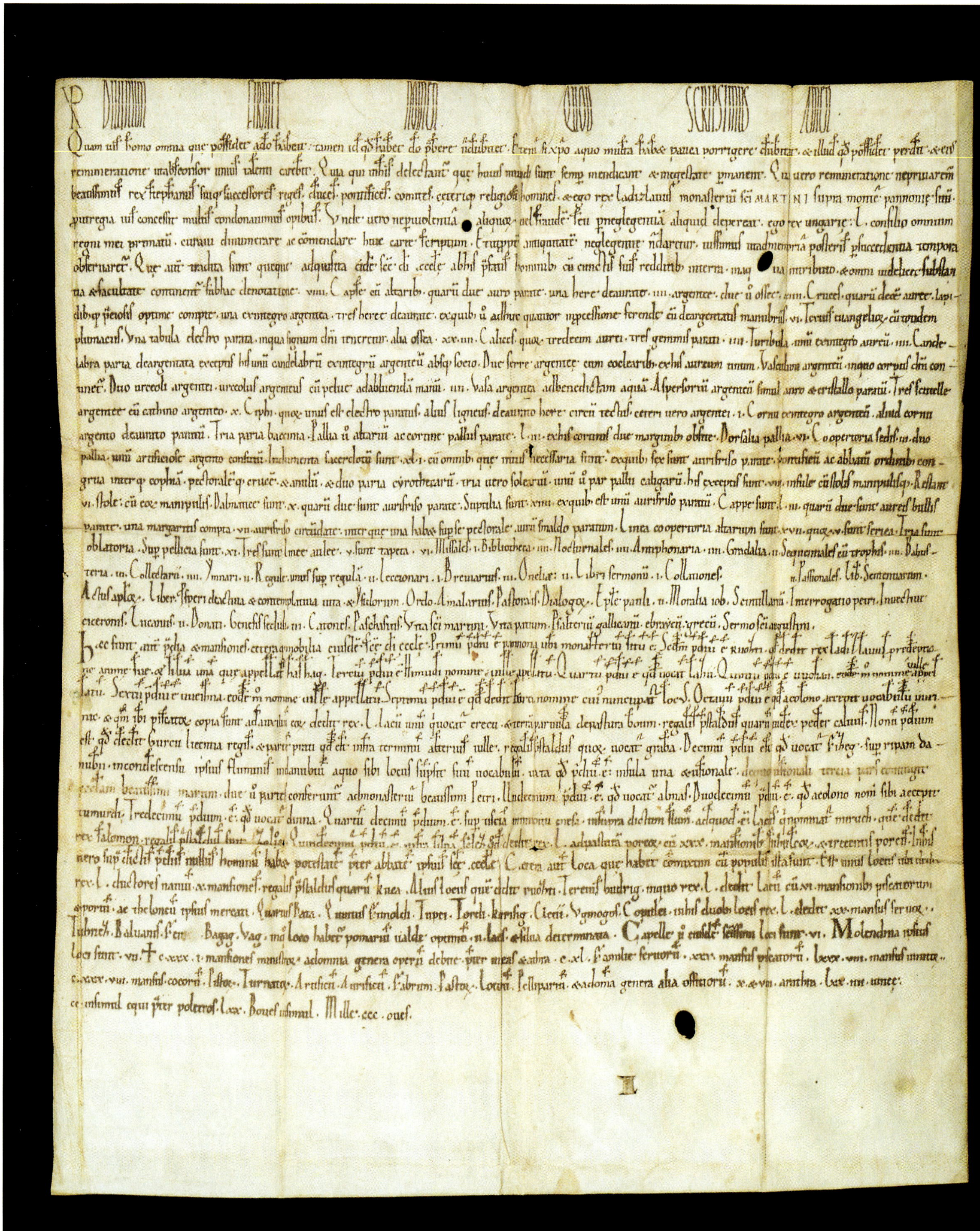

16.05.04

16.05.04

Güterverzeichnis der Abtei Martinsberg (Pannonhalma)

Pannonhalma, um 1090
Pergament
H. 43 cm, Br. 50 cm
Pannonhalma, Pannonhalmi Főapátság Gűjteménye. Capsa 2 A.
Lit.: G. Györffy (Hrsg.) Diplomata Hungariae Antiquissima I. Accedunt epistolae et acta ad historiam Hungariae pertinentia. Ab anno 1000 usque ad annum 1131 (Budapest 1992). – L. Veszprémy, A pannonhalmi bencés apátság könyvei a 11 század végi összeírás alap'ján. In: I. Takács (Hrsg.), Mons Sacer 996–1996. Pannonhalma 1000 éve I–III (Pannonhalma 1996).

Bei der Urkunde handelt es sich um ein Urkundenverzeichnis. Interessanterweise misst sie dem Kirchenschatz und der Bibliothek eine größere Bedeutung bei als dem Grundbesitz und den Hörigen der Abtei. Als Vorlage für die Urkunde dienten ältere Inventare und Urkunden des Skriptoriums. Die Urkunde belegt den Reichtum an Büchern, der hinter den Beständen neugegründeter europäischer Klöster der damaligen Zeit nicht zurückstand. Das Verzeichnis zählt 80 Bände auf, die vermutlich nur eine Auswahl darstellen. Martinsberg verfügte vermutlich über eine der bestausgestattetsten Bibliotheken des Landes. P. B.

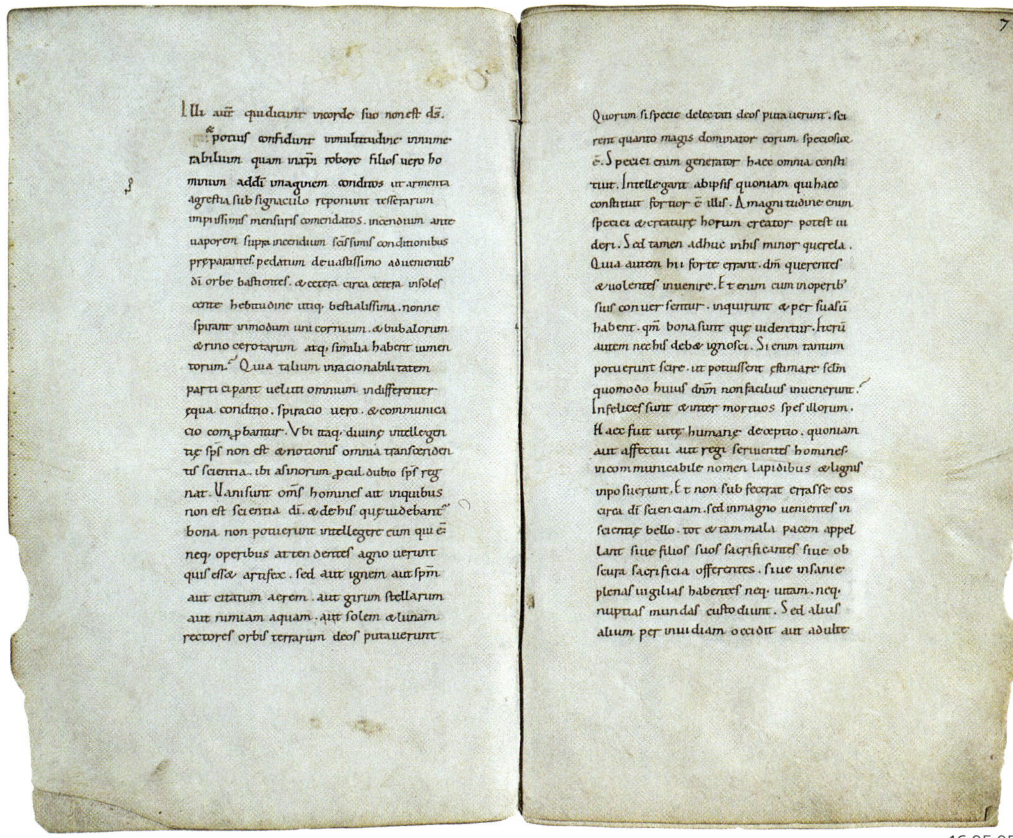

16.05.05

16.05.05

Gerhard von Csanád, Deliberatio supra hymnum trium puerorum

(ausgestellt in Budapest)
Admont (?), 11. Jh.
Pergament
H. 33,5 cm, Br. 22 cm
München, Bayerische Staatsbibliothek. Clm 6211, fol. 77v/78r
Lit.: G. Silagi (Hrsg.), Deliberatio supra hymnum trium puerorum. Corpus Christianorum Continuatio Medievalis 49 (Turnhout 1978). – Ders., Gerhard von Csanád. In: Europas Mitte um 1000. Ausstellungskat. Budapest, Kraków, Berlin, Mannheim, Praha, Bratislava (Stuttgart 2000) 636 f.

Der aus Oberitalien stammende Gerhard (ungarisch Gellért) wurde von König Stephan um 1015 nach Ungarn geholt und spielte fortan eine wichtige Rolle in der Christianisierung des Landes. Wahrscheinlich wirkte er zunächst als Erzieher des Prinzen Emmerich. In den 20er Jahren zog er sich jedoch in das Kloster Bakonybél (bei Veszprém) zurück, von wo Stephan ihn 1030 zum ersten Bischof von Csanád (heute Cenad, Rumänien) berief. Seine Stellung in den nach dem Tod Stephans ausbrechenden Thronstreitigkeiten ist unklar. Gerhard fiel den mit den Thronwirren verbundenen heidnischen Aufständen 1046 zum Opfer. 1083 gemeinsam mit Stephan und Emmerich heiliggesprochen, genießt er bis heute in Ungarn Verehrung. Seine *Deliberatio supra hymnum trium puerorum,* ein im wesentlichen auf der *Etymologiae* Isidors von Sevilla basierender Kommentar zu den Worten der Jünglinge im Feuerofen (Dan. 3, 57–65), ist das älteste in Ungarn entstandene literarische Werk, das sich erhalten hat. Es ist allein in dieser aus Freising stammenden Handschrift überliefert. K. Sch.

16.06.01–02.

Veszprém, Kathedrale St. Michael

Die Architekturteile der Kathedrale von Veszprém weisen Spuren mehrfacher Wiederverwendung auf. Ihr Stil wird durch Flechtband und Palmetten gekennzeichnet und war gegen Mitte des 11. Jh. verbreitet. Der Stil wurde früher aufgrund der Verwandtschaft zur Ornamentik der Goldschmiedekunst der landnehmenden Ungarn für die älteste Stilvariante des 11. Jahrhunderts gehalten. Heute geht man von einem byzantinischen Ursprung und einer Verbreitung um die Jahrhundertmitte aus – d.h. nach der Zeit des heiligen Stephan. Die Veszprémer Gruppe wurde jüngst von S. Tóth als Prototyp der mittelalterlichen Gruppe bezeichnet. Für die Datierung bietet der einzig bekannte Kämpfer aus der nahen, 1055 gegründeten Benediktinerabtei Tihany eine recht zuverlässige Grundlage.
Lit.: K. Divald, Magyarország művészeti emlékei (Budapest 1927) 15. – S. Tóth, A 11. századi magyarországi kőornamentika időrendjéhez. PR 1994, 54–62. – Ders., Pillér és ív a magyar romanikában, Koppány Tibor hetvenedik születésnapjára. Tanulmányok (Budapest 1998) 50 ff. E. M.

16.06.01

16.06.01

Säulenkapitell

Veszprém. Kathedrale St. Michael (Ungarn)
Kalkstein
H. 41,5 cm, Deckplatte 63 cm x 63 cm; Säulendm. 40–41 cm
um 1050
Veszprém, Laczkó Dezső Múzeum
Lit.: J. Ádám, A veszprémi székesegyház (Veszprém 1912) 78; 93–94; 157. – D. Dercsényi, Az Árpád-kori kőfaragóművészet első emlékei (Budapest o.J. [1937]) 5–8. – T. Gerevich, Magyarország románkori emlékei (Budapest 1938) Taf. XCVIII/1. – M. Tóth/ E. Marosi (Hrsg.), Árpád-kori kőfaragványok. Ausstellungskat. Székesfehérvár (Székesfehérvár 1978) 77 Nr. 7. – S. Tóth, A veszprémi székesegyház középkori kőfaragványai I. Veszprém megyei múzeumok Közleményei I (1963) 115; 119; 120–121; 125.

Das Stück wurde 1907 an der Südseite der Kathedrale gefunden und mag zu einem der Anbauten gehört haben. Es folgt offensichtlich der korinthischen Kapitellform, wovon die Reihe der Kranzblätter und die Stehblätter zeugen. Die Akanthusblätter sind durch Halbpalmetten ersetzt, die sich zur kräftig betonten Mittelachse neigen. Anstatt der Helices gibt es aus Bandgeflecht gebildete Arkadenbögen. Das markante Relief ähnelt bis ins Detail dem der Gesimse mit Palmettenreihen. Das Kapitell wurde jüngst als Musterbeispiel der als antiklassisch bezeichneten Tendenz in der ungarischen Steinskulptur des 11. Jahrhunderts aufgeführt. E. M.

16.06.02

Gesimsfragment mit doppelter Palmettenreihe

Umgebung der Kathedrale von Veszprém (Ungarn)
Kalkstein
23 cm x 40 cm x 32 cm
um 1050
Budapest, Magyar Nemzeti Galéria. Inv. Nr. 53.581
Lit.: T. Gerevich, Magyarország románkori emlékei (Budapest 1938) 12; 136. – M. Tóth/ E. Marosi (Hrsg.), Árpád-kori kőfaragványok. Ausstellungskat. Székesfehérvár (Székesfehérvár 1978) 32–33; 76–78. – Á. Mikó/I. Takács (Hrsg.), Pannonia Regia. Művészet a Dunántúlon 1000 – 1541. Ausstellungskat. Budapest (Budapest 1994) 63–64 Nr. I-1. – S. Tóth, A veszprémi székesegyház középkori kőfaragványai I. Veszprém megyei múzeumok Közleményei I (1963) 117–125.

16.06.03

Das Fragment gehört zu einem Gesims mit Viertelkreisprofil, das zwei Reihen Palmetten verzieren. Ranken, Blätter und die dreibahnigen Flechtbänder sind durch ein scharfes, tiefes Relief gegliedert. Die obere Blätterreihe besteht aus stehenden siebenblättrigen Palmetten, die untere aus bogenförmigen Motiven. Diese Bauornamentik, die sich aus dem byzantinischen Bauschmuck des 10. und 11. Jahrhunderts herleitet und durch unbekannte Vermittlung nach Ungarn kam, war in der zweiten Hälfte des 11. Jahrhunderts weit verbreitet. E. M.

16.06.03–07

„Christliche Kultur" der Frühzeit

Die wichtigsten chronologischen Stützpunkte für die christliche Architektur des 11. Jahrhunderts in Ungarn als Zeuge der Christianisierung und der Kirchenorganisation stellen Daten königlicher Klöster (Székesfehérvar, Tihany: 1055; Szekeszärd: vor 1064), seltener Eigenkirchen vornehmer Stifter. (Zseliczentjakob: 1061) dar. Im Falle von Kirchen, die allein durch archäologische Forschungen bekannt sind, und sich oft durch das Fehlen von Steinskulptur auszeichnen, verfügt man weder über Schriftquellen noch über andere Kriterien der Datierung.
Ähnlich verhält es sich mit den Überresten liturgischer Ausstattung. Oft mögen allein Stilcharakter (ottonische stilistische Charakteristika des Gekreuzigten aus Ujszász, byzantinische Einflüsse der Ornamentik bei dem Weihwasserbehälter aus Beszterec, altertümliche Ikonographie und die vermutete frühere Bestimmung des Evangeliars von Zagreb) oder altertümliche Formentypen (Glocke aus Csolnok) dazu berechtigen, sich die Ausstattung früher ungarischer Kirchen ähnlich vorzustellen. Auch die Ornamentik des Grabsteins von Arača dürfte in der künstlerischen Überlieferung des 11. Jahrhunderts wurzeln. E. M.

16.06.03

Kämpfer mit Palmettenschmuck

Visegrád. Basilitenkloster St. Andreas (Ungarn)
Kalkstein
22 cm x 99 cm x 41 cm; 25 cm x 24 cm (Unterseite)
um 1050–1060
Visegrád, Mátyás király Múzeum.
Inv. Nr. 53.14.3.
Lit.: D. Drecsényi, Visegrád műemlékei (Budapest 1951) 14–15. – L. Gerevich, Die Anfänge des Bauornaments in Ungarn: Koll. über spätantike und frühmittelalterliche Skulptur 3. Vortragstexte 1972 (Mainz 1974) 155. – M. Tóth/E. Marosi (Hrsg.), Árpád-kori kőfaragványok. Ausstellungskat. Székesfehérvár (Székesfehérvár 1978) 97–98 Nr. 23./b. – A. Mikó/I. Takács (Hrsg.), Pannonia Regia. Művészet a Dunántúlon 1000 – 1541. Ausstellungskat. Budapest (Budapest 1994) 72–74 Nr. I–12/a.

Der Kämpfer kam zwischen 1920 und 1923 an der Stelle des Basilitenklosters anlässlich des Baus der Villa hatinovics zutage.
Der auf beiden Schmalseiten in Voluten auslaufende, trapezförmige Kämpfer gehörte zu einer überaus starken Mauer. Unten war er mit einer schlanken Säule oder einem Pfeiler verdübelt. Seine Langseiten sind durch säulenartig auf Basen stehende Stämme mit Zweigen geschmückt. Bei den Blättern handelt es sich um geschwungene Halbpalmetten, die sich in der Mitte symmetrisch berühren. Die Schmalseiten schmücken Palmettenranken, die aus sich kreuzenden Stämmen wachsen. Diese Verzierungsweise steht im ungarischen Skulpturenschmuck des 11. Jahrhunderts ziemlich vereinzelt da. S. Tóth bezeichnete sie als antiklassisch, jedoch ohne mittelalterliche Prägung. Typ und Motiv des Kämpfers entsprechen dem Pfeilerkapitell des Astrolabiums von Regensburg. E. M.

16.06.04

16.06.04 Handbuch Abb. 394

Weihwasserbehälter

Beszterec. Nahe der Klosterruinen (Ungarn)
Konstantinopel
2. Hälfte 10. Jahrhunderts
Silber, vergoldet
H. 22,7 cm, Br. 10,8 cm
Budapest, Magyar Nemzeti Múzeum.
Inv. Nr. 15.1903
Lit.: N. Fettich, A besztereci románkori aspersorium. In: Nyiregyházi Jósa András Múzeum èvkönyve 2 (1959) 33–50. – A. Kiss, Byzantine Silversmiths' work around AD 1000 between China an the Ottonians; the Beszterec Holy Water Vessel. Jahrb. Österr. Byzantinistik 49, 1999, 301–314. – P. Németh, A besztereci románkori monostor és görög feliratos aspersoriuma. In: P. Németh (Hrsg.), Régészeti tanulmányok Kelet-Magyarországrol (1986) 115–128.

Die Füße des hexagonalen Weihwasserbehälters mit Griff sind als drei Löwen geformt. Am oberen Rand steht eine fehlerhafte griechische Inschrift, nach neuester Lesung „O Christus, die lebendige Quelle der Heilungen". Den Behälter verzieren Palmettenranken, die am Unterteil auch drei Fabeltiere umgeben: Löwe, geflügelter Löwe und Greif. Tragbare Weihwasserbehälter sind seit langem bekannt, aber die besten Exemplare stammen aus dem 10. Jahrhundert und wurden in Byzanz wie in Westeuropa für kaiserliche Bedürfnisse erzeugt. Der charakteristische Palmettendekor entwickelte sich um die Mitte des 10. Jahrhunderts aus Werken, die für den Kaiserpalast in Konstantinopel bestimmt waren, und fanden um die Jahrtausendwende ihren Weg an die Höfe der Ottonen und Heinrichs des II. Deswegen kann man wohl in diesem Stück ein diplomatisches Geschenk aus Byzanz sehen. E. K.

16.06.05

Grabstein

Arača (Aracs) (Jugoslawien)
Kalkstein
Größe 59 x 53 x 21,8 cm (ursprüngliche Stärke etwa 35 cm)
um 1100
Budapest, Magyar Nemzeti Galéria. Inv. Nr. 55.1014 (Deposit; Magyar Nemzeti Múzeum)
Lit.: J. Csemegi, Az aracsi kő. Archeológiai Értesítö 85, 1958, 174 ff. – K. Divald, Magyarország művészeti emlékei (Budapest 1927) 21. – T. Gerevich, Magyarország románkori emlékei (Budapest 1938) 169–170. – A. Horvat, Die Skulpturen mit Flechtbandornament aus Syrmien, Südostforschungen 18, 1959, 249. – Á. Mikó/I. Takács (Hrsg.), Pan-

nonia Regia. Művészet a Dunántúlon 1000–1541. Ausstellungskat. Budapest (Budapest 1994) 100–101 Nr. 25. – L. Mezey, Az aracsi kő olvasásához. Arch. Ért. 85, 1958, 189.

Der obere Teil einer Kalksteinplatte war in Sekundärverwendung als Türschwelle der Kirche in Arača eingebaut worden und wurde 1897 in der Ruine des 13. Jahrhunderts entdeckt. Aufgrund der Verzierung dürfte es sich ursprünglich um den Deckel einer Tumba gehandelt haben.
Im oberen Feld des Deckels ist ein Priester mit segnender Rechten und einem Buch in der Linken dargestellt. Im unteren Feld, das ein Flechtband abschließt, sind die Ansätze von zwei Figuren zu sehen. Auf der Schmalseite ist ein Kirchengebäude erkennbar, während Flechtbänder die Langseiten schmücken. In Rechteckfeldern sind ein Adler bzw. ein gesatteltes Ross dargestellt. Neben üblichen Ornamenten des 11. Jahrhunderts entspricht der Grabstein den am Jahrhundertende verbreiteten Steinskulpturen. Seine nächsten Verwandten sind aus Syrmien und aus dem Süden Ungarns (Dombó, Bátmonostor, Titel) bekannt. Die Platte selbst ist eher grob ausgeführt: Die Inschriften sind mehr eingekratzt als eingemeißelt. Die eine Inschrift fordert zum Gebet auf „LITERVLAS / Q(UI)CVMQ(UE)/LEGVNT DEV(M) OMNIPOTEN/TEM ROGENT“, die andere ist eine Fluchformel „QVIS ACCEPERIT LAPIDEM ISTV(M) / MAL(EDIC)TVS SIT“ – beides weit verbreitete Topoi. E. M.

16.06.06
Glocke
Csolnok. Flur Hruscsó (Ungarn)
Bronze
Anfang 11. Jh.
H. 47,6 cm, Dm. 36,6 cm
Esztergom, Balassa-Bálint-Múzeum.
Inv. Nr. 68.2.1
Lit.: P. Patay, Régi magyar harangok (Corvina, Budapest 1977) 6; 50. – Ders., Zwei Glocken aus den ersten Jahrhunderten des Christentums in Ungarn. Jahrb. für Glockenkunde 1–2, 1989/90, 9–12.

Die Glocke, die beim Pflügen am Hügel des so genannten Friedhofsfeldes zutage kam, gehörte zur Kirche des in den Türkenkriegen 1526–1543 zerstörten Dorfes Csév (heute: Kiscsévpuszta). Die Glocke selbst wurde am Südrand der Gemeinde Csolnok gefunden, wo sie vermutlich aufgrund der Kriegsereignisse vergraben wurde. I. H.

16.06.06

16.06.07
Architekturelement
Bíňa, Bez. Nové Zámky. Flur Apáti part (Slowakei)
Kalkstein
71 cm x 23 cm x 16 cm
11. Jh.
Bratislava, Slovenské národné múzeum, Archeologické múzeum. Ohne Inv. Nr.
Lit.: A. Habovštiak, Stredoveká dedina na Slovensku (Bratislava 1985) 191.

Das auf allen Seiten bearbeitete Fragment stammt entweder von einem Portal, einem Altarziborium oder einer ähnlichen Architektur, wo es als Archivolte verwendet wurde. Die ornamentale Verzierung besteht aus einer Palmettenreihe in kreisrunden Feldern. Die Felder sind von Achterschlaufen-Rillen eingerahmt. Der Bruchstück wurde in den Ruinen einer seit dem Mittelalter wüsten Kirche gefunden. Št. H.

16.06.07

Die Arpaden 17.01–07

Die vom 9. Jahrhundert bis zum Jahre 1301 herrschende Dynastie ist nach dem in der Landnahmezeit die Würde des Großfürsten tragenden Árpad benannt. Der erste namentlich bekannte Fürst des Arpadenhauses war Álmos, der Mitte des 9. Jahrhunderts die Obergewalt über den ungarischen Stammesverband erlangte. Die Namen der in der ersten Hälfte des 10. Jahrhunderts herrschenden ungarischen Großfürsten sind aus verlässlichen Quellen nicht bekannt. Als erster seiner Dynastie wurde Stephan, der Sohn Gézas, Weihnachten des Jahres 1000 zum König gekrönt. Die Arpaden gaben Ungarn in 450 Jahren 26 namentlich bekannte Herrscher. Das Ansehen der Dynastie wurde besonders dadurch erhöht, dass vier ihrer Mitglieder noch im Mittelalter heilig gesprochen wurden: Stephan I., sein Sohn Herzog Emmerich, Ladislaus I. und Elisabeth. Zwei Königstöchter, Kinga und Margarete, wurden als Heilige verehrt. L. R.

17.01.01–20

Ungarische Münzprägung von Stephan I. bis Salomon

Die selbstständige ungarische Münzprägung beginnt mit der Krönung Stephans I. im Jahre 1000. Nach westeuropäischem Muster waren diese ersten Prägungen Silberdenare. Stephans Nachfolger veränderten die Form der Münze nicht, von jedem Herrscher ist nur ein Münztyp bekannt. Erst zur Regierungszeit Salomons, prägte man unterschiedliche Münztypen. Neben den Herrschern erhielten im 11. Jahrhundert auch Herzöge das Münzrecht.
Typisch in der frühen Arpadenzeit ist, mit Ausnahme der Denare Stephans, die auf dem Avers eine Hand mit der Königslanze und der Umschrift LANCEA REGIS zeigen, ein sehr einfaches Münzbild. Das Porträt des Königs erscheint erstmals auf Denaren Salomons. Die früharpadenzeitlichen Münzen unterschieden sich auch in der Herstellungstechnik, ihre Prägungen wurden nicht graviert, sondern punziert, d. h. Umschrift und Münzbild wurden mittels Einschlagen von Punzen hergestellt. Cs. T.

17.01.01

Denar Stephans I.

Nagyharsány (Ungarn)
Silber
Dm. 1,9 cm, Gew. 0,8 g
1000–1038
Budapest, Magyar Nemzeti Múzeum

Av. Kreuz, Umschrift STEPHANUS REX;
Rv. Kreuz, Umschrift REGIA CIVITAS.

17.01.02

Denar Stephans I.

Nagyharsány (Ungarn)
Silber
Dm. 1,8 cm; Gew. 0,85 g
1000–1038
Budapest, Magyar Nemzeti Múzeum.
Inv. Nr. 81/872-II–1

Av. Kreuz, Umschrift STEPHANUS REX;
Rv. Kreuz, Umschrift REGIA CIVITAS.

17.01.03

Denar Peters

Silber
Dm. 1,7 cm, Gew. 0,7 g
1038–1041, 1044–1046
Budapest, Magyar Nemzeti Múzeum.
Inv. Nr. Weszerle 2/1

Av. Kreuz. Umschrift PETRUS REX;
Rv. Kreuz, Umschrift PANNONIA.

17.01.01

17.01.02

17.01.03

17.01.04
Denar Peters
Silber
Dm. 1,7 cm, Gew. 0,69 g
1038–1041; 1044–1046
Budapest, Magyar Nemzeti Múzeum.
Inv. Nr. Weszerle 2/a

Av. Kreuz, Umschrift PETRUS REX;
Rv. Kreuz, Umschrift PANNONIA.

17.01.05
Denar Samuel Abas
Silber
Dm. 1,7 cm, Gew. 0,76 g
1041–1044
Budapest, Ungarisches Nationalmuseum.
Inv. Nr. 32B/908–2

Av. Kreuz, Umschrift REX SAMUHEL;
Rv. Kreuz, Umschrift PANNONEIA.

17.01.06
Denar Samuel Abas
Silber
Dm. 1,7 cm, Gew. 0,63 g
1041–1044
Budapest, Ungarisches Nationalmuseum.
Inv. Nr. 4B/914–5

Av. Kreuz, Umschrift REX SAMUHEL;
Rv. Kreuz, Umschrift PANNONEIA.

17.01.07
Denar Andreas' I.
Silber
Dm. 1,8 cm, Gew. 0,64 g
1046–1060
Budapest, Magyar Nemzeti Múzeum.
Inv. Nr. 32B/908–3

Av. Kreuz, Umschrift REX ANDREAS;
Rv. Umschrift REGIA CIVITAS.

17.01.08
Denar Andreas' I.
Silber
Dm. 1,8 cm, Gew. 0,62 g
1046–1060
Budapest, Magyar Nemzeti Múzeum.
Inv. Nr. Weszerle 4/a

Av. Kreuz, Umschrift REX ANDREAS;
Rv. Umschrift REGIA CIVITAS.

17.01.04

17.01.05

17.01.06

17.01.07

17.01.08

17.01.09

17.01.10

17.01.11

17.01.12

17.01.13

17.01.14

17.01.09
Denar Herzog Bélas
Silber
Dm. 1,7 cm, Gew. 0,63 g
1048–1060
Budapest, Magyar Nemzeti Múzeum.
Inv. Nr. 18/873

Av. Kreuz, Umschrift BELA DUX;
Rv. Kreuz, Umschrift PANNONIA.

17.01.10
Denar Herzog Bélas
Silber
Dm. 1,8 cm, Gew. 0,80 g
1048–1060
Budapest, Magyar Nemzeti Múzeum.
Inv. Nr. 107/887–7

Av. Kreuz, Umschrift BELA DUX;
Rv. Kreuz, Umschrift PANNONIA.

17.01.11
Denar Bélas I.
Silber
Dm. 1,7 cm, Gew. 0,51 g
1060–1063
Budapest, Magyar Nemzeti Múzeum.
Inv. Nr. 8B/907–10

Av. Kreuz, Umschrift BELA REX;
Rv. Kreuz, Umschrift PANNONIA.

17.01.12
Denar Bélas I.
Silber
Dm. 1,6 cm, Gew. 0,36 g
1060–1063
Budapest, Magyar Nemzeti Múzeum.
Inv. Nr. 15/885–62

Av. Kreuz, Umschrift BELA REX;
Rv. Kreuz, Umschrift PANNONIA.

17.01.13
Denar Salomons
Silber
Dm. 1,8 cm, Gew. 0,78 g
1063–1074
Budapest, Magyar Nemzeti Múzeum.
Inv. Nr. Weszerle 6/a

Av. Bild des Herrschers, Umschrift SALOMONI REX;
Rv. Kreuz, Umschrift PANNONENIA.

17.01.14
Denar Salomons
Silber
Dm. 1,8 cm; Gew. 0,74 g
1063–1074
Budapest, Magyar Nemzeti Múzeum.
Inv. Nr. 8B/907–11

Av. Bild des Herrschers, Umschrift SALOMONI REX;
Rv. Kreuz, Umschrift PANNONENIA. Cs. T.

17.01.16–20

Schatzfund

Nagyharsány-Harányhegy, Kom. Baranya (Ungarn)
Gold, Silber
nach 1006
Budapest, Magyar Nemzeti Múzeum. Inv. Nr. L. 6/1975.1–74; Budapest, Magyar Nemzeti Múzeum (Münzkabinett). Inv. Nr. 80.8.1–13.A; 82.3.B; 58./1972.1; Münzsammlung der Ungarischen Nationalbank. Inv. Nr. 4611; Sammlung Dénes Bujdosó, Nagykőrös. Originale verloren, Abgüsse: Magyar Nemzeti Múzeum (Münzkabinett); Sammlung János Bujtár, Pécs.
Lit.: I. Gedai, XI. századi kincselet Nagyharsányból. JPME 17–18, 1972–1973 (1975) 85–90. – Ders., A magyar pénzverés kezdete (Budapest 1986) 35–55. – Ders., Noch einmal über den Münztyp Dannenberg 1706/a Acta Arch. Hung. 47, 1995, 319–323. – L. Kovács, Über den Schatz von Nagyharsány und den Lanzen-Denar Stephans I. Acta Arch. Hung. 46, 1994, 363–380. – Ders., Újra a nagyharsány kincsről és a LANCEA REGIS köriratú denárról. Századok 129, 1995, 1075–1104.

Der Schatz wurde 1968 ausgebaggert und wurde von Attila Kiss fast vollständig geborgen. Er bestand aus mindestens 44 Denaren von Stephan I., elf zeitgleichen deutschen bzw. 16 zeitgleichen böhmischen Denaren und Nachahmungen, drei bis vier byzantinischen Solidi, fünf runden Schrötlingen, 23 Schläfenrinen mit s-förmigem Ende sowie einem Ring und drei Plättchen aus Gold. Die jüngste Münze, ein Denar des Augsburger Bischofs Bruno (1006–1029) datiert den Schatz nach 1006. In dem aus der Regierungszeit Stephans I. stammenden Schatz fand sich zum ersten Mal der Denar-Typ H2: Auf dem Avers die Umschrift +LANCEA REGIS und eine Hand, die die Lanze mit Wimpel hält, auf dem Revers die Umschrift +REGIA CIVITAS mit dem Bild eines karolingischen Sakralbaus. Man geht davon aus, dass dieser Denar-Typ anlässlich der Krönung König Stephans geprägt wurde. Funde außerhalb Ungarns beweisen, dass solche Münzen in den allgemeinen Münzumlauf kamen. L. K.

17.01.16–20

17.02.02

17.02.01

Gesetz des heiligen Stephans (Decretum Sancti Stephani Regis)

aus dem Stift Admont (Österreich)
Ungarn, 12. Jh.
Pergament
H. 19 cm, Br. 14 cm
Országos Széchényi Könyvtár. Cod.Lat.433.

Beim Admonter Codex handelt es sich um das älteste erhaltene Manuskript der ersten ungarischen Gesetzgebung. Die Nationalbibliothek erwarb 1934 eine Lage (8 Blätter), die aus einem Codex im Benediktinerkloster in Admont herausgenommen worden war. Die Lage enthält das älteste Manuskript der zwei Gesetzbücher König Stephans I., des ersten ungarischen Königs. Zu Beginn des zweiten Buches legt das Gesetz fest, dass jeweils zehn Dörfer gemeinsam eine Kirche bauen sollen; der Bischof soll sie mit liturgischen Handschriften ausstatten und der König mit Paramenten. O. K.

17.02.02

Bleisiegel König Peters

Umgebung von Kecskemét (Ungarn)
1038–1041 oder 1044–1046
Blei
H. 3 cm, Br. 2.9 cm
Budapest, Magyar Nemzeti Múzeum.
Inv. Nr. 1940.35
Lit.: L. Huszár, Péter király ólombullája. Magyar Múzeum 1947, 13–16. – A. Kubinyi, Isten bárányát ábrázoló törvénybeidéző pecsét (billog) Fol. Arch. 35 (1984). – Zs. Lovag, I. András király idézőbillogának második példánya. Arch. Ert. 117, 1990, 189–201.

Inschrift (Vorderseite): PETRUS. (Rückseite): DI GRA/UNGA/RIORU/REX. Das unregelmäßig kreisförmige Bleisiegel wurde mittels zweier Löcher an der Urkunde befestigt. Das bis jetzt älteste ungarische Königssiegel zeigt das Brustbild von Peter Orseolo, dem zweiten König Ungarns, mit seinem Name seitlich des Kopfes. Er hält in der Rechten ein Lilienzepter und in der Linken einen Reichsapfel mit Kreuz. Seine Krone ist oben mit Kreuzen und beiderseits mit Pendilien geschmückt. Die Verwendung von Bleisiegeln in Ungarn wird durch Exemplare König Salomons und Gézas II. bestätigt. Das hier gezeigte Siegel ist der einzige Beweis für die Ausstellung von Urkunden durch König Peter. Die Insignien auf dem Herrscherbild ähneln denen auf dem Zitationssiegel Andreas' I. und dem Bleisiegel König Salomons, so dass sie auf ein verlorenes Original König Stephans hinweisen könnten. E. K.

17.02.03

Zitationssiegel König Andreas' I.

Mélykút (Ungarn)
1046–1060
Bronze
H. 6,9 cm, Dm. 6 cm
Budapest, Magyar Nemzeti Múzeum.
Inv. Nr. Ö/1.88.6
Lit.: E. Jakubovich, I. Endre király törveénybeidéző Ércbilloga. Turul 47, 1933, 56–74. – Zs. Lovag, I. András király idézőbillogának második példánya. Arch. Ert. 117, 1990, 189–201.

Die Umschrift lautet: ANDRES DEI GRACIA UNGARIORUM REX. Das Bronzesiegel mit glatter Rückseite trägt auf der Vorderseite das Bildnis des thronenden Königs, der mit seiner Rechten ein Kreuzzepter, mit der Linken einen Reichsapfel mit Kreuz hält. Sein Mantel hat eine große V-förmige Ausbuchtung. Die Krone hat drei Kreuzaufsätze und Pendilien an der Seite. Die Umschrift beginnt mit dem Kreuz des Zepters. Ein zweites Exemplar befindet sich im Museum von Veszprém und ein drittes ist im Buch von G. Pray (1805) abgebildet. Dies sind die ersten Exemplare des Zitationssiegels, das in Ungarn zur Legitimierung der den König repräsentierenden Boten für das Zitieren vor Gericht diente. Das Herrscherbildnis folgt westlichem Vorbild. Die Insignien ähneln jenen auf den Siegeln der Könige Peter und Salomon, daher kann man vermuten, dass sie nach dem Bildnis auf den verlorenen Siegeln König Stephans I. gefertigt wurden. E. K.

17.02.03

17.03.01–17.05.03

Die Kirche des Liebfrauenstiftes von Stuhlweißenburg (Székesfehérvár)

Die ältesten Quellen über die von dem heiligen Stephan gegründete Stiftskirche beschreiben vor allem den Reichtum der eines Herrschers würdigen Kirchenausstattung. In der Legenda maior werden außer der Ausschmückung des Chores durch skulptierte steinerne Chorschranken auch der Marmorfußboden und die Reliquiare erwähnt. In der Legenda minor finden sich Angaben zu den kostbaren Altarbekleidungen und dem Altarziborium aus Edelmetall. Zudem werden die Paramente (so die in Form des Krönungsmantels erhaltene Kasel von 1031) und die liturgischen Gefäße aufgezählt. Von der Ausstattung des 11. Jahrhunderts ist in der im 12. Jahrhundert gründlich umgebauten Kirche äußerst wenig erhalten und auch im ersten Jahrhundert ihres Bestehens muss bereits mit mehreren Umbauten gerechnet werden.

Lit.: D. Dercsényi, A székesfehérvári királyi bazilika (Budapest 1943). – M. Tóth, Árpád-kori falfestészet (Budapest 1974). – Dies., A művészet Szent István korában. In: F. Glatz/J. Kardos (Hrsg.), Szent István és kora (Budapest 1988). E. M.

17.03.01

Vermessungszeichnung von der Ausgrabung der Marienstiftskirche in Stuhlweißenburg 1862

Imre Henszlmann 1862–1863
Lavierte Federzeichnung, Papier
212,5 cm x 65 cm
Landesamt für Denkmalpflege Budapest, Planarchiv. Inv. Nr. 7432
Lit.: I. Henszlmann, A székes-fehérvári ásatások eredménye (Pesten 1864).

Imre Henszlmanns erste Ausgrabung im Bereich des südlichen Seitenschiffes legte den am wenigsten zerstörten Teil der Marienkirche mit bedeutenden Resten späterer Umbauten frei. Hinsichtlich der frühen Bauperioden der Kirche waren die Profilzeichnungen besonders wichtig. Aufmerksamkeit verdient der Platz zwischen erstem und zweitem Pfeiler: Das hier liegende Grab hatte Henszlmann noch nicht freigelegt und deshalb auch nicht eingezeichnet, obwohl bereits Anzeichen des Baus erkennbar sind, die heute als Grab des heiligen Emmerich gedeutet werden. Die Zeichnung enthält zudem mehrere heute verschwundene Baudetails. P. B.

17.04.01

Modell der Marienstiftskirche im 11. Jahrhundert in Stuhlweißenburg, Stand der neueren Forschungen

Maßstab 1:100
Entwurf: Piroska Biczó, Zoltán Szabó

Die Marienkirche wurde 1601 gesprengt, die Steine der Ruine wurden zur Befestigung der Stadt verwendet. In dem äußerst ärmlichen Trümmerfeld sind unter den Überresten aus dem 11. Jahrhundert die aus der Zeit Stephans I. nicht immer genau zu identifizieren. Sicher stammen aus dieser Periode die Umfassungsmauern, mit Resten von aufgehendem Mauerwerk im Osten und an der Südwand. Die Stützen der die Schiffe des dreischiffigen Gebäudes voneinander trennenden Arkaden kennen wir nicht. Wie die im Gebäudeinneren erhaltenen Details innerhalb des 11. Jahrhunderts einzuordnen sind, ist heute noch umstritten. Ein früher Teil des Gebäudes, aber nicht aus der Zeit Stephans I., ist das Westwerk der Kirche, von dem nur der Südabschnitt bekannt ist. P. B.

17.05.01 Handbuch Abb. 399

Steinplatte mit Palmetten-Flechtbandverzierung

Székesfehérvár. Szabaság tér 2 (Ungarn)
Kalkstein
16 cm x 24,5 cm x 10,5 cm.
letztes Drittel 11. Jh.
Székesfehérvár, Szent István király Múzeum, Romkert. Inv. Nr. 1189(1321).
Lit.: D. Dercsényi, A székesfehérvári királyi bazilika (Budapest 1943) 79, 111 Nr. 4. – T. Gerevich, Magyarország románkori emlékei (Budapest 1938) 41. – Á. Mikó/I. Takács (Hrsg.), Pannonia Regia. Művészet a Dunántúlon 1000 – 1541, Ausstellungskat. Budapest (Budapest 1994) 68–69 Nr. I–5. – M. Tóth/E. Marosi (Hrsg.), Árpád-kori kőfaragványok. Ausstellungskat. Székesfehérvár (Székesfehérvár 1978) 89 Nr. 16.

Bei dem wohl ursprünglich aus der Stiftskirche stammenden Stück handelt es sich um die rechte untere Ecke eines dekorativen Architekturteils. Es wird eingerahmt von einem zweibahnigen Band und einem Netz von Flechtbändern. Auf der rechten Seite hat sich ein Stück des Plattenrandes (Brüstung?, Wandbekleidung?) mit einem Dübelloch erhalten. Die flache Reliefverzierung weist entfernt auf justinianische Zierelemente in Ravenna hin. Stilistisch verwandt sind die Kapitelle aus der Salvatorabtei von Szekszárd (1063 Bestattungsort König Bélas I), für die M. Tóth (1980) venezianische Beziehungen annahm. Die vor 1896 aufgefundene Kalksteinplatte könnte mit der Bautätigkeit nach 1083 in Székesfehérvár in Zusammenhang stehen. E. M.

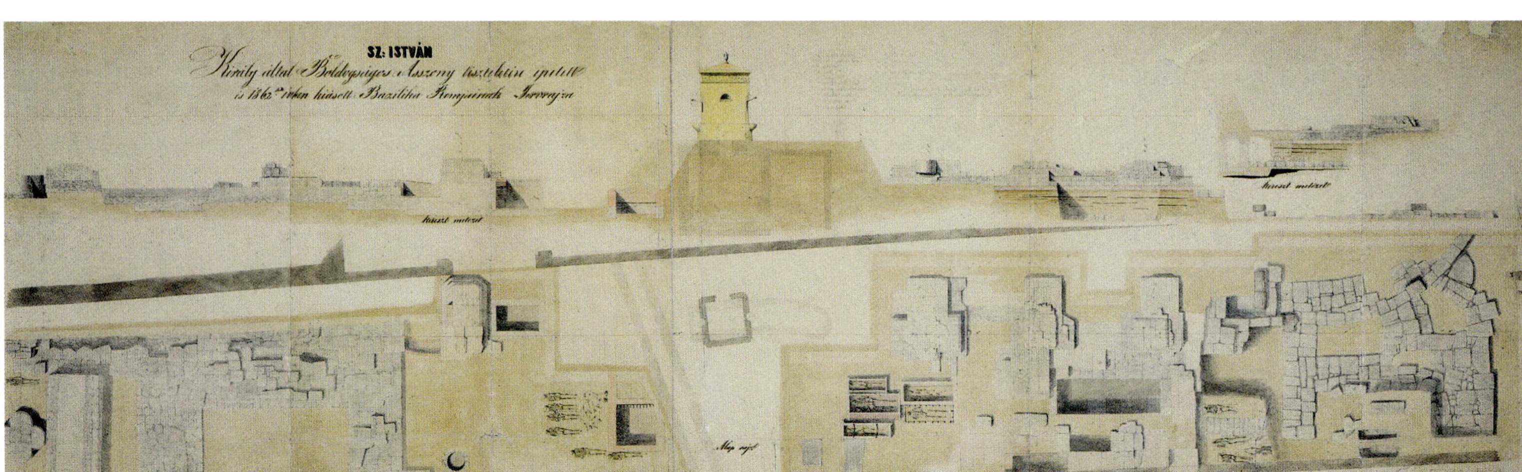

17.03.01

17.05.02
Brüstungsplatte mit Flechtband und Resten einer Tierfigur
Székesfehérvár. Marienstift (Ungarn)
Kalkstein
L. 21 cm, Br. 22 cm, H. 9,5 cm
2. Drittel des 11. Jh.
Székesfehérvár, Szent István király Múzeum, Romkert. Inv. Nr. 344.
Lit.: D. Dercsényi, A székesfehérvári királyi bazilika (Budapest 1943) 78–79 Nr. 6; 33.

Die verzierte Platte wurde 1936 im Bereich der Stiftskirche gefunden. Die ursprüngliche vertikale Stellung des Stücks bezeugt das Tierfigürchen. Dementsprechend bildete das aus drei Bändern bestehende Geflecht die Verzierung der rechten Seite. Vom Relief ist nur der hintere Teil eines Tierkörpers erhalten. Reliefbehandlung und die Gliederung des Bandes zeigen eine Verwandtschaft zu den Fragmenten von Zalavár. Das Brüstungsrelief mag zu der ersten Ausstattung der königlichen Probsteikirche von Stuhlweißenburg, vermutlich den Chorschranken, gehören. E. M.

17.05.03
Fragment eines Sarkophagdeckels (wohl des Sarkophags Stephans I.)
Székesfehérvár. Stiftskirche (Ungarn)
Kalkstein
33 cm x 64 cm x 35 cm
1083 (?)
Székesfehérvár, Szent István király Múzeum.
Lit.: T. v. Bogyay, Über den Stuhlweissenburger Sarkophag des hl. Stephan, Ungarn-Jahrbuch 4, 1972, 12–13. – T. Bogyay, Történeti forrás- és művészettörténeti stíluskritika Zalavár körül. Megjegyzések Tóth Sándor „A keszthelyi Balatoni Múzeum középkori kőtára“ című tanulmányához, Zalai Múzeum 4, 1992, 173. – G. Entz/E. Szakál, La reconstitution du sarcophage du roi Étienne. Acta Hist. Artium 10, 1964, 215–218. – D. Dercsényi, A székesfehérvári királyi bazilika (Budapest 1943) Nr. 14; 79; 97; 112. – E. Marosi, „Quievit corpus beatum eodem in loco annis XLV.“ Bemerkungen zum Sarkophag Königs Stefan des Heiligen von Ungarn. In: Arte d'Occidente, temi e metodi. Studi in onore di Angiola Maria Romanini I (Roma 1999) 337–348. – Á. Mikó/I. Takács (Hrsg.), Pannonia Regia. Művészet a Dunántúlon 1000 – 1541. Ausstellungskat. Budapest (Budapest 1994) 87 Nr. I-25. – S. Tóth, A keszthelyi Balatoni Múzeum középkori kőtára. Zalai Múzeum 2, 1990, 147–187.

17.05.01

17.05.02

17.05.03

17.06.01

Wahrscheinlich handelt es sich bei dem in den 30er Jahren im Gebiet der Königskirche gefundenen Stück um einen Teil des Reliquienschreins Stephans des Heiligen, der durch Umarbeitung eines römischen Sarkophags entstand (Handbuch Abb. 406). Es ist ein Fragment der Dachschräge. Die Verzierung aus Flechtband und Palmetten sowie der Perlstab am unteren Rand blieben unvollendet, die Medaillons sind von auffallend unregelmäßiger, spitzer Form. Motivische Übereinstimmungen mit den Skulpturen von Zalavár dienen als Grundlage für eine stilistische Einordnung und die Datierung. E. M.

17.06.01–02

Visegrád

Für Visegrád, wo eine Nutzung des römischen Kastells im 11. Jahrhundert archäologisch nachgewiesen wurde, ist Kunsthandwerk von Rang aus der Regierungszeit Königs Andreas I. (1046–1060) belegt. Ein Fundort ist das von Andreas I. am Donauufer für Basilitenmönche gegründete Andreaskloster, aus dessen Gebäude eine bedeutende Reihe von Kämpfern stammt. Ein weiterer Fundplatz ist der erste Bau der im 11. Jahrhundert gegründeten Pfarrkirche, zu deren Datierung die stilistische Nähe der Bauskulptur zum Andreaskloster herangezogen werden kann. E. M.

17.06.01

Fragment einer Wandmalerei mit Frauenkopf

Visegrád. Pfarrkirche (Ungarn)
letztes Viertel 11. Jh.
Putz, *al fresco* gemalt, mit *al secco*-Auftrag, aus fünf Stücken zusammengestellt
H. max. 16 cm
Visegrád, Mátyás király Múzeum
Lit.: Á. Mikó/I. Tacacs (Hrsg.), Pannonia Regia. Művészet a Dunántúlon 1000–1541. Ausstellungskat. Budapest (Budapest 1994) 218 Nr. III-1.

Auf der Süd- und Westwand des Baues I aus dem 11. Jahrhundert kam 1973 eine überaus reiche dekorative Malerei des Sockels zum Vorschein, die zwar abgenommen, jedoch bislang nicht konserviert und bearbeitet wurde. Die Wandflächen oberhalb der bemalten Sockel waren durch figürliche Wandmalereien geschmückt, von denen zahlreiche Bruchstücke gefunden wurden. Der hier gezeigte Frauenkopf ist auf rotem, weiß gemustertem Grund mit Ockerfarbe gemalt. Die plastische Malweise ist typisch für das

11. Jahrhundert. Sie hat vermutlich oberitalienische Wurzeln, die auf antike Vorbilder zurückreichen. E. M.

17.06.02
Beschlag(?) mit Königsdarstellung
Visegrád (Ungarn)
Bronze
L. 7,4 cm, Br. 4,8 cm
11. Jh.
Visegrád, Mátyás király Múzeum.
Inv. Nr. 69.3.1
Lit.: unpubliziert

Bei dem fragmentierten Plättchen aus Bronzeblech mit gravierter Darstellung eines Königs handelt es sich vermutlich um den Beschlag eines Kästchens. H. N.

17.07.01
Modell des Burgwalls von Borsod

Die Burg von Borsod liegt in Nordostungarn, ca. 30 km nördlich von Miskolc entfernt, am Ufer der Bódva. Die aus kleinen Flechtwandhäusern bestehende Siedlung aus der zweiten Hälfte des 10. Jahrhunderts ist das bislang früheste nachgewiesene Dorf im Karpatenbecken. Den im 11. Jahrhundert errichteten Komitatssitz schützten Holz-Erde-Befestigungen. Bei den Ausgrabungen wurden zwei Kirchen freigelegt, unter ihnen die im Innern der Burg gelegene Dekanatskirche, deren frühe Gründung eine Silbermünze Salomons (1063–1074) beweist. Die zweite Kirche lag außerhalb des Walles. Um sie herum befand sich ein großer Friedhof, dessen früheste Gräber aus der zweiten Hälfte des 11. Jahrhunderts stammen. Auf ihm wurde zur Zeit der Staatsgründung die Gespanschaftsburg errichtet, die auch in der *Gesta Hungarorum* erwähnt wird. M. W.

17.06.02

Polen 18–20

Polen, das Land inmitten der slawischen Welt, stark bewaldet, fernab der zivilisatorischen und politischen Zentren jener Zeit, trat im 10. Jahrhundert in das Licht der Geschichte. Ausgehend von einem Kerngebiet im Land der Polanen um Gnesen (Gniezno) herum unterwarf die Herrscherfamilie der Piasten bis zur Jahrtausendwende große Gebiete von der Ostsee bis zu den Karpaten. Mit der territorialen Ausbreitung ging ein zivilisatorischer Sprung einher. Der erste historische Herrscher, Mieszko I., ließ sich 966 taufen. Die Christianisierung öffnete Polen den Zugang zur Kultur des Abendlandes und förderte den Aufstieg der Piastendynastie. Im Jahr 1000 empfing Mieszkos Sohn, Bolesław Chrobry, Kaiser Otto III. in Gnesen. Hier, über dem Grab des heiligen Adalbert, im Zentrum der Piastenherrschaft, wurde ein Erzbistum gegründet. Kriege und dynastische Streitigkeiten stürzten das Land in den 30er Jahren des 11. Jahrhunderts in eine tiefe Krise, die auch mit einem teilweisen Rückfall ins Heidentum verbunden war. Der Wiederaufstieg des Landes begann um 1040 unter Kasimir dem Erneuerer, einem Enkel Bolesław Chrobrys. Er nahm seinen Sitz in Krakau, das zum neuen Hauptort Polens wurde. J. St. u. Z. K.

Herrschaftsorganisation 18.01–05

Der polnische Herrscher verfügte nicht über ein reguläre Gefolgschaft von Panzerreitern. Er gab ihnen Kleidung, Pferde und Waffen und den vollen Unterhalt für ihre Familien. Die Krieger trugen Waffen westlicher, zuweilen auch skandinavischer oder altrussischer Art. Aus dem islamischen Osten gelangten Silbermünzen ins Land, die teils zur Entlohnung des Heeres verteilt, teils von den Mächtigen im Umkreis des Herrschers als Schätze gehortet wurden.
Die Ausübung der Herrschaft erfolgte in den Burgen, die die Piasten seit der Zeit um 920–930 bauten. Die aus Holz und Erde aufgeschichteten Wälle erreichten nicht selten eine imposante Größe. Der Herrscher residierte in den Hauptburgen in der Mitte des Landes, wo nach Einführung des Christentums Kirchen und Palastbauten aus Stein errichtet wurden, so in Posen, Gnesen und, am besten erhalten, in Ostrów Lednicki. Als die Piastenfürsten ihren Herrschaftsbereich erweiterten, bauten sie auch in den neu eingegliederten Ländern ihre Burgen und Residenzen. Z. K. u. T. K.

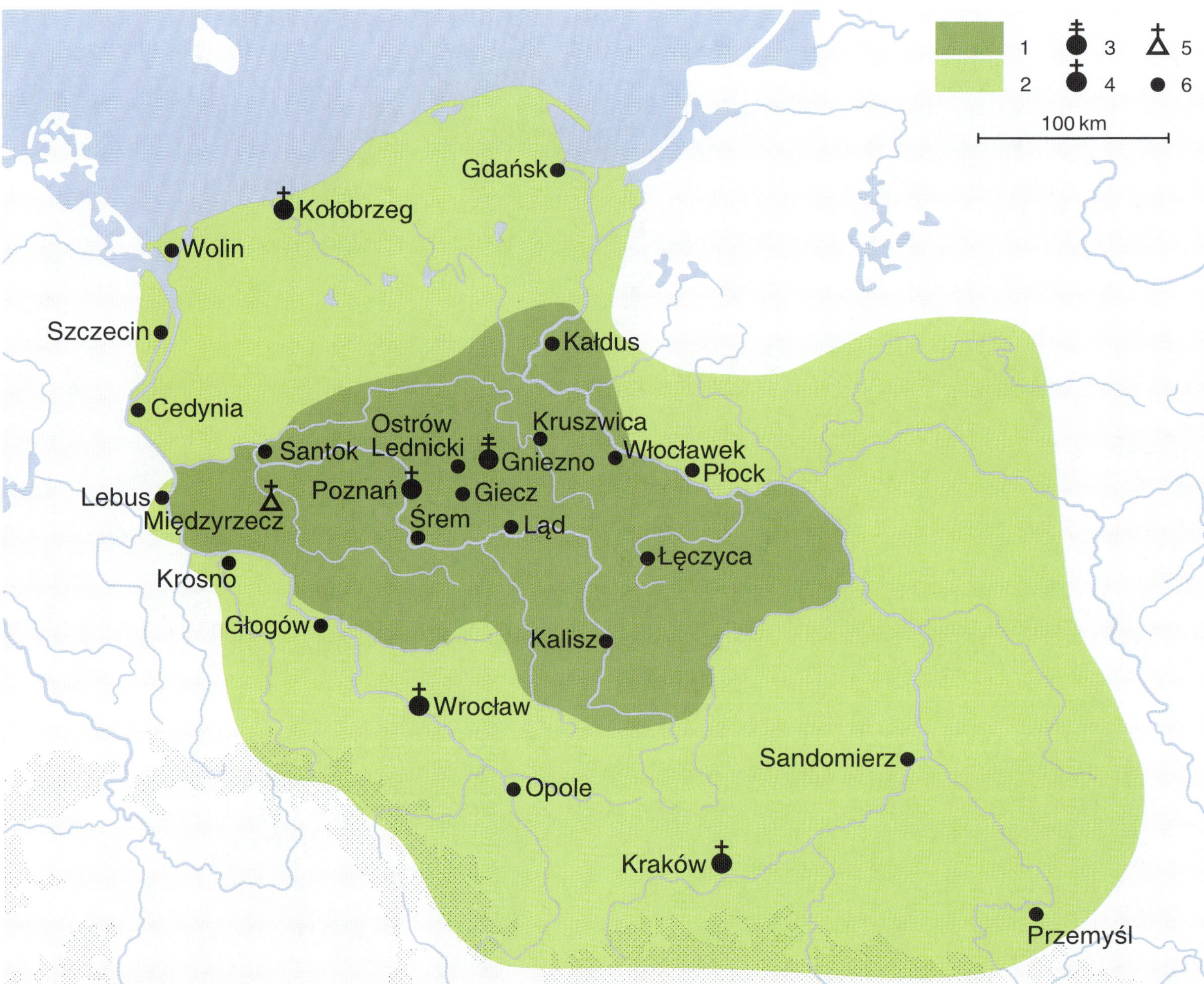

1 piastisches Kernland; 2 Erwerbungen 960–1000; 3 Erzbistum; 4 Bistum; 5 Kloster; 6 sonstiger Ort

Polen um 1000

18.01.01

Schwert vom Typ M

Ostrów Lednicki, Kr. Gniezno. Fdst. 3a (lange Brücke, Unterwasseruntersuchungen) (Polen)
Eisen mit Kupfertauschierung
Gesamtl. noch 89 cm, L. der Parierstange 9,6 cm, Klingenbr. 5,2 cm
11. Jh.
Lednagora, Muzeum Pierwszych Piastów na Lednicy. Inv. Nr. 3/94
Lit.: A. N. Kirpicznikov, Die Geheimnisse der Schwerte aus Lednica. Archeologia Żywa 2, 7, 1998, Abb. 4. – J. Górecki, Die Burg auf Ostrów Lednicki vor dem Hintergrund von ausgewählten Burgzentren der ersten Piasten-Monarchie (im Druck).

Ein beim Kampf verlorenes Schwert vom Typ M nach J. Petersen. Das zweischneidige Exemplar hat eine kurze Parierstange und einen einfachen, im Querschnitt linsenförmigen Knauf. Die Parierstange war kupfertauschiert, der Griff aus Holz. Die Klinge schmücken auf beiden Seiten Kreiszeichen zwischen Kreuzen sowie Kreuzzeichen zwischen den Buchstaben Alpha und Omega. Schwerter dieses Typs, die in Skandinavien sehr populär waren und in Europa von Island bis in die Kiewer Rus vorkommen, finden sich in Polen selten. J. G.

18.01.02

Lanzenspitze

Ostrów Lednicki, Kr. Gniezno. Fdst. 3a (lange Brücke, Unterwasseruntersuchungen) (Polen)
Eisen; Holz
Gesamtl. 48,9 cm, Tüllenl. 16,2 cm, Blattbr. 3.1 cm
2. Hälfte 10.–1. Hälfte 11. Jh.
Lednagora, Muzeum Pierwszych Piastów na Lednicy. Inv. Nr. 1/87
Lit.: J. Górecki, Die Burg auf Ostrów Lednicki vor dem Hintergrund von ausgewählten Burgzentren der ersten Piasten-Monarchie (im Druck).

Lanzenspitze mit langem, schmalem Blatt und Tülle mit rundem Querschnitt. Reste des hölzernen Schaftes haben sich in der Tülle erhalten. Das Stück wurde zusammen mit fünf ähnlichen Exemplaren von Typ K nach J. Petersen bei der Brücke der Inselburg gefunden. Der Fund wird mit polnisch-tschechischen Kämpfen (1038) auf dem Seegewässer, rund um die Insel in Verbindung gebracht. J. G.

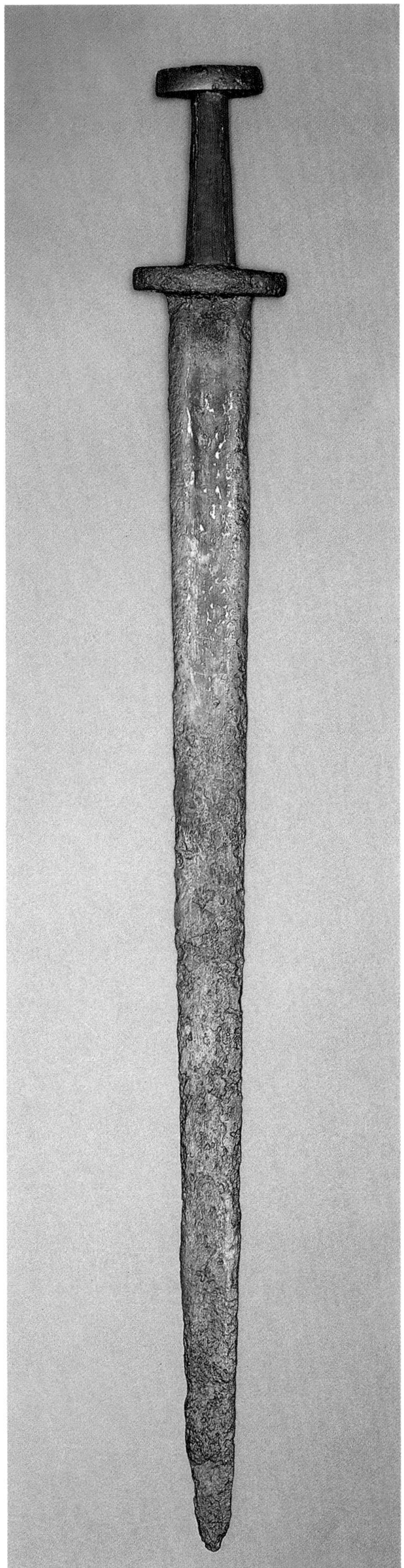

18.01.01

18.01.02

18.01.03

18.01.04

18.01.03
Lanzenspitze
Ostrów Lednicki, Kr. Gniezno. Fdst. 3a (lange Brücke, Unterwasseruntersuchungen) (Polen)
Eisen
Gesamtl. 42,6 cm, Tüllenl. 10 cm, Blattbr. 6 cm
2. Hälfte 10.–1. Hälfte 11. Jh.
Lednagora, Muzeum Pierwszych Piastów na Lednicy. Inv. Nr. 22/94
Lit.: J. Górecki, Die Burg auf Ostrów Lednicki vor dem Hintergrund von ausgewählten Burgzentren der ersten Piasten-Monarchie (im Druck).

Lanzenspitze mit rhombischem Blattquerschnitt, der an den norwegischen Typ G (nach J. Petersen) anknüpft. Vier Lanzenspitzen dieses Typs wurden in Lednica gefunden, was auf eine bewaffnete Wikingergruppe hinweist, die sich in der Umgebung des polnischen Herrschers aufhielt. J. G.

18.01.04
Lanzenspitze
Ostrów Lednicki, Kr. Gniezno. Fdst. 3b (kurze Brücke, Unterwasseruntersuchungen) (Polen)
Eisen
Gesamtl. 27 cm, Tüllenl. 7 cm, Blattbr. 4,3 cm
2. Hälfte 10.–12. Jh.
Lednagora, Muzeum Pierwszych Piastów na Lednicy. Inv. Nr. 33/92
Lit.: J. Górecki, Die Burg auf Ostrów Lednicki vor dem Hintergrund von ausgewählten Burgzentren der ersten Piasten-Monarchie (im Druck).

Die Lanzenspitze (Typ III nach A. Nadolski) gehört zu den in Lednica gefundenen Exemplaren, die an skandinavische Vorbilder anknüpfen. Sie gehörte wahrscheinlich zur Ausrüstung eines Wikingerkriegers, der in den Diensten eines polnischen Herrscher stand. J. G.

18.01.05
Lanzenspitze
Ostrów Lednicki, Kr. Gniezno. Fdst. 3a (lange Brücke, Unterwasseruntersuchungen) (Polen)
Eisen, silbertauschiert.
Gesamtl. 73 cm, Tüllenl. 13 cm, Blattbr. 5 cm
2. Hälfte 10.–1. Hälfte 11. Jh.
Lednagora, Muzeum Pierwszych Piastów na Lednicy. Inv. Nr. 233/61
Lit.: A. Nadolski, Frühmittelalterliche Militaria aus dem Lednica-See. Studia Muzealne, 7, 1966, 9 Abb. 15–16. – J. Górecki, Die Burg auf Ostrów Lednicki vor dem Hintergrund von ausgewählten Burgzentren der ersten Piasten-Monarchie (im Druck).

Eine hinsichtlich der Abmessungen besondere Form ist die lanzettförmige Lanzenspitze (Typ V nach A. Nadolski), deren Blatt ursprünglich durch vier mit Silber inkrustierten Rille (heute nicht mehr erkennbar) verziert war. Lanzenspitzen dieser Länge finden sich häufig in Polen. J. G.

18.01.06
Streitaxt
Ostrów Lednicki, Kr. Gniezno. Fdst. 3a (lange Brücke, Unterwasseruntersuchungen) (Polen)
Eisen
Gesamtl. 12 cm, Schneidenbr. 4,8 cm,
H. des Schafts mit Schaftlochlappen 4,2 cm
2. Hälfte 10.–1. Hälfte 11. Jh.
Lednagora, Muzeum Pierwszych Piastów na Lednicy. Inv. Nr. 10/91
Lit.: J. Górecki, Die Burg auf Ostrów Lednicki vor dem Hintergrund von ausgewählten Burgzentren der ersten Piasten-Monarchie (im Druck).

Zu den seltenen Kampfäxten auf dem Gebiet Polens gehören die Äxte vom Typ IV Variante a nach A. Nadolski. Die Axt dürfte aus Skandinavien oder dem Gebiet der Kiewer Rus stammen. J. G.

18.01.06

18.01.05

18.01.07

18.01.07 Handbuch Abb. 52
Streitaxt
Ostrów Lednicki, Kr. Gniezno. Fdst. 3b (kurze Brücke, Unterwasseruntersuchungen) (Polen)
Eisen; Holz.
Gesamtl. 16,6 cm, Schneidenbr. 7,4 cm
2. Hälfte 10.–12. Jh.
Lednagora, Muzeum Pierwszych Piastów na Lednicy. Inv. Nr. 34/84
Lit.: A. Kola/G. Wilke, Bericht über die archäologischen Unterwasseruntersuchungen im Lednica-See auf den Relikten der frühmittelalterlichen „Gnesener“ Brücke (Rybitwy, Fst. 3b) in den Jahren 1984–1985, Acta UNC A 15, 1991, Abb. 8, B. – J. Górecki, Die Burg auf Ostrów Lednicki vor dem Hintergrund von ausgewählten Burgzentren der ersten Piasten-Monarchie (im Druck).

Eine in Polen sehr verbreitete Form ist die Streitaxt vom Typ IV Variante d nach A. Nadolski. Der Schaft des Stückes, das zusammen mit zehn weiteren Äxten bei der „Gnesener" Brücke gefunden wurde, ist erhalten. J. G.

18.1.08

18.01.08

Streitaxt

Ostrów Lednicki, Kr. Gniezno. Fdst. 3b (kurze Brücke, Unterwasseruntersuchungen) (Polen)
Eisen
Gesamtl. 19,6 cm, Schneidenbr. 14,2 cm
2. Hälfte 10.–12. Jh.
Muzeum Pierwszych Piastów na Lednicy. Inv. Nr. 41/83
Lit.: J. Górecki, Die Burg auf Ostrów Lednicki vor dem Hintergrund von ausgewählten Burgzentren der ersten Piasten-Monarchie (im Druck).

Zu den gängigen Formen von Streitäxten, die aus polnischem Gebiet bekannt sind, gehörten die Exemplare mit Bart und unterschiedlich gestalteten Schaftlochlappen (Typ V Variante x nach A. Nadolski). Bei mehreren der insgesamt 28 Äxte, die aus Lednica-See geborgen wurden, hat sich die Holzschäftung erhalten. J. G.

18.01.09

18.01.09

Streitaxt

Ostrów Lednicki, Kr. Gniezno. Fdst. 3 b (kurze Brücke, Unterwasseruntersuchungen) (Polen)
Eisen
Gesamtl. 16,9 cm, Schneidenbr. 10,8 cm, H. des Schafts mit Schaftlochlappen 6,7 cm
2. Hälfte 10. Jh.–11. Jh.
Lednagora, Muzeum Pierwszych Piastów na Lednicy. Inv. Nr. 50/92
Lit.: J. Górecki, Die Burg auf Ostrów Lednicki vor dem Hintergrund von ausgewählten Burgzentren der ersten Piasten-Monarchie (im Druck).

Bei dem Einzelfund aus der Residenz der ersten Piasten handelt es sich um eine Kampfaxt vom Typ E nach J. Petersen mit breiter Schneide und großen Schaftlochlappen. Der Hals der Axt und ihre Schneide waren mit Rillen (ursprünglich vielleicht mit Silber tauschiert) verziert. Dieser Waffentyp dürfte aus wikingischem Siedlungsgebiet stammen. J. G.

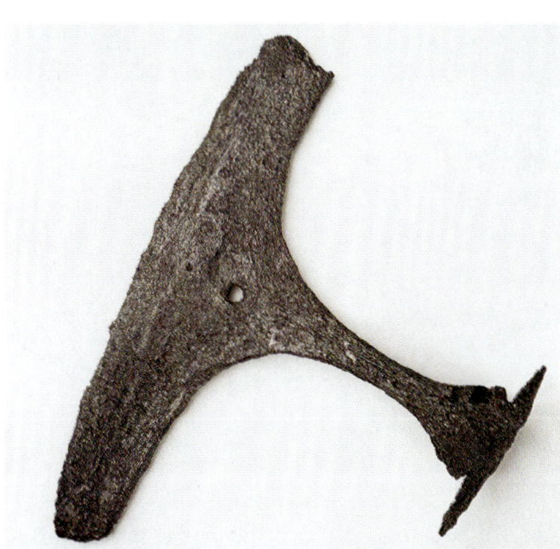

18.01.10

18.01.10

Axt

Ostrów Lednicki, Kr. Gniezno. Fdst. 3 b (kurze Brücke, Unterwasseruntersuchungen) (Polen)
Eisen
Gesamtl. 11,2 cm, Schneidenbr. 14 cm
1. Hälfte 11. Jh.
Lednagora, Muzeum Pierwszych Piastów na Lednicy. Inv. Nr. 91/85
Lit.: A. Kola/G. Wilke, Bericht über die archäologischen Unterwasseruntersuchungen im Lednica-See auf den Relikten der frühmittelalterlichen „Gnesener" Brücke (Rybitwy, Fst. 3b) in den Jahren 1984–1985, Acta UNC.A 15, 1991, 43–58. – J. Górecki, Die Burg auf Ostrów Lednicki vor dem Hintergrund von ausgewählten Burgzentren der ersten Piasten-Monarchie (im Druck).

Bei der Axt vom Typ Laptau (Prunkaxt nach E. Paulsen) handelt es sich um eine seltene verzierte Waffe, die vermutlich aus pruzzischem Gebieten stammt. Der Hals dieses Exemplars ist mit einem Motiv aus Fischschuppen und Linien verziert. Das Stück selbst dürfte einem ranghohen Krieger gehört haben. J. G.

18.01.11
Schwert
Giecz (Polen)
Eisen; Kupfer; Damast
Gesamtl. 88 cm, Klingenl. 73 cm, Griffl. mit Parierstange und Knauf. 14,9 cm
10. Jh.
Lednagora, Muzeum Pierwszych Piastów na Lednicy, Abteilung Rezerwat Archeologiczny Gród Piastowski in Giecz. Inv. Nr. Gz 13/36/90
Lit.: L. Kubiak u. a., Znalezisko miecza w obrębie reliktów średniowiecznego mostu/grobli w Gieczu. Studia Lednickie B 2 (Lednica-Poznań 1991) 367–368. – J. Lehmann, Miecz odkryty w Gieczu. Badania technologiczne i konserwacja. Studia Lednickie B 2 (Lednica-Poznań 1991) 369–370.

Das sehr gut erhaltene Schwert wurde bei der Brücke des 10./11. Jahrhunderts, die die Burg auf Ostrów Lednicki mit der Marktsiedlung verband, gefunden. Es hat eine zweischneidige Klinge mit Blutrinne, worauf sich Spuren der beidseitigen fischgrätenförmigen Damaszierung fanden sowie eine bis heute nicht entzifferte Inschrift. Der Holzgriff hat sich von der ovalen Parierstange bis zum Knauf erhalten. Auf dem Knauf finden sich Reste von Kupfertauschierung. Das Schwert entspricht Typ H nach Petersen. T. K.

18.01.12
Schwert
Konskie, Grab 71 (Polen)
Eisen; Silber
L. 81,4 cm, Br. 13,5 cm
11./Anfang 12. Jh.
Warszawa, Państwowe Muzeum Archeologiczne. Inv. Nr. V/607

18.01.11

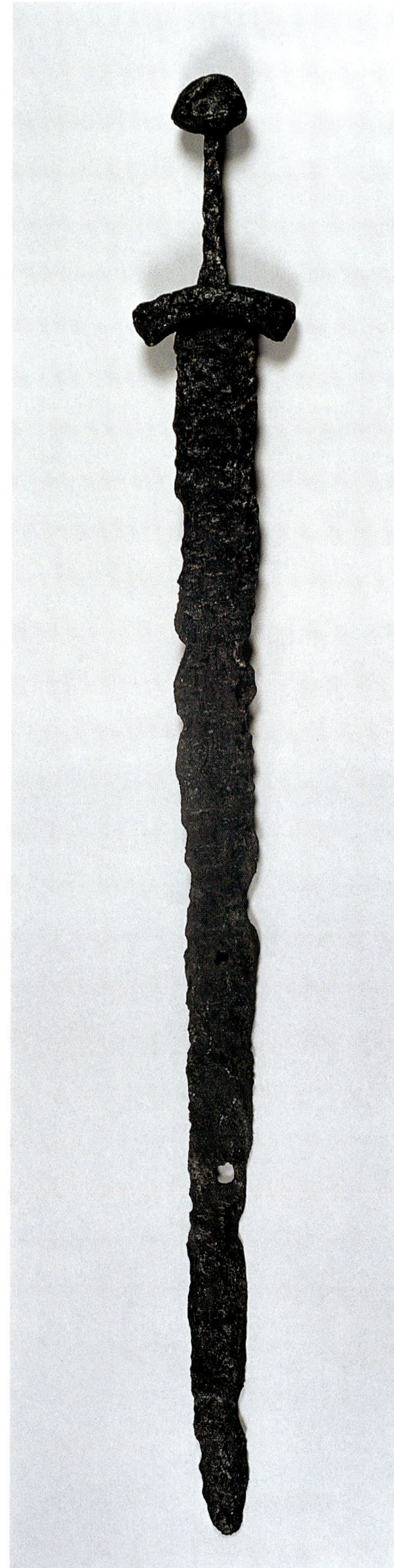
18.01.12

18.01.13–16

Das Gräberfeld von Lutomiersk bei Łódź

Bei der 1940 von der deutschen Besatzungsmacht angeordneten Zerstörung des Judenfriedhofes der Stadt Lutomiersk bei Łódź entdeckte man die ersten frühmittelalterlichen Bestattungen. Eine ausgedehntere Untersuchung des Gräberfeldes erfolgte 1949 bis 1955. Es handelte sich vornehmlich um Körpergräber, zum Teil mit Steinumfassungen oder Steinpflasterung. Die Beigaben haben teilweise ein altrussisches Gepräge und werden in das frühe 11. Jahrhundert datiert. Vermutlich sind in Lutomiersk neben der einheimischen Bevölkerung auch Krieger aus dem Kiewer Reich und dessen Nachbarregionen bestattet worden, die als Gefolgsleute im Dienste eines polnischen Herrschers, möglicherweise Bolesław Chrobrys, standen. Zu den hier gezeigten Funden aus Grab 10 gehören außerdem eine Lanzenspitze und ein Eimer.

Lit.: K. Jażdżewski, Cmentarzysko wczesnośredniowieczne w Lutomiersku pod Łodzią w świetle badán r r. 1949. Mat. Wczesnośred. 1, 1949, 91–191. – A. Nadolski u. a., Poklewski, Cmentarzysko z XI wieku w Lutomiersku pod Łodzią. Acta Arch. Univ. Lodziensis 7 (Łódź 1959) Abb. 95, 3; 98, 3–4. – I. Gabriel, Ber. RGK 69, 1988, 184 ff. T. K.

18.01.13

Trensenknebelplatten

Lutomiersk. Grab 10 (Polen)
Bronze
10./11. Jh.
Łódź, Muzeum Archeologiczne i Etnograficzne. Inv. Nr. IHKMPAN/L/1040/232

Bronzene Endstücke einer nicht mehr vorhandenen eisernen Trense. Die Form der Knebelplatten und die Art der Pflanzenornamentik sind im westslawischen Bereich sonst nicht bekannt. Man vermutet eine Herstellung im Gebiet zwischen Dnjepr und Ural. T. K.

18.01.14

Riemenzungen und Riemendurchzüge

Lutomiersk. Grab 10 (Polen)
Bronze
H. 4,8 cm, Br. 1,5 cm
10./11. Jh.
Łódź, Muzeum Archeologiczne i Etnograficzne. Inv. Nr. IHKMPAN/L/1949/231

Die beiden Riemendurchzüge werden als Reste von Schnallen gedeutet. Möglicherweise handelt es sich um Teile der Sporengarnitur, wofür die stark stilisierten Enden sprechen. T. K.

18.01.14

18.01.13

18.01.15

Kreuzförmiges Riemenbeschlagpaar

Lutomiersk. Grab 10 (Polen)
Bronze
4,4 cm x 4,1 cm bzw. 4,4 cm
10./11. Jh.
Łódź, Muzeum Archeologiczne i Etnograficzne. Inv. Nr. IHKMPAN/L/1949/234

Das Paar gegossener Bronzebeschläge, möglicherweise vom Zaumzeug, zeigt eine stark stilisierte Pflanzenornamentik. Ähnliche Beschläge fand man vor allem im altrussischen Gebiet und dessen östlichen Nachbarregionen. T. K.

18.01.16

Sporenpaar

Lutomiersk. Grab 10 (Polen)
Bronze
11,8 cm x 8,5 cm bzw. 12 cm x 9,7 cm
10./11. Jh.
Łódź, Muzeum Archeologiczne i Etnograficzne. Inv. Nr. IHKMPAN/L/1949/197

Die beiden Sporen sind nahezu identisch und stammen möglicherweise aus einer Gussform. Die Sporenbügel tragen eine kräftig eingetiefte Volutenzier und haben an den Enden stark stilisierte Tierköpfe. Auf den Bügeloberkanten gehen oder stehen jeweils drei gleichartige Tiere hintereinander, an den Bügelunterkanten sitzt jeweils eine schmale Riemenöse. Eine Deutung als bronzene Sattelbeschläge ist nicht überzeugend, da beide Exemplare die üblichen Maße und Proportionen von Sporen aufweisen. Die Prunksporen sind wegen der Tierdarstellungen ein Unikat. Ähnlich aufgesetzte Tierfiguren auf Messerscheidenbeschlägen liegen aus Starigard-Oldenburg (um 1000) und Brześć Kujawski (11. Jh.) vor. Ob die Tierfiguren heidnische Vorstellungen widerspiegeln, bleibt ungewiss. T. K.

18.01.15

18.01.16

18.02.01

18.02.01
Helm
Ostrów Lednicki, Kr. Gniezno. Fdst. 3 (Polen)
Eisen
H. der Glocke 18,5 cm, H. des Nasenschutzes 6 cm, Randdm. 20–22 cm
11./12. Jh.
Lednagora, Muzeum Pierwszych Piastów na Lednicy. Inv. Nr. 240/61/59
Lit.: H. Andreszowa u. a., Bericht über die Untersuchungen auf Ostrów Lednicki. Sprawozdania Archeologiczne 15, 1963, 228. – A. Nadolski, Frühmittelalterliche Militaria aus dem Lednica-See. Studia Muzeane 7, 1966, 10–11 Abb. 4. – A. Kola/G. Wilke, Vorbericht über die archäologischen Unterwasseruntersuchungen der frühmittelalterlichen „Posener" Brücke (Rybitwy, Fst. 3) b) in den Jahren 1984–1985. Acta UNC A 15 (1985) 43–58. – J. Górecki, Die Burg auf Ostrów Lednicki vor dem Hintergrund von ausgewählten Burgzentren der ersten Piasten-Monarchie (im Druck).

Der Helm mit Nasenschutz aus Lednica ist einer von zwei Exemplaren dieses Helmtyps, die auf polnischem Gebiet zutage kamen. Der Helm wurde aus einem Stück geschmiedet. Am Helmrand befinden sich Durchbohrungen, die zur Befestigung des Nackenschutzes dienten. Helme dieses Typs haben ihren Ursprung im Osten. Der Helm aus Lednica gehörte zur Ausrüstung eines elitären berittenen Kriegers. Er datiert mit hoher Wahrscheinlichkeit in die Zeit der polnisch-tschechischen Auseinandesetzungen auf Lednica im Jahre 1038. J. G.

18.02.02
Helm
Gorzuchy (Polen)
Eisen; Kupfer, vergoldet
H. 21,3 cm (ohne Hülse), H. der Hülse 6 cm
10./11. Jh.
Kraków, Muzeum Uniwersytetu Jagiellońskiego. Inv. Nr. 16417
Lit.: Z. Bocheński, Polskie szyszaki wczesnośredniowieczne (Kraków 1930). – I. Grabowska, Zbiory militariów Uniwersytetu Jagiellońskiego w depozycie Muzeum Narodowego w Krakowie. Opuscula Musealia 5 (Kraków 1991) 59–61; 72.

Der aus der Kiewer Rus stammende Helm besteht aus vier kegelförmig angeordneten Eisenblechen mit vier aufgenieteten vergoldeten Messingplatten mit wellenförmigen Rändern. An den Seiten sind eiserne Rhomben mit perlenförmigen Rändern angebracht. Am unteren Rand ein Eisenblechstreifen mit Durchbohrungen und Ösen. Auf der Vorderseite Reste eines vermutlich eisernen Schmucks in Form einer Lilie. An der Spitze steckt auf einem eisernen Stiel eine vergoldete Messinghülse für einen heute nicht mehr vorhandenen Federbusch. I. Gr.

18.02.02

18.03.01

18.03.01–02

18.03.01
Bronzeschüssel
Ostrów Lednicki, Kr. Gniezno. Fst. 3a (lange Brücke, Unterwasseruntersuchungen) (Polen)
Bronze
Dm. 34 cm, H. 9,4 cm
2. Hälfte 10.–1. Hälfte 11. Jh.
Lednagora, Muzeum Pierwszych Piastów na Lednicy. Inv. Nr. 3/88
Lit.: J. Górecki, Die Burg auf Ostrów Lednicki vor dem Hintergrund von ausgewählten Burgzentren der ersten Piastenmonarchie (im Druck).

Aus Bronzeblech in Form einer Halbkugel getriebene Schüssel ohne Verzierung, mit flachem Boden und flachem Rand. In dieser Schüssel wurde eine kleinere Schüssel (aus Bronze) gefunden (beide vom Typ VI nach T. Poklewski). Höchstwahrscheinlich gehörte die Schüssel zu Ausstattung des Palastes, wo sie zum Waschen der Hände diente. J. G.

18.03.02
Bronzeschüssel (Kopie)
Ostrów Lednicki, Kr. Gniezno. Fst. 3a (lange Brücke, Unterwasseruntersuchungen) (Polen)
Bronze
Dm. 26 cm, H. 5,8 cm
2. Hälfte 10–1. Hälfte 11. Jh.
Lednagora, Muzeum Pierwszych Piastów na Lednicy. Inv. Nr. 2/88
Lit.: J. Górecki, Die Burg auf Ostrów Lednicki vor dem Hintergrund von ausgewählten Burgzentren der ersten Piastenmonarchie (im Druck).

Eine kleine Schüssel aus Bronzeblech mit flachem, in der Mitte treppenartig geformtem Boden und flachem Rand, in dem sich ursprünglich drei Öffnungen zur Aufhängung befanden. Erkennbar ist eine Reparatur des Schüsselrandes (Blech). Ursprünglich war sie sicherlich Bestandteil der Ausstattung des Herrscherpalastes. Das Stück wurde auf dem Seeboden in einer größeren Schüssel gefunden. J. G.

18.04.01–10
Der Schatzfund von Zawada Lanckorońska
Zawada Lanckorońska, Gem. Tarnów , Woj. Małopolskie (Polen)

Der Schatz wurde auf dem Gebiet eines frühmittelalterlichen Burgwalls des 9. bis 10. Jahrhunderts bei den zufällig durchgeführten Erdarbeiten im Jahre 1932 freigelegt. Er war in einem kleinen Tongefäß versteckt, das ca. 50 cm tief vergraben war. In seinem Inneren befanden sich 49 Segmentperlen aus Glas und 30 silberne Schmuckstücke. Unter ihnen waren: ein Lunula-Anhänger, acht Ohrringe mit Metallperlen, sechs Ohrringe mit weintraubenförmigen Anhänger, acht Ohrringe mit maisförmigen Anhänger und sieben große Perlen mit Buckeln. Der Schatzfund wurde wahrscheinlich im dritten Viertel des 10. Jahrhunderts vergraben. Die aufgefundenen Gegenstände sind mit den in den Gräbern und Schätzen des 9. und 10. Jahrhunderts vorkommenden Schmuckstücken vergleichbar. Das Inventar des Horts hat vor allem Bezüge zur späten Phase der großmährischen Kultur sowie zur altmadjarischen und warägischen Kultur Russlands.

18.04.01 a–e
Fünf Ohrringe vom Typ Břeclav-Pohansko
Silber
Abmessungen des Bogens: 3,6 x 5,1 cm, 3,9 x 4,8 cm, 3,7 x 4,7 cm, 2,6 x 3,4 cm, 3,6 x 3,7 cm
Gew. 9,0 g, 8,43 g, 8,23 g, 8,57 g, 6,1 g
Ende 9.–Mitte 10. Jh.
Kraków, Muzeum Archeologiczne.
Inv. Nr. MAK/10157
Lit.: R. Jamka, Wczesnohistoryczny skarb znaleziony na grodzisku w Zawadzie Lanckorońskiej. Wiadomości Archeologiczne 13, 1935, 98. – H. Zoll-Adamikowa u. a., The Early Mediaeval Hoard from Zawada Lanckorońska (Upper Vistula River) (Warszawa 1999) 73–74; 103–105; 119–120; 125–126 Nr. 59–63.

Im Schatzfund wurden fünf Beerenohrringe vom Typ Břeclav-Pohansko gefunden. Der Bügel besteht aus einem Draht, der im unteren Bereich mit vier bis neun kleinen feineren Drähten umwickelt ist. Vier Perlen aus dünnem Blech sind auf den Bogen aufge-

18.04.01a–d

18.04.01e u. 02a–c

18.04.03 a–c

18.04.05 a–b

schoben und mit Granulation verziert. Die Spitzen der oberhalb und unterhalb des Bogens befestigten Perlen verzierten kleine Kugeln, die teilweise mit Granulation bedeckt waren. Analoge Ohrringe kommen am häufigsten auf großmährischen Fundstellen in Mähren und der Slowakei vor. H. Z.-A. u. E. Z.

18.04.02 a–c
Drei Ohrringe vom Typ Zawada
Silber
H. 5,3 cm, 5,3 cm, 5,85 cm; Abmessungen des Bogens: 3,15 x 3,25 cm, 2,9 x 3,5 cm, 2,5 x 3,3 cm; Gew. 6,58 g, 6,77 g, 7,24 g
Ende 9.–Mitte 10. Jh. (?)
Kraków, Muzeum Archeologiczne.
Inv. Nr. MAK/10157
Lit.: R. Jamka, Wczesnohistoryczny skarb znaleziony na grodzisku w Zawadzie Lanckorońskiej. Wiadomości Archeologiczne 13, 1935, 98. – H. Zoll-Adamikowa u. a., The Early Mediaeval Hoard from Zawada Lanckorońska (Upper Vistula River) (Warszawa 1999) 74; 105; 120; 16 Nr. 64–66.

Zu dem im Schatzfund aufgefundenen Ohrringen vom Typ Zawada gibt es bislang keine Parallelen. In ihrer Ausführung sind sie mit großmährischen Funden vergleichbar, die vor allem in Mähren zutage kamen.

18.04.03 a–d
Vier Ohrringe
Silber
H. 3,1 cm, 3,3 cm, 3,4 cm, 2,35 cm; Abmessungen des Bogens: 2,15 x 2,45 cm, 2,35 x 2,55 cm, 2,3 x 2,5 cm, 2,1 x 2,25 cm; Gew. 2,94 g, 3,14 g, 2,76 g, 1,78 g
1. Hälfte 10. Jh.
Kraków, Muzeum Archeologiczne.
Inv. Nr. MAK/10157
Lit.: R. Jamka, Wczesnohistoryczny skarb znaleziony na grodzisku w Zawadzie Lanckorońskiej. Wiadomości Archeologiczne 13, 1935, 98. – H. Zoll-Adamikowa u. a., The Early Mediaeval Hoard from Zawada Lanckorońska (Upper Vistula River) (Warszawa 1999) 75; 105–108; 120; 126 Nr. 67–70.

Im Schatzfund aus Zawada wurden vier Ohrringe des Typs Trnovec n/V freigelegt, deren Bögen aus einem Draht mit rundem Querschnitt ausgeführt wurden. Im unteren Teil befinden sich die charakteristischen Doppelanhänger, die in ihrer Form und Gestalt Weintrauben nachahmen. Diese bestehen aus kleinen Kugeln, die von Ringen aus dünnem Draht umgeben sind. Analoge Funde kamen am häufigsten auf altmadjarischen Fundstellen auf dem Gebiet der Slowakei zutage.

18.04.04 a–b

Zwei Ohrringe vom Typ Denis

Silber

H. 3,8 cm, 3,7 cm; Abmessungen des Bogens: 2,35 x 2,3 cm, 2,3 x 2,5 cm; Gew. 5,5 g, 5,22 g

Ende 1. Hälfte 10.–Anfang 11. Jh.

Kraków, Muzeum Archeologiczne.

Inv. Nr. MAK/10157

Lit.: R. Jamka, Wczesnohistoryczny skarb znaleziony na grodzisku w Zawadzie Lanckorońskiej. Wiadomości Archeologiczne 13, 1935, 76. – H. Zoll-Adamikowa u. a., The Early Mediaeval Hoard from Zawada Lanckorońska (Upper Vistula River) (Warszawa 1999) 76; 108; 120; 126–127 Nr. 71–72.

Ohrringe dieses Typs erscheinen am häufigsten in Schatzfunden und Gräbern aus dem Mitteldonaugebiet (Ungarn, Slowakei, Mähren, Rumänien) und Dnieprgebiet (Ukraine).

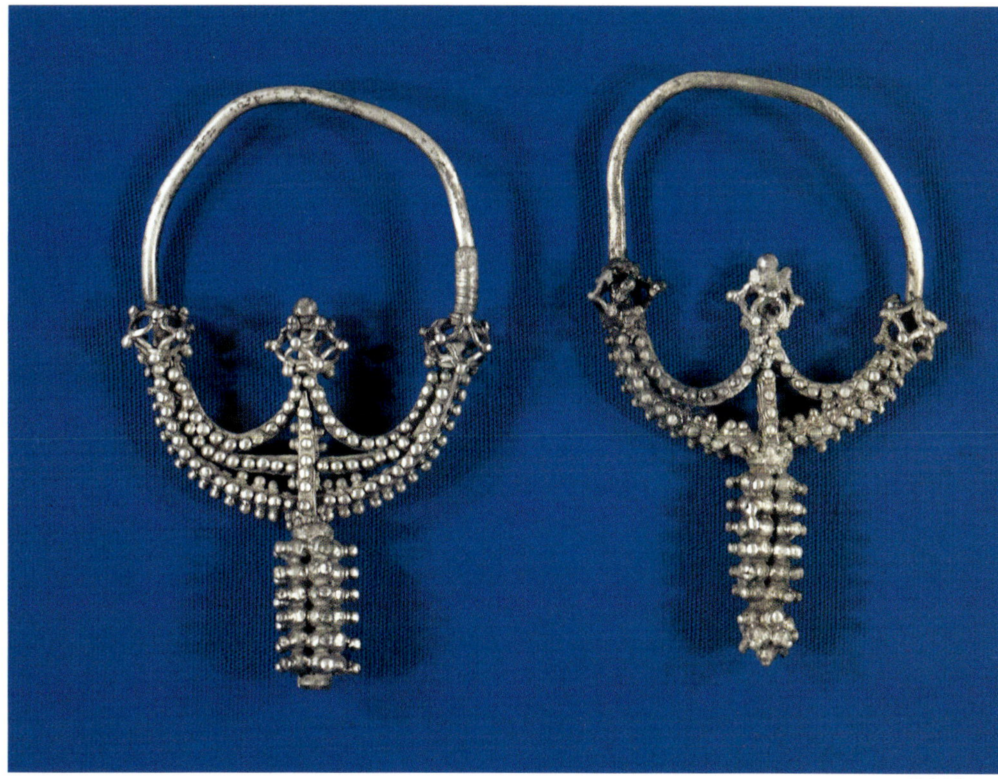

18.04.04 a–b

18.04.05 a–c

Drei Traubenohrringe

Silber

H. 5,4 cm, 5,6 cm, 5,4 cm; Abmessungen des Bogens: 2,95 x 3,5 cm, 2,9 x 3,75 cm, 3,15 x 3,9 cm; Gew. 6,91 g, 6,44 g (?), 8,81 g

10. Jh.

Kraków, Muzeum Archeologiczne.

Inv. Nr. MAK/10157

Lit.: R. Jamka, Wczesnohistoryczny skarb znaleziony na grodzisku w Zawadzie Lanckorońskiej. Wiadomości Archeologiczne 13, 1935, 97–98. – H. Zoll-Adamikowa u. a., The Early Mediaeval Hoard from Zawada Lanckorońska (Upper Vistula River) (Warszawa 1999) 76–78; 109–111; 120–121; 127–128 Nr. 73–76.

Ähnliche Ziermotive wie auf diesen Ohrringen erscheinen auf Funden unter anderem aus Böhmen, Mähren, Polen und der Ukraine.

18.04.06

Lunula-Anhänger

Silber

L. 9,5 cm, H. 3,5 cm; Gew. 12,5g

2. Hälfte 10. Jh.

Kraków, Muzeum Archeologiczne.

Inv. Nr. MAK/10157

Lit.: R. Jamka, Wczesnohistoryczny skarb znaleziony na grodzisku w Zawadzie Lanckorońskiej. Wiadomości Archeologiczne 13, 1935, 95–96. – H. Zoll-Adamikowa u. a., The Early Mediaeval Hoard from Zawada Lanckorońska (Upper Vistula River) (Warszawa 1999) 72; 96–100; 119; 123–124 (Nr. 51).

Aus dem Schatzfund stammt ein beschädigter Lunula-Anhänger vom Typ Gnezdowo. Er besteht aus einem ca. 0,22 mm starken Blech, das von unten mit flachen Leisten aus einem Band (Stärke 0,5–0,7 mm) verstärkt wurde. Auf der Schauseite befindet sich ein reiches Ornament aus geflochtenem Draht (Ränder der Lunula), kegelförmigen Buckeln, Granulation und charakteristischen vierteiligen Buckeln. Analoge Exemplare kommen in Weißrussland und der Ukraine sowie in Nord- und Mittelpolen vor.

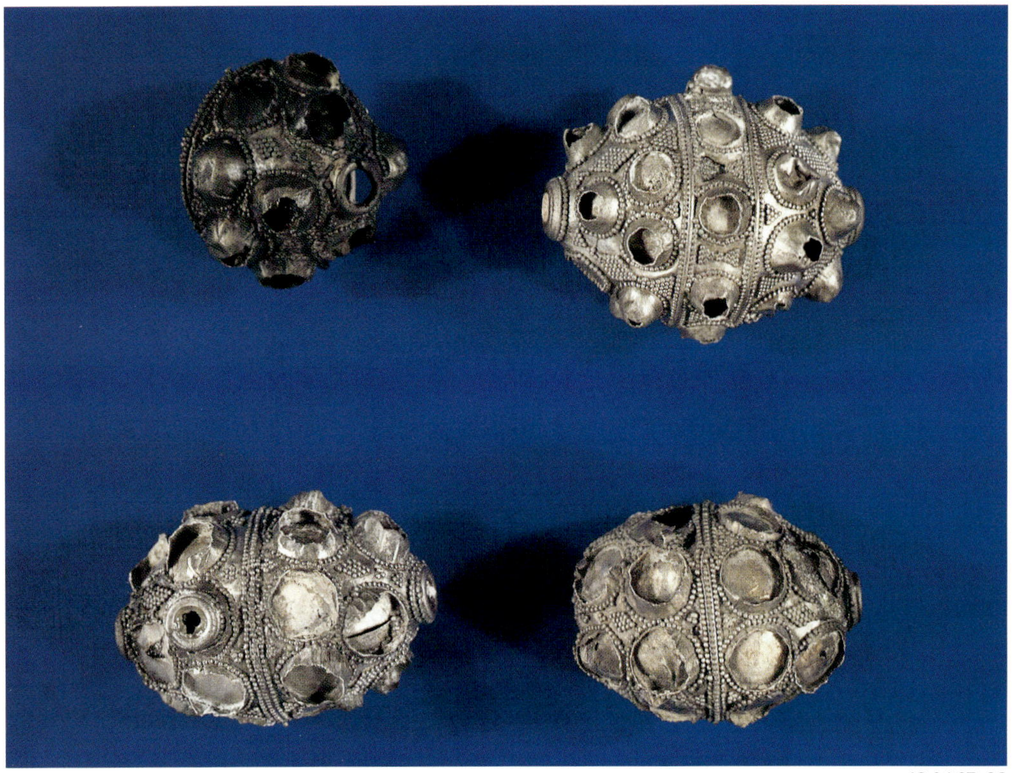

18.04.07–08

18.04.07 a–c

Drei Perlen vom Typ Borucin

Silber
L. 3,7 cm, 4,05 cm, 3,3 cm; Gew. 6,74 g, 8,86 g
Ende 9.–Mitte 11. Jh.
Kraków, Muzeum Archeologiczne.
Inv. Nr. MAK/10157
Lit.: R. Jamka, Wczesnohistoryczny skarb znaleziony na grodzisku w Zawadzie Lanckorońskiej. Wiadomości Archeologiczne 13, 1935, 96–97. – H. Zoll-Adamikowa u. a., The Early Mediaeval Hoard from Zawada Lanckorońska (Upper Vistula River) (Warszawa 1999) 72; 100–102; 124–125 Nr. 52–56.

Der Schatzfund enthielt insgesamt fünf große eiförmige Perlen aus dünnem Blech. Die Oberfläche war mit 24 kegelförmigen Buckeln und Granulation verziert. Analoge Exemplare kommen vor allem auf den Gebieten Polens vor.

18.04.08

Perle vom Typ Zawada

Silber
L. 4,1 cm, Gew. 9,32 g
10. Jh.
Kraków, Muzeum Archeologiczne.
Inv. Nr. MAK/10157
Lit.: R. Jamka, Wczesnohistoryczny skarb znaleziony na grodzisku w Zawadzie Lanckorońskiej. Wiadomości Archeologiczne 13, 1935, 100–102. – H. Zoll-Adamikowa u. a., The Early Mediaeval Hoard from Zawada Lanckorońska (Upper Vistula River) (Warszawa 1999) 72; 100–101; 103; 119; 124–125 Nr. 57–58.

Eiförmige Perle aus dünnem Blech. Verzierung aus in fünf Reihen angeordneten 32 Buckeln und Granulation. Derartige Perlen kommen bisland nur im Schatzfund von Zawada vor.

18.04.09

49 Segmentperlen

Glas
L. 0,37–3,72 cm,
Dm. 0,33–0,90 cm
8.–10. Jh.
Kraków, Muzeum Archeologiczne.
Inv. Nr. MAK/10157
Lit.: R. Jamka, Wczesnohistoryczny skarb znaleziony na grodzisku w Zawadzie Lanckorońskiej. Wiadomości Archeologiczne 13, 1935, 99. – H. Zoll-Adamikowa u. a., The Early Mediaeval Hoard from Zawada Lanckorońska (Upper Vistula River) (Warszawa 1999) 25–70 Nr. 2–50.

In dem Schatzfund wurden 49 so genannte Segmentperlen gefunden. Die einzelnen Exemplare bestanden aus drei bis zwölf (gewöhnlich 4–7) Segmenten. Die Perlen wurden aus zwei Glasschichten ausgeführt, die eine sehr dünne Metallschicht (Silber-Pulver oder Folie) trennt. Die äußere Hülle bildete eine durchsichtige Schicht farblosen Glases oder mit braunem, gelblichem oder grünlichem Farbton. Zusammen mit der Metallfolie ergab dies bei zwölf Perlen einen charakteristischen, goldfarbenen, bei den übrigen einen silbergrauen Farbton.
Segmentperlen wurden hauptsächlich in den Werkstätten des Nahen Ostens (Ägypten, Syrien) sowie auf dem Gebiet des byzantinischen Imperiums hergestellt. Die dort vorbereiteten Halbfabrikate ermöglichten eine Produktion auch in anderen Gebieten. Die Exemplare aus Zawada Lanckorońska entstanden entweder auf dem Gebiet des Großmährischen Staates oder in Werkstätten, die die Handwerker aus dem Nahen Osten entlang des Handelsweges vom Osten nach Westeuropa gründeten. Perlen dieser Art konnten die Rolle eines vormonetären Zahlungsmittels übernehmen.

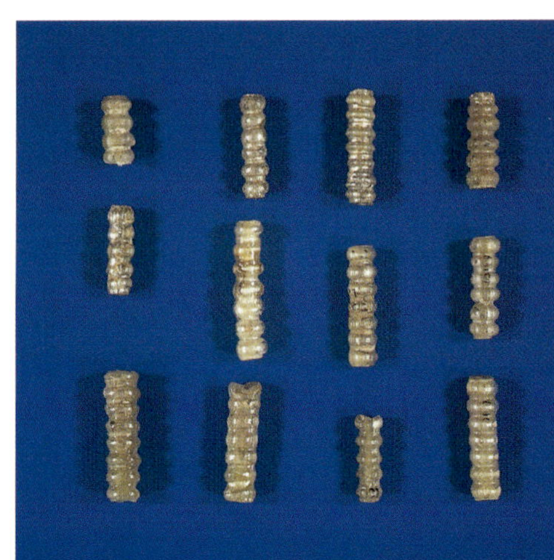

18.04.09

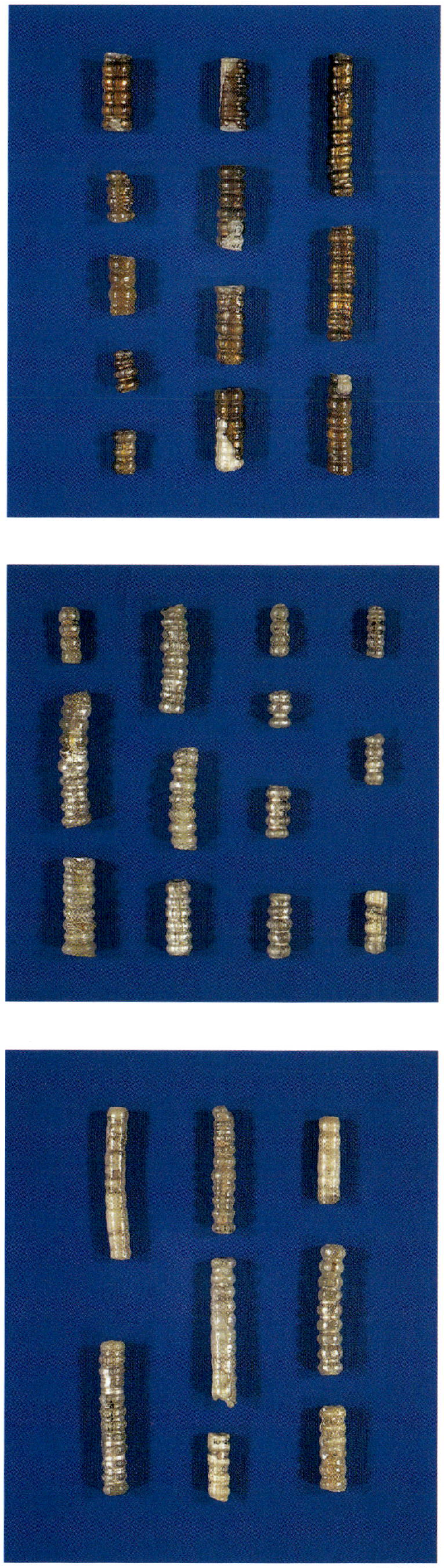

18.04.09

18.04.10

18.04.10

Topf

Ton

H. 15,2 cm, Rdm. 13,2 cm, Bodendm. 6,2 cm

10./11. Jh.

Kraków, Muzeum Archeologiczne.

Inv. Nr. MAK/10157

Lit.: R. Jamka, Wczesnohistoryczny skarb znaleziony na grodzisku w Zawadzie Lanckorońskiej. Wiadomości Archeologiczne 13, 1935, 95. – H. Zoll-Adamikowa u. a., The Early Mediaeval Hoard from Zawada Lanckorońska (Upper Vistula River) (Warszawa 1999) 19–23.

Das Gefäß und der darin aufbewahrte Schatzfund aus 30 silbernen Schmuckstücken und 49 Glasperlen wurden im Jahre 1932 auf dem Platz der frühmittelalterlichen Siedlung freigelegt. Der scheibengedrehte Topf ist mit Gruppen von horizontalen Furchen und Wellenlinien, die mit einem dreizinkigen Kamm ausgeführt wurden, verziert. Ausführungstechnik sowie Rohstoff und die Verzierungsart sind für die Keramik aus Kleinpolen, der Slowakei und Mähren charakteristisch. H. Z.-A. u. E. Z.

18.04.11–13
Der Schatzfund von Góra Strękowa

Der aus Silbermünzen und Schmuckstücken bestehende 126 g schwere Schatz wurde im Oktober 1984 von Henryk Buczkowski beim Pflügen am Westhang eines Hügels oberhalb des Dorfes Góra Strękowa zufällig entdeckt. Der Schatz war in einem heute zerstörten Tongefäß deponiert worden. Der in den Sammlungen des Museums Łomża befindliche Teil des Schatzes besteht aus zwei Ohrringen, vier durchbrochenen Perlen und 29 arabischen Münzen.
Die Schmuckstücke sind von hohem künstlerischen Niveau. Es wird vermutet, dass sie aus dem byzantinisch-orientalischen Kulturkreis stammen. Die Perlen könnten in Wolynien oder in der Nähe von Kiew entstanden sein.

Bei den in die Jahre 764/65 bis 893–901 n. Chr. datierten Münzen handelt es sich um Dirham der Samaniden, Abbasiden und Saffariden. Die restlichen Exemplare sind Nachahmungen oder unbestimmte Münzen. Zu den zahlreichsten zählen die Dirham von Ismai ibn Ahmadi. Die meisten Münzen wurden in Münzwerkstätten in Samarkand und Aš-Šaš geprägt. Münzen und Schmuck gelangten nach Góra Strękowa wahrscheinlich über die Dnjepr-Prypeć-Bug-Route.

Lit.: S. Małachowska, Srebrne ozdoby z wczesnośredniowiecznego skarbu z Góry Strękowej, gm. Zawady, woj. Łomżyńskie. Wiadomości Archeologiczne 53, 1993–1994, 1.

18.04.11

18.04.11
Vier Blechperlen
Silber, vergoldet
L. 3,55 cm, 3,5 cm, 3,1 cm, 3,7 cm;
Gew. 6,01 g, 5,08 g, 3,87 g, 5,18 g
10. Jh.
Łomża, Muzeum Północno-Mazowieckie.
Inv. Nr. MOŁ.A. 132/1–2

Die durchbrochen gearbeiten Perlen sind mit waagrechten Streifen, Zick-Zack-Linien, Dreiecken und Rhomben in Granulationstechnik verziert.

18.04.12
Ohrringpaar
Silber
L. 13,1 cm, 10 cm; Gew. 13,26 g, 7,74 g
10. Jh.
Łomża, Muzeum Północno-Mazowieckie.
Inv. Nr. MOŁ.A. 132/3–5

Ohrringpaar mit durchbrochen gearbeitetem unteren Teil mit drei Perlen. An diesem befindet sich ein durchbrochen gearbeitetes Körbchen, an dem sechs bzw. sieben Kettchen mit doppelkonischen Anhängern befestigt sind. J. D.

18.04.13
29 arabische Münzen
Silber
764–901
Łomża, Muzeum Północno-Mazowieckie.
Inv. Nr. MOŁ.A. 1–29

Von den insgesamt 29 Münzen werden elf den Abbasiden, zwei den Safariden und zwölf den Samaniden zugeschrieben. T. K.

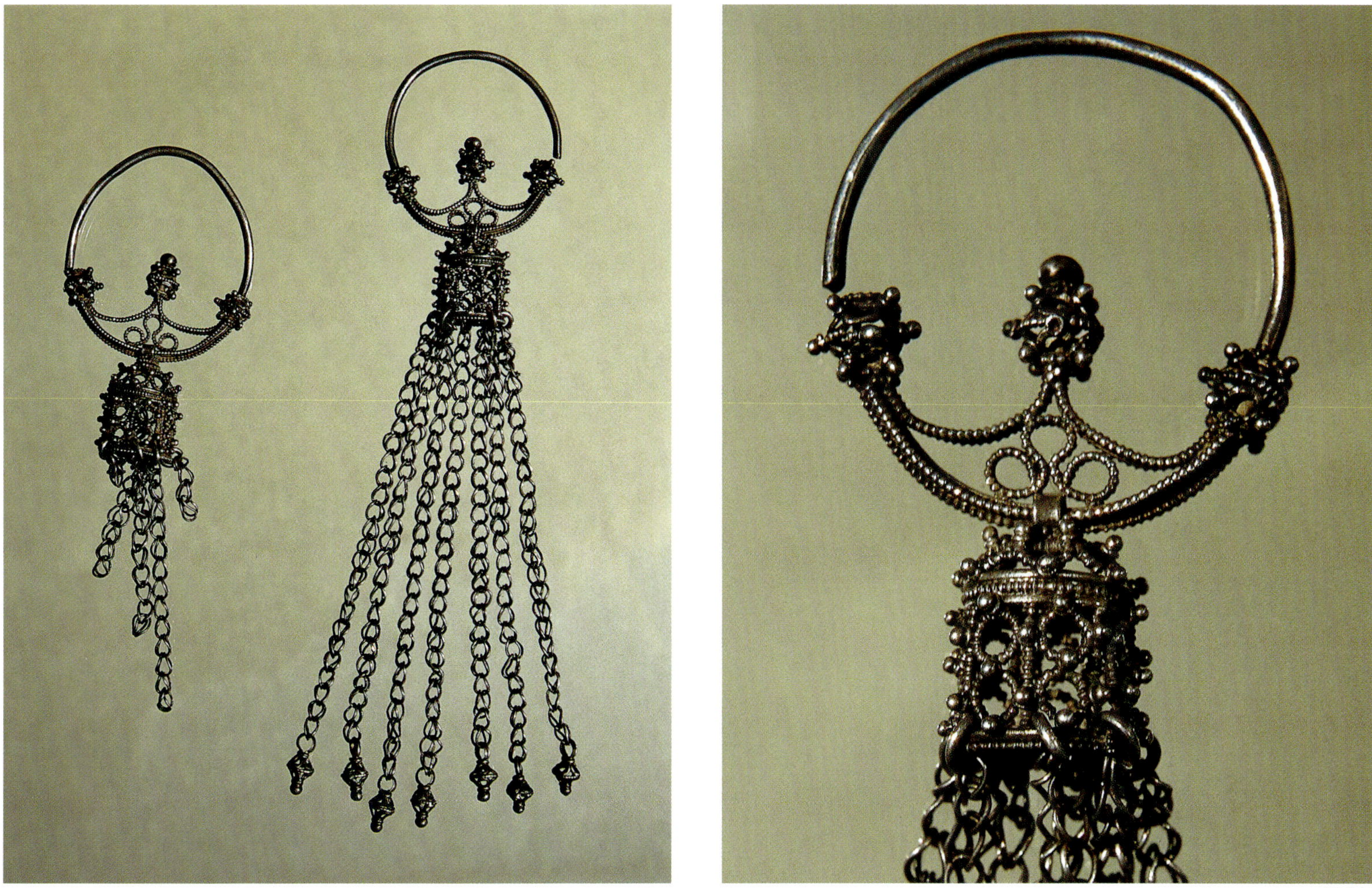

18.04.12

18.04.13

18.04.14

18.04.15

18.04.14

Schläfenring

Ostrów Lednicki, Kr. Gniezno. Gräberfeld Burgwall (Polen)
Bronze, versilbert
Innendm. 1,6 cm, Drahtdm. 0,4 cm
11.–12. Jh.
Gniezno, Muzeum Początków Państwa Polskiego. Inv. Nr. 1998:5/308
Lit.: A. Wrzosek, Zabytki wczesnośredniowieczne z Ostrowa Lednickiego, pow. Gniezno. Fontes Archaeologici Posnanienses 12, 1961, 242–280. – H. Kóčka-Krenz, Biżuteria północno-zachodnio-słowiańska (Poznań 1993).

Schläfenring mit S-förmigem Ende aus dickem Bronzedraht mit rundem Querschnitt. Aufgrund des kleinen Innendurchmessers gehört das Stück zu den ältesten Varianten von Schläfenringen, die hauptsächlich bis zur Wende vom 11. zum 12. Jahrhundert auftraten. Der Schläfenring wurde in dem Reihengräberfeld im Burgwall von Ostrów Lednicki gefunden. Schläfenringe aus Drähten oder Blechstreifen in Form von offenen Ringen mit unterschiedlich geformten Enden waren der allgemein übliche Kopfschmuck slawischer Frauen in der Zeit vom 10. bis zum 13. Jahrhundert, wurden sporadisch aber auch bis in das beginnende 14. Jahrhundert getragen. T. J.

18.04.15

Schläfenring

Ostrów Lednicki, Kr. Gniezno. Burgwall (Polen)
Gold
Br. 2,14 cm, H. 2,34 cm
11.–12. Jh.
Warszawa, Państwowe Muzeum Archeologiczne. Inv. Nr. PMA V/5436
Lit.: Nicht veröffentlicht

Ein Schläfenring mit s-förmig gebogenem, verformtem Ende, mit zwei parallel verlaufenden Furchen verziert. Massiver Ring mit kreisförmigem Querschnitt. A. P.

18.01.16

Fingerring

Ostrów Lednicki, Kr. Gniezno. Gräberfeld Burgwall (Polen)
Bronze
Dm. 2,1 cm, D. 0,2–0,3 cm; Scheibendm. 0,9 cm
12.–13. Jh.
Griezno, Muzeum Początków Państwa Polskiego. Inv. Nr. 1998:5/586
Lit.: A. Wrzosek, Zabytki wczesnośredniowieczne z Ostrowa Lednickiego, pow. Gniezno. Fontes Archaeologici Posnanienses 12, 1961, 242–280. – H. Kóčka-Krenz, Biżuteria północno-zachodnio-słowiańska (Poznań 1993).

Geschlossener Ring aus Bronzedraht mit flach-gewölbtem Querschnitt und ovaler Zierfläche. Auf der Zierfläche ist ein gleicharmiges Kreuz mit sich verbreiternden Armen in einer Raute aus zwei parallelen Linien eingraviert. Der Ring stammt aus dem großen Reihengräberfeld im Bereich des Burgwalles auf der Insel des Lednica-Sees. Das Verbreitungsgebiet solcher Ringe beschränkt sich auf polnisches Gebiet, westlich der Oder wurden sie nicht getragen. T. J.

18.04.17

Fingerring

Ostrów Lednicki, Kr. Gniezno. Gräberfeld Burgwall (Polen)
Bronze
Dm. 2,2 cm, D. 0,15–0,2 cm, Scheibendm. 0,5 cm
11.–12. Jh.
Gniezno, Muzeum Początków Państwa Polskiego. Inv. Nr. 1998:5/416
Lit.: A. Wrzosek, Zabytki wczesnośredniowieczne z Ostrowa Lednickiego, pow. Gniezno. Fontes Archaeologici Posnanienses 12, 1961, 242–280. – H. Kóčka-Krenz, Biżuteria północno-zachodnio-słowiańska (Poznań 1993).

Geschlossener Ring aus Bronzedraht mit ovalem Querschnitt und abgeflachten Seitenflächen. Ovale Zierscheibe mit gleicharmigem Krückenkreuz und Linienverzierung. Der Ring wurde in dem Reihengräberfeld im Burgwall auf der Insel des Lednica-Sees gefunden. Er befand sich am kleinen Finger der rechten Hand des Skeletts Nr. 562. T. J.

18.04.16–18

18.04.18

Fingerring

Ostrów Lednicki, Kr. Gniezno. Gräberfeld Burgwall (Polen)
Bronze
Dm. 2,1 cm, D. 0,2 cm, Scheibendm. 0,6 cm
11.–12. Jh.
Gniezno, Muzeum Początków Państwa Polskiego. Inv. Nr. 1998:5/272
Lit.: A. Wrzosek, Zabytki wczesnośredniowieczne z Ostrowa Lednickiego, pow. Gniezno, Fontes Archaeologici Posnanienses 12, 1961, 242–280. – H. Kóčka-Krenz, Biżuteria północno-zachodnio-słowiańska (Poznań 1993).

Geschlossener Ring aus dünnem Bronzedraht mit viereckigem Querschnitt. Rhombische Zierfläche mit gleicharmigem Krückenkreuz. Das Stück stammt aus dem Reihengräberfeld innerhalb des Burgwalles auf der Insel des Lednica-Sees. T. J.

18.04.19

Fingerring

Gniezno. Burgkomplex, Fdst. 13 b (Polen)
Silber
Dm. 2,4 cm, D. 0,3 cm
11.–12. Jh.
Gniezno, Muzeum Początków Państwa Polskiego. Inv. Nr. 1987:3;/115
Lit.: B. Kostrzewski, Przedmioty brązowe, ołowiane, srebrne i złote z Gniezna. In: Gniezno w zaraniu dziejów (od VIII do XIII wieku) w świetle wykopalisk (Poznań 1939) 57–65 Taf. 52, 15. – H. Kóčka-Krenz, Biżuteria północno-zachodnio-słowiańska (Poznań 1993).

18.04.19–20

Offener einfacher Ring aus Silberdraht mit sechseckigem Querschnitt. Das Stück ist unverziert. T. J.

18.04.20

Fingerring

Gniezno. Dom. Fdst. 14 (Polen)
Silber
Dm. 1,5–1,7 cm, Br. 0,2 cm
11.–13. Jh.
Gniezno, Muzeum Początków Państwa Polskiego. Inv. Nr. 1966:12; 16/57
Lit.: G. Mikołajczyk, Początki Gniezna. Źródła Archeologiczne (Warszawa, Poznań 1973). – H. Kóčka-Krenz, Biżuteria północno-zachodnio-słowiańska (Poznań 1993).

Offener einfacher Ring aus Silberdraht mit flach-gewölbtem Querschnitt. Das Stück stammt aus einem Gräberfeld an der Außenseite der Apside, die an das südliche Schiff des romanischen Doms anschließt, freigelegt wurde (Grabungsfläche IVA). Der Ring fand sich an einem Finger der rechten Hand des Skeletts Nr. 37. Ringe dieses Typs waren in den westslawischen Gebieten ab ca. der Mitte des 9. Jahrhunderts in Mode. Ihre Zahl nimmt im 10. Jahrhundert zu. Auf polnischem Gebiet wurden sie hauptsächlich im 11. bis 13. Jahrhundert, sporadisch auch noch zu Beginn des 14. Jahrhunderts getragen. T. J.

18.04.21

18.04.22

18.05.01

18.04.21
Knopf
Morawy, Kr. Radziejów (Polen)
Bronze; Gold
Dm. 2,95–2,79 cm, H. 1,3 cm,
Blechstärke 0,05 cm
11. Jh.
Warszawa, Państwowe Muzeum Archeologiczne. Inv. Nr. PMA V/995: 1
Lit.: K. Musianowicz, Guz ze wsi Morawy, pow. Radziejów. Wiadomości Archeologiczne, B 34, H. 3–4 (1969) 355–359 Abb. 1, 2.

Hälfte eines Knopfes aus dünnem Blech. Die Oberfläche ist mit geprägtem, geometrischem Ornament bestehend aus Kreisen und Dreiecken, die sie verbinden, verziert. In den Vertiefungen haben sich Reste der Vergoldung erhalten. U. Sz.

18.04.22
Schläfenring
Zakrzewo-Kopijki, Kr. Ostrów Mazowiecka. Gräberfeld (Polen)
Bronze
Dm. 6,1–6,29 cm, Blechd. 0,7 – 0,8 cm
10.–11. Jh.
Warszawa, Państwowe Muzeum Archeologiczne. Inv. Nr. PMA V/7512
Lit.: J. Głosik, Kat. Pogotowia Archeologicznego za lata 1973–1976. Materiały Starożytne i Wczesnośredniowieczne, B 5 (1983) 257–258 Abb. 47 b.

Ein Schläfenring vom pommerschen Typ aus einem flach breitgehämmerten und zu einem Röhrchen gerollten Blech. Ein Ende breit gehämmert, das zweite s-förmiges gestaltet. Auf der Blechoberfläche befindet sich ein geprägtes Ornament aus Strichen und Punkten. U. Sz.

18.05.01 Handbuch Abb. 312

Pektorale

Ostrów Lednicki, Kr. Gniezno. Fdst. 1 (Polen).
Bronze, vergoldet; Gagat; Leder.
5 cm x 5,6 cm
2. Hälfte 10.–1. Hälfte 11. Jh.
Lednagora, Muzeum Pierwszych Piastów na Lednicy. Inv. Nr. 301/62
Lit.: A. Nowak, Bericht über die archäologischen Untersuchungen auf Ostrów Lednicki, Gem. Gnesen, im Jahre 1962. Sprawozdania Archeologiczne 17, 1965, 181 Abb. 3. – J. Górecki, Cult – residential center of The First Piast on Lednica and its significance for Warsaw (Lednica 1994) 49. – Ders., Die Burg auf Ostrów Lednicki auf dem Hintergrund von ausgewählten Burgzentren der I. Piasten-Monarchie (im Druck).

Ein einzigartiger Fund aus dem Gebiet der Slawen kam in der Burg von Ostrów Lednicki im Bereich der kleinen Kirche zutage. Es handelt sich um ein Reliquienkreuz (Pektorale – Enkolpion) mit sich leicht verbreiternden Armen, mit den Buchstaben XC (für Christus). Dieses Werk eines hervorragenden Goldschmiedes stammt vermutlich aus byzantinischen Werkstätten. Es hat einen kreuzförmigen Ausschnitt, auf dem vier kleine Rosetten angebracht waren. Sein Inneres enthielt Fragmente eines Gewebes und auf dem Lederfutteral (jetzt verloren) war ein Bild des Gekreuzigten nach byzantinischem Vorbild. Für das frühe Mittelalter ist die Sitte überliefert, dass den getauften Herrschern Enkolpien übersandt wurden. Auch bei dem Stück aus Ostrów Lednicki könnte es sich um eine solche Gabe handeln. Möglicherweise war es auch eines der Geschenke, die Bolesław Chrobry und Otto III. bei dessen Besuch in Gnesen im Jahr 1000 austauschten. J. G.

18.05.02

Reliquienschrein (rekonstruierte Kopie)

Ostrów Lednicki, Kr. Gniezno. Fdst. 1 (Polen).
Abmessungen der Platten: 3 cm x 6 cm
2. Hälfte 10.–1. Hälfte 11. Jh.
Lednagora, Muzeum Pierwszych Piastów na Lednicy. Inv. Nr. 256–257/63
Lit.: J. Górecki, Cult – residential center of The First Piast on Lednica and its significance for Warsaw (Lednica 1994) 49. – Ders., Die Burg auf Ostrów Lednicki auf dem Hintergrund von ausgewählten Burgzentren der I. Piasten-Monarchie (im Druck). – E. Soroka, Unbekanntes Reliquienkästchen aus Ostrów Lednicki, Studia Lednickie 3, 1994, 127–150.

18.05.02

Die Verzierung des Holzkästchens bestand aus mit Flechtwerk und Rosetten verzierten Knochenplatten. Der Zierstil, der hier offensichtlich imitiert wurde, verweist auf norditalienische Werkstätten. Im Innenraum des Kirchenannexes gefunden, gehört das Kästchen zu einer Gruppe von Reliquiaren, die in ganz Europa in Klöstern und Domschätzen aufbewahrt wurden. J. G.

Christianisierung 19.01–05

Als erster polnischer Herrscher ließ sich Mieszko I. im Jahre 966 taufen. Bereits zwei Jahre später wurde der erste Bischof in Polen ordiniert. Dadurch brachte Mieszko I. den jungen Staat Polen in die Familie der christlichen Völker des lateinischen Europa ein. Als König Bolesław Chrobry im Jahr 1000 Kaiser Otto III. durch Polen führte, konnte er ihm bereits eine Reihe christlicher Kirchen in Steinbauweise zeigen, die sich in den Hauptburgen des Landes in Posen (Poznań), Giecz, Gnesen (Gniezno) und auf Ostrów Lednicki und wahrscheinlich auch in Glogau (Głogów) befanden. Das Ziel der Pilgerreise Ottos III. war Gnesen, wo seit 997 die Reliquien des hl. Märtyrers Adalbert ruhten. Auf Wunsch von Kaiser Otto III. und Papst Silvester II. wurde dort im Jahr 1000 das Erzbistum Gnesen eingerichtet. J. St.

19.01.01

19.01.01

Modell der Holzkirche von Kalisz-Zawodzie (Polen)

Maßstab 1:50

Lit.: T. Baranowski, L. Gajewski, Nowe wyniki badań archeologicznych grodziska na Zawodziu w Kaliszu, Studia Lednickie 2, 1991, 109–115.

Der frühmittelalterliche Burgwall „Zawodzie" in Kalisz wurde in den Jahren 1958–1965 von Iwona und Krzysztof Dąbrowski und seit 1983 erneut von Tadeusz Baranowski in Zusammenarbeit mit Leszek Gajewski untersucht. In den 80er Jahren stieß man auf die Überreste einer kleinen Holzkirche in Pfostenbauweise, die in Polen bislang keine Parallelen hat. Das Gebäude hat ein fast quadratisches 7,6 m x 7,8 m großes Schiff und auch ein fast quadratisches 3,9 m x 3,8 m großes Presbyterium. Es handelte sich um die älteste Kirche in der Burg von Kalisz, die in die Zeit des ersten Piastenstaates (Ende 10.–Anfang 11. Jh.) datiert werden kann. Auf ihr errichtete man später die romanische Sankt Peter und Sankt Paul-Kollegiatkirche. Z. K.

19.01.02

Modell des vorromanischen Doms von Posen (Polen)

Maßstab 1:100

Lit.: K. Józefowiczówna, Z badań nad architekturą przedromańską i romańską w Poznaniu (Wrocław 1963).

Die Reste des vorromanischen Doms wurden bei den in den Jahren 1951–1956 von Krystyna Józefowiczówna durchgeführten Ausgrabungen freigelegt. Anhand der ergrabenen Fundamente konnte der vorromanische Dom als eine 49 m lange und 23 m breite Basilika mit drei Schiffen rekonstruiert werden. Der Ostchor war vermutlich dreiteilig und bestand aus einem mit Apsiden abgeschlossenen Presbyterium und zwei rechteckigen Seitentürmen. Das ebenfalls dreiteilige Westwerk bestand aus einem mittleren Turm mit einer Fürstenempore im Obergeschoß und zwei kleinen Treppentürmen. Im Inneren konnte Überreste von Mörtelfußböden und in der Mitte des Schiffes – *in medio ecclesiae* – zwei zerstörte Grabmale freigelegt werden, bei denen es sich höchstwahrscheinlich um die Ruhestätten der zwei ersten Piastenherrscher, Mieszko I. und Bolesław Chrobry handelte. Z. K.

19.01.03
Modell des Palastkomplexes von Ostrów Lednicki (Polen)
Maßstab 1:100

Das Modell zeigt Palast und Baptisterium der Inselresidenz der ersten Piasten. Dargestellt ist das Aussehen der ältesten Phase I, die in die Jahre 966–1000 datiert werden kann. Charakteristisch ist die Verbindung des rechteckigen (westlichen) Teils mit Repräsentations- und Wohnbauten mit dem östlichen Teil, der ein Sakralgebäude des Herrschers beherbergte. Die Anlage von Ostrów Lednicki ist Vorbild für eine Reihe analoger Komplexe, die von den Herrschern Polens von der zweiten Hälfte des 10. bis in die erste Hälfte des 11. Jahrhunderts errichtet wurden. J. G.

19.01.04 a–b
Kelch und Patene
Poznań. Dom, Grab 73 (Polen)
Silber
H. 9,5 cm; Dm. 9,7 cm
2. Hälfte 11.–1. Hälfte 12. Jh.
Poznań, Instytut Archeologii i Etnologii PAN. Depositum: Muzeum Narodowe.
Lit.: K. Józefowiczówna, Z badań nad architekturą przedromańską i romańską w Poznaniu (Wrocław 1963) 129–130 Abb. 29. – M. Walicki (Red.), Sztuka polska przedromańska i romańska do schyłku XIII wieku. Katalog i bibliografia zabytków (Warszawa 1971) 749.

19.01.02

19.01.03

19.01.04 a–b

Der geschmiedet Kelch mit spitz zulaufender, vielkantiger Kuppa und rundem, schwach ausgebeultem Nodus mit zwei Perlenkränzen und konischem Fuß dürfte aufgrund seiner geringen Größe ein Reisekelch gewesen sein.
Auf der Patene aus dem Bischofsgrab 73 ist das Motiv der aus den Wolken vor dem Hintergrund des Kreuzes aherausragenden Hand Gottes abgebildet, das von schematisch ausgeführten Blättern eingerahmt ist. H. K.-K.

19.01.05

19.01.05

Krümme eines Bischofsstabes

Poznań. Domkirche, Grab 73 (Polen)
Blei
H. 15,2 cm
Ende 11.–1. Hälfte 12. Jh.
Poznań. Instytut Archeologii i Etnologii PAN. Deposit: Poznań, Muzeum Narodowe.
Lit.: K. Józefowiczówna, Z badań nad architekturą przedromańską i romańską w Poznaniu, (Wrocław, Warszawa, Kraków 1963) 129–130. – M. Walicki (Hrsg.), Sztuka polska przedromańska i romańska do schyłku XIII. Katalog i bibliografia zabytków (Warszawa 1971) 749.

Die Krümme wurde 1953 im Bischofsgrab (Nr. 73) im westlichen Joch des Nordschiffes der Peter und Paulus-Domkirche entdeckt. Sie hat die Form einer Volute mit viereckigem Querschnitt. Den Abschluss bildet ein Tierkopf (Schlange?). Der mit einem Nodus versehene Schaft ist tüllenförmig mit Eisenbolzen zur Schäftung. Weitere Beigaben des Grabes waren ein silberner Kelch und eine Patene. Bei allen drei Stücken dürfte es sich um auf Reisen mitgeführte liturgische Gerätschaften handeln. H. K.-K.

19.01.06

Modell der St. Peter-Rotunde

Łekno, Kr. Wągrowiec (Polen)
Maßstab 1:100
Lit.: T. Rodzińska-Chorąży, Rozważania nad genezą rotund prostych – w świetle nowych odkryć na stanowisku nr 3 w Łeknie. In: A. M. Wyrwa (Hrsg.), Studia i materiały do dziejów Pałuk 2 (Poznań 1995) 137–163. – A. M. Wyrwa, Der Siedlungskomplex von Łekno, Archaeologia Polona 28, 1988, 171–195.

Das Modell zeigt das unter den Resten der Zistenzienserkirche in den Jahren 1983–1985 im nordöstlichen Teil der Burg entdeckte Gebäude, das von der Mitte des 11. bis zur Mitte des 12. Jahrhunderts existierte. Es handelte sich um ein einfaches Gebäude mit halbrunder Apsis im Osten. Die gesamte Länge betrug ca. 12 m, der Innendurchmesser 6,8 m und der Außendurchmesser ca. 9 m. Die Fundamente wurden aus Gneiss- und Granitbruchsteinen gesetzt; die Mauern aus Quarzitsandsteinplatten, die mit Gipsmörtel verbunden waren *(opus emplectum)*, errichtet. Im Innern haben sich Fragmente des Gipsestrichs (ca. 2 m^2) und eine Altarstufe erhalten. A. M. W.

19.01.07 a–e

Fünf Architekturfragmente (Kopien 1:1)

Łekno, Kr. Wągrowiec. Burg, Fdst. Ł3 (Polen)
2. Hälfte 11.–1. Hälfte 12. Jh. (?)
Archäologische Expedition Łekno, Institut für Geschichte der Adam Mickiewicz-Universität, Poznań. Inv. Nr.: Ł3/226/85; Ł3/233C/85; Ł3/124C/85; Ł3/224/86; Ł3/477/86; Ł3/450/86.
Lit.: M. Poksińska, Polichromia reliktów architektury romańskiej odkrytych w Łeknie. In: M. Wyrwa (Hrsg.), Studia i materiały do dziejów Pałuk 2 (Poznań 1995) 165–171. – M. Poksińska u. a., Technologia dawnych zapraw jako przyczynek do poznania chronologii i budowy rotundy i kościoła cysterskiego w Łeknie. In: M. Wyrwa (Hrsg.), Studia i materiały do dziejów Pałuk 3 (Poznań 2000). – L. Wetesko, Architektura, w: Cystersi w średniowiecznej Polsce. Kultura i sztuka. Kat. Wystawy (Warszawa, Poznań 1991) 52–53; 58–59.

19.01.06

19.01.07 a

19.01.07 b

Die Fragmente wurden im Bereich des Rotundeninnern und der romanischen Zisterzienserkirche freigelegt. Sie gehören zu 300 entdeckten Teilen, darunter 257 ornamentierten. Zwei Haupttypen lassen sich unterscheiden:

1. Fragmente mit Schichtenstruktur (dreischichtig), mit durchschnittlichem Gipsgehalt und glatter, harter, cremefarbener sowie gelber Oberfläche und Werkzeugspuren. Sie werden mit der Rotunde in Zusammenhang gebracht.
2. Blockfragmente mit einheitlicher Struktur, rauher Oberfläche und mittelerem Gipsgehalt (Dicke 20–7,5 cm) Die Farbe reicht creme- bis rosafarben. Sie gehörten vermutlich zum Zistezienseroratorium.

a) Dreischichtenfragment
2. Hälfte 11. Jh.(?)
22 cm x 22 cm x 8,2 cm

Bruchstück eines Architekturteils mit vierblättriger Halbpalmette innerhalb eines herzförmigen Gebildes. Die Bearbeitungsspuren bei der Ausarbeitung des Reliefs sind gut zu erkennen. Vermutlich handelte es sich um ein Friesfragment.

b) Blockfragment
ca. 2. Hälfte des 12. Jh. (?)
22,5 cm x 15 cm x 12,5 cm

Fragmentarisches Architekturdetail mit Darstellung eines Greifen mit aufgerissenem Maul und herausgestreckter Zunge. Am Kopf zwei unsymmetrisch angebrachte Ohren und zwei Haarbüschel. Oberhalb des Kopfes Fragment einer bogenförmigen zweireihigen Schleife.

19.01.07 c

c) Zwei Fragmente eines Architekturblocks
2. Hälfte 12. Jh.(?)
10,5 cm x 16 cm x 15 cm; 20,5 cm x 15 cm x 10 cm

Zwei ornamentierte Fragmente eines Frieses mit Pflanzenornamentik. Der Fries zeigte in zweireihigen Kreisen eingeschlossene Blüten, die aus vier dreiblättrigen Palmetten mit je vier lanzettförmigen Knospen bestanden. Höchstwahrscheinlich handelt es sich um einen Teil der Ornamentierung des Portals des Zisterzienser-Oratoriums.

19.01.07 d

19.01.07 e

d) Fragment eines Architekturblocks
2. Hälfte 12. Jh.(?)
27 cm x 21 cm x 11 cm

Rosafarbenes Architekturteil mit ornamentierter Schauseite. Die Verzierung besteht aus zwei regelmäßigen Rechtecken, die durch vertikale Linien getrennt sind. In jedem Rechteck ist eine zentrale achtblättrige Rosette. Am Rand ist ein drittes Rechteck mit Teilen des Rosettenblattes fragmentarisch erhalten. Auf der oberen Fläche finden sich gut sichtbare Spuren der Glättung.

e) Fragment eines Architekturblocks
2. Hälfte 12. Jh.(?)
17 cm x 16,5 cm x 9,8 cm

Ornamentierter Architekturblock mit dreiblättriger Palmette mit fächerartig angeordneten Blättern. Die Reste einer weiteren Palmette sind sichtbar. Möglicherweise handelt es sich um das obere Fragment des Sockelkapitells oder um einen Teil des Portalpilasters des Zisterzienser-Oratoriums. A. M. W.

19.01.08 a

Patene
(ausgestellt in Krakau und Berlin)
Tyniec (Polen)
Gold
Dm. 8,8 cm
11.–1. Hälfte 12. Jh.
Kraków, Zamek Królewski na Wawelu, Państwowe Zbiory Sztuki
Lit.: H. Zoll-Adamikowa, Wyniki prac wykopaliskowych w Tyńcu w 1961 roku. Z otchłani wieków 28 (Wrocław, 0Poznań) 286–294. – M. Walicki (Hrsg.), Sztuka polska przedromańska i romańska do schyłku XIII wieku. Katalog i bibliografia zabytków (Warszawa 1971) 773.

Die Patene wurde während der archäologischen Untersuchungen in der Benediktinerabtei von Tyniec 1961 in dem Abtgrab Nr. 8 im dritten Joch des Nordschiffes entdeckt. Das vertiefte Mittelfeld der Patene zeigt die Hand Gottes, die aus den Wolken vor einem Kreuz als Hintergrund herausragt. Das Motiv hat symbolische, dem Psalter 118 (117), 16 entnommene Bedeutung: „die Rechte des Herrn behält den Sieg". Die einzelnen Elemente des Dekors sind durch leicht gewölbtes Relief hervorgehoben. Wegen der kleinen Ausmaße dürfte die Patene zu den liturgischen Geräten gehören, die auf Reisen mitgenommen wurden. Außergewöhnlich ist jedoch das Material für ein solches Stück. Die Patene wurde entweder importiert oder ist an Ort und Stelle durch einen ausländischen Goldschmied entstanden. H. K.-K.

19.01.08 a–b

19.01.08 b

Kelch

(ausgestellt in Krakau und Berlin)
Tyniec (Polen)
Gold
H. 9,2 cm, Dm 7,2 cm
11.–1. Hälfte 12. Jh.
Kraków, Zamek Królewski na Wawelu, Państwowe Zbiory Sztuki
Lit.: H. Zoll-Adamikowa, Wyniki prac wykopaliskowych w Tyńcu w 1961 roku. Z otchłani wieków 28 (Wrocław/Poznań) 286–294. – M. Walicki (Hrsg.), Sztuka polska przedromańska i romańska do schyłku XIII wieku. Katalog i bibliografia zabytków (Warszawa 1971) 773.

Aus demselben Grab Nr. 8 stammt ein goldener Kelch, der wohl ebenfalls nicht als Grabkelch sondern als Reisekelch diente und dem Verstorbenen mit in das Grab gegeben wurde. Der Kelch hat eine runde leicht spitz zulaufende Kuppa mit konischem Fuß und Nodus. Der Kelch stellt ein außergewöhnliches Erzeugnis der damaligen Zeit dar. Auch hier dürfte es sich um ein Importstück oder um einen vor Ort durch einen auswärtigen Handwerker gefertigten Kelch handeln. H. K.-K.

19.02.01

Sakramentar von Tyniec

(ausgestellt in Mannheim)
Köln, 1060–1070
Pergament
H. 28,5 cm, Br. 22,5 cm, 235 fols.
Warszawa, Biblioteka Narodowa. BOZ Cim. 8, pag. 34
Lit.: M. Walicki, Sztuka polska przedromańska i romańska do schyłku XIII w. I (Warszawa 1971) 254–255. – M. Pietrusińska, ebd. II, 773.

Sakramentar und Kalender. Zwei ganzseitige Miniaturen (*Maiestas Domini* und Kreuzigung) und zwei Initialzierseiten. Drei Seiten Text: Gold- und Silberschrift auf Purpur, 24 Kalenderseiten, 13 größere Initialen.
Das Sakramentar wurde vermutlich in Köln (St. Gereon?) hergestellt und gelangte wohl am Ende der Regierungszeit Kasimirs des Erneuerers oder Bolesławs II. nach Polen. Die Handschrift gehörte wahrscheinlich zur ursprünglichen Ausstattung der Abtei in Tyniec bei Krakau. Sie wurde 1814 von S. Zamoyski erworben und war seit 1818 in der Bibliothek der Familie Zamoyski in Warschau. Das Sakramentar befindet sich seit 1945 in der Nationalbibliothek. J. St.

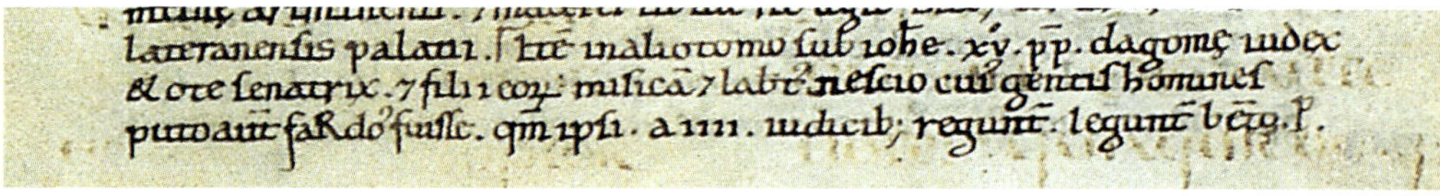

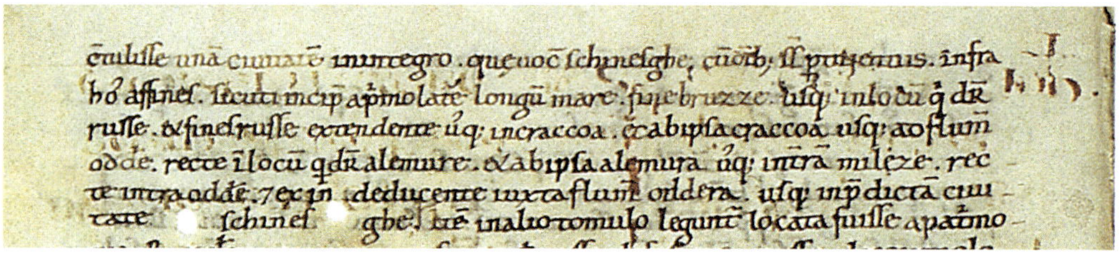

19.02.02

19.02.02

Dagome iudex

(Regest aus der Collectio canonum des Kardinals Deusdedit)
(ausgestellt in Krakau und Prag)
1099–1118
Pergament
H. 27 cm, Br. 22 cm
Città del Vaticano, Biblioteca Apostolica Vaticana. Vat. lat. 3833, fol. 87r–87v

19.02.03

Dagome iudex

(Regest aus der Collectio canonum des Kardinals Deusdedit)
(ausgestellt in Berlin)
Mitte 12. Jh.
Pergament
H. 34 cm, Br. 27 cm
Città del Vaticano, Biblioteca Apostolica Vaticana. Vat. lat. 1984, fol. 199r
Lit.: B. Kürbis, Dagome iudex – studium krytyczne. In: Początki państwa polskiego. Księga Tysią clecia, t. I (Poznań 1962) 363–424 (mit Faksimiles aller Handschriften und Bibliographien). – C. Warnke, Ursachen und Voraussetzungen der Schenkung Polens an den heiligen Petrus. In: Europa slavica – Europa orientalis (Festschrift für Herbert Ludat) (Berlin 1980) 127–177. – G. Labuda, Studia nad początkami państwa polskiego II (Poznań 1988) 240–263. – E. Rymar, Dagome iudex jako organiczna część decyzji Mieszka I w sprawie podziału Polski na dzielnice. Reanimacja hipotezy o piastowskim rodowodzie dynastii pomorskiej, Materiały Zachodniopomorskie 32, 1986 (1990) 293–350.

Der aus mehreren Handschriften erschlossene Text des Regests „Dagome iudex“ aus der Kanonessammlung des Kardinals Deusdedit lautet folgendermaßen (nach B. Kürbis, in eckigen Klammern Zusätze aus einer anderen Handschriftenklasse) *Item in alio tomo sub Johanne XV papa Dagome scil. Dagone iudex et Ote senatrix et filii eorum Misica et Lambertus [nescio cuius gentis homines, puto autem Sardos fuisse, quoniam ipsi a IIII iudicibus reguntur] legantur beatu Petro contulisse unam civtatem in integro (scil. in integrum) que vocatur Schignesne (scil. Schinesne) cum omnibus suis pertinentiis infra hoc affines sicuti incipit a primo latere longum mare fine Prutze usque in locum qui dicitur Russe extendente usque in Craccoa et ab ipsa Craccoa usque ad flumen Oddere recte in locum qui dicitur Alemure et ab ipsa Alemura usque in terram Milze et a fine Milze recte intra Oddera et exinde ducente iuxta flumen Oddera usque in predictam civitatem Schignesne (scil. Schinesne).*
Hierbei handelt es sich um die erste bekannte Schenkung eines Staates an den Apostolischen Stuhl. Wahrscheinlich wollte das polanische Fürstenpaar, Mieszko I. und Oda, so die Nachfolge im Gnesener Staat für ihre minderjährigen Kinder sichern. Die Schenkung richtet sich damit gegen den ältesten Sohn Mieszkos, Bolesław I. Chrobry (geb. um 967), der zu dieser Zeit (990/991) vermutlich über das Krakauer Land herrschte. Es ist nicht ausgeschlossen, dass damit auch die Grundlage für die Organisation der polnischen Kirche bereitet werden sollte, die im Jahre 1000 jedoch unter gänzlich anderen Umständen geschaffen wurde. Das Regest ist eine erstrangige historische Quelle vor allem aufgrund der kurzen und trotz der schlechten Überlieferung wohl erstaunlich präzisen Beschreibung der geographischen Grenzen des damaligen polanischen Staates bzw. seines Gnesener Kernlandes. J. St.

19.02.04. Handbuch Abb. 367, 368

Chronik des Gallus Anonymus (so genannte Zamoyski-Handschrift)

(ausgestellt in Krakau)
14. Jahrhundert (nach 1340)
Pergament,
H. 25,4 cm, Br. 18 cm, zur Zeit 98 Bl.
Warszawa, Biblioteka Narodowa. BOZ Cim. 28
Lit.: K. Maleczyński, in: Galli Anonymi cronicae et gesta ducum sive principum Polonorum. Monumenta Historica, nova series, Bd. II (Cracoviae 1952) I–X. – J. Wiesiołowski, Kolekcje historyczne w Polsce średniowiecznej XIV–XV w. (Wrocław, Warszawa, Kraków 1967) 17–34.

Die Handschrift stellt die älteste der drei erhaltenen Überlieferungen der Chronik des Gallus Anonymus (Anfang 12. Jh.), des historiographischen Hauptwerks für die Frühgeschichte Polens, dar. Der Codex ist eine Sammlung historiographischer Schriften. Neben der Chronik des Gallus Anonymus (f. 20v–54v) enthält er unter anderem das Leben Alexanders des Großen, des so genannten Pseudokallistenes, die umgearbeitete Version der Vita des heiligen Stanislaus von Wincenty aus Kielcza, das so genannte Jahrbuch von Traska sowie die Ungarisch-Polnische Chronik. Die Herkunft der Handschrift ist unbekannt. Im 15. Jahrhundert war sie im Besitz der Familie Łaski, des Sędziwoj aus Czechel und zeitweise von Jan Długosz. Im Jahre 1848 wurde sie wiedergefunden. J. St.

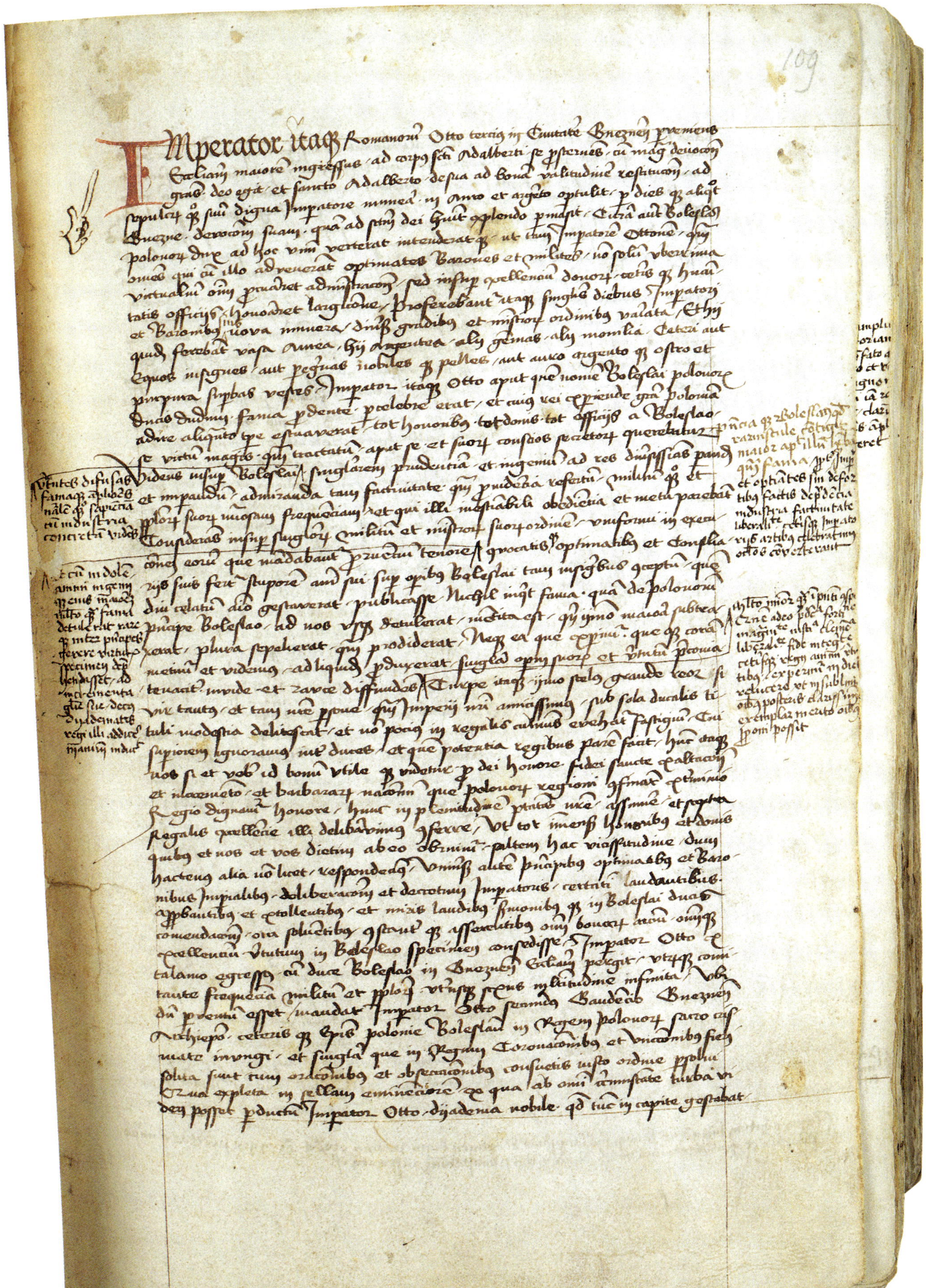

19.02.05

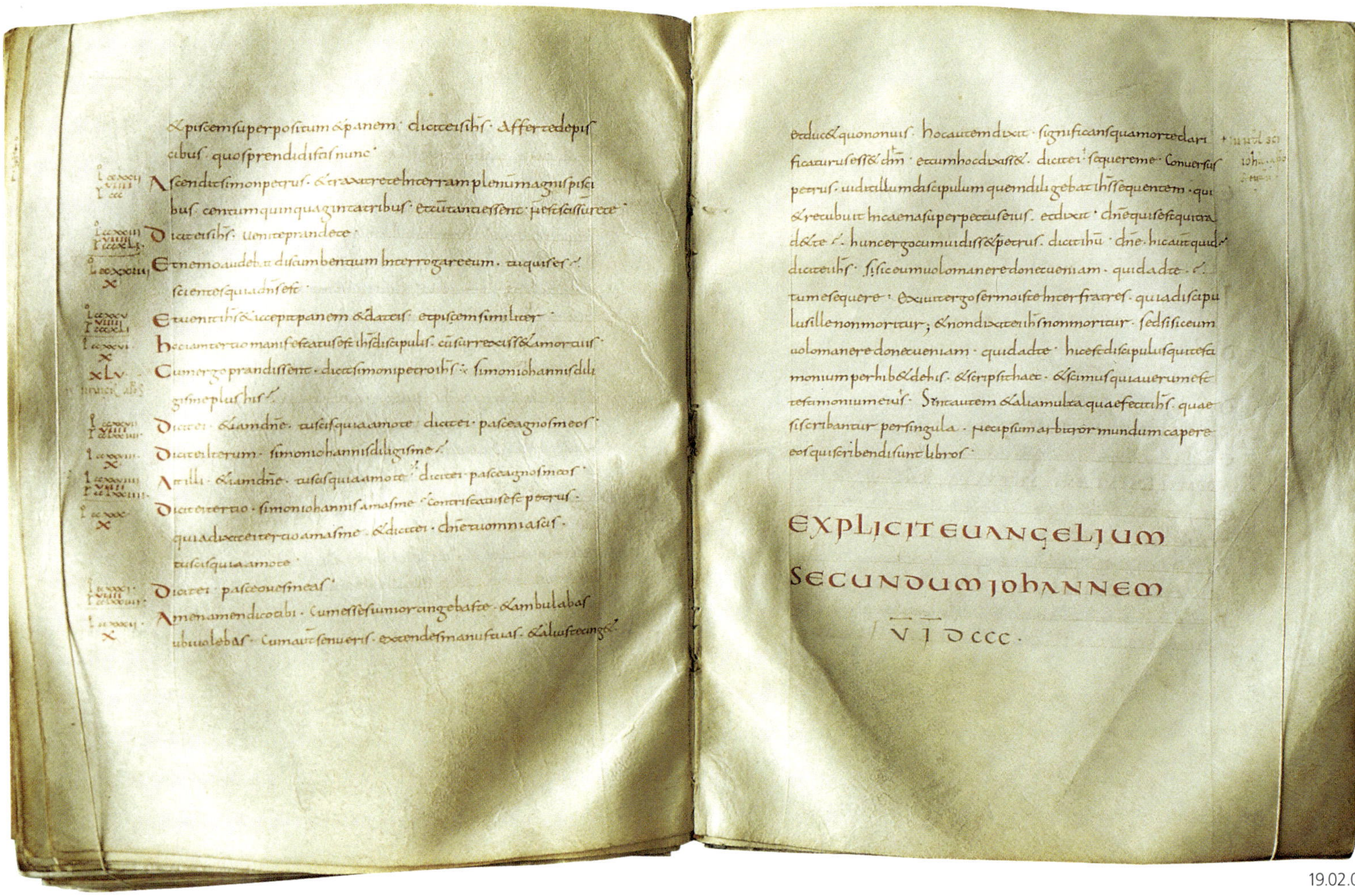

19.02.06

19.02.05

So genanntes Autograph der Chronik von Jan Długosz

(ausgestellt in Krakau und Mannheim)
2. Hälfte des 15. Jh.
Papier, 1077 Seiten
H. 31 cm, Br. 22 cm
Kraków, Biblioteka Muzeum Narodowego, Oddział Czartoryskich. Ms. 1306, fol. 109r
Lit.: W. Semkowicz-Zarembina, Powstanie i dzieje autografu Annalium Jana Długosza. In: Rozprawy Polskiej Akademii Umiejętności, Wydział Historyczno-Filozoficzny, Ser. II, 47, Nr. 1) (Kraków 1952). – J. Dąbrowski, Ioanis Dlugossii, Annales seu cronicae incliti Regni Poloniae, lib. I–II (Varsaviae 1961) 30 ff. (polnische Übersetzung, Warszawa 1961, 38 ff.). – B. Kürbis, Johannes Długosz als Geschichtsschreiber. In: H. Patze (Hrsg.), Geschichtsschreibung und Geschichtsbewusstsein im späten Mittelalter. Vortr. u. Forsch. 31 (Sigmaringen 1987) 483–496.

Der Krakauer Kanoniker Jan Długosz (1415–1480) war der hervorragendste Geschichtsschreiber des polnischen Mittelalters. Seine zwölfbändige Chronik („Roczniki" [„Jahrbücher"]) umfasst, nach einer geographischen Beschreibung Polens, die Geschichte des Landes von den legendären Anfängen bis zum Jahre 1480. Die erste (unvollendete) Ausgabe des Krakauer Codex Nr. 1306, die Anfang des 17. Jahrhunderts gedruckt wurde, enthält den Text der Chronik, umgeschrieben unter der Aufsicht des Autors und auch von ihm korrigiert und ergänzt. Nach dem Tod Długosz' befand sich die Handschrift zunächst vermutlich im Besitz der Krakauer Akademie, danach wahrscheinlich im Heilig Kreuz-Kloster in Łysiec. Im 18. Jahrhundert wurde sie im Kapuzinerkloster in Lubartów, später in Porycko, in den Sammlungen von Tadeusz Czacki aufbewahrt. Von hier erwarb sie die Familie Czartoryski. J. St.

19.02.06

Evangeliar mit irischen Glossen

(ausgestellt in Berlin und Mannheim)
8./9. Jh.
Pergament
H. 19 cm, Br. 15,5 cm, 151 fols.
Gniezno, Archiwum Archidiecezjalne. Ms. 1
Lit.: B. Bolz, Najstarszy kalendarz w rękopisach gnieźnieńskich. MS 1 z roku około 800, Stud. Źródłoznawcze – Commentationes 12, 1967, 23–38. – B. Bolz, Irlandzkie zapiski marginesowe w gnieźnieńskim kodeksie MS 1. Studia Źródłoznawcze – Commentationes 17, 1972, 51–66. – B. Bolz (Ed.) Najdawniejszy kalendarz gnieźnieński według kodeksu Ms. 1, (Poznańskie Towarzystwo Przyjaciół Nauk, Wydział Filologiczno-Filozoficzny. Prace Komişji Filologicznej, t. 24, z. 1), Poznań 1971. – J. Rył, Katalog rękopisów biblioteki Katedralnej w Gnieźnie, Archiwa, Biblioteki i Muzea Kościelne 45, 1982, 13.

Wahrscheinlich bezieht sich folgender Eintrag aus einem Verzeichnis von 1450 auf das Evangeliar: *Item antiquum capitulare de scriptura ytalica.* Es gehört zu den äußerst seltenen Zeugnissen karolingischer Minuskel in Polen. Neben den vier Evangelien enthält es und auf den Seiten 268–300 das so genannte

Capitulare Evangeliorum, das heißt ein Verzeichnis der liturgischen Lesungen der Sonn- und Feiertage des Kirchenjahres. Auf 73 Seiten der Handschrift finden sich 87 Randnotizen zum Text. Sie weisen eine für die Iren charakteristische Schrift auf und sind somit als Beispiel irischer Einflüsse auf die kontinentale Buchkultur zu werten. Die Provenienz der Handschrift ist unbekannt. Neben Ms. 43 der Krakauer Kapitelbibliothek gilt (19.02.09) Ms. 1 aus Gnesen als Argument für die angenommene Tätigkeit irischer Mönche im mittelalterlichen (2. Hälfte 11. Jahrhundert?) Polen. J. St.

19.02.07

Ivo von Chartres, Collectio trium partium

(ausgestellt in Mannheim)
12. Jh.
Pergament
H. 25,5 cm, Br. 19 cm, 213 fols (davon 13 Papier)
Gniezno, Archiwum Archidiecezjalne. Ms. 25., fol. 1r.
Lit.: L. Wetesko in: Gniezno, pierwsza stolica Polski, miasto św. Wojciecha. Ausstellungskat. Gniezno (Gniezno 1995) 130–131.

Der Kodex enthält Papstdekretalen bis zu Urban II. († 1099) und Konzilskanones in chronologischer Ordnung, Sentenzen der Kirchenväter, des römischen Rechts sowie der Kapitulare in systematischer Reihenfolge. Der Kodex beginnt mit einer Adalberts-Antiphon, der sich eine Darstellung der Himmelssphären nach Ptolemäus anschließt. Es folgt eine unvollendete Zeichnung eines Stammbaums *(arbor consanguinitatis)*, auf Seite 388 befindet sich ein weiterer in roter Tinte gezeichneter Stammbaum. Die zwischen 1094 und 1096 entstandene *Collectio Tripartita* Ivos von Chartres († 1116) war ursprünglich zweiteilig angelegt und wurde dann durch Auszüge eines später verfassten Dekrets ergänzt. Vermutlich brachte sie der päpstliche Legat Walon (Galon) im Jahre 1103 nach Polen. Außer in Gnesen benutzte man sie auch in Krakau. J. St.

19.02.07

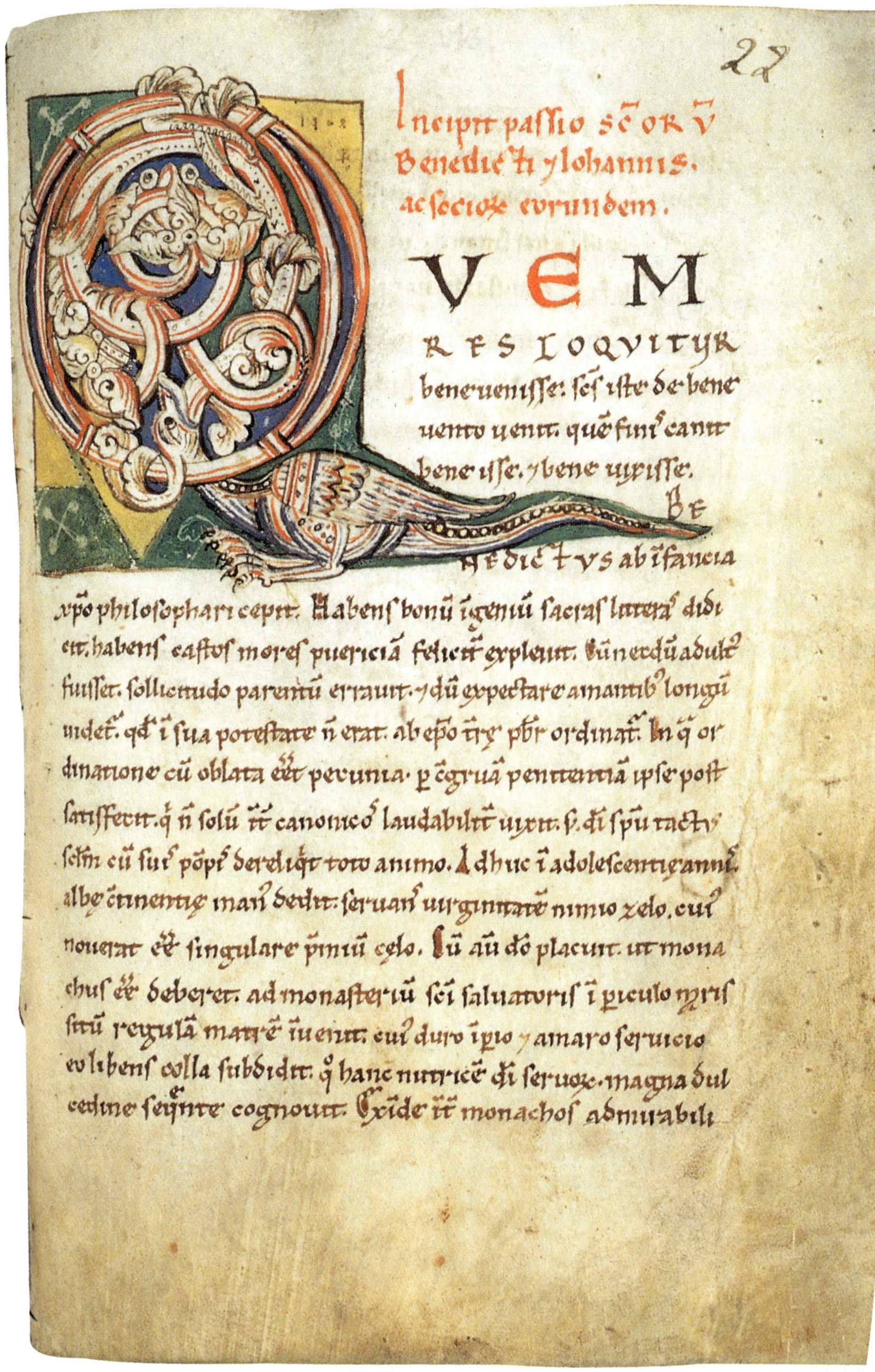

19.02.08

19.02.08

Brun von Querfurt, Fünf Brüder-Vita (Vita Quinque Fratrum)

(ausgestellt in Krakau)
Huysburg (?), 2. Hälfte 12. Jh.
Pergament mit Deckfarbenmalerei
H. 18 cm, Br. 12,5 cm
Berlin, Staatsbibliothek zu Berlin – Stiftung Preußischer Kulturbesitz. Ms. theol. lat. oct. 162, fol. 22r

Lit.: J. Karwasińska (Hrsg.), Vita quinque fratrum. Monumenta Poloniae Historica Nova series Bd. IV,3. (Warschau 1973) 1–41. – B. Kürbis, Pupurae passionis auerus finis. Bun von Querfurt und die Fünf Märtyrerbrüder. In: Europas Mitte um 1000. Ausstellungskat. Budapest, Kraków, Berlin, Mannheim, Praha, Bratislava (Stuttgart 2000) 519–526. – A. Fingernagel, Die illuminierten Handschriften deutscher Provenienz der Staatsbibliothek Preußischer Kulturbesitz (Wiesbaden 1991) 21f. Nr. 21. – R. Wenskus, Studien zur historisch-politischen Gedankenwelt Bruns von Querfurt (Münster, Köln 1956).

In Rom begegnete Brun von Querfurt, der ehemalige Hofkapellan Ottos III. und Mönch von SS. Bonifacio e Alessio, dem Eremiten Romuald von Camaldoli, dem er in die Einsiedelei Pereum bei Ravenna folgte. Auf Betreiben Kaiser Ottos III. wurden 1001 zwei Eremiten, Johannes und Benedikt, von Pereum nach Polen geschickt. Von Bolesław Chrobry freundlich aufgenommen, gründeten sie in der Nähe von Posen eine Eremitage. Dorthin sollte ihnen auch Brun von Querfurt folgen, der in Rom noch auf seine Ernennung zum Erzbischof wartete. Die Dinge verzögerten sich, nicht zuletzt durch den Thronwechsel 1002 von Otto III. auf Heinrich II. Als Brun endlich in Polen ankam, waren Benedikt und Johannes sowie ihre drei polnischen Mitbrüder, Matthäus, Isaak und Christinus, bereits ermordet. Schon bald wurden die fünf Brüder als Heilige verehrt und schützten das ganze Land, so Brun in ihrer Vita, vor den Angriffen König Heinrichs II. K. Sch.

19.02.09

Predicationes

(ausgestellt in Krakau und Prag)
Frankreich, Ende 8./Anfang 9. Jh.
Pergament
H. 23 cm, Br. 16,4 cm, 107 Bl.
Kraków, Biblioteka Kapitulna. Ms. 43, pag. 129

Lit.: P. David, Un recueil de conferences monastiques irlandaises du VIIIe s. Notes sur le ms. 43 de la bibliotheque du Chapitre de Cracovie. Revue Benedictine 49, 1937, 62–89. – M. Walicki in: Sztuka polska przedromańska i romańska do schyłku XIII w. [Polnische preromanische und romanische Kunst bis Ende des 13. Jhs.] I (Warszawa 1971) 252. – M. Pietrusińska, ebd. II, 714. – M. Sobieraj, Dekoracja malarska karolińskiego rękopisu w Bibliotece Kapitulnej na Wawelu. Zeszyty Naukowe Uniwersytetu Jagiellońskiego 162. Prace z historii sztuki 12 (1976) 9–56. – K. Białoskórska, Jeszcze o pochodzeniu rękopisu kazań wielkopostnych Biblioteki Kapitulnej w Krakowie.

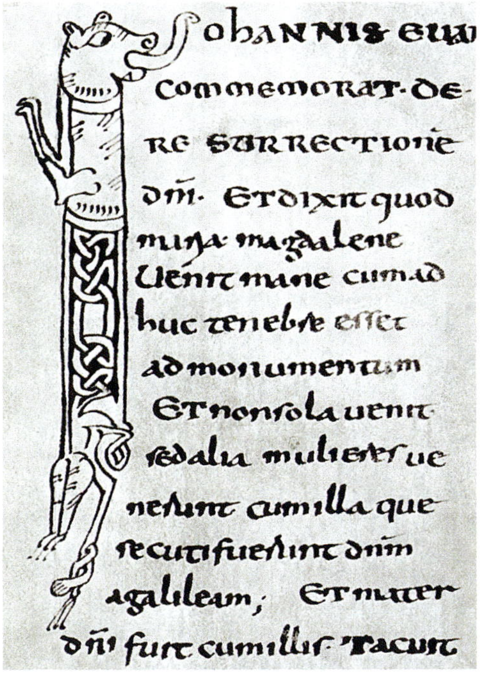

19.02.09

In: Symbolae historiae artium. Studia z historii sztuki Lechowi Kalinowskiemu dedykowane (Warszawa 1986) 69–92. – Die Ausgabe von Brygida Kürbis in Vorbereitung.

Predigtsammlung von der Advents- bis zum Ende der Fastenzeit. Nach dem auf Seite 3 genannten *Aaron* (Bischof von Auxerre?, † Anfang des 9. Jh.) stammt die Handschrift vermutlich aus dem Umkreis irischer Mönche in der Diözese Auxerre. Nach Białoskórska ist auch eine Herkunft aus Perugia möglich. In der Handschrift gibt es 26 Flechtbandinitialen mit pflanzlichen und zoomorphen Motiven. Auf Seite 200 befindet sich eine in vier Felder unterteilte Miniatur mit den Symbolen der vier Evangelisten. Neben dem Evangeliar mit irischen Glossen (19.02.06) werden die Krakauer Predicationes zuweilen als Hinweis für eine Tätigkeit iroschottischer Geistlicher im frühmittelalterlichen Polen angesehen. Die Provenienz der Handschrift ist jedoch unbekannt. J. St.

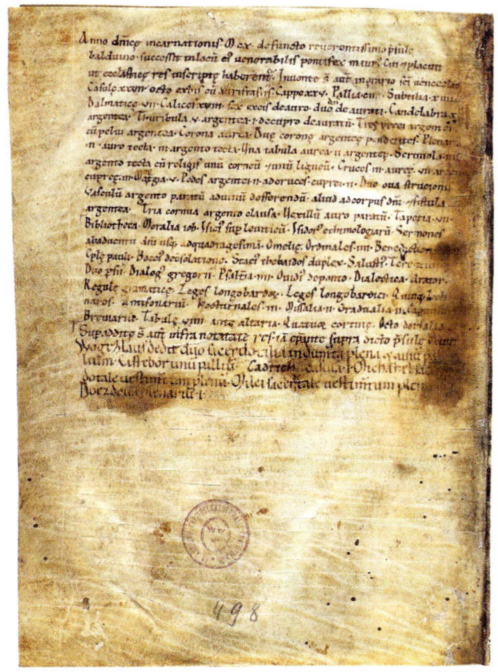

19.02.10

19.02.10

Ivo von Chartres, Collectio trium partium

(ausgestellt in Krakau und Prag)
Frankreich (?), 11./12. Jh.
Pergament
H. 29,2 cm, Br. 22,8 cm, 249 Bl.
Kraków, Biblioteka Kapitulna. Ms. 84.
Lit.: M. Walicki in: Sztuka polska przedromańska i romańska do schyłku XIII w. I (Warszawa 1971) 259. – M. Pietrusińska, ebd. II, 715.

Der Codex enthält die *Collectio Tripartita* Ivos von Chartres, die Aachener Observanz, ein Martyrium, verschiedene liturgische Texte sowie das zusätzlich eingetragene Inventar der Schatzkammer des Krakauer Doms aus dem Jahre 1101 und der Bibliothek aus dem Jahre 1110. In ihm befinden sich drei Initialen, Randzeichnungen, eingestreute Pflanzen- und Tiermotive und Textinitialen. Wahrscheinlich stammt die Handschrift aus Frankreich. Vermutlich wurden die Gnesener und Krakauer Handschriften der *Tripartita* auf Anregung des päpstlichen Legaten Walon (Galon), der in Polen im Jahre 1103 weilte, nach einem älteren Vorbild erstellt (vgl. 19.02.07). J. St.

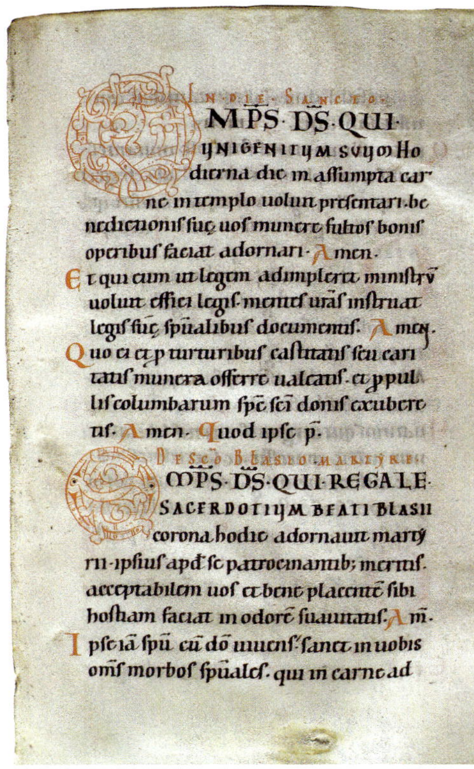

19.02.11

19.02.11

Krakauer Benedictionale.

(ausgestellt in Budapest und Mannheim)
2. Hälfte 11. Jh.
Pergament
H. 25,2 cm, Br. 17 cm, 122 Bl.
Kraków, Biblioteka Kapitulna. Ms. 23
Lit.: M. Walicki in: Sztuka polska przedromańska i romańska do schyłku XIII w. I (Warszawa 1971) 258. – M. Pietrusińska ebd. II, 714.

Die Handschrift ist wahrscheinlich als *Benedictionale* III im ältesten Inventar der Krakauer Dombibliothek von 1110 erwähnt (19.02.10). Ihre Herkunft ist unbekannt, möglicherweise kommt Regensburg in Frage. Sie enthält 64 Initialen mit vegetabilen und zoomorphen Ornamenten sowie Zierinitialen. J. St.

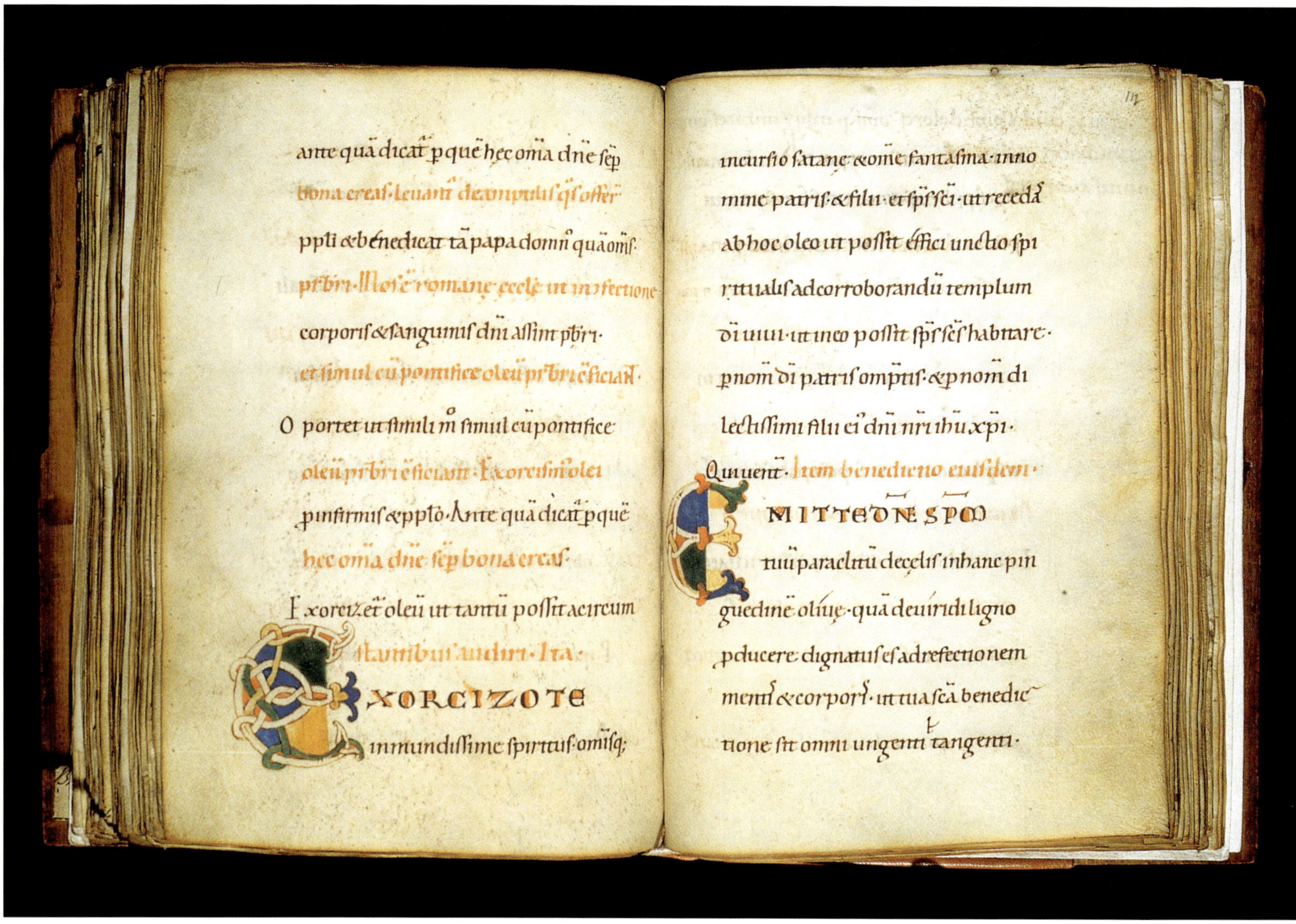

19.02.12

19.02.12

Das Pontificale der Krakauer Bischöfe

(ausgestellt in Krakau und Berlin)
Polen, Frankreich (?) 11./12. Jh.
Pergament
23 cm x 16 cm
Kraków, Biblioteka Jagiellońska. Ms. 2057, fol. 116v/117r

Lit.: W. Abraham, Pontificale biskupów krakowskich z XII w. In: Rozprawy Polskiej Akademii Umiejętności, Wydział Historyczno-Filozoficzny, 2, 47, (Kraków 1927) 31 Taf. 5. – Z. Obertyński (Hrsg.), Pontyfikał krakowski z XI w. (Pontificale Cracoviense saec.XI). Materiały do dziejów Kościoła w Polsce 5 (Lublin 1977). – A. Sutkowski Cechy paleograficznenotacji muzycznych w polskich rekopisach rednieowiecznych. In: J. Morawski (Hrsg.), Musica Medii Aevi (1965) 55–59.

Der Codex gehört zu den ältesten Handschriften in der Jagiellonen-Bibliothek und enthält ein fast vollständiges Pontifikale. Man vermutet, dass es sich um den ersten nach der Gründung des Bistums Krakau von den Bischöfen verwendete Codex handelt. Die Nennung des heilige Veit, dem Schutzheiligen des Gnesener Doms in der Litanei und die im Kodex enthaltenen Vorschriften für die vom Erzbischof vorgenommene Bischofsweihe sprechen jedoch dafür, dass das Buch zuerst dem Gnesener Metropoliten gehörte, bevor es nach Krakau gelangte.

Den Codex schmücken zahlreiche ornamentale bzw. zoomorphe Initialen, die an romanische französische Handschriften erinnern. Daneben gibt es eine cheironomische Musiknotation, die Ähnlichkeiten mit Neumen aus Schriften des Moselgebietes aufweist.

Im Pontifikale vorhandene handschriftliche Notizen, die den Musiktext ergänzen, sind Beweis für die Musikkultur der damaligen polnischen Geistlichkeit. A. S.

19.02.13

So genannter Kelch des heiligen Adalbert

(Original ausgestellt in Berlin)
Trzemeszno (Polen) aus der Schatzkammer der Abtei der Regularkanoniker
Achat; Gold
H. 15,3 cm, Kuppadm. 8,7 cm, Fußdm. 11,7 cm
Kuppa: byzantinisch, 10. Jh.; Fuß und Nodus: großpolnische Werkstatt, Ende des 12. Jh.; Kuppafassung: großpolnische Werkstatt, Ende des 18. Jh.; Körbchen – Kopie des gotischen Körbchens (15./16. Jh.), wie auch Reparaturen und Ergänzungen: Stanisław Malarecki, Warszawa, 1960
Gniezno, Muzeum Archidiecezjalne.
Inv. Nr. I/44
Lit.: M. Woźniak, Kielich mszalny, tzw. kielich św. Wojciecha. In: Gniezno. Pierwsza stolica Polski. Miasto świętego Wojciecha (Gniezno 1995) 114–116.

Die leicht profilierte Achat-Kuppa des Kelchs hat eine rotbraune Farbe mit grauen, beigefarbenen, cremefarbenen und grünlichen Adern. Der mit kugelförmigem abgeflachten Nodus versehene Standfuß ist durch einen gewundenen Ring abgetrennt. Den Nodus zieren eingravierte Pflanzenranken mit eingeflochtenen Darstellungen eines Löwen, zwei Vögel (Kranich oder Reiher und ein Raubvogel) sowie einen Menschen. Der runde Fuß ist in 16 Flächen eingeteilt und am Rand mit einem Stiel mit Palmetten geschmückt. Die Fassung der Kuppa besteht aus einem Körbchen mit zwei Perlenreihen und durchbrochenem Lilienfries. Die Schale diente ursprünglich zum Weingenuss bei Hoffeierlichkeiten. Ihr Besitzer sollt nach der Überlieferung der heilige Adalbert gewesen. Nach dessen Märtyrertod wurde sie zu einem Messekelch umgestaltet. Nach jüngsten Forschungen war sie eine der diplomatischen Gaben, die während des Besuches Ottos III. in Gnesen im Jahr 1000 mitgebracht wurden. H. K.-K.

19.02.13

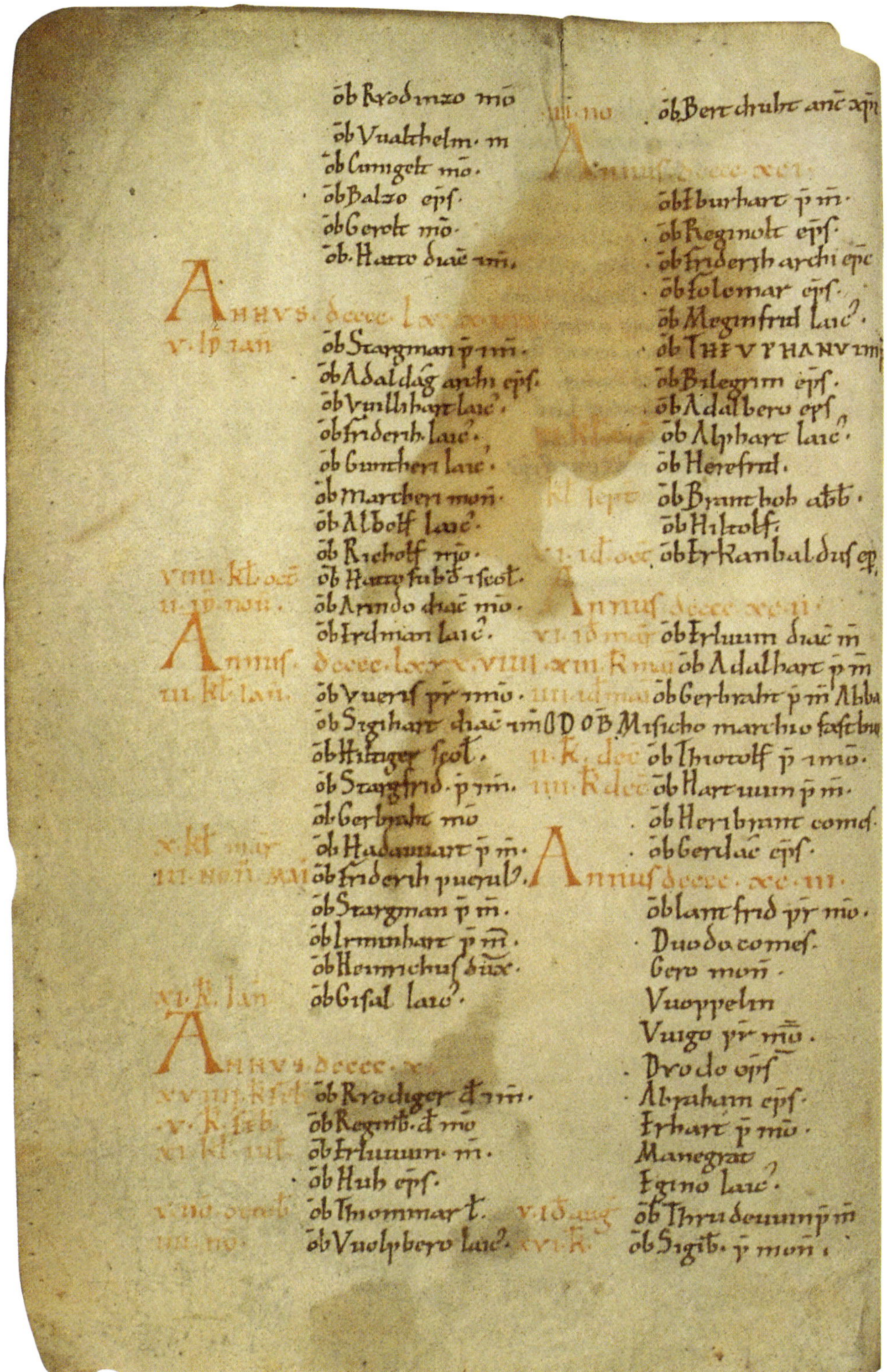

19.02.14

19.02.14

Fuldaer Totenannalen

(ausgestellt in Krakau und Prag)
Fulda, 9./10. und 11. Jh.
Pergament
H. 25 cm, Br. 16,5 cm
Città del Vaticano, Biblioteca Apostolica Vaticana. Cod. Ottob. lat. 2531, fol. 31v
Lit.: K. Schmid (Hrsg.) Die Klostergemeinschaft von Fulda im frühen Mittelalter 1 (München 1978) 346. – H. Ludat, An Elbe und Oder um das Jahr 1000. Skizzen zur Politik des Ottonenreiches und der slavischen Mächte in Mitteleuropa[2] (Weimar, Köln, Wien 1995) 46.

Bei den so genannten Totenannalen des Klosters Fulda handelt es sich um eine Form der Gedenk- bzw. Memorialüberlieferung, in der die Verstorbenen geordnet nach dem Todesjahr, zum Teil unter Hinzufügung der Sterbetage verzeichnet wurden. Die *memoria*, das heißt das Sich-Erinnern über den Tod hinaus, etwa im liturgischen Gedenken während der Messe oder durch die Namensnennung im Stundengebet der Mönche, war für den mittelalterlichen Menschen von existentieller Bedeutung, entschied es doch letztlich über Heil oder Verdammnis. Die Fuldaer Totenannalen enthalten vor allem die Namen von Mönchen, Äbten und Bischöfen. Darüber hinaus fanden jedoch auch adelige Laien, die in einer Beziehungen zu dem Kloster unterhielten, Eingang in die *memoria* der Gemeinschaft. Zum Jahr 992 wird ein *„Misicho marchio"* genannt. Gemeint ist der 992 verstorbene polnische Fürst Mieszko I., der hier als *„marchio"* (Markgraf) bezeichnet wird. Der Eintrag ist ein Beleg für die Kontakte slawischer Adeliger zu Klöstern und Kirchen im ostfränkischen Reich. K. Sch.

19.02.15

19.02.15

Brief Bruns von Querfurt an König Heinrich II.

(ausgestellt in Krakau und Berlin)
11. Jh.
Pergament
H. 23,5 cm, Br. 19 cm
Kassel, Gesamthochschul-, Landes- und Murhardsche Bibliothek. 4° Ms. Philol I, fol. 151v/152r
Lit.: J. Karwasińska (Hrsg.), Epistola ad Heinricum regem. Monumenta Poloniae Historica Nova series, Bd IV, 3 (Warschau 1973) 83–106. – St. Weinfurter, Neue Kriege: Heinrich II. und die Politik im Osten. In: Europas Mitte um 1000. Ausstellungskat. Budapest, Kraków, Berlin, Mannheim, Praha, Bratislava (Stuttgart 2000) 819–824. – R. Wenskus, Studien zur historisch-politischen Gedankenwelt Bruns von Querfurt (Münster, Köln 1965).

„Auf welche Weise kommen der Teufel Zuarasiz [Gottheit der Lutizen] und der Anführer der Heiligen, euer und unser Mauritius zusammen? Mit welcher Stirn schreiten die Heilige Lanze und die teuflischen Feldzeichen derer, die sich von Menschenblut nähren, nebeneinander her? Hälst du es denn nicht für eine Sünde, oh König, wenn ein Christenhaupt unter der Fahne der Teufel geopfert wird."
Mit diesen Worten kritisierte der sächsische Missionar Brun von Querfurt 1008 in einem Brief an Heinrich II. den nach dem Tod Ottos III. vollzogenen Wandel in der „Ostpolitik". Über mehrere Jahre führte Heinrich Krieg gegen Bolesław Chrobry, wobei er auch vor einem Bündnis mit den heidnischen Lutizen gegen den christlichen Polenherrscher nicht zurückschreckte.
Brun von Querfurt war eine der bedeutenden Gestalten der Missionspolitik um die Jahrtausendwende. Unter dem Eindruck des Martyriums Adalberts von Prag trat er 998 in dessen römisches Kloster SS. Bonifacio e Alessio ein. 1004 wurde Brun zum Missionserzbischof geweiht. Seine zahlreichen Reisen führten ihn an die Höfe Vladimirs I. von Kiev und Bolesławs Chrobrys. Er predigte den „schwarzen Ungarn" und den Petschenegen am unteren Dnjepr. 1009 erlitt er, auch hier seinem Vorbild Adalbert folgend, bei der Pruzzenmission den Märtyrertod. K. Sch.

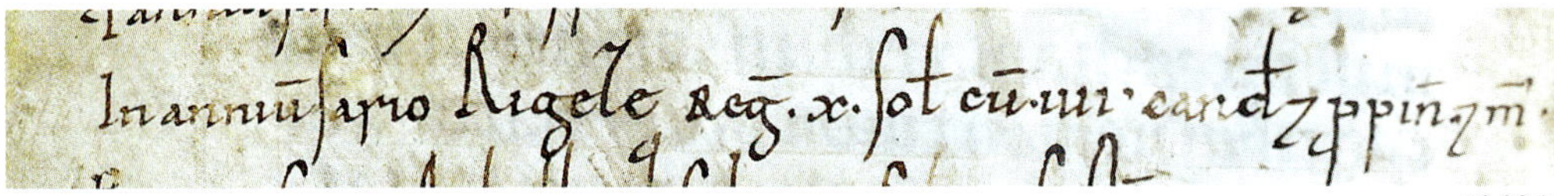

19.02.16

19.02.16

19.02.16

Evangeliar der Königin Richeza

(ausgestellt in Krakau und Mannheim)
Rhein-Maas-Gebiet, um 1040
Pergament mit Federzeichnungen; Einband: mit Leinen bezogene Holzdeckel, darüber ein Seidenbezug, Rücken aus Wildleder
H. 18 cm, Br. 13,5 cm
Darmstadt, Hessische Landes- und Hochschulbibliothek. Hs. 544, fol. 68v; 152v
Lit.: J.M. Plotzek, Evangeliar, In: Ornamenta Ecclesiae. Kunst und Künstler der Romanik 2. Kat. Köln (Köln 1985) 283 E 68. – Die Handschriften der Hessischen Landes- und Hochschulbibliothek 4. Bibelhandschriften, beschr. v. K.H. Staub. Ältere theologische Texte, beschr. v. H. Knaus (Wiesbaden 1979) 42 f. Nr. 17.

Das Evangeliar enthält Federzeichnungen der Evangelisten Markus und Lukas sowie eine Vorzeichnung des Johannes, die auf eine Entstehung im Rhein-Maas-Gebiet verweisen. Ein Anniversarienverzeichnis am Ende der Handschrift legt nahe, dass sie sich um 1100 in der Kölner Kirche St. Maria ad Gradus befand. Unter den Eintragungen findet sich zum 21. März die Erwähnung einer „Rigeze Regina“. Gemeint ist die polnische Königin Richeza, auf die sich auch ein hier überliefertes Gebet beziehen dürfte. Richeza war die Nichte Ottos III. Ihre Ehe mit Mieszko II., dem Sohn Bolesław Chrobrys, wurde während des Gnesener Treffens im Jahre 1000 vereinbart. Als es in den 30er Jahren des 11. Jahrhunderts zu heidnischen Reaktionen in Polen kam, kehrte Richeza ins Rheinland zurück, wo sie 1063 starb und im Kölner Mariengradenstift beigesetzt wurde. K. Sch.

19.03.01

19.03.01

Modell des Burgkomplexes von Gnesen (Gniezno) im 10./11. Jahrhundert
Maßstab 1:400
Projekt: Tomasz Sawicki
Ausführung: Tomasz u. Jakub Sawicki

Das Modell stellt, nach neuestem Stand der Kenntnisse, den vierteiligen Burgkomplex von Gnesen aus dem 10./11. Jahrhundert (bis 1039), das heißt aus der Zeit seiner größten Ausdehnung dar. Besonderer Wert wurde auf die Gestaltung des Geländes, den Verlauf der Verkehrswege, das System und die Größe der Schutzwälle sowie die Lage der wichtigsten monumentalen Gebäude (Dom, *Palatium*) gelegt. Das Aussehen der gemauerten Gebäude sowie die Anordnung der Schutzkonstruktionen aus Holz (Tore und Wallkronen) sowie der Wohn- und Wirtschaftsgebäude sind größtenteils nur hypothetisch. T. S.

19.03.02 Handbuch Abb. 355

Grabplatte mit Inschrift
(ausgestellt Abguss)
Gniezno. Domkirche (Polen)
Gips
Erhaltene L. 120–132 cm, Br. 66–69 cm
1. Viertel des 11. Jh.
Gniezno, Domkirche
Lit.: B. Kürbis, Na progach historii, (Poznań 1994) 396–398. – Dies., A/XIII. Płyta nagrobna z inskrypcją. In: Gniezno. Pierwsza stolica Polski. Miasto świętego Wojciecha (Gniezno 1995) 116–119.

Die Platte wurde 1959 im Nordschiff der Marias Himmelfahrt und dem heiligen Adalbert gewidmeten Domkirche entdeckt. Das Fundament des Grabmals bestand aus Findlingen. Die Platte aus Gipsmörtel, heute von Rissen durchzogen, deckte das steinerne Grabmal ab. Sie ist noch zu etwa zwei Dritteln erhalten und gilt als das bislang älteste Schriftdenkmal in Polen. Auf der sorgfältig ausgearbeiteten Oberfläche ist eine lateinische Inschrift in Hexameter mit dem erhaltenen Vierzeiler in Kapital- und Unzialmajuskel eingeritzt, die nach B. Kürbis folgendermaßen zu rekonstruieren ist:

19.03.02

OSSA TRIUM TUMULO FRA(TRUM
CLAUDUNTUR TERRENO)
MUNUS MILITIE (M)U(N)DU(M) T(ER)
D(UORUM ADAUCTUM)
QUI LEGIS V(IATOR) MORTIS DIREP(TOS
MUCRONE)
AC ANIMAS HORUM REGI (CAELORUM
DEVOVE)
O[...] A[...]

Die letzte, fast gänzlich verwischte Zeile enthielt wahrscheinlich die Namen der Verstorbenen und ihr Todesdatum. Die Inschrift lobpreist die Gebeine der drei Brüder, die die reine Gabe ihres Kämpfens in Gott geopfert haben. Es wird vermutet, dass die Inschrift drei der Fünf Märtyrerbrüder verewigt, die zusammen mit den zwei italienischen Eremiten Johannes und Benedictus 1003 in ihrer Einsiedelei Meseritz oder Kasmierz westlich von Posen ermordet und ursprünglich in der dortigen Klosterkirche beigesetzt wurden. Wohl auf Anregung des Erzbischofs Radim-Gaudentius überführte man die sterblichen Überreste von Isaak, Matthäus und Kristin in die Domkirche von Gnesen. Die Inschrift selbst soll Brun von Querfurt während seines letzten Aufenthalts in Polen 1008 verfasst haben. H. K.-K. u. J. St.

19.04.01

Modell des Burgbergs von Krakau (Kraków) aus der Zeit zwischen 1000–1150

Maßstab 1:400
Projekt: Z. Pianowski
Realisierung: R. Gaweł

Wahrscheinlich wurde an der Wende vom 10. zum 11. Jahrhundert die im 9. Jahrhundert auf dem Wawel gegründete Burg umgebaut. Die etwa 4 ha große Burg erstreckte sich damals hauptsächlich auf der Spitze des Hügels, der sich ca. 30 m über der Weichsel erhob. Hier stand wahrscheinlich das Hauptgebäude des vorromanischen Palastkomplexes von Bolesław Chrobry, von dem sich aufgrund von späteren Planierarbeiten nur eine in den Felsen eingetiefte Kammer erhalten hat. Weitere vorromanische Gebäude waren möglicherweise eine Kapelle in Kreuzform und ein Wohngebäude. Südlich davon wurde um ca. 1000 die wahrscheinlich zweistöckige St. Felix und Adaukt-Rotunde als Reliquiar-Kapelle errichtet. Ebenfalls im Süden, in der Nähe der Wälle stand eine Zwei-Apsiden-Rotunde in der man auf das Grab einer Frau, offensichtlich aus der Fürstenfamilie stieß.

Im Westen befand sich der Domkomplex, bestehend aus Dom, Bischofsresidenz, Baptisterium und Räumen für die Kanoniker. Dem um 1000 errichteten Dom ging möglicherweise eine einfache Holzkirche voraus.

19.04.01

19.05.01

Im restlichen Burgteil fanden sich hölzerne Wohn- und Wirtschaftsgebäude und einige wenige Steingebäude. Das Haupttor, das zur Burg führte, wird im östlichen Wallabschnitt, auf der Seite des Suburbiums (Okół) vermutet. Im südlichen Teil war am Übergang über die Weichsel möglicherweise ein zweites Tor.
Nach 1040 wurde Krakau zur Hauptstadt des polnischen Staates, was zu einer intensiven Bautätigkeit führte. Im romanischen Stil baute man ein neues Palatium von 28,5 m x 19,5 m Größe und eine prächtige, 33 m lange Palastkirche (St. Gereon-Kirche). Auch die Domkirche wurde von ca. 1090 bis 1142 gründlich umgebaut. An Stelle der früheren, vorromanischen Kirchen entstanden zwei romanische Kirchen, die Sankt Michael-Kirche und Sankt Georgskirche. Die Burgbefestigungen bildeten weiterhin die Holz-Erde-Wälle in Kastenkonstruktion, die in späterer Zeit völlig einplaniert wurden.
Lebhafte Bautätigkeit, die auf dem Wawelberg von ca. 1000 bis zur Mitte des 12. Jahrhunderts zu beobachten ist, wird in der späteren Zeit, das heißt in der Zeit der Zersplitterung Polens nicht fortgesetzt. Erst am Ende des 13. Jahrhunderts wurde mit dem Bau eines neuen Palastes und eines gotischen Schlosses begonnen. Z. P.

19.05.01
So genannte Schale von Włocławek
(Original ausgestellt in Krakau, Berlin und Mannheim)
Włocławek, Kujavien (Polen)
rheinisch-lothringisch
Silber; Silber, vergoldet; Niello.
H. 10,8 cm
10. Jh.
Kraków, Muzeum Narodowe. Inv. Nr. 73526
Lit.: P. Skubiszewski, Czara włocławska. Studia nad spuścizną Wschodu w sztuce wczesnego średniowiecza (Poznań 1965). – M. Walicki (Hrsg.), Sztuka polska przedromańska i romańska do schyłku XIII wieku. Katalog i bibliografia zabytków (Warszawa 1971) 777–778.

Die Schale kam 1909 beim Pflügen in der Vorstadt von Włocławek in der Nähe der Landstraße nach Brześć Kujawski zutage. Bei dem Stück handelt es sich um einen Messekelch vom Typ liturgischer Gefäße der orthodoxen Kirche
Die zylindrische, nach unten abgerundete, getriebene Kuppa hatte ursprünglich zwei Henkel. Auf der Kuppa befinden sich vier erhabene Medallions, die durch eine Zick-Zack-Leiste getrennt sind. Die Medaillons und Dreiecke enthalten acht figurale Szenen, die die Befreiung der Israeliten aus der Knechtschaft der Midianiter durch Gideon darstellen. (Das Buch der Richter, VI, 11–VII): Die Szenen zeigen im einzelnen: die Berufung Gideons; auf Gideons Bitte fließt der Tau auf wunderbarere Weise auf das Vlies herab, Gideon presst das Vlies aus und betet um das nächste Wunder; die Berufung von 300 Mann zum Kampf gegen die Midianiter; der Aufbruch Gideons zum Midianiterlager; der prophetische Traum des Midianites vom gerösteten Gerstenbrot; die Truppen Gideons erobern das Midianiterlager; der Kampf mit Midianitern; die Tötung Orebs und Seebs durch die Truppen Gideons. Die Szenen ergänzen Pflanzenornamente und eine Maske am Ansatz eines Henkels. Der Kelch wurde wahrscheinlich von den ersten Geistlichen nach Polen mitgebracht. H. K.-K.

Die Piasten 20.02

In Gnesen (Gniezno) stand nach einer zum Teil legendären Überlieferung des 12. Jahrhunderts nicht nur die Wiege Polens, sondern auch die der Piasten. Dieses Geschlecht herrschte in Polen bis in das 14. Jahrhunderts und in Masowien und Schlesien noch länger. Namengebend war der sagenhafte Ahnherr, der Ackermann Piast. Mit Mieszko I. (ca. 960–992) betraten die Piasten als Herrscher im Land der Polanen – in Polen – den Schauplatz der Geschichte.
Die bedeutendsten Gestalten der Dynastie waren neben Mieszko I. drei Herrscher mit Namen Bolesław: Chrobry (der Tapfere, 992–1025), Szczodry (der Großzügige, 1058–1079) und Krzywousty (Schiefmund, 1102–1138). Für die Zeit nach der politischen Zersplitterung Polens sind Władysław Łokietek (der Ellenlange †1333) und Kazimierz Wielki (der Große †1370) zu nennen. Diese Herrscher, die die Geschichte Polens prägten und diejenige Mitteleuropas mitgestalteten, sind bis heute im kollektiven Bewusstsein der Polen lebendig. J. St. u. Z. K.

20.02.01

20.02.05

20.02.01

Münze Bolesław Chrobrys mit der Aufschrift PRINCES POLONIE

Silber
Dm. 2 cm, Gew. 1,813
Kraków, Muzeum Narodowe.
Inv. Nr. VII-P-769
Lit.: unpubliziert

Münze Bolesław Chrobrys mit der Aufschrift PRINCES POLONIE, Variante I. Auf dem Avers befindet sich das Bild eines stehenden Vogels mit aufgerichtetem Schwanz und drei Strichen auf dem Kopf (Federbusch). Am Rand ist die Umschrift: + PRINCES POLONIE (verschobener Stempel).
Auf dem Revers ist ein Doppelkreuz abgebildet. Zwischen den Armen sind Kreise mit Kugeln in der Mitte. A. T.

20.02.05

Münze Bolesław Chrobrys mit der Aufschrift GNEZDVN CIVITAS

(ausgestellt Kopie)
Münzstätte: Gnesen
Silber
Dm. 1,85 cm, Gew. 1,668 g
Kraków, Muzeum Narodowe.
Inv. Nr. VII-P-798

Auf dem Avers ist das linke Profil des Fürsten mit einem Diadem auf dem Kopf und dem Fragment einer Halskette abgebildet. Am Rand befindet sich der Schriftzug ROLIZAVS Auf dem Revers ist ein gleicharmiges Kreuz mit leicht verbreiterten Enden mit Kugeln und Dreiecken zwischen den Armen dargestellt. Am Rand verläuft der Schriftzug GNEZDVN CIVITAS. A. T.

20.02.06

Münze Bolesław Chrobrys mit der Aufschrift BOLISLAS DUX INCLITUS

Silber
Dm. 2,1 cm, Gew. 1,633 g
Kraków, Muzeum Narodowe.
Inv. Nr. VII-P–801
Lit.: unpubliziert

Münze Bolesław Chrobrys mit der Aufschrift BOLISLAS DUX INCLITUS. Auf dem Avers ist das rechte Profil des Fürsten mit dem Fragment einer Halskette abgebildet. Am Rand befindet sich die Aufschrift: BOLISLAS DUX. Auf dem Revers ist ein gleicharmiges Kreuz mit erweiterten Enden dargestellt. Zwischen seinen Armen sind vier Kugeln.
Avers und Revers sind teilweise unvollständig geprägt. A. T.

20.02.06

20.02.09

Münze Bolesław Chrobrys mit kyrillischem Schriftzug

Silber
Dm. 1,7 cm, Gew. 1,088 g
Kraków, Muzeum Narodowe.
Inv. Nr. VII-P–810
Lit.: unpubliziert

Denar Bolesław Chrobrys mit kyrillischer Schrift. Auf dem Avers ist die Büste des Fürsten mit Kopfbedeckung und einem gefalteten, über die Schultern geworfenen Gewand zu sehen. Das Gesicht ist schematisch gezeichnet. Zu erkennen sind Schnurrbart und Bart. Links vom Kopf befinden sich die Buchstaben AB bzw. kyrillische Buchstaben. Auf dem Revers ist ein byzantinisches Kreuz mit Querbalken und dem Fragment der Aufschrift CC. Der Stempel ist sowohl auf dem Avers als auch dem Revers verschoben. A. T.

20.02.09

20.02.12

Brakteat Bolesław Chrobrys mit der Aufschrift BOLIZLAVS REX

Silber
Dm. 2,28 cm, Gew. 1,330 g
Kraków, Muzeum Narodowe.
Inv. Nr. VII-P–814

Brakteat Bolesław Chrobrys mit der Aufschrift BOLIZLAVS REX und einem gleicharmigen Kreuz mit vier Kreisen zwischen den Armen. Am Rand befinden sich die Buchstaben POLIZ…
Die Prägung ist nicht vollständig, der Stempel verschoben. A. T.

20.02.12

20.02.15

20.02.15

Münze Mieszkos II. – Typ I

Silber

Dm. 2,09 cm, Gew. 1,298 g

Kraków, Muzeum Narodowe.

Inv. Nr. VII-P–753

Münze Mieszkos II. vom Typ I. Auf dem Avers ist das halbrunde Dach einer mit einem Kreuz geschmückten Kirche zu sehen. Am Rand sind die Buchstaben E und LTM erkennbar. Auf dem Revers befindet sich ein einfaches Kreuz mit vier Kugeln zwischen den Armen. Am Rand verläuft der Schriftzug EE++. Der Stempel ist auf dem Revers verschoben; die Münze selbst nicht vollständig geprägt. A. T.

Ottonische Politik in der Mitte Europas – Mission und kulturelle Expansion

21

Die sächsischen Ottonen, auf die 919 das Königtum im ostfränkisch-deutschen Reich überging, reagierten auf die Vorgänge im Osten erst militärisch, dann politisch.
Der erste Herrscher, Heinrich I., legte die Grundlagen zur Ungarnabwehr und Unterwerfung slawischer Stämme an der Elbe. 962, nach zwei bedeutenden Siegen über die Heiden, wurde sein Sohn Otto der Große in Rom vom Papst zum Kaiser gekrönt. Schutz und Ausbreitung des Christentums galten als höchste kaiserliche Aufgaben. Zur Slawenmission gründete Otto das Erzbistum Magdeburg. Doch schüttelten die Slawen zwischen Elbe und Oder im Aufstand von 983 die sächsische Herrschaft und Kirchenorganisation wieder ab.
Die Kirche war Heilsvermittler, Kulturträger und Herrschaftsapparat zugleich. Bis weit nach Böhmen, Polen und Ungarn sandten bayerische und sächsische Kirchen ihre Missionare und verstärkten bei den neugetauften Völkern so die Bindung an den Westen. Ihre Herrscher gingen zahlreiche Bündnisse mit den Ottonen und den Adelsfamilien des Reiches ein. Die von Otto III. um das Jahr 1000 betriebene Politik der „Erneuerung des Römerreiches" kann als Konzeption zur Integration der jungen Reiche in das Abendland verstanden werden. K. Sch.

Zur Ausstattung eines Missionsbischofs

21.01–06

Aus dem Rang des Bischofs einerseits wie dem theologischen Verständnis von Mission andererseits ergibt sich, was ein Bischof bei sich hatte, wenn er in heidnische Regionen zur Ausbreitung des Christentums ausgesandt wurde. Nach dem Taufbefehl des Auferstandenen (Mt. 28,19) war das Ziel jeder Mission die Bekehrung zu Christus und seiner Kirche, zentraler Akt dabei die Taufe. Häufig wurden zugleich die Grundlagen für eine kirchenrechtliche Organisation gelegt. Daher benötigte der Bischof Geräte und Bücher sowohl für die Taufe mit anschließender Messfeier (vor allem Pontifikale, Sakramentar) als auch für die meist einhergehenden Kirchengründungen (Kirchenrecht) oder Kirchweihen (Pontifikale). Diese Handlungen vollzog der Bischof im Ornat, d.h. mit der Kasel bekleidet. Unter seinen Insignien – Stola, Manipel, baculus – kommt dem Stab besondere Bedeutung zu: Er wird in den Quellen als Insignie genannt und vom Ritus, z.B. bei der Kirchweihe, gefordert. I. S.

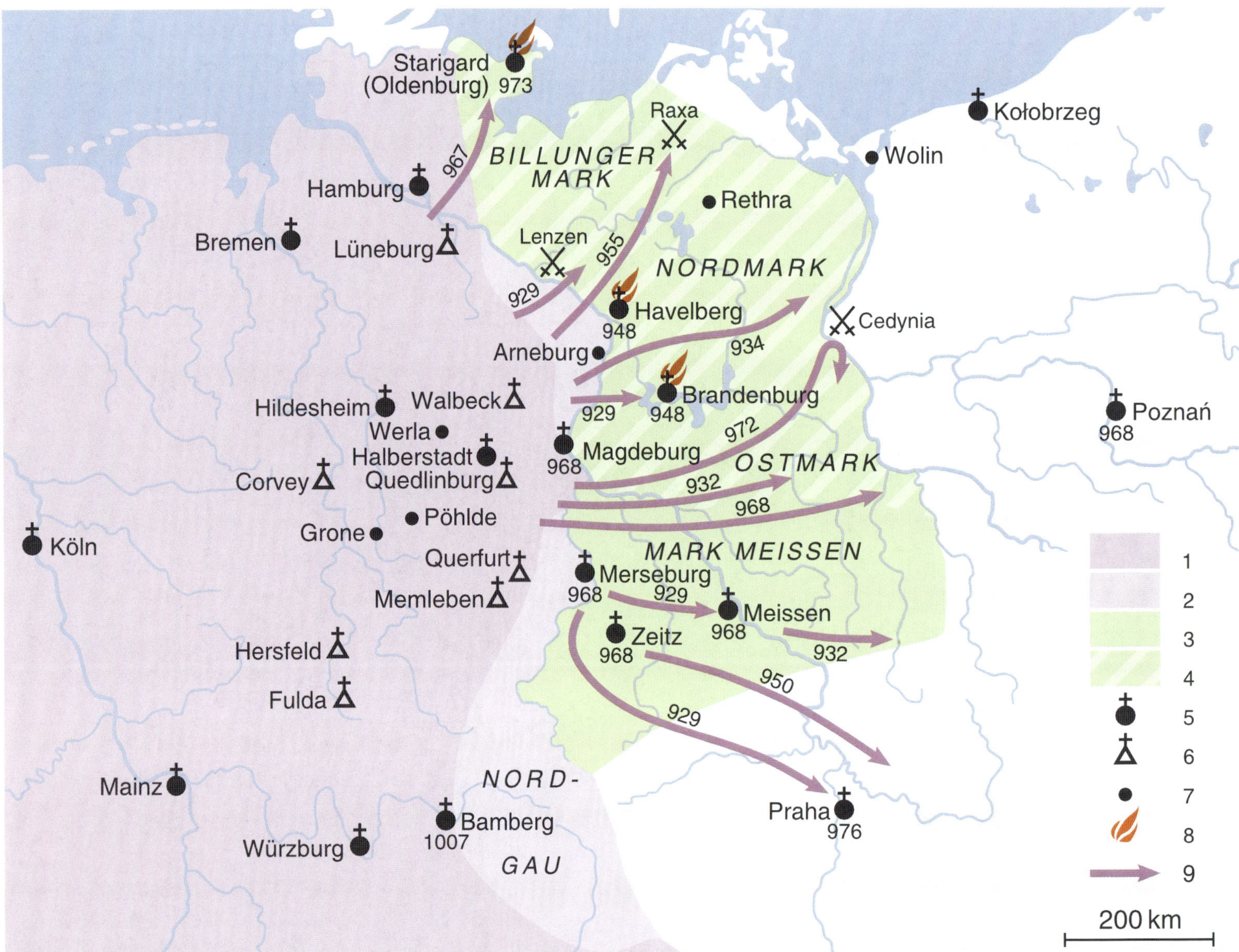

Ottonische Feldzüge und Bistumsgründungen im 10. Jahrhundert

1 Reichsgebiet; 2 Slawisch besiedeltes Reichsgebiet; 3 ottonische Marken um 1000; 4 Seit dem Slawenaufstand 983 verlorene oder gefährdete Marken; 5 Erzbistum, Bistum, im Markengebiet mit Gründungsjahr; 6 Klöster mit starker Beteiligung an der Slawenmission; 7 sonstige Orte; 8 durch den Slawenaufstand zerstörte Bistümer; 9 deutsche Feldzüge

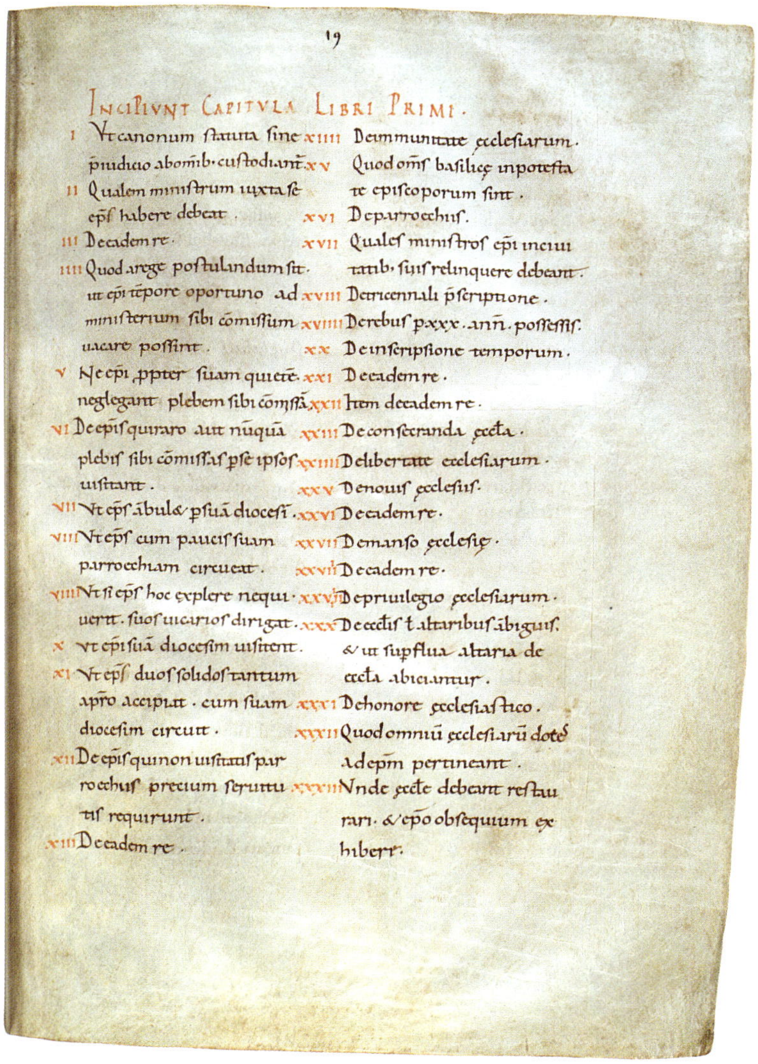

21.01.01

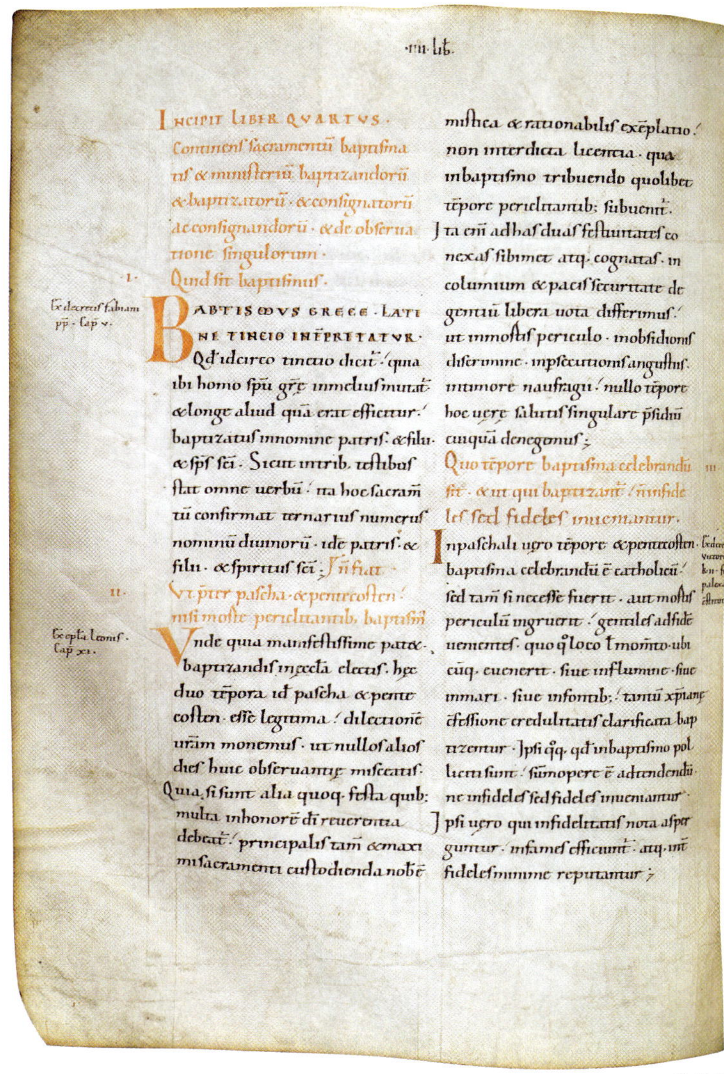

21.01.02

21.01.01
Sendhandbuch Reginos von Prüm
(ausgestellt in Budapest und Krakau)
Mainz, um 1000
Pergament
H. 28 cm, Br. 21 cm
Wolfenbüttel, Herzog August-Bibliothek.
Cod. Guelf. 83.21 Aug. 2°, fol. 19r
Lit.: E.-D. Hehl, Gemeinsame Rechts- und Kirchenrechtsvorstellungen. In: Europas Mitte um 1000. Ausstellungskat. Budapest, Kraków, Berlin, Mannheim, Praha, Bratislava (Stuttgart 2000) 853–656. – H. Hoffmann, Buchkunst und Königtum im ottonischen und frühsalischen Reich (Stuttgart 1986) 266.

Anfang das 10. Jahrhunderts von dem Prümer Abt Regino zusammengestellt, diente das Sendhandbuch *(Libri duo de synodalibus causis et disciplinis ecclesiasticis)* dem Bischof auf seinen Visitationsreisen als handlicher Leitfaden zur Überprüfung der inneren Verhältnisse seines Bistums und als Grundlage bei der Abhaltung von Sendgerichten. Die kirchenrechtliche Materialsammlung gliedert sich in zwei Bücher, wobei das erste Buch Belangen der Kleriker, das zweite den der Laien galt.
Christianisierung und entstehende Kirchenorganisation brachten für Westslawen und Ungarn den Kontakt mit dem Kirchenrecht mit sich, das in ihre bisherigen Lebensgewohnheiten eingriff und diese nachhaltig veränderte. In ihren liturgischen und kirchenrechtlichen Schriften trat die Kirche als Institutionalisierungsinstanz auf, die über fixierte Regeln verfügte und somit wesentlich zur Ausbildung der geistig-kulturellen Einheit Europas beitrug. K. Sch.

21.01.02
Dekret Burchards von Worms
(ausgestellt in Mannheim)
Worms, 1012–1022
Pergament
H. 33,2 cm, Br. 25,5cm
Frankfurt a. M. Stadt- und Universitätsbibliothek. Ms. Barth. 50, fol. 109v

21.01.03
Dekret Burchards von Worms
(ausgestellt in Prag)
Worms, 1012–1022
Pergament
H. 34 cm, Br. 26 cm
Città del Vaticano, Biblioteca Apostolica Vaticana. Pal. lat. 585

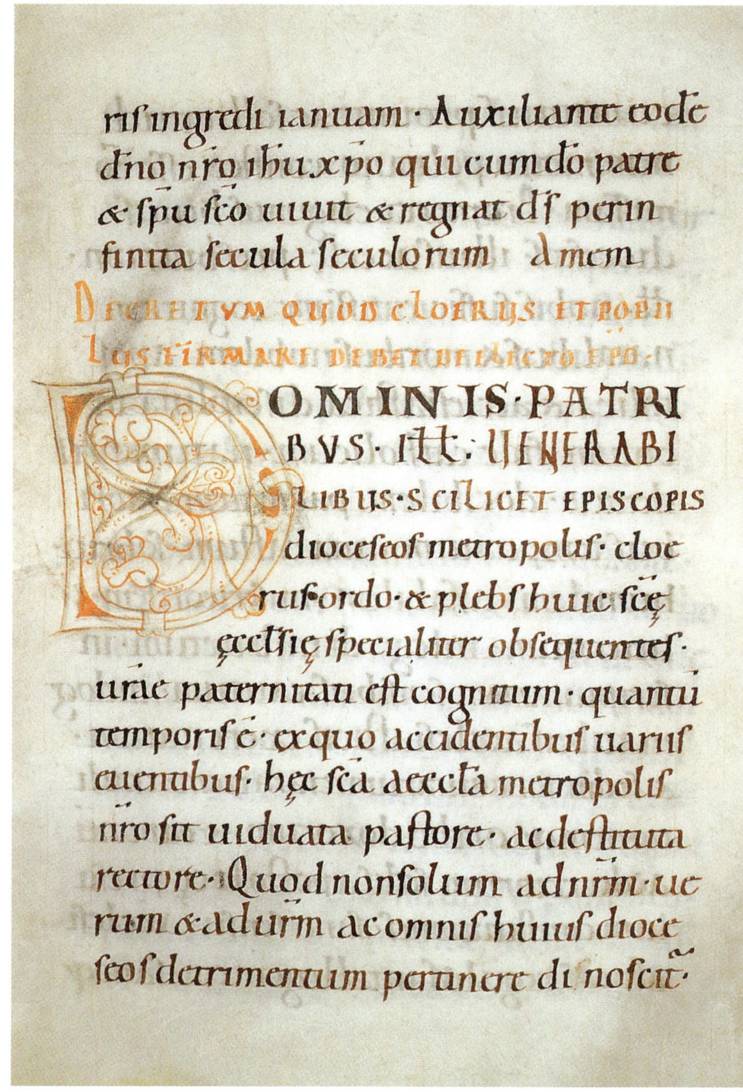

nis ingredi ianuam · Auxiliante eode
dno nro ihu xpo qui cum do patre
& spu sco uiuit & regnat ds per in
finita secula seculorum amen
DECRETUM QUOD CLERUS ET POPU
LUS FIRMAVIT DE ELECTIONE EPI:
DOMINIS PATRI
BUS · ETC · UENERABI
LIBUS · SCILICET EPISCOPIS
dioceseos metropolis · cle
rus ordo · & plebs huius sce
ecclesie specialiter obsequentes ·
urae paternitati est cognitum · quanti
temporis e · exquo accidentibus uariis
euentibus · hec sca aeccla metropolis
nro sit uiduata pastore · ac destituta
rectore · Quod nonsolum ad nrm · ue
rum & ad urm ac omnis huius dioce
seos detrimentum pertinere di noscit ·

21.01.06

21.01.04

Dekret Burchards von Worms

(ausgestellt in Berlin)
Amorbarch, 3. Viertel 11. Jh.
Pergament
H. 31 cm, Br. 23,5 cm
Würzburg, Universitätsbibliothek. M. p. th. f. 167
Lit.: E.-D. Hehl, Gemeinsame Rechts- und Kirchenrechtsvorstellungen. In: Europas Mitte um 1000. Ausstellungskat. Budapest, Kraków, Berlin, Mannheim, Praha, Bratislava (Stuttgart 2000) 853–656. – H. Hoffmann/R. Pokorny, Das Dekret des Bischof Burchard von Worms. Textstufen – Frühe Verbreitung – Vorlagen (München 1991).

Zwischen 1008 und 1022 trug der Wormser Bischof Burchard kirchenrechtliche Bestimmungen, wie sie in biblischen Texten, Schriften der Kirchenväter, Konzilsbeschlüssen und Papstbriefen, aber auch in weltlichen Gesetzen überliefert waren, zu einer systematischen Sammlung geltenden Kirchenrechts zusammen. Die Sammlung gliedert sich in 20 Bücher und enthält Regeln zu Aufbau und Ämtern der Kirche, zur kirchlichen Sakramentenlehre, zum Eherecht, zur Bekämpfung von Lastern, wie Trunksucht und Aberglaube, sowie zum Bußwesen.
Der Aufbau der Kirchenorganisation in Böhmen, Polen und Ungarn verlief nicht ohne Auseinandersetzungen. Dass sie von allen Beteiligten auf der Grundlage des Kirchenrechts geführt wurden, belegt dessen rasche Verbreitung wie seine normgebende Kraft für die Ausbildung einer geistig-kulturellen Einheit in Europa. K. Sch.

21.01.05

Pontifikale

(ausgestellt Budapest und Krakau)
Mainz, letztes Viertel 10./Anfang 11. Jh.
Pergament
H. 24 cm, Br. 18 cm
Wolfenbüttel, Herzog August Bibliothek. Cod. Guelf. 7.2. Aug. 4°
Lit.: H. Hoffmann, Buchkunst und Königtum im ottonischen und frühsalischen Reich (Stuttgart 1986) 266–268.

Ein Pontifikale enthält alle dem Bischof, dem Pontifex, vorbehaltenen Weihehandlungen und Gebete. Hierzu gehören unter anderem die zahlreichen Personenweihen, wie Priester-, Bischofs-, Abts- und Äbtissinnenweihen, die Einkleidung von Nonnen, aber auch die Königskrönung. Hinzu kommen die Texte zur Weihe von liturgischen Orten – wie Kirchen und Friedhöfen –, von liturgischem Gerät und des heiligens Öls sowie die Segnung der Paramente, worunter man die während des Gottesdienstes getragenen Gewänder sowie diejenigen Textilien versteht, die zur Kirchen- und Altarausstattung zählen bzw. zu liturgischen Verrichtungen benötigt werden. Solche Weihehandlungen waren wesentliche Aufgabe eines reisenden bzw. missionierenden Bischofs. Ein Pontifikale zählte daher zu seiner Grundausstattung. K. Sch.

21.01.06

Schaffhauser Pontifikale

(ausgestellt in Berlin und Mannheim)
Südostdeutschland, Mitte/2. Hälfte 11. Jh.
Pergament mit Federzeichnungen
H. 22 cm, Br. 16,5 cm
Schaffhausen, Stadtbibliothek Schaffhausen. Ministerialbibliothek. Min 94., fol. 2v, 46r
Lit.: R. Gamper u. a., Katalog der mittelalterlichen Handschriften der Ministerialbibliothek Schaffhausen (Zürich 1994) 209–214. – R. Lauer, Schaffhauser Pontifikale. In: Bernward von Hildesheim und das Zeitalter der Ottonen 2. Ausstellungskat. Hildesheim (Hildesheim, Mainz) 176–178 Nr. IV-28.

Zwischen 950 und 962 entstand im Mainzer Kloster St. Alban ein Pontifikale, das aufgrund der enormen Größe der Mainzer Erzdiözese bald für das ganze ottonische Reich verbindlich wurde und darüber hinaus rasche Verbreitung in weiten Teilen der römischen Kirche so auch in Polen, Böhmen und Ungarn fand. Auch die Weiheformulare des Schaffhauser Pontifikale folgen diesem so genannte Mainzer Pontifikale (*Pontifcale Romano-Germanico*). Ebenfalls auf Mainzer Vorbild dürften die drei Herrscherbilder zurückgehen, die dem Schaffhauser Pontifikale als ganzseitige Federzeichnungen beigegeben sind. Sie illustrieren den um 960 in St. Alban entstandenen Mainzer Krönungsordo, der den liturgischen Ablauf der Königskrönung festlegte. K. Sch.

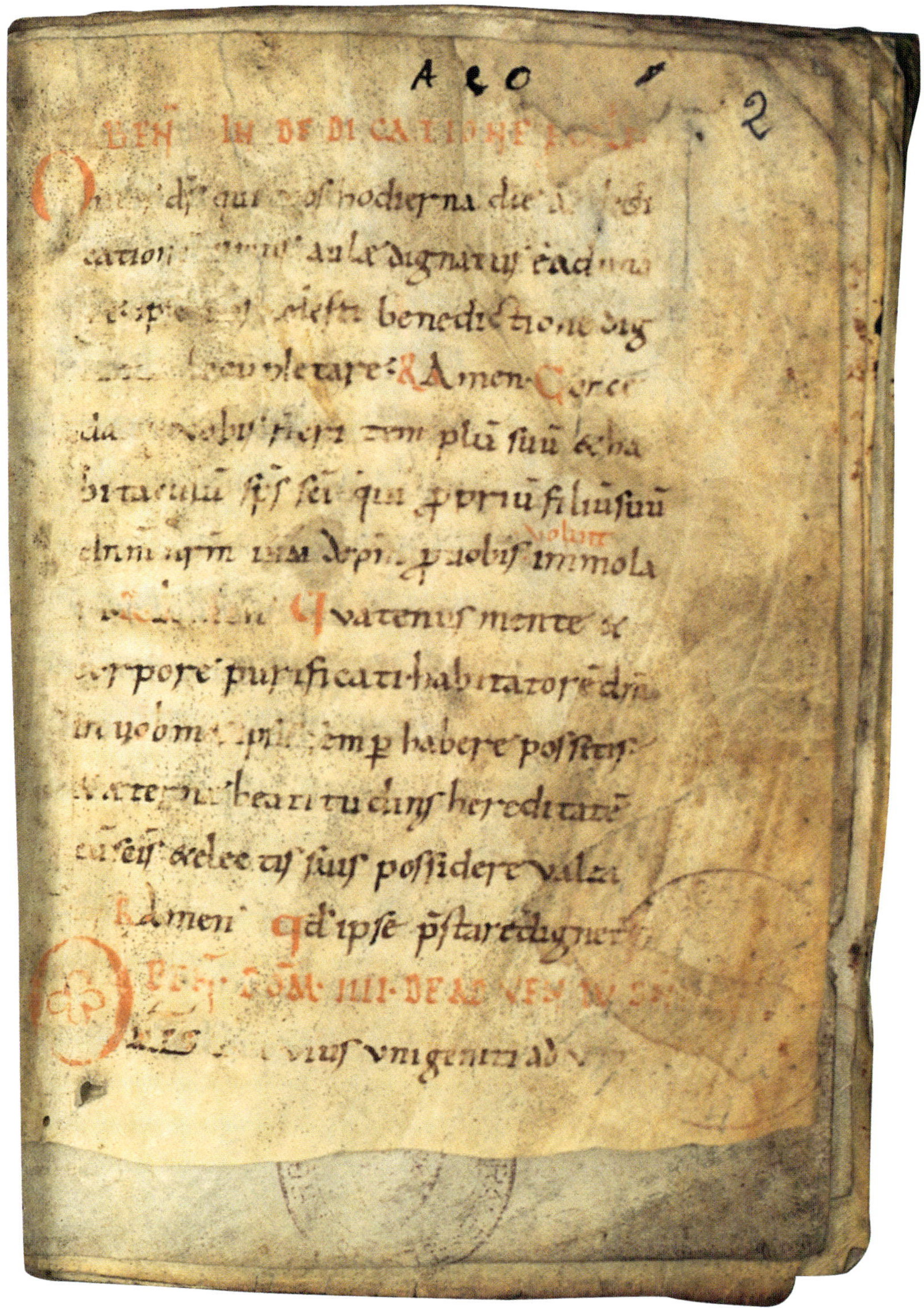

21.01.07

21.01.07

Pontifikale

(ausgestellt in Prag)
Sitten, Kathedrale; ab 12. Jh. Aosta Kathedrale
Alemannien, 11. Jh.
Pergament
H. 22 cm, Br. 16 cm
Aosta, Archivio Capitolare della Cattedrale. Cod. 15, fol. 2r
Lit.: R. Amiet u. a. (Hrsg.), Codices et livres liturgiques (Aosta 1993) 46 f. Kat. Nr. 1.

Der Text dieses Codex mit den bischöflichen Handlungen geht auf das römisch-deutsche Pontifikale zurück, das von Mainz in der zweiten Hälfte des 10. Jahrhunderts verbreitet wurde. Im 11. Jahrhundert gebrauchte der Sittener Bischof den Codex. Schon im 12. Jahrhundert war er im Besitz der Kathedrale zu Aosta. Das Pontifikale trägt typische Merkmale von Gebrauchshandschriften, wie sie auch für Codices bei der Mission vorstellbar wären: Neben dem handlichen Format deutet darauf z. B. das über dem Kirchweihritus nachgetragene Alphabet. Nach dem Weiheordo des römisch-deutschen Pontifikales wurde der Boden der Kirche mit Asche bestreut; in die Asche zeichnete der Bischof mit seinem Stab in Form eines Andreaskreuzes auf die eine Diagonale das lateinische Alphabet, auf die andere das griechische. I. S.

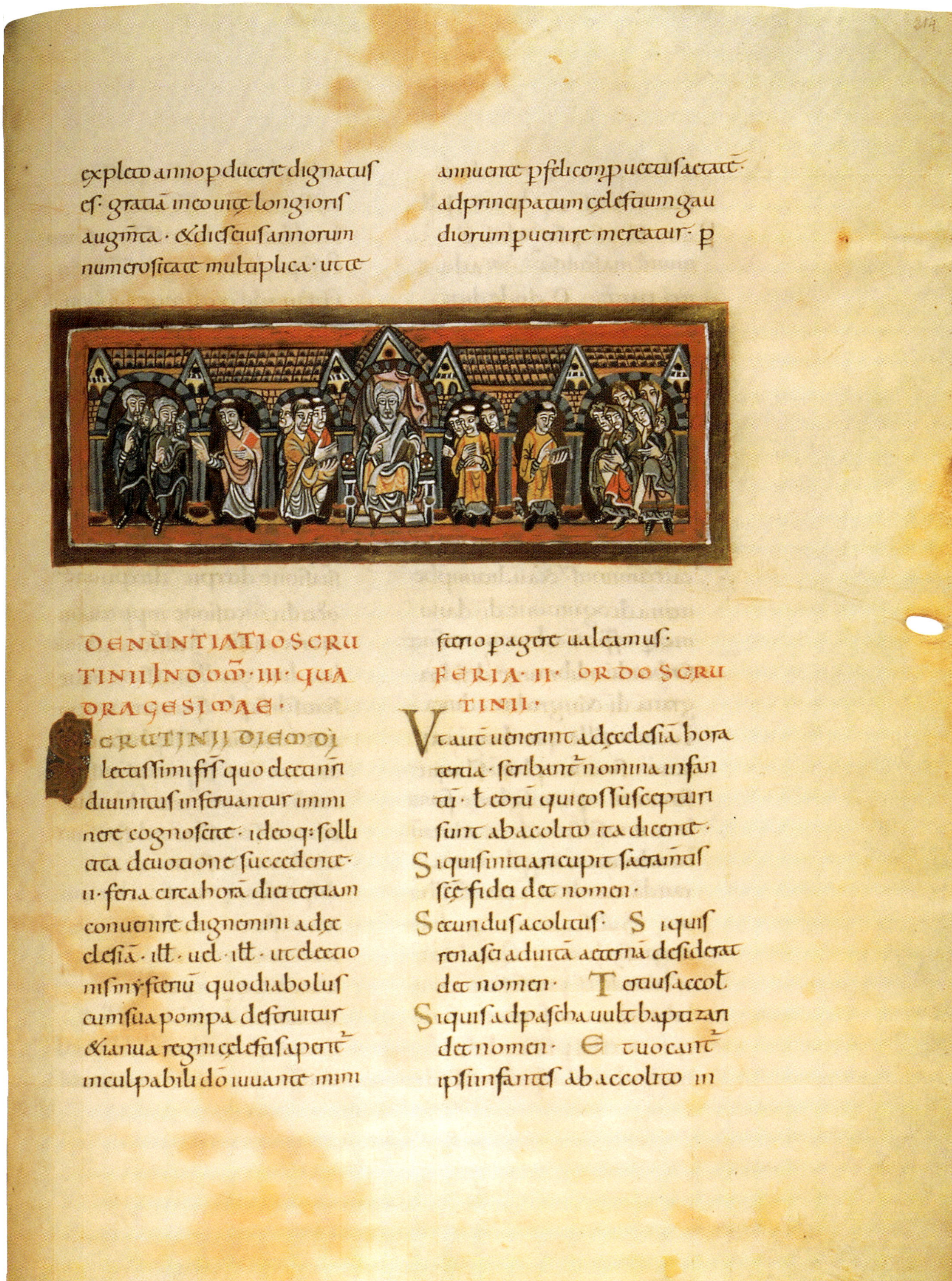
214

expleto anno perducere dignatus
es · gratiam in eo uitę longioris
augmenta · et dies eius annorum
numerositate multiplica · ut et
annuente te per felici cursu peruectus aetate ·
ad principatum cęlestium gau
diorum peruenire mereatur · Per

DENUNTIATIO SCRU
TINII IN DOM III · QUA
DRAGESIMAE ·

Scrutinii diem di
lectissimi fratres quo electi nostri
diuinitus instruantur immi
nere cognoscite · ideoque solli
cita deuotione succedente
II · feria circa horam diei tertiam
conuenire dignemini ad ec
clesiam · ill · uel · ill · ut caelestio
misterium quo diabolus
cum sua pompa destruitur
et ianua regni cęlestis aperitur
inculpabili deo iuuante mini
sterio peragere ualeamus ·

FERIA II · ORDO SCRU
TINII ·

Ut autem uenerint ad ecclesiam hora
tertia · scribantur nomina infan
tium · et eorum qui eos suscepturi
sunt ab acolito ita dicente ·
Si quis infantem cupit sacramentis
sanctae fidei det nomen ·
Secundus acolitus · Si quis
renasci ad uitam aeternam desiderat
det nomen · Tertius acolitus ·
Si quis ad pascha uult baptizari
det nomen · Et uocantur
ipsi infantes ab acolito in

21.01.08
Sakramentar
(ausgestellt in Berlin)
Augsburger Gegend, gehörte Achilles Pirmin Gassan (gest. 1577); um 1600 im Besitz der Universität Helmstedt; seit Anfang 19. Jh. in Göttingen
Fulda, 970–980
Pergament
H. 34 cm, Br. 27 cm
Göttingen, Universitätsbibliothek. Cod. Theol. 231, fol. 214r
Lit.: Bernward von Hildesheim und das Zeitalter der Ottonen 2. Ausstellungskat. Hildesheim (Hildesheim, Mainz 1993) 316 f. V–51. – E. Palazzo: Les sacramentaires de Fulda (Münster 1994) 187 ff.

Das Göttinger Sakramentar ist das ausführlichste und am reichsten bebilderte Sakramentar unter den Fuldaer Sakramentaren. An das mit dem Sanktorale verschränkte Temporale schließen Votivmessen, Gebete und Benediktionen an, unter ihnen auf fol. 214r die Taufskrutinien mit anschließendem Taufordo. Entgegen den sonst üblichen Sakramentarzyklen wurde entsprechend der reichen Ausstattung des Codex auch dieser Teil bebildert. Dadurch liegt eine zeitgenössische Darstellung der Taufskrutinien vor. In einem Gebäude ist ein thronender Priester mit dem Sakramentar im Arm umgeben von weiteren Klerikern gezeigt. Gemäß dem Ordo sind zu seiner Rechten die männlichen Paten, zu seiner Linken die Frauen angeordnet. In dieser Miniatur spiegelt sich die hohe Bedeutung, die der Taufe um 1000 beigemessen wurde. I. S.

21.01.09
Sakramentar
(ausgestellt in Budapest und Krakau)
Vercelli, San Eusebio; im 16. Jh. von Bischof G. Bonomi der Kapitelsbibliothek von Vercelli geschenkt
Fulda, 995–1018
Pergament
H. 26 cm, Br. 20 cm
Vercelli, Archivio e Biblioteca Capitolare. Cod. CLXXXI, fol. 57v/58r (Zierbalken zu Pfingsten)
Lit.: E. Palazzo, Les sacramentaires de Fulda (Münster 1994) 210 ff.

Der Codex belegt, dass Fuldaer Sakramentare bereits kurz nach ihrer Fertigung an weit entfernte Orte gelangten: Aufgrund der Nachträge muss das Sakramentar über Bischof Heinrich von Würzburg an Leo von Vercelli, den Kanzler Ottos III., gekommen sein. Als Liturgiebuch für den Vorsteher der Messe enthält der Codex über die für Fulda typischen euchologischen Texte hinaus einige Benediktionen (so Kirchweihe oder Taufe), die es als Buch zum bischöflichen Gebrauch ausweisen. Neben Text und Format deutet die bildliche Ausstattung darauf, dass das Sakramentar nicht allein dem Festtagsgebrauch vorbehalten war: Der Buchschmuck beschränkt sich auf Initialen und purpurne, architektonisch gerahmte Zierbalken. Durch seinen Kalender steht der Codex dem Fuldaer Sakramentar in Bamberg besonders nahe. I. S.

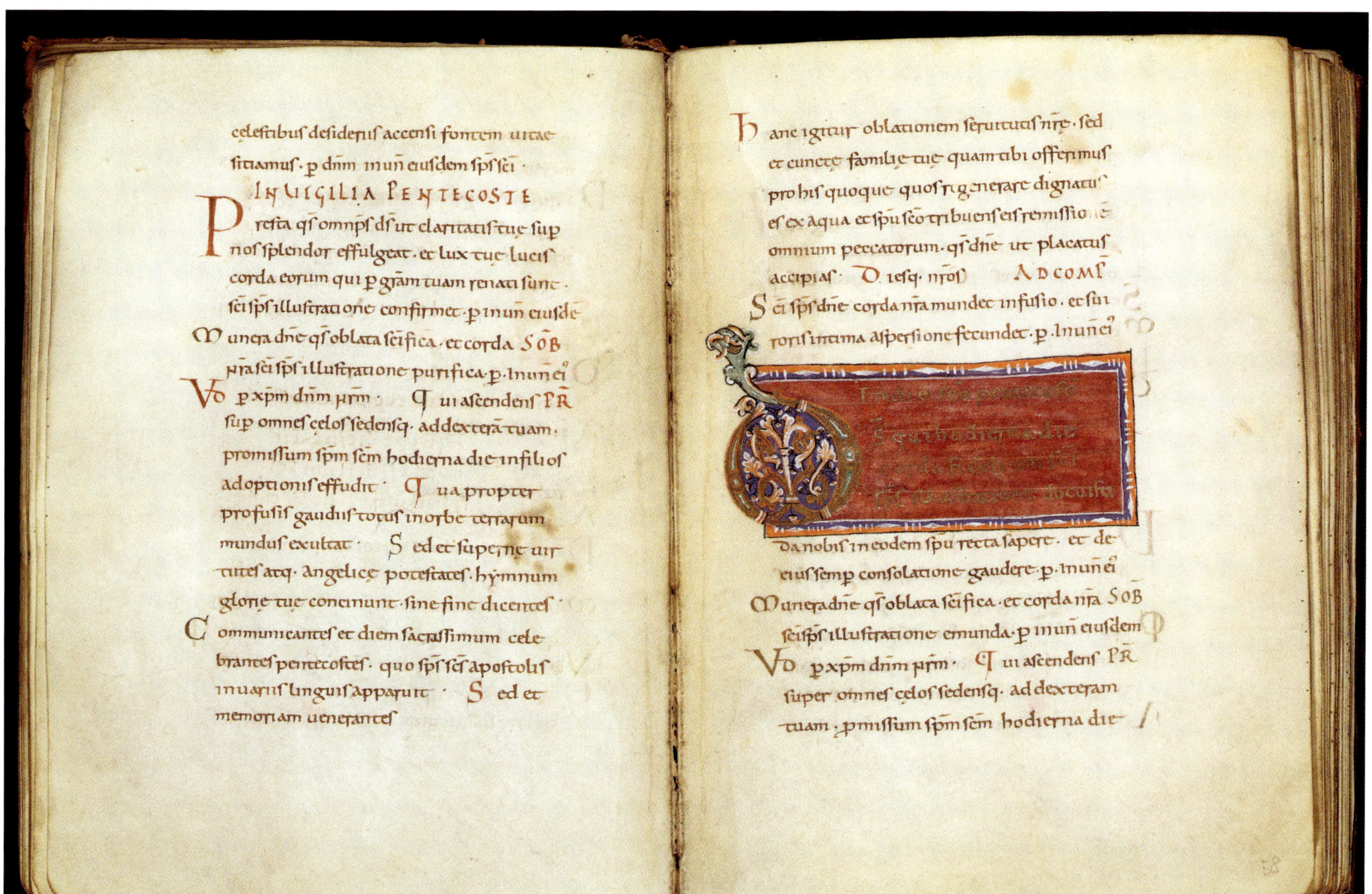

21.01.09

21.01.10

21.01.10

Sakramentar

(ausgestellt in Prag)

Wohl für einen deutschen Empfänger hergestellt (vielleicht im Zuge der Mainzer Synode von 1049 über die byzantinische Gesandtschaft nach Italien gelangt); spätestens im 16. Jh. im Vatikan

Fulda, 1. Viertel 11. Jh.

Pergament

H. 29 cm, Br. 28 cm

Città del Vaticano, Biblioteca Apostolica Vaticana. Vat. lat. 3548, fol. 8r

Lit.: H. Hoffmann, Buchkunst und Königtum im ottonischen und frühsalischen Reich (Stuttgart 1986) 171 f. – Biblioteca Aposstolica Vaticana. Liturgie und Andacht im Mittelalter, Kat. Köln (Köln 1992) 96 ff. – E. Palazzo, Les sacramentaires de Fulda (Münster 1994) 199 ff.

Aus stilistischen und liturgischen Gründen gehört das Sakramentar zu den späten Werken des Fuldaer Skriptoriums. Die wenigen Bildszenen zeigen nur noch schwache Reminiszenzen an die einst umfangreichen Bildzyklen Fuldas. Insbesondere die Miniatur zum Weihnachtsfest (fol. 8r) mit dem abgewandten, proportional kleinen Josef und der überdimensional großen Maria ist nicht ohne byzantinische Vorlagen denkbar. Andere Motive wie z. B. die Architekturprospekte oder die mit Säulen gerahmten Zierstreifen verweisen eindeutig auf die Fuldaer Buchmalerei. Paläographisch stehen Teile des Codex dem Fuldaer Sakramentar in Bamberg nahe. Das Sakramentar im Vatikan ist ein weiteres Beispiel für eine weite Verbreitung Fuldaer Codices kurz nach ihrer Herstellung. I. S.

21.01.11
Sakramentarfragment
(ausgestellt in Mannheim)
Kloster Grafschaft (Deutschland)
Mainz, um 1000
Pergament
H. 19 cm, Br. 12 cm
Münster, Westfälische Universitäts- und Landesbibliothek. Fragmentekapsel I (Degering) Nr. 19, fols. 1–2, 3–4
Lit.: K. Gamber, Fragmenta Liturgica. Sacris erudiri. Jaarboek voor Godsdienstwetenschappen XVI, 1965, 428–435. – H. Hoffmann, Buchkunst und Königtum im ottonischen und frühsalischen Reich (Stuttgart 1986) 252 f.

Das Sakramentar ist nur fragmentarisch erhalten. Die zwei erhaltenen Doppelblätter, auf denen sich Formulare für die Epiphaniezeit finden, stammen vermutlich aus der zweiten und dritten Quaternio. Nach paläographischem Urteil wurden sie von einem Kalligraphen der Willigisschule in Mainz geschrieben. Mainz war damals ein liturgisches Zentrum mit einer deutlichen Ausstrahlung nach Osten. Seit 973 gehörte das Bistum Prag zum Erzbistum Mainz. Vielleicht spiegelt das Fragment deshalb das Aussehen von Messbüchern wieder, die im Zuge der Mission in die Länder von Europas Mitte gelangten. Die beiden Doppelblätter zeigen keinen Buchschmuck. I. S.

21.02.01
Tragaltar
(ausgestellt in Berlin)
1857 im Besitz von Lord Londesborough genannt; nach dessen Tod 1860 in der Sammlung Friedrich Spitzer; nach Spitzers Tod 1890 wurde dessen Sammlung 1893 veräußert; auf der Auktion vom 16.4. und 17.6.1893 in Paris für das Musée Cluny erworben
Bamberg/Fulda (?), vor 1024/1025
Holzkern, antiker grüner Porphyr, teilvergoldete und gravierte Silberplatten
L. 25,6 cm, Br. 23 cm, D. 1,7 cm
Paris, Musée national du Moyen Age. Cl. 13072
Lit.: J.-P. Caillet, L'antiquité classique, le haut moyen âge et Byzance au musée de Cluny (Paris 1985) 237 ff. Nr. 164. – G. Suckale-Redlefsen, Eine kaiserliche Goldschmiedewerkstatt in Bamberg zur Zeit Heinrichs II. Ber. Hist. Ver. Bamberg 131, 1995, 129–175. – M. Budde: Altare Portatile Kompendium der Tragaltäre des Mittelalters 600–1600 (Werne a. d. Lippe 1998) 79 ff. Kat. Nr. 11.

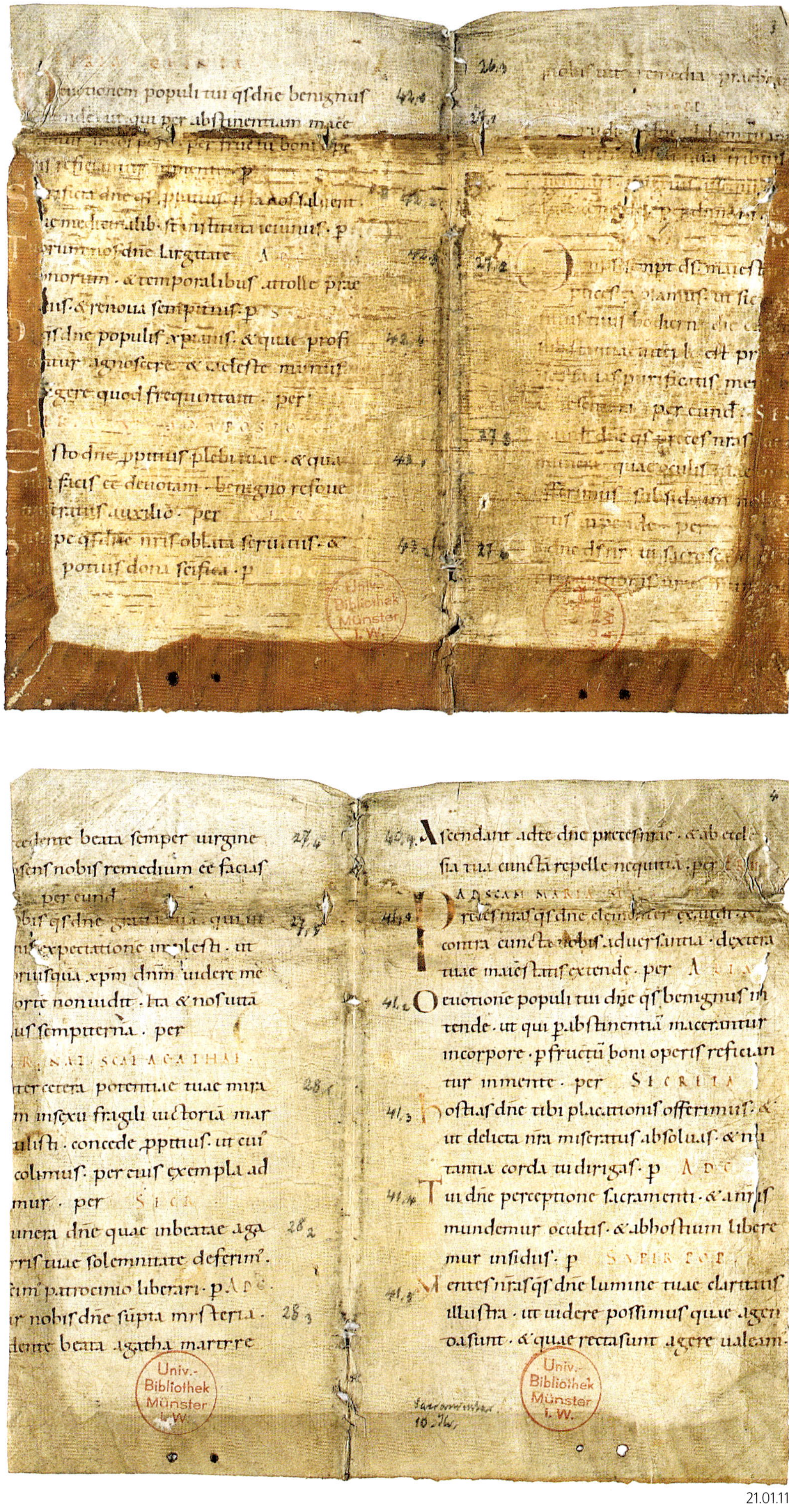

21.01.11

21.02.01

Das Bildprogramm des Tragaltars steht ganz im Zeichen seiner Funktion. Den Altarstein aus grünem Porphyr antiker Herkunft, auf dem bei der Eucharistiefeier Kelch und Patene standen, umgeben an drei Seiten alttestamentliche Präfigurationen des Messopfers: Zur Linken Melchisedech mit Kelch und Patene, zur Rechten Aaron mit Weihrauchfass als Zeichen seines Priestertums und auf dem unteren Längsstreifen Abrahams Opfer. Der obere Bildstreifen zeigt die so genannte *traditio legis,* flankiert von Blasius und Nikolaus. Im Altar waren Reliquien von Johannes Baptista, Cyriacus, Pankratius und Kilian versenkt. Damit ergibt sich ein Heiligenprogramm, das auf Bamberg verweist: Peter und Paul sind die Patrone des Doms; er besaß neben Reliquien von Cyriacus, Pankratius und Kilian solche von Blasius und Nikolaus. I. S.

21.02.02

21.02.02

Tragaltar aus Bad Gandersheim
(ausgestellt in Budapest)
Hildesheim (?), 11. Jahrhundert
Eichenholzkasten; Kupfer, getrieben und vergoldet; Kupfer, teilvergoldet, mit Braunfirnis; Schmiedeeisen
H. 9,7 cm, Br. 32 cm, T. 17,3 cm
Bad Gandersheim, Stiftskirche. Schatzkammer
Lit.: H. Goetting, Das Bistum Hildesheim 1. Das reichsunmittelbare Kanonissenstift Gandersheim. Germania sacra, N. F. 7. Die Bistümer der Kirchenprovinz Mainz (Berlin, New York 1973) 45. – M. Budde, Altare portatile. Kompendium der Tragaltäre des Mittelalters, 600–1600 (Werne a. d. Lippe 1997) 59–61 Nr. 7 (mit. Abb.).

Die heutige Gestalt des rechteckigen Kästchens lässt kaum Rückschlüsse auf dessen ursprünglichen Zustand zu. Von dem verschollenen Klappdeckel mit Altarstein finden sich nur noch Spuren von zwei Scharnieren. Zahlreiche Nägel und Nagellöcher verweisen auf vormalige Zierbeschläge. Inwieweit die mit Punktmuster versehenen Reststücke von vergoldetem Kupferblech an einer Schmalseite noch zum originalen Bestand gehören, ist ungewiss, da sie nicht mehr an ihrer ursprünglichen Position angebracht sind. An der Unterseite befindet sich die originale Kupfertafel mit Braunfirnisüberzug, die eine achtzeilige, durch Doppellinien getrennte Inschrift enthält. Sie wird von spiegelsymmetrischen Ranken eingefasst. Form, Verzierung und epigraphischer Befund stützen die Datierung ins 11. Jahrhundert. M. Wi.

21.02.03

21.02.03

Tragaltar des Roger von Helmarshausen aus Paderborn

(ausgestellt in Krakau)
Helmarshausen/Paderborn, Roger von Helmarshausen (* um 1070, † 15.2. nach 1125)
Nach 1107 – vor 1127; mit spätgotischen Ergänzungen
Weißgrüner Marmor; Eichenholzkorpus; Goldfiligran; Silber, teilweise getrieben und vergoldet, teilweise punziert, graviert und nielliert bzw. vergoldet; Bronze, gegossen, ziesliert und vergoldet mit Silbertauschierungen und Nielloeinlagen; Steinbesatz; Perlen; zwei Gemmen
H. 17,3 cm, Br. 34,5 cm, T. 21,4 cm
Paderborn, Dom St. Maria, Liborius und Kilian. Erzbischöfliches Diözesanmuseum und Domschatzkammer DS 2
Lit.: M. Budde, Altare portatile. Kompendium der Tragaltäre des Mittelalters, 600–1600 (Werne a. d. Lippe 1997) 207–227 Nr. 33 (mit. Abb.)

Wie die umlaufende Inschrift am Kantenbeschlag der Sockelzone angibt, stiftete der Paderborner Bischof Heinrich II. von Werl (1084–1127) den Tragaltar den Heiligen Maria, Liborius und Kilian. Der mit vergoldetem Silberblech verkleidete Korpus ruht auf vier bronzenen Füßen und trägt an den beiden Längsseiten je fünf punzierte und niellierte Aposteldarstellungen. Die Stirnseite ist durch Treibarbeiten mit Christus in der Mandorla sowie Kilian und Liborius im Pontifikalornat hervorgehoben. Gegenüber befindet sich Maria im Orantengestus zwischen zwei Aposteln. An den Schmalseiten der Deckelplatte sind zwischen den Medaillons mit den Evangelistensymbolen die an Blockaltären zelebrierenden Bischöfe Meinwerk (1009–1036) und Heinrich, der seinen Tragaltar konsekriert, zu sehen. M. Wi.

21.02.04

Willibrordus-Tragaltar

(nicht ausgestellt)
Trier, St. Marien; 1794 nach Frankfurt gebracht und bei Kanonikus Seeber deponiert; 1805 dem Pfarrer Johann Peter Scher von Liebfrauen in Trier übergeben
Trier, 8., 11., 12., 14. Jh.
Holzkern; grüner Porphyr; Elfenbein; Silbertreibarbeit; Ornamentbänder in Braunfirnis
H. 18 cm, Br. 21 cm, T. 49 cm
Trier Domschatz (Leihgabe von Trier, U.L. Frau und St. Laurentius)
Lit.: Bischöfliches Generalvikariat Trier (Hrsg.), Schatzkunst Trier. Ausstellungskat. Trier (Trier 1984) 110 f. Nr. 40.

Wie häufig bei solchen Stücken ist auch im Willibrordus-Tragaltar eine Reliquie verwahrt: das „Kleid der Muttergottes“. Der älteste Bestandteil ist der Altarstein aus Porphyr in der Oberseite des Kastens. Wohl im 12. Jahrhundert wurden auf den Längsseiten zwei etwa 100 Jahre ältere byzantinische Elfenbeine mit Darstellungen des Todes Mariens und der Maria Hodegetria eingelassen. An so genannte Rosettenkästchen angelehnt und damit byzantinisch inspiriert sind die rahmenden Ornamentbänder in Braunfirnis. Anderes hingegen muss man mit Trierer Werken verbinden: die Gesamtkomposition entspricht dem Andreas-Tragaltar; die Büstenbildnisse von Bischöfen erinnern an den Egbertpsalter oder den Petrusstab. I. S.

21.02.05 a

Kelch aus Minden

(ausgestellt in Budapest)
3. Viertel 11. Jahrhundert
Silber
H. 5,5 cm (Kelch), Dm. 3,6 cm (Kuppa)
Minden, Domschatz
Lit.: P. Leo/H. Gelderblom, Der Domschatz und das Dombaumuseum in Minden (Minden 1961) 18 Nr. 5. – V. Elbern, Der eucharistische Kelch im frühen Mittelalter. Zeitschr. Deutscher Verein für Kunstwiss. 17, 1963, 72 Nr. 21; Abb. 65.

Der stabile, am Rand schräg abgesetzte Standfuß leitet in einen konischen Fuß über. Aus der geraden Wandung des Fußes wächst

21.02.04

der kugelige Nodus. Die Überleitung zur Kuppa bildet der bewegliche silberne Perlenring, der dem Nodus aufliegt. Die Kuppa setzt an ihrem Boden sehr breit an und weitet sich schräg ansteigend nach oben aus. Ihre Größe ist im Verhältnis zu der des Fußes dominierend. Der Kelch wurde gemeinsam mit der dazugehörigen Patene 1950 vor den Stufen des Mindener Domchores gefunden. Sie werden mit dem 1085 verstorbenen Bischof Eilbert in Verbindung gebracht. In Abweichung von P. Leos Datierung um 1100 sind Kelch und Patene nach V. Elbern ins dritte Viertel des 11. Jahrhunderts zu datieren. M. Wi.

21.02.05 b

Patene aus Minden

(ausgestellt in Budapest)
3. Viertel 11. Jh.
Silber
Dm. 5,2 cm
Minden, Domschatz
Lit.: P. Leo/H. Gelderblom, Der Domschatz und das Dombaumuseum in Minden (Minden 1961) 18 Nr. 5. – V. Elbern, Der eucharistische Kelch im frühen Mittelalter. Zeitschr. Deutscher Verein für Kunstwiss. 17, 1963, 72, Nr. 21; Abb. 65.

21.02.05 a–b

In den vertieften Mittelteil der Patene ist eine Darstellung der Hand Gottes eingraviert. Dabei handelt es sich um ein beliebtes Bildthema von Hostientellern in allen Ländern von Europas Mitte (vgl. polnische Patenen 19.01.04b; 19.01.08a). Die Patene wurde wie der zugehörige Kelch 1950 vor den Stufen des Mindener Domchores gefunden. Sie wird wie dieser mit dem 1085 verstorbenen Bischof Eilbert in Verbindung gebracht. M. Wi.

21.02.06 a–b

21.02.06 a

Kelch des Bischofs Osdag von Hildesheim

(ausgestellt in Berlin)
Hildesheim (?), vor oder um 989
Silber, vergoldet
H. 9 cm, Dm. Kuppa ca. 6 cm
Hildesheim, Dom- und Diözesanmuseum.
Inv. Nr. DS 28a
Lit.: V. Elbern, Der eucharistische Kelch im frühen Mittelalter. Zeitschr. Deutscher Verein für Kunstwiss. 17, 1963, 47 f.; 69 Nr. 11; Abb. 58. – Bernward von Hildesheim und das Zeitalter der Ottonen 2. Ausstellungskat. Hildesheim (Hildesheim, Mainz 1993) 452 f. VII–6.

Im 10. und 11. Jahrhundert wurden Bischöfen gern ihr persönlicher Kelch und ihre Patene mit ins Grab gegeben. Dies gilt auch für Bischof Osdag von Hildesheim (984/85–989). Aufgrund der Vergoldung im Inneren der Kuppa und der Größe des Kelchs wurde vermutet, dass es sich bei dem Kelch ursprünglich um einen Reisekelch gehandelt haben dürfte. Der Kelch ist durch seinen facettierten, trichterförmig eingezogenen Fuß mit dem einen antike Typ tradierenden Henkelkelch von Gourdon verwandt. Bei dem Hildesheimer Grabkelch befindet sich über dem kugelförmigen Nodus ein kordelartig gestalteter Ring, auf dem die Kuppa sitzt. Möglicherweise benutzten Bischöfe im Zuge der Mission ähnliche, vergleichsweise kleine Kelche. I. S.

21.02.06 b

Patene des Bischofs Osdag von Hildesheim

(ausgestellt in Berlin)
Hildesheim (?), vor oder um 989
Silber, vergoldet
Dm. 7 cm
Hildesheim, Dom- und Diözesanmuseum.
Inv. Nr. DS 28a
Lit.: V. Elbern, Der eucharistische Kelch im frühen Mittelalter. Zeitschr. Deutscher Verein für Kunstwiss. 17, 1963, 47 f.; 69 Nr. 11; Abb. 58. – Bernward von Hildesheim und das Zeitalter der Ottonen 2. Ausstellungskat. Hildesheim (Mainz 1993) 452 f. VII–6.

Die Patene, die wie der Kelch aus dem Grab Bischof Osdags ursprünglich vergoldet war, trägt eine Darstellung, die auf die Funktion als Hostienteller Bezug nimmt: Sie zeigt die Hand Gottes, die vom Kreuz hinterfangen wird und aus einem Wolkensegment hervorragt. Einzelne frühe Patenen in Polen (vgl. 19.01) weisen fast die gleiche Thematik auf. Auch bei ihnen ist in den vertieften Mittelteil des Tellers die *manus dei* eingraviert. Es wäre naheliegend, dass im Zuge der Mission in den Ländern von Europas Mitte ikonographische Ideen verbreitet wurden. 1896 hatte man im Grab Bischof Osdags von Hildesheim neben Kelch und Patene Teile der Insignien (Ring, Knauf des Bischofsstabs) gefunden. I. S.

21.02.07 b

21.02.07 a

Grabkelch von Abt Reginhard (1076–1105)

(ausgestellt in Krakau und Mannheim)
Abteikirche Siegburg (Deutschland)
Rheinland (?), 2. Hälfte 11. Jh.
Silber, vergoldet
H. 10,9 cm, Dm. 7,7 cm (Kuppa)
Siegburg, Benediktinerabtei
Lit.: V. H. Elbern, Der eucharistische Kelch im frühen Mittelalter. Zeitschr. Deutscher Verein Kunstwiss. 17, 1963, 1–76; 117–188, hier 73. – Monumenta Annonis. Kat. Köln (Köln 1975) 179 D 20.

Wie bei den meisten Kelchen sind auch im Falle des Siegburger Kelches keine sicheren Aussagen zu seiner ursprünglichen Funktion möglich. Insbesondere aus der kostbaren Verarbeitung wurde auf den Gebrauch als *calix minor* während der Messe geschlossen. Die vergleichsweise geringe Größe des Kelches legt die Vermutung nahe, dass es sich um einen Reisekelch handelt, wie ihn vermutlich Missionsbischöfe mit sich führten und zusammen mit einem Tragaltar verwendeten. Ähnlich dem Reimser Kelch setzt der Fuß flach an, der Nodus ist durch Perlschnüre abgesetzt. Aufgrund der leicht ausfahrenden Wandung des Bechers gilt der Kelch als einer der formschönsten des 11. Jahrhunderts. Als nächst verwandter Kelch ist der Grabkelch Dietwins von Bayern im Schatz von Notre-Dame zu Huy zu nennen. I. S.

21.02.07 a

21.02.07 b

Patene von Abt Reginhard

(ausgestellt in Krakau und Mannheim)
Abteikirche Siegburg (Deutschland)
Rheinland (?), 2. Hälfte 11. Jh.
Silber, vergoldet
Dm. 11,8 cm
Siegburg, Benediktinerabtei
Lit.: V. H. Elbern, Der eucharistische Kelch im frühen Mittelalter. Zeitschr. Deutscher Verein Kunstwiss. 17, 1963, 1–76; 117–188, hier 73. – Monumenta Annonis. Kat. Köln (Köln 1975) 179 D 20.

Im Grab von Abt Reginhard wurde 1934 bei Grabungen gemeinsam mit dem oben genannten Kelch eine Patene mit figürlicher Darstellung als weitere Beigabe gefunden, die ursprünglich vielleicht ebenfalls zu einer Reiseausstattung gehörte. Den Hostienteller schmückt ein *clipeus*, in den das Lamm Gottes mit Kreuznimbus und Schriftrolle eingeritzt ist. Da die Rolle geöffnet dargestellt wurde, war sie ursprünglich vielleicht als Schriftband gedacht, das hätte beschrieben werden sollen. I. S.

21.03.01

21.03.01

Stab des heiligen Godehard

(ausgestellt in Krakau und Prag)
Kloster Niederaltaich (Deutschland)
Hildesheim (?), 1. Viertel 11. Jh.: Krümme; deutsch (Kopfstück) und islamisch (Rest der Fahne) 11. Jh.: Pannisellus
Elfenbein; Holz; Leinen mit Flachstickerei; Seidengewebe mit Leinenstreifen
L. 142,5 cm (Stab); H. 8 cm (Krümme); H. 10 cm, Br. 8,5 cm (Pannisellus)
Niederaltaich, Klosterkirche
Lit.: A. Hubel, in: H. Glaser (Hrsg.), Wittelsbach und Bayern. Die Zeit der frühen Herzöge. Von Otto I. zu Ludwig dem Bayern. Ausstellungskat. Landshut (München, Zürich 1980) 195 Nr. 296. – Bernward von Hildesheim und das Zeitalter der Ottonen 2. Ausstellungskat. Hildesheim (Hildesheim, Mainz 1993) 516 f. VII–36.

Bemerkenswert an dem Stab ist seine Krümme. Sie ist aus einer aufgerollten Weinranke, in die eine Hand greift, gebildet. Möglicherweise wurde der Schnitzer zu diesem Motiv durch die Handhabung dieser bischöflichen Insignie inspiriert. In zeitgenössischen Miniaturen umfassen Bischöfe und Äbte den Stab im allgemeinen jedoch wenig unterhalb des Knaufs. Dem Typ nach entspricht der Niederaltaicher *baculus* zeitgleichen Bischofsstäben. Der so genannte Godehardstab dürfte aufgrund der Worte *Gotehardo hoc fecit* ein Auftrag Godehards (ab 997 Abt von Niederaltaich, ab 1022 Bischof von Hildesheim) sein. Die zweite Inschrift *Sancte Godeharde*, die nach der Kanonisation 1131 angebracht wurde, deutet darauf, dass der Stab ab dem 12. Jahrhundert als Reliquie des Heiligen in Niederaltaich aufbewahrt wurde. I. S.

21.03.02

21.03.03

21.03.02
Stab des heiligen Reginbald
(ausgestellt in Mannheim)
Siculo-arabisch, 11.–12. Jh.; spätere Ergänzungen an Schnecke und Stab (am untersten Ring die Jahreszahl 1494, Wappenschild wohl 19. Jh.)
Elfenbein, mit vergoldeten Kupferringen über den Verbindungsstellen des Stabes und Schuh als unterer Abschluss
H. 177 cm
Augsburg, Kath. Kirchenstiftung St. Ulrich und Afra
Lit.: J. Bernhart, Bischof Udalrich von Augsburg, In: Augusta 955–1955. Forschungen und Studien zur Kultur- und Wirtschaftsgeschichte Augsburgs (Augsburg 1955) 19–52 Taf. 8; Abb. 8. – Suevia Sacra. Frühe Kunst in Schwaben[3]. Ausstellungskat. Augsburg (Augsburg 1973) 109 Nr. 69.

Oftmals wurden im 10. und 11. Jahrhundert wertvolle Stoffe oder Elfenbeine aus fernen Ländern und manchmal früheren Zeiten zu Teilen des bischöflichen Ornats oder den Insignien des Bischofs umgearbeitet. Dies gilt z. B. für den Stab Reginbalds, dessen Elfenbeinschnitzerei wohl in Süditalien ausgeführt wurde. Reginbald war zunächst Abt von St. Afra in Augsburg, dann 1032 bis 1039, Bischof von Speyer und Limburg. Da das Pastorale Reginbalds keinen figürlichen Schmuck aufweist, mag der Stab seinem Typ nach stellvertretend für von Ferne importierte kostbare Bischofsstäbe stehen. I. S.

21.03.03
So genannter Reisestab des heiligen Servatius
(ausgestellt in Berlin)
Franko-sächsisch (?), 2. Hälfte 9./frühes 10. Jh. (?)
Elfenbein; nielliertes Silber; Holz; Eisen
L. 110 cm (Gesamtlänge), Br. 10 cm (Krücke)
Maastricht, Schatkamer Sint Servaas
Lit.: O. Engels, Der Pontifikatsantritt und seine Zeichen. In: Segni e riti nella chiesa altomedievale occidentale. Settimane di studio del Centro Italiano di studi sull'alto medioevo 33, 2 (Spoleto 1987) 707–766. – D. Gaborit-Chopin, Elfenbeinkunst im Mittelalter (Berlin 1978) 78 Nr. 70. – J. J. M. Timmers, De kunst van het Maasland (Assen 1971) 104 f.

Im Gegensatz zu dem im 10. und 11. Jahrhundert verbreiteten Krummstäben endet der so genannte Reisestab des heiligen Servatius in einem T-förmigen Querstück und wird hiernach als Taustab bezeichnet. Das elfenbeinerne mit Akanthusblättern geschmückte Querstück ist der älteste Teil des Stabes. Eine mit Mäandern verzierte Silbertülle verbindet den Stab über einen abgeflachten Elfenbeinnodus mit dem Querstück.
Stand der Bischofsring vor allem für die priesterliche Aufgabe der Sakramentenspende und Glaubensverkündung, so war der Bischofsstab vorrangig ein Rechtssymbol. Er wurde dem Bischof bei der Einweisung in das Bischofsamt übergeben oder wechselte etwa bei Veränderungen des bischöflichen Jurisdiktionsbereiches von dem einen auf den anderen Bischof. K. Sch.

21.03.04

21.03.04
So genannter Bischofsstab des heiligen Servatius
(ausgestellt in Budapest)
Maasländisch (?)
11./12. Jh. (?)
Elfenbein; Kupfer, vergoldet; Silber; Holz
L. 175 cm, L. 16 cm (Krümme)
Maastricht, Schatkamer Sint Servaas
Lit.: J. J. M. Timmers, De kunst van het Maasland (Assen 1971) 104. – O. Engels, Der Pontifikatsantritt und seine Zeichen. In: Segni e riti nella chiesa altomedievale occidentale. Settimane di studio del Centro Italiano di studi sull'alto medioevo 33, 2 (Spoleto 1987) 707–766.

Mit der Christianisierung und dem Aufbau einer Kirchenorganisation übernahmen die neu entstehenden Kirchen in Polen, Böhmen und Ungarn zugleich auch die Symbolsprache einer sich in Amts- und Würdezeichen ausdrückenden Kirchenhierarchie. Bereits Isidor von Sevilla bezeichnet den das bischöfliche Hirtenamt symbolisierenden Stab als Amtsinsignie des Bischofs. Er wurde dem Bischof bei Amtseinführung übergeben und bei einer etwaigen Enthebung wieder genommen. Die Übergabe konnte sowohl durch den Herrscher als auch ein weiteres Mal während der eigentlichen Bischofsweihe durch den konsekrierenden Bischof erfolgen. Eine bildliche Darstellung der Stabübergabe findet sich etwa auf den Gnesener Bronzetüren (vgl. Abb. 287): Sie zeigt Adalbert bei seiner Erhebung zum Bischof von Prag vor Kaiser Otto II., der ihn mit einem Bischofsstab investiert. K. Sch.

21.03.05
Willigiskasel
St. Stephan, Mainz (Deutschland)
Byzantinisch oder Vorderer Orient/Deutschland, um 1000
Gelbes Seidengewebe (Samit in Köper); Brettchenborte aus Seide und Goldfaden
H. 165 cm, Saumumfang 520 cm
Mainz, Bischöfliches Dom- und Diözesanmuseum. Inv. Nr. T 005
Lit.: W. Jung, Die Willigis-Kasel aus St. Stephan in Mainz. In: Helmut Hinkel (Hrsg.), 1000 Jahre St. Stephan in Mainz. Festschr. Mainz 1990. Quellen und Abhandl. z. mittelrheinischen Kirchengesch. 63 (Mainz 1990) 533–545. – Regula schorta. In: Bernward von Hildesheim und das Zeitalter der Ottonen 2. Ausstellungskat. Hildesheim (Hildesheim, Mainz 1993).

Das in Glockenform geschnittene Messgewand besteht aus einer einfarbig gelben, so genannten „geritzten" Seide, die von einem großflächigen Spitzovalmuster geziert wird. Im Nacken befindet sich eine gemusterte Goldborte. Stilistisch steht die Kasel den Beinlingen Kaiser Konrads II. († 1039) sowie der so genannten älteren Kasel des heiligen Wolfgang († 994) nahe. Die hierdurch vorgegebene Datierung um 1000 deckt sich mit der historischen Überlieferung, die diese Kasel mit dem Namen des Mainzer Erzbischofs Willigis (975–1011) verbindet, aus dessen Stiftung St. Stefan in Mainz sie nachweislich stammt. Hier wurde sie als Sekundärreliquie dieses Mainzer Heiligen seit dem Spätmittelalter verehrt. Eine nahezu identische Kasel (ehemals Mainz, St. Viktor) befindet sich heute im Bayrischen Nationalmuseum München. W. W.

21.03.05

21.03.07

Stola

(ausgestellt in Berlin und Mannheim)
Neumagen, St. Maria Himmelfahrt (Deutschland)
Trier (?); 10. Jh.
Seide; Goldfaden (Goldlahn um Seidenfaden); Brettchenweberei, kombiniert mit Soumak
L. 298 cm, Br. 5 cm
Trier, Bischöfliches Dom- und Diözesanmuseum. Inv. Nr. T 250 dep. (Leihgabe der Kath. Kirchengemeinde Maria Himmelfahrt in Neumagen)
Lit.: Bernward von Hildesheim und das Zeitalter der Ottonen 2. Ausstellungskat. Hildesheim (Mainz 1993) 187 f. IV-32. – L. v. Wilckens, Die Stola aus Neumagen in Trier. Zeitschr. für Kunstgesch. 55, 1988, 301–312. – Das neue Bischöfliche Dom- und Diözesanmuseum (Trier 1988) 24 f.

Die Trierer Stola ist eines der wenigen vollständig erhaltenen Ornatstücke aus dem 10. Jahrhundert und zeichnet sich durch ein umfangreiches figürliches Programm aus. Dargestellt, und durch Beischriften benannt, sind in der Schulterpartie das Lamm Gottes, das von Evangelistensymbolen flankiert wird, und im Bereich der Brust Petrus und Paulus sowie Johannes und Andreas. Die Darstellungen der vier Hauptapostel sind durch ein Zwischenfeld mit Schriftzeichen von den übrigen Aposteln, die sich im unteren Bereich anschließen, abgehoben. Die Halbfiguren der Apostel stehen sich bei der bischöflichen Tragweise der Stola mit gerade herabhängenden Enden paarweise gegenüber und sind durch leichte Drehung des Kopfes und Farbsymmetrie der Gewänder aufeinander bezogen. Interessant ist die im untersten Feld beigefügte Bitte des Stifters: PIVS PASTOR S(ANCTUS) E(PISCOPUS) MEMENTO MEI (Frommer Hirt, heiliger Bischof, gedenke meiner). I. S. H.

21.03.07

21.03.08

21.03.08

Stola des heiligen Ulrich (Fragmente)

(ausgestellt in Budapest und Prag)
St. Ulrich und Afra in Augsburg (Deutschland)
Deutschland (?) 3. Viertel 10 Jh. (?)
Seide; Leinwandbindung mit Musterschuss; an der Stola sind jeweils 83 cm von den Enden entfernt 0,8 cm breite, 12 cm lange brettchengewebte Seidenbänder befestigt; heute sind die noch vorhandenen Teile der Stola auf ein Leinenband aufgenäht.
L. 284 cm (ursprünglich 337 cm), Br. 4,4 cm
Augsburg, Katholische Kirchenstiftung St. Ulrich und Afra
Lit.: S. Müller-Christensen, Textilien in Schwaben. In: Suevia Sacra. Frühe Kunst in Schwaben. Ausstellungskat. Augsburg (Augsburg 1973) 200 Nr. 209; Abb. 196. – Dies., Liturgische Gewänder mit dem Namen des Heiligen Ulrich. In: Augusta 955–1955, Forschungen und Studien zur Kultur und Wirtschaftsgeschichte Augsburgs (Augsburg 1955) 53 ff. Abb. 7; Taf. 14.

Die Stola des heiligen Ulrich stammt wie das Manipel aus dem Grab des Heiligen und gehörte wohl zur liturgischen Kleidung des Bischofs von Augsburg (923–973). Das ursprünglich weiße Seidenband zeigt zwischen den roten Randstreifen ein kleinteiliges Muster (Musterrapport H 1,7 cm). In zwei Reihen spitzgestellter Vierecke eingefügt, stehen sich Löwen gegenüber. Die Vierecke sind durch Kreise miteinander verbunden, die Zwischenräume werden durch vierblättrige Blüten gefüllt. Als Abzeichen eines Bischofs wird die Stola von den Schultern gerade herabfallend getragen. An der Stola sind schmale brettchengewebte Bänder befestigt, die zum Fixieren auf Taillenhöhe dienten. Bischof Ulrich von Augsburg gehörte zur Zeit Ottos I. zu den wichtigsten Geistlichen des Reiches. Er trat besonders durch die energische Verteidigung Augsburgs gegen die Ungarn hervor, durch die der Sieg Ottos I. auf dem Lechfeld vorbereitet wurde. I. S. H.

21.03.09

Manipel des heiligen Ulrich (Fragment)

(ausgestellt in Berlin und Mannheim)
St. Ulrich und Afra in Augsburg (Deutschland)
Süddeutschland, Augsburg (?), 3. Viertel 10. Jh. (?)
Seide; Goldfaden (Seide umsponnen mit Goldlahn); Brettchenweberei
L. 72 cm, Br. 6,5 cm
Augsburg, Katholische Kirchenstiftung St. Ulrich und Afra
Lit.: S. Müller-Christensen, Textilien in Schwaben. In: Suevia Sacra. Frühe Kunst in Schwaben. Ausstellungskat. Augsburg (Augsburg 1973) 200 f. Nr. 210; Taf. 8. – Dies., Liturgische Gewänder mit dem Namen des Heiligen Ulrich. In: Augusta 955–1955, Forschungen und Studien zur Kultur und Wirtschaftsgeschichte Augsburgs (Augsburg 1955) 53 ff. Abb. 8; Taf. 14.

Das Manipel des heiligen Ulrich, das der ehemalige Bischof von Augsburg (923–973) während der Messe als Ornatstück am linken Arm trug, gehört zu den liturgischen Gewändern, die im 12. Jahrhundert in seinem Grab gefunden wurden. Das in Brettchenweberei gearbeitete Band ist durch ein Rautenmuster zweier sich kreuzender ornamental gemusterter Streifen gestaltet. In den Rauten befindet sich Flechtwerkornament. Die letzte Raute ist durch ihre Größe und das eingefügte figürliche Motiv hervorgehoben. Dargestellt, und durch die Beischrift DEXTERA DEI explizit benannt, ist die Rechte Gottes. Durch die abstrahierte Gestaltung mit den langen Fingern und runden Nägeln wird die machtvolle Wirkung der Hand Gottes eindrucksvoll visualisiert. Die Darstellung kann mit der Überlieferung des Lebens des heiligen Ulrich in Verbindung gebracht werden, nach der der Bischof mehrmals Visionen der segnenden Hand Gottes hatte. I. S. H.

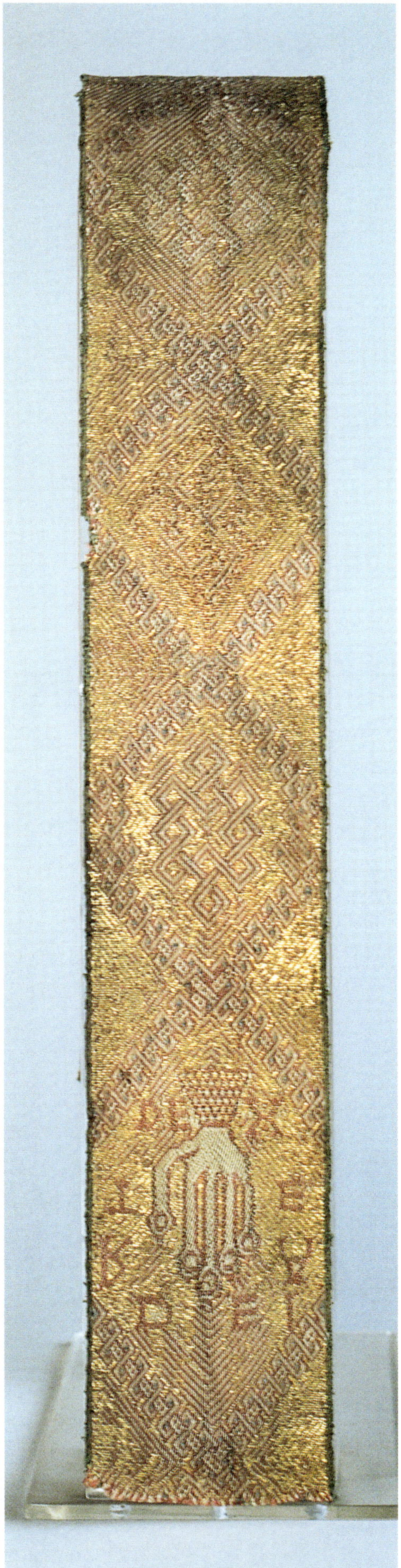

21.03.09

WILLIGISVS ARCHIEPS EX VETALI SPECIE
VALVAS EFFECERAT PRIMVS
Willigisportal
um 1000
21.05.01

21.05.01

Willigistür

(ausgestellt Abguss)
Marktportal des Mainzer Domes (?), bis 1804 Liebfrauenkirche Mainz (Deutschland)
um 1000
Inschriftlich benannter Künstler: Berenger
Original: Bronzeguss
Zweiflügelig. Flügel links: H. 3,70 m, Br. 1,07 m; Flügel rechts: H. 3,70 m, Br. 1,02 m
Mainz, Hohe Domkirche
Lit.: F. V. Arens, Die Inschriften der Stadt Mainz von frühmittelalterlicher Zeit bis 1650 (Stuttgart 1958) 7. – U. Mende, Die Bronzetüren des Mittelalters 800–12002 (München 1994) 24–27; 133 f. – H. Drescher, Untersuchungen und Versuche zur Technik besonderer Metallarbeiten des 10. bis 11. Jahrhunderts aus Hildesheim (in Vorbereitung)

Die Inschrift in der Tür besagt, dass nach den karolingischen Bronzetüren der Aachener Pfalzkapelle Erzbischof Willigis „der erste (war), der aus Metall Türflügel hat machen lassen". Der in der Inschrift ebenfalls genannte Künstler Berenger goss jeden Flügel in einem Stück, eine der technischen Meisterleistungen des hohen Mittelalters. Der ursprüngliche Standort der Tür ist unbekannt; eine Verwendung im 1009 unter Willigis vollendeten Neubau des Domes gilt jedoch als wahrscheinlich. Auch die separat eingesetzten, in der älteren Forschung für spätromanisch gehaltenen Löwenköpfe, gelten mittlerweile als ottonisch. Spätestens ab 1274 waren die beiden Türflügel in ein Portal der hochgotischen Liebfrauenkirche, nahe dem Dom, eingebaut, wo sie bis 1804 blieben. Heute sind sie wieder an ihren vermutlich ursprünglichen Ort zurückgekehrt – jedenfalls passten sie 1804 nicht nur in das Marktportal, sondern auch in die dort noch vorhandenen Türangeln. H.-J. K.

21.06.01

Mosaikfußboden

(ausgestellt in Krakau, Berlin, Mannheim, Prag und Bratislava)
Worms, Burchard-Dom (Deutschland)
Marmor; Schiefer; Mörtel.
H. 13 cm, L. 5–5,5 cm (Marmorsteine); L. 5,2 cm (Schieferquadrate)
1. Hälfte 11. Jh.
Worms, Dom St. Peter. Ohne Inv. Nr.
Lit.: G. Bönnen/I. Spille, Bischof Burchard 1000–1025. 1000 Jahre Romanik in Worms. Ausstellungskat. Worms (Worms 2000) 51; 57; 83. – Burchard W. Hotz, Der Dom zu Worms (Darmstadt 1981) 18–19. – H. Kier, Der mittelalterliche Schmuckfußboden unter besonderer Berücksichtigung des Rheinlandes (Düsseldorf 1970) 139. – R. Kauttzsch, Der Dom zu Worms (Berlin 1938) 86–87 Taf. 4–5.

21.06.01

Der Mosaikfußboden wurde 1907 bei Renovierungsarbeiten im Wormser Dom im westlichen Langhausjoch *in situ* gefunden und im Domarchiv verwahrt. Im Frühjahr 2000 setzte man ihn anlässlich der Burchardausstellung wieder zusammen.
Der Boden bildet ein geometrisches Mosaik aus hellen Achtecken (Marmor), das durch Bänder aus hellen Rechtecken (Marmor) und dunklen Quadraten (Schiefer) getrennt wird. Dabei dürfte der helle Marmor des Fußbodens aus Auerbach im Odenwald stammen. Die Zwischenräume des Mosaikfußbodens sind durch dunkle Zwickeldreiecke aus Schiefer ausgefüllt.
Die Fundzusammenhänge datieren den Fußboden in die Zeit Burchards, dessen Dombau 1018 geweiht wurde. 1020 erfolgte nach Einsturz die Erneuerung der Westteile. Ein von der Mosaikgestaltung her identischer Fußboden – mit vertauschter Farbaufteilung – befindet sich in der Hunfried-Krypta im Magdeburger Dom, die unter Erzbischof Tagino (1004–1012) entstanden sein dürfte. I. Sp.

Ottonische Politik in der Mitte Europas – Otto III. und die Erneuerung des Römerreiches

22–25

„Erneuerung des Römerreiches" lautete die Devise der Politik Kaiser Ottos III. um die Jahrtausendwende. Sie umschreibt eine geistige Konzeption, in deren Zentrum Rom als Inbegriff des antiken römischen Universalreiches und Haupt der christlichen Kirche stand. Dieses Konzept fand seinen Niederschlag in vielen Bereichen des politischen Handelns, kirchlich-religiösen Lebens, wissenschaftlichen Denkens und der künstlerisch-literarischen Tätigkeit. Der jugendliche Kaiser versammelte ausgewählte Berater um sich, als bedeutendsten Gerbert von Aurillac, der 999 als Silvester II. zum Papst erhoben wurde. Von Rom aus wirkten Kaiser und Papst fortan zusammen, um ihren universalen Missionsauftrag, die Ausbreitung des Christentums zu erfüllen. Christliche Herrscher wurden anerkannt: Bolesław Chrobry von Polen und Stephan von Ungarn; ihre Kirchen zu neuen Kirchenprovinzen, Gnesen (Gniezno) und Gran (Esztergom) zusammengefasst. Die Erneuerung des Römerreiches geschah in beständiger Auseinandersetzung mit Ostrom, das Vorbild und Konkurrent zugleich war. Nach byzantinischem Muster kooperierte Otto als Kaiser mit unabhängigen Königen, die er als Mithelfer und Freunde des Römischen Reiches verstand. K. Sch. u. I. S.

Die Bedeutung Roms im Herrschaftsverständnis

22.01

Rom erlebte im 10. Jahrhundert einen Tiefpunkt seiner städtischen Entwicklung. Der Rom-Mythos jedoch erreichte um die Jahrtausendwende einen Höhepunkt. Rom galt als „das Haupt der Welt und die Herrin der Städte", sie machte „Könige zu Kaisern", in ihr ruhten die Leiber der Apostel Petrus und Paulus. Im Mythos flossen weltliche Elemente, die Erinnerung an Rom als Zentrum antiker Weltherrschaft und Kultur, sowie geistliche Motive, ihr Rang als Apostelstadt und damit als Haupt der Universalkirche, untrennbar ineinander. Hinzu trat endzeitliches Gedankengut, wonach das Römische Reich das letzte in der Abfolge der vier biblischen Weltreiche ist. All dies spiegelt sich in den Herrschaftsbildern Ottos III. und in den literarischen Zeugnissen seines Umfeldes: Die personifizierte Roma huldigt dem Kaiser; Christus nachahmend erscheint er als Weltenherrscher. Als Römischer Kaiser und Stellvertreter Christi auf Erden vereint er weltlichen und geistlichen Rom-Mythos. K. Sch.

22.01.01 Handbuch Abb. 484

Evangeliar Ottos III.
(ausgestellt Faksimile)
Reichenau, um 1000
Pergament mit Deckfarbenmalerei
H. 33 cm, Br. 24 cn
München, Bayerische Staatsbibliothek. Clm 4453, fol. 23v/24r (Faksimile: Hbh Dl 4453[4])

Lit.: W. Chr. Schneider, Imperator Augustus und Christomimetes. Das Selbstbild Ottos III. in der Buchmalerei. In: Europas Mitte um 1000. Ausstellungskat. Budapest, Kraków, Berlin, Mannheim, Praha, Bratislava (Stuttgart 2000) 798–808. – U. Kuder. Die Ottonen in der ottonischen Buchmalerei. Identifikation und Ikonographie. In: G. Althoff/E. Schubert. Herrschaftsrepräsentation im ottonischen Sachsen (Sigmaringen 1998) 137–234. – Das Evangeliar Ottos III. (Clm 4453) der Bayerischen Staatsbibliothek München. Begleitband der Faksimile-Ausgabe mit Beitr. von F. Dressler, F. Mütherich, H. Beumann (Frankfurt am Main 1978).

Zwischen Kanontafeln und dem Bild des Evangelisten Matthäus, an jener Stelle, an der üblicherweise der thronende Christus dargestellt ist, befindet sich im Evangeliar Ottos III. das Bildnis des Kaisers. Frontal, seine herrscherliche Würde unterstreichend, thront der Kaiser zwischen zwei Säulen vor einer angedeuteten Palastarchitektur. Er ist angetan mit den Insignien seiner Macht: der Krone, dem Adlerszepter des Kaiser Augustus und der Sphaira mit dem Kreuz, der Insignie der spätantiken Kaiser. Neben seinem Thron stehen die Großen seines Reiches, links zwei Erzbischöfe als Vertreter der geistlichen, rechts zwei Waffenträger als Vertreter der weltlichen Macht.
Von rechts nähern sich dem Herrscher barfuss und in demütiger Haltung vier Personifikationen der Provinzen des Reiches: *Roma, Gallia, Germania* und *Sclavinia.* Die *Roma* steht für die Herrschaft über Italien, die *Gallia* meint die linksrheinischen Gebiete des ostfränkischen Reiches, die *Germania* repräsentiert das ottonische Reich östlich des Rheins. Die *Sclavinia* steht am ehesten für

22.01.01

22.01.02

diejenigen slawischen Völker und Gebiete, die sich tatsächlich unter ottonischer Herrschaft befanden, wohl weniger für das gesamte Slawenland. Sie bringen reiche Gaben, eine mit Edelsteinen gefüllte Schale, einen Palmzweig, ein Füllhorn und einen goldenen Globus. Die Bildanlage zitiert einen Akt des antiken Herrscherkultes, die Übergabe des *aurum coronarium,* des Krongoldes, das die Großen eines Gebietes dem Imperator bei seiner Ankunft als Anerkennung seiner Herrschaft zu übergeben hatten. Mit dem Aufgreifen dieser antiken Bildform, ihrer Herrschaftssymbolik und -repräsentation, stellt Otto sich in die Tradition der römischen Kaiser. Doch ist dies nicht allein Ausweis seines imperialem Herrschaftsverständnisses, sondern rückt ihn zugleich in eine besondere Nähe zu Christus. Seit der Spätantike nämlich fand die Idee der Darbringung des *aurum coronarium* Eingang in die Darstellung der christlichen Huldigungszeremonie: der Anbetung der Magier, die Christus ihre Gaben überbringen. Das Ineinander von antiker Bildtradition und christlicher Interpretation lässt den dargestellten Kaiser so zugleich als irdische Vergegenwärtigung Christi erscheinen. K. Sch.

22.01.02

Erste Kaiserbulle Ottos III.

(ausgestellt in Budapest und Krakau)
Rom (?), 998
Blei
Dm. 4 cm
Einsiedeln, Stiftsarchiv der Benediktinerabtei. A. AJ 12 (998 April 28)

22.01.04

22.01.03 Handbuch Abb. 491

Erste Kaiserbulle Ottos III.

(ausgestellt in Berlin)
Rom (?), 998
Blei
Dm. 4 cm
Herzogenburg, Kloster Herzogenburg; (998 April 29)
Lit.: O. Posse, Die Siegel der deutschen Kaiser und Könige von 751 bis 1913 (Dresden 1913) 1 Taf. 10, 2–7; 5; 15 f. Nr. 6–8. – H. Keller, Die Siegel und Bullen Ottos III. In: Europas Mitte um 1000. Ausstellungskat. Budapest, Kraków, Berlin, Mannheim, Praha, Bratislava (Stuttgart 2000) 767–773. – R. Kahsnitz, Kaiser Otto III., 1. Kaiserbulle. In: Bernward von Hildesheim und das Zeitalter der Ottonen 2. Ausstellungskat. Hildesheim (Hildesheim, Mainz 1993) 25 ff. Nr. II–9.

Seit dem Frühjahr 998 beglaubigte Otto III. seine Urkunden nicht mehr mit Wachssiegeln, sondern benutzte fortan Metallbullen, wie sie von den Päpsten und byzantinischen Kaisern verwendet wurden. Siegel und Bullen sind Medien der Herrschaftsrepräsentation, so dass diese Veränderung als Demonstration des kaiserlichen Herrschaftsanspruchs zu lesen ist. Die Vorderseite der Bulle trägt in Nachahmung einer antiken Gemme den plastischen Profilkopf des Kaisers. Die Umschrift lautet: OTTO IMPERATOR AVGVSTUS. Die Rückseite zeigt die gewappnete Roma mit Schild und Lanze. Die programmatische Umschrift RENOVATIO IMPERII ROMANORVM (Erneuerung des Römerreiches) greift auf eine Bullendevise Karls des Großen zurück und stellt sich wie diese damit in die antike Tradition politischer Devisen auf römischen Kaisermünzen. K. Sch.

22.01.04

Zweites Kaisersiegel Ottos III.

(ausgestellt in Berlin und Mannheim)
Mittelrhein (April 997)
Wachs
Dm. 7,5 cm
Heidelberg, Universitätsbibliothek. Heid. Urkunde 328: 997 Juli 15
Lit.: O. Posse, Die Siegel der deutschen Kaiser und Könige von 751 bis 1913, Bd. 1 (Dresden 1913) Taf. 9, 6; 5, 15 Nr. 4. – H. Keller, Die Siegel und Bullen Ottos III. In: Europas Mitte um 1000. Ausstellungskat. Budapest, Kraków, Berlin, Mannheim, Praha, Bratislava (Stuttgart 2000) 767–773. – R. Kahsnitz, Kaiser Otto III., 2. Kaisersiegel. In: Bernward von Hildesheim und das Zeitalter der Ottonen 2. Ausstellungskat. Hildesheim (Hildesheim, Mainz 1993) 22 ff. Nr. II–7.

Mit der römischen Kaiserkrönung Ottos III. im Mai 996 kommt es in der Entwicklung der Herrschersiegel zu einer bedeutenden Neuerung. Zum ersten Mal wird anstelle des traditionellen Brustbildes der Kaiser stehend, als ganze Figur dargestellt. In höchster künstlerischer Qualität findet sich dieses Motiv auf dem zweiten Kaisersiegel Ottos. Es zeigt den Kaiser auf einem Erdhügel stehend, in den Händen die Insignien seiner Kaiserherrschaft: Lanze und Globus. Über seinen Schultern liegt der vom Wind bewegte Mantel, genau so, wie ihn die ottonische Kunst in Christusdarstellungen oder bei Menschen zeigt, die der göttlichen Heilsbotschaft teilhaftig werden. Eine weitere Neuerung weist die Siegelumschrift OTTO D(e)I GRATIA ROMANORVM IMP(ERATOR) AVG(ustus) (Otto von Gottes Gnaden Imperator und Augustus der Römer) auf. Der übliche Titel *imperator augustus* betont mit dem Zusatz *Romanorum* die römische Qualität von Ottos Kaisertum und den hieraus resultierenden Herrschaftsanspruch über das Römerreich. K. Sch.

Das Nachleben der Antike in Wissen und Kunst 23.01–04

Die Devise renovatio imperii Romanorum der Bulle Ottos III. macht deutlich, dass dem antiken Rom und seiner Kultur um 1000 entscheidende Bedeutung beigemessen wurde. Daraus ergibt sich der gegenüber Ottos Vorgängern und Nachfolgern besonders enge Bezug auf die Antike in Kunst und Wissen. Schriften z. B. von Isidor, Livius, Cicero, Justinian und Boethius gehören zu den in Ottos unmittelbarer Umgebung rezipierten Werken. Dass klassische Werke der Literatur und Wissenschaft direkt mit dem Kaiser zu verbinden sind, legt das Teilverzeichnis der Bücher Ottos III. nahe. In Skulptur wie Malerei begegnet man dem Formenrepertoire der christlichen Spätantike, mit dem Guss monumentaler Bronzen kommen antike Techniken zur Anwendung und in der reichlichen Verwendung von Spolien wird ebenfalls die Antike greifbar. Sicher ist auch die Berufung eines italienischen Malers nach Aachen durch Otto III. vor dem Hintergrund der renovatio-Konzeption zu sehen. I. S.

23.01.01

23.01.01
Pinienzapfen (Pigna)
(ausgestellt in Krakau, Berlin, Mannheim, Prag)
Aachen (?), um 1000
Bronze, in einem Stück gegossen
H. 91 cm, Br. 59,5 cm, T. 59,5 cm
Aachen, Hohe Domkirche
Lit.: A. Effenberger, H. Drescher, Pinienzapfen. In: Bernward von Hildesheim und das Zeitalter der Ottonen. Ausstellungskat. Hildesheim (Hildesheim, Mainz 1993) 115–118 Nr. III-4. – E.-G. Grimme, Der Dom zu Aachen (Aachen 1994) 58–61.

Der Pinienzapfen war ursprünglich ein Brunnenaufsatz. Deutlich sind an den Schuppen die Löcher zu erkennen, aus denen das Wasser quoll. Auf den Ecken des quadratischen Sockels saßen Personifikationen der vier Paradiesflüsse (Phison, Geon, Tigris, Euphrat), die in der nur teilweise erhaltenen Sockelinschrift genannt werden. Inschrift und Technik erlauben eine Datierung der in einem Stück gegossenen bronzenen Pigna um das Jahr 1000. Pinienzapfen waren in der Antike als Wasserspeier weit verbreitet. Berühmtes Beispiel ist der Pinienbrunnen *(Cantharus)* im Atrium von Alt-St. Peter in Rom, der den „Brunnen des Lebens" symbolisierte. Wahrscheinlich war die Aachener Pigna in Nachahmung des römischen Vorbildes im so genannten Paradies, dem Vorhof der Aachener Marienkirche, aufgestellt. K. Sch.

23.02.01 a–d
Skulpturenfragmente
Fassade des ottonischen Westwerks von St. Pantaleon in Köln
(nicht ausgestellt)
Ende 10. Jahrhundert
Kalkstein
12 Fragmente, aus 18 Bruchstücken zusammengesetzt. Drei Köpfe: H. 42 cm, 36 cm, 38 cm. Gewandfragment mit linker Hand: H. 44 cm, Br. 43 cm. Bruchstück mit zwei Füßen auf schräger Platte: H. 29 cm, Br. 78 cm. Bruchstück mit rundem Gefäß: H. 33 cm, Br. 31 cm. Zwei kleinere Gewandbruchstücke: H. 24 cm, 29 cm; Br. 22 cm, 31 cm. Unterkörper einer Gewandfigur mit Füßen: H. 102 cm, Br. 53 cm. Drei Fragmente von Engelsflügeln, einer mit Hand: H. 64 cm, 64 cm, 47 cm.
Köln, Kath. Kirchengemeinde St. Pantaleon
Lit.: R. Wesenberg, Fragmente monumentaler Skulpturen von St. Pantaleon in Köln. Zeitschr. für Kunstwiss. 9, 1955, 1–28. – M. Untermann, Die ottonischen Skulpturfrag-

23.02.01 c

mente von St. Pantaleon. Jahrb. des Kölnischen Geschichtsvereins 48, 1977, 279–290. – R. Kahsnitz in: Bernward von Hildesheim und das Zeitalter der Ottonen 2. Ausstellungskat. Hildesheim (Hildesheim, Mainz 1993) 221–224.

Die 1929 auf dem Kirchengelände gefundenen, zwischen 984 und 1002 entstandenen, ehemals farbig gefassten Fragmente gehörten zur Fassade des im 18. Jahrhundert abgebrochenen ottonischen Westwerks von St. Pantaleon. Zeichnungen des 16. Jahrhunderts überliefern ein deutlich von antiken Gebäuden und Fassaden inspiriertes, triumphbogenartiges Architekturensemble mit insgesamt fünf monumentalen Nischenfiguren. Im Untergeschoss flankierten zwei lebensgroße Engelfiguren als Reminiszenzen antiker Viktorien die offene Eingangsnische mit dem Portal. An der geschlossenen Fassade des Obergeschosses befanden sich zur Mitte hin drei überlebensgroße Figuren, deren erhaltene vollplastische Köpfe aus der Reliefebene herausragten. Gewandführung und Mittelstellung zwischen Vollplastik und Relief lassen einen künstlerischen Zusammenhang mit provinzialrömischer Steinplastik vermuten. Gedeutet wird die Gruppe als *Maiestas Domini* mit dem heiligen Albinus zur Linken und dem heiligen Pantaleon, dessen Reliquien Kaiserin Theophanu 984 dem Kölner Kloster schenkte, zur Rechten. K. F.

23.03.01

Bücherverzeichnis Ottos III.

(ausgestellt in Budapest)
Lorsch, um 795 und Italien, nach 997, wohl 1. Viertel 11. Jh.
Pergament
H. 32 cm, Br. 22,5 cm
Bamberg, Staatsbibliothek. Msc. Med 1, fol. 42v
Lit.: H. Hoffmann, Bamberger Handschriften des 10. und 11. Jahrhunderts (Hannover 1995) 6–12, 150. – B. Schemmel, Staatsbibliothek Bamberg. Handschriften – Buchdruck um 1500 in Bamberg – E.T.A. Hoffmann (Bamberg 1990) 38 f. Nr. 10. – F. Mütherich, The Library of Otto III. In: P. Ganz (Hrsg.) The Role of the book in Medieval Culture. Symposium Oxford (Turnhout 1986) 11–25.

„Isti sunt libri tercii imperatoris Ottonis, quos Placentiae invenit sibi servatos“ (Dies sind die Bücher Kaiser Ottos III., die er für sich in Piacenza aufbewahrt fand) vermerkte Bischof Leo von Vercelli, ein Vertrauter des Kaisers, in dieser medizinischen Handschrift. Unter

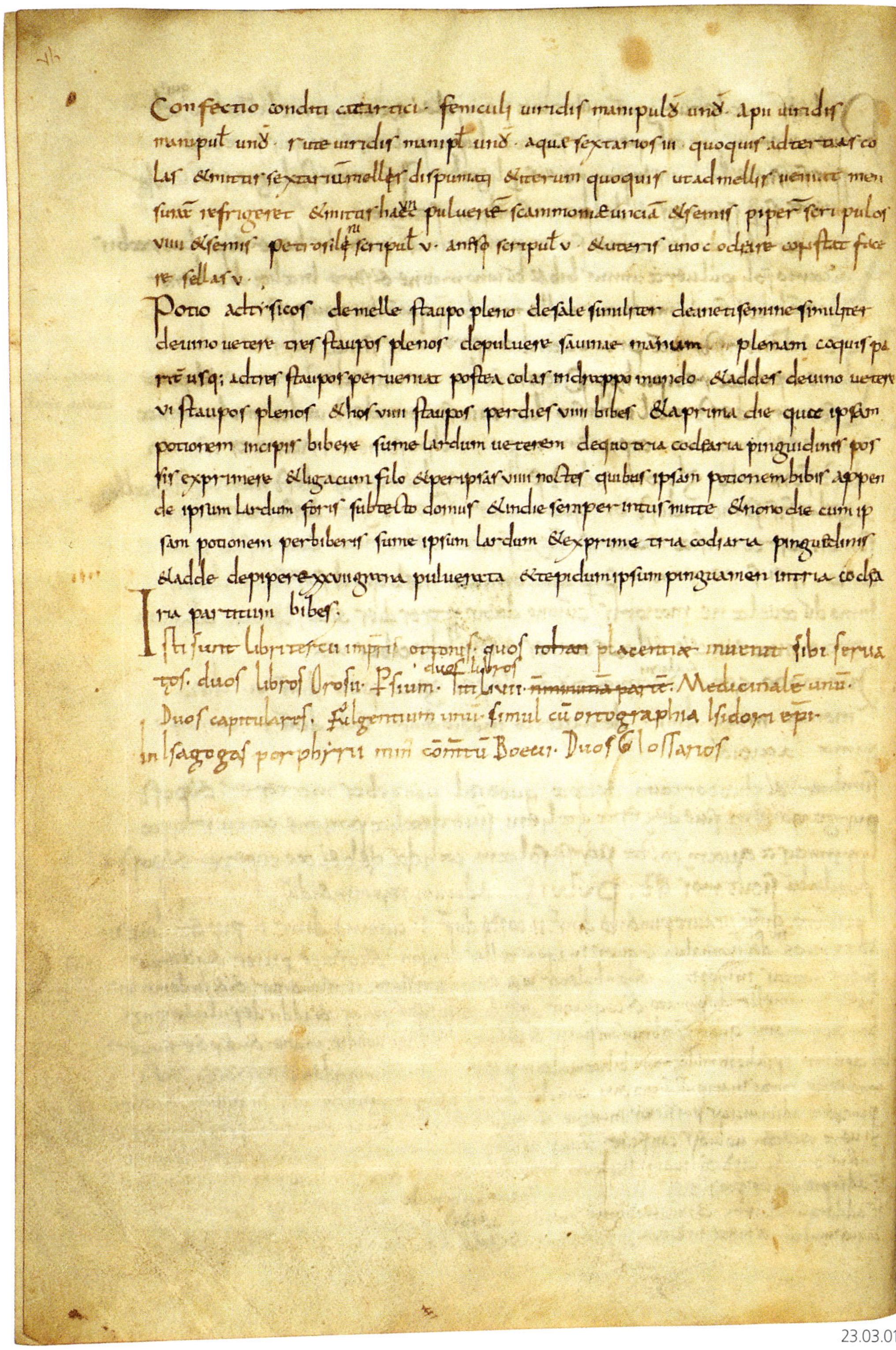

23.03.01

23.03.03

den anschließend genannten Büchern finden sich unter anderem Autoren wie Livius, Orosius und Persius, lexikalische Werke aber auch ein medizinischer Codex, der wahrscheinlich mit der vorliegenden Handschrift identisch ist. Sicherlich erlaubt die Bücherliste keine Rekonstruktion der Bibliothek Ottos. Auffallend ist jedoch die Vielzahl antiker Werke philosophisch-wissenschaftlichen Inhalts, die sich in Bamberg erhalten haben und die in Verbindung mit Otto III. oder auch Silvester II. gebracht werden. Sie belegen die Auseinandersetzung mit antikem Bildungsgut. In die Bamberger Dombibliothek gelangten sie mdurch Ottos Nachfolger, Kaiser Heinrich II. K. Sch.

23.03.02
Livius, Ab urbe condita
(ausgestellt in Mannheim)
(Bücher I-VII,17)
Italien, 2. Hälfte 9. Jh.
Pergament
H. 27,2 cm, Br. 24,2 cm
Bamberg, Staatsbibliothek. Msc. Class. 34

23.03.03
Livius-Fragment
(ausgestellt in Budapest)
(Buch XXXIX, 36,4–36,16; XXXIX, 37,1–37,15)
Italien, letztes Viertel 5. Jh.
Pergament
Bamberg, Staatsbibliothek. Msc. Class. 35a; c
Lit.: H. Hoffmann, Bamberger Handschriften des 10. und 11. Jahrhunderts (Hannover 1995) 6–12. – B. Schemmel, Staatsbibliothek Bamberg. Handschriften – Buchdruck um 1500 in Bamberg – E.T.A. Hoffmann (Bamberg 1990) 22 f. Nr. 1. – L. Traube, Palaeographische Forschungen 4. Abh. Bay. Akad. Wiss, hist. Kl. 24, 1. (München 1904) 1–65.

Die beiden in Italien entstandenen Livius-Codices stammen aus der Bamberger Dombibliothek. Die geringe Verbreitung des Livius im 10. Jahrhundert – für Italien sind lediglich fünf Handschriften belegt – erlaubt es, sie als die in der Bücherliste Ottos III. genannten zwei Bücher Livius' (*„duos libros Titi Livii"*) zu identifizieren. Aus dem Besitz des Kaisers gelangten sie von Piacenza nach Bamberg. Die aus dem 9. Jahrhundert stammende Handschrift enthält die Bücher I–VII,17 der ersten Dekade von Livius Hauptwerk *Ab urbe condita*. Weitere Fragmente der vierten Dekade wurden 1904 im Einband einer spätmittelalterlichen Handschrift aus dem Bamberger Karmeliterkloster gefunden. Eine Rekonstruktion dieses im 5. Jahrhundert verfassten Codex ergab 187 Blätter der Größe von 29 x 25 cm. Die beiden Handschriften, von denen letztere bereits im 11. Jahrhundert abgeschrieben wurde, sind wichtige Träger der Livius-Überlieferung. K. Sch.

23.03.04
Isidor von Sevilla, De natura rerum
(ausgestellt in Berlin)
Ostfrankreich, 1. Drittel 9. Jh.
Pergament
H. 29,5 cm, Br. 16, 7 cm
Bamberg, Staatsbibliothek. Msc. Nat. 1, fol. 1v
Lit. H. Hoffmann, Bamberger Handschriften des 10. und 11. Jahrhunderts (Hannover 1995) 21f.; 150. – B. Schemmel, Staatsbibliothek Bamberg. Handschriften – Buchdruck um 1500 in Bamberg – E.T.A. Hoffmann (Bamberg 1990) 36f. Nr. 9.

Der spanische Bischof Isidor von Sevilla (um 560–630) war einer der großen Vermittler antiken Bildungsgutes an das Mittelalter. Bei der handbuchartigen Schrift *De natura rerum* (Naturkunde) handelt es sich um einen Traktat über Chronologie, Kosmologie und Astronomie. Am Beginn des karolingischen Codex findet sich eine um das Jahr 1000, wahrscheinlich von Abt Odilo von Cluny, eingetragene Widmung für Otto III. Sie verherrlicht jene durch Otto verkörperte Verbindung von Macht und Geist, die den Kaiser getragen von der Urania, der Muse der Astronomie, nach den Waffen des Himmels greifen lässt.
„Otto, der Unbesiegte, der geliebte, gelehrte Kaiser, freue sich, und er forsche auf Erden, was in den Sterne steht, er strebe nach den Himmelswaffen, er steige auf mit des Phöbus Urania“. K. Sch.

23.03.04

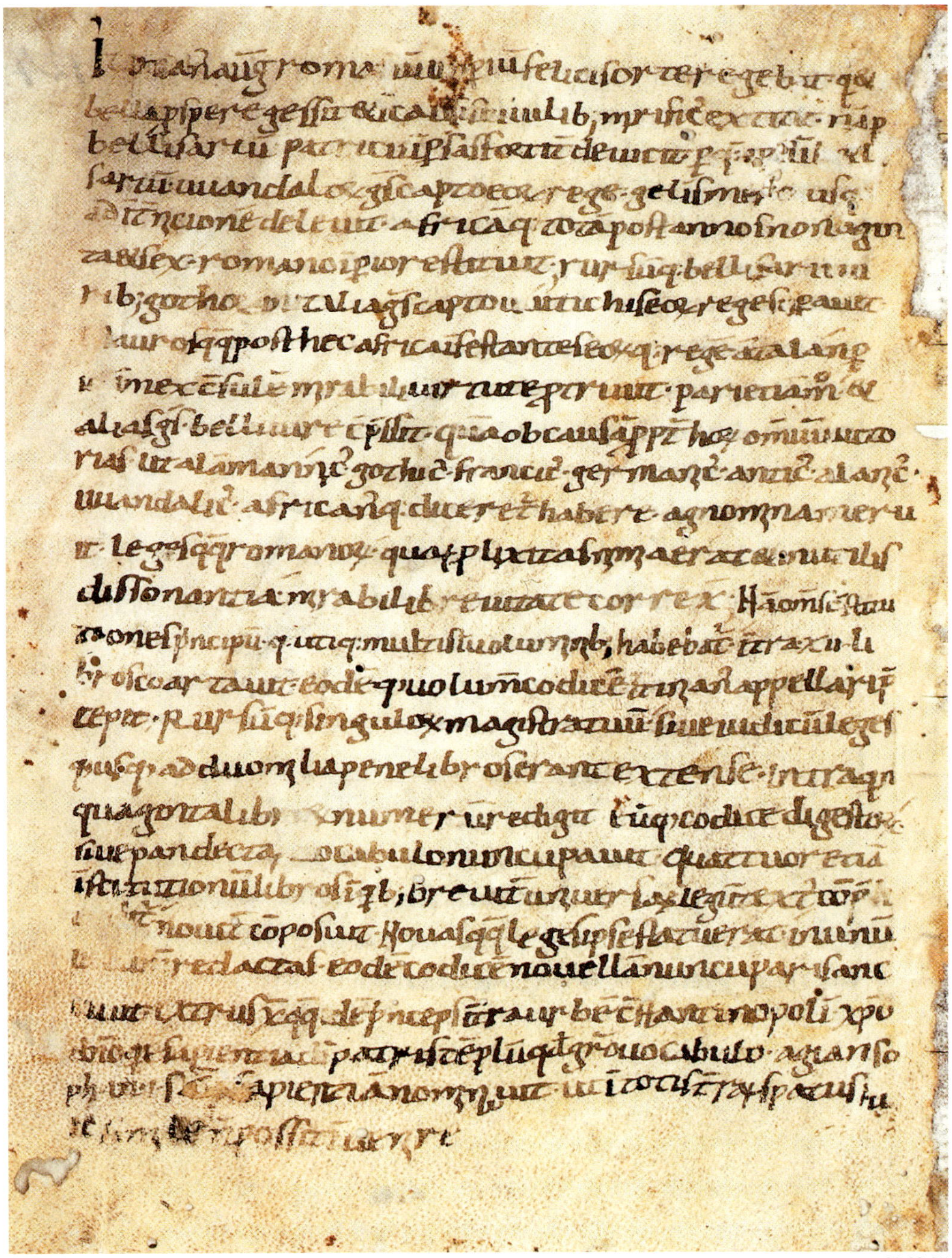

23.03.05

23.03.05

Justinian, Institutiones

(ausgestellt in Berlin)
Rom oder Umgebung, letztes Drittel 10. Jh.
Pergament
H. 24,3 cm, Br. 18,3 cm
Bamberg, Staatsbibliothek. Msc. Iur. 1, fol. 124v
Lit.: H. Hoffmann, Bamberger Handschriften des 10. und 11. Jahrhunderts (Hannover 1995) 17 f.; 139 ff. – P. E. Schramm, Kaiser, Rom und Renovatio. Studien zur Geschichte des römischen Ernennungsgedanken vom Ende des Karolingischen Reiches bis zum Investiturstreit (Nachdr. Darmstadt 1992), 157 f.

Die *institutiones* sind Bestandteil des vom römischen Kaiser Justinian im 6. Jahrhundert zusammengestellten Gesetzgebungswerks (*Corpus Iuris Civilis*), jener Kodifikation römischen Rechts, die zur Grundlage des sich seit dem 12. Jahrhunderts entwickelnden europäischen Rechtssystems wurde. Während des frühen Mittelalters geriet es weitgehend in Vergessenheit. Eine der wenigen Handschriften dieser Zeit gehörte wohl zum Besitz Ottos III. Auf der letzten Seite des Codex findet sich ein Lobgedicht auf Justinian, das die Beinamen des Kaisers aufzählt: *Alamannicus, Gothicus, Francicus* ... Wie bei den römischen und frühbyzantinischen Kaisern üblich wird der Kaiser hier nach den Völkern benannt, über die er herrscht. Den sich hierin ausdrückenden Herrschaftsanspruch greift Otto III. in seinen Titeln und Herrscherbildern auf. K. Sch.

23.03.06

23.03.06
Gerbert, De rationali et ratione uti (Über die Vernunft und den Vernunftgebrauch)
(ausgestellt in Krakau)
Regensburg, 11. Jh.
Pergament
H. 19 cm, Br. 14 cm
München, Bayerische Staatsbibliothek.
Clm 14735, fol. 46v–47r

23.03.07
Gerbert, De rationali et ratione uti (Über die Vernunft und den Vernunftgebrauch)
(ausgestellt in Mannheim)
Göttweig, 3. Viertel 12. Jh.
Pergament
H. 30,3 cm, Br. 21,5 cm
Wien, Österreichische Nationalbibliothek.
Cod. Vindob. 766, fol. 67r

23.03.08
Gerbert, De rationali et ratione uti (Über die Vernunft und den Vernunftgebrauch)
(ausgestellt in Prag)
11.–16. Jh.
Pergament
H. 20 cm, Br. 12 cm
Paris, Bibliothèque nationale de France.
Ms. lat. 14193, fol. 109r–109v
Lit.: A. Olleris (Hrsg.), Œuvres de Gebert pape sous le nom de Sylvester II collationnées sur les manuscrits (Clermont-Ferrand, Paris 1867) 297–310. – D. Poirel, Le „De rationli et ratione uti“ de Gerbert. In: O. Guyotjeannin/E. Poulle (Hrsg.), Autour de Gerbert d'Aurillac. Le pape de l'an Mil. Album de documents commentés (Paris 1996) 312–320 Nr. 46.

23.03.09

Im Sommer 997 während eines Slawenfeldzuges verlangte Otto III. Auskunft über den Zusammenhang zwischen dem individuellen Gebrauch der Vernunft und dem Vernünftigen als Begriff. Aus dem Kreis seines Gefolges konnte allein der hochgebildete Aquitanier Gerbert, den Otto zu seinem Lehrer und politischen Ratgeber berufen hatte, eine Erklärung bieten. Nur wenige Monate später überreichte Gerbert dem Kaiser den philosophischen Traktat „Über die Vernunft und den Vernunftgebrauch". In den Widmungszeilen kommt die in der Idee der römischen Erneuerung angestrebte Verschmelzung von Wissen und Herrschaft zum Ausdruck.

„Italien solle nicht glauben, den heiligen Palast erfülle Trägheit, und Griechenland solle sich nicht allein der kaiserlichen Weisheit und römischen Macht rühmen. Unser, unser ist das Römische Reich! Italien, gesegnet mit Früchten, Gallien und Germanien, gesegnet mit Kriegern! Sie geben uns Kraft, die tapferen Länder der Skythen [= Slawen] fehlen uns nicht. … Unser bist du, Caesar, Kaiser der Römer und Augustus, der du von höchstem griechischem Blut die Griechen durch das Kaisertum überragst, über die Römer nach Erbrecht regierst und beide an Geist und Beredsamkeit übertriffst". K. Sch.

23.03.09

Rechenbrett (Abakus) in der Tradition Gerberts von Aurillac (Pseudo-Boethius, Geometrie II)

(ausgestellt in Prag)
Mitte 11. Jh.
Pergament
H. 23 cm, Br. 16 cm
Erlangen, Universitätsbibliothek. Cod. 379. fol. 35r.
Lit.: W. Bergmann, Innovationen im Quadrivium des 10. und 11. Jahrhunderts. Studien zur Einführung von Astrolab und Abakus im lateinischen Mittelalter (Stuttgart 1985). – M. Folkerts, Boethius Geometrie II, ein mathematisches Lehrbuch des Mittelalters (Wiesbaden 1970) 139–140.

Gerbert von Aurillac, der Abt von Bobbio, Erzbischof von Reims und Ravenna und spätere Papst Silvester II., war einer der großen Gelehrten seiner Zeit, dessen mathematische Fähigkeiten weithin gerühmt wurden. Während eines dreijährigen Studiums in Katalonien war er zudem mit arabischer Wissenschaft in Kontakt gekommen.

Der Reimser Geschichtsschreiber Richer von St-Remi gibt eine Beschreibung von Gerberts Unterricht, in der unter anderem bewundernd über Gerberts Fähigkeiten im Umgang mit dem Abakus berichtet wird. Beim Abakus handelt es sich um ein Rechenbrett mit verschiedenen Kolumnen für Einer, Zehner, Hunderter usw., auf dem mittels beschrifteter Rechensteine Divisionen und Multiplikationen durchgeführt werden konnten. Der aus antiker Tradition stammende Abakus war dem Mittelalter durch Vermittlung des Martianus Capella bekannt. Bei den hier auch verwendeten Ghubar-Ziffern, die seit dem frühen 11. Jahrhundert in Gebrauch kamen, handelt es sich um eine Vorstufe unserer arabischen Ziffer. K. Sch.

23.03.10

Cicero, De Oratore (Handschrift aus dem Besitz Gerberts von Aurillac)

(ausgestellt in Krakau)
Reims (?), letztes Drittel 10. Jh.
Peragment
H. 29,3 cm, Br. 22 cm
Erlangen, Universitätsbibliothek. Cod. 380, fol. 80v.
Lit.: H. Hoffmann, Bamberger Handschriften des 10. und 11. Jahrhunderts (Hannover 1995) 22–30.

Im Mai 996 traf Otto III. in Rom auf Gerbert, der in einer glänzenden Rede auf der großen Krönungssynode seine Position in den Auseinandersetzungen um die Besetzung des Reimser Erzbischofsstuhls vertrat. Der junge Kaiser war fasziniert von Gerberts intellektuellen und rhetorischen Fähigkeiten, so dass er ihn bat, sein Lehrer und politischer Berater zu werden. Gerbert solle die „sächsische Rohheit" vertreiben und „unseren griechischen Scharfsinn" fördern, verlangte Otto. Zwischen kaiserlichem Schüler und Lehrer entspann sich ein kongeniales Verhältnis, geprägt durch die die römische Erneuerung kennzeichnende Verschmelzung von Politik und Wissenschaft in Geist und Sprache der Antike.
Eine Reihe von Büchern aus dem Besitz Gerberts haben sich erhalten, darunter auch Ciceros *De Oratore* (Über den Redner), die wohl bedeutendste antike Darstellung der Rhetorik. K. Sch.

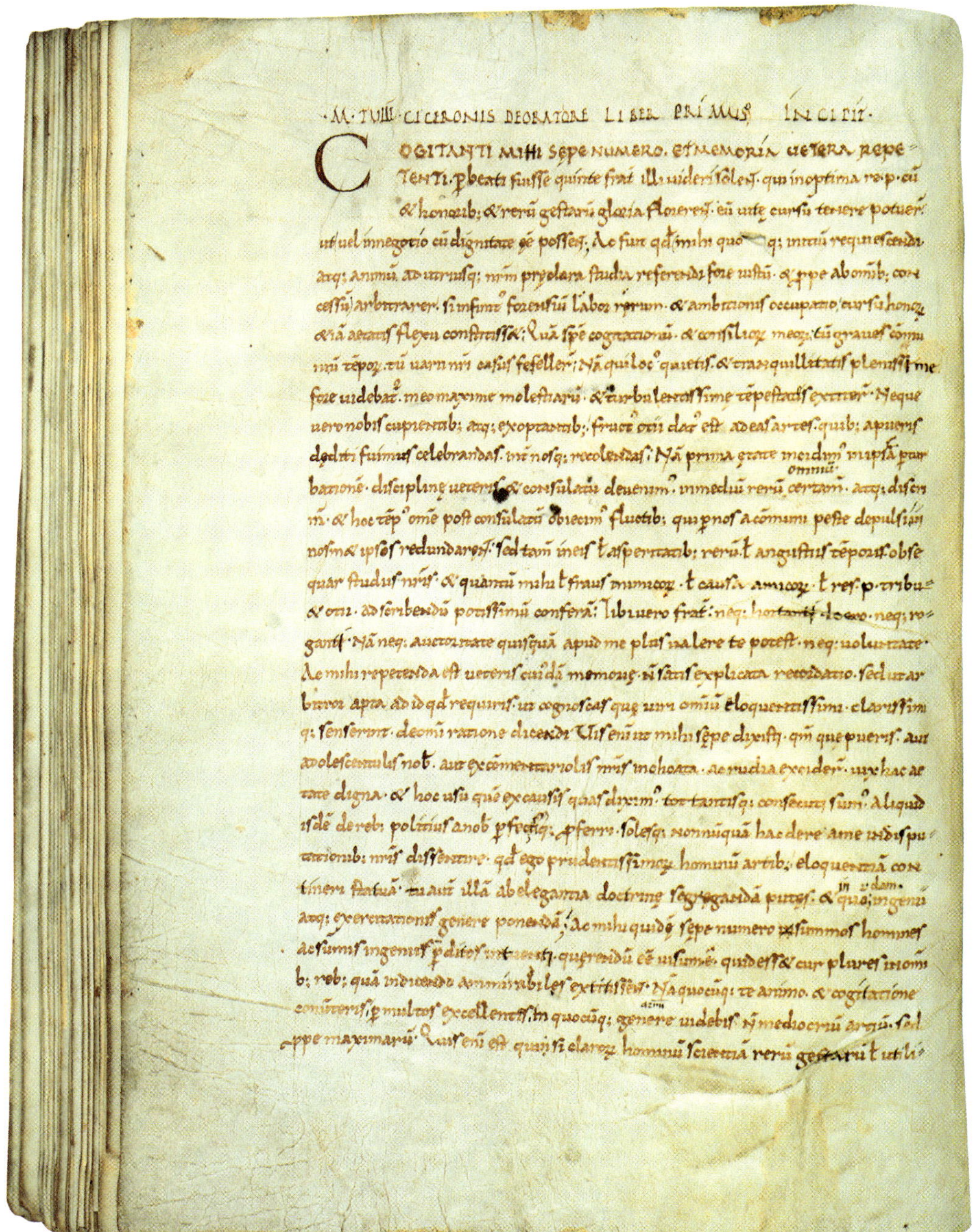

23.03.10

23.03.11

Uffing von Werden, Carmen figuratum

(ausgestellt in Budapest und Berlin)
Aus dem Besitz von Gosswein Kempken de Nussia (1465–1483 Professor an der Universität Köln); ab 1850 in der Ungarischen Nationalbibliothek
Werden, um 1000 (Einband 15. Jh.)
H. 38,7 cm, Br. 31 cm
Budapest, Országos Széchényi Könyvtár. Cod. lat. 7, fol. 2v
Lit.: P. Lehmann, Mitteilungen aus Handschriften. Sitzungsber. Bayer. Akad. Wiss., phil.-hist. Abt. V, 4 (München 1938) 53 f. – Codices latini medii aevi. Rec. E. Bartoniek. Catalogus bibliothecae Musei Nationalis Hungarici XII (Budapestini 1940) 11 f. No 7. – G. Silagi (Hrsg., in Verbindung mit B. Bischoff), Monumenta Germaniae Historica. Poetae latini medii aevi. Die lateinischen Dichter des deutschen Mittelalters 5, 3. Die Ottonenzeit. 629 ff. – N. Eickermann, Zu den Carmina figurata Uffings von Werden. In: Beiträge zur Geschichte von Stadt und

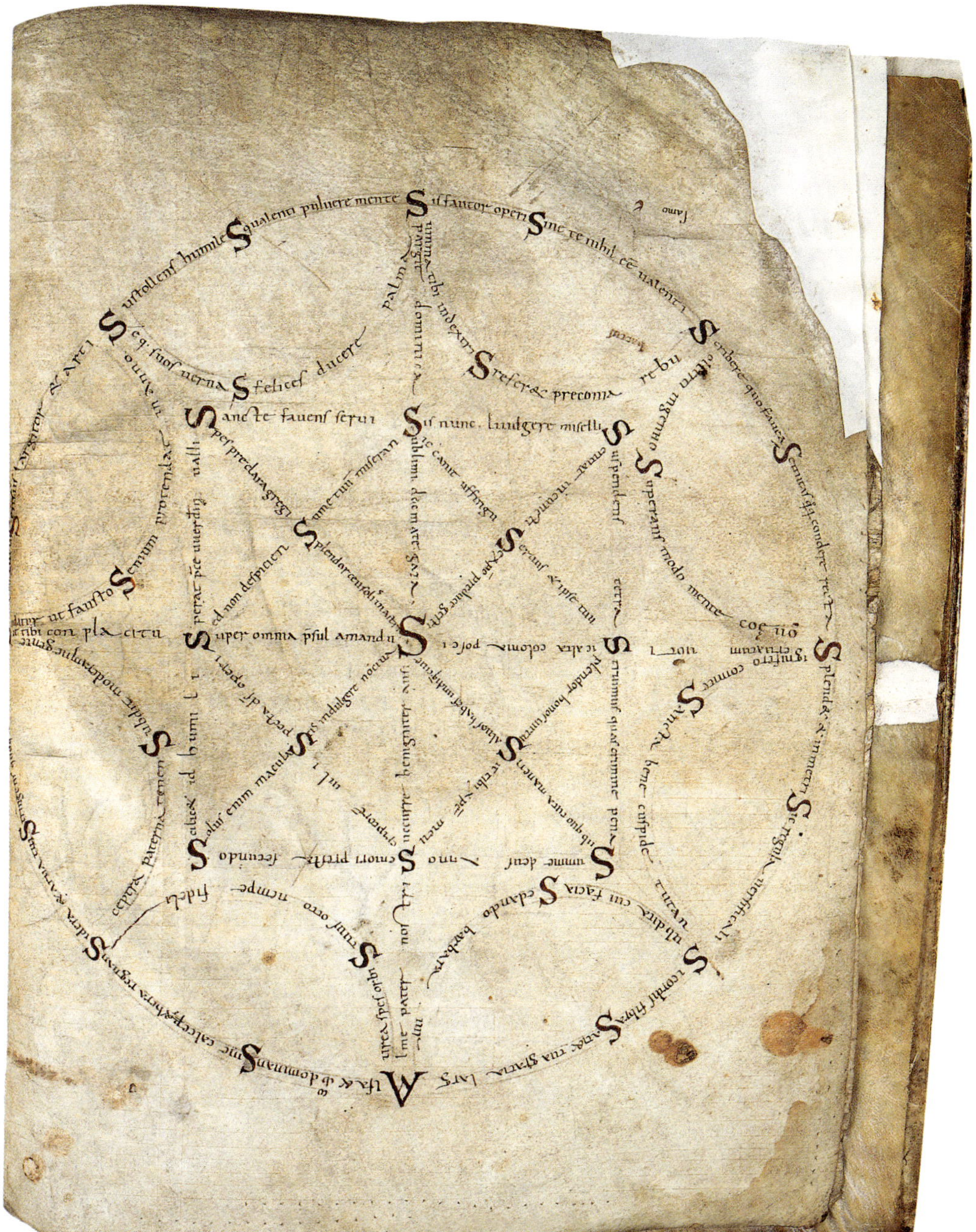

23.03.11

Stift Essen 101, 1986–1987, 3 ff. – U. Ernst, Carmen figuratum. Geschichte des Figurengedichts von den antiken Ursprüngen bis zum Ausgang des Mittelalters. In: U. Ernst u. a. (Hrsg.), Pictura ut poesis 1 (Köln, Weimar, Wien 1991) 495 ff.

Das Figurengedicht ist eine visuelle Dichtung. Die in der Antike wurzelnde Gattung blieb während des ganzen Mittelalters lebendig, ihre zahlreichen Varianten sind vor allem durch Handschriften überliefert. Die Wiederbelebung der unter den Karolingern besonders beliebten *Carmina figurata* ist der Ottonischen Zeit zu verdanken, wobei Uffing von Werden eine bedeutende Rolle gespielt hat. Sein Werk wird durch sowohl inhaltlich als auch formal hohe Qualität ausgezeichnet. Der Benediktinermönch Uffingus hielt sich um 980 im ottonischen Reichskloster St. Liudger zu Werden auf. Nebst mehreren seiner hagiographischen Werke und Gedichte sind seine beiden Figurengedichte durch den Budapester Kodex überliefert.

Das Gedicht mit dem Anfang *Alpha et Omega* (fol. 2v) ist eine räumlich konzipierte Liniendichtung. Das kreisförmige Feld wird durch Quadratur und Konstruktionslinien gegliedert. Den Beginn des leoninischen Texts bezeichnet oben die Initiale A, während die Zeilen mit S-Initialen beginnen. Erwähnt wird ein an Herrschertugenden reicher Kaiser, der als Zeitgenosse Uffings der von ihm angesprochene Otto III. gewesen sein mag. Von den Insignien wird allein die Heilige Lanze (die Mauritiuslanze) erwähnt. Sie ist ein Machtsymbol der Ottonen; denn ihr wurde der Sieg über den im Gedicht erwähnten Barbaren (gemeint ist über die Ungarn 955 auf dem Lechfelde) zugeschrieben. Auch der Dichternahme wurde ins Gedicht mitaufgenommen. Das andere Figurengedicht (fol. 3r) ist in der Form eines griechischen Kreuzes angelegt und dementsprechend der Erhöhung des Heiligen Kreuzes gewidmet. T. W.

23.04.01

23.04.01

Wandmalerei eines Medaillons mit Büste aus der Kaiserloge der Pfalzkapelle in Aachen

(ausgestellt in Budapest und Prag)
A. Olbers, 1902 (Originalfresko wohl 997)
Karton, Aquarell
H. 73 cm, Br. 83,5 cm
Pulheim, Abtei Brauweiler, Rheinisches Amt für Denkmalpflege, Planarchiv. Inv. Nr. 7583
Lit.: U. Wehling, Die Mosaiken im Aachener Münster und ihre Vorstufen (Köln, Bonn 1995) 41 ff. – M. Exner, Ottonische Herrscher als Auftraggeber im Bereich der Wandmalerei. In: G. Althoff/E. Schubert (Hrsg.), Herrschaftsrepräsentation im ottonischen Sachsen (Sigmaringen 1998) 103–135 hier 110 ff.

Zu den Kopien um 1900 nach der einstigen Freskoausstattung der Kaiserloge im Aachener Münster gehört das Aquarell eines Medaillons mit weiblichem Brustbild. Nach P. Clemen schloss an die monumentalen Rundbilder in der Tonne nach unten zu ein ornamentaler Fries an. In der Zone unter dem Ornamentstreifen in der nördlichen Tonnenhälfte wurde das Brustbild einer Frauenfigur entdeckt. Dies ist ein weiterer Beleg für eine figürliche Gestaltung ursprünglich aller Medaillons. Ottonische Vergleichsbeispiele wie die Fresken in Wieselburg an der Erlauf zeigen jedoch keine Bildnisschilder, die im oberen Drittel beschnitten sind. Den unteren Abschluss dieser Zone bildete ein Fries mit Kreisen bzw. Halbkreisen. I. S.

23.04.02

23.04.02

Wandmalerei mit stehenden Figuren aus der Kaiserloge der Pfalzkapelle zu Aachen

(ausgestellt in Krakau, Berlin und Mannheim)

A. Olbers, 1902 (Originalfresko wohl 997)

Karton, Aquarell

H. 83 cm, Br. 71 cm

Pulheim, Abtei Brauweiler, Rheinisches Amt für Denkmalpflege, Planarchiv. Inv. Nr. 7582

Lit.: U. Wehling, Die Mosaiken im Aachener Münster und ihre Vorstufen (Köln, Bonn 1995) 41 ff. – M. Exner, Ottonische Herrscher als Auftraggeber im Bereich der Wandmalerei. In: G. Althoff/E. Schubert (Hrsg.), Herrschaftsrepräsentation im ottonischen Sachsen (Sigmaringen 1998) 103–135 hier 110 ff.

Eine weitere Aquarellkopie der einstigen ottonischen Wandmalereien der Aachener Kaiserloge zeigt stehende Figuren, die sich nicht mehr identifizieren lassen. Sie waren links und rechts des Fensters an der Westwand angebracht. Schon bei der Freilegung konnten sie nicht mehr identifiziert werden. Daher muss man wohl dem Bericht in den Quellen Glauben schenken, nach dem die Aachener Fresken des hochberühmten italienischen Malers Johannes bald nach der Fertigstellung an Haltbarkeit verloren hätten. I. S.

23.04.03

23.04.03

Wandmalerei mit Medaillons aus der Kaiserloge der Pfalzkapelle in Aachen (Südseite des Gewölbes)

(ausgestellt in Krakau, Berlin und Mannheim)

A. Olbers, 1902 (Originalfresko wohl 997)

Karton, Aquarell, Tusche

H. 82,5 cm, Br. 63 cm

Pulheim, Abtei Brauweiler, Rheinisches Amt für Denkmalpflege, Planarchiv. Inv. Nr. 7584

Lit.: U. Wehling, Die Mosaiken im Aachener Münster und ihre Vorstufen (Köln, Bonn 1995) 41 ff. – M. Exner, Ottonische Herrscher als Auftraggeber im Bereich der Wandmalerei. In: G. Althoff/E. Schubert (Hrsg.), Herrschaftsrepräsentation im ottonischen Sachsen (Sigmaringen 1998) 103–135 hier 110 ff.

Im Zuge der Freilegung der Kaiserloge des Aachener Münsters im 19. und frühen 20. Jahrhundert wurden ottonische Wandmalereien entdeckt und in Aquarellkopien festgehalten. Mit Hilfe von Quellen, die die Fresken als Auftrag Ottos III. an den lombardischen Bischof Johannes bezeichnen, werden sie in das Jahr 997 datiert. Im obersten Teil des Gewölbes befanden sich monumentale Rundbilder. Sie waren wohl mit Büstenbildnissen von Heiligen, Engeln, Evangelistensymbolen oder Propheten gefüllt, wie der Vergleich mit ähnlichen Zyklen und der Fund geringer Reste einstiger Beischriften nahelegt. Die Ausstattung von Tonnengewölben mit Medaillons steht in spätantiker Tradition. Als nordalpines Beispiel des 4. Jahrhunderts ist die erste Malschicht der Krypta von St. Maximin in Trier zu nennen. I. S.

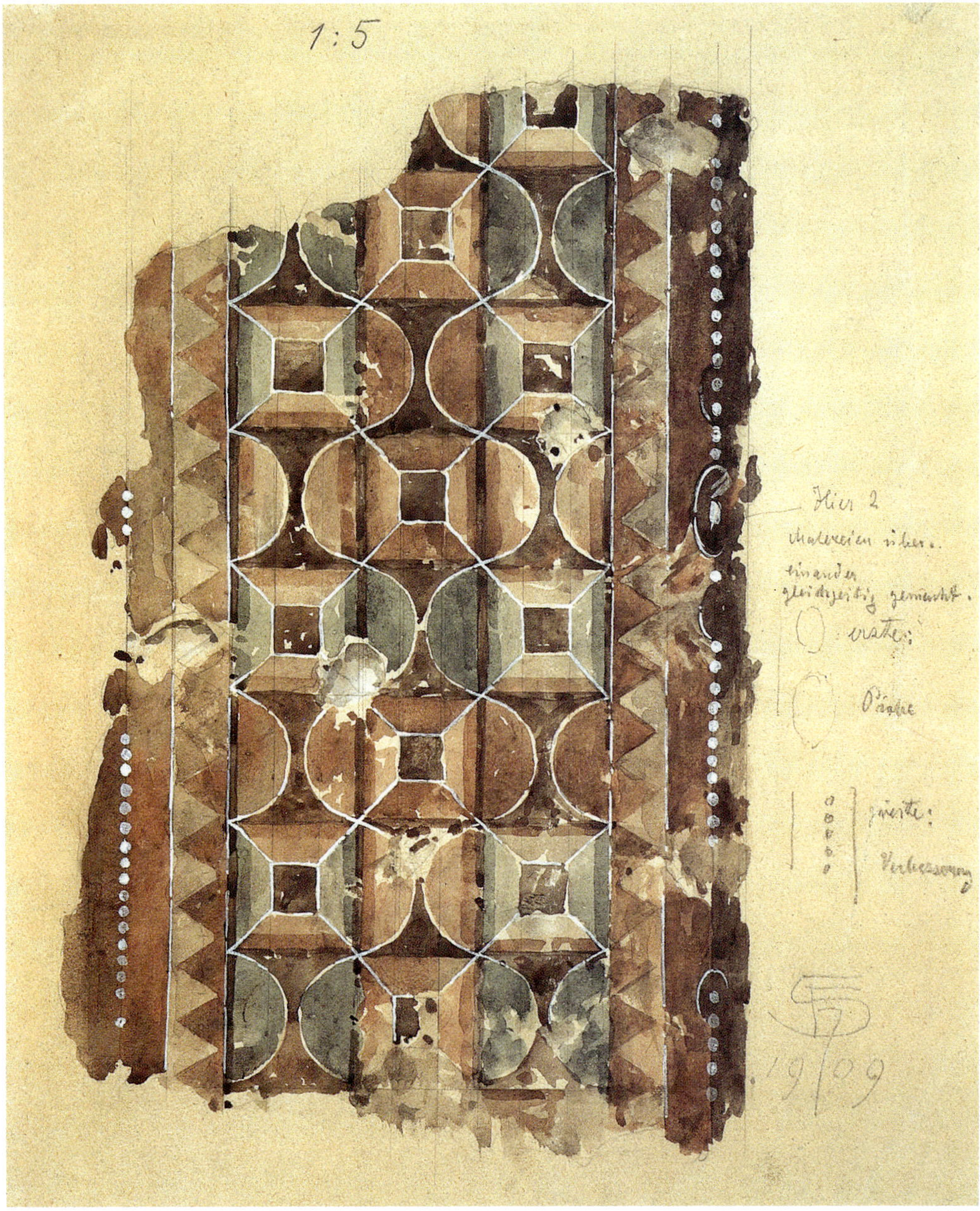

23.04.04

23.04.04

Wandmalerei der Fensterlaibung des oberen Umgangs mit Ornamentik in der Kaiserloge der Pfalzkapelle zu Aachen

(ausgestellt in Krakau, Berlin, Mannheim und Prag)
H. Schapers, 1909 (Signatur „HS 1909; Originalfresko wohl 997)
Papier, Aquarell, Bleistift (Motiv ausgeschnitten und auf Pappe geklebt)
H. 30 cm, Br. 25 cm
Pulheim, Abtei Brauweiler, Rheinisches Amt für Denkmalpflege, Planarchiv.
Inv. Nr. 28933
Lit.: U. Wehling, Die Mosaiken im Aachener Münster und ihre Vorstufen (Köln, Bonn 1995) 41 ff. – M. Exner, Ottonische Herrscher als Auftraggeber im Bereich der Wandmalerei. In: G. Althoff/E. Schubert (Hrsg.), Herrschaftsrepräsentation im ottonischen Sachsen (Sigmaringen 1998) 103–135 hier 110 ff.

In der Arkadenlaibung des Südostfensters im oberen Umgang der Kaiserloge des Münsters zu Aachen haben sich Teile der ottonischen Wanddekoration erhalten. Sie besteht aus einem dreireihigen Fries aus adossierten Halbkreisen und Pyramidenstümpfen. Bei diesen geometrischen Ornamenten handelt es sich um einen Musterstreifen, der letztlich auf klassische antike Vorlagen zurückzuführen ist und in der karolingischen wie ottonischen Kunst eine weite Verbreitung hatte. Die besten Parallelen für die Aachener Ausprägung des Ornaments bieten ottonische Fresken, wie die Malereien der Fensterlaibung von St. Walburga in Walberberg oder die im Apsisbogen der 1007 geweihten Kirche San Vincenzo a Galliano. Auch von den Laibungsmalereien in Aachen wurden Aquarellkopien angefertigt. I. S.

Rom als kirchliches Zentrum

24.01

Eine Stärkung der kirchenpolitischen Bedeutung Roms und die Durchsetzung liturgischer Neuerungen von Rom aus sind Teil der renovatio-Konzeption um 1000. Wie im antiken Rom Kaiser Konstantin und Papst Silvester in engem Einvernehmen handelten, so wollte im Rom um 1000 Otto mit der Berufung zunächst seines Cousins als Papst Gregor V. und dann mit der seines Beraters Gerbert als Papst Silvester II. ein enges Zusammenwirken von Kaiser und Papst erreichen. In diesem Kontext steht die italienische Kirchenpolitik Ottos, die vor allem durch die Restitution von Kirchenbesitz und die Einführung der Kirchenreform gekennzeichnet ist. Die Rezeptionsgeschichte des römisch-deutschen Pontifikales und der sog. Reichenauzins zeigen, dass von Rom aus die ottonische Liturgie ihre Verbreitung finden sollte. I. S.

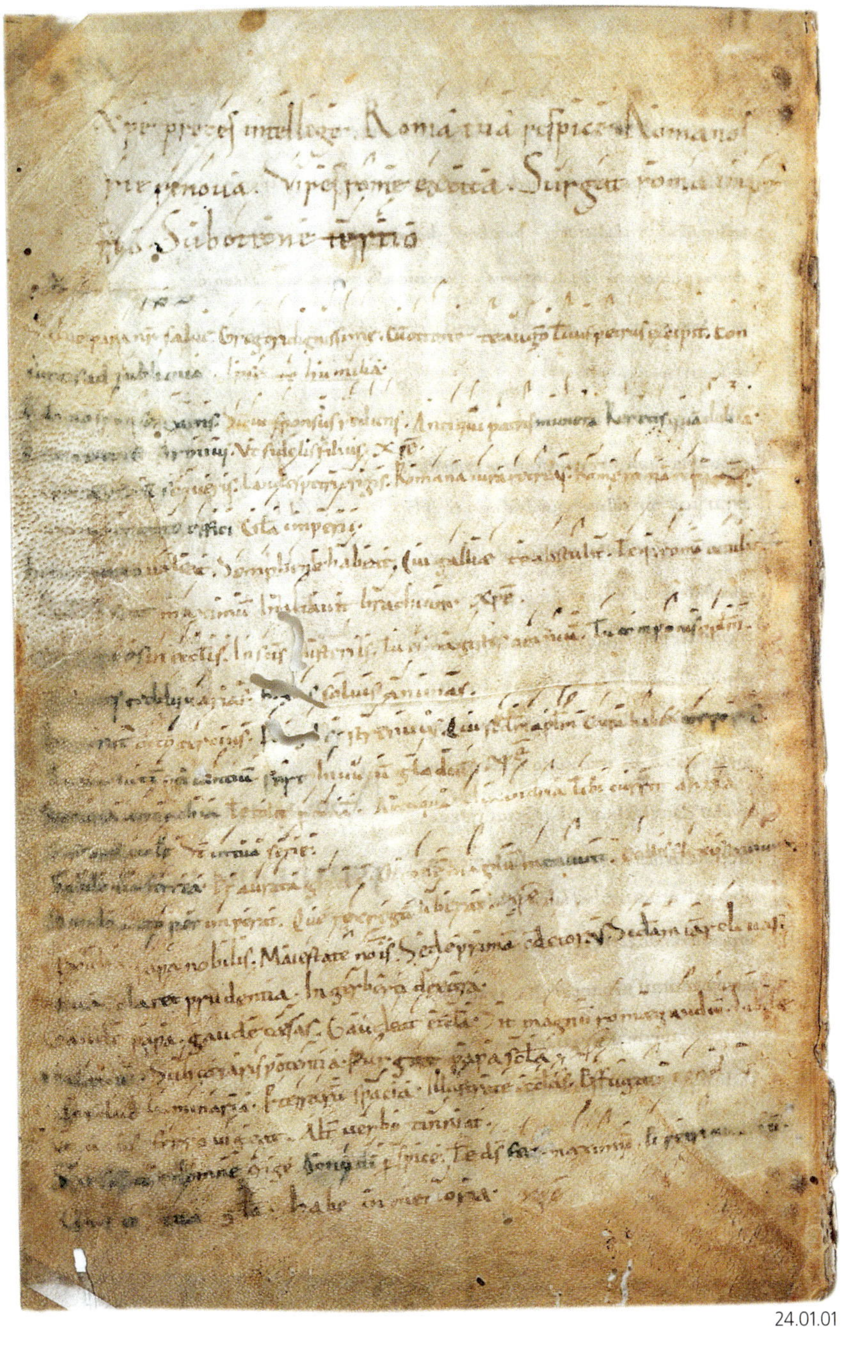

24.01.01

24.01.01

Leo von Vercelli, Gedicht über Papst Gregor und Kaiser Otto

(ausgestellt in Budapest)
Italien, 10. Jh.
Pergament
H. 25 cm, Br. 16 cm
Bamberg, Staatsbibliothek. Msc. Can. 1, fol. 13v

Lit.: K. Strecker/G. Silagi (Hrsg.), Die lateinischen Dichter des deutschen Mittelalters. Die Ottonenzeit. MGH Poet. lat. 5 (Berlin 1937–1979) 477–480. – H. Dormeier, Kaiser und Bischofsherrschaft in Italien: Leo von Vercelli. In: Bernward von Hildesheim und das Zeitalter der Ottonen 1. Ausstellungskat. Hildesheim (Hildesheim, Mainz 1993) 103–112. – P. E. Schramm, Kaiser, Rom und Renovatio. Studien zur Geschichte des römischen Erneuerungsgedankens vom Ende des Karolingischen Reiches bis zum Investiturstreit (Nachdr. Darmstadt 1992) 119–127.

Während seines ersten Romzuges 996 bestimmte Otto III. seinen Vetter Brun zum Papst. Als Gregor V. bestieg er den Thron Petri, um wenige Wochen später Otto selbst zum Kaiser zu krönen. Doch kaum dass der Kaiser die Stadt wieder verlassen hatte, verjagten die Römer den fremden Papst und setzten den Griechen Johannes Philagathos an seine Stelle. 998 zog Otto daher erneut über die Alpen, um die Widersacher zu bestrafen und die Ordnung in Rom zu erneuern. Bald nach dieser Rückkehr dürfte Bischof Leo von Vercelli, ein Vertrauter des Kaisers, den feierlichen Hymnus verfasst haben, in dem sich die Idee der *„Renovatio Imperii Romanorum“* emphatisch formuliert findet. Gemeinsam sollten Kaiser und Papst fortan zusammenwirken, um Rom, den Erdkreis, die Kirche zu leiten.

„… Freue dich, Papst, freue dich, Kaiser es freue sich die Kirche. Große Freude sei in Rom, es jubele der Palast. Unter der Herrschaft des Kaiser reinigt der Papst die Welt.

Ihr zwei Gestirne, erleuchtet in den Weiten der Erde die Kirchen, vertreibt die Finsternis; der eine siege mit dem Schwert, der andere lasse das Wort erschallen …“ K. Sch.

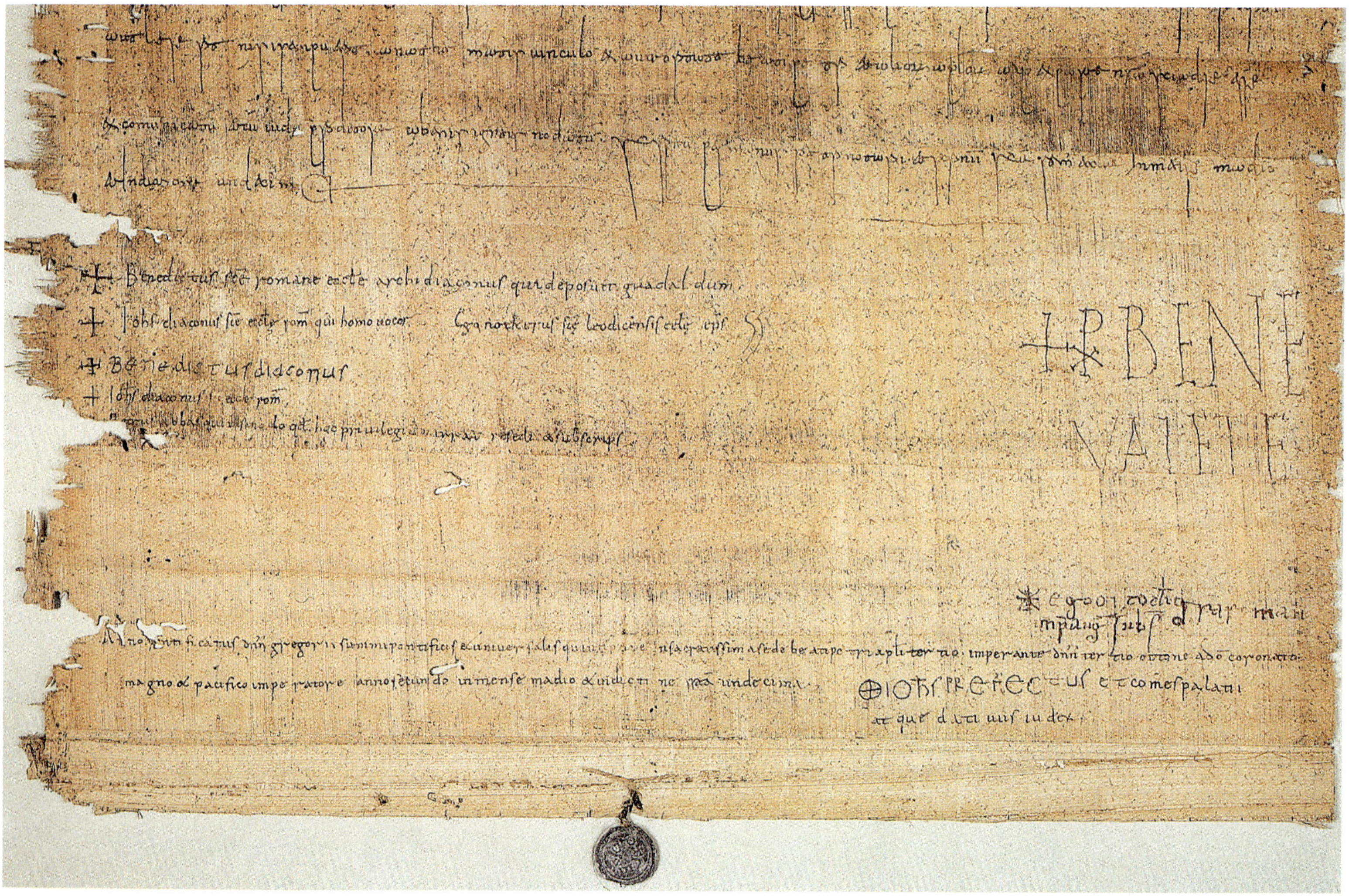

24.01.02

24.01.02

Papst Gregor V. urkundet zur Entscheidung des Schismas in Vich durch die römische Synode

(Faksimile ausgestellt in Krakau und Berlin)
Rom, 998 Mai (9)
Papyrus, anhängende Bleibulle, Avers mit Stern und Umschrift + GREGORII, Revers mit Punktkreuz und Umschrift PAPAE
L. 251 cm, Br. 74 cm
Vich, Arxiu capitolar. Cal. 37
Druck: H. Zimmermann (Hrsg.), Papsturkunden 896–1046, Bd. 2. Österreichische Akad. d. Wiss., Phil.-Hist. Klasse, Druckschr. 177 (Wien 1984–85) 697–700
Lit.: M. S. Gros, Fragments de papir pertanyents a les butlles papals de Vic. In: S. Jameras (Hrsg.), Micellània papirològica Ramon Roco-Purg en el seu viutante aniversari (Barcelona 1987) 141–144. – M. Thiel in: M. Brandt/A. Eggebrecht (Hrsg.), Bernward von Hildesheim und das Zeitalter der Ottonen 2. Ausstellungskat. Hildesheim (Hildesheim, Mainz 1993) 111–112. – H. Beumann, Die Ottonen (Stuttgart, Berlin, Köln 1994) 140 f.

Das im Papyrusoriginal erhaltene Synodaldekret Papst Gregors V. vom 9. Mai 998 entschied das Schisma des (katalanischen) Bistums Vich zugunsten des Bischofs Arnulf. Rechts unten, exakt unter dem *BENE/VALETE* des Papstes, befindet sich als Besonderheit die zweizeilige eigenhändige Unterschrift Ottos III. Eine kaiserliche Mitunterfertigung ist nur für fünf weitere, kopial überlieferte Papsturkunden zwischen 967 und 996 belegt, wobei das vorliegende Dekret den Einfluss des Kaisers besonders stark hervorhebt: Otto III. hatte an der dem Dekret vorangegangenen päpstlichen Synode in Rom aktiv teilgenommen und gemeinsam mit den Synodalen *(iudicantibus episcopis ..., consentiente et iudicante domno Ottone imperatore augusto)* die Absetzung von Arnulfs Kontrahenten Waldald beschlossen. Da sich die Urkunde für Vich an einen Empfänger außerhalb des Imperiums richtete, bleibt unklar, in welchem Maße die Mitunterfertigung Ottos III. als Ausdruck universalen kaiserlichen Machtanspruches zu bewerten ist. K. F.

24.01.03

24.01.03

Epitaph Gregors V.

(Abguss ausgestellt in Krakau, Berlin, Mannheim, Prag und Bratislava)
Rom, nach Februar 999
Marmor
H. 80 cm, Br. 238 cm
Città del Vaticano, Fabbrica di San Pietro
Lit.: Bernward von Hildesheim und das Zeitalter der Ottonen 2. Ausstellungskat. Hildesheim (Hildesheim, Mainz 1993) 112 f. III–2.

Mit Papst Gregor V. lässt sich kaum ein Monument verbinden, es sei denn seine Grabschrift. Sie informiert über Herkunft, Sprachgewandtheit und Ausbildung des Papstes in Worms. Außerdem berichtet sie vergleichbar zeitgenössischen Bischofsviten von Gregors Armenfürsorge. Da ausdrücklich erzählt wird, dass der Papst dabei die Zwölfzahl der Apostel berücksichtigt habe, ist ein eindeutiger Verweis auf das frühe Christentum gegeben. Ein Rückbezug auf spätantike bzw. frühchristliche Grabanlagen wird zudem an folgenden Elementen greifbar: der Wahl des Begräbnisortes durch Otto III., nämlich neben Papst Gregor I.; der Gestalt der Aufschrift, in Kapitalis fortlaufend ohne Worttrennung; einem inhaltlichen Aspekt, dem *topos* des schönen Aussehens Gregors. I. S.

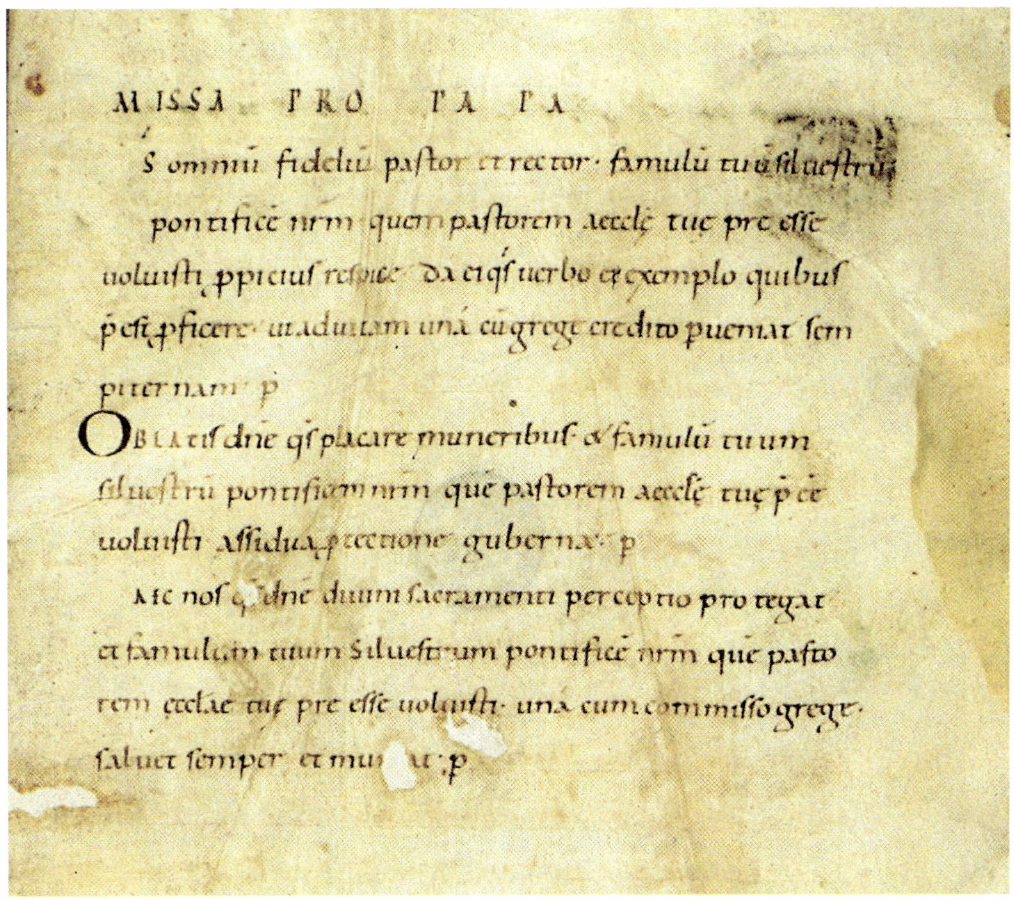

24.01.04

24.01.04

Roccasakramentar

(ausgestellt in Mannheim)
Regensburg (Fulda?), Ende 10. Jh.
Pergament
H. 34 cm, Br. 28 cm
Città del Vaticano, Biblioteca Apostolica Vaticana. Vat. lat. 3806, fol. 307r

Lit.: Bernward von Hildesheim und das Zeitalter der Ottonen 2. Ausstellungskat. Hildesheim (Hildesheim, Mainz 1993) 96 f. II–42.

Auf fol. 307r wurde eine *missa pro papa* nachgetragen. In ihr wird ein Papst Silvester genannt, der aufgrund der Datierung der Handschrift wohl mit Papst Silvester II. (999–1003) zu identifizieren ist. Da Silvester enge und gute Kontakte zum Hof hatte, ist der Codex daher vielleicht über den Hof nach

S SEBASTIANVS
ZOTICVS
GENITRIX
SPLENDIDA MATER
MEDICVS QVOQVE
SEBASTIANO
CAPIAT VESTRIS

24.01.05

Rom gelangt. Das Sakramentar hat allein ornamentalen Buchschmuck, wobei der Aufbau der Zierseiten Elemente Fuldaer wie vor allem Regensburger Buchmalereien aufweist, die Initialornamentik hingegen zum Teil mit frühen Reichenauer Werken verwandt ist. Während Reichenauer Einflüsse für die frühe ottonische Regensburger Buchkunst kennzeichnend sind, könnten die Fuldaer Elemente bei der Lokalisierungsfrage evtl. Argumente zugunsten einer Anfertigung durch Regensburger Schreiber in Fulda sein. I. S.

24.01.05
Apsisaquarell
Rom, 1916
Karton
H. 50 cm, Br. 40 cm
Roma, Pontificio Istituto di Archeologia Cristiana. N. Inv. 995 Coll. V 5:8
Lit.: Bernward von Hildesheim und das Zeitalter der Ottonen 2. Ausstellungskat. Hildesheim (Hildesheim, Mainz 1993) 133 ff. III-15.

Das Aquarell zeigt das 975 bis 1000 datierte Apsisfresko sowie das nach 1061 entstandene Einsatzbild mit den heiligen Benedikt, Sebastian und Zoticus in der einstigen Klosterkirche S. Maria in Pallara in Rom. In dieser Kirche tagte 1001 in Anwesenheit Ottos III. und Papst Silvesters II. eine wichtige Synode, auf der ein Streit zwischen Willigis und Bernward entschieden wurde. Das Aquarell vermittelt ein Bild vom kirchlichen Zentrum Rom. Mosaikzyklen vergleichbar ist in der Apsiskalotte Christus in einer Paradieslandschaft zwischen den heiligen Laurentius, Sebastian, Zoticus und Stephan dargestellt. Im Velum über Christus befindet sich die Hand Gottes mit dem Siegeskranz. Ein Lämmerfries trennt die Hauptszene von der untersten Zone mit Maria als Orantin, zwei Erzengeln und vier weiblichen Heiligen. I. S.

24.01.06
Aquarellkopie der Fresken von der Apsisbogenwand
(ausgestellt in Krakau und Prag)
Rom, 17. Jh.
Papier
H. 46 cm, Br. 31 cm
Città del Vaticano, Biblioteca Apostolica Vaticana. Vat. lat. 9071, pag. 243 (Arzt Petrus als Stifter)
Lit.: Bernward von Hildesheim und das Zeitalter der Ottonen 2. Ausstellungskat. Hildesheim (Hildesheim, Mainz 1993) 133 ff. III-15.

24.01.06

Während die Apsisfresken von S. Maria in Pallara *in situ* erhalten wurde, sind die Langhausfresken der Barockisierung der Kirche zum Opfer gefallen. Anhand der Aquarellkopien im Vatikan lassen sich Programm und Aussehen jedoch recht genau rekonstruieren: Das Kirchenschiff schmückten ein Leben-Christi-Zyklus und Szenen aus den Viten der heiligen Sebastian und Zoticus. Die Nachzeichnungen überliefern nicht nur das Aussehen des Ortes, an dem Kaiser und Papst in Rom anlässlich der Synode 1001 zusammenwirkten. Implizit verweisen die Kopien auch auf künstlerische Tendenzen im Rom Ottos III.: Stilistisch stehen die Fresken Werken in der ottonischen Lombardei und dem Alpengebiet nahe, was auf besondere Beziehungen des Auftraggebers zur führenden Oberschicht der Ottonen zurückgeführt wird. I. S.

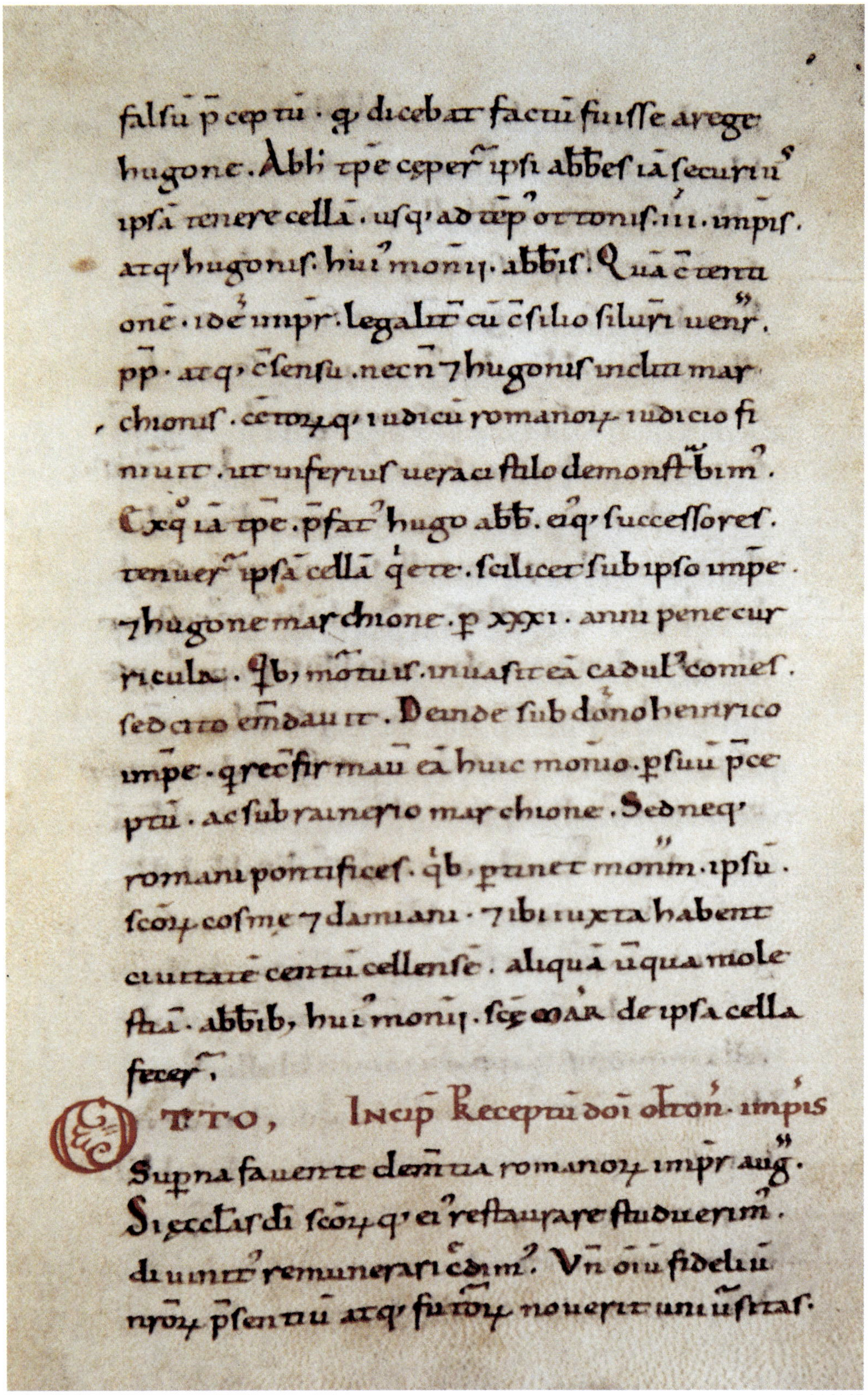

24.01.07

24.01.07

Chronik von Farfa (Chronicon Farfense)

(ausgestellt in Budapest und Berlin)
Farfa, 1. Viertel 12. Jh.
Pergament
H. 27 cm, Br. 17 cm
Roma, Biblioteca Nazionale Centrale. Farfa 1 fol. 209v
Lit.: U. Balzani (Hrsg.), Chronicon Farfense, Fonti per la storia díltalia II, 33/34, (Roma 1903) 14 ff. – K. Görich, Otto III. Romanus Saxonicus et Italicus. Kaiserliche Rompolitik und sächsische Historiographie (Sigmaringen 1993) 256–263.

Die Anfang des 12. Jahrhunderts von dem Mönch Gregor von Catino verfasste Chronik von Farfa ist eine wichtige Quelle für die im 10. Jahrhundert schwelenden Besitzstreitigkeiten des in Latium gelegenen Reichsklosters Farfa mit den stadtrömischen Kirchen SS. Cosma e Damiano und S. Eustachio. In diese Auseinandersetzungen griff Otto III. wiederholt zugunsten Farfas ein und bezog damit zugleich Stellung gegen die römische Adelsfamilie der Crescentier, zu deren Einflussbereich die beiden Kirchen gehörten. Wohl befördert durch den Kaiser öffnete sich Farfa um die Jahrtausendwende der vom westfränkischen Cluny ausgehenden Klosterreform. Kirchliche Reformbemühungen, die auch die Sicherung von Kirchengut umfassten, sind kennzeichnend für die italienische Kirchenpolitik Ottos III. und wesentlicher Bestandteil seiner Konzeption einer römischen Erneuerung. K. Sch.

24.01.08
Klosterchartular von Farfa (Regestum Farfense)
(ausgestellt in Krakau und Prag)
Farfa, 1092–1099
Peragment mit kolorierten Federzeichnungen
H. 41 cm, Br. 29 cm
Città del Vaticano, Biblioteca Apostolica Vaticana. Vat. lat. 8487, fol. 194r
Lit.: I. Giorgi/U. Balzani (Hrsg.), Il regesto di Farfa 3 (Roma 1879–1892) 149 ff. – K. Görich, Otto III. Romanus Saxonicus et Italicus. Kaiserliche Rompolitik und sächsische Historiographie (Sigmaringen 1993) 256–263.

Mit Gregor V. und Silvester II. waren nacheinander zwei Nichtrömer zum Papst erhoben worden. Gemeinsam mit Kaiser Otto III. strebten sie danach, den Einfluss der römischen Adelsfamilien auf das Papsttum zurückzudrängen. Das *Regestum Farfense*, eine Ende des 11. Jahrhunderts angelegte Urkundensammlung, enthält zwei Gerichtsentscheide des Kaisers zugunsten des Klosters Farfa in Latium gegen die Ansprüche zweier römischer Kirchen. Für diese sind enge Verbindung mit der mächtigen römischen Adelsfamilie der Crescentier anzunehmen, deren Interessen damit beeinträchtigt wurden. Otto griff auf diese Weise wiederholt in das innerstädtische Machtgefüge ein, was zu Aufständen gegen die Kaiserherrschaft führte.
Die Urkunde vom 2. Dezember 999 enthält zudem die berühmte Erwähnung des Gaudentius, des Bruders des heiligen Adalbert als *archiepiscopus s. Adalbertis martyris* (Erzbischof des heiligen Märtyrer Adalbert). K. Sch.

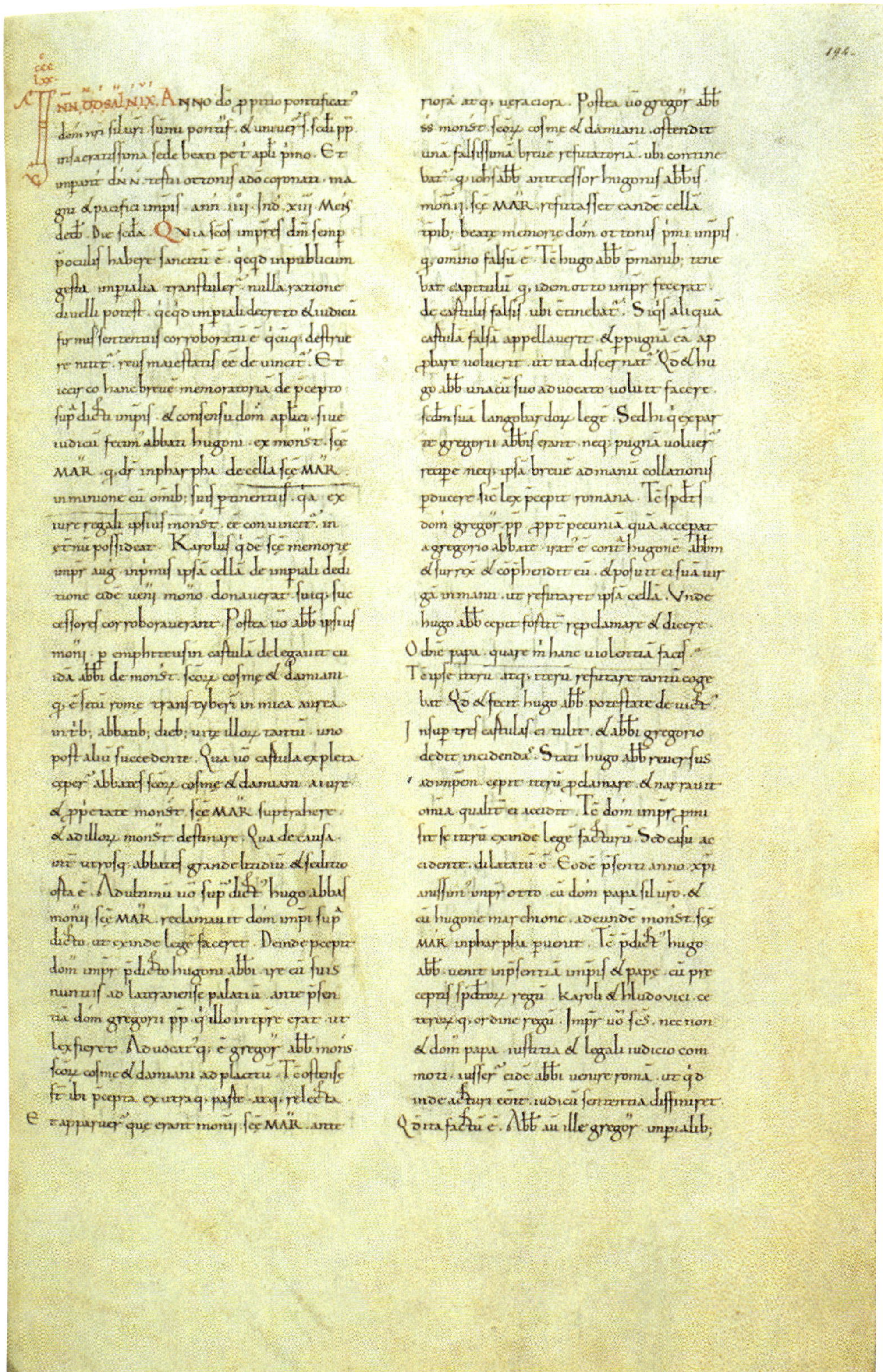
24.01.08

24.01.09

24.01.09

Situla des Erzbischofs Gotfredus

(Kopie ausgestellt in Krakau, Berlin und Mannheim)
Nachlass Wurts, spätes 19./frühes 20. Jahrhundert (Original: Mailand, ca. 980, Henkel um 1840 erneuert)
Elfenbein; Bronze
H. 18,5 cm, oberer Dm. 12,4 cm
Roma, Museo Nazionale di Palazzo Venezia. Inv. Nr. 7626 (Original: Milano, Tesoro del Duomo)
Lit.: A. Goldschmidt, Die Elfenbeinskulpturen aus der Zeit der karolingischen und sächsischen Kaiser 2. VII.–XI. Jahrhundert (Berlin 1918) Nr. 1. – Ch. T. Little, Avori milanesi del X secolo. In: C. Bertelli (Hrsg.), La città del vescovo dai Carolingi al Barbarossa (Milano 1988) 82–101. – H. Fillitz in: M. Brandt/A. Eggebrecht (Hrsg.), Bernward von Hildesheim und das Zeitalter der Ottonen 2. Ausstellungskat. Hildesheim (Hildesheim, Mainz 1993) 74–75.

Auf der in fünf Arkaden gegliederten Wandung der Situla erscheinen die vier Evangelisten sowie Maria mit dem Kinde, flankiert von zwei Engeln. Die Darstellungen werden unten durch ein Mäanderfries, oben von einer Palmettenleiste begrenzt. Die Umschrift + VATES AMBROSI GOTFREDVS DAT TIBI S(AN)C(T)E: VAS VENIENTE SACRA(M) SPARGENDV(M) CESARE LY(M)PH(AM) auf den Mailänder Erzbischof Gotfredus (974/75–979) als Auftraggeber des kostbaren Weihwasserbehälters. Sehr wahrscheinlich wurde die Situla für den offiziellen Besuch Ottos II. in Mailand 980, den Gotfredus jedoch nicht mehr erlebte, angefertigt. Insgesamt haben sich drei elfenbeinerne Weihwasserkessel aus ottonischer Zeit erhalten, für die jeweils eine Verwendung bei herrscherlichen Zeremonien angenommen wird. Es liegt daher nahe, den Gebrauch einer solchen Situla auch bei Romaufenthalten Ottos III. zu vermuten. K. F.

Eine Abgabeverpflichtung der Reichenau an den Papst 24.02

Im Zuge der renovatio-Konzeption wurde 998 auf Vermittlung Ottos III. von Papst Gregor V. den Reichenauer Äbten ein Vorrecht verliehen, das zuvor nur Äbten Roms zustand: Zu gewissen Anlässen durften sie Dalmatik und Pontifikalsandalen tragen. Als Gegenleistung für dieses Privileg mussten sie, wurde einer ihrer Äbte in Rom geweiht, dem Papst zwei Schimmel und je ein Sakramentar, Epistolar und Evangelienbuch abliefern. Mit diesen Codices kamen die drei für die Feier der Messe um 1000 zentralen Liturgika nach Rom. Hinter diesen Vorgängen ist das Bemühen zu erkennen, nordalpine Klöster nach dem Modell Roms zu gestalten, zugleich aber auch das Bestreben, in Rom nordalpine Liturgie einzuführen. I. S.

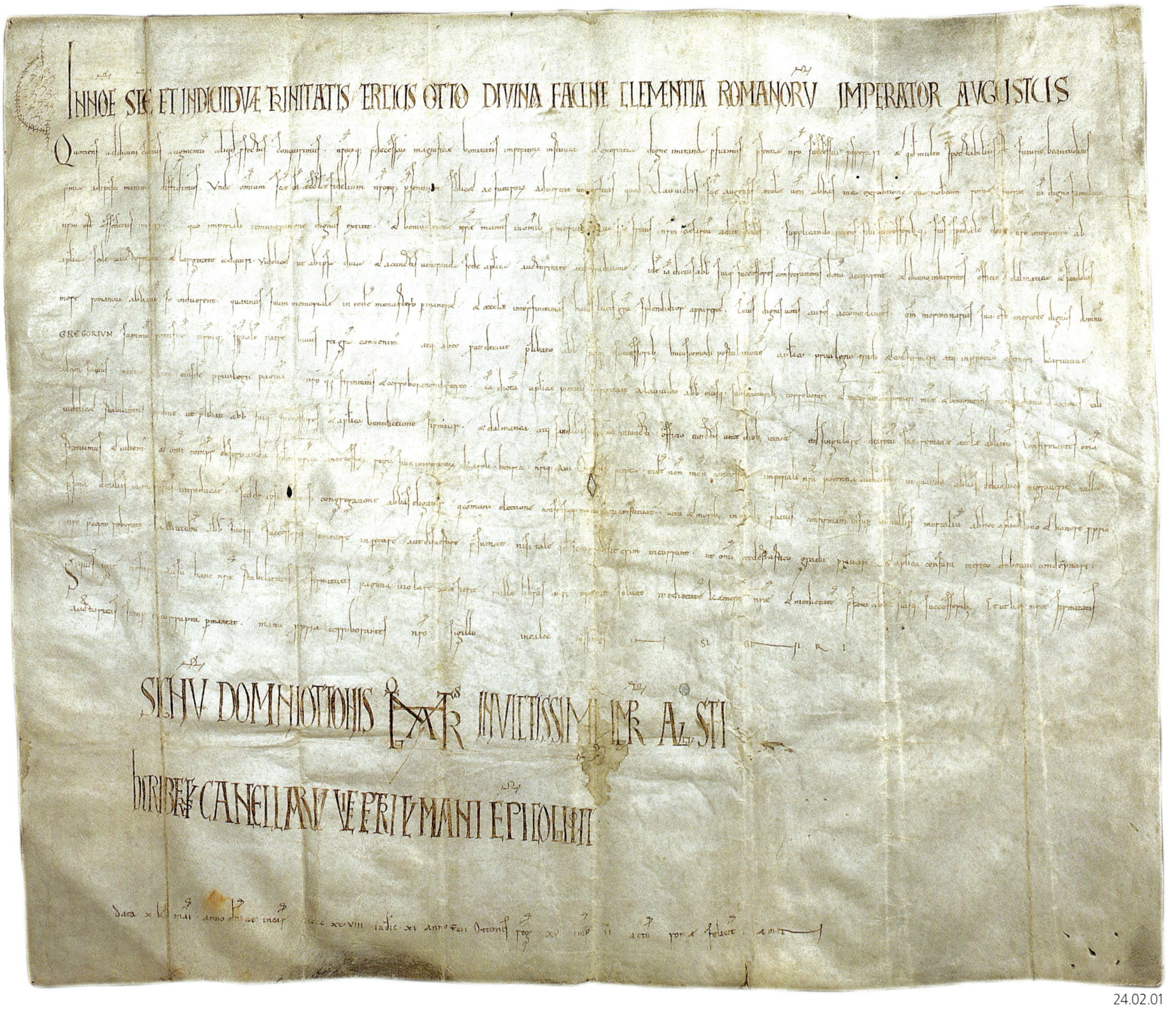

24.02.01

24.02.02

24.02.01

Urkunde Ottos III. für Abt Alawich von Reichenau

(ausgestellt in Berlin und Mannheim)
Rom, 22. April 998
Pergament; lose Bleibulle
H. 54 cm, Br. 66 cm; Dm. 4 cm (Bleibulle)
Karlsruhe, Generallandesarchiv. A 70
Lit.: Th. Sickel (Hrsg.), Die Urkunden Ottos III. (MGH Dipl. regum et imp. Germ 2.2) (Hannover 1893, Nachdr. 1980) 703 ff. Nr. 279. – H. Maurer, Rechtlicher Anspruch und geistliche Würde der Abtei Reichenau unter Kaiser Otto III. In: H. Maurer (Hrsg.), Die Abtei Reichenau. Neue Beiträge zur Geschichte und Kultur des Inselklosters (Sigmaringen 1974) 255–275.

Otto III. bestätigt in dieser Urkunde Abt Alawich ein von Papst Gregor V. aufgrund kaiserlicher Vermittlung gewährtes Privileg: Demnach erhalten Alawich und seine Nachfolger als Äbte der Reichenau fortan ihre Weihe vom Papst und dürfen im Gottesdienst Dalmatik und Sandalen tragen. Als Bestandteile des bischöflichen Ornats waren Dalmatik und Sandalen gemeinhin dem Bischof vorbehalten. Das Privileg stärkte so die Rechtsstellung des Klosters, das damit teilweise dem Zugriff des Bischofs von Konstanz entzogen wurde. Die Urkunde ist ein Beleg für die engen Beziehungen des Inselklosters zum kaiserlichen Hof, dessen Ideenwelt in den Reichenauer Handschriften ins Bild gesetzt wurde. Die Urkunde trägt die älteste erhaltene Kaiserbulle mit der programmatischen Devise Ottos III.: *„Renovatio Imperii Romanorum"*. K. Sch.

24.02.02

Sakramentarfragment

(ausgestellt in Budapest)
Freiburg, Einbandbezug des Lohnregisters des Freiburger Bauamts von 1602
Reichenau, Ende 10. Jh.
Pergament
H. 24 cm, Br. 17 cm
Freiburg i. Brg., Stadtarchiv. Fragment B 1 Nr. 334, fol. 1r
Lit.: H. Hoffmann, Buchkunst und Königtum im ottonischen und frühsalischen Reich (Stuttgart 1986) 319. – W. Hagenmaier (Bearb.), Die deutschen mittelalterlichen Handschriften der Universitätsbibliothek und die mittelalterlichen Handschriften anderer öffentlicher Sammlungen. In: W. Kehr (Hrsg.), Kataloge der Universitätsbibliothek Freiburg i. Brg. 1, 4 (Wiesbaden 1988) 365 f.

Das Sakramentar, das frühmittelalterliche Messbuch, ist das liturgische Buch für den Vorsteher der Messe. In ihm sind alle euchologischen Text enthalten. Neben Exemplaren, die in der Liturgie der Hochfeste verwendet und daher mit reichem Buchschmuck versehen wurden, haben sich auch nur sparsam illuminierte Sakramentare erhalten. Das Freiburger Fragment schrieb im späten 10. Jahrhundert ein Reichenauer Kalligraph, der einem der Schreiber des Egbert-Psalters in Cividale paläographisch nahesteht. An einst vorhandenen Buchschmuck erinnern lediglich mit Knollenblättern und Dreipässen verzierte Initialen auf fol. 1r zu Beginn des Kirchengebets an Weihnachten und auf fol. 2v zu Epiphanie. Dem Freiburger Fragment ähnliche Codices könnten als Reichenauer Abgabe nach Rom gelangt sein. I. S.

24.02.03
Sakramentar
(ausgestellt in Krakau)
Trier, St. Maximin; Verdun
Reichenau, um 1060
Pergament
H. 23 cm, Br. 18,5 cm
Paris, Bibliothèque nationale de France.
Ms. lat. 18005, fol. 118v
Lit.: A. Haseloff, Der Psalter Erzbischof Egberts von Trier (Trier 1901) 156 f. – H. Hoffmann, Buchkunst und Königtum im ottonischen und frühsalischen Reich (Stuttgart 1986) 338. – R. Kahsnitz, Koimesis – dormitio – assumptio. Byzantinisches und Antikes in den Miniaturen der Liuthargruppe. In: Florilegium in Honorem Carl Nordenfalk Octogenarii Contextum (Stockholm 1987) 91–122 hier 94 ff. Abb. 9.

Schrift, Liturgie und Miniaturen des Codex lassen keinen Zweifel daran, dass es sich um ein Werk des Reichenauer Skriptoriums aus der Mitte des 11. Jahrhunderts handelt. Befindet sich doch in ihm neben dem für Sakramentare üblichen Kanonbild der von der Reichenau entwickelte Festbildzyklus. Es ist interessant zu sehen, dass die Reichenau Miniaturen z. B. für Weihnachten, Epiphanie, Ostern, Pfingsten und Mariae Himmelfahrt in gleicher Weise den Festsakramentaren wie Evangeliaren oder Evangelistaren beigegeben hat. Für das Fest der Himmelfahrt Mariens schuf die Reichenau eine Illustration, die im Bild *dormitio* und Aufnahme der Seele Mariens verbindet. Wie die Provenienz des Codex zeigt, verließen reich ausgestattete Sakramentare früh das Bodenseekloster. I. S.

24.02.03

24.02.04
Kalender, Graduale, Sakramentar und andere liturgische Texte
(ausgestellt in Berlin)
Einsiedeln
Reichenauer Filialschule Einsiedeln/Reichenau (?), 2. Hälfte 11. Jh.
Pergament
H. 25 cm, Br. 19,5 cm
Einsiedeln, Stiftsbibliothek. Ms. 113 (466), pag. 141
Lit.: A. S. Korteweg, Der Bernulphuscodex in Utrecht und eine Gruppe verwandter spätreichenauer Handschriften. Aachener Kunstbl. 53, 1985, 35–76 bes. 56; 67 Anm. 70. – B. Hangartner, Missalia Einsidlensia: Studien zu drei neumierten Handschriften des 11./12. Jahrhunderts (St. Ottilien 1995). – O. Lang, Im Kreuz ist Heil! Das Kreuz als Zeichen des Heils in Handschriften und Drucken der Stiftsbibliothek (Einsiedeln 2000) 9 f.

In Sakramentaren des 10. und 11. Jahrhunderts wird der Beginn des eucharistischen Hochgebets oft mit einer Miniatur, dem so genannten Kanonbild, versehen. Bei dieser ist im Reichenauer Umkreis häufig der Anfangsbuchstabe des Messkanons, das T von *te igitur clementissime pater,* zu einem Kreuzigungsbild jedoch ohne Johannes und Maria erweitert. Durch die Kreuzigungsdarstellung sollte der zentrale Moment im Erlösungsgeschehen bildlichen Ausdruck finden. Der weitere Buchschmuck der Handschrift beschränkt sich auf die *vere-dignum*-Zierseite (pag. 224), eine A-Initiale zum ersten Adventssonntag (pag. 63) und eine R-Initiale zur Ostervigil (pag. 141). Obgleich der Codex neuerdings nach Einsiedeln lokalisiert wird, spiegelt er letztlich den Reichenauer Sakramentartyp. I. S.

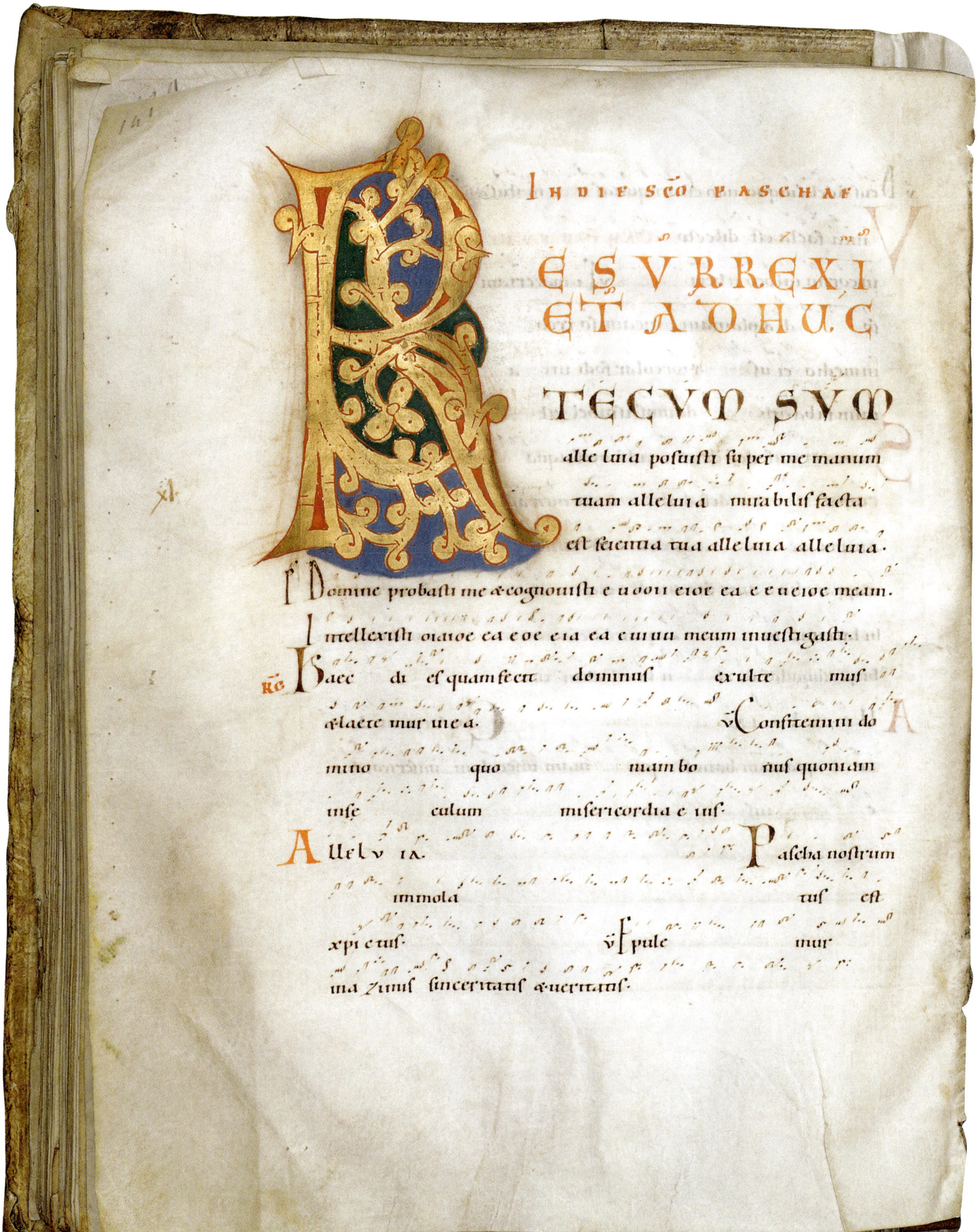

24.02.04

24.02.05
Graduale, Sakramentar und weitere liturgische Texte
(ausgestellt in Mannheim)
Einsiedeln
Reichenauer Filialschule Einsiedeln/Reichenau (?), 2. Hälfte 11. Jh.
Pergament
H. 24,5 cm, Br. 18 cm
Einsiedeln, Stiftsbibliothek. Ms. 114, pag. 86
Lit.: A. S. Korteweg, Der Bernulphuscodex in Utrecht und eine Gruppe verwandter spätreichenauer Handschriften. Aachener Kunstbl. 53, 1985, 35–76, hier 56 ff.; 67 f. Anm. 70. – B. Hangartner, Missalia Einsidlensia. Studien zu drei neumierten Handschriften des 11. und 12. Jahrhunderts (St. Ottilien 1995) 146 f. – O. Lang, Im Kreuz ist Heil! Das Kreuz als Zeichen des Heils in Handschriften und Drucken der Stiftsbibliothek (Einsiedeln 2000) 10.

Aus paläographischer, liturgischer und kunsthistorischer Sicht ist das Sakramentar dem Einsiedler Ms. 113 (Kat. Nr. 24.02.04) äußerst verwandt: Wie dieses ist auch Ms. 114 mit einem Kanonbild (pag. 205), einer Zierseite (pag. 203) und Zierinitialen (pag. 9; 86) ausgestattet. Die Darstellung von Kreuz und lediglich mit dem Lendenschurz bekleideten Christus entspricht der in Ms. 113. Auch die Initialen beider Handschriften sind sich sehr ähnlich. Durch die Initialornamentik (Pfeilspitzen und Knollenblätter) erweisen sie sich als vom Reichenauer Repertoire abhängig. Wie Ms. 113 ist auch dieses Messbuch letztlich auf einen Sakramentartyp zurückzuführen, der im späten 10. Jahrhundert im Skriptorium der Reichenau mit einem ähnlichen Bildschmuck ausgestattet wurde. I. S.

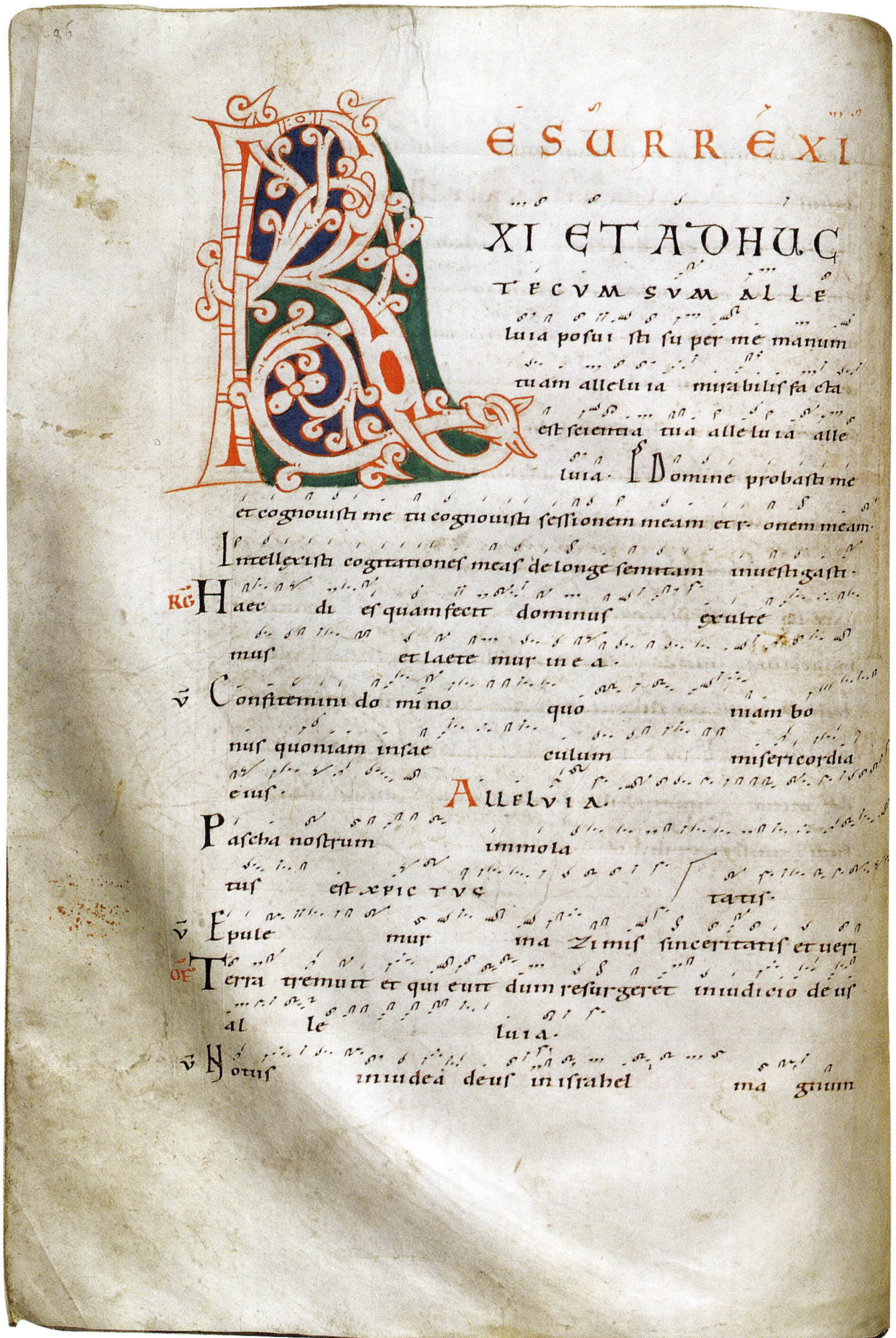

24.02.05

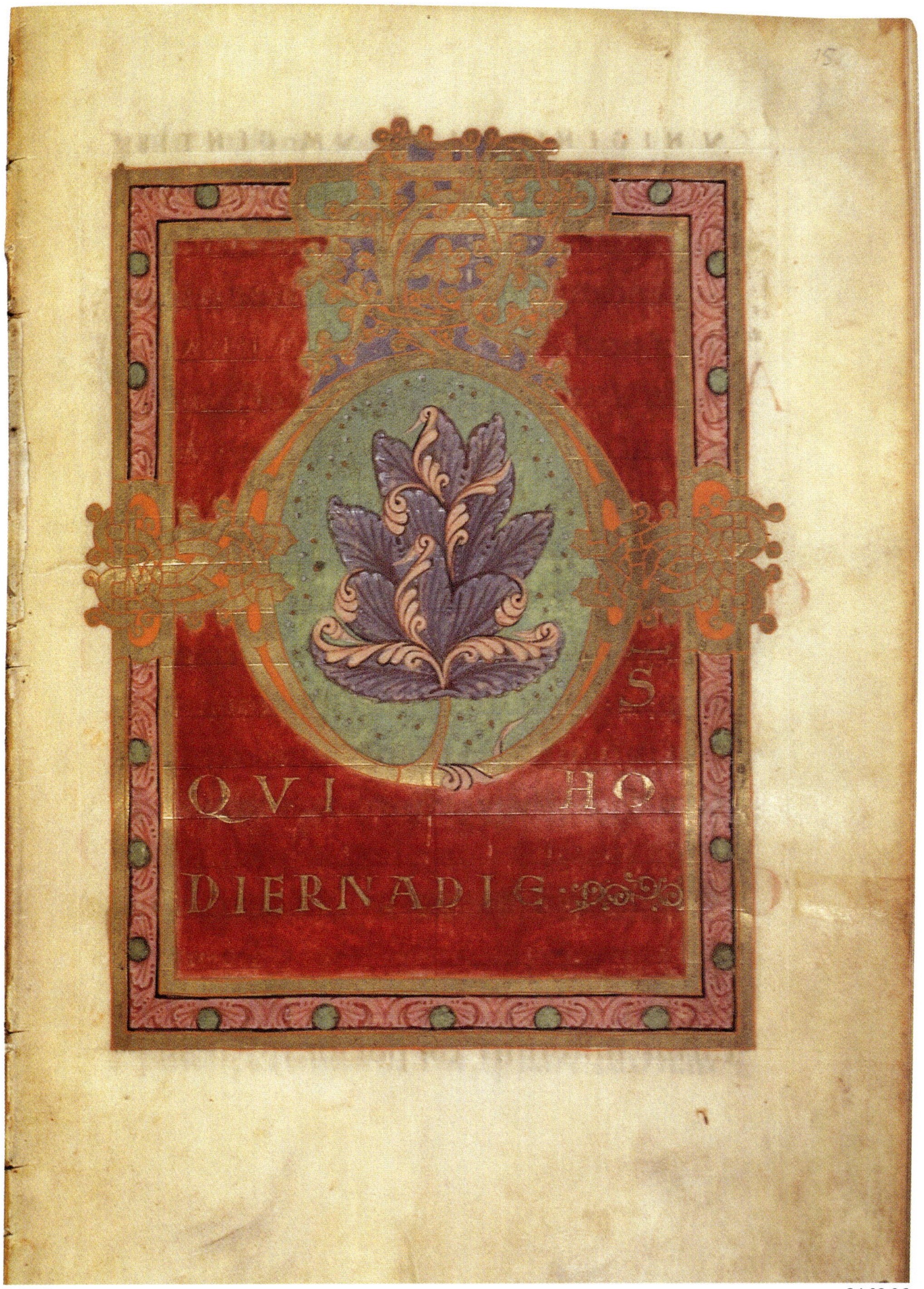

24.02.06

24.02.06

Sakramentar

(ausgestellt in Prag)

Florenz, aus dem Besitz von Francesco Sassetti

Reichenau (?), 1040–80

Pergament

H. 29,5 cm, Br. 20,5 cm

Bologna, Biblioteca Universitaria. Ms. 1084, fol. 15r

Lit.: A. S. Korteweg, Der Bernulphuscodex in Utrecht und eine Gruppe verwandter spätreichenauer Handschriften. Aachener Kunstbl. 53, 1985, 35–76. – H. Hoffmann, Buchkunst und Königtum im ottonischen und frühsalischen Reich (Stuttgart 1986) 354.

Obwohl nach dem Eintrag Francesco Sassettis (fol. 189r) der Florentiner den Codex aus Gallien nach Italien mitbrachte, könnte er bereits im 11. Jahrhundert in Italien gewesen sein. H. Hoffmann vermutet hinter einer Reihe von Nachträgen italienische Hände des 11. Jahrhunderts. Paläographisch ist der Codex bislang nicht eindeutig lokalisierbar. Die Zierseiten und Initialen jedoch wurden von kunsthistorischer Seite immer wieder in Zusammenhang mit späten Reichenauer Buchmalereien diskutiert: so schließen die Zierseiten mit den großen Lotusblüten (die zugehörigen Festbilder sind herausgeschnitten) an die Zierbuchstaben der Schmuckseiten der Liuthargruppe an und der lediglich mit Lendenschurz bekleidete Christus des Kanonbildes entspricht getreu Modellen der frühen Reichenauer Buchmalerei. I. S.

24.02.07
Epistolar
(ausgestellt in Mannheim)
Trier, St. Paulin (?); ab dem 12. Jh. St. Maria ad Martyres in Trier; seit 1668 in der Kurfürstlich Brandenburgischen Bibliothek nachweisbar
Reichenau, 980–90
Pergament
H. 29 cm, Br. 22 cm
Berlin, Staatsbibliothek zu Berlin – Preußischer Kulturbesitz. Theol. lat. fol. 34, fol. 17v
Lit.: H. Hoffmann, Buchkunst und Königtum im ottonischen und frühsalischen Reich (Stuttgart 1986) 319. – F. J. Ronig (Hrsg.), Egbert Erzbischof von Trier 977–993, Bd. 1 (Trier 1993) 23 Nr. 11. – A. v. Euw, Das Epistolar Ms. theol. lat. fol. 34 der Staatsbibliothek Preußischer Kulturbesitz Berlin. In: F. J. Ronig (Hrsg.), Egbert Erzbischof von Trier 977–993, Bd. 2 (Trier 1993) 53–60.

Entsprechend der strengen Ordnung des liturgischen Zeremoniells im Mittelalter oblag es dem Subdiakon während der heiligen Messe die Brieflesung aus dem Epistolar vorzutragen, während dem Diakon das Evangelistar zugeordnet war. Provenienz, Ausstattung und Schrift sprächen dafür, im Berliner Epistolar das zum Egbert-Codex komplementäre Buch des liturgischen Handschriftenornats zu sehen: Im Epistolar, das nur wenige Darstellungen zu Kirchenfesten aufweist, ist die Osterminiatur (fol. 17v) ähnlich Bildern im Codex Egberti als querformatige Szene in den Text integriert. Der Engel auf dem Sarkophagdeckel verweist ikonographisch auf den seitenverkehrt zu ihm dargestellten im Osterbild des Egbert-Codex. Damit mögen Egbert-Lodex und Berliner Epistolar einen Eindruck von einem Ornat vermitteln, das als Abgabe des Klosters Reichenau nach Rom gelangte. I. S.

24.02.07

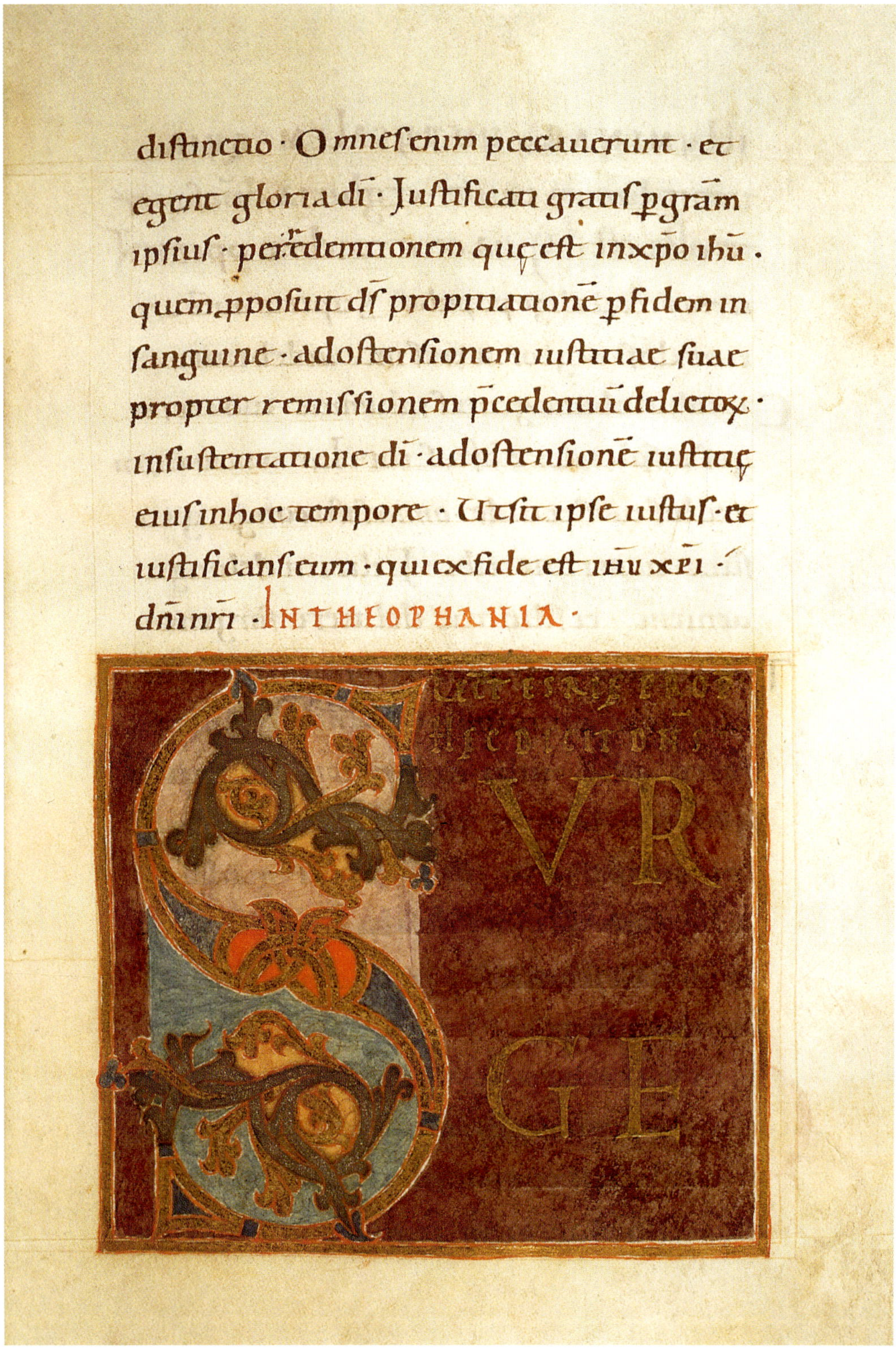

24.02.08

24.02.08

Epistolar

(ausgestellt in Budapest)
Reichenau/St. Gallen, um 960–80
Pergament
H. 26,5 cm, Br. 19 cm
Cambridge, Fitzwilliam Museum McClean. 30, fol. 10r
Lit.: M. R. James, A Descriptive Catalogue of the McCleanCollection of Manuscripts in the Fitzwilliam Museum (Cambridge 1912) 53 ff. – H. Hoffmann, Buchkunst und Königtum im ottonischen und frühsalischen Reich (Stuttgart 1986) 378. – A. v. Euw in: Vor dem Jahr 1000. Abendländische Buchkunst zur Zeit der Kaiserin Theophanu. Ausstellungskat. Köln (Köln 1991) 132 f. Nr. 35.

Wie in vielen Evangelistaren so sind in den Büchern mit Epistellesungen oft die Hochfeste durch Zierinitialen bzw. -seiten hervorgehoben. Der Buchschmuck des Cambridger Codex zeichnet sich durch das üppige silberne und goldene, mit den Rahmenleisten verflochtene Rankenwerk der Zierbuchstaben sowie durch den dynamisch wachsenden Akanthus in den Hasten und Bildrahmen aus. Der Farbklang Silber-Gold vor Purpurgrund verleiht den Zierseiten ein prunkvolles Aussehen. Darin steht der Codex frühen Reichenauer Handschriften wie dem Gero-Codex oder dem Leipziger Evangelistar nahe. Daher wird es um 970 datiert. Die St. Galler Ursprünge der frühen Buchkunst der Reichenau offenbaren sich nicht nur in der Initialornamentik: An dem Epistolar waren auch Schreiber aus der Gallusabtei beteiligt. I. S.

24.02.09
Epistolar
(ausgestellt in Krakau und Prag)
Beromünster, St. Michael (nach lokaler Tradition ein Büchergeschenk von Graf Ulrich von Lenzburg)
Reichenau, 1. Viertel 11. Jh.
Pergament
H. 23,7 cm, Br. 17,4 cm
Beromünster, Kirchenschatz. Epistolar, fol. 2r
Lit.: A. Bruckner, Scriptoria Medii Aevi Helvetica. Denkmäler Schweizerischer Schreibkunst des Mittelalters IX. Schreibschulen der Diözese Konstanz, Stadt und Landschaft Luzern (Genf 1964) 11 ff. mit Abb. – H. Hoffmann, Buchkunst und Königtum im ottonischen und frühsalischen Reich (Stuttgart 1986) 314.

Der Schmuck liturgischer Bücher für die Hochfeste beschränkte sich nicht allein auf Buchseiten. Auf dem Deckel des Cambridger Epistolars befand sich wohl von Anfang an das byzantinische Pantokratorelfenbein; den Einband des Codex in Beromünster zierten einst vermutlich die Paulus- und Petrustafeln, die nun auf dem Cantatorium befestigt sind. Wahrscheinlich schmückte das Elfenbein mit den Brustbildnissen auf dem Einband des Epistolars im 11. Jahrhundert den Deckel des zugehörigen Evangeliars/istars. Die Ausstattung dieses Codex ist gemessen am Epistolar aus Cambridge deutlich einfacher: Für die Hochfeste gibt es lediglich goldene Zierbuchstaben. Durch ihre Ornamentik (vgl. Knollenblätter, Pfeilspitzen des F der Titelseite) erweisen sie sich als typische Vertreter Reichenauer Buchmalerei. I. S.

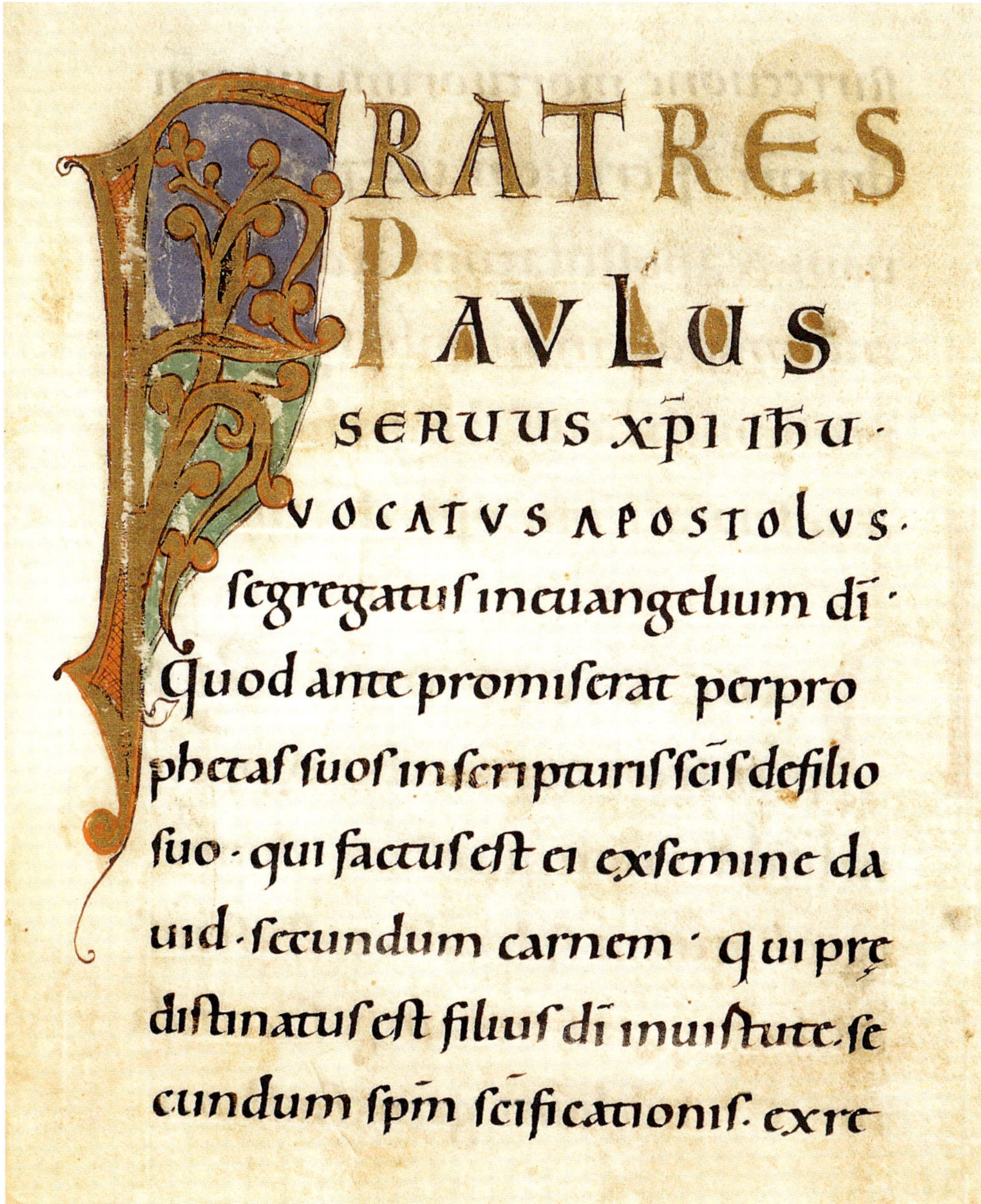

24.02.09

SABB SCO LEP AD COLOS FRS
Si conresurrexistis cum xpo que sur
sum sunt querite · ubi xpc e in
dextera di sedens' Que sursu sunt
sapite · non que sup terram' Mor
tui eni estis · et uita ura abscondita est
cum xpo in do' Cum enim xpc appa
ruerit uita ura · tunc et uos appare
bitis cum ipso in gloria:

24.02.10

24.02.10
Epistolar
(ausgestellt in Berlin)
St. Gallen
Reichenau/St. Gallen, 2. Drittel 11. Jh.
Pergament
H. 25 cm, Br. 18,2 cm
St. Gallen, Stiftsbibliothek. Cod. Sang. 371, pag. 147/148
Lit.: H. Hoffmann, Buchkunst und Königtum im ottonischen und frühsalischen Reich (Stuttgart 1986) 342. – A. v. Euw, Das Autorenbild im Epistolar Cod. Sang. 371 der Stiftsbibliothek St. Gallen. In: Codices Sangallenses (Festschr. Johannes Duft) (Sigmaringen 1995) 93–103.

Das Epistolar spiegelt den Reichenauer Typ dieses liturgischen Buches, denn die Lesung *Mulierem fortem* ist in allen Reichenauer Epistolarien zu finden, nicht aber in St. Galler Büchern für die Epistellesung. Schrift und Initialen stammen ursprünglich von reichenauischen Händen. Die Miniaturen hingegen, insbesondere die Darstellung der Frauen am Grabe, verraten nach den Studien A. von Euws spätantike Vorlagen aus Syrien oder Palästina, wie sie eher im Skriptorium von St. Gallen verfügbar waren. Daher vermag der Codex stellvertretend für andere Handschriften das Schicksal wandernder Reichenauer Bücher und damit einhergehende Veränderungen in solchen Codices illustrieren. I. S.

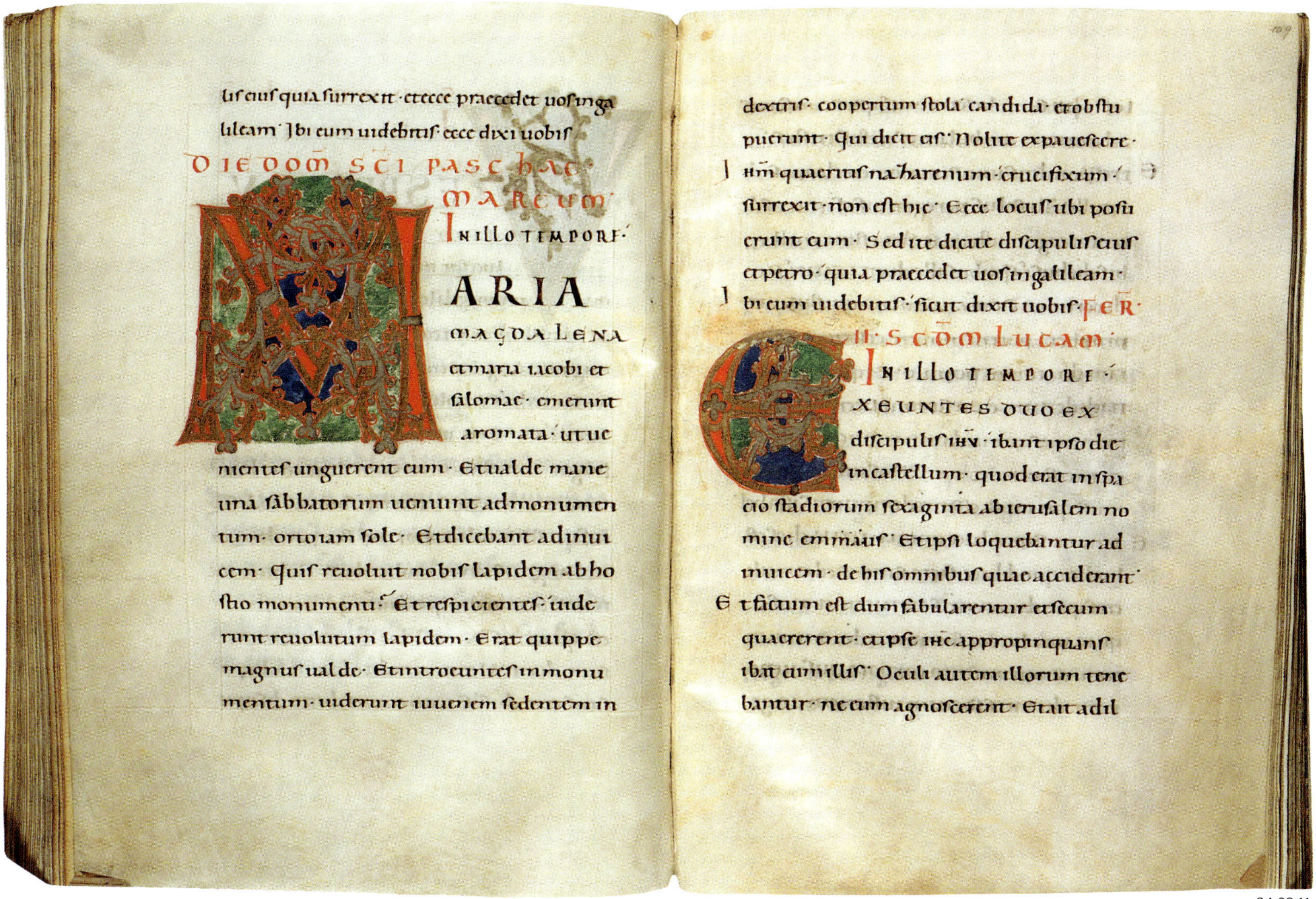

24.02.11

24.02.11
Evangelistar
(ausgestellt in Prag)
1854 für London in Brüssel ersteigert
Reichenau, letztes Viertel 10. Jh.
Pergament
H. 26 cm, Br. 18,5 cm
London, British Library. Add. 20692,
fol. 108v/109r
Lit.: H. Hoffmann, Buchkunst und Königtum im ottonischen und frühsalischen Reich (Stuttgart 1986) 331. – P. Bloch, Die künstlerische Ausstattung. In: Das Perikopenbuch Heinrichs II., Begleitbd. zur Faksimile-Ausgabe (Lachen 1994) 53–82 hier 58.

Bei vorliegendem Codex handelt es sich um ein Buch mit den nach dem Kirchenjahr geordneten Evangelienabschnitten, deren Lesung in der Messe der Diakon vornahm. Da im Evangelienbuch das Wort Gottes unmittelbar präsent ist und ihm daher unter den liturgischen Büchern stets der höchste Rang zukam, hatte es auf dem Altar seinen Platz. Obschon die Handschrift eines umfangreichen Bildzyklus entbehrt, ist sie wegen ihrer Initialen und Zierseiten zu den reich ausgestatteten Büchern der frühen Reichenauer Buchmalerei zu rechnen (fol. 108v/109r). Aufgrund der stilistischen Übereinstimmungen ihrer Buchausstattung mit dem Poussay-Codex und Egbert-Psalter sowie der beteiligten Schreiberhände wird der Codex in das letzte Viertel des 10. Jahrhunderts datiert. I. S.

24.02.12

24.02.12

Evangelistar
(ausgestellt in Mannheim)
Reichenau/St. Gallen, letztes Viertel 10. Jh.
Pergament
H. 32,3 cm, Br. 21 cm
Città del Vaticano, Biblioteca Apostolica Vaticana. Barb. lat. 711, pag. 8
Lit.: H. Hoffmann: Buchkunst und Königtum im ottonischen und frühsalischen Reich (Stuttgart 1986) 394. – A. v. Euw in: Vor dem Jahr 1000. Abendländische Buchkunst zur Zeit der Kaiserin Theophanu. Ausstellungskat. Köln (Köln 1991) 107 ff. Nr. 26.

Obwohl unklar bleibt, ob der Codex im Zuge des Reichenauzinses nach Italien kam, gehört er auf jeden Fall zu den Reichenauer Handschriften, die früh in Rom waren. Ein Beleg dafür sind die Schwurformeln der Kleriker von San Salvatore della Corte auf den ersten Seiten der Handschrift. Der Codex erweist sich als eine Kombination von St. Galler und Reichenauer Buchkunst. Denn die Serie der Evangelienlesungen stimmt bis auf zehn Perikopen exakt mit dem berühmten St. Galler *Evangelium longum* überein. Zur Bebilderung hingegen ist ein harmonisierter Zyklus zum Leben Jesu auf die entsprechenden Feste verteilt. Diese Miniaturen stehen stilistisch und ikonographisch Reichenauer Werken des ausgehenden 10. Jahrhunderts wie den „visionären Evangelisten" im Münchner Evangeliar Ottos III. sehr nahe. I. S.

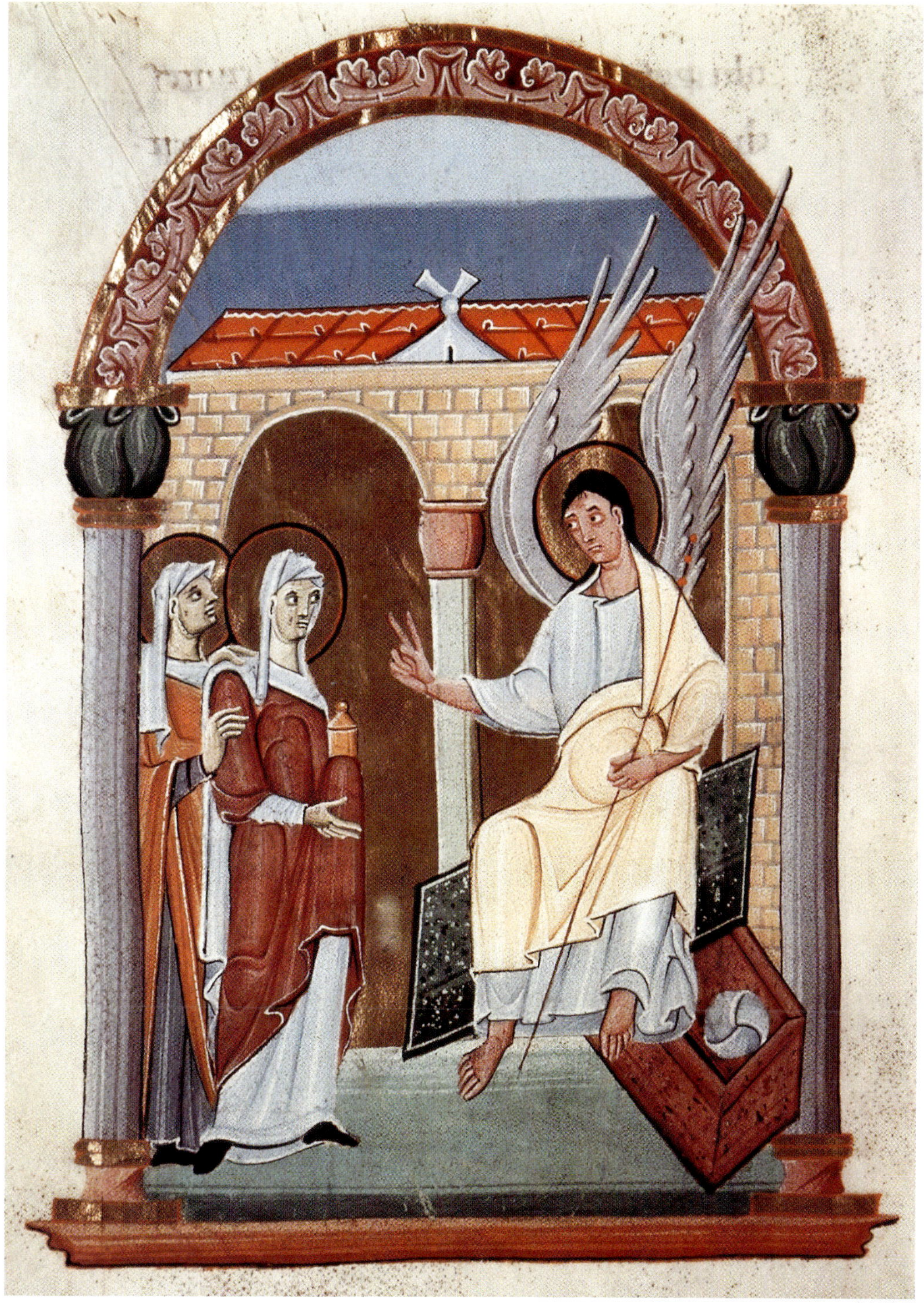

24.02.13

24.02.13

Evangelistar

(ausgestellt in Berlin)
Hildesheim, Mariendom (?); 1655–1665 von Herzog August dem Jüngeren zu Braunschweig-Lüneburg erworben
Reichenau, frühes 11. Jh.
Pergament
H. 28 cm, Br. 18,5 cm
Wolfenbüttel, Herzog August Bibliothek. Cod. Guelf. 84.5 Aug. 2°, fol. 42v
Lit.: O. Lerche, Das Reichenauer Lektionar der Herzog August Bibliothek zu Wolfenbüttel (Leipzig 1928). – H. Hoffmann, Buchkunst und Königtum im ottonischen und frühsalischen Reich (Stuttgart 1986) 347. – Bernward von Hildesheim und das Zeitalter der Ottonen 2. Ausstellungskat. Hildesheim (Hildesheim, Mainz 1993) 482 f. VII–24.

Der Codex vertritt den Typ eines reich bebilderten Reichenauer Evangelistars. Bei den Miniaturen zeichnet sich gegenüber dem Codex Barb. Lat. 711 (Kat. Nr. 24.02.12) deutlich der Einfluss der als Liuthargruppe bezeichneten Werkgruppe ab. Sowohl der Umfang des Bildzyklus als auch die Verteilung der Szenen über den Codex und deren Ikonographie sprechen dafür, das Evangelistar zu den so genannten Schulwerken zu rechnen. Bei der Miniatur mit den Frauen am Grabe, die das Evangelium zum Ostersonntag begleitet, entsprechen Haltung und Monumentalität des Engels sowie der Porphyr imitierende Sarkophagdeckel dem Bild im Perikopenbuch Heinrichs II. Das architektonische Motiv von zwei Arkaden unter einem großen Bogen entspringt gleichfalls der Ikonographie der Liuthargruppe (ähnlich die Darstellung der „Frauen am Grabe" als Einzelblatt in der Hessischen Landesbibliothek in Darmstadt). I. S.

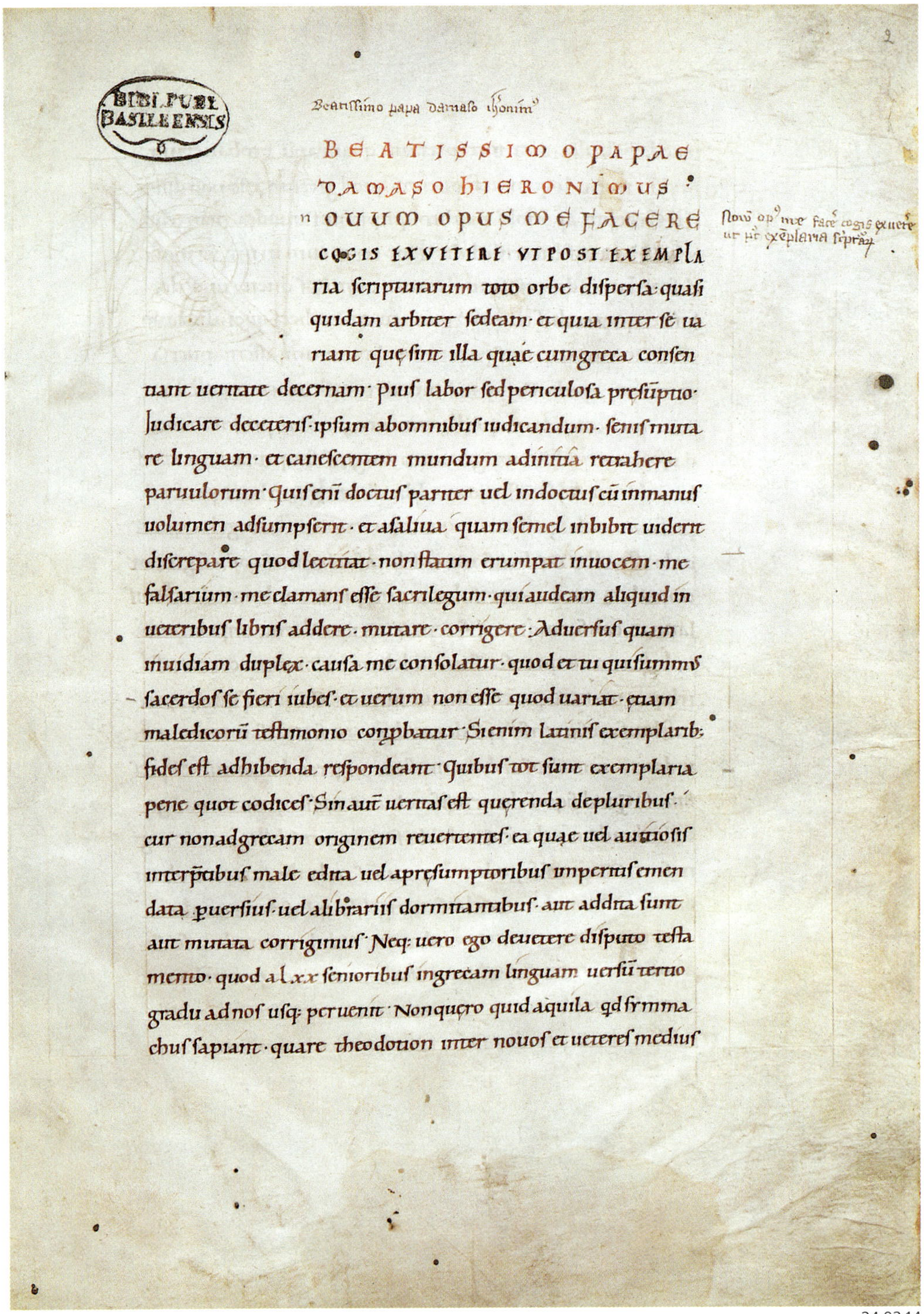

24.02.14

24.02.14
Evangeliar
(ausgestellt in Krakau)
Basel, Dom (?)
Reichenau, 2. Viertel 11. Jh.
Pergament
H. 29,5 cm, Br. 22 cm
Basel, Universitätsbibliothek. Ms. B IV 22, fol. 2r

Lit.: G. Meyer/M. Burckhardt (Bearb.), Die mittelalterlichen Handschriften der Universitätsbibliothek Basel, Abteilung B, Bd. 1 (Basel 1960) 376 ff. – H. Hoffmann, Buchkunst und Königtum im ottonischen und frühsalischen Reich (Stuttgart 1986) 312 f.

Entsprechend dem klassischen Typ des Evangeliars beginnt der Codex mit dem *Capitulare Evangeliorum*, einer Art Inhaltsverzeichnis der nach Festen verzeichneten Evangelienlesungen. Ursprünglich dürfte geplant gewesen sein, einen Prunkcodex anzufertigen. Die Miniaturen vor den einzelnen Evangelien wurden aber offenbar entfernt; Zierinitialen blieben unvollendet. Bei den Vorzeichnungen für solche Initialen sind Charakteristika der Reichenauer Buchkunst zu erkennen: Die Ranke der N-Initiale auf fol. 2r endet in so genannten Pfeilspitzen und Knollenblättern. Da das Lateinische der Quelle bezüglich der Reichenauer Abgabeverpflichtung nicht eindeutig ist, könnte es sich bei der Abgabe auch um ein Evangeliar – vielleicht ähnlich dem Basler Codex – gehandelt haben. I. S.

24.02.15
Fragment eines Evangeliars und eines Evangelistars
(ausgestellt in Budapest)
Brescia, im 16. und 17. Jh. in Besitz der Mediziner-Familie Lamberti; 1680–1755 in Besitz des Kardinals Angelo Maria Querini
Reichenau oder Filialschule, 3. Viertel 11. Jh.
Pergament
H. 34 cm, Br. 24 cm
Brescia, Biblioteca Queriniana. F.II.1, fol. 23v

Lit.: A. S. Korteweg, Der Bernulphuscodex in Utrecht und eine Gruppe verwandter spätreichenauer Handschriften. Aachener Kunstbl. 53, 1985, 35–76. – H. Hoffmann, Buchkunst und Königtum im ottonischen und frühsalischen Reich (Stuttgart 1986) 354. – P. Iztumi, Die Evangelienharmonie des Eusebius mit Festevangelistar. Codex F.II.1 der Biblioteca Queriniana in Brescia (Graz 1991).

Bei dem Codex wurden Teile eines Evangeliars, nämlich die Konkordanztabellen, die so genannten Kanontafeln, und Teile eines Festtagsevangelistars zusammengefügt. Da H. Hoffmann als Schreiber eine italienische Hand identifizieren konnte, waren diese Teile eventuell schon im 11. Jahrhundert in Italien. Kanontafeldekoration und Bebilderung sprechen jedoch für eine Herstellung der Malereien im Reichenauer Umkreis. Eindrucksvoll dokumentiert dies das Festbild zur Epiphanie: Nach Reichenauer Ikonoraphie ist die Szene in ein baldachinartiges Gebäude verlegt, dessen architektonische Bekrönung mit segelartig geblähten Dächern und Türmen versehen ist. Wie in Reichenauer Bildern nahen von links die drei Könige mit ihren Gaben, rechts thront Christus als Erwachsener mit Buch im Arm auf dem Schoß seiner Mutter. I. S.

24.02.15

Die Prozession zu Mariae Himmelfahrt in Rom 24.03

Bereits zur Zeit Ottos III. gab es in Rom zu Mariae Himmelfahrt eine Prozession, bei der die Salvator-Ikone der Sancta Sanctorum vom Lateran nach S. Maria Maggiore getragen wurde. Die Quellen berichten, dass der Weg vorbei an Kollosseum und Titusbogen auf das Forum zur Kirche S. Maria Nuova führte. Diese Kirche stand auf den Bauresten des südlichen der beiden Venus und Roma geweihten Tempel. An diesem Ort traf das Christusbild auf die Marien-Ikone von S. Maria Nuova. Hier wurde auch das um 1000 verfasste und im römisch-deutschen Pontifikale überlieferte Lied zum Marienfest angestimmt. Thema des Liedes sind antike Vergangenheit wie christliche Gegenwart der Stadt Rom. Die personifizierte Roma beginnt eine Unterhaltung mit einem unbekannten Zuschauer der Prozession. Namentlich genannt werden Kaiser Otto III. und einzelne Stationen des Umzugs.
Die Prozession zog danach vorbei an SS. Cosma e Damiano, S. Adriano und S. Pietro in Vincoli hinauf zur Kirche S. Maria Maggiore. Auch hier begegnete die Salvator-Ikone einem Marienbild.
Weg und Liturgie der Himmelfahrts-Prozession zeigen Übereinstimmungen mit einzelnen Gedanken der Konzeption einer renovatio imperii Romanorum. I. S.

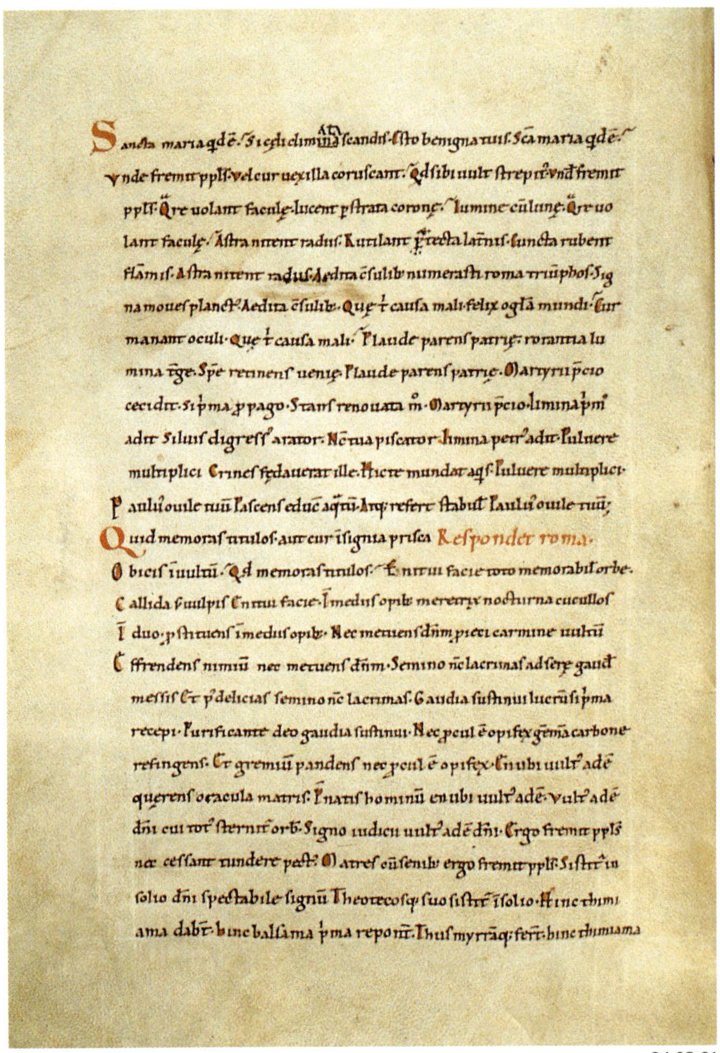

24.03.01

24.03.01
Gedicht zu Mariä Himmelfahrt
(ausgestellt in Budapest und Krakau)
Anfang 11. Jh.
Pergament
H. 29 cm, Br. 19 cm
Wolfenbüttel, Herzog August-Bibliothek.
Cod. Guelf. 493 Helmst., fol. 108v
Lit.: K. Strecker/G. Silagi (Hrsg.), Die lateinischen Dichter des deutschen Mittelalters. Die Ottonenzeit. MGH Poet. lat. 5 (Berlin 1937–1979) 466–468. – I. Frings, „Sancta Maria, quid est?" … Hymnus, Herrscherlob und Ikonenkult im Rom der Jahrtausendwende. Analecta Cisterciensia 52, 1996, 224–250. – G. Wolf, Salus Populi Romani. Die Geschichte römischer Kultbilder im Mittelalter (Weinheim 1990) 321–325.

In der Nacht vor Mariä Himmelfahrt fand in Rom eine Prozession vom Lateran zur Kirche S. Maria Maggiore statt, in der die berühmte Salvatorikone aus der Sancta Sanctorum mitgeführt wurde. Zweimal, vor S. Maria Nuova und in S. Maria Maggiore, traf das Christusbild auf seinem Weg mit Marienikonen zusammen. Christus holt Maria zu sich in den Himmel, beide ziehen gemeinsam in ihn ein – so die spirituelle Bedeutung der Prozession. Ein anonymes Gedicht aus der Zeit um 1000, das den Ablauf vor S. Maria Nuova schildert, fragt nach dem Grund des Festes: „*Sancta Maria, quid est?*" (Heilige Maria, was ist los?) In dem sich anschließenden Dialog mit der Roma, werden altes und neues, heidnisches und christliches Rom einander gegenübergestellt. Roma wird ob ihrer Sündhaftigkeit zunächst als Trauernde gezeichnet, jedoch durch den Hinweis auf die ihr zuteil gewordene Vergebung getröstet, denn das Rom des Pflügers (Romulus) wurde zum Rom des Fischers (Petrus). Im Zeichen ihrer Märtyrer Petrus und Paulus steht Rom erneuert da. Der Hymnus, den Anspielungen auf die Erneuerungspolitik Ottos III. durchziehen, endet mit Fürbitten für das römische Volk und Kaiser Otto sowie dem Lob auf seine Herrschaft. K. Sch.

Das Jahr 1000

25.01

Nach einem Jahr beständiger Buße brach Otto III. im Dezember 999, von Endzeitgedanken begleitet, zu einer Reise auf, die zum Sinnbild seiner christlich-imperialen Herrschaft wurde. Ziel war das Grab des heiligen Adalbert in Gnesen (Gniezno). Barfuß hielt er hier im Februar 1000 Einzug und ließ ein Erzbistum gründen. Dem Polenfürsten Bolesław Chrobry überreichte er als Zeichen der Herrschaft eine Kopie der Heiligen Lanze. Auch in Ungarn entstand im selben Jahr in Gran (Esztergom) ein Erzbistum. Stephan wurde zum König gekrönt. Von Gnesen führte Ottos Weg nach Aachen, wo er das Grab Karls des Großen öffnen ließ. Geplant war wohl eine Heiligsprechung. Karl sollte als zweiter Reichsheiliger neben Adalbert treten. Als spiegelten sie den Wirkungsrahmen von Ottos politisch-missionarischen Bemühungen, erhielten Rom, Ravenna, Aachen, Lüttich und wohl auch Gran Reliquien Adalberts aus Gnesen. Nur zwei Jahre später setzte der Tod den Plänen des 21jährigen Kaisers ein jähes Ende. K. Sch.

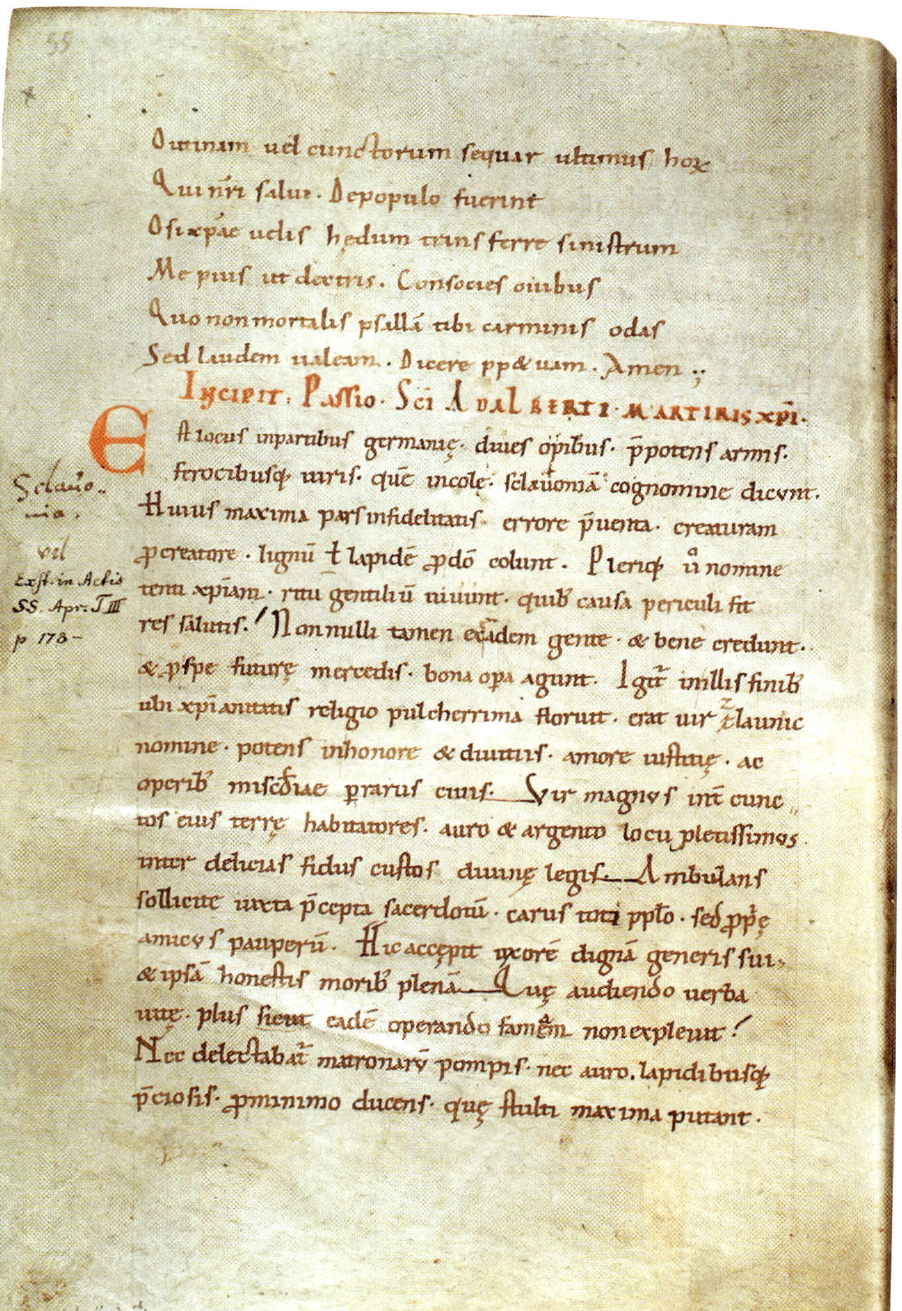

25.01.01

25.01.01
Vita des heiligen Adalbert
(ausgestellt in Budapest und Prag)
Handschrift aus dem ehemaligen Kloster in Lamspringe
Pergament
11. Jahrhundert mit späteren Zusätzen
H. 22 cm, Br. 16 cm
Wolfenbüttel, Herzog August Bibliothek.
Cod. Guelf. 553 Helmst. 553, fol. 55v
Lit.: G. Heinrich Pertz, MGH Scriptores IV (Hannover 1841) 576 ff. – J. Karwasińska, MPH, Vita Adalberti prior. MPH series nova IV, fasc. 1 (Warszawa 1962) X, L, passim.

„Adalbert, der Bischof der Böhmen … wurde am 23. April [997] von einem Spieß getroffen; man schnitt ihm das Haupt ab; als Einziger von den Seinen empfing er ohne Seufzer das stets ersehnte Martyrium … Als Bolesław, der Sohn Mieszkos, davon erfuhr, kaufte er sofort um Geld Kopf und Glieder des herrlichen Märtyrers los. Der Kaiser aber ließ in Rom auf die Nachricht hin Gott in Demut gebührende Loblieder dafür singen, dass er zu seiner Zeit einen solchen Diener mit der Siegespalme des Martyriums zu sich genommen habe.“

So beschreibt der Chronist Thietmar von Merseburg die Reaktion Kaiser Ottos III. auf die Nachricht vom Tod Adalberts. Nach dem Erwerb von Reliquien in Gnesen und ihrer Übertragung nach Rom sieht die Forschung in Otto III. den Initiator für die Entstehung der *Vita Adalberti*.
Eine der ältesten Viten befindet sich im Lamspringer Codex. Dessen Text ist vollständig erhalten und nicht in Kapitel unterteilt. Zahlreiche spätere Zusätze machen eine Beurteilung des ursprünglichen Textes schwierig. Dennoch diente er aufgrund seines hohen Alters und der überlieferten slawischen Bezeichnungen, die die Nähe des Textes zur Urfassung indizieren, als Basis für die maßgeblichen Editionen. J. H.

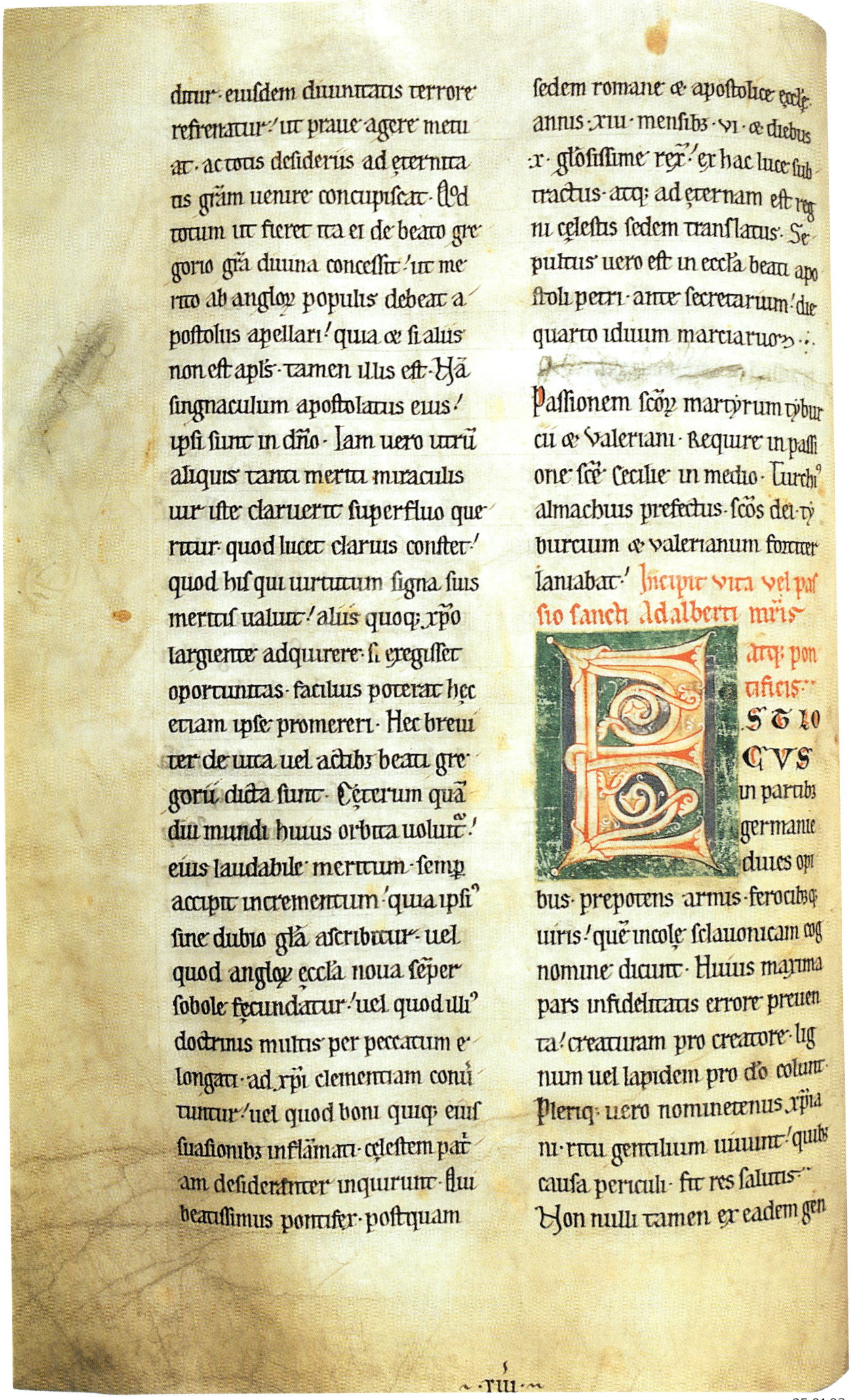

25.01.02

25.01.02

Vita des heiligen Adalbert

(ausgestellt in Berlin und Mannheim)
Passionalhandschrift des Aachener Marienstiftes
Pergament, um 1200
H. 46 cm, Br. 43 cm
Aachen, Domarchiv. Handschrift G 9, fol. 102v
Lit: O. Gatzweiler, Die liturgischen Handschriften des Aachener Münsterstiftes. Liturgiegeschichtliche Quellen 10, 1926, 53 ff. – Jürgen Hoffmann, Vita Adalberti Aquensis, in: DA (im Druck)

Eine bislang kaum bekannte *Vita Adalberti* befindet sich in der ältesten Passionalhandschrift des Aachener Marienstiftes. Der Text ist vollständig erhalten und nicht in Kapitel gegliedert. Im Gegensatz zum Lamspringer Codex enthält die Aachener Handschrift keine Überarbeitungen und Zusätze. Trotz der enthaltenen slawischen Namen weicht sie an einigen Stellen von der edierten Fassung ab. Exemplarisch sei eine Stelle aus dem c. 15 zitiert, wo Adalbert auf die Frage der Mönche des Klosters von Montecassino, ob er bereit sei, Kirchen zu weihen, nicht mit der sonst überlieferten herben Formulierung *utrum me hominem vel asinum putatis* (Glaubt ihr denn, ich sei ein Mensch oder ein Esel) antwortet, sondern mit der milden Umschreibung *cognoscat sanctitas vestra hec penitus a mea remota voluntate* (Eure Heiligkeit möge wissen, dass dies ganz und gar fern von meinen Wünschen ist), die in vergleichbarer Form nur noch in der Wiener Handschrift des Johannes Gielemans überliefert ist, die in die Mitte des 15. Jahrhunderts datiert wird. J. H.

25.01.03

Vita des heiligen Adalbert

(ausgestellt in Krakau)
Passionalhandschrift des Klosters Admont
Pergamenthandschrift, frühes 12. Jahrhundert
H. 53 cm, Br. 34,2 cm
Admont, Benediktinerstift. Cod. 1, fol. 219r
Lit: Georg Heinrich Pertz, MGH Scriptores IV (Hannover 1841) 576 f. – Karwasińska, MPH, Vita Adalberti prior. MPH series nova IV, fasc. 1 (Warszawa 1962) XIX, LIII, passim

Die in der Passionalhandschrift enthaltene Vita ist ein Beispiel für die im südalpinen Raum verbreitete Fassung. Der vollständig erhaltene Text ist nicht in Abschnitte unterteilt. Typisches Kennzeichen dieser Viten sind die teilweise kürzer gefassten Kapitel. So wird vor allem der historische Kontext reduzierter behandelt. Der inhaltliche Schwerpunkt liegt mehr auf der Schilderung der charakterlichen Tugenden Adalberts und des monastisch geprägten Lebens. Im Gegensatz zu den Handschriften aus Lamspringe und Aachen wurden die slawischen Namen weggelassen oder transformiert. Exemplarisch sei das c. 27 genannt, in dem über den Aufbruch Adalberts zu seiner Missionsreise berichtet wird. Nach dem Wortlaut der Vita handelt es sich bei der Stadt, in der Adalbert Station gemacht habe, um Gnesen (*Gnesdon*). Tatsächlich reiste er jedoch nach Danzig, bevor er in das Land der Pruzzen ging. J. H.

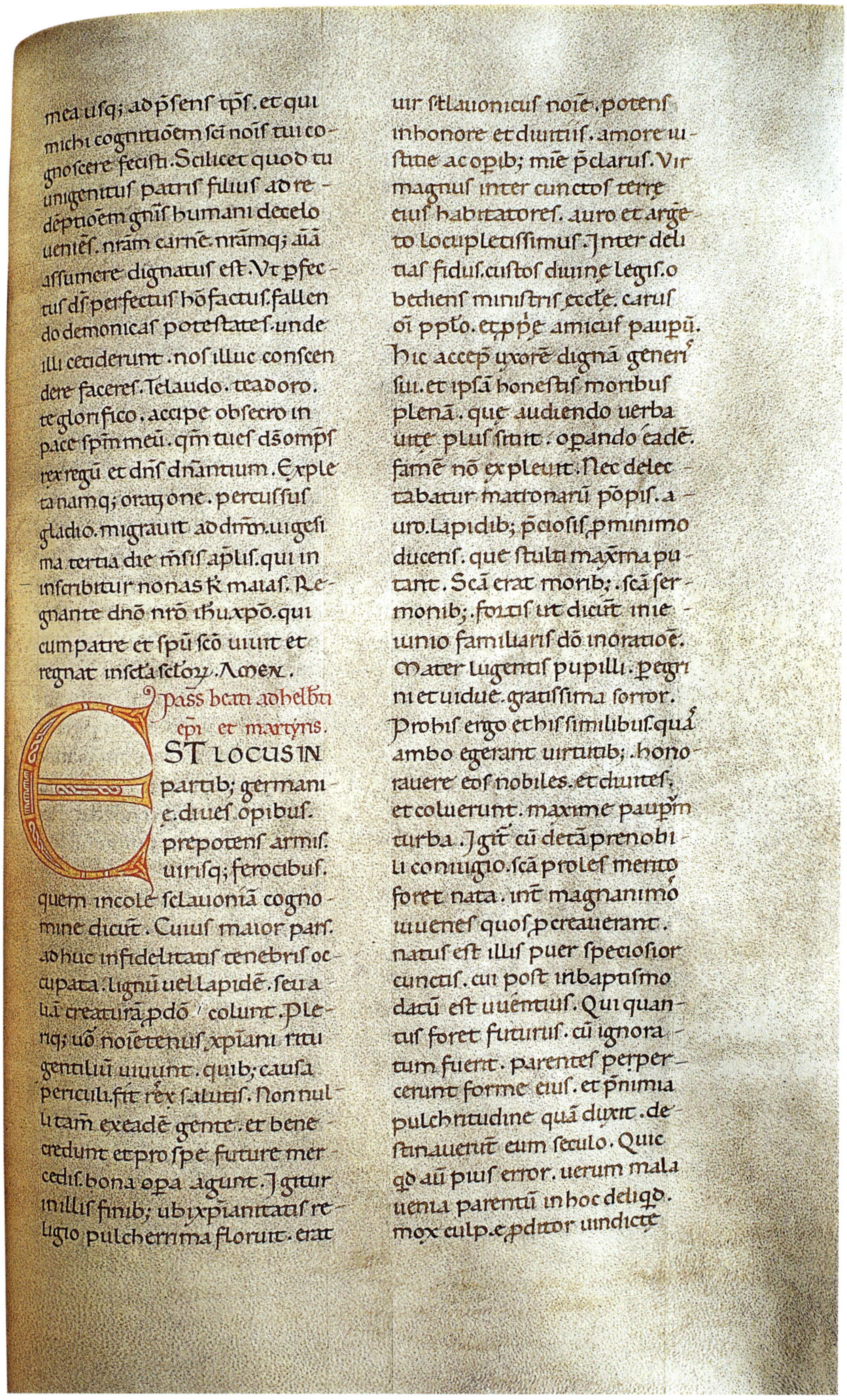

25.01.03

25.01.04

25.01.04 Handbuch Abb. 439

So genannter Adalbertsbrunnen

(ausgestellt Abguss)
Rom, um 1000 (?) oder 12. Jh. (?)
Marmor
L. 100 cm, Dm. 40 cm (Schätzwerte)
Roma, San Bartolomeo all'Isola
Lit.: W. Buchowiecki, Handbuch der Kirchen Roms 1 (Wien 1967) 435 ff. – P. C. Claussen, Magistri Doctissimi Romani. Die römischen Marmorkünstler des Mittelalters (Stuttgart 1987) 73. – F. Cardini, Zeitenwende. Europa und die Welt vor tausend Jahren (Stuttgart – Zürich 1995) 187. – A. Karlowska-Kamzowa: Saint Adalbert dans l'art médiéval en Pologne. Les Cahiers de Saint-Michel de Cuxa 29, 1998, 231–235, hier 232 f. – U. Dercks, Die Adlerkapitelle in der Krypta von San Bartolomeo all'Isola in Rom, In: Europas Mitte um 1000. Ausstellungskat. Budapest, Kraków, Berlin, Mannheim, Praha, Bratislava (Stuttgart 2000) 809–812.

Der so genannte Adalbertsbrunnen besteht aus einer antiken (?) Säulentrommel, die nachträglich bearbeitet und ausgehöhlt wurde. In die Außenwand sind in Hochrelief vier unter Arkaden stehende Figuren eingemeißelt, die mit dem Patron der Kirche und drei Personen des ausgehenden 10. Jahrhunderts in Verbindung gebracht werden: Bartholomäus, dessen Reliquien Otto III. auf die Tiberinsel brachte, Otto III., der dort eine Kirche zu Ehren seines Freundes Adalbert über dem antiken Aeskulapheiligtum stiftete, Adalbert von Prag, den Otto III. in Rom kennenlernte, und Gerbert von Aurillac, der Ottos enger Berater war. Gilt der Brunnen manchen Forschern als Arbeit des 12. Jahrhunderts, so bleibt er dennoch ein eindrucksvolles Zeugnis der ottonischen Trias, die an der *renovatio*-Konzeption mitgewirkt hatte. I. S.

25.01.05 a

Urkunde Ottos III. vom 1. Mai 1000

(ausgestellt in Krakau)
Aachen, 1. Mai 1000
Pergamenturkunde mit anhängender Bleibulle
H. 45 cm, Br. 54 cm; Dm. Bulle 4,7 cm
Würzburg, Staatsarchiv. Würzburger Urk. 1245

25.01.5 b

Urkunde Ottos III. vom 15. Mai 1000

(ausgestellt in Mannheim)
Aachen, 15. Mai 1000
Pergamenturkunde mit anhängender Bleibulle
H. 48,5 cm, Br. 47,5 cm; Dm. Bulle 4,7 cm
Würzburg, Staatsarchiv. Würzburger Urk. 1246

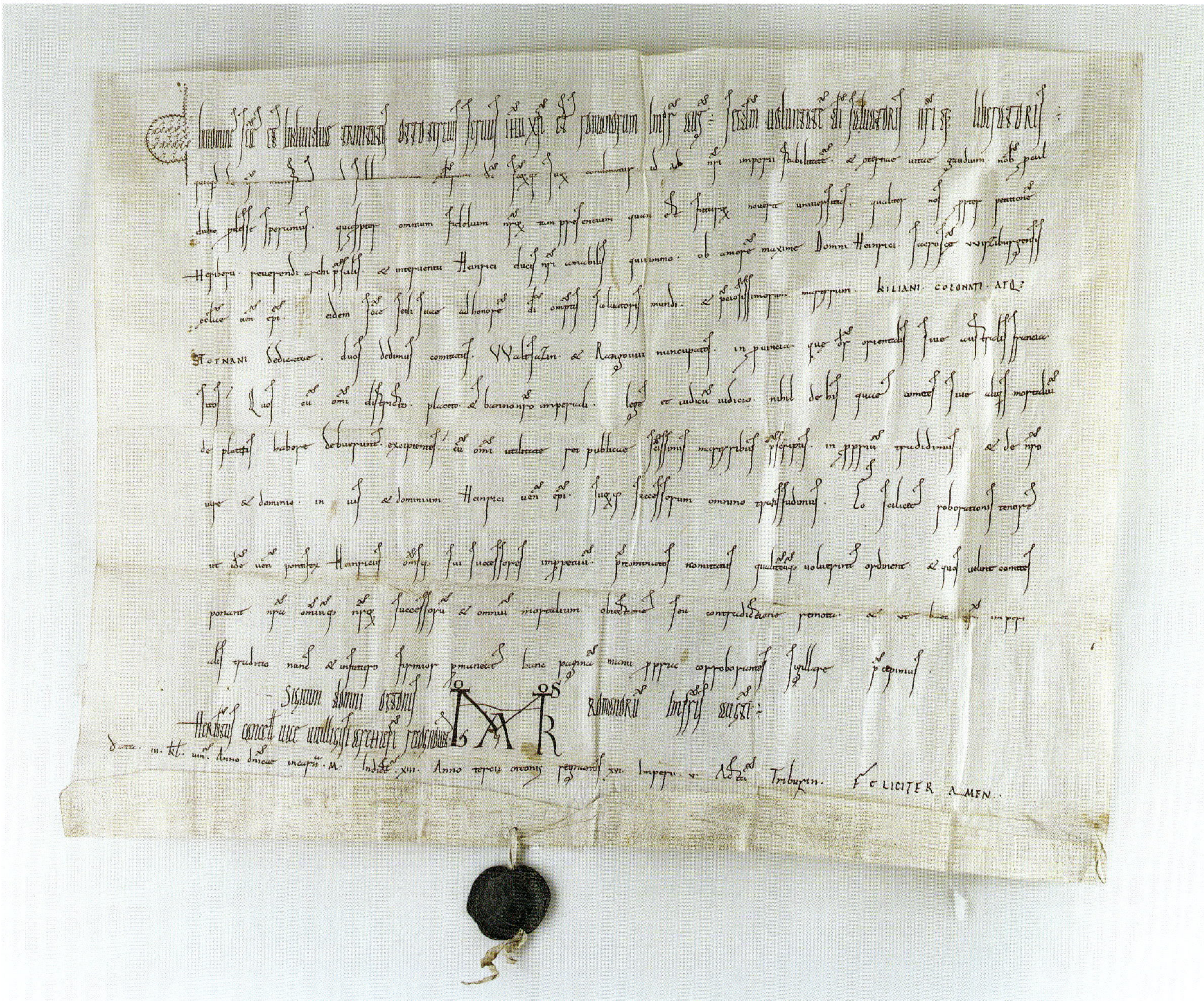

25.01.05 c

25.01.05 c
Urkunde Ottos III. vom 30. Mai 1000
(ausgestellt in Prag)
Tribur, 30. Mai 1000
Pergamenturkunde mit anhängender Bleibulle
H. 41 cm, Br. 51 cm; Dm. 4,5 cm (Bulle)
Würzburg, Staatsarchiv. Würzburger Urk. 1247

25.01.05 d
Urkunde Ottos III. vom 6. Juli 1000
(ausgestellt in Budapest und Berlin)
Pavia, 6. Juli 1000
Pergamenturkunde
H. 67 cm, Br. 47,5 cm
Milano, Archivio di Stato di Milano. Museo Diplomatico, c. 10 Nr. 340 (A)

Lit.: Th. Sickel (Hrsg.), Die Urkunden Ottos III. MGH Dipl. regum et imp. Germ 2,2. (Hannover 1893, Nachdruck 1980) 787 f., Nr. 358; 790 f., Nr. 361; 795, Nr. 366; 802 f., Nr. 375. – J. Fried, Der hl. Adalbert und Gnesen. Archiv mittelrhein. Kirchengesch. 50, 1998, 41–70. – P. E. Schramm, Kaiser, Rom und Renovatio. Studien zur Geschichte des römischen Erneuerungsgedankens vom Ende des karolingischen Reiches bis zum Investiturstreit (Darmstadt 1962) 141–146.

„Otto III., Knecht Jesu Christi und nach dem Willen Gottes unseres Erlösers und Befreiers Imperator Augustus der Römer“. Im Jahre 1000 führte Otto III. in seinen Urkunden diesen erweiterten Kaisertitel, der ein Schlüsselzeugnis für die kaiserliche Politik der Jahrtausendwende darstellt. Das Knechtsattribut ist den Briefen des Apostels Paulus entlehnt und begegnet als Attribut des byzantinischen Kaisers im Kontext der von ihm ausgehenden Mission. Zugleich verweist es gepaart mit dem Zusatz „Gottes als Erlöser und Befreier“ auf die alttestamentliche Prophetie Jesajas. Auch hier stehen die betreffenden Stellen im Zusammenhang mit der Glaubensausbreitung. Zum kaiserlichen Aposteltum tritt jedoch weiter das Bewusstsein der eigenen Sündhaftigkeit sowie endzeitliches Gedankengut. All dies griff Otto auf seiner Pilgerfahrt nach Gnesen auf. K. Sch.

25.01.06

25.01.06 Handbuch Abb. 441

Evangeliar aus St. Maximin

(ausgestellt in Budapest)
St. Maximin in Trier
Mainz, 1. Hälfte 9. Jh.; Trier, um 1000
Pergament
H. 29 cm, Br. 18 cm
Berlin, Staatsbibliothek zu Berlin – Preußischer Kulturbesitz. Ms. theol. lat. fol. 283, fol. 11r
Lit.: F. J. Ronig (Hrsg.), Egbert Erzbischof von Trier 977–993. Gedenkschrift der Diözese Trier zum 1000. Todestag 1 (Trier 1993) 31 Nr. 24.

In ein bereits im 9. Jahrhundert geschriebenes Evangeliar wurden um 1000 fünf Miniaturen eingefügt: Bilder der vier Evangelienautoren sowie auf fol. 11r eine Miniatur mit der Vision des Johannes. Die Darstellung des zwischen den sieben Leuchtern thronenden Christus geht auf Apk. 1,11–13 zurück. Diese Abweichung von der sonst häufigen Evangeliarbebilderung mit der Maiestas Domini dürfte mit um das Jahr 1000 verstärkt auftretenden eschatologischen Vorstellungen zusammenhängen. Sie führten wohl auch zu einer intensiveren Beschäftigung mit apokalyptische Texten, die sich auch in der Wahl der Bildthemen um 1000 niederschlug. Das Motiv der zu Füßen Christi kauernden Gestalt, die als Johannes identifiziert wurde, entspricht der Verbindung von thronendem Herrscher und Terra im Liuthar-Evangeliar. I. S.

25.01.07

25.01.07
Elfenbein mit Vision des Jesaias
(ausgestellt in Berlin und Mannheim)
Vor 1826 in der Sammlung des Bischofs von Orléans Monsignor de Beauregard
Mittelrhein, 1. Viertel 11. Jh.
Elfenbein
H. 23,5 cm, Br. 12 cm
Orleans, Musée des Beaux-Arts.
Inv. Nr. A 6955
Lit.: D. Gaborit-Chopin, Elfenbeinkunst im Mittelalter (Berlin 1978) 96; 98 Nr. 93.

Neben den Codices aus St. Maximin, Bamberg und Schaffhausen ist mit dem Elfenbein in Orléans eine vierte Darstellung der Vision des Jesaias aus dem 10. und 11. Jahrhundert überliefert. Im Zentrum der Tafel befindet sich die übermächtige Figur des thronenden Christus. Die auf die Gottesvision des Jesaias folgende Begebenheit, bei der ihm von einem Engel mit einem glühenden Stück Kohle die Lippen gereinigt werden, ist rechts der *Maiestas* in kleinerem Maßstab dargestellt. In der linken Szene empfängt Johannes das Buch der Apokalypse aus der Hand Gottes. Passend zum Typ des wiedergekehrten Christus war mit dem Architekturprospekt über dem Thronenden evtl. ein Bild des himmlischen Jerusalem intendiert. Die Szene im Gebäude unter dem Thron wird als „Christus lehrt die Apostel" interpretiert. I. S.

25.01.08
Bücher aus dem Alten Testament
(ausgestellt in Krakau und Prag)
Allerheiligenkloster in Schaffhausen
Schaffhausen, 1080 – 1096
Pergament
H. 36 cm, Br. 25,5 cm
Schaffhausen, Stadt- und Ministerialbibliothek. Min. 4, fol. 6v
Lit.: R. Gamper, Die Handschriften der Schaffhausener Klöster. Vom Allerheiligenskriptorium zur Ministerialbibliothek. In: R. Gamper u. a., Katalog der mittelalterlichen Handschriften der Ministerialbibliothek Schaffhausen (Dietikon, Zürich 1994) 13–72.

25.01.08

Letztlich schlugen sich die mit der Jahrtausendwende einhergehenden eschatologischen Vorstellungen auch in Bildzyklen (Apokalypse, Weltgericht) nieder. In einzelnen alttestamentlichen Büchern, z. B. dem Buch Jesaias, sah man eine Vorausdeutung auf das Endgericht. Vermutlich wurde deshalb erst um 1000 für Vision und Berufung des Jesaias auf der Reichenau eine Bildformel gefunden. Für sie sind zwei Momente konstitutiv: die Darstellung der Vision mit dem zwischen Seraphimen thronenden Herrn (die Reichenau wählt dafür die Ikonographie der *Maiestas-Domini*-Bilder) und die Szene der Reinigung der Lippen des Propheten. In der Schaffhausener Miniatur ist die Reinigung durch einen Engel dargestellt, der mit einer Zange ein Stück glühende Kohle hält und damit die Lippen des Jesaias berührt. I. S.

25.01.10

25.01.10 Handbuch Abb. 259

Liuthar-Evangeliar

(Original ausgestellt in Berlin)
Reichenau, um 1000
Pergament mit Deckfarbenmalerei
H. 29,5 cm, Br. 21,5 cm
Original: Aachen, Domschatz. Fol. 15v/16r
Gniezno, Muzeum Początków Państwa Polskiego. MPPPG/K 290

Lit.: W. Chr. Schneider, Imperator Augustus und Christomimetes. Das Selbstbild Ottos III. in der Buchmalerei. In: Europas Mitte um 1000. Ausstellungskat. Budapest, Kraków, Berlin, Mannheim, Praha, Bratislava (Stuttgart 2000) 798–808. – U. Kuder. Die Ottonen in der ottonischen Buchmalerei. Identifikation und Ikonographie. In: G. Althoff/E. Schubert. Herrschaftsrepräsentation im ottonischen Sachsen (Sigmaringen 1998) 137–234. – J. Fried, Otto III. und Bolesław Chrobry. Das Widmungsbild des Aachener Evangeliars, der Akt von Gnesen und das frühe polnische und ungarische Königtum (Stuttgart 1989).

Um das Jahr 1000 entstand auf der Reichenau eine Gruppe von Prachthandschriften, die wahrscheinlich von Otto III. selbst in Auftrag gegeben wurde. Eine der bedeutendsten unter ihnen ist das Aachener Liuthar-Evangeliar mit seinem Herrscherbild. Die Bezeichnung rührt von dem Mönch der linken Bildseite her, der dem Kaiser das Evangeliar darbringt. Eine Inschrift erläutert den Vorgang: „Mit diesem Buch, Kaiser Otto, bekleide Dir Gott das Herz // Das Du, gedenke, von Liuthar empfangen." Wie wohl kein anderes Zeugnis findet in diesem Herrscherbild die spirituell-eschatologische Dimension des Kaisertums Ottos III. ihren Ausdruck.

Die rechte Seite zeigt den Kaiser christusgleich in der Mandorla thronend. Auf sein Haupt senkt sich segnend die Hand Gottes. Dem Widmungsvers entsprechend bekleiden die vier Evangelistensymbole das Herz des Kaiser mit dem Evangelium. Es wird symbolisiert durch das weiße Band, das zugleich die Trennung einer oberen, himmlischen Bildebene, von einer mittleren markiert. Zu beiden Seiten des Thrones, der von einer *terra*, der Personifikation der Erde, getragen wird, stehen zwei Kronenträger. Sie schultern Fahnenlanzen. Die untere Bildzone zeigt links zwei Krieger, rechts zwei Geistliche.

Der hierarchische Bildaufbau und die den Figuren beigegebenen Attribute erlauben folgende Interpretation: Bei der Vierergruppe handelt es sich um Herzöge und Erzbischöfe. Sie verkörpern die weltlichen und geistlichen Herrschaftsträger, auf denen die irdische Macht des Kaisers ruht. Die beiden Kronenträger der mittleren Bildebene lassen sich als Herrscher, als Könige, deuten. Sie stehen deutlich über den Herzögen und Erzbischöfen, gegenüber dem frontal thronenden Kaiser, dem sie zugeordnet sind, jedoch nehmen sie eine verehrende Haltung ein. Das Bild gibt Auskunft über die Einbindung der Könige in die christliche Herrschaftsordnung Ottos III. und die ihnen hierin zugedachte Aufgabe. Der Kaiser selbst steht als Mittler zwischen Himmel und Erde. Was ihm von Gott gegeben ist, gibt er weiter an die unter seinen ausgebreiteten Armen stehenden Herrscher. Doch haben auch diese eigenständigen Anteil an der himmlischen Sphäre. Das Band des Evangeliums reicht bis zu ihren Kronen herab, und die Spitzen ihrer Lanzen berühren die unteren beiden Evangelistensymbole. Um das Jahr 1000, zur Zeit der Entstehung des Evangeliars, kommen hierfür zwei Herrscher in Betracht: Stephan von Ungarn und Bolesław Chrobry von Polen. Otto hatte sie als eigenständige christliche Herrscher anerkannt und zu Mitaposteln bei der Ausbreitung des christlichen Glaubens berufen. K. Sch.

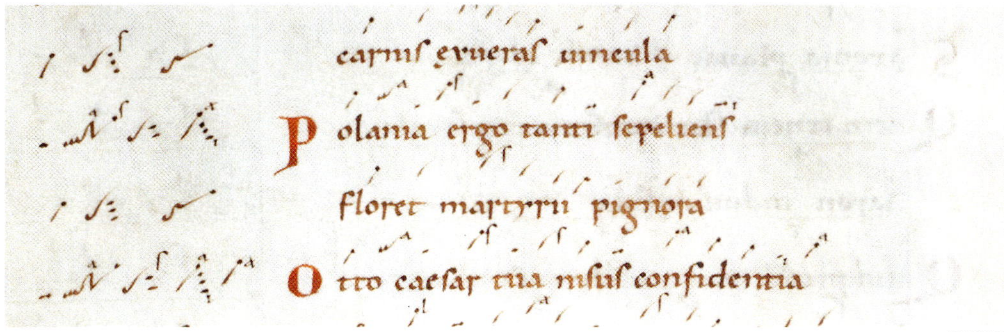

25.01.11

25.01.11
Tropar und Sequentiar
(ausgestellt in Berlin)
Reichenau, 1001
Pergament mit Deckfarbenmalerei
H. 19,3 cm, Br. 14,5 cm
Bamberg, Staatsbibliothek. Msc. Lit. 5, fol. 97v
Lit.: J. Fried, Der hl. Adalbert und Gnesen. Archiv mittelrhein. Kirchengesch. 50, 1998, 41–70. – B. Schemmel, Staatsbibliothek Bamberg. Handschriften – Buchdruck um 1500 in Bamberg – E.T.A. Hoffmann (Bamberg 1990) 68 f. Nr. 27.

Die Handschrift zählt zu jener Gruppe Reichenauer Prachtcodices, in die die Ereignisse des Jahres 1000 Eingang gefunden haben. Wahrscheinlich stammt sie nicht unmittelbar aus dem Besitz Ottos III., der in einem Ostergebet gleichwohl als regierender Kaiser genannt wird, sondern fand zunächst im Inselkloster selbst Verwendung. Der Codex enthält den ältesten Hymnus zu Ehren des heiligen Adalbert, in dem unter anderem von der Überführung einer Armreliquie durch Otto III. nach Rom berichtet wird. Auch die Reichenau selbst erhielt zu dieser Zeit wohl Adalbertsreliquien. Zugleich findet sich hier der erste sicher datierbare Beleg für den Landesnamen „Polen“: *Polonia ergo tanti sepeliens floret martyrii pignora.* (Polen aber blüht, weil es die Unterpfänder solchen Martyriums ins Grabe senkt). K. Sch.

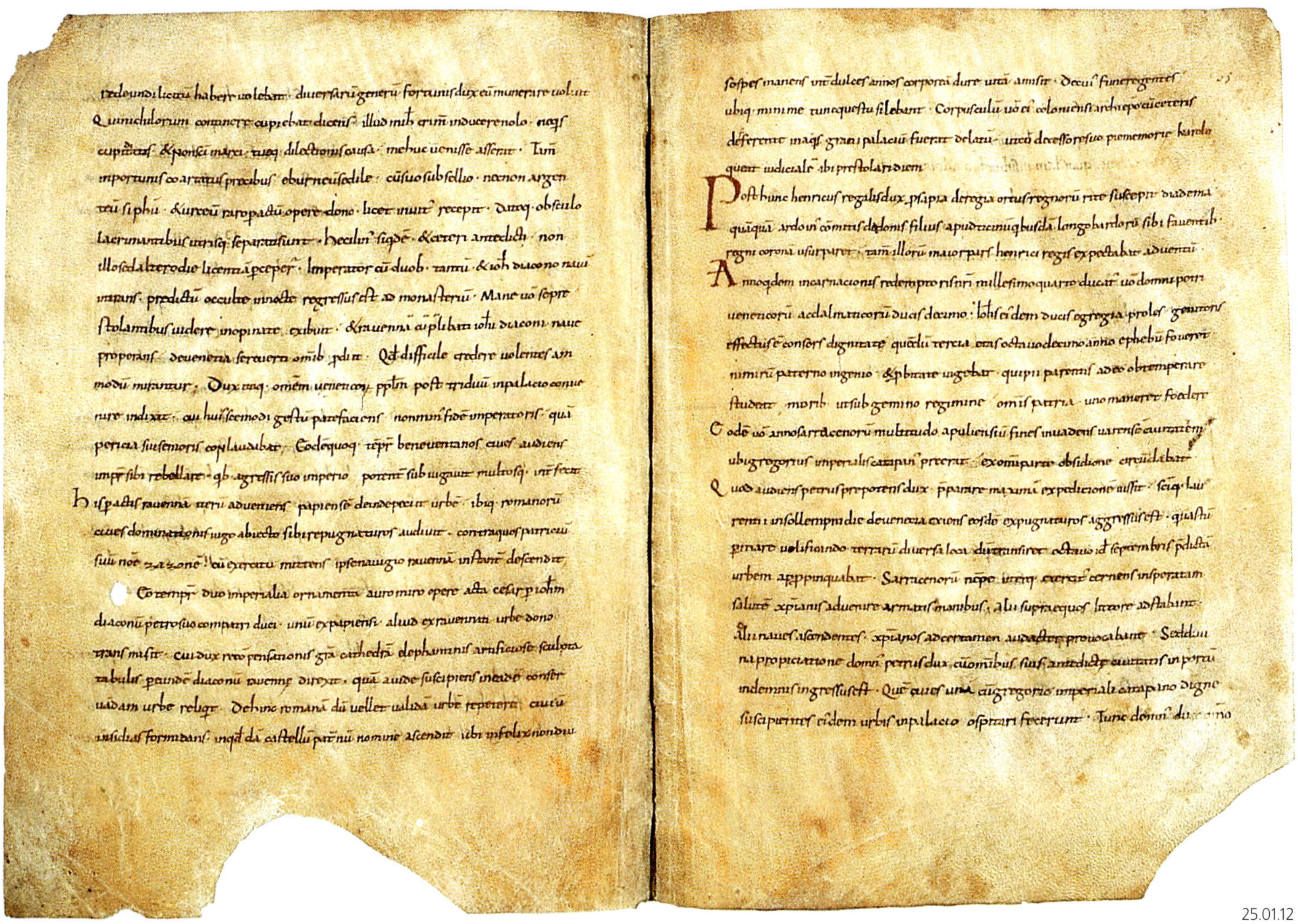
25.01.12

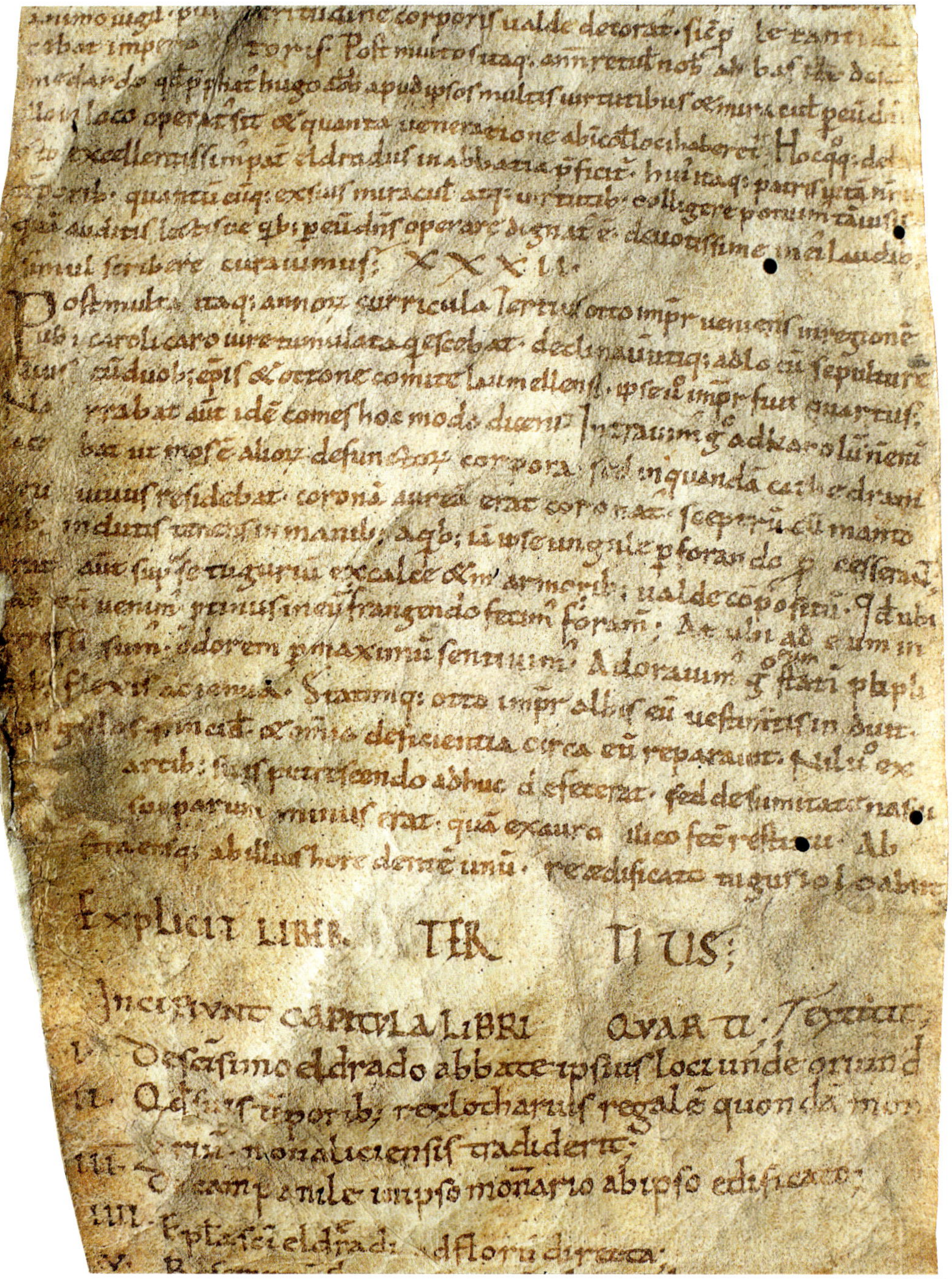

25.01.13

25.01.12
Chronik von Venedig des Johannes Diaconus
(ausgestellt in Krakau und Prag)
Venedig, Anfang 11. Jh.
Pergament
H. 34 cm, Br. 25 cm
Città del Vaticano, Biblioteca Apostolica Vaticana. Urb. lat. 440, fol. 34v/35r
Lit.: G. Monticolo (Hrsg.), Cronache Veneziane antichissime. Fonti per la storia d'Italia 9 (Roma 1890) 164. – D. Rando, Der Doge Peter Orseolo II. von Venedig. In: Europas Mitte um 1000. Ausstellungskat. Budapest, Kraków, Berlin, Mannheim, Praha, Bratislava (Stuttgart 2000) 782–285.

In seiner Chronik schildert Johannes die Geschichte Venedigs von den Anfängen bis zum Jahr 1008. Einen Schwerpunkt bildet hierbei das Dogat Peters II. Orseolo, für den Johannes wiederholt als Gesandter am ottonischen Hof tätig war. Seit 992 bestanden Kontakte zwischen Otto III. und dem Dogen von Venedig, die in einen Freundschaftsbund mündeten, der durch die kaiserliche Patenschaft für die Kinder Orseolos besiegelt wurde. Der Doge erstrebte die Herrschaft über Dalmatien, wo sich zur gleichen Zeit Papst Silvester II. missionspolitisch engagierte. Analogien zu den Entwicklungen in Polen und Ungarn drängen sich auf. Otto sandte dem Dogen „kaiserlichen Schmuck" *(imperialia ornamenta)*, was ihn neben den Herrschern von Ungarn und Polen als weiteren potentiellen „Freund und Helfer des Reiches" erscheinen lässt. K. Sch.

25.01.13
Chronik von Novalesa
(ausgestellt in Budapest)
Novalesa, um 1060
Pergamentrotulus
H. 1100 cm, Br. 9,4 cm
Torino, Archivio di Stato di Torino ASTo. Corte, Museo storico (cap. III, 32)
Lit.: G. C. Alessio (Hrsg.), Chronicon Novaliciense (Torino 1982) 182. – K. Görich, Kaiser Otto III. und Aachen. In: Europas Mitte um 1000. Ausstellungskat. Budapest, Kraków, Berlin, Mannheim, Praha, Bratislava (Stuttgart 2000) 786–791. – H. Drechsler, Überlegungen zur Grablege Karls des Großen und Ottos III. im Aachener Münster. Röm. Hist. Mitt. 41, 1990, 129–165. – K. Görich, Otto III. öffnet das Karlsgrab in Aachen. Überlegungen zu Heiligenverehrung, Heiligsprechung und Traditionsbildung. In: G. Althoff/E. Schubert, Herrschaftsrepräsentation im ottonischen Sachsen (Sigmaringen 1998) 381–430.

Zu Pfingsten des Jahres 1000 ließ Otto III. in Aachen das Grab Karls des Großen öffnen. Auf einem Thron sitzend habe Otto, nach dem Bericht der Chronik von Novalesa, Karl in seiner Gruft vorgefunden und dort einen Wohlgeruch wahrgenommen. Sofort habe man ein Gebet an den großen Kaiser gerichtet. Otto bekleidete ihn sodann mit weißen Gewändern und schnitt ihm die Nägel, die sich bereits durch die Handschuhe gebohrt hatten. Keine Verwesung war festzustellen. Nur die Nasenspitze fehlte, die Otto sogleich aus Gold ergänzen ließ. Nachdem er ihm noch einen Zahn gezogen hatte, verließen er und seine Begleiter die Gruft. Der Bericht weist die für die Auffindung eines Heiligengrabes typischen Merkmale auf. Sie lassen auf eine geplante Heiligsprechung Karls schließen, die jedoch durch den frühen Tod Ottos III. nicht zum Abschluss gelangte. K. Sch.

25.01.14

25.01.14

Chronik Ademars von Chabannes

(ausgestellt in Berlin)
Mittel- oder Südwestfrankreich, 12. Jh.
Pergament
H. 27,8 cm, Br. 17 cm
Paris, Bibliothèque nationale de France. Ms. lat. 5926, fol. 125v–126r

Lit.: P. Bourgain (Hrsg.) Ademari Cabannensis opera omnia, pars I. (Corpus Christianorum. Continuatio Mediaevalis CXXIX (Turnhout 1999) XXXIVf.; 153f – K. Görich, Kaiser Otto III. und Aachen. In: Europas Mitte um 1000. Ausstellungskat. Budapest, Kraków, Berlin, Mannheim, Praha, Bratislava (Stuttgart 2000) 786–791. – K. Görich, Otto III. öffnet das Karlsgrab in Aachen. Überlegungen zu Heiligenverehrung, Heiligsprechung und Traditionsbildung, In: G. Althoff/E. Schubert (Hrsg.), Herrschaftsrepräsentation im ottonischen Sachsen, (Sigmaringen 1998) 381–430. – R. Landes, Relics Apocalypse, and the Deceits of History. Ademar of Chabannes 989–1034 (Cambridge Mass., London 1995) 149.

Der nur in der Redaktion C der Chronik Ademars überlieferte Bericht zur Öffnung des Karlsgrabes durch Otto III. wurde lange Zeit als unglaubwürdig und als Reflex auf die im 12. Jahrhundert von Barbarossa betriebene Heiligsprechung Karls des Großen betrachtet. Wahrscheinlich diente als Vorlage dieser Redaktion jedoch ein Arbeitsexemplar Ademars aus den 20er Jahren des 11. Jahrhunderts. In einer Traumvision wurde Otto hiernach aufgefordert, nach dem Grab Karls zu suchen. Nach dreitägigem Fasten habe er den großen Kaiser in seiner Gruft unverwest auf einem goldenen Thron gefunden. Seine Gebeine wurden erhoben und dem Volk gezeigt; Wunder ereigneten sich. Den Thron habe Otto Bolesław Chrobry von Polen geschickt und hierfür Reliquien des heiligen Adalbert erhalten. Ademar schildert die Graböffnung und Verehrung Karls als die eines Heiligen und gibt damit verformtes, im Kern jedoch zeitgenössisches Wissen über die Aachener Ereignisse im Jahr 1000 wieder. An Glaubwürdigkeit könnte damit auch die Sendung eines Thrones als Herrschaftszeichen an den Polenherrscher gewinnen, berichtet doch Johannes Diaconus von einem ähnlichen Geschenk Ottos an den Dogen Peter Orseolo von Venedig. K. Sch.

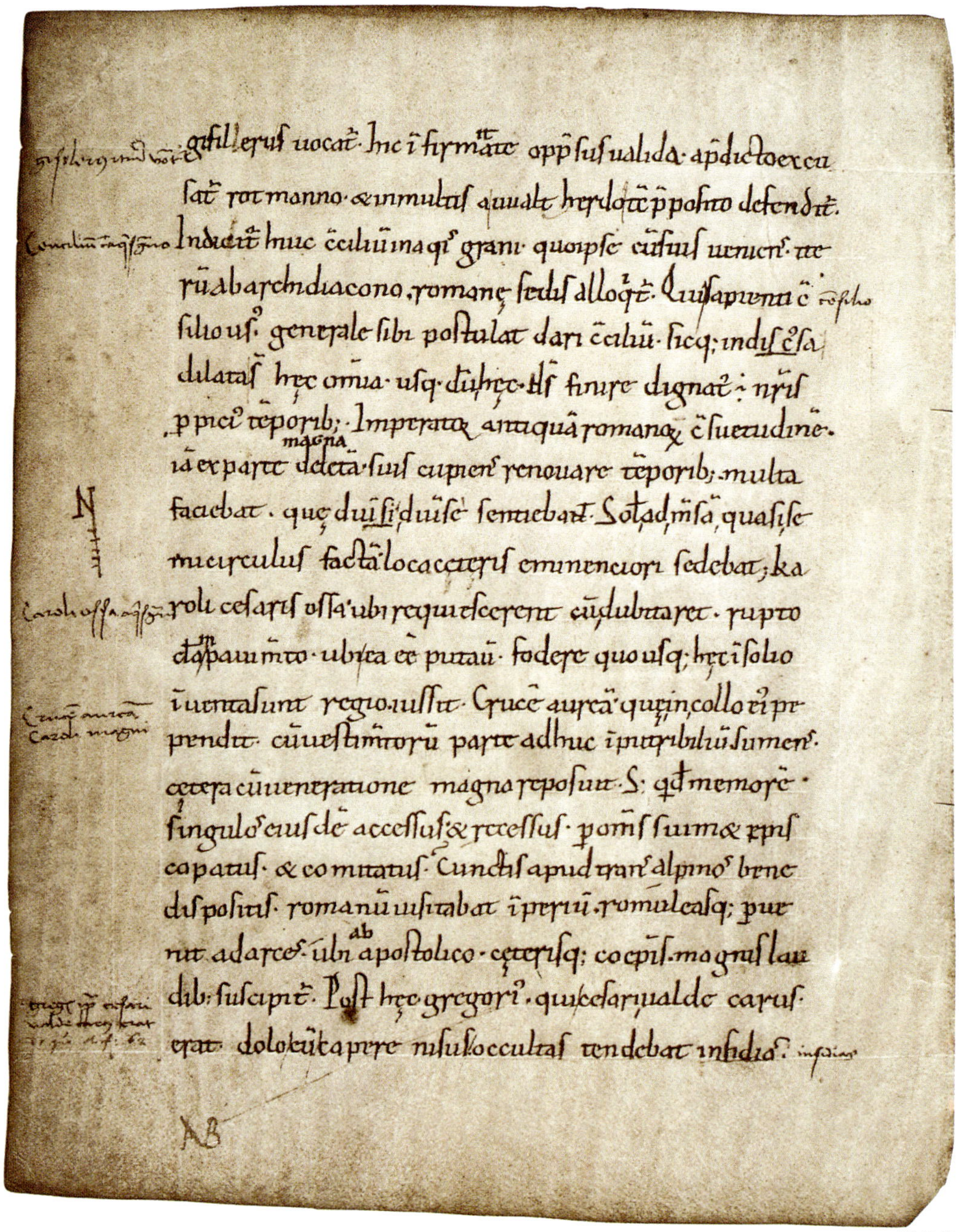

25.01.15

25.01.15

Chronik Bischof Thietmars von Merseburg

(Faksimile ausgestellt in Krakau und Prag)
Merseburg, 1011–1018
Pergament
H. 23 cm, Br. 19 cm
Dresden, Sächsische Landesbibliothek, ehemals Msc. Dresd. R 147, fol. 66v. (Der Originalcodex wurde im 2. Weltkrieg fast vollständig zerstört)
Lit.: R. Holtzmann (Hrsg.), Thietmar von Merseburg, Chronicon. MGH SS rer. Germ. N.S. 9. (Nachdr. München 1980) 184 ff. – L. Schmidt (Hrsg.), Die Dresdner Handschrift der Chronik des Bischofs Thietmar von Merseburg in Faksimile (Dresden 1905). – H. Lippelt, Thietmar von Merseburg. Reichsbischof und Chronist (Köln, Wien 1973)

„In der Absicht, das großenteils verfallene römische Brauchtum wieder zu erneuern, traf der Kaiser vielerlei Maßnahmen, die Verschiedene verschieden beurteilen. … Da er über die Ruhestätte der Gebeine Kaiser Karls im Unklaren war, ließ er an der vermuteten Stelle heimlich den Bodenbelag aufbrechen und nachgraben bis man sie im Königsstuhl fand. Nach Entnahme des goldenen Halskreuzes und eines Teils der noch unvermoderten Gewänder legte er das übrige mit großer Verehrung wieder zurück" – so der Merseburger Chronist Thietmar über die Öffnung des Karlsgrabes durch Otto III. Wahrscheinlich stellte die Graböffnung den ersten Schritt zu einer geplanten Heiligsprechung Karls des Großen dar, den Otto als Vorbild verehrte. Durch den frühen Tod Ottos kam sie jedoch nicht zum Abschluss. Der Bericht Thietmars lässt die Unsicherheit erkennen, die die Zeitgenossen gut zwölf Jahre später mit der Bewertung der Ereignisse um das Jahr 1000 hatten. K. Sch.

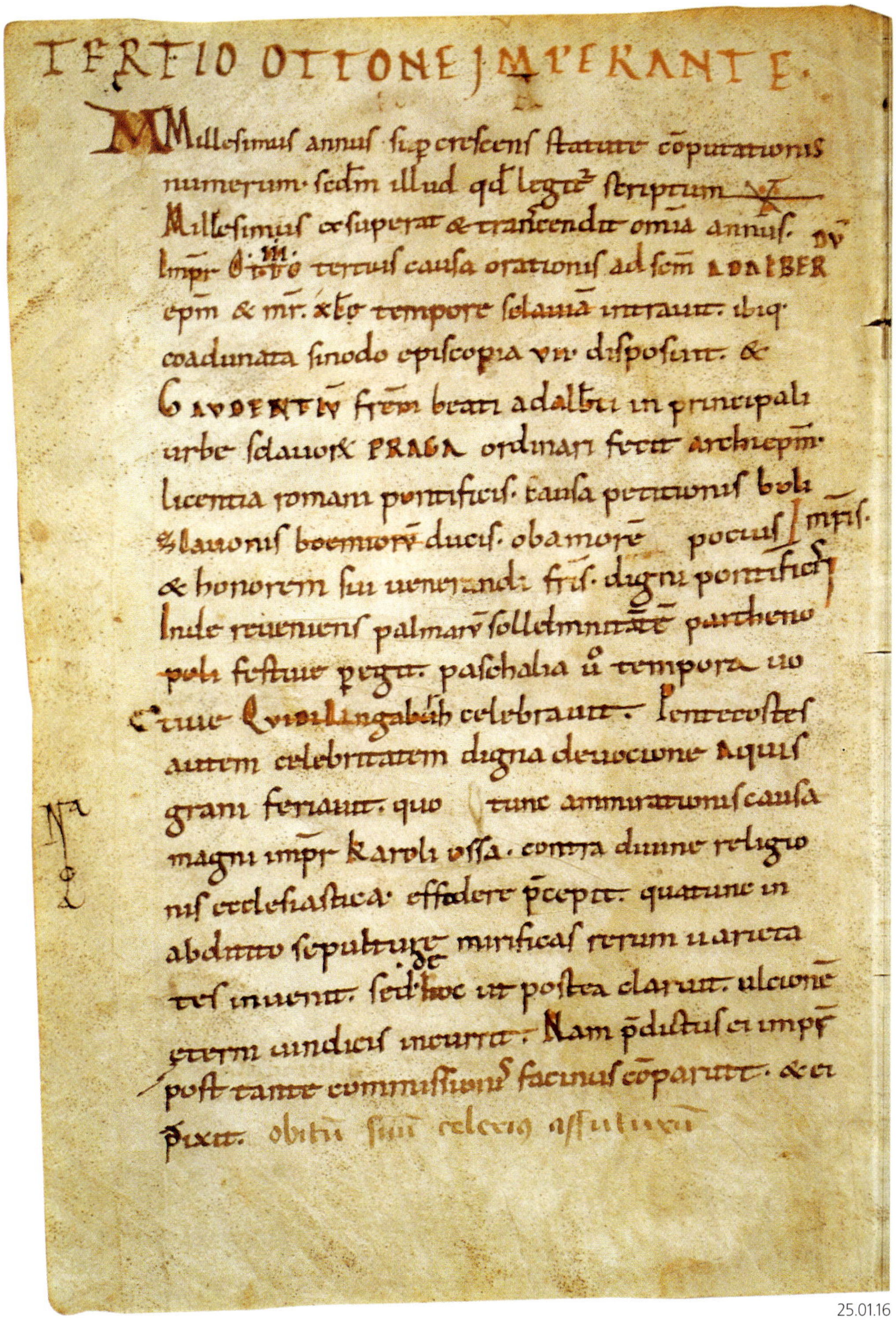

25.01.16

25.01.16

Hildesheimer Annalen

(ausgestellt in Mannheim)
Hildesheim, Ende 10. bis 1. Hälfte 12. Jh.
Pergament
H. 22 cm, Br. 15,3 cm
Paris, Bibliothèque nationale de France.
Ms. lat. 6114, fol. 36v
Lit.: G. Waitz (Hrsg.), Annales Hildesheimenses. MGH SS rer. Germ 8. (Hannover 1878) 28. – K. Görich, Kaiser Otto III. und Aachen. In: Europas Mitte um 1000. Kat. Budapest, Kraków, Berlin, Mannheim, Praha, Bratislava (Stuttgart 2000) 786–791. – K. Görich, Otto III. öffnet das Karlsgrab. In: G. Althoff/E. Schubert (Hrsg.), Herrschaftsrepräsentation im ottonischen Sachsen. (Sigmaringen 1998) 381–430.

„Das Jahr 1000 ragt über alles hinaus, es übertrifft alles" – so leitet der Hildesheimer Annalist seinen Eintrag zum Jahr 1000 ein. Zu Pfingsten desselben Jahres vermerkt er die Öffnung des Grabes Karls des Großen durch Otto III. in Aachen. Zur Verehrung habe der Kaiser, entgegen der kirchlichen Weisungen der Gottesfurcht, die Gebeine Karls ausgraben lassen. Für diesen Verstoß habe er die Strafe des ewigen Rächers auf sich gezogen. Zeitgenossen wie Nachwelt verlangten für den überraschenden Tod des erst 21jährigen Kaisers nach einer Erklärung. Der rückblickend auf das Jahr 1000 schreibende Annalist fand sie in dem vermeintlichen Grabfrevel Ottos. Als solcher erschien die Graböffnung, nachdem die Heiligsprechung Karls ausgeblieben war, die Otto durch die Öffnung des Grabes wohl einzuleiten suchte. K. Sch.

25.01.17

25.01.17

Basis, Säule und Kapitell

(ausgestellt in Krakau, Berlin, Mannheim, Prag und Bratislava)
Aachen Empore der Pfalzkapelle; 1794–95 nach Paris verschleppt; 1815 nach Aachen zurückgebracht
Mittelmeerisch, spätantik
Bronze; Marmor; Porphyr
H. 20 cm, Dm. 40 cm (Basis); H. 233 cm, Dm. 30–33 cm (Schaft); H. 47 cm, Br. 56 cm, L. 56 cm (Kapitell)
Aachen, Domkapitel
Lit.: Chr. Stiegemann/M. Wemhoff (Hrsg.), 799 Kunst und Kultur der Karolingerzeit. Karl der Große und Papst Leo III. in Paderborn 1. Ausstellungskat. Paderborn (Mainz 1999) 110 f. Nr. II.69.

Die Pilgerreise Ottos III. im Jahr 1000 führte ihn nach seinem Besuch in Gnesen nach Aachen an das Grab Karls des Großen. Die Aachener Pfalzkapelle, die er bei dieser Gelegenheit besuchte, präsentierte sich abgesehen von der Freskoausstattung durch Johannes Italus (vgl. die Aquarellkopien in diesem Katalog Kat.-Nr. 23.04.01–04) im wesentlichen in karolingischem Gesicht. So wird Otto beispielsweise die verschiedenen spätantiken Bauteile (vgl. die Ölstudie A. Rethels in diesem Katalog Kat.-Nr. 01.02.01) gesehen haben, die Karl der Große in Rom besorgt hatte und mit Genehmigung Papst Hadrians aus dem Exarchenpalast in Ravenna abtransportieren durfte. Zu diesen Spolien gehört auch die Säule mit Bronzebasis und Kapitell, die ursprünglich in der Empore der Pfalzkapelle verbaut war. I. S.

25.01.19

Fabelgedicht Leos von Vercelli (Metrum Leonis)

(ausgestellt in Krakau)
Italien, Ende 10./Anfang 11. Jh.
Pergament
H. 34 cm, Br. 27 cm
Vercelli, Archivio e Biblioteca Capitolare. Cod. LXXXII, fol. 189v (Einzelblatt, derzeit lose in den Codex eingelegt)
Lit.: K. Strecker/G. Silagi (Hrsg.), Die lateinischen Dichter des deutschen Mittelalters. Die Ottonenzeit. MGH Poet. lat. 5 (Berlin 1937–1979) 483–489. – H. Dormeier, Die ottonischen Kaiser und die Bischöfe im regnum Italiae. Antrittsvorlesung (Kiel 1997). – B. M Kaczynksi/H. J. Westra, The Motif of the Hypocritical Wolf in medieval Greek and Latin Animal Literature. In: The Sacred Nectar of The Greeks: The Study of Greek in the West in the Early Middle Ages (London 1988) 105–141.

Der sprachgewaltige und rechtskundige Bischof Leo von Vercelli zählte zu jenem gebildeten Beraterkreis um Otto III., der maßgeblichen Einfluss auf die Politik der römischen Erneuerung nahm. Von Leo sind mehrere Gedichte überliefert, darunter auch eine in seiner Handschrift erhaltene Tierfabel satirisch-allegorischen Inhalts. Die unter den Menschen herrschende gegenseitige Untreue, so ihre moralische Lehre, habe zur Folge, dass der einzelne nur Gott vertrauen kann. Zu Beginn und am Ende der wahrscheinlich dem Markgrafen Hugo von Tuscien gewidmeten Verse beklagt Leo den Verlust von Geschenken, die er von Otto III. erhalten hatte und sein hartes Los als Flüchtling. Leo musste nach dem Tod Ottos III. zeitweise sein Bistum verlassen. K. Sch.

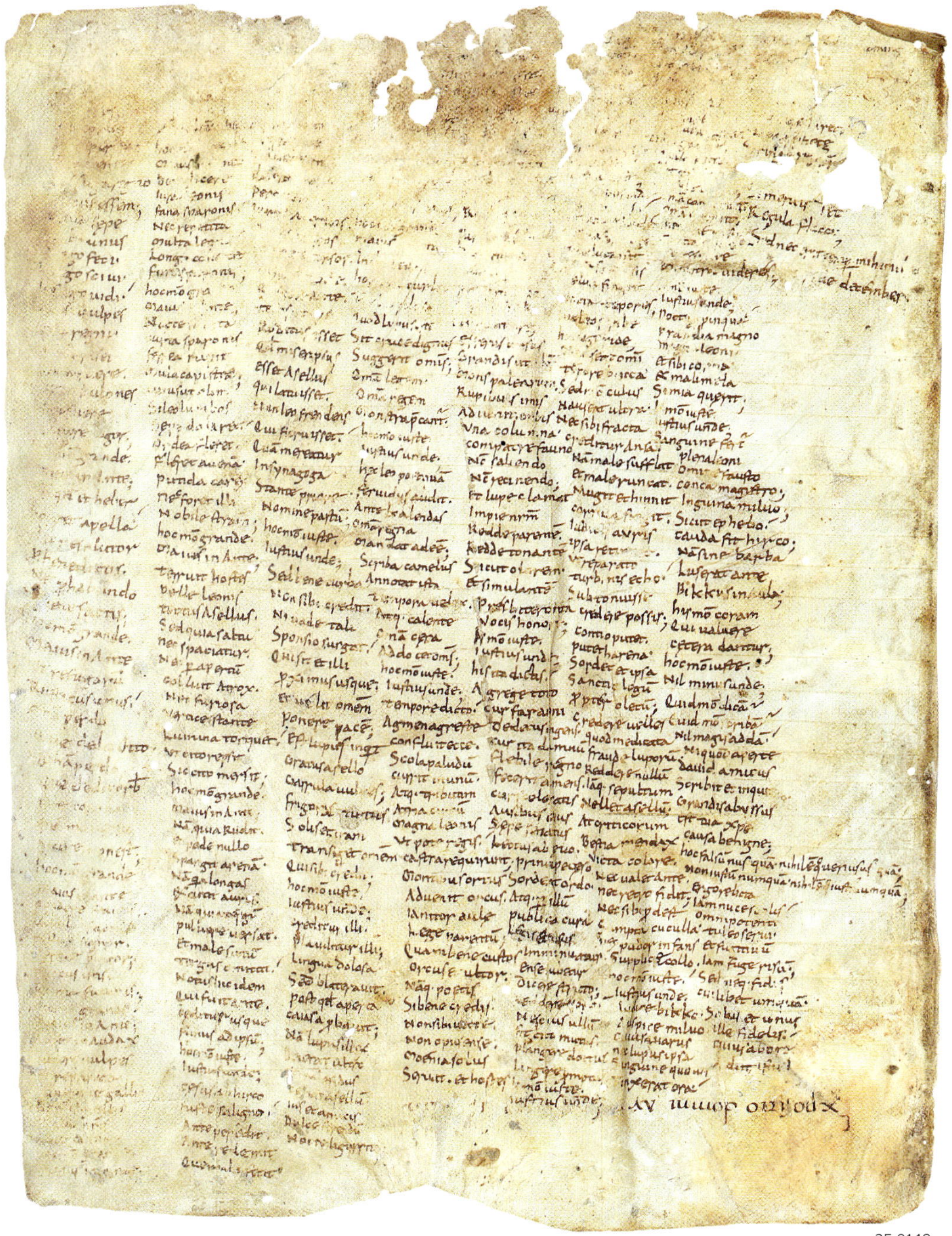

25.01.19

25.01.21

25.01.21

Gebetbuch Ottos III.

(ausgestellt in Mannheim)
Pommersfelden
Mainz, 983 – 991
Pergament
H. 15 cm, Br. 12 cm
München, Bayerische Staatsbibliothek, Miteigentum: Bayerische Landesstiftung. Clm 30111, fol. 20v/21r
Lit.: H. Hoffmann, Buchkunst und Königtum im ottonischen und frühsalischen Reich, (Stuttgart 1986) 255 f. – Bayerische Staatsbibliothek: Gebetbuch Ottos III. Clm 30111. Patrimonia 84 (München 1995).

Der Codex entspricht dem Typ des Königgebetbuchs. Widmungsbild und -gedicht deuten darauf, dass das Gebetbuch für einen noch jungen König bestimmt war. Aufgrund der Mainzer Herstellung und der Datierung kann es sich nur um Otto III. handeln. Damit wird das Buch ein Zeugnis der persönlichen Frömmigkeit des Herrschers und ergänzt die Exponate zu Ottos Pilgerfahrt nach Gnesen und Aachen um eine weitere, Byzanz-orientierte Facette: Wie beim byzantinischen Triptychon aus dem Palazzo Venezia in Rom ist die Fürbitte für den Herrscher mit der Darstellung einer *Deesis* verbunden (fol. 2r). Außerdem geht die Szene der Proskynese eines Herrschers vor dem thronenden Christus auf Byzanz zurück (fol. 20v). In beiden Bildern äußert sich um 1000 die Herrschaftsvorstellung einer *imitatio Christi*. I. S.

25.01.22

25.01.22

Sakramentar aus Bobbio

(ausgestellt in Mannheim)

Bobbio, Abtei S. Colombano; seit 1606 in der Ambrosiana

Bobbio, 9./10. Jh.; St. Gallen/Reichenau, spätes 10. Jh.

Pergament

H. 31 cm, Br. 24 cm

Milano, Biblioteca Ambrosiana. D 84 inf., fol. 24v

Lit.: A. Paredi, La miniatura del Canone nel messale di Bobbio del secolo X. Bollettino dell'Archivio Paleografico Italiano, N.S. II/III, 1956/57, 243–249. – M. L. Gengaro/ G. Villa Guglielmetti, Inventario dei Codici decorati e miniati (secc. VII–XIII) della Biblioteca Ambrosiana (Firenze 1968) 17 ff. – M. L. Gengaro/L. Cogliati Arano (Hrsg.), Miniature lombarde. Codici miniati dall' VIII al XIV secolo (Milano 1970) 27 ff.

Gerbert von Aurillac, der enge Freund und Berater Ottos III., war 982–983 Abt des Klosters Bobbio bei Piacenza. Otto III. bestätigte im späten 10. Jahrhundert der Abtei in Diplomen wiederholt ihren Grundbesitz. Eventuell ist diese Verbindung zum ottonischen Hof der Grund, weshalb zumindest eine Miniatur oder vielleicht sogar ein kompletter ottonischer Codex aus St. Gallen nach Bobbio gelangte. Dort wurde die Miniatur bzw. eine Seite aus der Handschrift vermutlich im 11. oder spätestens im 12. Jahrhundert in ein älteres Bobbieser Sakramentar eingebunden. Die Darstellung zeigt eine Kreuzigung, die ikonographisch und stilistisch Reichenauer Miniaturen nahesteht, insbesondere dem Evangelistar Barb. lat. 711 aus der Biblioteca Apostolica Vaticana. I. S.

25.01.23 a Handbuch Abb. 479

Loros aus dem so genannten Gisela-Schmuck

(ausgestellt in Berlin)

1880 in Mainz beim Kanalbau gefunden

Westdeutsch, Mainz (?), letztes Drittel 10. Jh.

Gold; Edelsteine; Perlen; Cabochon; Goldfiligran

L. 34 cm, Br. 11,5 cm

Berlin, Kunstgewerbemuseum SMB. Inv. Nr. 61,45

25.01.23 a

Lit.: Bernward von Hildesheim und das Zeitalter der Ottonen 2. Ausstellungskat. Hildesheim (Hildesheim, Mainz 1993) 69 f. II–26.

Der Loros ist ein Brustschmuck byzantinischer Herrscherinnen und zugleich Teil des offiziellen Ornats der Kaiserinnen. Bei ihm ist an einer Halskette ein Gehänge mit sechs Registern befestigt. Von einer horizontalen, durch gefasste Steine unterteilten Kette hängen jeweils kurze Ketten herab. Jede dieser endet in einer Fassung mit Edelsteinen. Das unterste Register ist durch eine Lunula mit großem bläulichen Cabochon hervorgehoben. Von ihr hängt ein Filigrankegel herab. Vermutlich war der Brustschmuck auf einen Stoffträger aufgenäht. Da nach H. Fillitz der Loros wie das Maniakon in die Jahre um 980 zu datieren ist, wird Theophanu, die Mutter Ottos III., an der Vermittlung der byzantinischen Schmuckformen in den Westen Anteil gehabt haben. I. S.

25.01.23 b

Maniakon aus dem so genannten Gisela-Schmuck

(ausgestellt in Berlin)
1880 in Mainz beim Kanalbau gefunden
Westdeutsch, Mainz (?), letztes Drittel 10. Jh.
Gold; Zellenschmelz; Gemmen; Perlen; Edelsteine; Kameo
L. 64,5 cm
Berlin, Kunstgewerbemuseum SMB, Inv. Nr. 61,44
Lit.: Bernward von Hildesheim und das Zeitalter der Ottonen 2. Ausstellungskat. Hildesheim (Hildesheim, Mainz 1993) 69 f. II–26.

Das Maniakon ist ein Schmuckstück, das zum offiziellen Ornat der Kaiserinnen in Byzanz gehörte. Sie trugen es als Halskragen. Auf byzantinischen Kunstwerken sind oft Kaiserinnen mit Maniakon dargestellt. Der Halskragen entspricht aufgrund von Technik und Typus byzantinischen Colliers: Mit Hilfe von Haken und Ösen sind gefasste Emails und Edelsteine in regelmäßigen Abständen in eine Goldkette integriert. Von diesen Fassungen gehen beidseitig kurze Ketten aus, an deren Enden sich weitere gefasste Steine befinden. Die Mitte der Kette, die vorn am Hals zum Liegen kam, ist durch einen Kameo aus augusteischer Zeit mit einer Victoria betont. Nach H. Fillitz ist der Halsschmuck um 980 zu datieren. Damit lässt sich das Aufgreifen byzantinischer Formen über Theophanu, die Mutter Ottos III., erklären. I. S.

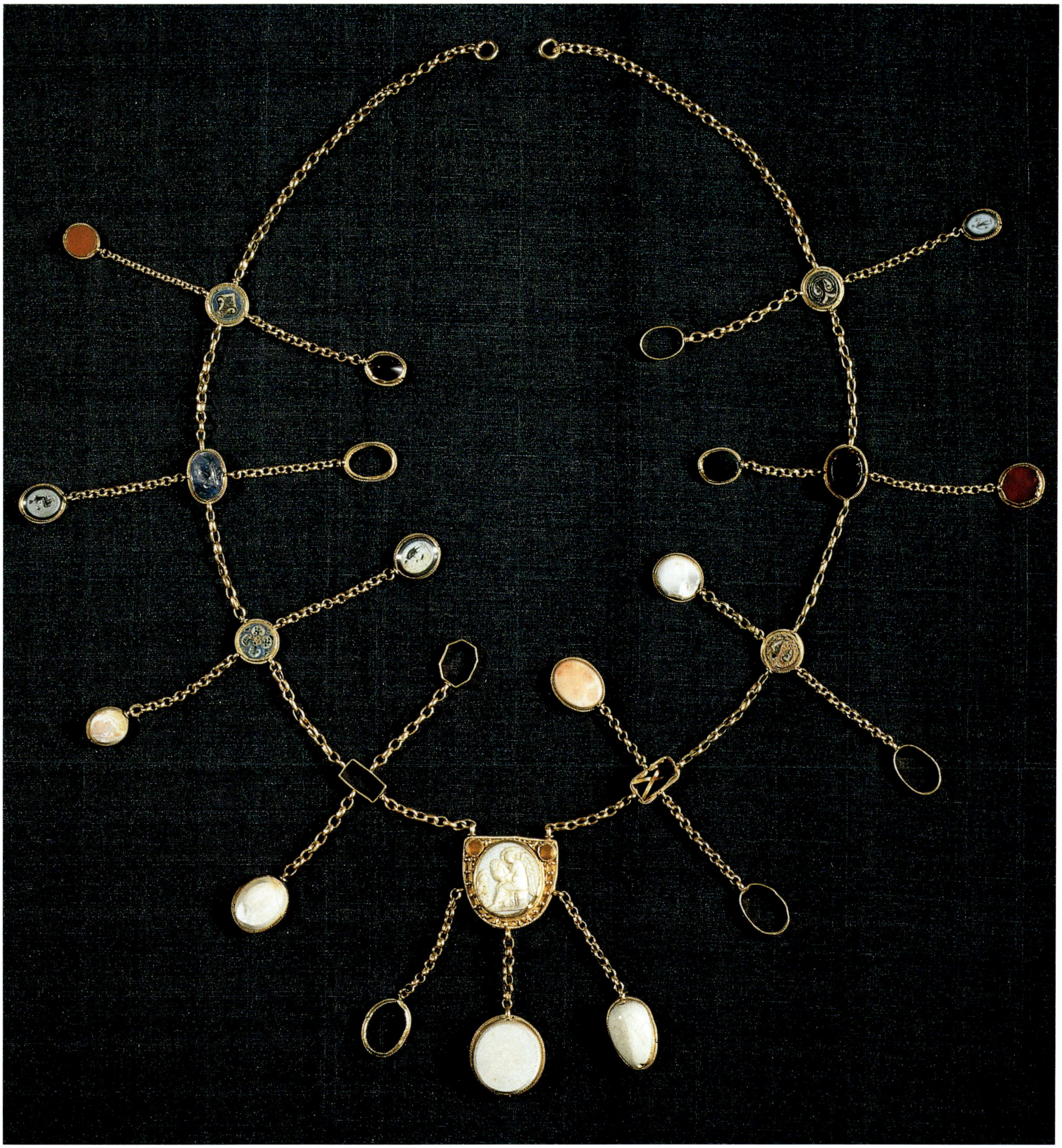

25.01.23 b

25.01.24

25.01.24
Adlerfibel
(ausgestellt in Berlin)
1880 in Mainz beim Kanalbau gefunden
Westdeutsch (Mainz?), spätes 10. oder eher erstes Drittel 11. Jh.
Gold; Filigran; Zellenschmelz; Saphire
H. 9,7 cm, Br. 9,3 cm
Mainz, Landesmuseum. Inv. Nr. O.1793
Lit.: Bernward von Hildesheim und das Zeitalter der Ottonen 2. Ausstellungskat. Hildesheim (Hildesheim, Mainz 1993) 172 f. IV–24.

Die durchbrochene Goldscheibenfibel stammt aus dem Fund des Mainzer Kaiserinnenschmuck. Dominierend ist die Figur eines Adlers, der durch seinen erhöhten Stand aus dem *Clipeus* herausragt. Auffallend sind auch die frontale Ansicht des Körpers und die abgespreizten Flügel. Die drei Saphire, die den Kopfputz des Vogels bilden, haben zusammen mit den Blütenornamenten des Zellenschmelzes und dem Goldfiligran des umrahmenden Ringes zur Deutung des Tieres als Pfau oder einem Mischwesen beider Vögel beigetragen. Da die Fibel kein direktes Vorbild hat, muss von einer Neuschöpfung ausgegangen werden, bei der das imperiale Motiv des Adlers wohl auf Vorlagen byzantinischer Stoffe des 10. Jahrhunderts zurückgeht. Die Datierungen der Fibel bewegen sich zwischen 960 und 1050. M. Wi.

25.01.25

25.01.25
Ohrring aus dem Giselaschmuck
(ausgestellt in Berlin)
1880 in Mainz beim Kanalbau gefunden
Westdeutsch (Mainz?), letztes Viertel 10. Jh. (um 980)
Gold; Edelsteine; Perlen
Br. 3,7 cm
Mainz, Landesmuseum. Inv. Nr. O.356
Lit.: O. von Falke, Der Mainzer Goldschmuck der Kaiserin Gisela (Berlin 1913) 26 f., Nr. 23. – M. Schulze-Dörrlamm, Der Mainzer Schatz der Kaiserin Agnes aus dem mittleren 11. Jahrhundert. Neue Untersuchung zum sogenannten „Gisela-Schmuck" [Römisch-Germanisches Zentralmuseum. Forschungsinstitut für Ur- und Frühgeschichte. Monographien 24] (Sigmaringen 1991) 25 f. – Bernward von Hildesheim und das Zeitalter der Ottonen 2. Ausstellungskat. Hildesheim (Hildesheim, Mainz 1993) 174 Nr. IV–26.

Der mondsichelförmige Ohrring wurde zusammen mit einer Goldmünze des byzantinischen Kaisers Romanos III. Argyros (1028–1034) nahe dem 1880 entdeckten Mainzer Kaiserinnenschmuck ausgegraben. Es handelt sich bei dem Fund um einen mit schlaufengefassten Edelsteinen, Perlen und reich variiertem Goldschmuck verzierten Ohrring. Zudem wird die innere Mondbiegung durch einen runden Einsatz betont. Die abgerundeten Sichelenden sind mit Goldbuckeln hervorgehoben, an denen die Ösen für den Tragbügel befestigt sind. Formal ist eine bis ins Detail gehende Ähnlichkeit mit dem Ohrringpaar aus Berlin zu beobachten. Daher können das Mainzer Einzelstück, die Berliner Ohrringe und der Hals- und Brustschmuck der Kaiserin Gisela zu einer Gruppe zusammengefasst werden. M. Wi.

Nationen in Europas Mitte: Das neue Erbe

26–27

Den Ergebnissen des Jahres 1000 schien zunächst kein dauerhafter Erfolg beschieden: Der frühe Tod Ottos III. hatte seinen kaiserlichen Erneuerungsplänen ein jähes Ende gesetzt. In den jungen christlichen Reichen kam es zu heidnischen Erhebungen, die die neue Ordnung in Frage stellten. Dennoch, die einmal eingeschlagene Entwicklung war unumkehrbar. Polen, Tschechen und Ungarn waren seit der Jahrtausendwende Teil eines sich zur geistig kulturellen Einheit formenden Europa. Die Zugehörigkeit zur abendländischen Kultur sollte, über alle Differenzen hinweg, fortan zur Quelle des Verbindenden werden. Auf dieser Grundlage bildeten sich die nationalen Identitäten und Kulturen; es entstanden Strukturen und Prägungen, die die eigenständige Entfaltung dieser Völker bis heute ermöglichen.

Die Vielfalt der Nationen wie das sie tragende gemeinsame kulturelle Fundament kennzeichnen nicht allein die 1000jährige Geschichte der Länder in Europas Mitte. Sie bilden zugleich – trotz aller späteren Konflikte, Kriege, ja traumatischen Erfahrungen miteinander – ein Ferment des neuen, gegenwärtigen Europa und sein verpflichtendes Erbe. K. Sch.

Kulturelle Gemeinsamkeiten

26.01

Im Zuge der Ereignisse, die sich um 1000 in Europas Mitte abspielten, wuchs dieser Raum auf der Grundlage des christlich-antiken Erbes kulturell zusammen. Die gemeinsame Kultur kennzeichnete ein personeller wie auf Sachgüter bezogener Austausch, z. B. von Klerikern und Künstlern. Hauptträger dieser Kultur war die Kirche, verbindendes Element der eine christliche Glaube. Insbesondere dem Mönchtum kam eine integrierende Funktion zu. In allen Ländern von Europas Mitte bestanden nun Kirchenordnungen nach lateinisch-westlichem Modell. Gemeinsame Rechts- und Kirchenrechtsvorstellungen werden greifbar. Einzelne Patrozinien sind länderübergreifend verbreitet. In den Kirchen galt fast überall die römisch-lateinische Liturgie. Infolgedessen war auch die liturgische Ausstattung wie Bücher und liturgisches Gerät an der lateinischen Kirche orientiert. Kirchliche Erneuerungsbewegungen und Reformen erfassten Europas Mitte insgesamt. I. S.

26.01.01

26.01.01 Handbuch Abb. 336

Codex aureus von Gnesen

(Original ausgestellt in Krakau, Berlin und Mannheim)
um 1085–1090 (?)
Pergament mit Deckfarbenmalerei
H. 32,6 cm, Br. 23,5 cm, 117 fols, 2 Vorsatzblätter, 4 Papierblätter
Gniezno, Archiwum Archidiecezjalne.
Ms. 1a., fol. 7v, 44r
Lit.: S. Sawicka, Les principaux manuscrits a peintures de la Bibliotheque Nationale de Varsovie, du Chateau Royal et des Bibliotheques: des Zamoyski a Varsovie, du Seminaire de Płock et du Chapitre de Gniezno. Bull. de la Soc. Francaise de Reproductions de Manuscrits a Peinture 19 (Paris 1938). – M. Walicki in: Sztuka polska przedromańska i romańska do schyłku XIII w, Bd. 1. (Warszawa 1971) 256. – M. Pietrusińska in: Sztuka polska przedromańska i romańska do schyłku XIII w, Bd. 2. (Warszawa 1971) 692. – Tadeusz Dobrzeniecki (Hrsg.), Codex Aureus Gnesnensis (Faksimile u. Kommentar) (Warszawa 1986–1988). – R. Michałowski, Princeps fundator. Studium z dziejów kultury politycznej w Polsce[2] (Warszawa 1993) 97 ff.; 201 ff. – L. Wetesko, in: Gniezno, pierwsza stolica Polski, miasto św. Wojciecha. Ausstellungskat. Gniezno (Gniezno 1995) 126–128.

Der Codex enthält Perikopen für das ganze Kirchenjahr. Er ist mit 89 größeren Flechtbandinitialen mit Pflanzenmotiven und Phantasiewesen sowie mit ganzseitigen figürlichen Miniaturen (Evangelisten und Szenen aus dem Leben Christi) geschmückt. Die Handschrift stammt vermutlich aus Bayern (Niederaltaich) und wurde wahrscheinlich von Bolesław dem Großzügigen anlässlich seiner Krönung zum König am 25. Dezember 1076 nach Polen gebracht. Bereits im Jahr 1318 erwähnt, wurde der Codex bei Königskrönungen und wichtigen liturgischen Zeremonien benutzt. J. St.

26.01.02 Ausschnitt aus 24 V

26.01.02 Handbuch Abb. 543

Codex von Vyšehrad

(ausgestellt Faksimile)
1086
Pergament mit Deckfarbenmalerei
H. 41,5 cm, Br. 32 cm, 108 fols
Original: Praha, Národní knihovna České republiky. Sig. XIV A 13
Faksimile: Praha, Filozofický ústav věd České republiky, Centrum medievistický studii Akademie věd ČR a University Karlovy v Praze
Lit.: A. Merhautová/P. Spunar, Kodex vyšehradský (im Druck).

Der Vyšehrader Codex, ein Perikopenbuch, wird auch als Krönungskodex bezeichnet, da er für die Krönung des ersten böhmischen Königs in der Bischofskirche auf der Prager Burg bestimmt war (*in die ordinationis regis*). Stifter waren böhmische Benediktiner, die dafür vom König belohnt wurden. Der Codex ist nach seinem Aufbewahrungsort, dem Herrschersitz Vyšehrad, benannt. In den Domschatz gelangte er anlässlich der Krönung von 1228. Nach verschiedenen Aufbewahrungsorten wurde er schließlich in die Prager Nationalbibliothek überführt. Alle, auch die in Majuskeln beschriebenen Blätter sowie die Textseiten, sind ornamental eingefasst, die Schmuckinitialen sind von unterschiedlicher Qualität. Der Codex enthält ganzseitige Miniaturen mit den vier Evangelisten, den Stammbaum Christi mit israelischen Stammesführern, vier alttestamentarische Szenen sowie einen christologischen Zyklus. Die zahlreichen Miniaturen in der vorderen Hälfte des Buches, und die künstlerisch minderwertige Ausführung der Rahmenleisten und der im zweiten Teil der Handschrift sprechen dafür, dass der Codex „auf Vorrat“ gefertigt und erst vor der Krönung Vratislavs abgeschlossen wurde. Auch die Initiale (fol. 68r) verzierte man erst mit der thronenden Gestalt des heiligen Wenzels, als seine Verehrung als ewigen Herrscher über die böhmischen Lande begann. Nach der künstlerischen Konzeption der Bilder und aufgrund der darin enthaltenen Anregungen aus der Regensburger, Reichenauer und Echternacher Buchmalerei, dürfte der Codex in Bayern entstanden sein, am ehesten in Regensburg. Die Verzierung der Initialen lässt auf Impulse aus dem Skriptorium vom Tegernsee schließen. Auf die Regensburger Herkunft verweisen auch die leonischen Verse, die einige der Miniaturen umgeben, sowie der Schrifttyp. A. M.

68r

29r

13v

24v

26.01.02

26.01.03

26.01.03

Evangeliar

(Künstlerkopie ausgestellt in Krakau, Berlin, Mannheim, Prag und Bratislava)
Břevnov (?), 11. Jh.
Pergament
L. 25 cm, Br. 17,6 cm
Praha, Knihovna, Metropolitaní kapituly u sv. Víta. Cim 3, fol. 9v/10r
Lit.: A. Podlaha, Die Bibliothek des Metropolitankapitels (Praha 1904) 22–33. – P. Spunar, Ein Beitrag zur Festlegung des Platzes des Vyšehrader Kodex in der Entwicklung der Schreiberkunst Mitteleuropas. Scriptorium 23, 1969, 13–23. – M. Pippal, Ausstrahlung süddeutscher Skriptorien in die östlich und nördlich benachbarten Skriptorien. In: Europas Mitte um 1000 Ausstellungskat. Budapest, Kraków, Berlin, Mannheim, Praha, Bratislava (Stuttgart 2000) 849–852.

Das Evangeliar wird einer Gruppe von Handschriften zugeordnet, die nach jüngsten Forschungen vermutlich in Břevnov zu lokalisieren ist. Zu derselben Gruppe gehören auch der Codex Aureus in Gnesen und der Vyšehrader Codex. Sowohl der Umfang des Bildzyklus als auch die Ikonographie einzelner Szenen des Evangeliars (vgl. besonders fol. 9v mit den Weihnachtsbildern der anderen Handschriften) belegen die Zusammengehörigkeit. Die Codices dieser Gruppe weisen in Schrift und Bild einen deutlichen Einfluss süddeutscher Skriptorien auf. Besonders eng sind die Verbindungen zur Regensburger Buchkunst. Dies erhellt z. B. ein Vergleich zwischen der Szene der Frauen am Grabe (fol. 9v) des Prager Evangeliars mit dem Osterbild des Benedictionales Engilmars von Parenzo. I. S.

26.01.04

26.01.04

Missale plenarium

(ausgestellt in Mannheim)

Ende 11. Jh.

Pergament mit Deckfarbenmalerei

H. 31 cm, Br. 22 cm, 474 fols.

Gniezno, Archiwum Archidiecezjalne, Ms. 149 pag. 158/159

Lit.: M. Walicki in: Sztuka polska przedromańska i romańska do schyłku XIII w, Bd. 1 (Warszawa 1971) 258. – M. Pietrusińska. In: Sztuka polska przedromańska i romańska do schyłku XIII w, Bd. 2 (Warszawa 1971) 692. – K. Biegański, J. Woronczak (Hrsg.), Missale Plenarium Bibliothecae Cap. Gneznensis MS 149. Antiquitates Musicae in Polonia 12, (Graz, Warszawa 1970). – L. Wetesko in: Gniezno, pierwsza stolica Polski, miasto św. Wojciecha 1. Ausstellungskat. Gniezno (Gniezno 1995) 128; 130.

Der Codex stammt vermutlich aus Bayern (Niederaltaich). Nach Polen kam er in der Regierungszeit Bolesław Chrobrys (1058–1079). Erwähnt in dem Verzeichnis von 1287, gehörte der Codex vermutlich zur ursprünglichen Ausstattung der Gnesener Kirche. Der Codex enthält ein Kalendar, ein Graduale, den Messkanon, Gebete für die Messe sowie verschiedene Lesungen und Perikopen. Teile des Codex sind mit Neumen versehen. Er ist mit 232 Flechtbandinitialen sowie mit 23 Initialen mit zoomorphen Motiven geschmückt. Auf Seite 158 findet sich eine ganzseitige Abbildung, die von einer Leiste mit geometrischen Motiven gerahmt wird. Der Text ist in Goldtinte auf Purpurgrund geschrieben. Zusammen mit dem Codex aureus von Gnesen (26.01.01), dem Codex Aureus von Płock (26.01.05) und dem Krakauer Benedictionale (19.02.11) zahlt der Codex zu den frühen Handschriften mit romanischen Miniaturen in Polen. J. St.

26.01.05

26.01.05
Codex aureus Pultoviensis
(ausgestellt, Krakau und Mannheim)
2. Hälfte 11. Jh.
Pergament mit Deckfarbenmalerei, Einband: neuzeitlicher Einband mit Teilen Ende 13./Anfang 14. Jh.; Emails aus Limoges
H. 35,3 cm, Br. 25 cm, 171 fols.
Kraków, Biblioteka Muzeum Narodowego, Oddział Czartoryskich. Ms. 1207, fol. 15v
Lit.: M. Walicki in: Sztuka polska przedromańska i romańska do schyłku XIII w, Bd. 1 (Warszawa 1971) 256- 257. – M. Pietrusińska. In: Sztuka polska przedromańska i romańska do schyłku XIII w. Bd. 2 (Warszawa 1971) 745. – R. Michałowski, Princeps fundator. Studium z dziejów kultury politycznej w Polsce[2] (Warszawa 1993) 97 ff; 201 ff.

Das Evangelistar enthält Perikopen für das gesamte Kirchenjahr sowie Kanontafeln. Zum Buchschmuck gehören Rahmenleisten mit geometrischen, vegetabilen und zoomorphen Motiven, 13 ganzseitige figürliche Miniaturen (darunter die Autorenbilder der Evangelisten) sowie fünf halbseitige und neun ganzseitige Kanontafeln. In den Text sind zahlreiche zoomorphe Motive eingestreut.
Der Codex befand sich höchstwahrscheinlich im Besitz des Doms von Płock, von wo er nach Pułtusk und schließlich in die Sammlungen der Familie Czartoryski gelangte. Wie der *Codex aureus* von Gnesen (26.01.01), das Missale plenarium (26.01.04), das Emmeramer Evangeliar (26.01.06) und dem Krakauer Benedictionale (19.02.11) gilt der *Codex aureus Pultoviensis* als ein Werk bayerischer Buchmalerei. J. St.

26.01.06

26.01.06

Emmeramer-Evangeliar

(ausgestellt Budapest und Berlin)
Regensburg, Ende 11. Jh. oder um 1100
Pergament mit Deckfarbenmalerei
H. 35,5 cm, Br. 29,5 cm, 148 + I fols.
Kraków, Biblioteka Kapitulna. Ms. 208, fol. 2v

Lit.: Das Evangeliarium Heinrichs V. in der Krakauer Schloß-Kathedrale, nach Vorarbeiten v. A. Woltmann, beschrieben v. M. Thausing u. K. Rieger, Mitteilungen der k.k. Central-Commission zur Erforschung u. Erhaltung der Kunst- u. historischen Denkmale 13, 1887, 1–14. – A. Karłowska-Kamzowa, Słownik starożytności słowiańskich II, 1974, 436. – M. Walicki in: Sztuka polska przedromańska i romańska do schyłku XIII w, Bd. 1 (Warszawa 1971) 255–256. – M. Pietrusińska in: Sztuka polska przedromańska i romańska do schyłku XIII w, Bd. 2 (Warszawa 1971) 714. – B. Malik-Gumińska, Kodeks emmeramski. Zagadnienia czasu powstania, ikonografii i treści miniatur. Folia Historiae Artium 8, 1972, 5–42. – G. Labuda, Ewangeliarz emmeramski. Czas sporządzenia w Ratyzbonie – czas przeniesienia do Krakowa. In: Cultus et cognitio. Studia z dziejów úredniowiecznej kultury (Warszawa 1976) 313–322.

Der Codex enthält Vorreden, Kanontafeln und die Texte der vier Evangelien sowie ein *capitulare evangeliorum*. Der Buchschmuck besteht aus 13 figürlichen Miniaturen (12 davon ganzseitig), die mit Friesen aus pflanzlicher und geometrischer Ornamentik gerahmt sind. Hinzu kommen 18 Rankeninitialen mit vegetabilen und zoomorphen Motiven. Wie die zwölf Kanonentafeln ist auch das *capitulare evangeliorum* in Kolumnen angeordnet. Die Miniatur auf Seite 1 stellt Heinrich IV. oder Heinrich V. dar. Nach Polen gelangte der Codex vermutlich durch Judith Maria, einer Schwester Heinrichs IV., die nach 1087 mit dem polnischen Fürsten Władysław I. Hermann verheiratet wurde.
J. St.

Kulturelle Vielfalt und nationale Identität

27.01

In gleichem Maße wie sich Europas Mitte seit der Jahrtausendwende zu einer geistig-kulturellen Einheit formte, entfalteten sich auf dieser Grundlage die jeweiligen nationalen Identitäten und Kulturen. Den Ereignissen und Akteuren der Jahrtausendwende kam in dem nun einsetzenden Prozess der Nationenbildung entscheidende Bedeutung zu. Erstmals reflektiert wurde dies in den ältesten Geschichtswerken, die gut 100 Jahre später in Böhmen, Polen und Ungarn fast gleichzeitig entstanden. Sie beschreiben die Geschichte des jeweiligen Landes und die seiner Herrscherfamilie bis zu ihren mythischen Anfängen. Über Jahrhunderte bestimmten die Dynastien der Přemysliden, Piasten und Arpaden die Geschicke ihrer Reiche. König Stephan von Ungarn, Herzog Wenzel von Böhmen und Bischof Adalbert wurden zu dynastischen Heiligen und Landespatronen. Als solche sind sie und ihre Reliquien bis heute Gegenstand kultischer Verehrung und Symbole nationaler Identität. K. Sch.

27.01.01 a

27.01.01 a Handbuch Abb. 547

Helm des heiligen Wenzel

Praha, 10 Jh.
Eisen
H. 17,2 cm, Dm. 23,8 cm x 21,3 cm
Praha, Metropolitní kapitula v Praze, klenotnice. Sig. K 168
Lit.: A. Merhautová, Der St. Wenzelshelm. Umění 40, 1992, 169–179.

Der Helm, ursprünglich unverziert und ohne Nasenschutz, dürfte wahrscheinlich im Besitz der Přemysliden gewesen sein. Spätestens zu Zeiten des Fürsten Boleslav II. wurde er dem heiligen Wenzel zugeschrieben. Der untere Teil des Helmes ist mit einem Eisenband vernietet, an dem die heute verlorenen Wangenklappen und der Nackenschutz befestigt waren. Unter Boleslav II. kamen um 992 der so genannte Nasenschutz mit Reifen hinzu. Dieser gehörte offenbar zur Stirnzier eines Helmes nordeuropäischer Herkunft (Haithabu?). Beim Wenzelshelm war er ursprünglich im weniger beschädigten Nackenteil und nicht auf der Stirnseite befestigt worden, bevor er dann zum Nasenschutz umfunktioniert wurde. Zu welchem Zeitpunkt man den Reifen mit Silberplatten teilweise unterlegte und den Nasenschutz mit neuen Nieten ausstattete, ist unbekannt. Auf dem Nasenschutz ist stark stilisiert der an einen Baum gefesselte Odin dargestellt. Das Kreuz, das nach der Christianslegende der Kouřimer Fürst auf der Stirn Wenzels sah, als er diesem im Kampf unterlag, könnte auf die kreuzförmige Anordnung der Verzierung zurückzuführen sein. A. M.

27.01.01 b

27.01.01 b

Kettenhemd des heiligen Wenzel

Böhmen (?), 1. Jahrzehnt 10. Jh.
Eisen
L. 104,5 cm, Gew. 10 kg, Gew. des Kragens 1 kg, Kragenumfang 126 cm
Praha, Metropolitní kapitula v Praze, klenotnice. Sig. K 167
Lit.: T. Durdík, Zbroj kroužková, zv. Svatováclavská. In: Památky národní minulosti. Kat. historická expozice v Lobkovickém paláci Národního muzea v Praze (Praha 1989) 38 ff.

Das Hemd setzt sich aus eisernen Drahtringen mit einer Drahtstärke von 0,75–0,8 mm zusammen. Der am Hals von Goldringen gesäumte Kragen ist aus demselben Material gefertigt (Drahtdm. 0,9 mm). Das Drahtgeflecht ist stellenweise fehlerhaft; unter den erhaltenen Teilen fanden sich manche Stellen, die in der Tragezeit und auch später ausgebessert worden waren. Das Kettemhemd wurde in den Jahren 1986–88 restauriert. Die Gesamtform, der Ärmelschnitt und die lichte Weite der Ringe lassen vermuten, dass das das Panzerhemd nicht im Osten, sondern eher in Mitteleuropa, vielleicht von Handwerkern, die nach dem Fall Großmährens nach Böhmen geflüchtet waren, angefertigt wurde. Zu welchem Zeitpunkt das Kettenhemd in den Domschatz gelangte ist unbekannt. Nach der schriftlichen Überlieferung wird es zu Beginn des 13. Jahrhunderts zusammen mit dem Helm und dem Schwert des heiligen Wenzel erstmals öffentlich zur Schau gestellt. A. M.

27.01.02 a

27.01.02 a

So genannter Kamm des heiligen Adalbert

bis 1712 im Domschatz von St. Veit als Adalbertskamm hinterlegt
Rheinland um oder nach 1100
Elfenbein
L. 11,5 cm, Br. 12,5 cm
Praha, Metropolitní kapitula v Praze, klenotnice. Sig. K 199
Lit.: A. Merhautová, Hřeben zvaný Svatovojtěšký. Sborník k narozeninám P. Spunara (im Druck).

Der fast quadratische zweireihige Kamm hat auf beiden Seiten ein zentrales langrechteckiges Zierfeld mit erhabenen Schnitzereien. Die von einer schmalen Leiste und einer Punktreihe gesäumten Felder zeigen auf einer Seite ein Lamm mit Nimbus in einem von zwei Engeln getragenen Medaillon. Auf der anderen Seite sind drei Hügel mit einem Baum, dem sich von beiden Seiten je ein Löwe und ein Basilisk nähern, dargestellt. Beide Themen versinnbildlichen nach dem Text der Apokalypse den Sieg Christi. Aufgrund stilistischer Vergleiche dürfte der Kamm im Rhein-Maas-Gebiet um das Jahr 1100 oder später entstanden sein. Der Verzierung nach war er für liturgische Zwecke bestimmt. Möglicherweise hatte ihn der Prager Bischof deutscher Herkunft, Menhart, erworben, der den Altar des heiligen Adalbert in der Prager Bischofsbasilika (geweiht den Heiligen Veit, Wenzel und Adalbert) im Jahre 1129 ausschmücken ließ. 1901 wurde der durch vier nachträglich gebohrte Löcher gezogene Goldfaden, der den damals zerbrochenen Kamm zusammenhielt, beseitigt und der Kamm zusammengeleimt. A. M.

27.01.02 b

27.01.02 c

27.01.02 d

27.01.02 b
Fragment eines Fingerringes
Mittel- oder Südeuropa, 10.–11. Jh.
Gold (?)
Dm. 2,3 cm.
Praha, Metropolitní kapitula v Praze, klenotnice. Inv. Nr. K 8

Reste eines Fingerringes mit flacher ovaler Fassung für eine antike Kamee oder einen polierten Edelstein. Die Ausführung ist für böhmische Vehältnisse äußerst qualitätvoll. Eine exakte Datierung oder die genaue Bestimmung der Provenienz kann aufgrund des fehlenden Edelsteins bzw. der Glaspaste nicht vorgenommen werden. Wie der Kamm und die beiden Kreuze dürfte auch der Fingerring zu den einzigen authentischen Gegenständen des heiligen Adalbert gehören. D. S.

27.01.02 c
Fragment eines Pektoralkreuzes
Mitteleuropa, 10. Jh. (?)
Kupfer
H. 5,4 cm, Br. 4,4 cm
Praha, Metropolitní kapitula v Praze, klenotnice. Inv. Nr. K–7

Eine Analogie zu diesem Stück stammt aus Starigrad-Oldenburg in Schleswig-Holstein. Das Stück wird dem heiligen Adalbert bereits im ersten und zweiten Inventar der Schatzkammer des St. Veit Domes von 1354 und 1355 zugeschrieben. D. S.

27.01.02 d
Pektoralkreuz (Enkolpion)
Mitteleuropa, 10.–12. Jahrhundert
Silber, vergoldet
L. 4,2 cm, Br. 2 cm
Praha, Metropolitní kapitula v Praze, klenotnice. Inv. Nr. K–6

Das silbervergoldete Kreuz besteht aus einem Hohlkasten mit nicht originalen Nieten und Öse. Am unteren Ende befindet sich das Fragment einer Angel auf gefaltetem Papier mit durchgewetzter Ecke und der Beschriftung … CRUCE. Das einfache Pektoralkreuz, das auch nicht bei der Restaurierung von 1983 geöffnet wurde, enthält wahrscheinlich einen Holzspan vom heiligen Kreuz und eine, nachdem es vernietet wurde, sekundär beigelegte Beschreibung. Das erste Inventar der Domschatzkammer von St. Veit erwähnt ein Paar hübscher Kreuze in einem Beutelchen am Wenzelsaltar. Im zweiten Inventar aus dem Jahre 1355 wird das Silberkreuz als persönliche Reliquie des heiligen Wenzel aufgeführt. Dem heiligen Adalbert wurde das Kreuz erst später, frühestens in der Nachhussitenzeit zugeschrieben. D. S.

27.01.03
Reichskrone
(ausgestellt Kopie)
Köln (?)
Gold; Goldfiligran; Edelsteine; Perlen; Email
Umfang ca. 69,4 cm, Stirnplatte 14,9 cm x 11,2 cm, Abstand von Stirn- zu Nackenplatte 21,1 cm, Abstand der beiden Schläfenplatten 22,2 cm.
Kronenkörper 965/67 (?); Kreuz frühes 11. Jh.; Bügel aus der Zeit Konrads II. (1027–1039)
Original: Schatzkammer in der Wiener Hofburg. Inv. Nr. XIII,1.
Kopie: Idar-Oberstein, Firma Ruppenthal
Lit.: G. Wolf, Die Wiener Reichskrone. Schr. Kunsthist. Museums 1 (Wien 1995). – H. Drechsler, Regalia. In: Enciclopedia dell'arte medievale 9 (1997) 863–868. – H. M. Schaller, Die Wiener Reichskrone – entstanden unter König Konrad III. Schr. z. staufischen Geschichte u. Kunst 16 (Göppingen 1997) 58–105.

Die Krone ist aus acht nicht gebogenen, goldenen, oben abgerundeten Platten gebildet, die ihrer Bedeutung nach größenmäßig abgestuft sind und durch ineinandergreifende Verzahnungen mit perlbekrönten Dochten zusammengehalten werden. Die vier Hauptplatten über Stirn, Nacken und Schläfen sind ausschließlich mit Edelsteinen, Perlen und Filigran geziert. Die vier zwischen den Edelsteinplatten angeordneten, insgesamt etwas niedrigeren Platten zeigen in ihrem Zentrum figürliche Darstellungen aus leicht konvex gewölbtem Goldzellenschmelz, umrahmt von Perl- und Edelsteinbesatz und Goldgrund mit filigranem Ornament.

Die Emailplatten zeigen – beginnend links von der Stirnplatte – die alttestamentlichen Könige Salomon, David sowie Isaias mit dem kranken König Ezechias, rechts der Stirnplatte, an der vornehmsten Stelle, den Pantokrator, flankiert von Cherubim. Die einzelnen Könige sind namentlich benannt, über dem Weltenherrscher steht lediglich: PER ME REGES REGNANT. Die alttestamentlichen Könige Salomon und David sowie der Prophet Isaias halten Spruchbänder in den Händen, auf denen in Goldschrift zu lesen ist: TIME DOMINVM ET RECEDE A MALO (Salomon), HONOR REGIS IVDICIVM DILIGIT (David) und ECCE ADICIAM SVPER DIES TVOS XV ANNOS (Isaias). Diese Beischriften sind alle dem Alten Testament entnommen und überwiegend als dem Kaiser zukommende Herrschereigenschaften zu verstehen, die sich auch in der Krönungsliturgie wiederfinden.

Von der Stirn zum Nacken verläuft ein kammartig gelappter, aus zwei von Perldraht eingefaßten Goldplatten gebildeter Kronbügel, der in zwei Zapfen mündet. In acht Bögen aus durchbrochenem Goldblech steht in aufgefädelten Perlen, gehalten von kleinen Goldblechösen, auf beide Seiten des Bügels verteilt, geschrieben: CHVONRADVS DEI GRATIA ROMANORV[M] IMPERATOR AVG[VSTVS]. Vor dem Bügel erhebt sich an der Stirnseite ein ebenfalls mit Perlen und Edelsteinen besetztes Kreuz, auf der Rückseite ist in Niello die Darstellung des Gekreuzigten zu sehen. Die in ihrer oktogonalen Form im Abendland wie in Byzanz unter den erhaltenen einzigartige Krone war von Anfang an zerlegbar, die beiden mit Goldnieten an der Innenseite der Platten befestigten Eisenbänder sind eine spätere Zutat.

Die heute als Reichskrone bezeichnete Insignie – entgegen weitverbreiteter Ansicht wurde sie bis zur Mitte des 15. Jahrhunderts nur äußerst selten zur Krönung der deutschen Herrscher verwendet – ist unter den erhaltenen Kronen des Westens das einzige Exemplar, das auf eine Verbindung aus der – vom imperialen Juwelendiadem der Antike abgeleiteten – Plattenkrone und dem vom kaiserlichen Helm übernommenen Bügel zurückgeht. In ihrer achteckigen Form mit Stirnkreuz, Arkadenaufsätzen, zahlensymbolischem Edelsteinbesatz und Emailplatten birgt sie ein theologisch-heilsgeschichtliches Programm, das den „Inbegriff der kosmischen Ordnung“ zum Ausdruck bringt und von der Forschung – je nach Datierungsansatz, der noch immer zwischen Otto I. (um 965) und Konrad III. (um 1138?) schwankt, – unterschiedlich interpretiert wird.

So können die Edelsteinplatten und die oktogonale Form als Abbild des Himmlischen Jerusalem aus der Apokalypse des Johannes betrachtet werden, die Bildplatten aber sowohl als Lehre vom zweifachen Amt Christi als Hohepriester und König der Könige wie auch als schwaches und sündiges Königtum, das vom Priestertum gelenkt und moralisch belehrt wird oder gar als Abbild des irdischen Jerusalem (Schaller).

Die Mehrheit der Forscher vertritt die Ansicht, die Krone sei im 10. Jahrhundert, wohl unter Otto I., entstanden, während Kreuz und Bügel jüngeren Datums seien. Ottos Bruder Brun von Köln könnte möglicherweise der geistige Urheber des Programms der Krone gewesen sein, die im Hinblick auf die Mitkaiserkrönung Ottos II. 967 gefertigt wurde. Die David-Salomon-Platten sind dann als Sinnbild Ottos I. und seines Sohnes als Symbol eines Mitkaisertums nach byzantinischen Vorbild deutbar (Wolf).

Nach einer eingehenden epigraphischen Untersuchung der Spruchbänder kehrte Schaller kürzlich zur Spätdatierung der Krone zurück, die in der Zeit des ersten Staufers entstanden sein müsse. Die Diskussion um Entstehungszeit und Symbolgehalt der Krone ist somit weiterhin in vollem Gange. H. D.

27.01.03

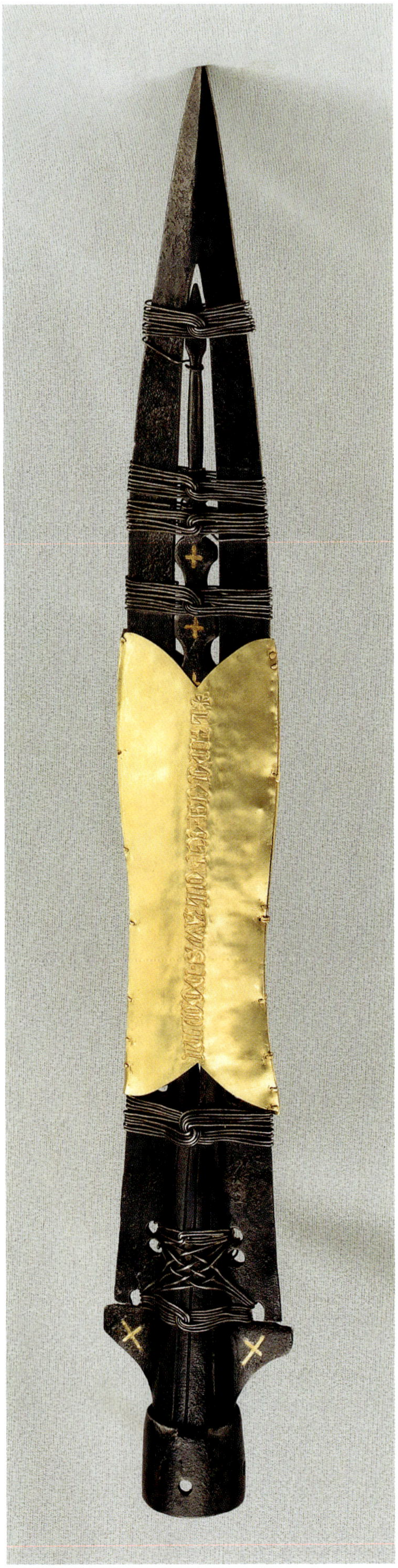

27.01.04

27.01.05

27.01.04

Heilige Lanze (Longinus- bzw. Mauritius-Lanze)

(ausgestellt Kopie)

Stahl; Eisen; Messing; Gold; Silber; Leder.

L. 50,7 cm

7./8. Jh. (karolingisch?) mit Ergänzungen des 11. und 14. Jh.

Original: Schatzkammer in der Wiener Hofburg. Inv. Nr. XIII,19.

Kopie: Idar-Oberstein, Firma Ruppenthal

Lit.: H. Drechsler, Regalia. In: Enciclopedia dell'arte medievale 9 (1997) 863–868. – G. Wolf, Prolegomena zur Erforschung der Heiligen Lanze. In: Die Reichskleinodien. Herrschaftszeichen des Heiligen Römischen Reiches. Schr. z. staufischen Geschichte u. Kunst 16 (Göppingen 1997) 130–145.

Karolingische Flügellanzenspitze mit äußerst aufwendig gestalteter Durchbruchsarbeit. In die spitzoval ausgestemmte Mitte ist ein ornamentaler Eisenstift oder Dorn eingepasst (so genannter Nagel vom Kreuz Christi). Die (verdeckte) Silbermanschette aus der Zeit Heinrichs IV. mit der Inschrift CLAVVS DOMINICVS + HEINRICVS D(E)I GR(ATI)A TERCIVS ROMANO(RV)M IMPERATOR AVG(USTVS) HOC ARGENTVM IVSSIT FABRICARI AD CONFIRMATIONE(M) CLAVI D(OMI)NI ET LANCEE SANCTI MAVRICII SANCTVS MAVRITIVS stützt das gebrochene Lanzenblatt; die Inschrift auf der Goldmanschette aus der Zeit Karls IV. lautet + LANCEA ET CLAVVS DOMINI.

Die möglicherweise schon aus vorkarolingischer Zeit stammende Flügellanze ist wohl mit der in Liutprands Antapodosis (958–962) genannten Lanze identisch. Bereits Heinrich I., der die Lanze 926 von Rudolf von Burgund bekam, und sein Sohn Otto I. betrachteten sie als zum Hort gehörende Longinus- oder Passionslanze, die sie im Kampf gegen die Ungarn mitführten. Während in anderen Ländern die Lanze nach der Jahrtausendwende allgemein von Thron, Krone und (Kurz-)Zepter in den Hintergrund gedrängt wurde, gewann sie im *regnum Theutonicorum* eine neue Bedeutung als Insigne des Gesamtreiches wie als Reliquie und wurde 1002 bei der Erhebung Heinrichs II., der die Legitimation seiner Herrschaft auf Heinrich I. zurückführte, zum entscheidenden Herrschaftssymbol (nur für diese Zeremonie nachweisbar). Aus unerklärten Gründen war sie spätestens nach 1008 als Mauritiuslanze bekannt, um ab dem 13. Jahrhundert erneut als Longinuslanze zu gelten. H. D.

27.01.05 Handbuch Abb. 549

Die Lanze des heiligen Mauritius (Kopie der heiligen Lanze)

Kraków (Polen)
Herkunft: Deutschland oder Italien
Eisen; Kupfer, vergoldet
L. cm, Br. 7 cm
Ende des 10. Jh. oder 1000.
Original: Kraków, Skarbiec Katedralny na Wawelu. Ohne Inv. Nr.
Kopie: Gniezno, Muzeum Początków Pańslura Polskiego. MPPPG/K8.
Kraków, Zamek Królewski na Wavselu, Państwowe Rbiory Sztuki
Lit.: M. Walicki (Hrsg.), Sztuka polska przedromańska i romańska do schyłku XIII wieku. Katalog i bibliografia zabytków (Warszawa 1971) 710.

Die Lanze wurde im Jahre 1000 während der Begegnung in Gnesen König Bolesław Chrobry von Kaiser Otto III. geschenkt: „[...] *clavum ei [Bolezlavi] de cruce Domini cum lancea sancti Mauricii dono dedit*" (Gall, I, 6, MPH NS, II).
Die Lanzenspitze hat eine weidenblattförmige Klinge mit Mittelgrat. Im oberen Teil befinden sich zwei Einschnitte, die mit Drahtbündeln umwickelt sind. Im mittleren Teil des Blattes ist eine gewölbte Manschette aus vergoldetem Kupferblech. Im unteren Teil des Blattes sind beidseitig je drei symmetrische Durchbohrungen, durch die über Kreuz angebrachte Drahtbündel geführt sind. Am Ansatz der längsgerippten Tülle zwei Flügel. Als Kopie der kaiserlichen Lanze des heiligen Mauritius stellte die Gnesener Lanze das Symbol der Fürstenmacht dar und wurde wahrscheinlich durch die ersten Piastenherrscher als Insignie verwendet. H. K.-K.

27.01.07 Handbuch Abb. 107; 252; 287; 301; 302; 305; 539

Zweiflüglige Bronzetür

(ausgestellt Abguss)
Gniezno, Domkirche (Polen)
Bronze gegossen
H. 328 cm, Br. 84 cm (linker Flügel);
H. 323 cm, Br. 84 cm (Rechter Flügel);
Dicke 1,5–2,5 cm.
1170 – 1190
Kopien: Gniezno, Muzeum Początków Państwa Polskiego. MPPPG/K8.
Kraków, Zamek Królewski na Wawselu, Państwowe Zbiory Sztuki
Lit.: M. Walicki (Hrsg.), Drzwi Gnieźnieńskie I–III (Wrocław 1956). – U. Mende, Die Bronzetüren des Mittelalters 800–1200 (München 1983). – P. Skubiszewski, La porta della cattedrale di Gniezno. In: S. Salomi

27.01.07

27.01.08

(Hrsg.), Le porte di bronzo dell'antichita al secolo XIII (Roma 1990). – A. S. Labuda in: Gniezno, pierwsza stolica Polski, miasto Św. Wojciecha. Ausstellungskat. Gnesen (Gniezno 1995) 123–126. – A. Labuda/A. Bujak, Porta Regia. Drzwi Gnieznieńskie (Gniezno 1998).

Beide Flügel wurden im Wachausschmelzverfahren gegossen. Der linke Flügel wurde in einem Stück gegossen, der rechte wurde aus 24 getrennt gegossenen Teilen zusammengelötet. Auch die Türklopfer wurden angelötet.

In 18 senkrecht aneinandergereihten (je 9 auf jedem Flügel) und mit einem breiten Rahmen umrahmten Feldern werden in Form von Reliefen Szenen aus dem Leben des heiligen Adalberts dargestellt. Der Anfang des Zyklus befindet sich unten links, die letzte Szene unten rechts. Der Inhalt der Szenen: Geburt des heiligen Adalbert; der heilige Adalbert wird von seinen Eltern der Obhut der Kirche übergeben; Besuch der Domschule in Magdeburg; Gebet des heiligen Adalberts; Ernennung Adalberts zum Prager Bischof fdurch Otto II.; Vertreibung des Satans aus dem Besessenen; Christus erscheint Adalbert im Traum; der heilige Adalbert rügt den tschechischen Fürsten wegen des Handels mit Sklaven; Wundertat mit dem Krug auf dem Aventin; Ankunft des heiligen Adalbert im Land der Pruzzen zur Mission; Taufe der Pruzzen, Unterrichtung der Pruzzen; die letzte Messe des heiligen Adalbert; Märtyrertod des heiligen Adalbert; Aufbahrung des Leichnams; Auslösung des Leichnams durch Bolesław Chrobry; Überführung der sterblichen Überreste; Beisetzung in Gnesen.

Das reiche, voller Symbolik steckende Bildprogramm ist zugleich Ausdruck der polnischen Staatsräson im 12. Jahrhundert (Kampf mit den heidnischen Pommern und Pruzzen). Es verdeutlicht die sich zu dieser Zeit erst entwickelnde Überlieferung über das Leben und den Tod des heiligen Adalberts. Auftraggeber war vermutlich Miezko III. (†1202). Der in der Inschrift genannte Luitinus und der Ort, an dem die Pforte gefertigt wurde sind unbekannt. Man geht jedoch davon aus, dass die Türen in Gnesen entstanden und von Künstlern aus dem Maaskreis (Diözese in Leodium) gefertigt wurden. Trotz Ähnlichkeiten – insbesondere zu der vom Jahre 1015 stammenden Tür aus Hildesheim, und der Tür aus Plock, die in den Jahren 1152–1154 gefertigt wurde und sich zur Zeit in der orthodoxen Sophienkirche in Nowgorod befindet – „gilt das Programm der Gnesener Pforte, das gänzlich dem Leben des Heiligen gewidmet wurde, als eine Ausnahme unter den Verzierungen der mittelalterlichen Pforten in Europa". J. St.

27.01.08

Die ungarische Königskrone

(ausgestellt Kopie)
Konstantinopel und Ungarn (?) (Kopie: Budapest)
1074–77 und 2. Hälfte des 12. Jahrhunderts (Kopie: 1999)
Gold; Edelsteine (Saphir, Almandin, Amethyst, Spinell, Korund, Turmalin);

Glas; Perle; Zellenschmelz; Email; Filigran; Goldperlendraht
Dm. 20,9 bis 19,8 cm, H. 17,9 cm (ohne Anhänger)
Kopie: Budapest, Magyar Nemzeti Múzeum
Lit.: J. Deér, Die Heilige Krone Ungarns (Wien 1966). – Z. Lovag (Red.) Insignia regni Hungariae I. Studien zur Machtsymbolik des mittelalterlichen Ungarn (Budapest 1983). – A. Ipolyi, A magyar Szent Korona és a koronázási jelvények története és műleírása (Budapest 1886). – É. Kovács/ Z. Lovag, A magyar koronázási jelvények (Budapest 1980). – P. Révai, De sacrae coronae Regni Hungariae (Augsburg 1613). – E. Tóth, A Szent Korona apostollemezeinek keltezéséhez, Communicationes Arch. Hung. 1996, 181–209.

Die ungarische Königskrone, der bedeutendste Teil der ungarischen Krönungsinsignien ist sowohl als „Heilige Krone Ungarns", als auch „Sankt Stephans Krone" bekannt. Die Tradition hält sie nach der *Vita Sancti Stephani* für die Krone, die der erste König und Staatsgründer, der heilige Stephan, von Papst Sylvester II. erhielt. Die Krone besteht aus zwei Teilen: ein Reif mit neun Anhängern (*corona graeca*) wurde mit einem Bügel (*corona latina*), der ein schiefes Kreuz trägt, versehen. Der Reif hat die Form einer byzantinischen Frauenkrone mit den charakteristischen rundbogigen und zugespitzten Aufsätzen mit à jour Email an der Vorderseite und mit einem Aufsatz an der Rückseite. Der Hauptschmuck des Reifes ist eine Reihe mit Bildern der himmlischen und irdischen Hierarchie (thronender Christus, Erzengel, Heiligen, byzantinische und ungarische Herrscher) in byzantinischem Zellenschmelz mit Schmucksteinen. Die Herrscherbilder datieren den Reif in die Jahre 1074–1077 (Amtszeit des dargestellten Geza I., König von Ungarn). Die *corona graeca* ist ein diplomatisches Geschenk des Hofes von Konstantinopel an Geza I., wohl für dessen Heirat mit einer byzantinischen Aristokratin. Der Kreuzbügel ist mit Filigran, Perlen und Almandinen und Emailbildern des thronenden Christus und den acht Aposteln (einige davon schwer beschädigt) verziert. Die Apostelplatten haben lateinische Inschriften mit ornamentalem Hintergrund. Die archaischen Figuren sind schwer datierbar, nach einigen Forschern könnten sie aus der Zeit König Stephans I. stammen. Der lateinische Christus könnte eine Kopie der byzantinischen Christusdarstellung der Krone sein. Die ganze *corona latina* (Emailbilder und Bügel) war wohl in der zweiten Hälfte des 12. Jahrhunderts auf Bestellung der ungarischen Könige, wohl Bélas III., hergestellt worden. Ihre Verwendung als Königskrone von Ungarn erfolgte später, sicherlich aber noch vor dem Ende des 13. Jahrhunderts. Ihre Rolle bei der Legitimation der ungarischen Königen zeigt, dass Krone und Königtum bereits früh untrennbar miteinander verschmolzen. Dies drückt sich in Erhaltung und Aufbewahrung, aber auch im wechselvollen Schicksal der Krone aus. Als Symbol stand sie auch immer für verschiedene, politisch aktuelle Bedeutungsebenen: das theoretisches Wahlrecht der Nation (der Stände), die wirkliche oder theoretische Selbständigkeit des Königtums, die territoriale Einheit von Ungarn. Als der Symbol für den Ursprung ungarischer Rechte in einem Königtum ohne König (nach den beiden Weltkriegen) nahm sie eine ganz besondere Stellung ein. E. K.

27.01.09 Handbuch Abb. 378

Schwert des heiligen Stephan

1304 als Teil der ungarischen Kronjuwelen erwähnt.
Eisen; Knochen; Kupfer; Messing; Holz
L. 75,3 cm, Klingenl. 60,8 cm, Griffbr. 4 cm
Ende 10.–Anfang 11. Jh.
Praha, Metropolitní kapitula v Praze, klenotnice. Sig. K 10
Lit.: Kl. Benda, Románská umělecká řemesla. In: Dějiny českého výtvarného umění I/1 (Praha 1984) 133. – Ders., Unveröffentlichtes Stichwort für eine Publikation über den St. Veitsdom-Schatz.

Die Klinge mit Griffangel ist aus Stahl geschmiedet, der profilierte Knauf und die Parierstange sind aus Knochen geschnitzt. Der Holzgriff ist mit Eisen-, Kupfer- und Messingdraht umwickelt. Auf beiden Seiten der Klinge ist die Inschrift ULFBERHT in Großbuchstaben zu lesen. Die Verzierung ist auf der Parierstange stark, am Heft fast völlig abgerieben. Nach dem Herstellernamen ULFBERHT stammt die Klinge aus dem Rheinland. Von dort wurde sie nach Nordeuropa, möglicherweise nach Jütland exportiert und mit der durch Tier-, Pflanzen- und Bandmotiven verzierten Parierstange und dem Knauf versehen. Durch Kauf oder als Geschenk gelangte das Schwert in den Besitz der ungarischen Könige. 1304 wird es als Schwert König Stephans (997–1038) bezeichnet. A. M.

27.01.09

27.01.10

27.01.10 Handbuch Abb. 417; 546

Der ungarische Krönungsmantel

(ausgestellt in Budapest)
Seit 1031 im Besitz des Marienstiftes von Székesfehérvár.
Ungarn (?) 1031
Gold- und Seidenstickerei auf Seidengrund.
H. 134 cm, Dm. 268 cm, Umfang 442 cm.
Budapest, Magyar Nemzeti Múzeum.
Ohne Inv. Nr.
Lit.: E. Kovacs, Die Kasel von Stuhlweißenburg (Székesfehérvár) und die Bamberger Paramente. Ausstellungskat. Budapest, Kraków, Berlin, Mannheim, Praha, Bratislava (Stuttgart 2000)

Ursprünglich, vor seiner Umgestaltung in einen Mantel, handelte es sich bei dem ungarischen Krönungsmantel um eine Glockenkasel. Sie ist das Werk spezialisierter Handwerker; die Ausgestaltung des Ikonographischen Programms und die Bildtitel wird man einem Kleriker aus dem Umkreis der Stifter zuschreiben können. Wohl vor der Wende zum 12. Jahrhundert wurde die Kasel zu einem Mantel umgearbeitet und den ungarischen Krönungsinsignien angeschlossen. Seit dieser Zeit teilte er das Schicksal der Insignien. Am Ende des Zweiten Weltkriegs gelangte er in die Hände der Sowjets. An seinem gegenwärtigen Aufbewahrungsort befindet er sich seit 1978.
Das Stück wird durch seine Stifterinschrift ANNO INCARNACIONIS XPI:M:XXXI INDICCIONE XIII A STEPHANO REGE ET GISLA REGINA CASVLA HEC OPERATA ET DATA ECCLESIAE SANCTA/e/ MARIAE SITAE IN CIVITATE ALBA in das Jahr 1031 datiert.
Auf den schrägen Armen des Gabelkreuzes sind Halbfiguren von Engeln in einer Medaillonreihe angebracht. Auf dem vertikalen Kreuzstamm der Rückseite ist Christus in Mandorlen zweimal dargestellt. Oben befindet sich Christus auf einem Löwen und Drachen stehend, entsprechend Ps. 90, mit dem Text HOSTIBVS EN CHRISTVS PROSTRATIS EMICAT ALT/us/. Unten ist Christus thronend zu sehen, mit der Umschrift SESSIO REGNANTEM NOTAS ET XPM DOMINANTEM. Auf der Vorderseite sind Darstellungsfragmente erkennbar, die ursprünglich auf dem Vertikalstamm des Gabelkreuzes angebracht waren. In Brusthöhe befinden sich in einem rechteckigen Rahmen Fragmente eines Kreuzes; die Umschrift lautet: /E[CC]/ E SIGNM CRUCIS O SPES CERTA SALVT/[IS]/. Unten bezieht sich das Inschriftfragment /[... TER]/RET OBUMBRA/[T]/ wohl auf die Szene der Verklärung Christi. In den Achsen der beiden Viertelkreise (ursprünglich auf den Schultern) sind jeweils von zwei Engeln getragene und von zwei knienden Engeln flankierte Mandorlen zu sehen. In der Mandorla ist auf der rechten Seite eine Darstellung Christi mit dem Bildtitel DAT SVMMO REGI FAMVLATVM CONCIO CELI, links davon Maria als Orantin mit dem Titel: EMICAT IN CELO SANCTAE GENITRICIS IMAGO.
Unter dem Engelsstreifen der oberen Zone, die durch von Engeln getragene Mandorlen ausgefüllt ist, steht beiderseits in der Mitte Christus unter jeweils acht Prophetenfiguren. In der nächstfolgenden Zone, der auch die thronende *Maiestas Domini* angehört, sitzen die Zwölf Apostel in Nischen einer von Säulen getragenen Baldachinarchitektur, deren Bekrönungen bewegte Figürchen unbekannter Bedeutung aufweisen. Die Reihenfolge der Aposteln von links nach rechts: PETRVS APLS, PAVLVS APLS, IOHANNES /[A]/P/I/S, THOMAS AP, IACOBVS, OHILIPPVS APLS, BARTHOLOMEVS APLS, MATHEVS APLS, IUDAS APLS, SIMON APLS, TADEVS APLS, ANDREAS. Im darunterliegenden Streifen befinden sich zehn Medaillons mit Heiligenfiguren. Auf der Rückseite sind zwei weitere Heilige mit dem Stifterpaar. Ihre Reihenfolge von links nach rechts ist: (?), COSMAS, DAMIA/[NUS]/, GEORGIVS, VINCENCIVS, GISLA REGINA, S/t/EPHANVS REX, STEPHANVS, CLEMENS, SIXTVS, CORNELIVS, LAVRENCIVS. Hinzu kommen zwei Medaillons, von denen eines

vermutlich Herzog Emmerich/Imre zeigt. Der unterste gestickte Streifen fehlt. Aus diesem wurde die Spange des Mantels gefertigt; zwei weitere größere Fragmente wurden zur Reparatur von beschädigten Teilen verwendet. Diese Flickungen beweisen, dass auf dem untersten Rand Heilige in einer Medaillonreihe dargestellt waren. Wohl gegen Ende des 12. Jahrhunderts, als man die Kasel in einen Mantel umgestaltete, nähte man einen ebenfalls aus byzantinischem Seidenstoff bestehenden goldgestichten Kragen an, der wahrscheinlich ursprünglich als *amictus parura* zu einem Prälatenornat gehörte.

Das Grundstoff des Mantels ist ein grünes byzantinisches Seidengewebe mit Rosettenmuster aus Samt. Die goldgestickten Figuren sind in drei Sticharten ausgeführt. Zur Festigung der Goldfäden oder zur Raumausfüllung verwendete man grüne, rote und blaue Seidenfäden. Die Seidenstickereien wurden z.T. unmittelbar auf den Grundstoff als Umrisse der Goldflächen oder zwischen Trennlinien in unterschiedlichen Stichvarianten angebracht, z.T. aber auch auf der Oberfläche der Goldstickereien, so dass sie die Binnenzeichnung (z.B. Draperiefalten) von Figuren bildeten. E. S.

27.01.12

Darstellung des Westportals (Porta speciosa) der Adalberts-Kathedrale von Gran (Esztergom)

Aus dem Besitz von György Klimó (Kanoniker von Esztergom [1741–1751]), Bischof von Fünfkirchen (Pécs); seit 1882 im Balassa Bálint Múzeum Esztergom. Öl auf Leinwand
H. 96,8 cm, Br. 74,3 cm
Esztergom, Balassa Bálint Múzeum.
Inv. Nr. 64.1.1
Lit.: G. Széless, Descriptio inscriptionum Ecclesiae Metropolitanae Strigoniensis Cognominatae Szép Templum (Strigonii 1765). – E. Marosi, Esztergom zwischen Ost und West. Einige Fragen ungarischer Kunst unter Béla III. Zbornik za likovne umetnosti 15. Knijga Svetozara Radoijcica (Novi Sad 1979) 51ff. – I. Takács, Porta paet vitae (Az esztergomi székesegyh z nyugati díszkapujáról). Strigonium antiquum 2 (1993) 56–60.

Klimós Ölgemälde ist die bedeutendste Bildquelle zu dem 1764 zerstörten Westportal der mittelalterlichen Adalbertskathedrale von Gran, die durch die Beschreibung des Zeitgenossen Georg Szcless bestätigt werden. Das mittelalterliche Westportal bildet eine eigenständige Variante des gotischen Figurenportals, dass anstelle von Skulpturen durch Marmorinkrustation verziert ist. Der Portalschmuck kann aufgrund der dargestellten Stifter (Erzbischof Job ab 1185, König Béla III. 1196) ziemlich genau datiert werden. Das wohl von Mitgliedern der Hofkapelle verfasste Bildprogramm war überaus komplex und wurde durch anspruchsvolle *tituli* (Bibelzitate, Ischriften rhythmischer Prosa) erklärt. Christologische Symbolik, wie die Prophezeiungen von sechs Propheten über die Ankunft des Erlösers, werden von Heiligenfiguren auf den Türpfosten ergänzt. Die Stifterbilder auf dem Türsturz drücken politische Gedanken im Sinn des gregorianischen Kirchenrechts aus. So entspricht Béla dem Kirchenstifter Stephan I. und der amtierende Erzbischof dem Kirchenpatron Adalbert. Die beiden Heiligen sind vor dem Thron der zweiten Patronin der Kathedrale, der Gottesmutter, in der Szene der Darbringung des Landes an Maria dargestellt. Grundlage hierfür bildeten die Stephanslegenden.

Das zerstörte Portal bildet eine Inkunabel für die Ikonographie des heiligen Stephan und des heiligen Adalbert. E. M.

27.01.12

Topographisches Register

Namenregister historischer Personen, Heiliger und Gottheiten

A

Aaron (Bischof von Auxerre?) 417
Adalbert/Vojtěch (Bischof, Prag, 982–997; Heiliger) 2; 5; 6; 27; 254; 274; 283–285; 288; 294; 297; 382; 406; 415; 419; 421; 423; 448; 478; 497–500; 505; 507; 527; 529; 530; 534; 537
Adelheid 57; 215; 268; 297
Ademar von Chabannes 507
Ahamd b. Ismā'il (Samaniden Emir) 125
Alawich (Abt, Reichenau) 482
Albinus (Heiliger) 461
Alfred der Große (König, 871–901) 105
Álmos 372
Andreas I. (König, Ungarn, 1046–1060) 373; 376; 380
Anna (Tochter Romanos', Gemahlin Wladimirs) 54
Aratos von Soloi (Astronom und Dichter) 11; 13
Aribo (Markgraf) 236
Arnulf (Bischof, Vich) 474
Arnulf (König) 236
Árpad 372
Assemani, Josef Simon 239
Attila 337
August der Jüngere (Herzog zu Braunschweig) 493

B

Barbarossa 507
Basileios II. 123
Béla (Herzog, 1048–60) 374
Béla I. (König, Ungarn, 1060–63) 374; 378
Béla III. (König, Ungarn) 535; 537
Benedikt (Heiliger) 477
Benedikt (Papst) 43; 283
Benedikt XIV. (Papst, 1740–1758) 53
Benedikt/Benedictus (Eremit) 416; 424
Berengar I. (König, Italien, 888–915) 314
Berenger (Künstler) 453
Bernward (Bischof, Hildesheim) 254; 477
Biagota (Gemahlin Boleslavs) 290
Blasius (Heiliger) 440
Boethius (475/80–524) 15; 16
Boleslav I. (Fürst, Böhmen, 935–973) 164; 244; 246; 272; 274; 289; 290; 294
Boleslav II. (Fürst, Böhmen, 972–999) 164; 253; 261; 267; 272; 281; 289; 291; 292; 527
Boleslav III. 261
Bolesław I. Chrobry (Herrscher, Polen, 992–1025) 2; 6; 261; 382; 390; 405; 406; 412; 416; 421; 422; 424; 426; 427; 454; 497; 505; 507; 533; 534
Bolesław II. Szczodry, der Großzügige (Herrscher, Polen, 1058–1079) 426; 521; 524
Bolesław Krzywousty (Herrscher, Polen, 1102–1138) 426
Bonifatius 43
Bořivoj (Fürst, Přemyslide, † um 889) 253; 274; 279; 289; 290
Břetislav I (Fürst, Přemyslide, 1039–1055) 5; 244
Brun (Bruder Ottos I.; Bischof, Köln) 531
Brun (Vetter Ottos III.; s. auch Gregor V.) 473
Brun von Querfurt 275; 284; 416; 421; 424
Bruno (Bischof, Augsburg, 1006–1029) 268; 375
Burchhard (Bischof, Worms) 38; 129; 433; 434; 453

C

Calcidius 16
Čech/Czyecho 283
Cesare Lucchhesini (Senator, Lucca) 36
Christian (Benediktinermönch) 275
Christin/Christinus (Eremit) 416; 424
Christophoros 123
Clemens (Heiliger) 238
Clemens II. (Papst) 254
Cornelius (Papst) 43
Cosmas (Domkapitular, Prag) 275; 283
Cyriacus (Heiliger) 440
Czacki, Tadeusz 414

D

Dažbog (Sohn des Swarog) 117
Demetrios/Demetrius (Heiliger 334; 365
Deutscher Meister 41; 43
Diwisch II. (Abt, Břevnov)
Długosz, Jan (Chronist) 412; 414
Drahomir (Gemahlin des Bořivoj) 253

E

Egbert (Erzbischof, Trier) 19; 43; 52; 442; 487
Eilbert (Bischof, Minden, † 1085) 443
Einhard (Biograph) 274
Elisabeth (Heilige) 372
Emma/Hemma von Burgund (Gemahlin Boleslavs II., † 1006) 272; 281
Emmeram (Heiliger) 10
Emmerich/Imre (Heiliger) 367; 372; 378; 537
Engilmar von Parenzo 523
Ethelred 272; 297
Ethelred II. 291; 293
Eustateios (Gouverneur von Antiochia) 48
Ezzo (Pfalzgraf) 26

F

Felix (Bischof) 43
Francesco Sassetti (Florentiner) 486
Froumund (Mönch) 14

G

Gabriele Severo 52
Gallus Anonymus 412
Gassan, Achilles Pirmin († 1577) 436
Gaudentius s. Radim-Gaudentius
Gebhard (Bischof, Prag) 283
Gerbert von Aurillac (Abt, Bobbio; Erzbischof, Reims und Ravenna; s. auch Silvester II.) 465–467; 500; 513
Gerhard/Gellért von Csanád 367
Gero (Markgraf) 193
Gerowit (Gott) 135
Gervasius (Erzbischof, Reims) 30
Géza (Fürst, 972–997, Ungarn) 306; 365; 372;
Géza I. (König, Ungarn, 1074–1078) 535
Géza II. (König, Ungarn) 376
Gielemans, Johannes 498
Gisela (Kaiserin) 513–517
Gisela/Gisla (Gemahlin Stephans) 306; 536
Godehard (Abt, Niederaltaich; Bischof, Hildesheim; Heiliger) 446
Goderamnus (Probst, St. Pantaleon, Köln; Abt, St. Michael, Hildesheim) 25
Godeskalk (Bischof, Freising) 254
Gosswein Kempken de Nussia (Professor, Köln, 1465–1483) 467
Gotfredus (Erzbischof, Mailand) 480
Gregor (Bischof, Heiliger) 365
Gregor I. d. Große (Papst, 590–604) 24; 475
Gregor V. (Papst) 473–475; 479; 481; 482
Gregor von Catino (Mönch, Chronist) 478
Gregor-Meister 37; 55; 56
Gumpold von Mantua 275; 279; 280; 281
Gunther (Bischof, Bamberg) 60

H

Hadrian (Heiliger) 342
Hadrian I. (Papst, 772–795) 22; 510
Hartmann, Anton 359
Hartwick 10
Heinrich (Bischof, Würzburg 436
Heinrich (Erzbischof, Reims) 288
Heinrich I. (948–955) 193; 430; 532
Heinrich II. (Kaiser, 1002–1024) 26; 34; 60; 254; 268; 269; 416; 421; 462; 493; 532
Heinrich II. von Werl (Bischof, Paderborn, 1084–1127) 442
Heinrich III. (Kaiser) 254; 339
Heinrich IV. (Kaiser) 283; 526; 532
Heinrich V. 526
Heinrich von „Alt-Lübeck" 132
Hemma s. Emma
Heribert (Notar, sog. Heribert C) 365
Herimann (Erzbischof, Köln) 26; 34
Hermann (Bischof, Prag, 1099–1122) 277
Hermann (Mönch, Reichenau) 10
Hübner, Joh. Nep. 276
Hugo von Tuscien 511

I

Ibrāhim ibn Jakūb 165
Ida (Schwester Herimanns) 26
Iohannes Tsimiskes (Kaiser, 969–976) 112
Isaak (Eremit) 416; 424
Isidor von Sevilla (Bischof, um 560–630) 367; 448; 463
Ismā'īl b. Ahmad/Ismai ibn Ahmadi (Samaniden Emir) 125; 400
Ivo von Chartres († 1116) 415; 417

J

Jakob ben David (Jude, Worms) 129
Jan Hus 241
Jan Milíč von Kroměříž († 1374) 241
Jaromír I. (1004–1012) 254; 255; 261; 267; 292; 293
Job (Erzbischof, Gran) 537
Johannes (Eremit) 416; 424
Johannes Baptista 440
Johannes Canaparius 274
Johannes Diaconus (Chronist) 506; 507
Johannes Italus (Maler, Aachen) 470; 471; 510
Johannes IV. von Draschitz (Bischof, Prag † 1343) 274
Johannes Philagathos 473
Johannes VIII. (Papst) 237
Johannes von Holešov (Benediktiner, Břevnov) 286
Johannes von Laubiem (Abt) 288
Johannes X. (Papst, 914–928) 314
Judith Maria (Schwester Heinrichs IV.) 526
Justinian (Kaiser) 464

K

Karl der Große 2; 222; 274; 276; 337; 458; 497; 506–510
Karl IV. 27; 288
Kasimir, der Erneuerer (Enkel Bolesław Chrobrys) 382
Kazimierz Wielki († 1379) 426
Kilian (Heiliger) 440; 442
Kinga (Königstochter, Heilige) 372
Klimo, György (Bischof, Fünfkirchen) 537
Koloman (König) 365
Konrad II. (Kaiser 1024–1039) 448
Konrad III. 531
Konstantin (Kaiser) 473
Konstantin Monomachos (Kaiser) 58
Konstantin Porphyrogennetos 123
Koranda, Václav 283
Kosmas Indikopleustes 18
Krates von Mallos 18
Kunhuta (Äbtissin, St. Georgskloster; † 1321) 241
Kunigunde (Kaiserin, Gemahlin Heinrich II.) 60
Kyrill/Konstantin 7; 227; 228; 238; 239; 241; 278

L

Ladislaus I. 372
Landolf von Benevent (Erzbischof) 49
Laurentius (Heiliger) 477
Lech/Lecho 283
Leo von Vercelli (Kanzler) 436; 461; 473; 511
Liborius (Heiliger) 442
Libussa 289
Liudger 43
Liuthar 504
Liutprand 532
Livia (Kaiserin) 26
Ludmilla/Ludmila (Fürstin; Heilige) 27; 253; 254; 275
Luitinus 534

M

Macrobius 16; 17
Margarete (Königstochter, Heilige) 372
Maria (Heilige) 442
Maria Theresia 359
Martianus Capella 16; 466
Martin von Tours 365
Matejko, Jan 6
Máthes, J. Nep. 358
Mathilde (Schwester Otto III.; Gemahlin Ezzos) 26
Matthäus (Eremit) 416; 422
Mauritius (Heiliger) 532; 533
Meinwerk (Bischof, 1009–1036) 442
Menhart (Bischof, Prag) 529
Method (Erzbischof) 7; 227; 228; 237–241; 278
Mieszko I. 193; 244; 382; 406; 412; 420; 422; 426; 428; 497
Mieszko III. († 1202) 534
Mizleta (Münzmeister) 291; 292
Mlada-Maria (Herzogin, Tochter Boleslavs) 274
Mojmír (Fürst, um 830–846) 227

N

Nacub (Münzpräger) 267
Nasr b. Ahmad/Nasr ibn Ahmed (Samaniden Emir, 914–943) 125; 325
Nikephoros Phokas 123
Niklovit (Sammler, Fälscher) 60
Nikolaos 132
Nikolaus (Bischof, Heiliger) 365
Nikolaus (Heiliger) 440

O

Oda (Gemahlin Mieszkos) 412
Odilo (Abt, Cluny) 463
Odin (Gott) 529
Osdag (Bischof, Hildesheim, 984/85–989) 444; 445
Otto I. 56; 193; 244; 268; 283; 430; 450; 531; 532
Otto II. 5; 52; 56; 279; 281; 342; 448; 480; 531; 534
Otto III 2; 6; 43; 56; 57; 275; 297; 306; 365; 382; 405; 406; 416; 419; 421; 422; 430; 436; 454; 456–459; 461–464; 466–468; 471; 473; 474; 477–482; 492; 496; 497; 500; 501; 504–511; 513; 514; 518; 533

P

Pacifikus (Archidiakon, Verona) 13
Pankratius (Heiliger) 440
Pantaleon (Heiliger) 461
Paulinus (Bischof) 43
Peter I. (König, Ungarn) 339; 372: 373; 376
Peter II. Orseolo (Doge, Venedig) 506; 507
Peter Orseolo s. Peter I.
Piast 426
Poppo (Patriarch, Aquileia) 36
Přemysl 289
Pribina 144
Prokop (Prokopius) 27
Ptolemäus 415

Q

Querini, Angelo Maria (Kardinal) 494

R

Radim-Gaudentius (Bruder Adalberts) 424; 479
Rahel (Jüdin, Worms) 129
Ramwold (Abt, St. Emmeram) 279
Reginbald (Abt, St. Afra; Bischof, Speyer und Limburg; Heiliger) 447
Reginhard (Abt, Siegburg, 1076–1105) 445
Reginhard von Passau 227
Regino (Abt, Prüm) 433
Richer von St-Remi (Chronist) 466
Richeza (Königin) 422
Roger von Helmarshausen 442
Romanos I. 123
Romanos II. 123
Romanos III. Argyros (1028–1034) 517
Romuald von Camaldoli 416
Rostislav (Fürst, 846–870) 227
Rudolf von Burgund 532
Rudolf von Fulda (Dichter, Maler) 274
Rufius Probianus (Vikar, Rom) 26 f.

S

Salomon (König, Ungarn) 337; 372; 374; 376
Samuel Aba 373
Schweiberer, Joh. Math. (Domkapitular) 276
Sebastian (Heiliger) 477
Sędziwoj aus Czechel 412
Servatius (Heiliger) 447; 448
Sigmund/Sigismund 27
Silvester I. (Papst) 473
Silvester II. (Papst, s. auch Gerbert) 16; 306; 406; 454; 462; 466; 473; 475; 477; 479; 506; 535
Slavnik 246; 294
Soběslav (Slavniks Sohn, 981–995) 272; 294; 297
Spytihněv I. 251; 279; 281
Stanislaus (Heiliger) 412
Stephan (Heiliger) 477
Stephan I. (Geburtsname Vajk; König, Ungarn 997–1038; Heiliger) 2; 5; 6; 306; 342; 343; 365; 367; 368; 372; 375; 376; 378; 379; 454; 497; 505; 527; 535; 536
Stephanie von Öserreich, Fürstin Lónyay 55
Svatopluk (Fürst, Mähren, 870–894) 196; 237; 274
Swantewit (Gott) 135; 136; 138; 139; 140
Swarog (Sonnen- u. Feuergott) 117; 139
Swarozyc (Gott) 135

T

Tagino (Erzbischof, Magdeburg, 1004–1012) 453
Tezlav (Fürst der Ranen) 136
Theodora 58
Theophanu (Gemahlin Ottos II.; † 991) 43; 52; 57; 461; 514
Thiddag (Bischof, Prag) 254
Thietmar von Merseburg (Chronist) 497; 508
Triglaw (Gott) 135

U

Udo (Bischof, Straßburg) 193
Uffing von Werden 467; 468

Ulfberht (Waffenschmied) 535
Ulrich (Bischof, Augsburg, 923–973; Heiliger) 450; 451
Ulrich von Lenzburg (Graf) 489
Urban II. († 1099) 415

V

Vajk s. Stephan
Veit (Heiliger) 418; 529
Vitruv 25
Vladimir I. (Fürst von Kiew) 421
Vladivoj (Fürst) 292
Vratislav 281
Vratislav II. (Přemyslide, 1061–1092) 521

W

Waldald 474
Walon/Galon (päpstl. Legat) 415; 417
Wenzel III. († 1306) 289
Wenzel/Wenzeslaus/Václav (Herzog, Böhmen, 921–935; Heiliger) 5; 27; 253; 274; 275; 277; 279; 280; 281; 289; 292; 521; 527; 528–530
Wiching (Bischof, Neutra) 236; 237
Wilhelm (Mönch, St. Emmeram; Abt, Hirsau) 10
Willibrord 43; 442
Willigis (Erzbischof, Mainz) 38; 40; 448; 453; 477
Wincenty aus Kielcza (Chronist) 412
Władysław I. Hermann (Fürst, Polen) 526
Władysław Łokietek († 1333) 426
Wolfgang († 994) 448
Wulfstan (Angelsachse) 105

Z

Zemižizňa (Getreuer Svatopluks) 237
Zoticus (Heiliger) 477

Bildnachweis

01.01.01 Národní galerie, Praha
01.02.01 Kunstmuseum Düsseldorf im Ehrenhof, Düsseldorf
01.03.01 M. Flacke(Hrsg.), Mythen der Nationen. Ein europäisches Panorama, Ausstellung des DHM Berlin (Berlin 1998) 396.
01.04.01 Muzeum Narodowe w Warszawie, Warszawa
01.05.01; 02.03.39; 03.03.01; 03.05.08; 06.03.01 a; 06.03.03; 06.03.05; 06.03.13; 09.03.02; 09.03.05; 16.06.07 I. Kovačovská; Slovenské národné múzeum, Bratislava
02.01.01–02; 02.01.10; 11.01.08; 11.01.20; 16.05.05; 22.01.01; 23.03.06 Bayerische Staatsbibliothek München
02.01.03; 07.07.02 a-d Museen der Stadt Regensburg – Historisches Museum, Regensburg
02.01.04; 24.02.10 C. Seltrecht; Stiftsbibliothek St. Gallen
02.01.06; 02.02.08; 19.02.08; 24.02.07; 25.01.06 Staatsbibliothek zu Berlin-Preußischer Kulturbesitz, Berlin
02.01.07 Bildarchiv, Österreichische Nationalbibliothek, Wien
02.01.08; 02.02.01; 02.02.01 a-d; 02.03.33 Stadtbibliothek Trier
02.01.09; 02.03.02; 24.02.03; 25.01.14; 25.01.16 Bibliothèque nationale de France, Paris
02.01.11; 02.02.03; 02.03.29–30; 11.01.13; 19.02.02; 19.02.14; 21.01.10; 24.01.04; 24.01.06; 24.01.08; 24.02.12; 25.01.12 Biblioteca Apostolica Vaticana, Città del Vaticano
02.02.02, 02.03.36; 19.02.13; 23.02.01 c; 24.01.02 M. Brandt/A. Eggebrecht (Hrsg.), Bernward von Hildesheim und das Zeitalter der Ottonen 2. Ausstellungskat. Hildesheim (Hildesheim, Mainz 1993) 258, 50, 82, 222, 112.
02.02.04 Kunsthistorisches Museum, Wien
02.02.05; 24.02.11 British Library, London
02.02.06 L. Schnepf; Erzbischöfliches Diözesanmuseum Köln
02.02.07 BSV/ T. Mayr; Schatzkammer der Residenz München, München
02.02.09; 11.01.05–06; 11.01.07 a; 26.01.03 Knihovna, Metropolitní kapituly sv. Víta, Praha
02.02.10 Rheinisches Bildarchiv Köln; Schnütgen-Museum Köln
02.03.01; 21.01.02 U. Seitz-Gray; Stadt- und Universitätsbibliothek Frankfurt
02.03.03–04 P. LeMaître; Centre des monuments nationaux, Paris
02.03.05–09; 02.03.26 Procuratoria di San Marco, Venezia
02.03.11 Rheinisches Bildarchiv Köln; katholische Kirchengemeinde St. Severin, Köln
02.03.12 O. Anrather; Dommuseum zu Salzburg
02.03.13; 04.03.30 Foto Strenger; Domschatzkammer und Diözesanmuseum Osnabrück
02.03.14 E. Ghilardi; Biblioteca Statale di Lucca, Lucca
02.03.15 Foto Viola; Archivio Capitolare, Udine
02.03.16 F. Ronig (Hrsg.), Egbert Erzbischof von Trier 977–993. Gedenkschrift der Diözese Trier zum 1000. Todestag (Trier 1993) Taf. 81.
02.03.17–18; 21.03.05 Bischöfliches Dom- und Diözesanmuseum, Mainz
02.03.19 RMN – R. G. Ojeda; Musée national du Moyen Age – Thermes et hôtel de Cluny, Paris
02.03.20 S. Kube, Greven; Domschatzkammer und Diözesanmuseum Osnabrück
02.03.21 RMN – H. Maertens; Musée national du Moyen Age – Thermes et hôtel de Cluny, Paris
02.03.22 Germanisches Nationalmuseum, Nürnberg
02.03.23; 21.03.03–04 Schatzkammer Sint Servaas, Maastricht
02.03.24 F.B. Uno Express; Tesoro del Duomo, Cividale del Friuli
02.03.25; 02.03.31–32 Byzanz – Die Macht der Bilder. Ausstellungskat. (Hildesheim 1998) 74, 54, 53.
02.03.27; 24.01.09; 25.01.04 Archivio Fotografico, Soprintendenza per i beni artistici e Storici di Roma, Roma
02.03.28; 23.01.01; 25.01.10 A. Münchow; Domkapitel Aachen
02.03.34 Biblioteca Ambrosiana, Milano
02.03.37 British Museum, London
02.03.38; 25.01.24–25 Landesmuseum Mainz, Mainz
02.04.01 John Rylands University Library, Manchester
02.04.02 Historisches Archiv der Stadt Köln, Köln
02.04.03 Universitätsbibliothek der Justus-Liebig-Universität Giessen
02.04.04; 03.06.03–04; 04.01.20–21; 07.05.06; 16.04.02; 16.06.04 B. Képessy; Magyar Nemzeti Múzeum, Budapest
02.04.06 Schatzkammer der Residenz München, München
02.04.07; 16.06.01 Laczkó Dezső Múzeum, Veszprém
03.01.01; 03.07.08–10; 07.06.06; 08.02.01 a-b; 08.02.03–08; 08.02.09 a-b; 08.02.10 a-b; 08.02.11–18; 08.03.01; 08.03.03; 08.03.06; 08.03.08; 08.03.10; 09.02.02–05; 09.02.06 a-c; 09.02.07–08 M. Stecker; Archeologický ústav Akademie věd České republiky, Brno
03.01.03–04; 03.01.06; 03.01.08–09; 03.05.01; 03.05.09–10; 04.01.19 a-b B. Képessy; Herman Ottó Múzeum, Miskolc
03.01.07, 03.04.02–03; 18.01.02–06; 18.01.08–10; 18.03.01–02; 18.05.01–02 M. Jóźwikowska; Muzeum Pierwszych Piastów na Lednicy, Lednagóra
03.01.10; 03.04.04; 03.06.02; 03.06.08–09; 03.06.13–14; 04.01.01–02; 04.01.13–14; 04.03.02; 04.03.08; 04.03.25; 04.05.04; 05.01.02–04; 05.01.06, 05.01.14, 07.04.05 Archäologisches Landesmuseum und Landesamt für Bodendenkmalflege Mecklenburg-Vorpommern, Lübstorf
03.01.11 B. Képessy; Jósa András Múzeum, Nyiregyháza
03.02.01; 03.05.04; 03.04.10–11; 03.07.13–15; 04.01.06; 04.01.08; 04.01.16–17; 04.03.23; 04.06.08; 05.01.08; 05.01.11–12 Muzeum Narodowe, Szczecin
03.02.02 a-c; 07.06.08 A. Dabasi; Dobó István Vármúzeum, Eger
03.02.03; 03.02.10; 07.05.07 D. Sommer; Brandenburgisches Landesmuseum für Ur- und Frühgeschichte und Landesdenkmalamt, Wünsdorf
03.02.04–10; 04.03.03; 04.03.12–13; 04.04.07; 04.05.01; 06.01.01 a-i; 07.06.04;07.06.10; 14.01.02–03; 15.05.05; 16.01.01 a-c; 16.01.02–05; 16.01.06 a-d; 16.01.07–13; 16.01.14 a-b; 16.01.15; 16.02.06; 16.04.01; 16.04.03; 16.04.04–06; 16.04.08–09; 17.01.01–14; 17.01.16–20; 17.02.02–03 A. Dabasi; Magyar Nemzeti Múzeum, Budapest
03.02.11; 03.05.03; 03.05.07; 04.01.15; 04.04.04; 04.04.08 a-b; 07.01.14; 14.01.09; 19.01.01–03; 19.01.06; 19.03.01 P. Namiota; Muzeum Archeologiczne w Poznaniu, Poznań
03.02.12; 03.06.05–07; 04.01.09; 04.01.11–12; 04.03.06; 07.01.07–09; 07.05.03–04; 10.01.01; 10.01.09–12; 10.01.17; 10.03.02–03; 10.03.04 a-b; 10.03.06; 10.04.01; 12.02.0; 12.02.19–21 M. Stecker; Archeologický ústav Akademie věd České republiky, Praha
03.02.13 a-b; 03.04.06–08; 07.05.08–09 Polski Akademia Nauk, Instytut Archeologii i Etnologii, Wrocław
03.04.05; 04.04.06 a-c; 05.01.07; 07.02.09 K. Göken; Museum für Vor- und Frühgeschichte SMB, Berlin
03.04.09; 03.06.01; 03.06.10–11; 03.07.11–12 C. Plamp; Museum für Vor- und Frühgeschichte SMB, Berlin
03.05.02 B. Képessy; Hanság Múzeum, Monsonmagyarovár
03.06.12 Munkácsy Mihály Múzeum, Békecsaba
03.06.15 J. Hapág; Katona József Múzeum, Kecskemét
03.07.01 B. Képessy; Liszt Ferenc Múzeum, Sopron
03.07.02 –06; 04.01.23–32; 07.05.02 M. Jagodzinski; Muzeum w Elblągu, Elbląg
04.01.07; 04.01.10; 04.03.05; 18.04.14; 18.04.16–20 P. Namiota; Muzeum Początków Państwa Polskiego, Gniezno
04.01.18; 04.01.33; 04.03.04; 04.03.21 a-d; 07.06.05; 07.02.02; 07.02.05–07; 07.06.11–13; 07.07.01 a-e; 08.02.02; 08.04.01 a-i; 09.01.01 a-p; 10.01.05–07; 10.01.08; 10.07.01 a-b; 12.01.02; 12.01.04–09; 12.01.13; 12.01.15–17; 12.02.01–06; 12.02.08–09; 12.02.11 a-b; 12.02.18 a-g M. Stecker; Národní muzeum, Praha
04.01.22; 17.05.03 F. Gelencsér; Szent István Király Múzeum, Székesfehérvár
04.03.01; 04.03.09–10; 04.03.24; 04.03.26; 07.06.01–03 M. Stecker; Památkový ústav v Olomouci, Olomouc
04.03.11; 07.01.06; 07.07.04 a-e; 07.07.04 f M. Stecker; Městské muzeum, Čelákovice
04.03.14; 04.04.02; 04.04.03 a-c; 06.02.01–13; 06.03.01 b; 06.03.02 a, 06.03.04; 06.03.06–10; 06.03.11 a-g; 06.03.14; 15.03.01 a-ee I. Kovačovská; Archeologický ústav Slovenskej akadémie vied, Nitra
04.03.15–18; 04.03.22 a-c; 04.03.31; 07.06.07; 07.06.15 J. Hapák; Magyar Nemzeti Múzeum, Budapest
04.03.27; 07.01.01; 07.01.03–05; 07.01.05 a-b; 18.01.12; 18.04.21–22 Państwowe Muzeum Archeologiczne, Warszawa
04.03.28 M. Stecker; Okresní muzeum, Příbram
04.03.32 A. Dabasi; Herman Ottó Múzeum, Miskolc
04.04.05; 09.03.03–04 M. Stecker; Památkový ústav středních Čech, Praha
04.05.02 a-f; 04.06.06–07; 05.01.13; 07.01.10 a-b; 07.01.12 a-c; 07.03.01 a-d 07.03.02 a-b 07.04.01- 04; 07.06.16–17 Archäologisches Landesmuseum der Stiftung Schleswig-Holsteinische Landesmuseen Schloß Gottorf, Schleswig
04.05.03 a-e R. Wiechmann, Hamburg
04.05.05; 08.03.04–05; 08.03.07 a-b; 08.03.09; 09.02.01 M. Stecker; Moravské zemské muzeum, Brno
04.06.01; 21.06.01 Stadtarchiv Worms
04.06.02 B. A. Lundberg; Riksantikvarieämbetet, Stockholm
04.06.03 Móra Ferenc Múzeum, Szeged
04.06.04; 18.01.01; 18.01.07; 18.02.01 J. Sieczkowski; Muzeum Pierwszych Piastów na Lednicy, Lednagóra
04.06.05; 07.04.08–11 J. Haberstroh, Bayerisches Landesamt für Denkmalpflege, Schloß Seehof, Memmelsdorf
04.06.09 J. Hapák; Viski Károly Múzeum, Kalocsa
04.06.12 P. Namiota, Gród Piastowski w Gieczu, Dominowo
05.01.01 R. Łapanowski; Państwowe Muzeum Archeologiczne, Warszawa
07.01.05; 07.05.13; 07.06.14 P. Namiota; Zbiory Katedry Archeologii Uniwersytetu Wrocławskiego, Wrocław
07.02.03 Heimatmuseum Angermünde
07.02.04 Kreisheimatmuseum Demmin
07.04.06–07 I. Limmer; Diözesanmuseum Bamberg
07.04.12 F. W. Singer, Arzberg
07.04.13 G. Förtsch, Stockheim
07.04.14–18 W. Gimperlein, Biebelried

07.06.09; 15.05.03 J. Hapák; Jósa András Múzeum, Nyiregyháza
07.07.03 a-g Stadtmuseum, Landesmuseum für Kultur und Geschichte Berlins, Berlin
08.01.01 Poulík, J., Mikulčice. Sídlo a pevnost knížat velkomoravských(Praha 1975) Taf.81.
09.03.01 Badische Landesbibliothek, Karlsruhe
09.03.06; 11.01.07; 11.01.21 M. Stecker; Národní knihovna České republiky, Praha
10.03.01 b-e; 10.04.02; 12.01.01; 27.01.09 M. Stecker; Správa Pražského hradu, Praha
10.06.01 a-mm M. Stecker; Regionální muzeum K.A. Polánka, Žatec
10.06.02; 10.06.03–08; 10.06.09 a-b; 10.06.10 a-b; 10.06.11 a-d; 10.06.12 M. Stecker; Ústav archeologické památkové péce severozápadnich Čech, Most
11.01.03 Universitätsbibliothek der Universität Leipzig, Leipzig
11.01.14; 21.01.01; 24.02.13; 24.03.01; 25.01.01 Herzog August Bibliothek, Wolfenbüttel
11.01.15 Staatsarchiv Würzburg
11.01.19; 25.01.03 Stiftsbibliothek, Benediktinerstift Admont
11.02.01 Muzeum hlavního města Prahy, Praha
14.01.13O. Hernádi; Koszta József Múzeum, Szentes
15.01.01; 15.01.02 a-j; 15.01.03 a-i J. Hapák; Herman Ottó Múzeum, Miskolc
15.01.04; 15.02.01 a-s; 15.04.01 J. Hapák; Móra Ferenc Múzeum, Szeged
15.05.06 K. Csonka; Janus Pannonius Múzeum, Pécs
16.02.02; 16.02.04; 16.02.07 A. Dabasi; Balatoni Múzeum, Keszthely
16.02.03; 16.02.05 A. Dabasi; Göcseji Múzeum, Zalaegerszeg
16.03.01 T. Mester; Balassa Bálint Múzeum, Esztergom
16.05.03–04 Pannonhalmi Főapátság Gyűjteménye, Pannonhalma
16.06.03 A. Dabasi; Mátyás király Múzeum, Visegrád
16.06.06 O. Horváth; Balassa Bálint Múzeum, Esztergom
17.02.01; 23.03.11 Országos Széchényi Könyvtár, Budapest
17.03.01 Archiv des Landesamtes für Denkmalpflege, Budapest
17.05.01–02 T. Mester; Szent István Király Múzeum, Székesfehérvár
17.06.01–02 Mátyás király Múzeum, Visegrád
18.01.11 J. Sieczkowski; Gród Piastowski w Gieczu, Dominowo
18.01.13–16 Muzeum Archeologiczne i Etnograficzne w Łodzi, Łodz
18.02.02 J. Kozina; Muzeum Narodowe w Krakowie, Kraków
18.04.01–04; 18.04.05 a-b; 18.04.07–10 R. Łapanowski; Muzeum Archeologiczne, Kraków
18.04.11–13 B. Deputla, Muzeum Północno-Mazowieckie, Łomóa
19.01.04 a-b; 19.01.05 A. Cieślawski; Muzeum Narodowe w Poznaniu, Poznań
19.01.07 a-e Instytut Historii, Uniwersytet im. Adama Mickiewicza, Poznań
19.01.08 a-b; 27.01.05 Zamek Królewski na Wawelu, Państwowe Zbiory Sztuki, Kraków
19.02.05; 19.05.01; 20.02.01; 20.02.05–06; 20.02.09; 20.02.12; 20.02.15; 26.01.05 Muzeum Narodowe w Krakowie, Kraków
19.02.06–07 J. Andrzejewski; Archiwum Archidiecezjalne, Gniezno
19.02.09; 19.02.10; 19.02.11; 26.01.06 Biblioteca Kapitulna/Arciwum Biblioteca, Krakowskiej Kapituły Katedralnej, Kraków
19.02.12 T. Duda, Biblioteka Jagiellońska, Kraków
19.02.15 Universitätsbibliothek Kassel-Landesbibliothek und Murhardsche Bibliothek der Stadt Kassel
19.02.16 Hessische Landes- und Hochschulbibliothek Darmstadt
19.03.02 Gniezno Pierwsza Stolica Polski Miasto Swiętego Wojciecha (Gniezno 1995), 117.
19.04.01 R. Gaweł; Zamek Królewski na Wawelu, Kraków
21.01.06; 25.01.08 Stadtbibliothek Schaffhausen
21.01.07 Archivio Capitolare della Cattedrale, Aosta
21.01.08 Niedersächsische Staats- und Universitätsbibliothek Göttingen
21.01.09 Biblioteca Capitolare, Vercelli
21.01.11 Universitäts- und Landesbibliothek Münster
21.02.01 Photo RMN – G. Blot; Musée national du Moyen Age – Thermes et hôtel de Cluny, Paris
21.02.02 J. Brüdern, Braunschweig; Ev.-luth. Stiftskirchengemeinde St. Anastasius u. Innocencius, Bad Gandersheim
21.02.03 A. Hoffmann; Erzbischöfliches Diözesanmuseum und Domschatzkammer, Paderborn
21.02.04 R. Heyen; Amt für kirchliche Denkmalpflege Trier
21.02.05 a-b R. Pieper, Münster; Katholisches Dompropstei-Pfarramt, Minden
21.02.06 a-b Dom-Museum Hildesheim
21.02.07 a-b Abtei Michaelsberg, Siegburg
21.03.01 Paramenten- und Schatzkammer der Benediktinerabtei Niederaltaich
21.03.02; 21.03.08 Foto Bachschmidt; Kath. Pfarrkirchenstiftung „St. Ulrich und Afra“, Augsburg
21.03.07 Bischöfliches Dom- und Diözesanmuseum, Trier
21.03.09 G. Meister; Haus der Bayerischen Geschichte, Augsburg
21.05.01 M. Hankel; Bischöfliches Dom- und Diözesanmuseum, Mainz
22.01.02; 24.02.04–05 F. Kälin; Stiftsbibliothek der Benediktinerabtei Einsiedeln
22.01.04 R. Zachmann; Universitätsbibliothek Heidelberg
23.03.01–02; 23.03.04–05; 24.01.01; 25.01.11 Staatsbibliothek Bamberg
23.03.09–10 Universitätsbibliothek Erlangen-Nürnberg
23.04.01–04 Th. Ströter; Rheinisches Amt für Denkmalpflege Abtei Brauweiler, Pulheim
24.01.03 Fabricca di S. Pietro in Vaticano, Città del Vaticano
24.01.05 Pontificio Istituto di Archeologia Christiana, Roma
24.01.07 Biblioteca Nazionale Centrale Vittorio Emanuele II, Roma
24.02.01 Generallandesarchiv Karlruhe
24.02.02 Stadtarchiv Freiburg i. Br.
24.02.06 Roncaglia, Modena; Biblioteca Universitaria di Bologna
24.02.08 Fitzwilliam Museum, Cambridge
24.02.09 Jung; Stift Beromünster
24.02.14 Öffentliche Biliothek der Universität Basel
24.02.15 Rapuzzi; Biblioteca Civica Queriniana, Brescia
25.01.02 P. Siebigs; Domkapitel Aachen
25.01.05 c Staatsarchiv Würzburg
25.01.07 Musée des Beaux-Arts d'Orléans, Orléans
25.01.13 Archivio di Stato di Torino
25.01.15 R. Richter/ Abt. dt. Fotothek; Sächsische Landesbibliothek – Staats- und Universitätsbibliothek Dresden
25.01.17 Chr. Stiegemann/M. Wemhoff (Hrsg.), 799 Kunst und Kultur der Karolingerzeit. Karl der Große und Papst Leo III. in Paderborn. Ausstellungskat. Paderborn (Mainz 1999) 110 f.
25.01.19 Biblioteca Capitolare, Vercelli
25.01.21 Bayerische Staatsbibliothek, München; Miteigentum: Bayerische Landesstiftung
25.01.22 Archivio di Stato, Milano
25.01.23 a-b J. Liepe; Kunstgewerbemuseum SMB, Berlin
26.01.01 J. Christen, Reiss-Museum Mannheim
26.01.02 M. Stecker
26.01.04 J. Andrzejewski; Archiwum Archidiecezjalne, Gniezno
27.01.01 a-b; 27.01.02 a-d M. Stecker; Verwaltung der Prager Burg, St. Veits-Kapitel
27.01.03–04 Fa. Ruppenthal, Idar-Oberstein
27.01.07 Mende, Ursula, Die Bronzetüren des Mittelalters, 800–1200 (Darmstadt 1983) Abb. 134.
27.01.08 Nagyar Nemzeti Múzeum, Budapest
27.01.10 K. Szelényi; Magyar Nemzeti Múzeum, Budapest
27.01.12 Balassa Bálint Múzeum, Esztergom

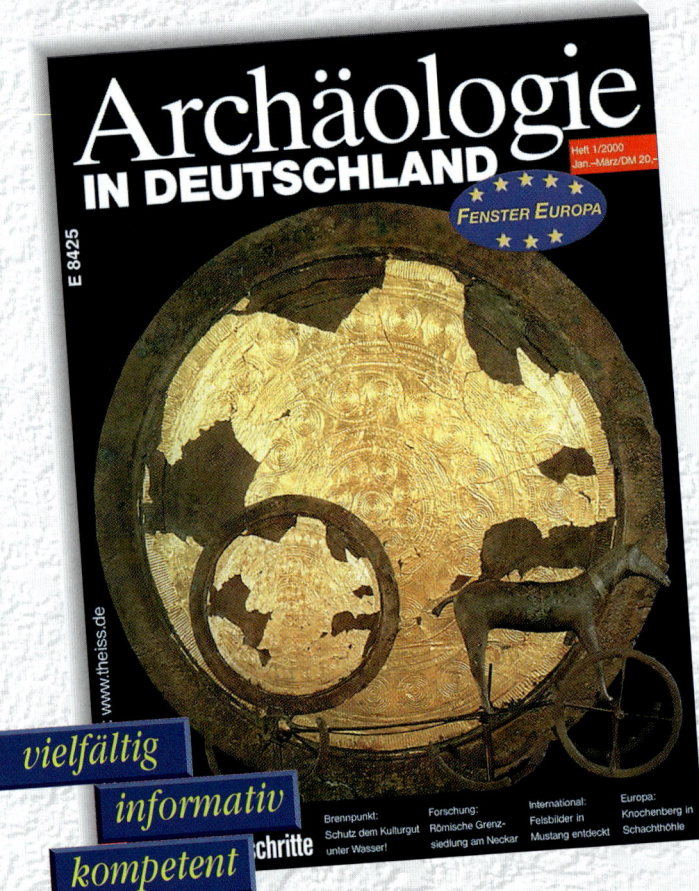

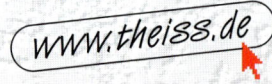